U0875302

"十一五"国家重点图书出版规划项目

公路桥涵设计手册

预应力技术及材料设备

Prestressing Techniques, Materials and Equipment

(第三版)

朱新实　刘效尧　主编

人民交通出版社

内 容 提 要

本书为《公路桥涵设计手册》之《预应力技术及材料设备》分册第三版，全书按照现行规范及预应力技术最新进展，对第二版予以全面修订，主要包括：预应力技术概况、预应力张拉锚固体系、预应力材料、预应力体系的设计与施工、质量检验与验收标准、工程实例及附录等内容。

本书主要供桥梁预应力设计及施工人员使用，亦可供其他工程技术人员及土木工程专业桥梁方向师生参考使用。

图书在版编目(CIP)数据

公路桥涵设计手册. 预应力技术及材料设备 / 朱新实，刘效尧主编. --3 版. --北京：人民交通出版社，2012. 9

ISBN 978-7-114-09944-1

Ⅰ. ①公… Ⅱ. ①朱… ②刘… Ⅲ. ①公路桥－桥涵工程－设计－技术手册②公路桥－桥涵工程－预应力技术－技术手册 Ⅳ. ①U448. 142. 5－62

中国版本图书馆 CIP 数据核字（2012）第 162900 号

"十一五"国家重点图书出版规划项目

公路桥涵设计手册

书　　名：预应力技术及材料设备(第三版)
著 作 者：朱新实　刘效尧
责任编辑：曲　乐　王文华
出版发行：人民交通出版社
地　　址：(100011)北京市朝阳区安定门外外馆斜街 3 号
网　　址：http://www. ccpress. com. cn
销售电话：(010)59757969，59757973
总 经 销：人民交通出版社发行部
经　　销：各地新华书店
印　　刷：北京市密东印刷有限公司
开　　本：787×1092　1/16
印　　张：28. 5
字　　数：688 千
版　　次：1998 年 4 月第 1 版　2005 年 1 月第 2 版　2012 年 9 月第 3 版
印　　次：2012 年 9 月第 3 版　第 1 次印刷
书　　号：ISBN 978-7-114-09944-1
定　　价：62. 00 元
(有印刷、装订质量问题的图书由本社负责调换)

《公路桥涵设计手册》编审委员会

编写委员会

主 任 委 员： 凤懋润

副主任委员： 刘士林　刘效尧　杨高中　张喜刚
郑皆连　顾安邦　谢邦珠　廖朝华

委　　　员： 马　骉　王仁贵　王吉双　庄卫林
向中富　刘红明　朱新实　沈鸿雁
孟凡超　姜友生　高冬光　徐　岳
徐国平　焦永顺　韩　敏　鲍卫刚
詹建辉

审定委员会

万珊珊　刘新生　李守善　张继尧　苏善根
杨耀铨　周世忠　郑明珠　郑皆连　顾安邦
彭宝华

（以上名单按姓氏笔画排序）

《公路桥涵设计手册》主要编写单位

中交公路规划设计院有限公司

中交第二公路勘察设计研究院有限公司

湖北省交通规划设计院

四川省交通厅公路规划勘察设计研究院

河北省交通规划设计院

安徽省交通规划设计研究院

浙江省交通规划设计研究院

中交路桥技术有限公司

安徽省公路管理局

长安大学

同济大学

重庆交通大学

西南交通大学

厦门高格桥梁景观设计研究中心

华杰工程咨询有限公司

出版说明

改革开放以来，随着我国经济建设的快速发展，公路交通作为经济发展的“先行官”得到政府的高度重视，公路桥梁建设事业更是发展迅猛，成绩斐然。20世纪90年代初，为了及时总结公路桥梁设计经验，指导桥梁设计工作，在原交通部公路司的领导与支持下，人民交通出版社组织我国桥梁界专家学者，编写出版了我国第一套《公路桥涵设计手册》，包括《基本资料》、《墩台与基础》、《拱桥》、《梁桥》、《涵洞》、《桥位设计》、《桥梁附属构造与支座》七个分册。该系列手册全面系统地总结了我国几十年来积累的公路桥梁设计经验，对于推进桥梁设计理论与技术的发展起到了重要的作用。

1998年亚洲金融危机之后，国家加大对公路交通建设的投入，高速公路“五纵七横”规划全面实施，公路桥梁建设进入了前所未有的黄金时期。在此期间，我国桥梁工作者不断探索，勇于创新，自主设计，建成了一大批跨越大江大河甚至跨越海湾的、具有世界先进水平的大型桥梁，特别是东海大桥、杭州湾跨海大桥、苏通大桥、西堠门大桥等特大桥梁的修建，更是具有里程碑的意义。青岛海湾大桥、港珠澳大桥等一批世界级桥梁正在建设，我国的桥梁发展进入了一个新时代。截至2009年底，我国公路桥梁总数已达到62.19万座，计2 700余万延米，其中，跨径600m以上的斜拉桥11座，跨径1 000m以上的悬索桥12座(在建5座)，拥有多项桥梁跨径的世界纪录。

大量的工程实践与关键技术攻关，使得我国桥梁建造技术与管理水平有了质的飞跃，我国桥梁建设水平已步入世界先进行列，正在由桥梁大国走向桥梁强国。在众多特大型桥梁的建设过程中，设计理念不断更新，新工艺、新技术、新材料、新设备得到推广应用，建造关键技术取得重大突破。无论是设计、施工与工程管理都积累了一大批宝贵的经验，代表了我国桥梁领域日益提高的科技水平与自主创新能力，凝聚着建桥人的智慧。认真而系统地总结，使其形成技术积累，形成我们国家桥梁建造具有自主知识产权的核心技术，更好地指导日后蓬勃开展的桥梁建设实践，其意义重大。为此，自2005年起，在凤懋润总工、郑皆连院士的倡议下，人民交通出版社决定在原有的《公路桥涵设计手册》基础上修订编写新版《公路桥涵设计手册》。编写该系列手册的目的就是要全面系统地总结我国公路桥涵设计经验，充分反映当前我国桥梁设计的技术水平，吸收国外桥梁设计的最新理念与技术，力求具有一定的前瞻性，使之成为桥梁设计工作者案头不可或缺的实用工具书。

新版《公路桥涵设计手册》共10册，分别是《桥梁总体设计》、《桥位设计》、《墩台与基础》、《梁桥》、《拱桥》、《斜拉桥》、《悬索桥》、《桥梁附属构造物》、《预应力技术及材料设备》、《涵洞》，字数总计在1 000万左右。该手册自2005年开始编写，历时5年，中交公路规划设计院有限公司、中交第二公路勘察设计研究院有限公司、湖北省交通规划设计院、四川省交通厅公路规划勘察设计研究院、安徽省交通规划设计研究院、河北省交通规划设计院等多家交通行业一流设计单位和长安大学等高等院校担任各分册的主编单位，总体上代表了我国桥梁设计的最高水平。谢邦珠、刘效尧、孟凡超、廖朝华、顾安邦、高冬光等一批桥梁大师、专家为本书的出版尽心尽力、精益求精，确保了本手册的编审质量，也为《公路桥涵设计手册》编写成我国桥梁领域最高水平的权威之作提供了重要保证。

对于桥梁设计者来说，通过学习和利用手册中的新方法、新技术和结构方面的创新，通过对典型设计案例的学习，能提高设计质量与效率，优化设计，降低成本，从而为业主和国家带来巨大的社会经济效益。对于那些刚刚走上设计岗位的年轻工程师，此手册更是指导其开展设计工作的良师益友。

在未来相当长的一段时期内，随着国家高速公路网规划、农村公路网规划的实施及西部大开发战略的进一步实施，公路建设仍将快速发展，而《公路桥涵设计手册》的及时修订再版，无疑将对今后我国的桥梁建设提供有力的技术支持。

本手册在编写过程中，得到了交通运输部领导及各个参编、参审单位领导的大力支持，在此一并表示诚挚的谢意！

《公路桥涵设计手册》编审委员会

2011年3月

第三版前言

《预应力技术及材料设备》是《公路桥涵设计手册》的一个分册，于1998年由人民交通出版社出版第一版，2005年出版第二版。书中对预应力技术资料收集全面、评述客观，实用性强，对公路桥梁预应力技术的发展起到了推动作用，得到了设计、施工和监理等工程技术人员的认可及欢迎，也为预应力新产品推广应用起到了积极的作用。

由于近年来交通基础设施建设的迅猛发展，国内的预应力技术也得到了很大的提高，原书中收集的国内外预应力体系，有的已很少使用；同时，由于《公路桥涵施工技术规范》(JTJ 041—2000)已修订为《公路桥涵施工技术规范》(JTG/T F50—2011)。因此，本书再次修订重印，由原编者在第二版的基础上编撰了第三版。新版根据一些设计和研究机构、相关生产厂家和用户的意见，补充了预应力新技术、新工艺、新材料、新设备；对涉及《公路钢筋混凝土及预应力混凝土桥涵设计规范》和《公路桥涵施工技术规范》的内容，一律按照现行规范的相关条文进行了修改，并有选择地删除了一些使用频率较低的产品。

同时提醒读者，本书中介绍的一些预应力新技术、新工艺、新材料、新设备，在第一次应用之前，应做认真细致的调查研究，以掌握其实质和精髓，因地制宜。由于新技术发展迅速，随着时间的推移，书中所搜集的技术资料也在不断地更新和演化。希望读者能将以上两方面的动态反馈给编者，以满足其他读者的咨询。

本书第一版由安徽省公路管理局刘效尧和朱新实主编；第二版、第三版均由安徽省公路管理局朱新实、安徽省交通运输厅刘效尧主编，并由朱新实执笔。在编写过程中除参考书末所列的文献资料外，还引用了一些预应力材料设备生产厂家提供的或公开发布的资料，特别是合肥威胜利工程有限公司及柳州欧维姆机械股份公司给予了很大的帮助，在此一并表示谢意。

由于编者水平和收集的资料有限，书中难免有遗漏和错误，请读者予以指正，以便下次再版时补充修订。

编　者

2012年3月

第二版前言

《预应力技术及材料设备》是《公路桥涵设计手册》的一个分册，于1998年由人民交通出版社出版。书中介绍了国内外一些常用的预应力体系及相应的预应力材料和预应力设备；预应力体系的设计、施工和验收；预应力工程实例；预应力体系和材料的标准。该书把预应力方面一些零散的边缘性技术和资料汇集成册，并加以客观的评述，实用性很强。该书不设定倾向性，得到设计、施工和监理人员的欢迎，有些观点得到技术标准或设计规范的认可，相关生产厂家也关注该书的出版。

近几年来，随着公路建设的突飞猛进，预应力技术也在发展和演变之中。使用了近20年的《公路钢筋混凝土及预应力混凝土桥涵设计规范》(JTJ 023—85)被(JTG D62—2004)取代；《公路桥涵施工技术规范》(JTJ 041—89)也被 (JTJ 041—2000) 取代。因此，本书不宜再重印。在原出版社的支持下，收集了一些设计和研究机构、相关生产厂家和用户的意见，由原编者在第一版的基础上编撰了第二版。增加了一些新技术、新工艺、新材料、新设备；补充了新的工程实例；以新标准替换了旧标准；涉及《公路钢筋混凝土及预应力混凝土桥涵设计规范》(JTG D62—2004)和《公路桥涵施工技术规范》(JTJ 041—2000)的内容，一律按照相关条文处理。在第二版中也删除了一些编者认为可以删除的内容。同时提醒读者，本书中介绍的一些新技术、新工艺、新材料、新设备部分直接引用生产厂家提供的资料，在第一次应用之前，应做认真细致的研究，以掌握其实质和精髓。

本书第一版由安徽省公路管理局刘效尧和朱新实主编；第二版改由安徽省公路管理局朱新实、安徽省交通厅刘效尧主编，并由朱新实执笔。在编写过程中除参考书末所列的资料外，还引用了一些预应力材料设备生产厂家提供的或公开发布的资料，在此一并表示谢意。

由于编者水平和收集的资料有限，书中难免有遗漏和错误，请读者予以指正，以便下次再版时补充修订。

编　者

2004年10月

第一版前言

《预应力技术及材料设备》是《公路桥涵设计手册》的一个分册，在本册中介绍了国内外常见的一些预应力张拉锚固体系及其设计参数；汇集了《公路钢筋混凝土及预应力混凝土桥涵设计规范》(JTJ 023—85)中有关预应力部分的内容及其使用方法，还介绍了近十年来预应力技术的新进展；在附录部分罗列了国内外的一些预应力技术标准，供预应力设计人员参考。

本分册由安徽省公路管理局刘效尧、朱新实主编，由王建瑶主审。在编写过程中除参考了书末所列的资料外，还引用了一些预应力锚夹具及预应力筋生产厂家的技术资料和出版物中的论述，在此一并表示谢意。

由于编者水平所限和可能收集到的资料有限，书中难免有遗漏和错误，请使用者给予批评指正，以便再版时补充和修订。

编　者

1997年2月

目　　录

第一章　预应力技术概况

第一节　预应力混凝土的基本概念

一、概述

由于混凝土具有抗拉强度低、抗压强度高的特点，因此，在钢筋混凝土构件中，通常是用钢筋来代替混凝土承受拉力的。但是，又由于混凝土的极限拉应变也很小，与钢筋相差较大，如果要求钢筋混凝土构件在使用时不开裂，则钢筋的拉应力只能达到较低的水平，再伸长就要出现裂缝。即使允许开裂，当裂缝宽度限制在规范允许的范围内时，钢筋拉应力也不能充分发挥。

由于混凝土抗拉性能很差，使钢筋混凝土存在两个方面的问题。一是需要带裂缝工作，裂缝的存在，不仅使构件刚度下降很多，而且不能应用于不允许开裂的结构中；二是从保证结构耐久性出发，必须限制裂缝开展宽度，这就使高强度钢筋无法在钢筋混凝土结构中充分发挥其作用，相应地也不可能充分发挥高强度等级混凝土的作用。因此，当需要结构承受较大荷载的时候，就只有靠增加钢筋混凝土构件的截面尺寸或增加钢筋用量的方法来控制构件的裂缝和变形。这样做必然使构件的自重增加，既不经济，也不美观。特别是随着跨径的增大，自重的比例也增大，因而使钢筋混凝土结构的使用范围受到很大限制。为了使钢筋混凝土结构能得到进一步的发展，就必须解决混凝土抗拉性能差的这一缺陷，于是预应力混凝土结构应运而生。通常预应力筋仅布置在混凝土结构的受拉区，代替混凝土承受拉力。随着预应力技术的不断发展，也出现了一些预应力筋布置在混凝土结构的受压区，代替混凝土承受压力的结构。

二、预应力混凝土的基本原理

预应力是指在构件（或结构）中预先施加应力。预应力技术包括结构的设计计算、预应力的施加与锚固、预应力材料等方面。

所谓预应力混凝土，就是在结构承受荷载之前，预先人为地在混凝土或钢筋混凝土中引入内部应力，且其值和分布能将使用荷载（或作用）产生的应力抵消到一个合适的程度。也就是说，通过人为的按照一定的应力大小和分布规律，预先对混凝土或钢筋混凝土构件施加压应力（或拉应力），使之建立一种人为的应力状态，以便抵消使用荷载（或作用）下产生的拉应力（或压应力），从而使混凝土构件在使用荷载（或作用）下不致开裂，或推迟开裂，或者减小裂缝开展的宽度。这种预先给混凝土引入内部应力的结构，就称为预应力混凝土结构。

三、预应力混凝土结构的优缺点

预应力混凝土结构解决了钢筋混凝土结构存在的问题，克服了普通钢筋混凝土结构的弱点，因此其具有下列主要优点。

(1)提高了构件的抗裂度和刚度。构件施加预应力后，大大推迟了裂缝的出现，在使用荷载(或作用)下，构件可不出现裂缝，或使裂缝推迟出现并加以限制，因而也提高了构件的刚度，增加了结构的耐久性。

(2)可以节省材料，减少自重。预应力混凝土由于必须采用高强度材料，因而可以减少钢筋用量和减少构件截面尺寸，节省钢材和混凝土，从而降低结构物自重。这对于自重所占比例较大的大跨径公路桥梁来说，采用预应力混凝土有着显著的优越性。一般大跨度或重荷载结构，采用预应力混凝土结构是比较经济，也是比较合理的。

(3)可以减小梁的竖向剪力和主拉应力。如在预应力混凝土梁中配置曲线预应力钢筋(束)，可使梁中支座附近的竖向剪力减小，而混凝土结构截面上预压应力的存在，又可使荷载(或作用)下的主拉应力也相应减小，因此可以相应地减薄梁的腹板厚度，这也是预应力混凝土梁可以减轻自重的原因之一。

(4)结构安全、质量可靠。施加预应力时，钢筋与混凝土都经受了一次强度检验。如果钢筋张拉时质量良好，那么，在使用时一般在安全上是不会存在大的问题的。

此外，还可以提高结构的耐劳性能，因为具有强大预应力的钢筋，使混凝土在使用阶段因加荷或卸荷所引起的应力变化幅度变小，因而抗疲劳破坏的性能就好。这对于承受动荷载的桥梁结构来说也是很有利的。

预应力混凝土结构虽然有许多优点，但也存在下列一些缺点。

(1)施工工艺较复杂，对质量要求也高，因而需要技术较熟练的专业队伍进行施工。

(2)需要专门设备、机具及材料等。如先张法需要有张拉台座，后张法需要耗用数量较多的锚具等。

(3)预应力反拱不易控制。它将随混凝土的徐变增加而加大，可能影响结构的长期正常使用。

(4)后张法预应力混凝土结构的管道压浆不易密实，容易引起预应力钢筋的锈蚀，在一定程度上影响结构的抗疲劳性及耐久性。

(5)预应力混凝土结构的开工费用较大，对于跨径小、构件数量少的工程，成本较高。

因此，必须合理地进行设计、认真地组织施工，预应力混凝土结构才能充分发挥其优越性。

四、预应力的施加方法

预应力的施加方法按张拉钢筋与浇筑混凝土的先后次序分为两种，即先张法和后张法。按张拉钢筋的方法划分，除最常用的机械张拉钢筋方法外，还有横张法、电热法、自张法等。此外，还有预拉预应力和预弯预应力混凝土及结构。

1.先张法

即先张拉钢筋，后浇筑构件混凝土的方法。如图 1-1-1 所示，先在台座上，按设计规定的拉力张拉钢筋，并用锚具临时固定，再浇筑构件混凝土，待混凝土达到一定强度（一般不低于混凝土设计强度的70%，以保证钢筋与混凝土间具有足够的黏结力和避免徐变值过大）后，放松钢筋，让钢筋的回缩力通过钢筋与混凝土间的黏结作用，传递给混凝土，使混凝土获得预压应力。

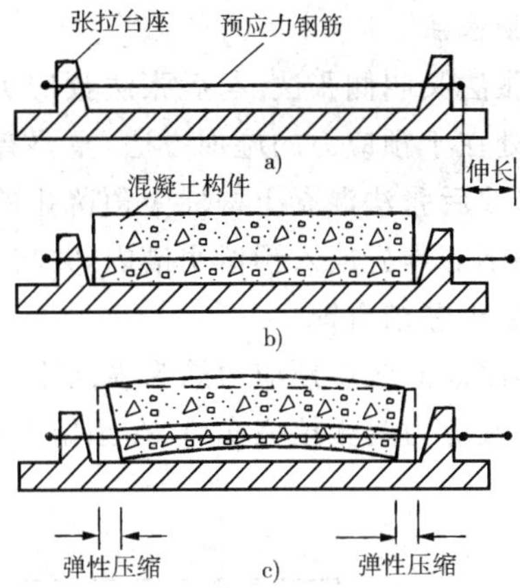

图 1-1-1　先张法工艺流程示意图

a)钢筋就位，准备张拉；b)张拉钢筋，并临时固定；浇筑构件混凝土，并养护结硬；c)放松钢筋，形成预应力混凝土构件

先张法所用的预应力钢筋，一般可用高强钢丝、钢绞线和冷拉钢筋等，以获得较好的自锚性能。用先张法生产预应力混凝土构件，除千斤顶等设备外，一般都需要有用来张拉和临时固定钢筋的台座。台座因要承受预应力钢筋的巨大回缩力，设计时应保证它具有足够的强度、刚度和稳定性。先张法施工工序简单，钢筋靠黏结力自锚，不必耗费特制的锚具，临时固定所使用的锚固装置，都可以重复使用，一般采用夹具。

因此，在大批量生产时先张法构件比较经济，质量也比较稳定。

考虑到起重、运输的方便和避免采用尺寸过大的台座，先张法一般适于生产直线配筋的中小型构件。大型构件因需要采用曲线配筋，这将使先张法施工设备和工艺复杂化。

2.后张法

是指先浇筑构件混凝土，经养护达到一定强度后，再在构件上张拉钢筋的方法。如图1-1-2所示，先浇筑构件混凝土，并在混凝土构件中预留孔道，待混凝土达到一定强度后，将钢筋穿入预留孔内，以混凝土构件本身作为支承件，张拉钢筋，使混凝土构件也同时被压缩。待张拉到设计拉力后，用特制的锚具将钢筋锚固于混凝土构件上，使混凝土获得并保持其预压应力。最后，在预留孔内压注水泥浆，以保护预应力钢筋不致锈蚀，并使它与混凝土黏结成为整体。

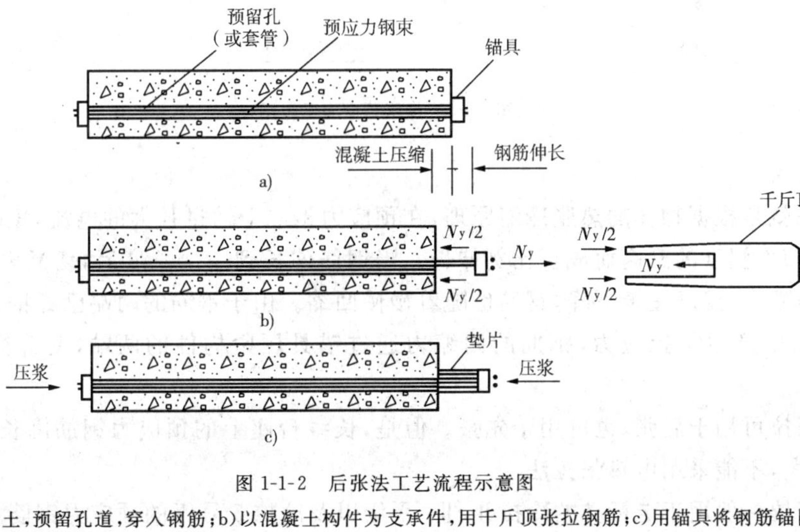

图 1-1-2　后张法工艺流程示意图

a)浇筑构件混凝土，预留孔道，穿入钢筋；b)以混凝土构件为支承件，用千斤顶张拉钢筋；c)用锚具将钢筋锚固，并在预留孔道内压注水泥浆

3. 横张法

横张法又叫侧张法，与后张法预应力混凝土构件的施工方法基本相同，如图 1-1-3 所示。不同之处在于预应力的施加方法，主要有以下几方面。

(1)改后张法混凝土构件中预留孔道为预留明槽。

(2)钢筋预先放入预留明槽内，并将两端的一定长度预应力钢筋埋入混凝土内，改锚具锚固为混凝土黏结自锚。

(3)改纵向张拉预应力筋为横向张拉。

(4)预应力筋张拉完成后，在预留明槽内浇筑混凝土代替孔道压浆。

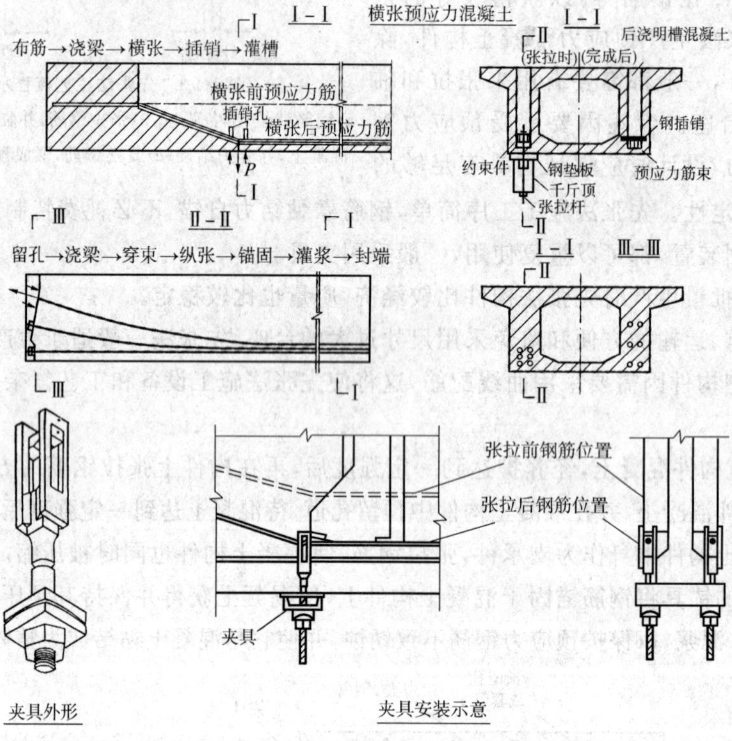

图 1-1-3　横张预应力示意图

4. 电热法

电热法就是根据物体的热胀冷缩原理，在预应力钢筋上通过强大的电流，短时间内将它加热，使钢筋随着温度的升高而成正比例伸长。当钢筋伸长到一定长度后，切断电源，并立即锚固。电源切断后，温度逐渐下降，钢筋也随着慢慢回缩。由于钢筋的两端已经锚紧，不能回缩，于是在钢筋中产生了拉应力，钢筋的回缩力通过锚具压紧构件的两端，使混凝土产生了压应力。

电热张拉可用于后张，也可用于先张。但是，长线台座上的预应力钢筋因长度较长，散热快，耗电量大，不能采用电热张拉法。

电热张拉一般用于老标准的冷拉Ⅱ、Ⅲ、Ⅳ级以及冷拉 5 号钢的预应力钢筋。对于预应力钢筋束、钢丝束和钢绞线，电热张拉还缺乏成熟的经验，目前应用也少。

5. 自张法

自张法是利用自应力混凝土在养护过程中产生的体积膨胀，把事先放在混凝土中的钢筋张紧，钢筋受到预拉，而混凝土本身同时受到了预压，从而完成预加应力的目的。这种不借助外力，而用混凝土自身的膨胀能来张拉钢筋以达到预应力目的的混凝土称为自应力混凝土。这种施加预应力的方法叫"自张法"。同时，就张拉时间而言，钢筋的张拉是与混凝土的硬结同时发生、同时完成，所以又可称为"同张法"。此法在生产自应力混凝土压力管方面比较常用。

组成自应力混凝土的自应力水泥是由石膏、矾土水泥和硅酸盐水泥配制而成。这些成分，由于它们在水化作用时对自应力混凝土起着各自不同的作用，因此又可分为膨胀组分和强度组分两部分。膨胀组分包含石膏和矾土水泥，硅酸盐水泥则是强度组分。

影响自应力混凝土膨胀和强度的因素，除自应力水泥的成分和细度外，还有很多，如养护条件、水灰比、自应力水泥用量、集料尺寸和形状、构件尺寸以及成型条件等。

自张法与前面预加应力的方法相比，具有独特的优点，但也有不足之处，主要是目前的自应力混凝土产生的预应力值比较低。同时由于影响建立自应力的因素较多，使产品的自应力值不够稳定，直接影响了产品质量。

6. 预拉预应力

预拉预应力混凝土结构，与常用的预压预应力混凝土结构的原理相同，但作用正好相反，施工方法类似于先张法。如图 1-1-4 所示，首先采用预应力筋按设计规定的拉力对预应力高强钢管施加预压应力，并用锚具临时固定，然后将高强钢管放在结构的受压区并临时固定，然后再浇筑混凝土，待混凝土达到一定强度后，放松钢筋，使钢管的伸长力通过钢管与混凝土间的黏结作用传递给混凝土，使混凝土获得预拉应力。这种预应力方式如与通常的预压预应力方式相结合，将形成混凝土受拉区预压、受压区预拉的双向预应力体系，从而提高了构件的抗弯能力，构件的截面尺寸、自重荷载将可能减小。

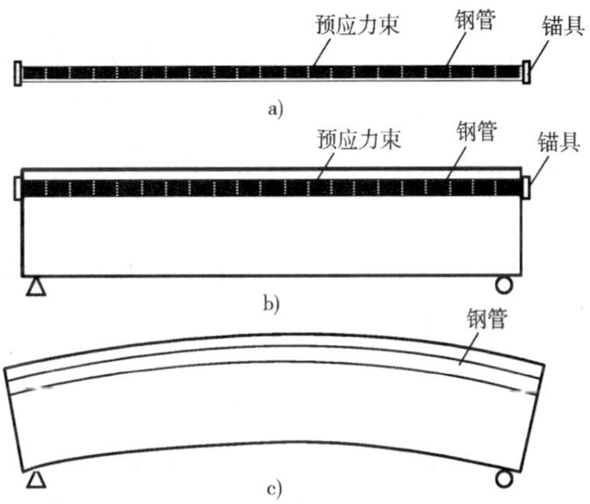

图 1-1-4　预拉预应力示意图

a)对预应力高强钢管施加预压应力；b) 将高强钢管放在结构的受压区并临时固定，浇筑构件混凝土并养护结硬；c)放松预应力钢筋，形成预应力混凝土构件

预拉预应力所用的预应力材料，除钢管外也可用其他型钢或粗钢筋等。

7. 预弯预应力

预弯预应力混凝土结构，是指在加荷预弯的劲性钢梁上浇筑混凝土，待混凝土与钢梁结合为整体并达到设计强度后卸载，利用钢梁反弹而对混凝土施加预应力的预应力混凝土结构，如图 1-1-5 所示。

图 1-1-6 为预弯预应力在桥梁加固上的应用，对于简支结构的梁(板)，在跨中预先施加一定的力，使跨中的恒载弯矩接近于零，然后粘贴碳纤维或钢板，待混凝土与碳纤维或钢板结合为整体并达到设计强度后卸载，利用混凝土梁的反弹达到施加体外预应力的目的。

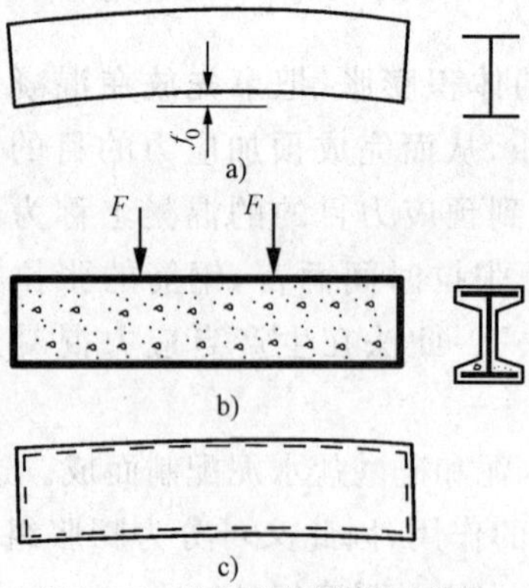

图 1-1-5 预弯预应力混凝土结构

a)预拱劲性钢梁;b)加载预弯、混凝土施工;c)卸载反弹、预应力作用

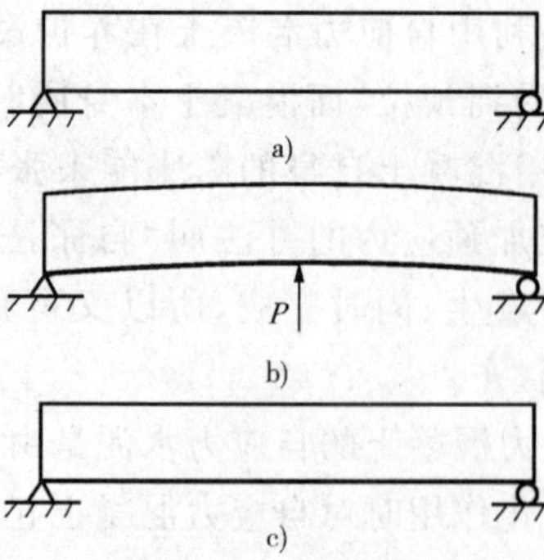

图 1-1-6 预弯预应力在桥梁加固上的应用

a)简支结构的梁(板);b)跨中预先施加一定的力,粘贴碳纤维或钢板;c)卸载,形成体外预应力

无论是先张法对预应力钢筋的临时固定,还是后张法对预应力钢筋的永久性锚固,都需要有锚具或夹具。

锚具、夹具是锚固预应力筋并保证预应力混凝土结构正常工作的一种装置。在后张法结构(或构件)中,为保持预应力筋的拉力并将其传递到混凝土上所用的永久性锚固装置称为锚具。而在先张法结构或构件施工时,能保持预应力筋的拉力并将其固定在张拉台座(或设备)上的临时性锚固装置;以及在后张法结构或构件施工时,能将千斤顶(或其他张拉设备)的张拉力传递到预应力筋的临时性锚固装置称为夹具。对大多数预应力体系来说,锚具与夹具是通用的,没有本质区别,仅在使用的要求上有所不同。

第二节　预应力技术的发展

法国的欧仁・弗莱西奈(Enugene Freyssinet)于 1928 年首次将高强钢丝应用于预应力混凝土结构中,但这一技术一直到第二次世界大战后才得到大量的应用。

在第二次世界大战期间,欧洲的许多桥梁遭战争破坏,战后重建任务繁重,钢筋紧缺。而预应力混凝土结构由于采用了高强材料,可以节省大量的钢材与混凝土,再加上刚度大、耐久性好等优点,在欧洲得到了推广与发展。目前,这一先进技术已广泛地被世界各国所采用。现在世界上最著名的预应力专业公司大都集中于欧洲,如英国的缆索包装公司(CCL)、预应力混凝土设备公司(PSC Equipment Ltd)和西蒙贝尔公司、瑞士的 VSL 国际公司(Vorspon System Losinger International)、德国的鲍尔公司(PAUL)与地伟达预应力混凝土公司(Dywidag Stressed ConereleLtd)、意大利的 Tensacciaj 公司等。

在美国与加拿大,预应力以工业实用为目的起始于 20 世纪 50 年代。美国的主要预应力公司是 CEC 公司及大陆混凝土结构公司。

一、早期预应力技术

早期的预应力技术是比较简单的,早期的预应力筋主要采用冷拉Ⅱ、Ⅲ、Ⅳ级钢筋和热处理钢筋及冷拉 5 号钢筋；预应力钢丝主要采用碳素钢丝、刻痕碳素钢丝、冷拔低碳钢丝及钢绞线。这些预应力钢筋、钢丝、钢绞线的力学性能与现在的相比是比较差的，抗拉强度和韧性都较低，应力松弛也较大。

早期的预应力锚（夹）具与现在相比，锚固性能较差，预应力损失大，效率系数低。这些锚（夹）具有的已被淘汰，有的仍在继续使用。早期常用的锚（夹）具主要有以下几种。

1. 夹具

1）圆锥形夹具

圆锥形夹具有钢丝用的及钢筋用的两种（图 1-2-1 和图 1-2-2），仅能夹住一根钢丝或粗钢筋。

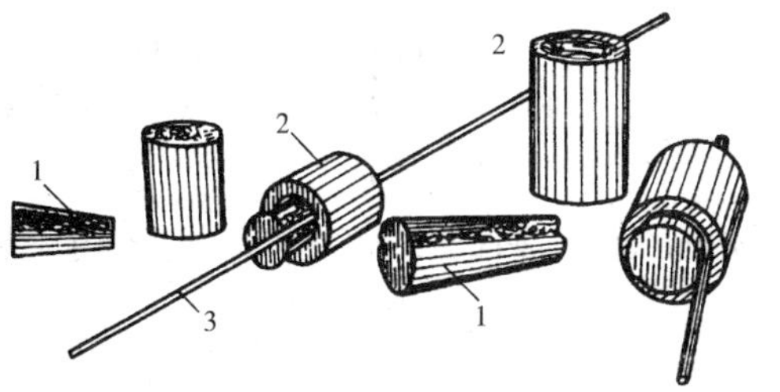

图 1-2-1　钢丝用圆锥形夹具

1-销子；2-套筒；3-钢丝

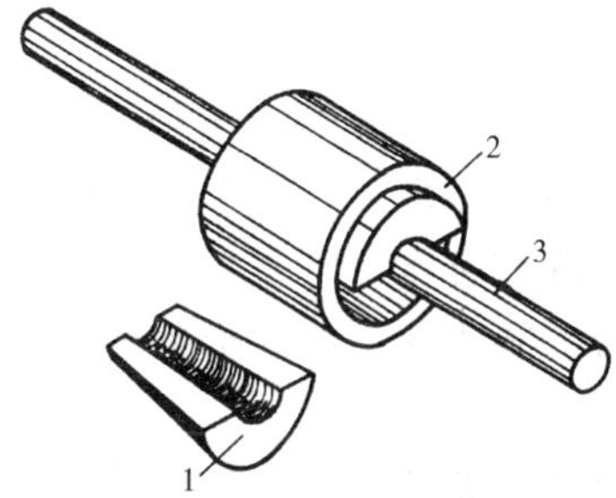

图 1-2-2　钢筋用圆锥形夹具

1-夹片；2-套筒；3-钢筋

2）楔形夹具

楔形夹具夹板上留有楔形孔，有单孔及双孔两种。楔块打入楔形孔中，钢丝就夹在楔块的侧面，每个楔块侧面可夹 1～2 根预应力钢丝（图 1-2-3）。

3）波形夹具

波形夹具通过千斤顶加压，波形夹片夹紧钢丝，一次可锚固多根钢丝，如图 1-2-4 所示。

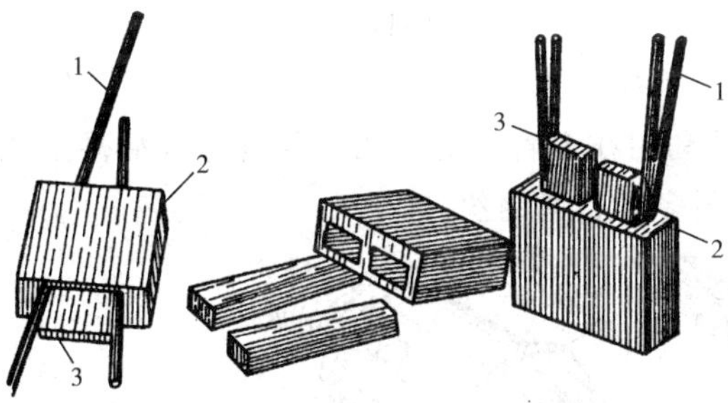

图 1-2-3　楔形夹具

1-钢丝；2-夹板；3-楔块

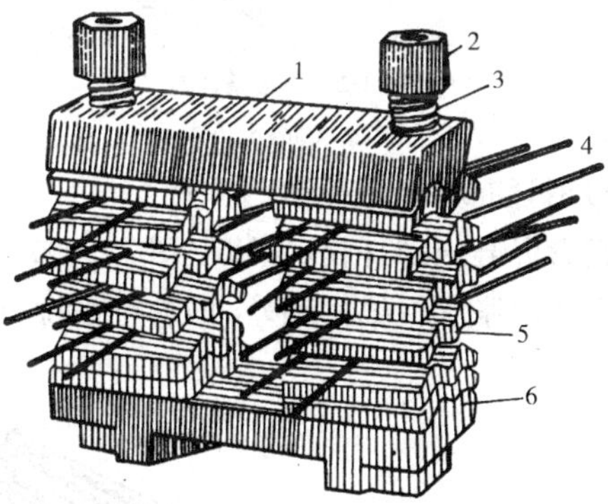

图 1-2-4　波形夹具

1-盖板；2-螺母；3-螺杆；4-钢丝；5-波形夹板；6-底板

4）镦粗夹具

镦粗夹具通过钢筋端头被镦粗而进行张拉锚固，一次可锚固多根钢筋，如图 1-2-5 所示。

2. 锚具

1）螺钉端杆锚具

螺钉端杆锚具有焊接接头及镦头接头两种形式，如图 1-2-6 所示，主要用于锚固粗钢筋。

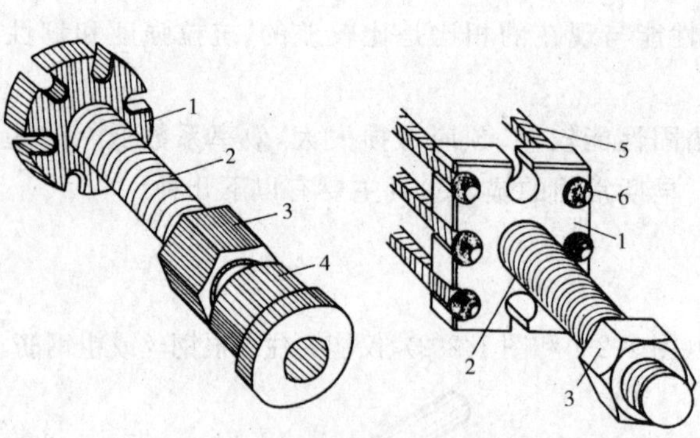

图 1-2-5　螺杆镦粗夹具

1-锚板；2-螺杆；3-螺母；4-拉头；5-预应力钢筋；6-镦粗头

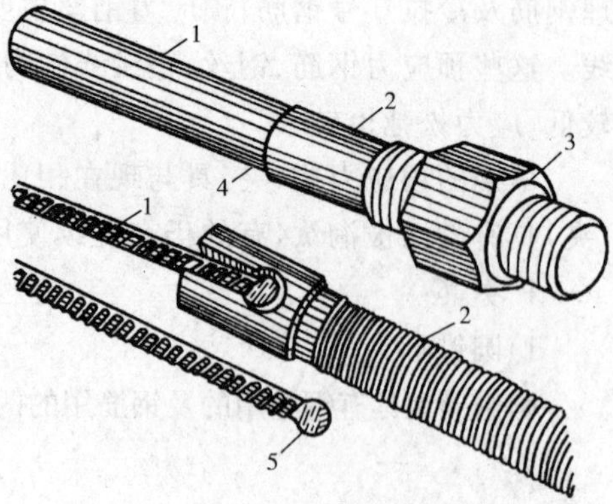

图 1-2-6　螺钉端杆锚具

1-钢筋；2-螺钉端杆；3-螺母；4-焊接接头；5-镦粗头

2)帮条锚具

帮条锚具由一块方形钢衬板与三根帮条焊接而成，如图 1-2-7 所示，主要用于锚固粗钢筋。

3)锥形锚具

锥形锚具又称弗氏锚，最早是由法国弗莱西奈首先使用的，可以锚固多根高强钢丝，如图 1-2-8 所示。

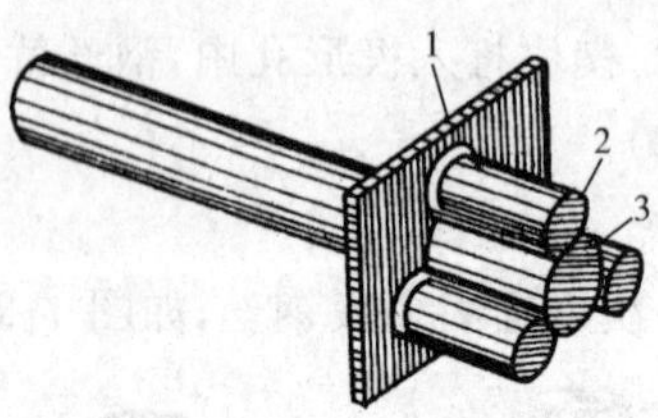

图 1-2-7　帮条锚具

1-衬板；2-帮条；3-主筋

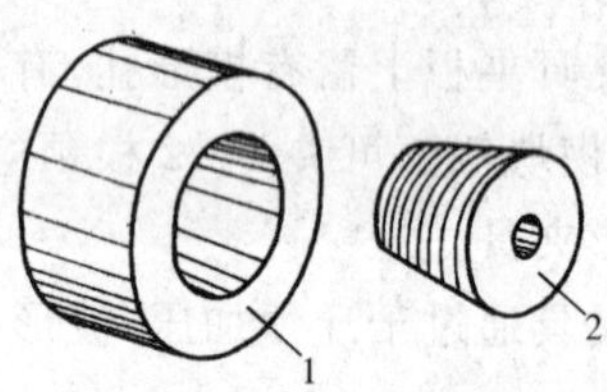

图 1-2-8　锥形锚具

1-锚环；2-锚塞

4)钢管混凝土螺杆锚(夹)具

钢管混凝土螺杆锚(夹)具(图 1-2-9)主要是利用在钢管中灌入的高强度等级混凝土或高强度等级膨胀水泥锚固钢丝，再进行张拉，可锚固多根高强钢丝。

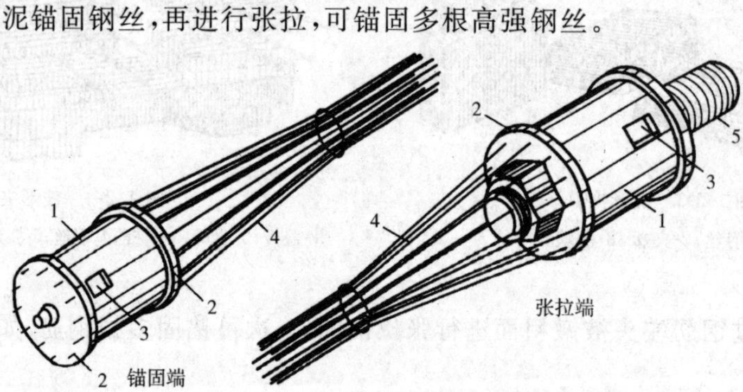

图 1-2-9　钢管混凝土螺杆锚(夹)具

1-钢管；2-钢板；3-浇灌孔；4-钢筋；5-螺杆

早期的预应力混凝土构件中，所施加的预应力吨位都是比较小的，而应力损失又比较大，因此，构件中预应力的永存力相对也就较小，与现代预应力相比，钢材用量仍偏大，使用起来也不是十分方便。

尽管早期的预应力有许多不完善之处，但是与普通钢筋混凝土相比，仍具有不少优点，如：预应力能提高构件的抗裂度和刚度；增加构件的耐久性；节约钢材和混凝土，减轻构件自重等。这就是预应力生命力之所在。

二、现代预应力技术

预应力技术从工程应用开始至今仅半个多世纪，但是，由于它所特有的优点，使其迅速发展，广泛地应用于各个领域，应用数量日益增多。具有代表性的是20世纪50年代中期，瑞士VSL国际公司研究成功并开始在实际工程中使用的威胜利(VSL)钢绞线后张系统，即罗辛格(Losingor)后张系统。由于这种体系的锚具可靠性高，且具有施工操作简便、高效、适用性广等优点，而迅速为各国所采用，成为目前国际上大、中型预应力结构工程设计、施工中所广泛采用的主要方法之一。

现代预应力技术的发展主要可概括为以下几个方面。

1.高性能预应力混凝土的采用

由于预应力混凝土采用高强度、轻质材料，因而可以减少构件截面尺寸，从而减少混凝土用量，降低结构物自重，此外高强混凝土还具有良好的耐久性、低透水性及较高的弹性模量。因此，预应力混凝土结构采用高强、高性能的混凝土。抗压强度高达100MPa的混凝土早在20世纪30年代便能够工业化生产，现在实验室里已能制造出200MPa以上的混凝土。世界各国目前正致力于把高强混凝土的研究成果编入设计规范，我国目前规范中也已将混凝土强度等级提高到C80。

2.高强、超高强预应力筋的采用

在预应力构件中，预应力筋本身处于受拉状态，因此，其抗拉强度及弹性极限越高越好。另外，从节约钢材的角度考虑，也要求采用高强预应力筋，高强、低松弛和耐腐蚀是现代预应力钢材发展的方向。当今我们所使用的预应力筋强度较过去有显著提高，有的国家粗轧螺纹钢筋最大强度可达1 570MPa，而钢绞线在国内外工程中已普遍使用强度为1 860～2 000MPa的产品，有些国家已在研制强度更高的预应力筋。在欧洲，2 063MPa等级的预应力钢绞线已经批量生产。在日本，已经成功地研制出了2 300MPa级的钢绞线。

特别是钢绞线预应力筋由于强度高，锚固简单，加上与混凝土间握裹性能好，故欧洲各国及美日等国普遍采用钢绞线代替钢丝。在预应力筋中钢绞线占有绝对优势，而且这种优势将越来越大。为了提高钢绞线的使用性能，英国和日本研究出“模拔成型”的预应力钢绞线，日本神钢工业株式会社还研究出刻痕钢绞线。

为保证在不利环境下使用，延长结构的使用年限和耐久性，以及作为无黏结预应力筋和体外预应力配筋使用。外涂层预应力筋已开始在工程中使用，如镀锌钢丝、钢绞线、环氧涂层钢绞线、外包PE管及防护油脂的钢绞线等。

3.高效率的张拉锚固体系

预应力锚固体系经过几十年的发展，技术已臻完善。预应力施加方便，安全可靠，张拉力最大可达上千吨甚至更高，锚具效率系数很高。预应力产品标准化、系列化，品种齐全(如环锚、吊杆锚、缆索锚及岩土锚等)，可以满足各种不同的需要。

4. 预应力施工工艺不断创新

在现代预应力的发展过程中，随着预应力混凝土、预应力筋及预应力张拉锚固体系性能的不断提高，预应力混凝土结构及预应力施工工艺也在不断完善和创新。归纳起来，可由以下几个方面来表达。

(1)预应力混凝土结构的施工技术不断发展，如桥梁结构的阶段施工、逐跨施工及顶推施工法等，可以适应不同的桥梁施工需要。

(2)采用操作灵活、安全可靠的系列化千斤顶使预应力张拉变得非常简便。

(3)在后张法预应力筋的预留孔道中，采用高强度、高弹性橡胶抽拔棒，使抽拔省力，又不易损坏；提高抽拔棒的周转率，节省投资。金属及塑料波纹管的使用使曲线束、长束及密集束预留孔道变得方便可靠，可以完全避免采用抽拔成型时的断棒、塌孔现象发生。

(4)在后张法孔道灌浆中，灌浆技术有很大突破，特别是灌浆设备的改进及新技术的出现，如"二次灌浆"法、塑料波纹管及真空压浆技术的采用，确保了孔道灌浆的密实性。

(5)无黏结预应力技术的采用使预应力筋可在工厂制作，不必在混凝土构件中预留孔道，可与普通钢筋一样直接埋入混凝土中，大量地减少了现场施工工序，降低了成本，提高了结构的施工水平和施工速度以及产品质量。此外，作为体外预应力配筋，既减少了摩擦损失，又减小了构件断面尺寸，比前者更加方便、经济。

5. 预应力新技术不断出现

部分预应力混凝土结构，混凝土受拉区预压、受压区预拉的双向预应力混凝土结构，特别是缓黏结预应力的使用，使预应力技术上了一个新的台阶。

三、我国预应力技术的发展概况

我国预应力技术的研究及在工程中的应用起源于20世纪50年代，开始，只是使用低强度的钢筋。1956年，为满足我国第一个五年计划的需要，在天津钢厂，按照当时前苏联国家标准《预应力钢筋混凝土结构的圆形碳素钢丝》(ГОСТ 7348—1955)，试制成功了预应力钢丝，但水平较低，抗拉强度仅为1 000～1 200MPa。1963年，为满足南京长江大桥引桥预应力施加的需要，又参照英国《预应力混凝土结构用钢丝》(BS 2691—1963)标准，试制成抗拉强度为1 570～1 760MPa的预应力钢丝。并在试制与生产预应力钢丝和预应力钢绞线的基础上，于1965年发布实施了我国的《预应力混凝土结构用碳素钢丝》(YB 255—64)、《预应力混凝土结构用刻痕钢丝》(YB 256—64)与《预应力混凝土结构用钢绞线》(YB 286—64)三个标准。

1984年，天津钢厂率先引进意大利瑞得利(Redaelli)公司低松弛预应力钢丝稳定化生产线，生产出了低松弛预应力钢丝和镀锌预应力钢丝。

1988年，新华金属制品有限公司又全套引进意大利瑞得利(Redaelli)公司低松弛预应力钢绞线生产设备、检测设备及工艺操作技术，建成中国第一条高强度、低松弛预应力钢绞线生产线。随后，上海申佳、江阴华新等中外合资金属制品有限公司也分别引进国外的先进技术、先进设备，生产出高质量的预应力筋产品。

1985 年，我国在总结预应力钢丝与钢绞线生产与推广经验的基础上，修改了 1964 年部颁布的标准，正式制定了预应力钢丝与钢绞线的国家标准(GB 5223—85、GB 5224—85)，但与国际上最先进的水平相比还存在一定差距。经过 10 年的使用之后，1995 年又对国标进行了重新修订，制定了预应力钢丝与钢绞线的新国家标准(GB 5223—95、GB 5224—95)，2000 年以后再次对国标进行了修订，制定了预应力钢丝与钢绞线的新国家标准(GB/T 5223—2002、GB/T 5224—2003)，新标准已达到国际先进水平。自 1998 年以来，各预应力钢绞线生产厂家改用国产盘条生产钢绞线，极限强度普遍提高。上海申佳金属制品有限公司、江西新华金属制品有限公司和江阴厂先后研制出了 2 000 级的钢绞线，比目前常用的 1 860 级高出了 140MPa，强度提高了 7.5%。在预应力张拉锚固体系方面，由于国外技术的专利与保密，我国的研究与生产技术一直比较滞后。长期以来，以采用传统的预应力锚(夹)具为主，而钢绞线的锚(夹)具长期依赖进口。1962 年与 1975 年我国曾两次对钢绞线张拉锚固技术进行研究，但均没有成功。

1984 年，建设部将钢绞线预应力张拉锚固体系的研究列入科学技术开发计划，经过几年的研制、试用，于 1987 年前后推出了 XM 与 QM 两种预应力体系，填补了国内的空白，为国家节省了大量的外汇。随后 YM 体系与 OVM 体系等相继研制开发成功，我国的预应力张拉锚固技术得到了迅速发展，产品不断完善，已达到国际先进水平，并已向国外出口。

第三节 预应力技术的未来

未来的建筑和其他结构工程将要求高强、轻质、抗震、耐火和耐腐蚀，而采用预应力混凝土最能满足这些要求。因为它是两种高强度材料的结合，因而能消除结构中的永久裂缝，而且结构强度高，寿命长，耐久性好，很少需要维修，加上大力采用轻质混凝土，将会使结构更轻，抗震性能得到提高。

另一方面，预应力混凝土中混凝土原料——砂石、水泥基本上是取之不尽的，预应力筋——钢材用量也很省，它不仅比钢结构省得多，而且比普通钢筋混凝土也省得多。

因此，预应力技术的应用使得预应力混凝土结构是当前世界上最重要、最有发展前途的结构之一。展望未来，预应力技术的发展可简单地归纳为以下几个方面。

1. 应用范围越来越广，应用数量日益增多

过去，预应力技术主要用于公路与铁路桥梁、油罐和水塔、压力管道和铁路轨枕等混凝土结构，现在已扩大到高层建筑、地下建筑、海洋工程、压力容器、核电站工程、电视塔、地锚、基础工程、起重运输等新领域，并且还不断地进入更新的领域，今后将必然更广泛地应用于各种结构工程及其他领域。在应用数量方面，今后也将随着应用领域的不断拓宽及建筑和其他结构工程的大规模发展而迅猛增长。

2. 预应力混凝土向高强、轻质发展

今后的预应力混凝土抗压强度将达 200MPa 以上，由于采用轻质集料，混凝土的重度将减小到 14～19kN/m^3 以下，并具备热反应低、密水、相对密度小、耐磨、低收缩、抗拉强度高、低应变、耐疲劳及放气少等特征。

3. 预应力筋向高强度、低松弛、大直径和耐腐蚀的方向发展

今后的预应力钢材将普遍采用抗拉强度超过 2 000MPa，松弛率不超过 2.0%的 7×ϕ5mm、7×ϕ7mm 以上的钢绞线及 ϕ7mm、ϕ9mm 以上的高强钢丝，直径为 16mm 以上的、抗拉强度为 1 450MPa 的调质热处理钢筋以及抗拉强度达 1 100MPa 的大直径精轧螺纹钢筋。研制和使用新的或特种预应力筋产品，如不锈钢制品、高分子涂覆产品、超高强产品以及高耐腐蚀的碳纤维类高分子制品等。

4. 高效率的预应力张拉锚固体系

今后的预应力张拉锚固体系将非常完善，在一定的范围内，预应力吨位可根据实际需要任意选用，而且使用方便，安全可靠。

5. 成熟的预应力施工工艺

今后的预应力施工向工业化、专业化方向发展，实现施工工艺标准化，由计算机实行自动化控制与管理。

6. 预应力的设计、计算理论不断完善

在今后的预应力混凝土或其他结构中，随着预应力设计、计算理论的不断完善，计算方法将变得简单、可靠，预应力的设计也就变得方便、容易。结构将更加耐久，预应力混凝土梁的跨越能力将更大。

第二章　预应力张拉锚固体系

预应力体系通常可根据预应力筋的形式——钢筋、钢丝或钢绞线划分为三类。预应力的施加可根据时间分为两类，即先张法和后张法；后张预应力体系的施工又可分为有黏结和无黏结两种。本章根据预应力筋的分类介绍各种适用的预应力张拉锚固体系。根据所收集到的资料，在下列各节中提供国内几种预应力张拉锚固体系综合性的设计参数与细部尺寸。在所介绍的每种体系中都可能有新开发的锚具或对现有锚具细部所作的修改，这里尚没有包括在内。如果所列的资料内容与实际产品有出入时，应以生产厂家提供的资料为准。

第一节　预应力粗钢筋张拉锚固体系

一、概述

预应力粗钢筋冷轧螺纹锚具（轧丝锚）是同济大学研制成功的高强度粗钢筋锚固体系。

轧丝锚是在高强度光圆钢筋的端部，用专用工具冷轧出外径大于钢筋直径的螺纹。由于材料经过冷作强化，故冷轧螺纹段钢材具有与原有圆钢筋同样的抗拉强度，达到了充分利用钢材的目的。采用特种螺母锚固，不仅锚固性能可靠，操作简便，而且预应力损失较小，可以用在预应力钢筋极短的场合。采用螺杆、螺母锚固方式又可以多次重复张拉、放松，还能方便地采用连接器多次接长，以适应不同的结构和施工工艺要求。由于高强精轧螺纹钢筋的大量使用，这种张拉锚固体系的应用越来越少。

上海通用工具厂从同济大学购进了这套生产技术，专业生产直径为 25mm 及 32mm 的四级冷拉钢筋轧丝锚具及轧丝钢筋。

二、锚具、连接器

轧丝锚具分张拉锚具与固定锚具两种。张拉锚具的结构见图 2-1-1，其成套设计参数见表 2-1-1；固定锚具的结构见图 2-1-2，其成套设计参数见表 2-1-2。轧丝锚采用套筒式连接器接长钢筋，连接器的结构见图 2-1-3，其系列设计参数见表 2-1-3。

张拉锚具成套设计参数　　表 2-1-1

钢筋直径 (mm)	冷轧螺纹	螺母 $S\times H$ (mm)	垫圈 $D\times d\times t$ (mm)	锚下垫板		管道直径 (mm)	最小弯曲半径(m)
				$a\times b\times t_1$ (mm)	中心孔径 ϕ(mm)		
25	M27×3.0	41×40	70×30×6	100×100×14 120×120×16	36	34 (1″水管)	≥18

续上表

钢筋直径(mm)	冷轧螺纹	螺母 S×H (mm)	垫圈 D×d×t (mm)	锚下垫板		管道直径(mm)	最小弯曲半径(m)
				$a\times b\times t_1$ (mm)	中心孔径 ϕ(mm)		
32	M34×3.0	55×50	80×37×8	120×120×16 140×140×18	45	43 ($1\frac{1}{4}$水管)	≥24

注:1.表中符号:S-螺母六角形对边间距离;H-螺母的高度;D-圆垫圈直径;d-圆垫圈孔径;t-圆垫圈厚度;a、b-垫板边长;t_1-垫板厚度。

2.螺母:A型无排浆槽;B型带排浆槽。

3.垫板下承受局部应力的钢筋规格须与混凝土的强度相适应,可由规范建议的计算方法确定。

4.表中管道直径系指目前一般使用水管作抽拔方法制孔的尺寸;如采用其他方法制成的管径较大时,需相应地变更ϕ的尺寸及加厚垫圈的厚度。

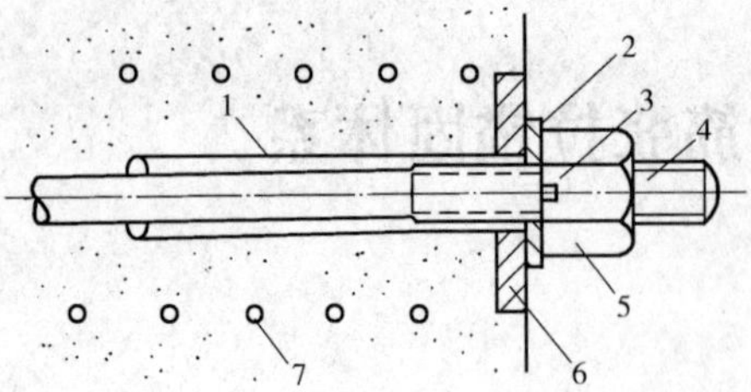

图 2-1-1 张拉锚具结构

1-预留孔道;2-圆垫圈;3-排气槽,4-钢筋;5-锚固螺母;6-锚垫板;7-螺旋钢筋

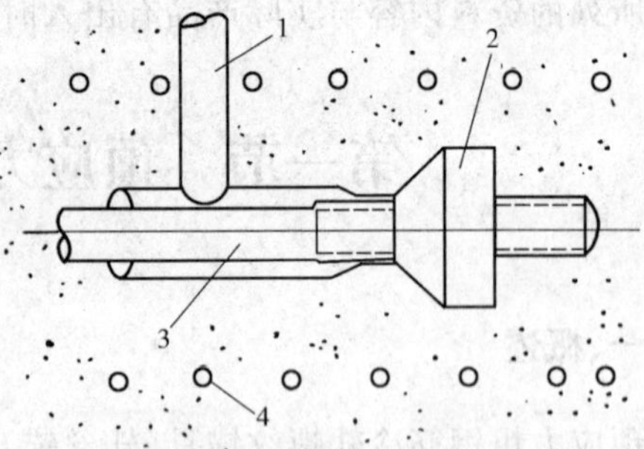

图 2-1-2 固定锚具结构

1-压浆管;2-锥形螺母;3-钢筋;4-螺旋钢筋

固定锚具成套设计参数 表 2-1-2

钢筋直径(mm)	锥形螺母		螺旋箍距				
	外直径(mm)	厚度(mm)	材料	直径(mm)	螺圈直径(mm)	螺圈圈径(mm)	钢筋长度(mm)
25	55	40	A3	12	130	35	3 000
32	70	50	16Mn	12	160	35	3 800

注:1.锥形螺母的材料与锚固螺母相同。螺母的内螺纹在锥形的一侧(即施力的一侧)仍需设置内斜棱,规格也与锚固螺母相同。

2.螺旋箍筋两端的钢筋头要与自身焊合。

3.螺母设置在螺旋钢筋从施力一侧算起的后1/3点处。

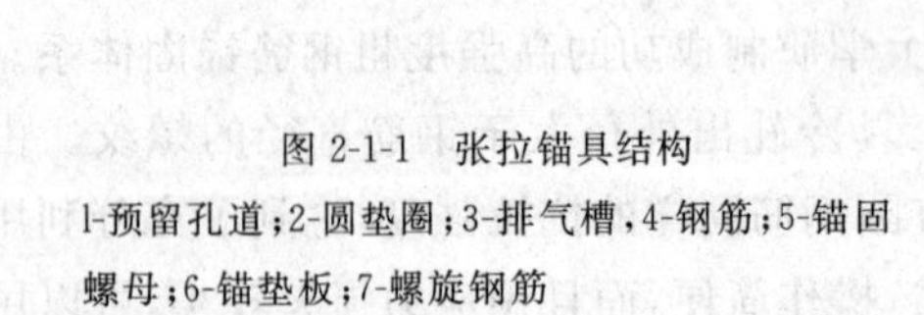

图 2-1-3 连接器结构

1-钢筋;2-连接套筒;3-钢筋轧丝部分

连接器系列设计参数 表 2-1-3

钢筋直径(mm)	套筒尺寸(mm)	
	外径	长度
25	45	90
32	60	100

轧丝锚采用的冷拉Ⅳ级钢筋的使用参数见表 2-1-4。

Ⅳ级圆钢筋轧丝锚具的使用参数　　表 2-1-4

钢材规格		冷拉力(kN) $\sigma_L=735$MPa	张拉控制力(kN) $\sigma_k=0.85\sigma_L=625$MPa
直径(mm)	截面面积(mm^2)		
25	491	361	307
32	804	591	503

三、张拉千斤顶

参见高强精轧螺纹钢筋张拉锚固体系相应部分。

四、预应力的施加方法

参见高强精轧螺纹钢筋张拉锚固体系相应部分。

五、主要特点

(1)预应力筋采用螺母锚固,锚固性能可靠。

(2)可以多次重复张拉、放松,操作方便。

(3)预应力筋回缩损失很小,可以用在预应力筋较短的场合,例如竖向预应力束和桥面横向预应力束。

(4)采用套筒式连接器可以任意接长钢筋。

六、注意事项

(1)冷拉Ⅳ级圆钢筋在使用前,必须在两端冷轧出螺纹;螺纹的长度应根据预应力筋的延伸率通过计算确定,轧丝过长浪费钢材和工时,过短则满足不了锚固要求。

(2)冷轧螺纹受热容易失效,应严格禁止采用电焊、气割切割轧丝后的钢筋。

(3)预应力粗钢筋由于刚度大,不易弯曲,通常作为直线预应力筋使用。如确需作曲线预应力筋使用时,其曲率半径应满足表 2-1-1 的要求。

(4)市场供应的粗钢筋强度与钢丝、钢绞线相比较低,定尺长度也较短,材料用量相对偏大。在"价格—永存强度"比合算时,可以应用于较长的预应力束中。

第二节　预应力高强精轧螺纹钢筋张拉锚固体系

一、概述

我国冶金、建筑等部门于 20 世纪 70 年代中、后期开始研制精轧螺纹钢筋。鉴于高强精轧螺纹钢筋具有广泛的应用领域,从 1983 年起,冶金部建筑研究总院及交通部公路规划设计院

等单位对 ϕ25mm、ϕ32mm 两种直径的高强精轧螺纹钢筋进行了研制。精轧螺纹钢筋张拉锚固体系除具有粗钢筋冷轧螺纹张拉锚固体系的所有优点外，还具有受热不失效，钢筋可实现在任意点锚固连接的特点，既可用于后张法，也可用于先张法，因此得到广泛的应用。

二、锚具、连接器

精轧螺纹钢筋锚具、连接器主要用于直径为 ϕ25、ϕ32mm 精轧螺纹钢筋的张拉锚固与连接，由于精轧螺纹钢筋刚度大，不易弯曲，仅作为直线预应力筋使用。加工锚具时需提供精轧螺纹钢筋样品配合加工。以 OVM 预应力体系为例进行介绍。

OVM 的精轧螺纹钢锚具由螺母、垫板、螺旋筋组成，螺母、垫板分圆头、平头两种。JLM 型锚具的构造见图 2-2-1，其成套设计参数见表 2-2-1；JLL 型连接器的构造见图 2-2-2，其成套设计参数见表 2-2-2。

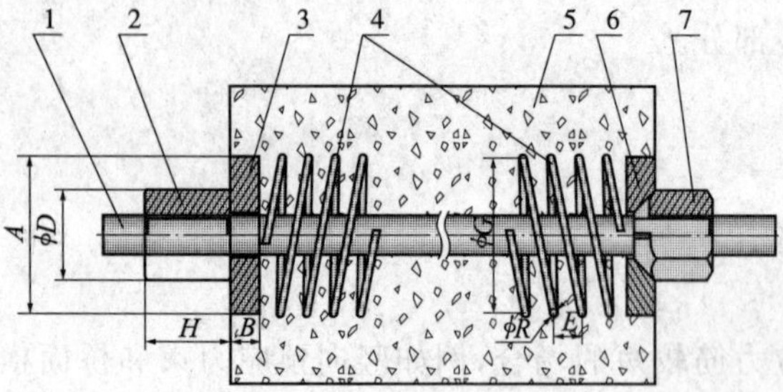

图 2-2-1　JLM 型锚具构造图

1-钢绞线；2 螺母（平头）；3-垫板（平头）；4-螺旋筋；5-混凝土；6-垫板（圆头）；7-螺母（圆头）

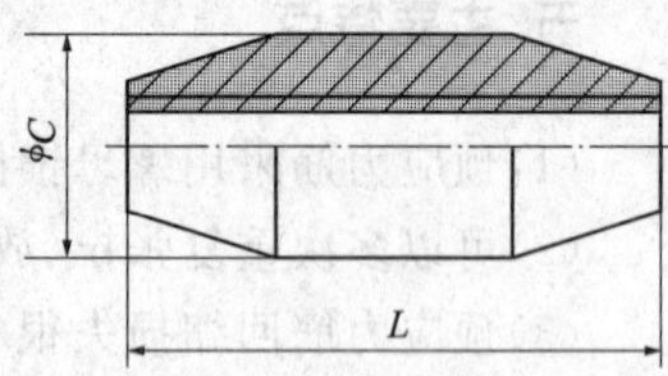

图 2-2-2　JLL 型连接器构造图

JLM 型精轧螺纹钢筋锚具成套设计参数（单位：mm）　　表 2-2-1

型　号	ϕD	H	A	B	螺旋筋			
					ϕG	ϕR	E	圈数
JLM-25(平)	60	60	100	25	115	6.5	40	4
JLM-25(圆)	60	60	100	25	115	6.5	40	4
JLM-32(平)	70	70	120	25	130	6.5	50	4
JLM-32(圆)	70	70	120	25	130	6.5	50	4

JLL 型精轧螺纹钢筋连接器成套设计参数（单位：mm）　　表 2-2-2

型　号	L	ϕC	型　号	L	ϕC
JLL-25	160	45	JLL-32	160	160

三、张拉千斤顶

JLM 型精轧螺纹钢筋锚具配用 YCW60B 千斤顶和专用的连接头进行张拉。YCW60B 系列千斤顶的结构及安装空间等要求，分别见 OVM 预应力体系的图 2-7-74、图 2-7-75 及表2-7-72。

四、预应力的施加方法

精轧螺纹钢筋的张拉可参见《公路桥涵施工技术规范》(JTG/T F50—2011)的相关规定。配用千斤顶的一般操作步骤见图2-2-3，施加预应力时采取边张拉、边拧紧锚具的方法：

(1)安装锚具——螺母及垫板，用扳手拧紧。

(2)将穿心拉杆旋戴在预应力高强精轧螺纹粗钢筋上至少6丝螺纹。

(3)千斤顶就位，套在穿心拉杆上，撑套脚抵压垫板，链轮套管套上螺母，带上并拧紧穿心拉杆螺母。

(4)前油嘴进油，后油嘴回油，活塞向后移动张拉预应力钢筋，并随张拉不断转动拧紧装置，直至设计要求。

(5)前油嘴回油，后油嘴进油，活塞向前移，一个循环张拉结束。

(6)若需进行二次张拉，先将穿心拉杆螺母向前旋进并拧紧，重复第(4)、(5)动作即可；若再重复第(4)、(5)动作，可满足长钢筋大伸长量的要求。

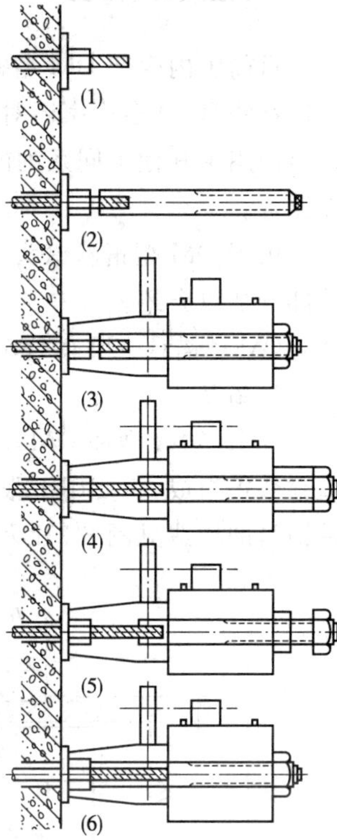

图2-2-3　预应力施加示意图

五、主要特点

精轧螺纹钢筋张拉锚固体系除具有粗钢筋冷轧螺纹张拉锚固体系的所具有的优点外，还具有以下优点。

(1)精轧螺纹钢筋由于螺纹沿钢筋通长布置，又称全螺纹钢筋。因此除作为预应力钢筋使用外，还可作为吊杆、螺杆、顶推施工的牵引杆等使用。

(2)精轧螺纹钢筋为热轧钢筋，螺纹受热不容易失效，对施工限制小。

(3)由于无须轧螺纹，使用方便。

六、注意事项

精轧螺纹粗钢筋由于刚度大，不易弯曲，通常仅作为直线预应力筋使用。如确需作曲线预应力筋使用时，其曲率半径应满足相关要求。

第三节　DM型预应力张拉锚固体系

一、概述

1966年同济大学公路研究所研制成功钢丝液压冷镦器后，在桥梁上首先应用镦头锚具，并逐步推广到其他领域。这种锚固体系的工作原理是先将钢丝穿过固定端锚板及张拉端锚杯中比钢丝直径稍大的圆孔，然后利用镦头器对钢丝两端进行镦头，镦头直径大于孔洞的直径，使钢丝不能脱出。再通过张拉锚杯达到施加预应力的目的。

二、锚具、连接器

目前国内生产 DM 型钢丝镦头锚固体系的厂家众多，几乎所有预应力产品生产厂家都生产这种锚具，许多厂家还对这种体系进行重大改进。除标准的 DMSA 和 DM5B 系列外，还设计与使用了其他不同系列的产品，如锚环式、锚杆式、锚板式、组合式（与夹片锚组合使用）、连接器等。

由于 DM 型钢丝镦头锚固体系的产品品种众多，规格各异，无法逐一介绍，在此仅对通用的部分加以介绍。

DM 型锚具主要有 DM5(7)A 和 DM5(7)B 型两种，连接器有 DM5(7)C 和 DM5(7)K 两种。

1.锚具

DM5(7)A 型和 DM5(7)B 型锚具是最常用的镦头锚具。DM5(7)A 型锚具由锚杯与螺母及锚垫板组成，主要用于张拉端；DM5(7)B 型锚具由锚板与锚垫板组成，主要用于固定端。两种锚具的构造见图 2-3-1 及图 2-3-2，其系列设计参数见表 2-3-1 及表 2-3-2。

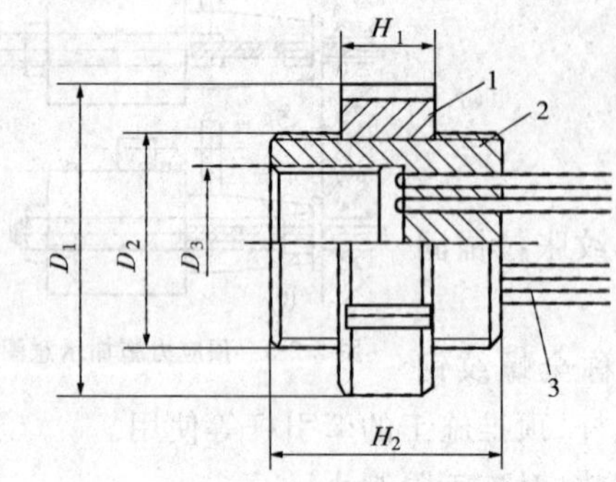

图 2-3-1 DM5(7)A 型锚具构造

1-螺母；2-锚杯；3-钢丝束

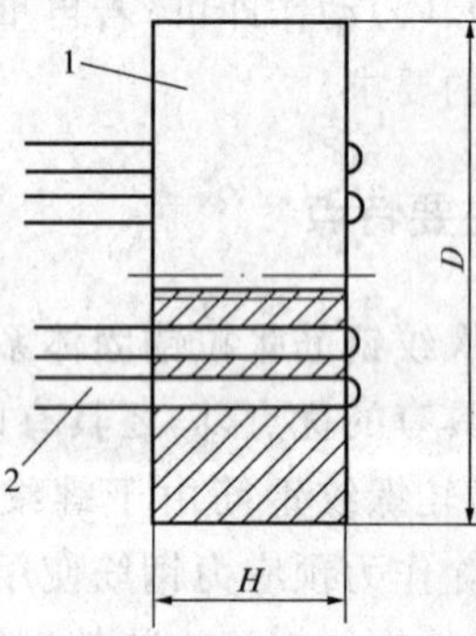

图 2-3-2 DM5(7)B 型锚具构造

1-锚板；2-钢丝束

DM5(7)A 型锚具系列设计参数 表 2-3-1

型 号	材料规格(mm)	钢丝根数	ϕD_1 (mm)	H_1 (mm)	ϕD_2 (mm)	ϕD_3 (mm)	H_2 (mm)	张拉机具
DM5A-12	ϕ5	12	85	25	M60	M45	60	YC60A、YCT70型等穿心千斤顶
DM5A-14	ϕ5	14	85	25	M60	M45	60	
DM5A-16	ϕ5	16	90	25	M64	M45	70	
DM5A-18	ϕ5	18	95	25	M64	M45	70	
DM5A-20	ϕ5	20	100	30	M72	M52	75	
DM5A-24	ϕ5	24	110	30	M76	M55	75	YC100、YCT100型等穿心千斤顶
DM5A-28	ϕ5	28	120	30	M85	M64	75	
DM5A-30	ϕ5	30	125	30	M90	M64	80	
DM5A-36	ϕ5	36	135	35	M95	M70	85	

续上表

型　号	材料规格（mm）	钢丝根数	ϕD_1（mm）	H_1（mm）	ϕD_2（mm）	ϕD_3（mm）	H_2（mm）	张拉机具
DM5A-42	ϕ5	42	140	35	M100	M72	95	YC120、YCT120型等穿心千斤顶
DM5A-48	ϕ5	48	150	40	M105	M76	115	
DM5A-54	ϕ5	54	155	40	M105	M80	120	YC200、YCT200型等穿心千斤顶
DM5A-56	ϕ5	56	160	40	M120	M85	160	
DM5A-84	ϕ5	84	185	54	M134	M98	160	YC300、YCT350型等穿心千斤顶
DM5A-135	ϕ5	135	225	64	M165	M115	160	
DM7A-12	ϕ7	12	105	30	M75	M58	75	YCl20、YCT120型等穿心千斤顶
DM7A-18	ϕ7	18	140	40	M82	M60	82	
DM7A-24	ϕ7	24	150	50	M105	M72	100	
DM7A-48	ϕ7	48	210	60	M138	M100	138	YC200、YCT200型等
DM7A-54	ϕ7	54	220	75	M150	M111	155	YC300、YCT350型等穿心千斤顶
DM7A-84	ϕ7	84	250	85	M180	M135	175	

注：螺纹的螺距允许另行酌定，但相配件要对应。

DM5(7)B 型锚具系列设计参数　　表 2-3-2

型　号	材料规格（mm）	钢丝根数	ϕD（mm）	H（mm）	型　号	材料规格（mm）	钢丝根数	ϕD（mm）	H（mm）
DM5B-12	ϕ5	12	80	25	DM5B-54	ϕ5	54	140	60
DM5B-14	ϕ5	14	80	25	DM5B-56	ϕ5	56	140	65
DM5B-16	ϕ5	16	85	30	DM7B-12	ϕ7	12	90	36
DM5B-18	ϕ5	18	85	35	DM7B-18	ϕ7	18	100	41
DM5B-20	ϕ5	20	90	35	DM7B-24	ϕ7	24	140	50
DM5B-24	ϕ5	24	95	35	DM7B-48	ϕ7	48	160	70
DM5B-28	ϕ5	28	105	35	DM7B-54	ϕ7	54	220	75
DM5B-36	ϕ5	38	115	42					

2. 连接器

DM5(7)C 与 DM5(7)K 型产品只有与张拉端锚具配套使用才能构成一副完整的连接器，其作用是接长预应力钢丝束。图 2-3-3 及图 2-3-4 分别为 C 型及 K 型产品构造图，图 2-3-5 为接长预应力钢丝束示意图，C 型及 K 型产品的系列设计参数见表 2-3-3。

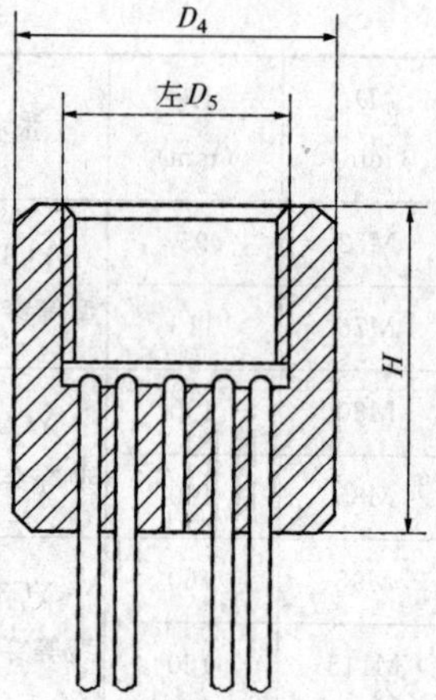

图 2-3-3　DM5(7)C 型产品构造

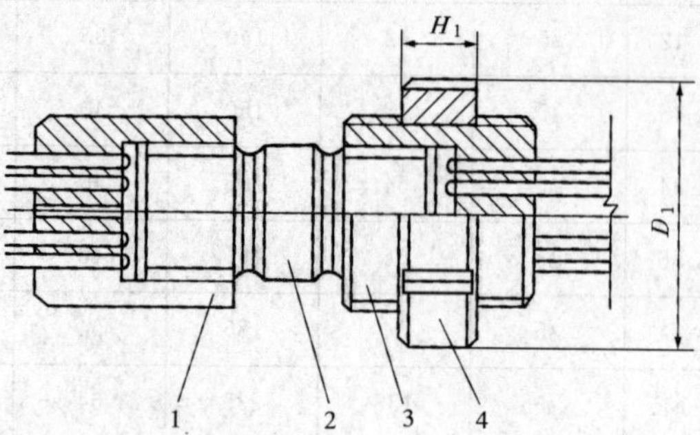

图 2-3-4　DM5(7)K 型产品构造

1-连接锚杯；2-连接器；3-A 型锚具；4-螺母

C 型与 K 型系列产品设计参数　　表 2-3-3

型　号	材料规格(mm)	钢丝根数	ϕD_4(mm)	H(mm)	$\phi D_5/D_6$
DM5C-24	ϕ5	24	76	75	M55
DM5C-36	ϕ5	36	95	85	M70
DM5C-56	ϕ5	56	120	160	M85
DM7C-18	ϕ7	18	80	82	M60
DM7C-24	ϕ7	24	105	100	M72
DM7C-48	ϕ7	48	132	138	M100
DM5K-24	ϕ5	24	—	120	M55
DM5K-36	ϕ5	36	—	180	M70
DM5K-56	ϕ5	56	—	245	M85
DM7K-18	ϕ7	18	—	125	M60
DM7K-24	ϕ7	24	—	142	M72
DM7K-48	ϕ7	48	—	185	M100

三、张拉千斤顶

DM 型锚具配套的千斤顶有 YC 系列、YCT 系列等穿心式千斤顶。该千斤顶穿心杆一端配备有能与锚杯内螺纹连接的工具杆与锚杯相连，另一端穿过千斤顶用螺母锚于千斤顶后部。YC 千斤顶的外形结构见图 2-3-6，其技术参数见表 2-3-4。

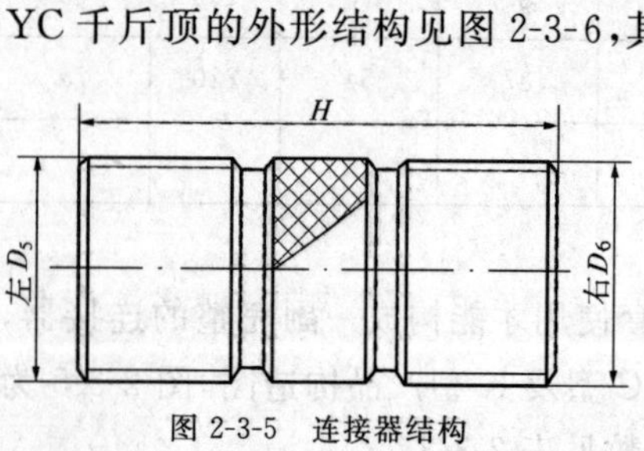

图 2-3-5　连接器结构

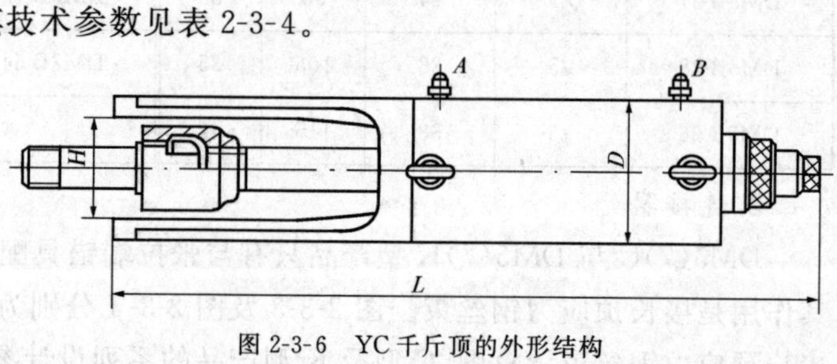

图 2-3-6　YC 千斤顶的外形结构

YC系列千斤顶技术参数　　表2-3-4

项　目		单位	YC60A型	YC100型	YC120型	YC200型	YC300型
额定压力		MPa	40	50	50	50	50
张拉活塞面积		m^2	1.625×10^{-2}	2.5×10^{-2}	2.5×10^{-2}	4.188×10^{-2}	6.275×10^{-2}
张拉力		kN	600	1 000	1 200	2 000	3 000
张拉行程		mm	200	200	300	400	300、400、500
回程活塞面积		m^2	0.24×10^{-2}	0.6×10^{-2}	1.6×10^{-2}	2.373×10^{-2}	3.134×10^{-2}
穿心孔径		mm	55	65	75	104	122
质　量		kg	110	270	150	550	771、823、915
外形尺寸	D	mm	$\phi195$	$\phi243$	$\phi250$	$\phi320$	$\phi390$
	L	mm	765	830	1 250	1 520	1 570、1 670、1 770
	A	mm	120	140	180	210	340

注：螺纹的螺距允许另行酌定，但相配件要对应。

四、预应力的施加方法

DM型预应力张拉锚固体系通常用于直线预应力筋，近年来也有在曲线预应力筋上应用的实例，并且在技术上有了新的突破。

1. 预留孔道

DM型预应力张拉锚固体系可以一端固定，一端张拉；也可以两端张拉。钢丝束的预留孔道直径一般应比钢丝束外径大4～8mm。

在张拉端，预留孔道还必须扩孔，扩孔直径一般应比锚杯的外径大4～8mm。扩孔长度主要考虑张拉伸长值以及穿束后另一端镦头所需的工作长度(300～400mm)，一般可取500mm；但当钢束长度大于30m时，应根据需要适当加长。

当采用两端张拉时，除一端需扩孔长500mm外，另一端也必须扩孔，但仅考虑张拉伸长值影响，取100～200mm长就可以了。

扩大孔务必与中间孔同心并与端部预埋钢板垂直，相邻孔道间考虑锚固后锚具至少应保持5mm的空隙。

2. 镦头与张拉

在钢束下料完成后，即可进行编束，将钢丝的一端穿过锚杯后镦头，待钢丝束的另一端穿过孔道及另一端锚杯或锚板后再镦头。

钢丝镦头采用液压冷镦器，其实物图见图2-3-7，技术参数见表2-3-5。

图2-3-7　液压冷镦器实物图

冷镦器技术参数　　表2-3-5

项目＼型号	LD-10型	LD-20K型	项目＼型号	LD-10型	LD-20K型
最大镦头力(kN)	88.2	185	可镦钢丝规格(mm)	$\phi4$、$\phi5$、$\phi6$	$\phi7$
最大切断力(kN)	172.8	320	可切钢丝规格(mm)	$\phi4\sim\phi12$	$\phi7\sim\phi16$
额定压力(MPa)	40	43			

钢丝镦头的头形有蘑菇形与平台形两种(图 2-3-8)。镦头要求头形圆整,不偏斜,强度不低于钢丝标准强度的 98%,颈部母材不受损伤,但允许有纵向不贯通的钢丝镦头裂纹。镦头的尺寸要求见表 2-3-6。

镦头的尺寸 表 2-3-6

钢丝直径 ϕ(mm)	镦头直径 D(mm)	镦头高度 H(mm)
5	7.6~8.0	4.9~5.5
7	10.3~10.9	6.7~7.7

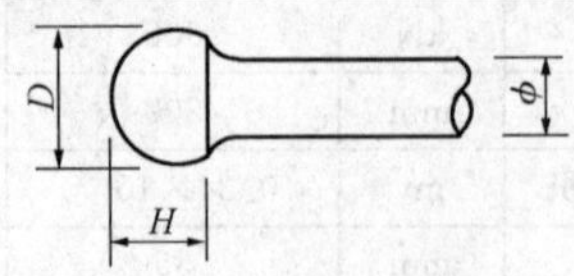

钢丝束的张拉应注意严格对中,以免损坏锚杯的外螺纹,锚固后钢丝束回缩值一般为 1mm。锚具安装及千斤顶安装示意见图 2-3-9。

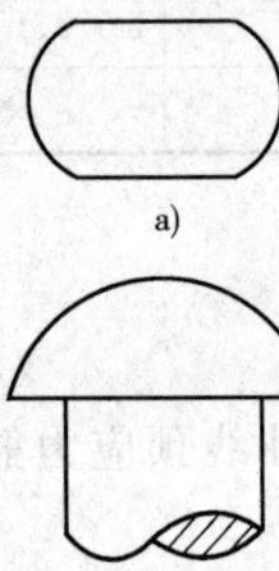
a)
b)

图 2-3-8 镦头形状

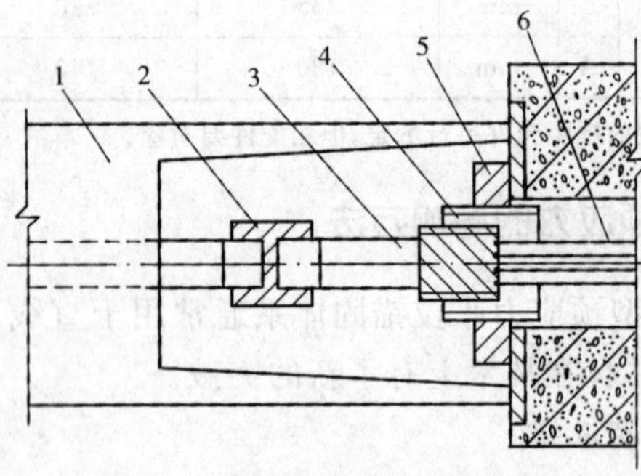

图 2-3-9 锚具与千斤顶安装示意图

1-千斤顶;2-工具锚;3-工具杆;4-锚杯;5-螺母;6-钢丝束

五、主要特点

(1)与夹片锚相比,虽操作较复杂,人工费用高,但使用成本较低。

(2)预应力钢丝束的回缩值较小,可用于短束锚固。

六、注意事项

(1)为保证施工安全,锚杯拉出孔道后应及时拧上螺母,在千斤顶回油锚固后,稍停再拆拉杆。

(2)预应力钢丝的下料长度需精确计算,不可过长或过短。否则,张拉完成后,因锚杯拉出孔道太长或太短,均无法有效锚固。

(3)由于受锚杯长度的限制,一次张拉的束长不能太长。要使用长束,就必须加长锚杯或加连接器,同时,也会加大成本。

第四节 LM 型预应力张拉锚固体系

一、概述

LM 型钢丝冷铸镦头锚具主要用于锚固平行钢丝束,其工作原理与 DM 型锚具相似。不同的是固定端也用锚杯,并用锌合金或环氧树脂钢砂浇灌在两端锚杯的内腔内,形成冷铸镦头式锚具。因此,比DM型锚具更安全、更可靠,并具有良好的抗疲劳性能,通常用在斜拉桥斜拉索或其他桥的吊索等应力变化幅度较大的体外预应力束上。目前国内生产LM型钢丝冷铸镦头锚固体系的厂家也众多,也无法逐一介绍,在此也仅对通用的部分加以介绍。

二、锚具

LM型锚具分张拉端和固定端两种,张拉端锚具有供张拉用的内螺纹。国内通常采用环氧树脂钢砂作冷铸剂。LM型锚具的构造见图2-4-1,锚具系列设计参数见表2-4-1及表2-4-2。

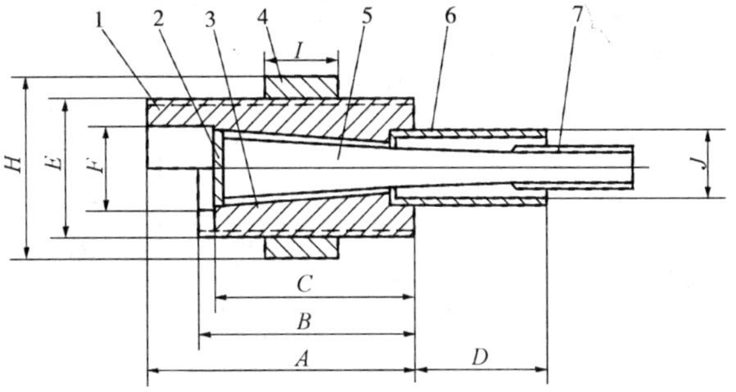

图2-4-1　LM型锚具的构造

1-张拉端锚杯;2-锚板;3 固定端锚杯;4-螺母;5-环氧钢砂;6-连接管;7-PE护套

LM5型锚具系列设计参数(单位:mm)　　表2-4-1

规格LM5	A	B	(I)	(H)	E	J	F
37	240	220	60	ϕ150	T100×6	ϕ57	T80×6
55	280	240	75	ϕ190	T140×6	ϕ89	T110×6
61	280	240	75	ϕ190	T140×6	ϕ95	T110×6
73	340	280	100	ϕ210	T160×8	ϕ95	T120×8
85	340	280	100	ϕ210	T160×8	ϕ95	T120×8
91	350	290	100	ϕ230	T170×8	ϕ102	T130×8
109	360	295	120	ϕ240	T180×10	ϕ108	T135×10
121	380	295	120	ϕ250	T190×10	ϕ114	T140×10
127	400	315	120	ϕ260	T200×10	ϕ121	T150×10
139	430	325	120	ϕ270	T200×10	ϕ121	T150×10
151	430	325	140	ϕ270	T200×10	ϕ121	T150×12
163	450	345	140	ϕ280	T210×12	ϕ127	T155×12
187	460	355	140	ϕ290	T220×12	ϕ133	T160×12
199	490	360	140	ϕ300	T230×12	ϕ133	T165×14
211	500	360	170	ϕ300	T230×12	ϕ133	T165×14
223	500	370	170	ϕ310	T240×14	ϕ140	T175×14
241	530	380	170	ϕ330	T250×14	ϕ152	T180×16
253	540	390	170	ϕ340	T260×14	ϕ152	T190×16
265	550	400	170	ϕ340	T260×14	ϕ152	T190×16
283	560	410	170	ϕ350	T270×14	ϕ159	T200×16
301	570	420	190	ϕ360	T280×16	ϕ159	T205×16

注:螺纹的螺距可以根据用户的要求修改,但螺母的相应尺寸(I和H)必须相应调整。

LM7 型锚具系列设计参数(单位:mm)　　表 2-4-2

规格 LM7	A	B	(I)	(H)	E	J	F
37	360	320	80	ϕ210	T150×6	ϕ102	T120×6
55	380	340	80	ϕ230	T170×6	ϕ114	T140×6
61	380	340	80	ϕ230	T170×6	ϕ114	T140×6
73	400	360	100	ϕ250	T190×8	ϕ127	T155×6
85	400	360	100	ϕ250	T190×8	ϕ127	T155×6
91	430	370	100	ϕ260	T200×8	ϕ133	T165×8
109	450	390	120	ϕ290	T220×10	ϕ140	T180×8
121	500	415	120	ϕ300	T230×10	ϕ146	T185×10
127	510	425	120	ϕ310	T240×10	ϕ152	T195×10
139	510	425	120	ϕ310	T240×10	ϕ152	T195×10
151	520	435	120	ϕ330	T250×10	ϕ159	T200×10
163	540	455	120	ϕ340	T260×10	ϕ159	T210×10
187	570	485	150	ϕ350	T270×12	ϕ168	T220×10
199	620	515	150	ϕ370	T280×12	ϕ168	T225×12
211	630	525	150	ϕ380	T290×12	ϕ180	T235×12
223	640	535	150	ϕ390	T300×12	ϕ180	T240×12
241	650	545	170	ϕ400	T310×14	ϕ194	T250×12
253	700	570	170	ϕ420	T320×14	ϕ194	T260×12
265	700	570	170	ϕ420	T320×14	ϕ194	T260×14
283	720	590	170	ϕ430	T330×14	ϕ203	T265×14
295	740	610	190	ϕ440	T340×14	ϕ203	T270×14
301	740	610	190	ϕ440	T340×16	ϕ203	T270×14
313	780	630	190	ϕ470	T360×16	ϕ219	T285×14
337	780	630	190	ϕ470	T360×16	ϕ219	T285×16
349	800	650	190	ϕ480	T360×16	ϕ219	T295×16
367	800	650	190	ϕ480	T370×18	ϕ219	T295×16
397	840	690	220	ϕ510	T390×18	ϕ245	T310×16
421	870	720	220	ϕ520	T400×18	ϕ245	T320×16
511	950	1 100	250	ϕ610	T450×20	ϕ299	T360×18

注:螺纹的螺距可以根据用户的要求修改,但螺母的相应尺寸(I 和 H)必须相应调整。

三、张拉千斤顶

LM 型钢丝冷铸镦头锚具可以与多种穿心千斤顶配套使用,如 YCD、YDC、YCW、YC、YCT 等。此仅将合肥威胜利工程有限公司的 YCT 型系列千斤顶技术参数列于表 2-4-3。

YCT 型系列千斤顶技术参数　　表 2-4-3

型　号	公称张拉力(kN)	公称油压(MPa)	张拉活塞面积(cm^2)	回程油压(MPa)	穿心孔直径(mm)	张拉行程(mm)	质量(kg)	外形尺寸 长(mm)×外径(mm)
YCT70	708.1	56	126.39	≤15	ϕ68	150	56	376×ϕ190
YCT120	1 227.1	56	219.13	≤15	ϕ90	150	105	353×ϕ260
YCT200	2 019	57	354.22	≤15	ϕ124	150	184	423×ϕ330
YCT280	2 832.5	56	505.8	≤15	ϕ136	150	238	427×ϕ370
YCT350	3 594	55	653.45	≤15	ϕ160	200	353	506×ϕ420
YCT450	4 926.04	56	879.65	≤15	ϕ160	200	444	521×ϕ460
YCT550	5 629.7	56	1 005.34	≤15	ϕ172	200	672	543×ϕ510
YCT650	6 685.3	56	1 193.3	≤15	ϕ240	200	763	545×ϕ560
YCT800	8 096.36	54	1 499.32	≤15	ϕ260	200	1 051	550×ϕ620
YCT1000	10 173.5	53	1 919.52	≤15	ϕ290	300	1 692	775×ϕ740
YCT1250	12 652.4	55	2 300.44	≤15	ϕ320	300	1 981	782×ϕ800

四、预应力的施加方法

LM 型钢丝冷铸镦头锚具的张拉方法与 DM 型钢丝镦头锚具基本相同，不同之处为以下两方面。

(1)LM 型锚具可以预先加工镦头，而不必等到穿过孔道后再加工，在完成镦头后，还必须浇灌环氧树脂钢砂。

(2)由于 LM 型锚具大都与体外束配合使用，两端进入锚箱的孔道内径一般都应比锚杯的外径大 5～15mm。

五、主要特点

(1)锚固性能可靠，抗疲劳性能高，对钢丝容量调整幅度大，可以使用在比较重要的场合。

(2)拆装容易，便于反复张拉及更换。

(3)张拉吨位大，有较大的应用范围。

六、注意事项

(1)由于环氧树脂在大气中的抗老化性能稍差，在制锚过程中，应特别注意环氧树脂的浇灌质量及配合比，以免影响锚具的使用寿命。

(2)锚杯上的外螺纹在运输、安装、张拉过程中容易损坏，应特别注意，以免影响使用。

(3)为保证施工安全，锚杯拉出孔道后应及时拧上螺母，在千斤顶回油锚固后，稍停再拆拉杆。

(4)预应力钢丝的下料长度需精确计算，不可过长或过短。否则，张拉完成后，因锚杯拉出孔道太长或太短，均无法有效锚固。

第五节 钢质锥形锚具

一、概述

钢质锥形锚具是我国20世纪60年代、70年代开发的一种主要的预应力锚固产品，目前仍有不少结构工程在使用，这种锚具的工作原理类似于F式锚具。

钢质锥形锚具最早仅用于锚固12～24丝5mm的高强钢丝，经过不断的改进，现在可以锚固12～30丝5mm的高强钢丝及12～24丝7mm的高强钢丝。由于生产工艺简单，国内几乎所有的锚具生产厂家都生产这种类型的锚具，其系列设计参数见表2-5-1。

钢质锥形锚具系列设计参数(单位:mm) 表2-5-1

型 号	材料规格	钢丝根数	D	H	张拉机具
GZ5-12	$\phi5$	12	$\phi90$	50	YZ85型千斤顶,ZB4-500型油泵
GZ5-18	$\phi5$	18	$\phi100$	50	YZ85型千斤顶,ZB4-500型油泵
GZ5-24	$\phi5$	24	$\phi110$	53	YZ85型千斤顶,ZIM-500型油泵
GZ5-28	$\phi5$	28	$\phi117$	53	YZ85型千斤顶,ZB4-500型油泵
GZ5-30	$\phi5$	30	$\phi136$	53	YZ85型千斤顶,ZB4-500型油泵
GZ7-12	$\phi7$	12	$\phi110$	57	YZ85型千斤顶,ZB4-500型油泵
GZ7-24	$\phi7$	24	$\phi130$	57	YZl50型千斤顶,ZB4-500型油泵

二、锚具

这种锚具由锚环、锚塞及锚垫板三部分组成。锚环及锚塞采用45号钢制造，锚垫板采用A3钢，但也有的生产厂家采用20Cr或其他强度更高的材料制造锚塞。

锚具的工作原理是通过张拉预应力钢丝，顶压锚塞，把钢丝楔紧在锚环与锚塞之间，借助摩阻力传递张拉力(图2-5-1)，同时，利用钢丝的回缩力带动锚塞向锚环内滑进，使钢丝进一步楔紧。

关于锚垫板的规格及尺寸，各厂家及规范均未给出具体数值，使用时，可根据《公路钢筋混凝土及预应力混凝土桥涵设计规范》(JTG D62—2004)(以下简称《公桥规》)中关于局部承压的要求进行设计计算。

锚垫板可以单个独立工作，也可以多个连成整体共同工作。此外，每个锚垫板下均需设一个螺旋钢筋加强锚下混凝土，防止开裂，具体根据《公桥规》的有关规定设置。

三、张拉千斤顶

钢质锥形锚具的预应力张拉采用的千斤顶是一种双作用或三作用千斤顶，千斤顶的结构见图2-5-2，其主要技术参数见表2-5-2。

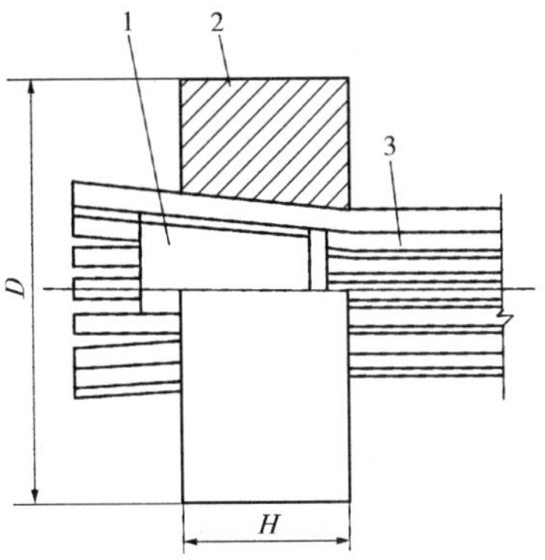

图 2-5-1　钢质锥形锚具构造

1-锚塞；2-锚环；3-钢丝

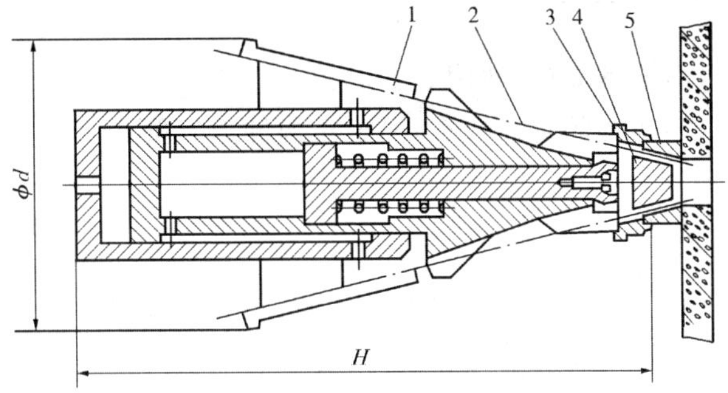

图 2-5-2　YZ 型千斤顶结构

1-楔块；2-钢丝，3-对中套；4-锚塞；5-锚环

YZ 型系列千斤顶技术参数　　表 2-5-2

项　　目		单位	YZ85-250	YZ85-400	YZ85-600	YZ150-300
额定油压		MPa	46	46	46	48
张拉活塞面积		m^2	1.887×10^{-2}	1.887×10^{-2}	1.887×10^{-2}	2.834×10^{-2}
顶压活塞面积		m^2	8.659×10^{-3}	8.659×10^{-3}	8.659×10^{-3}	1.53×10^{-3}
张拉力		kN	850	850	850	1 500
张拉行程		mm	250	400	600	300
顶压力		kN	390	390	390	769
质量		kg	170	190	230	198
外形尺寸	ϕd	mm	326	326	326	363
	H	mm	840	990	1 190	1 005

四、预应力的施加方法

钢质锥形锚具是一种后张预应力锚具，在结构物中必须预先留出孔道。过去常用的预留孔道方法是抽芯法，采用钢管或橡胶管成孔。其中又以橡胶管使用居多，因为它不但能用于直线管道，也能用于曲线管道，特别是高弹橡胶抽拔管的使用，使预应力管道成孔变得非常方便。但对于较长的曲线束及束距较小的地方，近年来也有采用预埋金属管成孔的。

预应力施加的主要步骤如下。

(1)按设计长度对钢丝下料，编制成束，并在两端编号，防止交错。然后采用机械或人工牵引法穿入预留孔道，对于较短的束可直接用人工穿入。

(2)把锚环套在钢束外边，再放入锚塞并打紧。

(3)安装对中套、千斤顶，用楔块将钢丝卡在千斤顶上的槽口内，摆正千斤顶并用锤敲紧楔块，即可开始预拉。

(4)预应力钢丝的张拉分预拉及张拉两步。预拉的目的是为了调整钢丝的张紧度，使每根钢丝长度保持一致。预应力张拉的程序及要求详见《公桥规》及《公路桥涵施工技术规范》(JTG/T F50—2011)(以下简称《公施规》)的有关规定。

五、主要特点

(1)锚具简单,使用成本低。

(2)锚环的直径较小,便于在构件上布置。

六、注意事项

(1)锚固时钢丝的回缩量较大,因此应力损失也较大,束越短,影响越大。

(2)锚塞受到动力作用时,有可能松动,使钢丝回缩,因此张拉完应及时灌浆。

(3)由于受到千斤顶油缸行程的限制,不能用于长束。

(4)由于锚环承受很大的径向张力(一般约等于张拉力的 4 倍),故对锚环的设计、制造应予足够的重视。制造完成后,应逐个进行探伤检验,无缺陷者方可使用。

(5)锚塞硬度不能低于所锚钢丝的硬度,否则容易滑丝。锚塞硬度的一般要求,在顶锚后锚塞的齿纹能稍微压入钢丝表面,而获得可靠的锚固。因此,锚塞制作完成后,应按批抽取 10%的试样,对每个试样实测 3 点硬度,该 3 点除应符合设计要求外,其硬度之差也不得大于 3 个单位。如试验有 1 个不合格,应加倍进行复试,如仍有 1 个不合格,则认为该批不合格。

第六节　XM 型预应力张拉锚固体系

一、概述

XM 型预应力张拉锚固体系是一种以钢绞线及高强钢丝为预应力筋的后张体系,该体系是由中国建筑科学研究院结构所与河南省交通规划设计院、中原预应力工艺设备厂等单位合作研制的国产第一代楔片式锚具产品。最初是因郑州黄河大桥的需要而设立的项目,后来改为建设部科技局 1984 年群锚项目下的一个分项,并于 1986 年 11 月通过部级鉴定。该体系的改进产品,其性能指标符合国标《预应力筋用锚具、夹具和连接器》(GB/T 14370)要求及满足国际预应力混凝土协会《后张预应力体系的验收建议》即 FIP(1991 年)标准要求。

XM 型锚固体系的锚具属于有顶压器顶压的锚固装置。该体系在中原预应力工艺设备厂生产已有多年历史,据称现在可锚固标准强度为 1 860MPa 级的 ϕ15.2mm、ϕ15.7mm 钢绞线和 7ϕ5mm 的高强钢丝束,其锚固回缩值最小可接近 4mm。

二、锚具

XM 型锚固体系目前主要生产张拉锚具。张拉锚具由锚杯、夹片、锚座(锚垫板加喇叭管)组成(图 2-6-1)。工作原理是每组三个斜夹片放在锚杯的圆锥孔内,利用楔效应夹持一根钢绞线或高强钢丝束,形成一个锚固单元。一个锚杯上只有一个锚固单元的叫做单孔锚;一个锚杯上有多于一个锚固单元的叫做多孔锚或群锚。其成套设计参数见表 2-6-1。

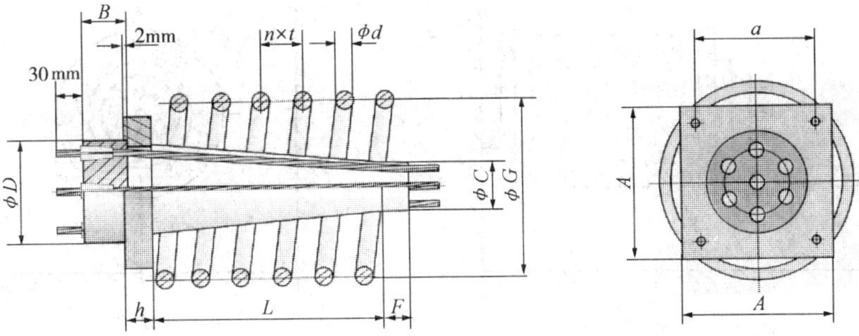

图 2-6-1　张拉锚具结构

XM15 张拉锚具成套设计参数(单位:mm)　　表 2-6-1

锚具型号	锚环		锚垫板					灌浆孔	螺旋筋				波纹管	张拉千斤顶
	ϕD	B	A	a	h	L	F	M	ϕG	t	n	ϕd	ϕC	
XM15-1	48	50	65	30	14			M16×1.5	70	35	5	6		QYC230
XM15-2	98	50	160	120	20	120	50	M16×1.5	130	50	5	8	54	YDC650
XM15-3	98	50	160	120	20	120	50	M16×1.5	130	50	5	8	54	YDC650
XM15-4	108	50	200	160	22	155	50	M18×1.5	170	50	5	10	54	YDC1500
XM15-5	125	50	200	160	22	200	50	M20×1.5	190	50	5	10	57	YDC1500
XM15-6	145	55	220	180	25	215	60	M27×1.5	220	60	6	12	69	YDC1500
XM15-7	145	55	220	180	25	215	60		220	60	6	12	69	YDC1500
XM15-8	155	60	250	210	30	295	60		250	60	6	14	72	YDC2000
XM15-9	165	60	250	210	30	395	80		250	60	6	14	75	YDC2000
XM15-10	175	65	280	240	35	395	80		280	60	7	16	84	YDC2500
XM15-11	184	75	315	275	35	395	80		310	60	7	16	87	YDC2500
XM15-12	184	75	315	275	35	395	80		310	60	7	16	87	YDC2500
XM15-13	230	78	360	300	40	525	80		350	60	7	18	87	YDC3000
XM15-19	230	78	360	300	40	525	80		380	60	8	18	110	YDC4600
XM15-20,21	270	86	400	340	40	680	80		430	65	8	20	115	YDC4600
XM15-22	295	90	440	360	50	720	80		450	70	8	20	130	YDC4600
XM15-27	295	90	440	360	50	720	80		450	70	8	20	135	YDC6500
XM15-28,31	305	100	460	360	55	800	80		490	70	9	20	155	YDC6500
XM15-32,37	348	110	515	410	60	340	80		550	70	10	20	155	YDC8000

三、张拉千斤顶

XM 型张拉锚固体系配套的千斤顶是 YDC 型系列穿心式千斤顶,千斤顶前端安有顶压器,后端装有工具锚(与工作锚通用)。顶压器实物见图 2-6-2,千斤顶的安装位置图及其技术参数分见图 2-6-3 及表 2-6-2。

图 2-6-2　顶压器实物图

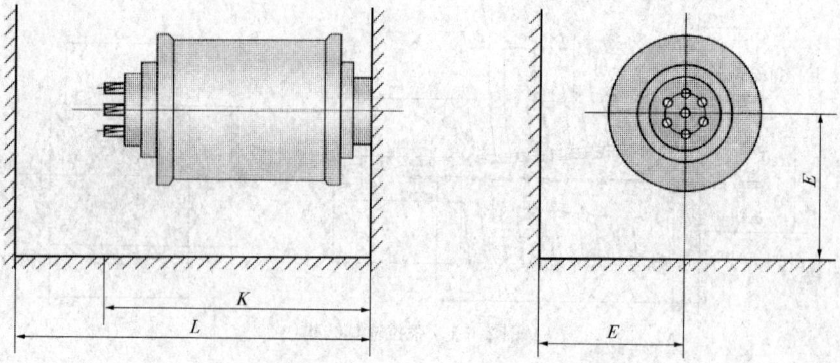

图 2-6-3　千斤顶的安装位置图

张拉千斤顶技术参数表

表 2-6-2

型　号	公称张拉力(kN)	张拉行程(mm)	额定油压(MPa)	张拉缸面积(cm^2)	穿心孔径(mm)	外形尺寸(mm)	最小工作空间		钢绞线预留长度 K(mm)
							L(mm)	E(mm)	
QYC230	230	200 150	63	37.7	φ18	φ105×565	700	80	200
QYC300	300	200	59	51	φ18	φ115×580	750	90	260
2YDC600	600	150	40	162	φ55	φ195×440	1 350	200	700
YDC650	687	200	50	137	φ75	φ202×395	1 350	150	700
YDC1500	1 500	180	52	290	φ128	φ315×493	1 520	260	840
YDC1500A	1 500	200	52	285	φ94	φ265×377	1 420	200	780
YDC2000	2 200	180	50	440	φ160	φ390×493	1 490	300	780
YDC2500	2 500	180	50	521	φ150	φ400×493	1 520	300	780
YDC2500A	2 500	200	52	484	φ128	φ340×395	1 350	300	780
YDC3000	3 000	200	50	616	φ170	φ445×525	1 500	350	850
YDC3500	3 500	200	50	734	φ160	φ440×510	1 500	350	800
YDC4000A	4 000	200	52	761	φ175	φ432×403	1 400	350	780
YDC4600	4 600	200	50	970	φ200	φ500×515	1 510	400	800
YDC5600	5 600	200	50	1 138	φ210		1 570	310	850
YDC6500	6 500	200	50	1 319	φ220	φ 580×540	1 570	310	850
YDC8000	8 000	200	50	1 590	φ240		1 580	340	860
YDC10000	10 000	200	50	2 023	φ280		1 590	380	870
YDC12000	12 000	200	50	2 313	φ280		1 600	400	880

YDC 型千斤顶工作时通过工具锚首先锚固钢绞线，再由活塞带动工具锚与钢绞线一起移动，然后在张拉完成后回油顶压锚固钢绞线。如一次千斤顶的行程不够，可多次重复操作，直至最终完成。

千斤顶在锚固时采用的顶压器有液压与弹性顶压两种。液压顶压器采用多孔式多油缸并联，顶压器的每个穿心式顶压活塞对准锚具的一组夹片，钢绞线由其穿心孔中穿过，每个活塞在顶压时的压力为 25kN，采用同步顶压。顶压器的使用增加了锚固的可靠性，并减少了锚固损失。液压顶压器的外形见图 2-6-2。

弹性顶压器采用橡胶制的筒形弹性元件，每个弹性元件对准一组夹片，钢绞线从筒形弹性元件的中孔通过。张拉时，弹性顶压器的壳体把弹性元件压紧在夹片上，由于弹性元件受夹片弹性压缩，钢绞线能正常拉出，张拉后利用钢绞线的回缩将夹片带动锚固。采用此法较为简单，但钢绞线的回缩值较采用液压顶压器要大。

四、预应力的施加方法

XM 型锚固体系是通过张拉锚具对结构物或构件施加预应力的，预应力张拉可以一端张拉，也可以两端张拉。采用两端张拉时，两端都必须采用张拉锚具；采用一端张拉时，张拉端采用张拉锚具，而非张拉端既可以采用固定锚具，也可以将张拉锚具作固定锚具使用。XM 型锚固体系张拉安装示意见图 2-6-4，施加预应力的主要步骤如下。

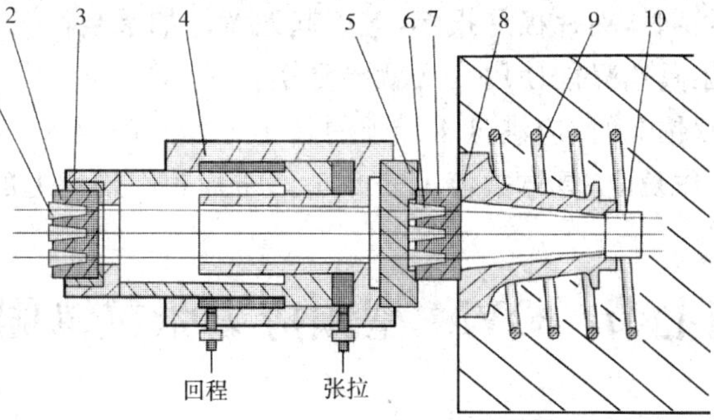

图 2-6-4　XM 型锚固体系张拉安装示意图

1-工具夹片；2-工具锚杯；3-过渡套；4-千斤顶；5-限位板；6-工作夹片；7-工作锚杯；8-锚垫板；9-螺旋筋；10-波纹管

(1)首先必须预留孔道，两端均采用张拉锚具时，可以采用橡胶抽拔管、预埋波纹管等多种成孔方式；只要一端采用固定锚具时，就只能采用预埋波纹管成孔方式。

(2)采用砂轮切割机或气割对钢绞线下料，张拉端伸出的数量应满足千斤顶的工作长度；非张拉端如采用张拉锚具，也必须预留 20cm 的工作长度。

(3)采用人工或机械的方法将钢束穿入孔道。

(4)在钢束的一端或两端安装工作锚锚杯及夹片，并轻轻地敲紧夹片。这时应注意钢绞线的排列顺序尽量相互平行，不要交叉；同时锚杯要有定位措施，以保证与孔道的同轴度。

(5)安装顶压器、千斤顶。

(6)在千斤顶的后部安装工具锚，注意锥孔内不得有污物。为卸锚方便，锚孔中和夹片的圆锥面应均匀涂抹润滑物质，如石蜡。

(7)预应力张拉完成后，即可卸下工具锚、千斤顶，然后切除锚后伸长的钢束，及时压浆、封锚。预应力的张拉程序及要求详见《公施规》的有关规定。

五、主要特点

(1)夹片采用三片斜开口，不但能锚固钢绞线，而且能锚固高强钢丝束。

(2)钢绞线每束的锚固根数，可以在 1～37 根范围内任意选择，给选用不同的张拉吨位提供了很大的方便。

(3)由于各个锚固单元独立工作，相互影响很小，所以，一根钢绞线发生故障不会导致整束预应力失效。

(4)张拉锚具自锚能力强,可以用于非张拉端。

(5)施加预应力的千斤顶可以往复操作,所以束长可以不受限制。

(6)虽然为后张体系,但单孔张拉锚具亦可用于先张法无黏结预应力筋。

(7)锚杯采用曲面,顶面垂直锚孔中心线,钢绞线在锚杯内无弯折,以利夹片均匀塞入。

六、注意事项

(1)XM 型锚固体系在锚固过程中产生的回缩值,当采用液压顶压器时,推荐用 4～5mm;当采用弹性顶压器时,推荐用 6～8mm。

(2)采用工作锚作工具锚时,夹片与锚杯之间的润滑情况对夹片的使用寿命影响极大。当不涂润滑剂或润滑不良时,夹片极易损坏,应引起注意。如果当作工具锚使用后还要作为工作锚使用,每个锚具作工具锚只能使用一次就要更换。

(3)在构件上布置锚具时,应满足千斤顶的最小工作空间要求;钢绞线下料时应预留大于千斤顶最大长度的工作长度,具体数值见表 2-6-2,千斤顶在构件上的布置见图 2-6-3。

第七节　OVM 型预应力张拉锚固体系

一、概述

OVM 型预应力张拉锚固体系原是由柳州市建筑机械总厂、同济大学、广东省公路工程处协同研制的一种后张体系。这种预应力体系是在广泛吸收用户意见,总结其他群锚锚具的生产、使用经验的基础上,综合其他锚具的优点,重新组合构造参数,通过多次优化设计和性能试验研制成功的。OVM 型锚固体系具有良好的自锚性能,无需顶压器,适用于锚固国内外多种不同强度、不同规格的钢绞线或平行钢丝束。

OVM 型预应力张拉锚固体系于 1990 年 9 月通过省级科学技术成果鉴定,现经 OVM 公司(柳州欧维姆机械股份有限公司)生产,该产品质量通过 ISO 9001—1994 质量保证体系及中国 CQC 和英国 BSI 的认证,经国内外权威检测机构的检验,主导产品技术性能指标符合国际 FIP 标准,中国 GB 标准、交通运输部 JT 标准、铁道部 TB 标准等的要求。

二、锚具、连接器

OVM 型预应力张拉锚固体系的钢绞线锚具分为张拉端锚具、固定端锚具、连接器等,根据应用又均分为圆形和扁形两种。其品种齐全,可以满足各种不同的预应力混凝土结构的需要。

1. 圆形张拉端锚具

OVM 圆形张拉端锚具产品代号为 YJM,由夹片、锚板、锚垫板,以及螺旋筋四部分组成,其夹片的形式分为两片式和三片式。

YJM 锚具常用于锚固标准强度为 1 860MPa 级别的 ϕ12.7mm 和 ϕ15.2mm 钢绞线。根数范围 1～55,还可根据特殊需要增加。

YJM 锚具的构造见图 2-7-1，其成套设计参数分别见表 2-7-1 和表 2-7-2。YJM 锚具有圆形和方形两种锚垫板，其构造分别见图 2-7-2 和图 2-7-3。

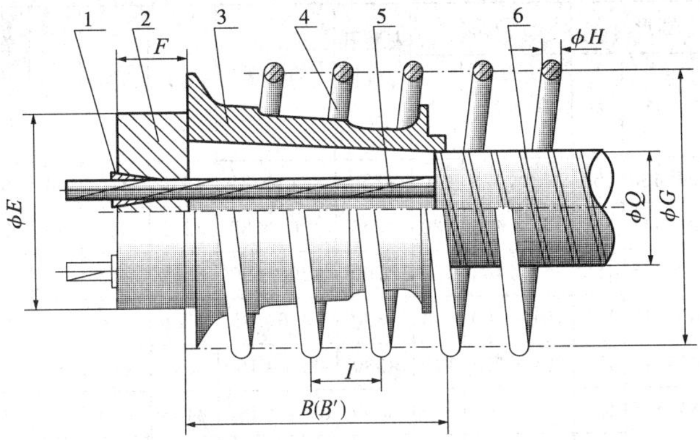

图 2-7-1　YJM 锚具构造图

1-夹片；2-锚板；3-锚垫板；4-螺旋筋；5-预应力筋；6-波纹管或抽拔管

JYM15 张拉端锚具设计参数表（单位：mm）　　表 2-7-1

型　号	锚垫板					锚板	螺旋筋				张拉千斤顶型号
	圆形		方形		安装孔分度圆ϕC						
	$\phi A\times B$	D	$A'\times B'$	D'		$\phi E\times F$	ϕG	ϕH	I	螺旋筋圈数N	
YJM15-1 OVM	—		—		—	φ50×48	φ80	φ6.5	30	4	YDC240QX
YJM15-2 OVM	φ132×80	63.5	125×65	44	φ105	φ86×50	φ115	φ6.5	40	4	YCW100B/YDC1000N
YJM15-3 OVM	φ136×80	67	130×65	46	φ110	φ91×50	φ130	φ6.5	50	4	YCW100B/YDC1000N
YJM15-4 OVM	φ140×125	72	140×90	50	φ120	φ102×50	φ140	φ8	50	4	YCW100B/YDC1000N
YJM15-5 OVM	φ155×130	79	155×155	55	φ135	φ115×50	φ115	φ8	50	4	YCW150B/YDC1500N
YJM15-6 OVM	φ165×160	85	170×120	60	φ145	φ126×52	φ172	φ10	50	4	YCW150B/YDC1500N
YJM15-7 OVM	φ172×170	85	180×120	66	φ162	φ126×53	φ172	φ10	50	4	YCW200B/YDC2500N
YJM15-8 OVM	φ185×180	93	195×130	72	φ175	φ136×55	φ185	φ12	50	4	YCW200B/YDC2500N
YJM15-9 OVM	φ200×190	98	201×195	75	φ190	φ146×55	φ200	φ12	50	4	YCW200B/YDC2500N
YJM15-10 OVM	φ210×210	105	214×265	73	φ190	φ156×58	φ214	φ12	50	5	YCW250B/YDC2500N
YJM15-11 OVM	φ210×220	105	223×210	76	φ190	φ166×58	φ214	φ12	50	5	YCW300B/YDC3000N
YJM15-12 OVM	φ214×230	105	231×225	87	φ190	φ166×60	φ214	φ12	50	5	YCW300B/YDC3000N
YJM15-13 OVM	φ224×230	105	240×265	80	φ190	φ170×63	φ224	φ12	50	5	YCW300B/YDC3000N
YJM15-14 OVM	φ233×260	111	248×310	85	φ200	φ176×65	φ240	φ12	50	6	YCW350B/YDC3500N
YJM15-15 OVM	φ246×290	122	258×340	100	φ220	φ186×68	φ250	φ14	60	6	YCW350B/YDC4000N
YJM15-16 OVM	φ246×330	122	266×380	105	φ220	φ196×70	φ250	φ14	60	6	YCW350B/YDC4000N
YJM15-17 OVM	φ258×395	122	273×445	105	φ220	φ196×73	φ260	φ14	60	6	YCW400B/YDC4000N
YJM15-18/19 OVM	φ272×325	125	287×375	112	φ230	φ206×75	φ270	φ14	60	6	YCW500B/YDC4000N
YJM15-20～22 OVM	φ300×325	135	312×375	110	φ250	φ226×80	φ300	φ16	60	6	YCW500B/YCW650A
YJM15-23/24 OVM	φ330×430	150	342×475	120	φ280	φ244×82	φ330	φ16	60	6	YCW650A

续上表

型　号	锚垫板					锚板	螺旋筋				张拉千斤顶型号
	圆形		方形		安装孔分度圆 ϕC						
	$\phi A\times B$	D	$A'\times B'$	D'		$\phi E\times F$	ϕG	ϕH	I	螺旋筋圈数 N	
YJM15-25～27 OVM	φ330×430	150	342×475	120	φ280	φ244×85	φ330	φ16	60	6	YCW650A
YJM15-28/29 OVM	φ352×415	155	367×465	130	φ290	φ260×88	φ352	φ16	60	7	YCW650A
YJM15-30/31 OVM	φ352×415	155	367×465	130	φ290	φ260×90	φ352	φ18	60	7	YCW650A
YJM15-32～34 OVM	φ386×510	175	401×560	140	φ330	φ296×95	φ386	φ18	60	8	YCW650A/YCW900A
YJM15-35～37 OVM	φ394×510	175	394×510	140	φ330	φ296×100	φ394	φ18	60	8	YCW650A/CW900A
YJM15-38/39 OVM	φ438×585	190	—	—	φ360	φ324×105	φ438	φ20	60	8	YCW900A
YJM15-40/41/42 OVM	φ438×585	190	—	—	φ360	φ324×112	φ438	φ22	60	8	YCW900A
YJM15-43/44/45 OVM	φ438×585	190	—	—	φ360	φ324×112	φ438	φ22	60	8	YCW900/1200A
YJM15-46/47 OVM	φ470×655	205	—	—	φ400	φ344×115	φ470	φ22	60	8	YCW1200A
YJM15-48/49 OVM	φ470×655	205	—	—	φ400	φ344×116	φ470	φ22	60	8	YCW1200A
YJM15-50/51/52 OVM	φ470×655	205	—	—	φ400	φ344×120	φ470	φ22	60	8	YCW1200A
YJM15-53 OVM	φ470×655	205	—	—	φ400	φ344×130	φ470	φ22	60	8	YCW1200A
YJM15-54/55 OVM	φ470×655	205	—	—	φ400	φ344×130	φ470	φ22	60	8	YCW1200A

注：YJM15-1 OVM 配套锚垫板尺寸(长×宽×高)80mm×80mm×14mm，可以根据要求特殊设计。

YJM13 张拉端锚具设计参数表(单位:mm)　　表 2-7-2

型　号	锚垫板		波纹管	锚板	螺旋筋				张拉千斤顶型号
	$A\times B\times\phi C$	安装孔分度圆 ϕC	ϕD（内径）	$\phi E\times F$	ϕG	ϕH	I	螺旋筋圈数 N	
YJM13-1 OVM	—	—	—	φ40×40	φ80	φ6.5	30	3	YDC240QX
YJM13-2 OVM	125×80×φ60	105	45	φ75×45	φ110	φ6.5	30	3	YCW100B
YJM13-3 OVM	132×80×φ63	105	45	φ80×45	φ120	φ8	50	3	YCW100B
YJM13-4 OVM	136×102×φ66	105	50	φ85×48	φ136	φ10	50	3	YCW100B
YJM13-5 OVM	140×125×φ72	120	50	φ100×48	φ140	φ10	50	4	YCW100B
YJM13-6 OVM	155×130×φ75	135	60	φ105×48	φ155	φ12	50	4	YCW100B
YJM13-7 OVM	155×130×φ75	135	60	φ105×50	φ160	φ12	50	4	YCW100B
YJM13-8 OVM	170×160×φ80	140	60	φ116×52	φ170	φ12	50	4	YCW150B
YJM13-9 OVM	175×170×φ85	145	70	φ126×53	φ175	φ12	50	4	YCW150B
YJM13-10 OVM	200×190×φ90	162	80	φ136×53	φ200	φ14	50	4	YCW150B
YJM13-11 OVM	200×190×φ90	162	80	φ136×53	φ200	φ14	50	4	YCW150B
YJM13-12 OVM	210×210×φ100	175	80	φ146×55	φ210	φ14	50	5	YCW200B
YJM13-13 OVM	210×210×φ100	175	80	φ146×55	φ210	φ14	50	5	YCW250B
YJM13-14 OVM	210×230×φ100	190	80	φ156×57	φ210	φ14	50	5	YCW250B
YJM13-15 OVM	214×230×φ105	190	90	φ166×60	φ214	φ14	50	5	YCW250B

续上表

型　号	锚垫板		波纹管	锚板	螺旋筋				张拉千斤顶型号
	$A\times B\times \phi C$	安装孔分度圆 ϕC	ϕD（内径）	$\phi E\times F$	ϕG	ϕH	I	螺旋筋圈数 N	
YJM13-16 OVM	246×270×ϕ110	200	90	ϕ176×62	ϕ246	ϕ16	60	5	YCW250B
YJM13-17 OVM	246×270×ϕ110	200	90	ϕ176×62	ϕ246	ϕ16	60	5	YCW250B
YJM13-18/19 OVM	246×270×ϕ110	200	90	ϕ176×65	ϕ246	ϕ16	60	5	YCW350B
YJM13-20 OVM	260×365×ϕ122	220	90	ϕ196×68	ϕ260	ϕ18	60	5	YCW350B
YJM13-21/22 OVM	260×365×ϕ122	220	90	ϕ196×70	ϕ260	ϕ18	60	5	YCW350B
YJM13-23/24 OVM	275×380×ϕ130	245	100	ϕ216×73	ϕ275	ϕ18	60	6	YCW/400B
YJM13-25/26/27 OVM	275×380×ϕ130	245	100	ϕ216×75	ϕ275	ϕ18	60	6	YCW/400B
YJM13-28/29 OVM	300×400×ϕ135	250	105	ϕ224×78	ϕ300	ϕ18	60	6	YCW/400B
YJM13-30/31 OVM	300×400×ϕ135	250	105	ϕ224×80	ϕ300	ϕ18	60	6	YCW500B
YJM13-32/33/34 OVM	330×430×ϕ150	280	120	ϕ244×82	ϕ330	ϕ20	60	7	YCW500B
YJM13-35/36 OVM	330×430×ϕ150	280	120	ϕ244×85	ϕ330	ϕ20	60	7	YCW500B
YJM13-37 OVM	330×430×ϕ150	280	120	ϕ244×85	ϕ330	ϕ20	60	7	YCW650AB
YJM13-38/39 OVM	370×520×ϕ175	330	130	ϕ296×90	ϕ370	ϕ20	60	7	YCW650AB
YJM13-40/41/42 OVM	370×520×ϕ175	330	130	ϕ296×92	ϕ370	ϕ20	60	7	YCW650B
YJM13-43/44 OVM	370×520×ϕ175	330	130	ϕ296×95	ϕ370	ϕ20	60	7	YCW650B
YJM13-45 OVM	438×520×ϕ190	360	140	ϕ324×100	ϕ438	ϕ20	60	8	YCW900B
YJM13-46/47 OVM	438×520×ϕ190	360	140	ϕ324×100	ϕ438	ϕ22	60	8	YCW900B
YJM13-48/49 OVM	438×520×ϕ190	360	140	ϕ324×105	ϕ438	ϕ22	60	8	YCW900B
YJM13-50/51/52 OVM	438×520×ϕ190	360	140	ϕ324×110	ϕ438	ϕ22	60	8	YCW900B
YJM13-53 OVM	438×520×ϕ190	360	140	ϕ324×110	ϕ438	ϕ22	60	8	YCW900B
YJM13-54/55 OVM	438×520×ϕ190	360	140	ϕ324×115	ϕ438	ϕ22	60	8	YCW900B

注：YJM13-1 OVM 配套锚垫板尺寸(长×宽×高)80mm×80mm×14mm，可以根据要求特殊设计。

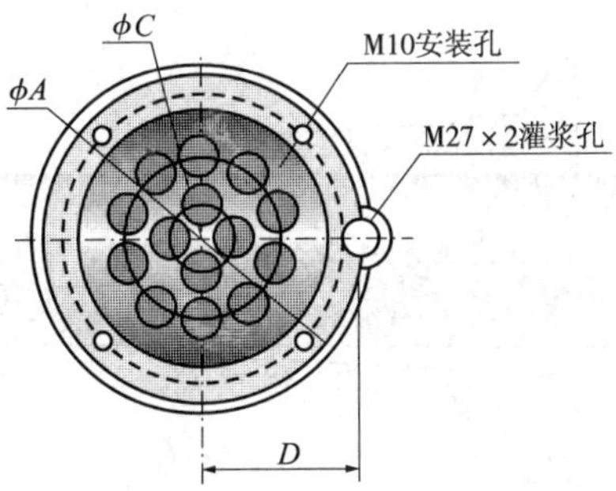

图 2-7-2　YJM 锚具圆形锚垫板构造图

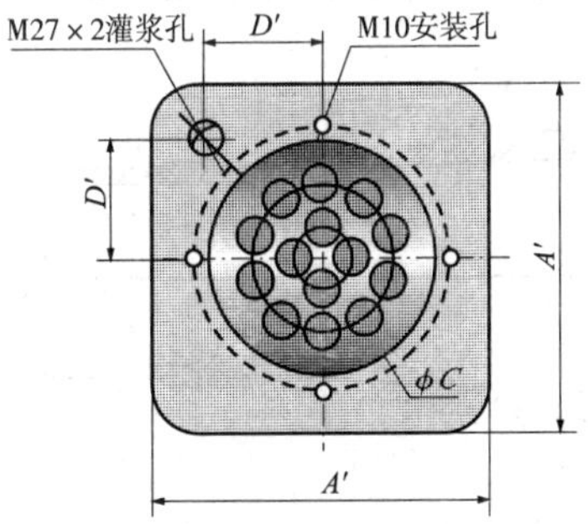

图 2-7-3　YJM 锚具方形锚垫板构造图

说明：

(1)2～19 孔为 4×M10 安装孔，20～30 孔为 6×M10 安装孔。若孔道采用真空灌浆，安装拆卸时须保护好安装孔，以便真空灌浆时安装密封罩。

(2)根据成孔方式的不同，两种锚垫板在施工时建议按以下的形式进行配合安装。

①圆形锚垫板:小端孔口内径尺寸设计(表 2-7-3)与金属波纹管进行配合连接。若采用塑料波纹管,则需配用连接头进行配合连接(图 2-7-4)。

②方形锚垫板:若采用抽拔管成孔,当间隙超过标准要求时,则根据需要配用对中环进行配合连接(图 2-7-5),小端孔口内径尺寸见表 2-7-4。

圆形锚垫板小端孔口孔径尺寸(单位:mm) 表 2-7-3

孔位	2	3		4、5		6、7	8、9	10～17	18、19	20～27	28～31	32～37
锚垫板小端孔口孔径	50	58	70	63	70	80	90	100	110	130	140	150
配套波纹管内径	—	50	60	55	60	70	80	90	100	120	130	140

方形锚垫板小端孔口孔径尺寸(单位:mm) 表 2-7-4

孔位	2		3			4			5		
锚垫板小端孔口孔径	50	53	55	58	70	60	63	70	60	63	70
配套抽拔管内径	45	—	50	—	—	55	—	—	55	—	—
配套波纹管内径	—	45	—	50	60	—	55	60	—	55	60

孔位	6、7		8、9		10			11～17		
锚垫板小端孔口孔径	75	80	85	90	85	90	95	100	95	100
配套抽拔管内径	70	—	80	—	80	85	90	—	90	—
配套波纹管内径	—	70	—	80	—	—	—	90	—	90

孔位	18、19		20～27		28～31		32～37		—	
锚垫板小端孔口孔径	105	110	125	130	135	140	145	150		
配套抽拔管内径	100	—	120	—	130	85	140	—	—	—
配套波纹管内径	—	100	—	120	—	130	—	140	—	—

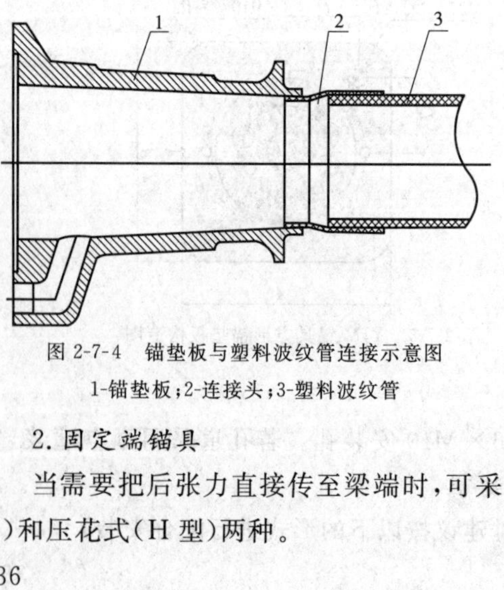

图 2-7-4 锚垫板与塑料波纹管连接示意图

1-锚垫板;2-连接头;3-塑料波纹管

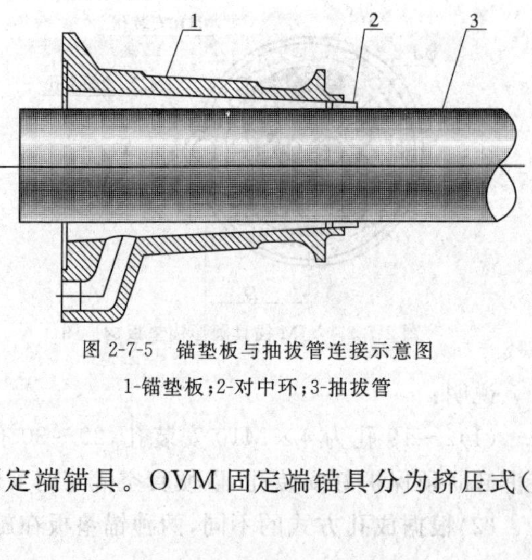

图 2-7-5 锚垫板与抽拔管连接示意图

1-锚垫板;2-对中环;3-抽拔管

2.固定端锚具

当需要把后张力直接传至梁端时,可采用固定端锚具。OVM 固定端锚具分为挤压式(P 型)和压花式(H 型)两种。

OVM 固定端挤压式(P 型)锚具包括挤压套(含三角形钢丝挤压簧)、螺旋筋、锚板、约束圈等。挤压套、挤压簧与钢绞线采用专业的 GYJC50-150 型挤压器挤压锚固,锚具的结构又分为方形和圆形两种。方形固定端挤压式锚具为常用锚具,其构造见图 2-7-6,成套设计参数见表 2-7-5;圆形固定端挤压式锚具结构紧凑,适应于有空间要求的场合,其布置与张拉端锚具相似,构造见图 2-7-7,成套设计参数见表 2-7-6。

OVM15(13) 方形固定端挤压式(P 型)锚具成套设计参数(单位:mm)　　表 2-7-5

规　格	$A \times A$	B_{min}	C	D	ϕE
OVW. P15-2	100×80(90×70)	180(120)	110(85)	160(200)	115(110)
OVW. P15-3	120(100)	180(120)	110(85)	200(200)	130(120)
OVW. P15-4	140(120)	240(180)	110(110)	200(200)	140(135)
OVW. P15-5	155(140)	300(180)	110(110)	200(200)	155(145)
OVW. P15－6	170(150)	380(300)	120(110)	200(200)	172(165)
OVW. P15-7	185(170)	380(380)	120(110)	200(200)	172(165)
OVW. P15-8	195(170)	440(380)	120(110)	200(200)	185(175)
OVW. P15-9	210(220)	440(440)	120(120)	200(250)	200(190)
OVW. P15-10	220(220)	500(440)	135(120)	250(250)	214(216)
OVW. P15-11	230(220)	500(440)	135(120)	250(250)	214(216)
OVW. P15-12	240(220)	500(440)	135(120)	250(250)	214(216)
OVW. P15-13	250(250)	500(500)	135(135)	250(250)	224(230)
OVW. P15-14	260(250)	560(500)	135(135)	275(250)	240(230)
OVW. P15-15	260(250)	560(500)	135(135)	330(250)	250(240)
OVW. P15-16	260(250)	560(500)	135(135)	330(250)	250(240)
OVW. P15-17	285(250)	720(500)	135(135)	360(250)	260(240)
OVW. P15-18～19	300(250)	720(500)	135(135)	360(250)	270(265)
OVW. P15-20～22	325	900	135	360	300
OVW. P15-23～27	350	1 000	135	360	330
OVW. P15-28～31	380	1 100	135	420	352
OVW. P15-32～34	400	1 100	135	480	386
OVW. P15-35～37	420	1 200	135	480	394

OVM15(13) 圆形固定端挤压式(P 型)锚具成套设计参数(单位:mm)　　表 2-7-6

型　号	锚垫板	波纹管	锚　板	
	$\phi A \times B$	内径 D	ϕE	F
OVM. M15A-3PT	ϕ136×80	50	91	35
OVM. M15A-4PT	ϕ140×125	55	102	35
OVM. M15A-5PT	ϕ155×130	55	115	40
OVM. M15A-6PT	ϕ165×160	70	126	45
OVM. M15A-7PT	ϕ172×170	70	126	45

续上表

型号	锚垫板	波纹管	锚板	
	$\phi A\times B$	内径 D	ϕE	F
OVM. M15A-8PT	ϕ185×180	80	136	45
OVM. M15A-9PT	ϕ200×190	80	146	50
OVM. M15A-10PT	ϕ210×210	90	156	50
OVM. M15A-11PT	ϕ210×220	90	166	50
OVM. M15A-12PT	ϕ214×230	90	166	55
OVM. M15A-13PT	ϕ224×230	90	170	55
OVM. M15A-14PT	ϕ233×260	90	176	60
OVM. M15A-15PT	ϕ246×290	90	186	60
OVM. M15A-16PT	ϕ246×330	90	196	60
OVM. M15A-17PT	ϕ258×395	90	196	60
OVM. M15A18/19PT	ϕ272×325	100	206	60
OVM. M15A-(20～22)PT	ϕ300×325	120	226	60
OVM. M15A-23/24PT	ϕ330×430	120	244	70
OVM. M15A-25/26PT	ϕ330×430	120	244	75
OVM. M15A-27PT	ϕ330×430	120	244	80

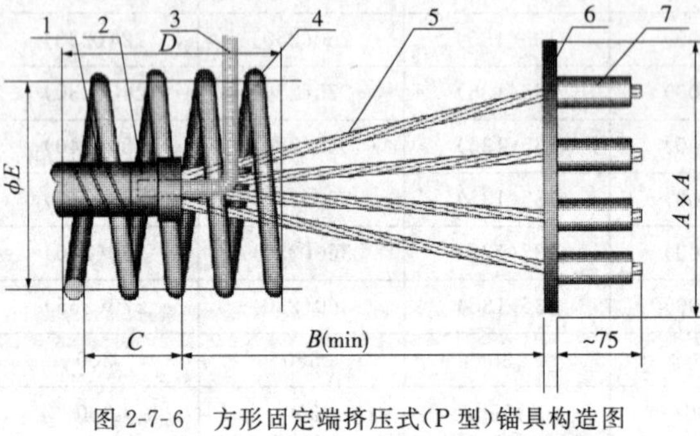

图 2-7-6　方形固定端挤压式(P 型)锚具构造图

1-波纹管;2-约束圈;3-出浆管;4-螺旋筋;5-钢绞线;6-固定锚板;7-挤压套挤压簧

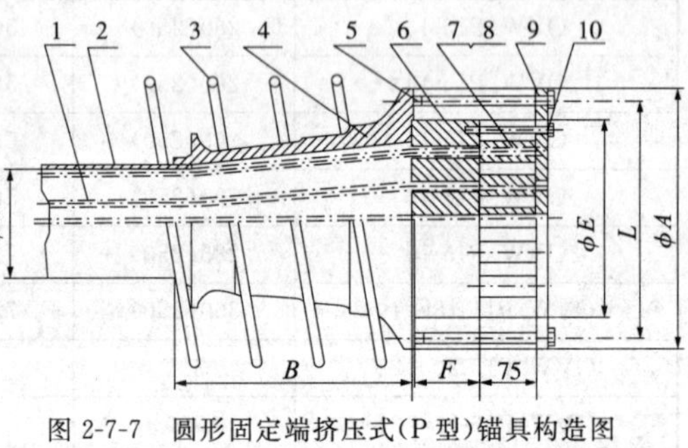

图 2-7-7　圆形固定端挤压式(P 型)锚具构造图

1-钢绞线;2-波纹管;3-螺旋筋;4-锚垫板;5-螺栓②;6-锚板;7-挤压簧;8-挤压套;9-压板;10-螺栓①

OVM 固定端压花式(H 型)锚具包括带梨形自锚头的一段钢绞线、支托梨形自锚头用的钢筋支架、螺旋筋、约束圈、金属波纹管等。钢绞线梨形自锚头采用专用 YH3 型压花机挤压成形。锚具的结构见图 2-7-8,其成套设计参数见表 2-7-7。

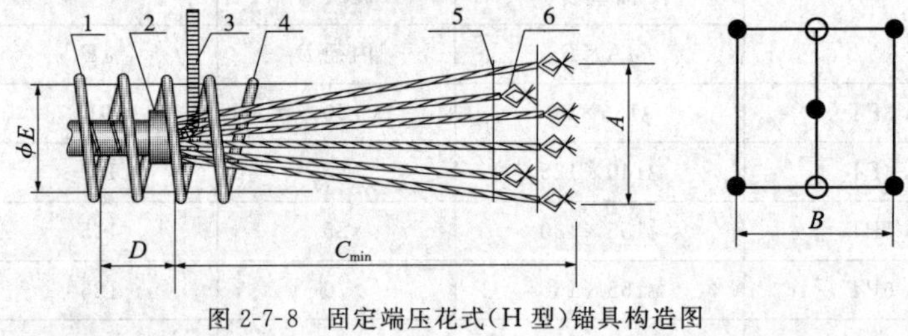

图 2-7-8　固定端压花式(H 型)锚具构造图

1-波纹管;2-约束圈;3-排气管;4-螺旋筋;5-支架;6-钢绞线梨形自锚头

OVM15(13)固定端压花式(H 型)**锚具成套设计参数**(单位:mm)　　表 2-7-7

型　号	钢绞线根数	A	B	C_{min}	D	E
OVM. H-$^{15}_{13}$-3	3	190(130)	90(70)	950(650)	145(145)	—
OVM. H-$^{15}_{13}$-4	4	190(150)	210(170)	950(650)	145(145)	—
OVM. H-$^{15}_{13}$-5	5	200(160)	220(180)	950(650)	145(145)	—
OVM. H-$^{15}_{13}$-6/7	6/7	210(170)	230(190)	1 300(850)	155(155)	172(160)
OVM. H-$^{15}_{13}$-9	9	270(220)	310(250)	1 300(850)	155(155)	200(175)
OVM. H-$^{15}_{13}$-12	12	330(270)	390(310)	1 300(850)	155(155)	214(210)
OVM. H-$^{15}_{13}$-19	19	390(310)	470(390)	1 300(860)	155(155)	270(246)
OVM. H-$^{15}_{13}$-27	27	450(410)	520(430)	1 700(1 150)	155(155)	330(275)
OVM. H-$^{15}_{13}$-31	31	510(430)	570(470)	1 700(1 150)	165(155)	352(300)
OVM. H-$^{15}_{13}$-37	37	510(430)	690(570)	2 000(1680)	185(165)	394(330)
OVM. H-$^{15}_{13}$-43	43	550(560)	750(580)	2 500(1680)	210(185)	438(370)
OVM. H-$^{15}_{13}$-55	55	620(560)	850(680)	2 500(1980)	240(185)	470(438)

3. *扁锚*

OVM 扁锚(BM 型)采用扁形锚具,扁锚的钢绞线预应力束为扁平状,可以使用在后张构件厚度较薄的部位,锚具既可自锁锚固,也可顶压锚固。扁锚有扁形张拉端锚具、扁形固定端挤压式锚具和扁形固定端压花式锚具三种,其构造分别见图 2-7-9、图 2-7-10 和图 2-7-11,其成套设计参数分别见表 2-7-8、表 2-7-9 和表 2-7-10。

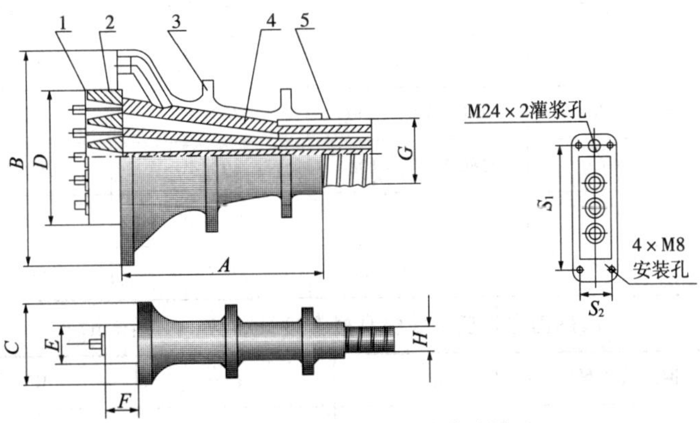

图 2-7-9　扁形张拉端锚具构造图

1-工作夹片;2-扁形锚板;3-扁形锚垫板;4-钢绞线;5-扁波纹管

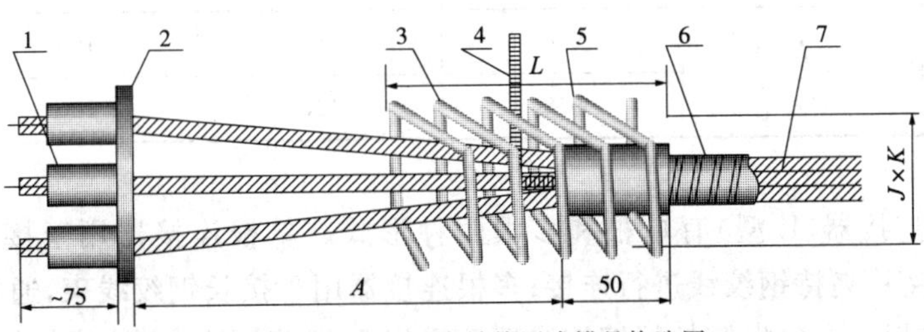

图 2-7-10　扁形固定端挤压式锚具构造图

1-挤压套(挤压簧);2-固定端锚板;3-螺旋筋;4-出浆管;5-约束圈;6-扁波纹管;7-钢绞线

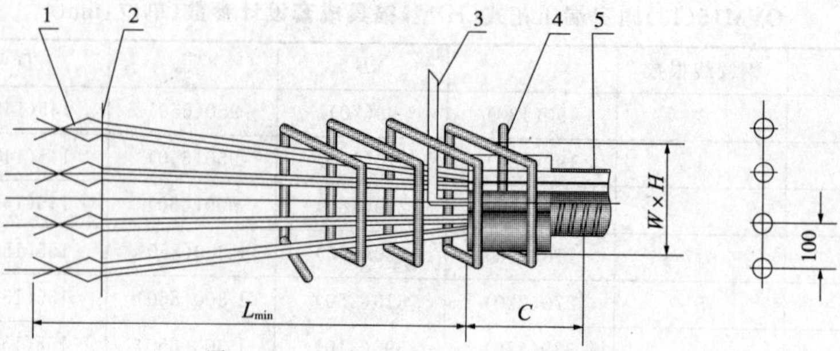

图 2-7-11 扁形固定端压花式锚具构造图

1-钢绞线梨形自锚头;2-支架;3-排气管;4-约束圈;5-波纹管

扁形张拉端锚具成套设计参数(单位:mm) 表 2-7-8

锚具型号	锚垫板			安装孔		锚板			波纹管内径		螺旋筋
	A	*B*	*C*	S_1	S_2	*D*	*E*	*F*	*G*	*H*	*J*(长度)×*K*(宽度)
BM15-2	120	150	70	115	50	80	48	50	50	19	130×100
BM15-3	150	180	70	156	50	115	48	50	60	19	170×100
BM15-4	210	220	70	185	50	150	48	50	70	19	210×100
BM15-5	250	260	70	230	50	185	48	50	90	19	250×100

扁形固定端挤压式锚具成套设计参数(单位:mm) 表 2-7-9

锚具型号	固定端锚板	螺旋筋	约束圈外形	波纹管内径	最小值
	长×宽	*L*×*J*×*K*	长×宽	长×宽	
OVM. BP15-2	140×70	180×130×100	70×40	50×19	190
OVM. BP15-3	180×70	180×170×100	80×40	60×19	250
OVM. BP15-4	220×70	180×210×100	90×40	70×19	320
OVM. BP15-5	260×70	225×250×100	110×40	90×19	400

扁形固定端压花式锚具成套设计参数(单位:mm) 表 2-7-10

锚具型号	钢绞线根数	L_{min}	*C*	*W*	*H*
OVM. HP^{15}_{13}-2	2	950	145	100	130
OVM. HP^{15}_{13}-3	3	950	145	100	170
OVM. HP^{15}_{13}-4	4	950	145	100	210
OVM. HP^{15}_{13}-5	5	950	145	100	250

4. 连接器

OVM 圆锚连接器(L 型)有单根和多根两种形式。单根连接器用于接长未张拉的钢绞线,两端均采用夹片夹持钢绞线进行连接;多根连接器用于接长钢绞线束,通常用于连续梁中,是一种带翼的锚板。在每根接长的钢绞线端部采用 P 型挤压头,连接器的构造分别见图 2-7-12 和图 2-7-13,其成套设计参数分别见表 2-7-11、表 2-7-12 和表 2-7-13。

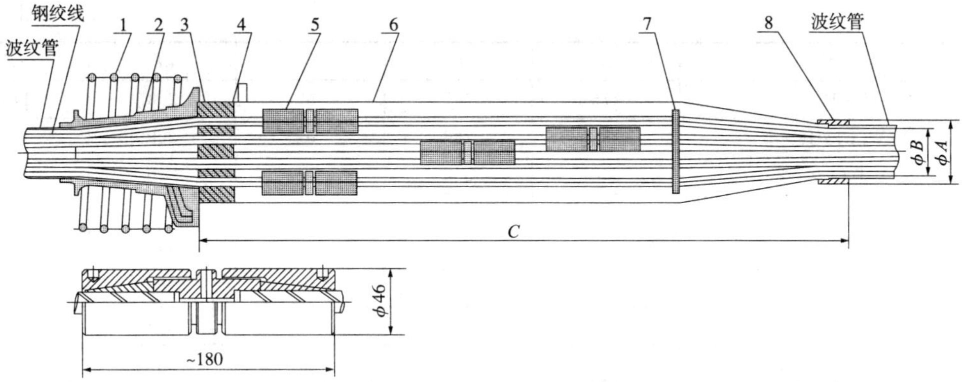

图 2-7-12　OVM. L_{13}^{15}-F 单孔连接器构造图

1-螺旋筋；2-锚垫板；3-工作锚板；4-工作夹片；5-单孔连接器；6-保护罩；7-分丝板；8-约束圈

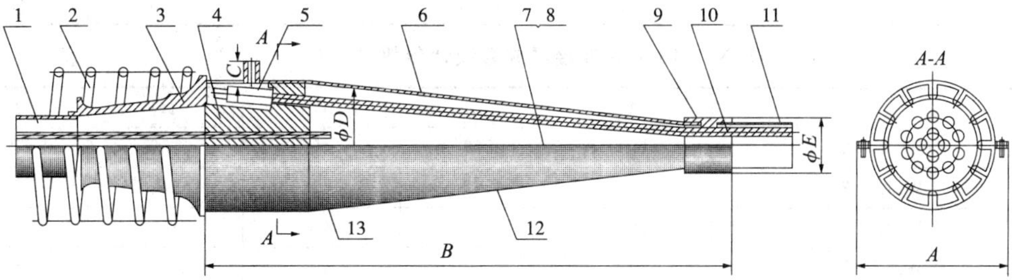

图 2-7-13　OVM. L_{13}^{15} 多孔连接器构造图

1-波纹管；2-螺旋筋；3-锚垫板；4-连接体；5-挤压套（挤压簧）；6-保护罩 1；7-六角螺栓；8-六角螺母；9-约束圈；10-钢绞线；11-波纹管；12-保护罩 2；13-工作夹片

OVM. L_{13}^{15}-F 单孔连接器成套设计参数（单位：mm）　　表 2-7-11

规格尺寸	L_{13}^{15}-F-3	L_{13}^{15}-F-4	L_{13}^{15}-F-5	L_{13}^{15}-F-6	L_{13}^{15}-F-7	L_{13}^{15}-F-8	L_{13}^{15}-F-9	L_{13}^{15}-F-12	L_{13}^{15}-F-19	L_{13}^{15}-F-27	L_{13}^{15}-F-31	L_{13}^{15}-F-37
ϕA	(75) 80	85 (80)	85 (80)	100 (90)	100 (90)	110 (90)	100 (100)	120 (110)	140 (120)	180 (140)	180 (145)	200 (170)
ϕB	58 (53)	63 (58)	63 (58)	80 (68)	80 (68)	90 (68)	90 (80)	100 (90)	110 (100)	130 (110)	140 (115)	150 (130)
C	(830) 840	1 080 (1 060)	1 090 (1 080)	810 (790)	1 130 (1 090)	1 450 (1 420)	1 150 (1 130)	1 200 (1 180)	1 310 (1 250)	1 420 (1 360)	1 410 (1 400)	1 560 (1 430)

OVM. L15 多孔连接器成套设计参数（单位：mm）　　表 2-7-12

型　　号	A	B	C	ϕD	ϕE
OVW. L15-2	216	599	40	148	80
OVW. L15-3	220	617	40	152	80
OVW. L15-4	232	669	40	164	85
OVW. L15-5	244	722	40	176	85
OVW. L15-(6～7)	258	722	40	190	100
OVW. L15-8	266	713	40	198	110

续上表

型　号	A	B	C	ϕD	ϕE
OVW. L15-9	276	757	40	208	110
OVW. L15-10	288	766	40	220	120
OVW. L15-(11~12)	298	810	40	230	120
OVW. L15-13	302	837	40	234	120
OVW. L15-14	308	822	40	240	120
OVW. L15-15	320	877	40	252	120
OVW. L15-(16~17)	330	926	40	262	120
OVW. L15-(18~19)	336	955	40	268	140
OVW. L15-(20~22)	356	960	40	288	180
OVW. L15-(23~27)	386	1 096	40	318	180
OVW. L15-(28~31)	434	1 268	40	366	180

OVM. L13 多孔连接器成套设计参数(单位:mm)　　表 2-7-13

型　号	A	B	C	ϕD	ϕE
OVW. L13-2	179	575	40	136	75
OVW. L13-3	184	597	40	141	75
OVW. L13-4	189	597	40	146	80
OVW. L13-5	204	662	40	161	80
OVW. L13-(6~7)	209	640	40	166	90
OVW. L13-8	220	689	40	177	90
OVW. L13-9	230	689	40	187	100
OVW. L13-(10~11)	240	689	40	197	110
OVW. L13-(12~13)	250	734	40	207	110
OVW. L13-14	260	780	40	217	110
OVW. L13-15	270	783	40	227	120
OVW. L13-(16~19)	280	832	40	237	120
OVW. L13-(20~22)	315	991	40	272	120
OVW. L13-(23~27)	366	1 176	40	323	130
OVW. L13-(28~31)	407	1 338	40	364	140

OVM 扁锚连接器(BL 型)主要用于扁钢绞线束的连接。连接器的构造见图 2-7-14,其成套设计参数见表 2-7-14。

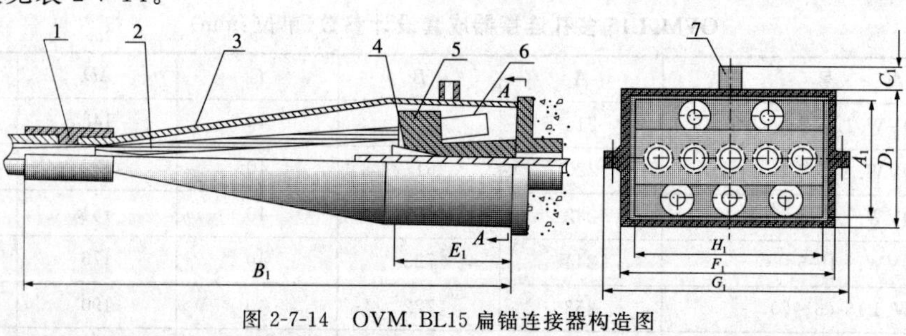

图 2-7-14　OVM. BL15 扁锚连接器构造图

1-约束圈;2-钢绞线;3-保护罩;4-工作夹片;5-连接体;6-挤压套(挤压簧);7-排气管

OVM. BL15 扁连接器成套设计参数(单位:mm)　　表 2-7-14

型　号	A_1	B_1	C_1	D_1	E_1	F_1	G_1	H_1
OVM. BL15-2	100	700	25	118	135	90	130	80
OVM. BL15-3	100	700	25	118	135	125	165	115
OVM. BL15-4	100	750	25	118	135	160	200	150
OVM. BL15-5	100	750	25	118	135	195	235	185

5. 低回缩量锚具

低回缩量锚具是针对短预应力束张拉，由于锚具放张回缩导致其预应力损失大的问题而专门研发的一种低回缩高效率的预应力锚具。该锚具可广泛应用于大跨度预应力混凝土连续梁、连续刚构等桥梁竖向、横向预应力结构，斜拉桥塔身环向、梁横向预应力结构，边坡锚固预应力结构，以及其他各种使用较短预应力筋的结构中。公路用低回缩量(M15DH 型)张拉端锚具由锚板、螺母、夹片、锚垫板、螺旋筋等部分组成；低回缩量固定端锚具由锚板、螺栓、挤压头、压板、螺旋筋等部分组成。锚具的构造分别见图 2-7-15 和图 2-7-16，其成套设计参数分别见表 2 7 15 和表 2-7-16。

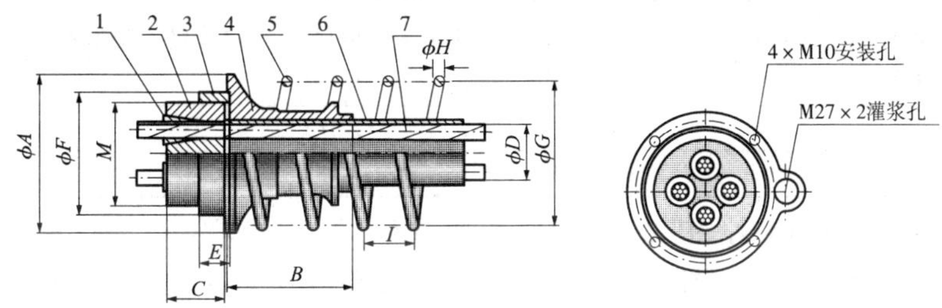

图 2-7-15　M15DH 型低回缩量张拉端锚具构造图

1-工作夹片；2-锚板；3-螺母；4-锚垫板；5-螺旋筋；6-波纹管；7-预应力筋

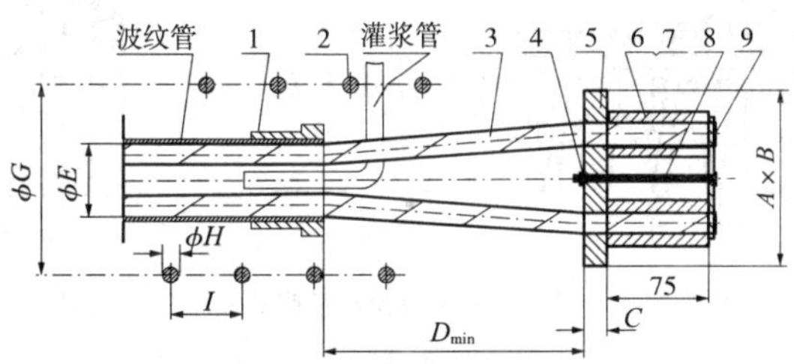

图 2-7-16　M15DH 型低回缩量固定端锚具构造图

1-约束圈；2-螺旋筋；3-预应力筋；4-螺母；5-固定端锚板；6-挤压套；7-挤压簧；8-螺栓；9-压板

M15DH 型低回缩量张拉端锚具成套设计参数(单位:mm)　　表 2-7-15

型　　号	锚垫板	波纹管内径	工作锚板		螺　母		螺旋筋			
	$\phi A\times B$	ϕD	M	C	ϕF	E	ϕG	ϕH	I	螺旋筋圈数 N
M15DH-1	见固定端锚板	—	M43	45	ϕ62	30	ϕ80	ϕ6.5	30	4
M15DH-2	ϕ150×80	45	M85	50	ϕ102	30	ϕ115	ϕ6.5	40	4
M15DH-3	ϕ150×80	50	M85	50	ϕ110	30	ϕ130	ϕ6.5	50	4
M15DH-4	ϕ160×125	55	M95	50	ϕ125	30	ϕ140	ϕ8	50	4

M15DH 型低回缩量固定端锚具成套设计参数(单位:mm)　　表 2-7-16

型　号	固定端锚板	波纹管内径	D_{min}	螺旋筋			
	$A\times B\times C$	ϕE		ϕG	ϕH	I	螺旋筋圈数 N
P15DHS-1	80×80×14	—	150	φ80	φ6.5	30	4
P15DHS-2	80×100×16	45	180	φ115	φ6.5	40	4
P15DHS-3	120×120×16	50	180	φ130	φ6.5	50	4
P15DHS-4	150×150×16	55	240	φ140	φ8	50	4

6. 大直径锚具

随着预应力技术的不断发展,工程建设单位对预应力钢材及锚固机具提出了新的要求。预应力筋将沿着大直径、高强度的方向发展,锚固机具也必须相适应。OVM. M18、OVM. M22、OVM. M28 正是为适应大直径钢绞线锚固需要而研制的锚具。其各项技术指标符合国际后张预应力混凝土协会《后张预应力体系验收建议》(FIP—93)及《预应力筋用锚具、夹具和连接器》(GB/T 14370—2007)标准中的各项技术要求。大直径钢绞线的设计参数见表 2-7-17。

大直径钢绞线设计参数　　表 2-7-17

公称直径(mm)	公称面积(mm^2)	屈服荷载(kN)	最小破断力(kN)	极限延伸率(%)	单位质量(kg/m)	在 20℃,$0.7F_m$ 持荷 1 000h 后松弛率(其中,F_m 为钢绞线的公称最大力)(%)
17.8	208.4	≥330	≥387	≥3.5	1.652	≤2.5
21.8	312.9	≥495	≥573	≥3.5	2.482	≤2.5
28.6	532.4	≥807	≥949	≥3.5	4.229	≤2.5

OVM 大直径锚具由夹片、锚板、锚垫板组成,使用 YC50Q、YC75Q 型千斤顶进行张拉。锚具的构造分别见图 2-7-17～图 2-7-19,其成套设计参数分别见表 2-7-18～表 2-7-20。

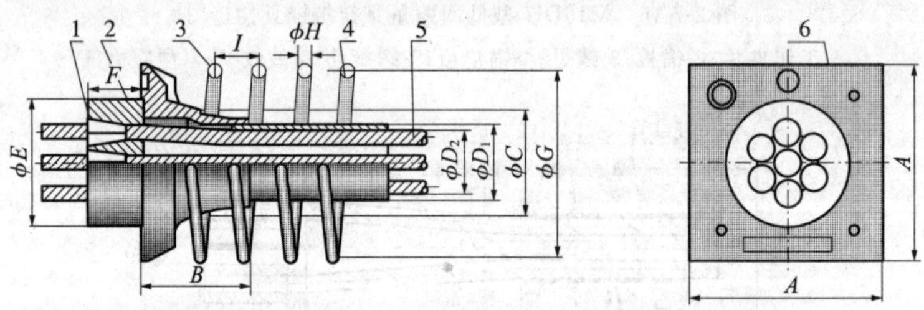

图 2-7-17　OVM. M18 型大直径张拉端锚具构造图

1-夹片;2-锚板;3-螺旋筋;4-波纹管;5-预应力筋;6-锚垫板

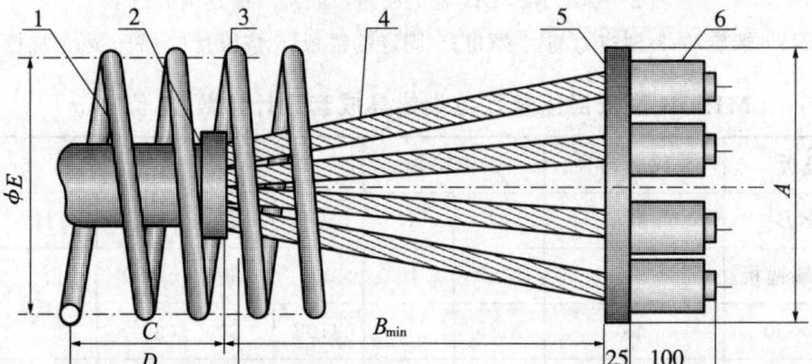

图 2-7-18　OVM. P18 型大直径固定端锚具构造图

1-波纹管;2-约束管;3-螺旋筋;4-预应力筋;5-固定端锚板;6-挤压头

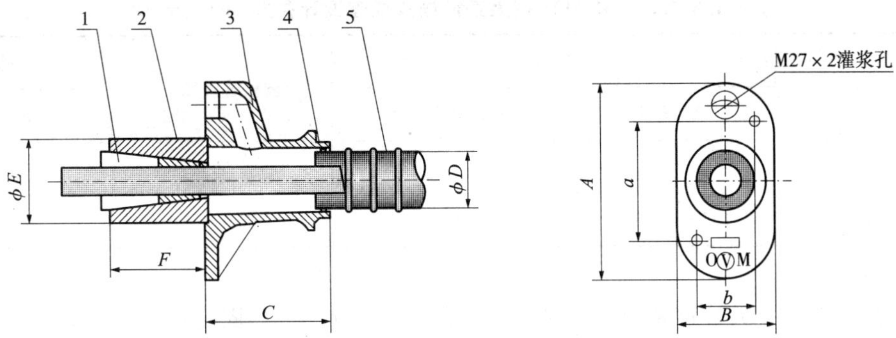

图 2-7-19 OVM. M22、OVM. M28 型大直径锚具结构示意图

1-工作夹片;2-工作锚板;3-锚垫板;4-钢绞线;5-波纹管

OVM. M18 型大直径张拉端锚具成套设计参数(单位:mm) 表 2-7-18

型 号		OVM. M18-3	OVM. M18-4	OVM. M18-5	OVM. M18-6/7	OVM. M18-8	OVM. M18-9	OVM. M18-12	OVM. M18-15	OVM. M18-19	OVM. M18-22	OVM. M18-25	OVM. M18-27
锚垫板	A	165	210	210	240	270	270	300	360	390	420	420	470
	B	120	160	160	180	210	210	240	375	420	495	495	615
	ϕC	93	108	108	125	140	140	170	188	210	222	222	246
波纹管径	ϕD_1	57	77	77	87	97	97	107	127	137	137	137	147
	ϕD_2	50	70	70	80	90	90	100	120	130	130	130	140
锚板	ϕE	105	130	135	150/157	175	185	210	235	260	275	275	310
	F	65	70	70	75	80	80	85	110	120	120	135	140
螺旋筋	ϕG	190	240	240	270	330	330	380	430	470	510	510	570
	ϕH	14	16	16	20	20	20	20	20	22	22	22	22
	I	50	60	60	60	60	60	60	60	70	70	70	70
	圈数	4	5	5	5	6	6	6	7	7	8	8	9

OVM. P18 型大直径固定端锚具成套设计参数(单位:mm) 表 2-7-19

型 号	OVM. P18-3	OVM. P18-4	OVM. P18-5	OVM. P18-6/7	OVM. P18-9	OVM. P18-12	OVM. P18-19
A	150	170	200	220	250	270	350
B_{min}	240	300	380	440	500	720	860
C	110	110	120	120	135	135	135
D	250	250	250	300	300	300	350
ϕE	190	210	210	240	240	240	270

OVM. M22、OVM. M28 型大直径锚具成套设计参数(单位:mm)　　表 2-7-20

型　号	锚垫板		波纹管内径 D	锚板
	$A\times B\times C$	安装孔距 $a\times b$		$E\times F$
OVM. M22-1	145×90×100	80×58	30	65×75
OVM. M28-1	195×100×125	120×60	40	85×100

7. 环锚锚具

环锚是以 OVM 夹片型锚具为基础,设计成可以双向穿索、固定端和张拉端为一体的锚具。该锚具主要适用于水电站压力引水隧洞、排砂洞的预应力混凝土衬砌结构和大型污水池等环形预应力结构的锚固。该系列锚具配用 ZB4-500 型电动油泵、YCW 系列千斤顶、偏转器、过渡块等进行张拉。锚具结构见图 2-7-20,其成套设计参数见表 2-7-21。

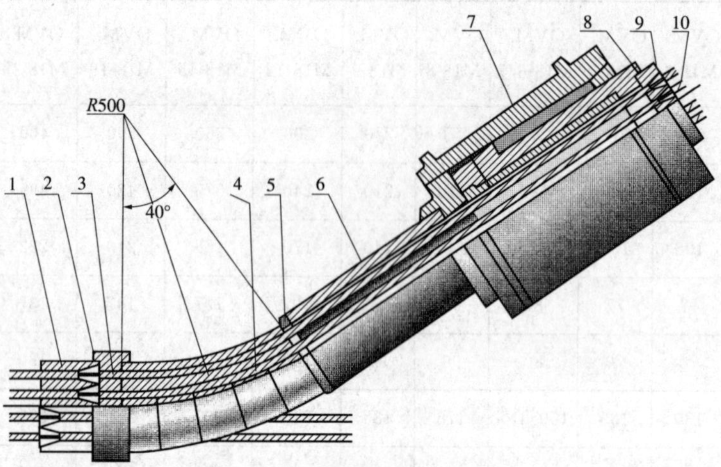

图 2-7-20　环锚锚具结构示意图

1-HM 锚板;2-工作夹片;3-限位板;4-偏转器;5-过渡块;6-延长筒;7-千斤顶;8-工具锚板;9-工具夹片;10-钢绞线

环锚成套设计参数(单位:mm)　　表 2-7-21

锚具规格	工作锚板	限位板	工具锚板	配用千斤顶
	长×高×厚	长×高×厚	外径×高	
HM15-2	160×50×65	—	—	YDC240QX
HM15-4	160×90×90	—	—	—
HM15-6	160×130×100	—	—	—
HM15-8	210×160×120	—	—	—
HM15-8T	219×130×120	—	—	—
HM15-12	290×180×120	190×110×50	184×70	YCW250B
HM15-14	320×180×125	190×140×50	250×72	YOW350B(YCW300B)

8. 电隔离锚具

OVM 电隔离锚具的锚垫板(M15ZH 型)由芯板、高性能混凝土和喇叭管组成。芯板为中空铸铁或铸钢件,喇叭管为塑料件,高性能混凝土有效地包裹住芯板。

OVM 电隔离锚具的锚垫板具有耐久性和耐腐蚀性好、安全性高、喇叭口摩阻较小、锚下混凝土应力传递均匀等特点。锚垫板的结构及实物见图 2-7-21,锚具构造见图 2-7-22,锚具的安装示意见图 2-7-23,锚具的成套设计参数见表 2-7-22。

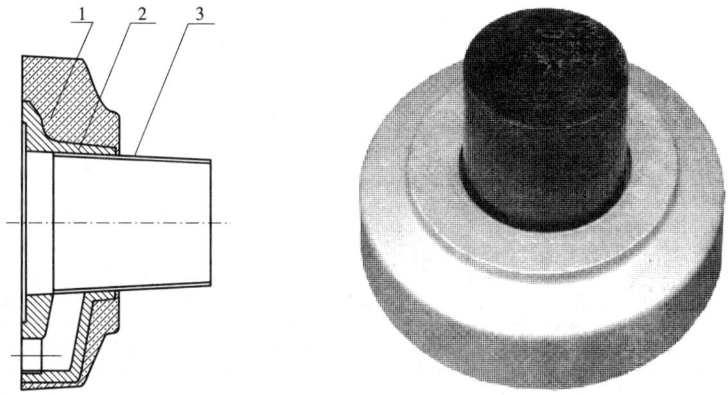

图 2-7-21　OVM. M15ZH 型锚垫板的结构及实物图

1-高性能混凝土;2-芯板;3-喇叭管

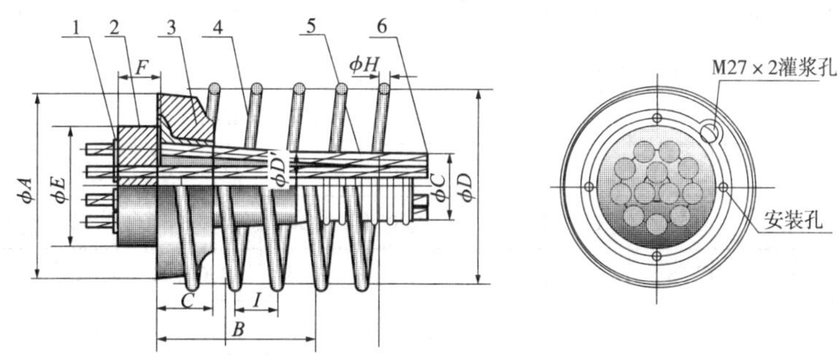

图 2-7-22　OVM 电隔离锚具的构造

1-夹片;2-锚板;3-锚垫板;4-螺旋筋;5-塑料波纹管;6-预应力筋

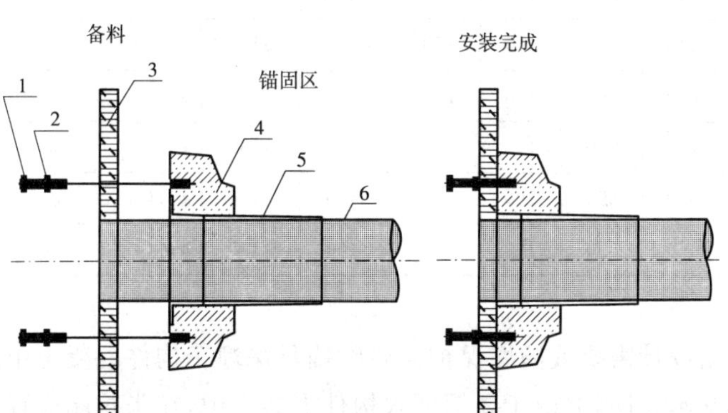

图 2-7-23　OVM 电隔离锚具安装示意图

1-六角螺栓;2-六角螺母;3-模板;4-锚垫板;5-塑料管;6-波纹管

OVM 电隔离锚具成套设计参数(单位:mm)　表 2-7-22

型号	M15ZH 锚垫板					波纹管	锚板	螺旋筋			
	ϕA	B	C	$\phi D'$	安装孔分度圆	ϕC（内径）	$\phi E\times F$	ϕD	ϕH	I	螺旋筋圈数 N
OVM. M15ZH-6	220	60	60	80	φ145	φ70	φ126×52	φ172	φ12	50	4
OVM. M15ZH-7	220	140	60	80	φ145	φ70	φ126×53	φ172	φ12	50	4
OVM. M15ZH-8	230	180	70	90	φ162	φ80	φ136×55	φ185	φ14	50	4
OVM. M15ZH-9	240	210	70	90	φ175	φ80	φ146×55	φ200	φ14	50	4
OVM. M15ZH-10	250	210	75	100	φ190	φ90	φ156×58	φ214	φ14	50	5
OVM. M15ZH-11	260	230	80	100	φ190	φ90	φ166×58	φ214	φ14	50	5
OVM. M15ZH-12	260	250	80	100	φ190	φ90	φ166×60	φ214	φ14	50	5
OVM. M15ZH-13	270	270	80	100	φ190	φ90	φ170×63	φ224	φ14	50	5
OVM. M15ZH-14	270	360	80	100	φ200	φ90	φ176×65	φ240	φ14	50	5.5
OVM. M15ZH-15	290	450	85	100	φ220	φ90	φ186×68	φ250	φ16	60	5.5
OVM. M15ZH-16	290	450	85	100	φ220	φ90	φ196×70	φ250	φ16	60	5.5
OVM. M15ZH-17	290	450	85	100	φ220	φ90	φ196×73	φ260	φ16	60	6
OVM. M15ZH-18/19	300	450	90	110	φ230	φ100	φ206×75	φ270	φ16	60	6
OVM. M15ZH-20～22	320	450	100	130	φ250	φ120	φ226×80	φ300	φ18	60	6
OVM. M15ZH-23/24	360	580	110	130	φ280	φ120	φ244×82	φ330	φ18	60	6
OVM. M15ZH-25～27	360	580	110	130	φ280	φ120	φ244×85	φ330	φ18	60	6
OVM. M15ZH-28/29	390	565	110	140	φ290	φ130	φ260×88	φ352	φ18	60	7
OVM. M15ZH-30/31	390	565	110	140	φ290	φ130	φ260×90	φ352	φ18	60	7
OVM. M15ZH-32～34	400	700	125	150	φ330	φ140	φ296×95	φ386	φ20	60	8
OVM. M15ZH-35～37	400	700	130	150	φ330	φ140	φ296×100	φ394	φ20	60	8
OVM. M15ZH-38/39	440	800	160	170	φ360	φ160	φ324×105	φ438	φ22	60	8
OVM. M15ZH-40～45	440	800	160	170	φ360	φ160	φ324×112	φ438	φ22	60	8
OVM. M15ZH-46/47	460	890	190	190	φ400	φ160	φ344×115	φ470	φ22	60	8
OVM. M15ZH-48/49	460	890	190	190	φ400	φ160	φ344×116	φ470	φ22	60	8
OVM. M15ZH-50～52	460	890	190	190	φ400	φ160	φ344×120	φ470	φ22	60	8
OVM. M15ZH-53～55	460	890	190	190	φ400	φ160	φ344×130	φ470	φ22	60	8

9. 深埋锚具

深埋锚具是根据设计需要或防腐保护需要将锚具深埋于构件混凝土中的一种锚具。其结构形式与常规锚具基本相同,但由于要深埋入构件混凝土中,在张拉端应预留张拉孔道。

套筒为深埋锚具的预留张拉孔道,一般选取合适的钢管或钢板卷制与垫板组焊而成,其长度 L 应大于深埋锚垫板与构件端面的距离,内径 ϕK 应大于锚板外径 $\phi E+10$mm。张拉施工时必须有专门的延长筒，筒的一端与千斤顶配合，一端为限位装置，以实现限位张拉。其他零部件和尺寸参数与 OVM 钢绞线张拉锚固体系相同。深埋锚具的安装张拉示意见图 2-7-24。

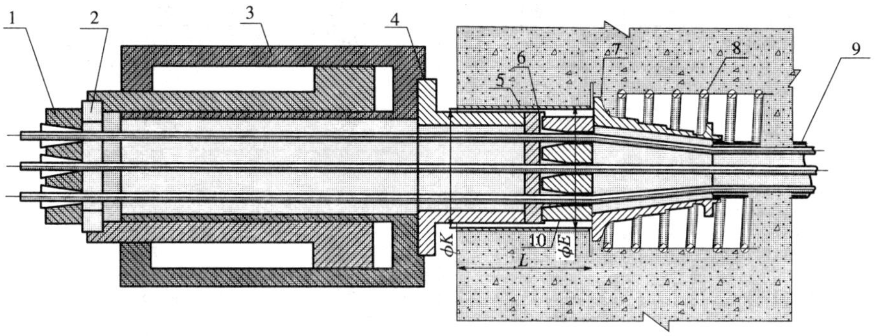

图 2-7-24　深埋锚具的安装张拉示意图

1-工具锚；2-工具锚垫环；3-千斤顶；4-延长筒；5-套筒；6-夹片；7-锚垫板；8-螺旋筋；9-波纹管；10-锚板

10．防松锚具

防松锚具是在普通张拉端锚具的基础上增加夹片防松装置，可有效防止由各种原因引起的夹片松动现象发生，从而在低应力值、高应力幅动载工况下锚固更加安全可靠。同时，也可用于竖向预应力束下端的夹片式锚具，保证夹片对钢绞线的有效夹持。

防松装置由压板和装在每个锚固单元夹片后端的碟式弹簧垫片及空心螺栓组成，压板通过螺栓紧固在锚板上，空心螺栓穿过压板上所开通孔顶紧碟式弹簧垫片和夹片。碟式弹簧垫片利用自身的弹力顶紧夹片，每个锚固单元夹片均受到一个向锚板孔压紧的作用力，保证每个锚固单元锚固安全可靠，并实现每个锚固单元夹片所受压紧力及位移单独可调。防松锚具的构造见图 2-7-25。

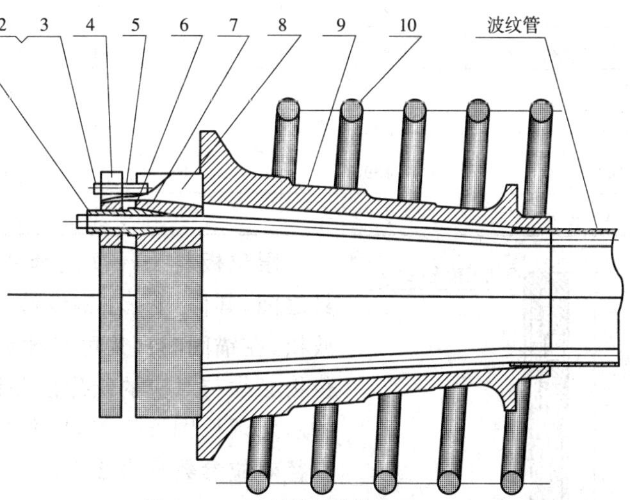

图 2-7-25　防松锚具的构造图

1-空心螺栓；2-螺钉；3-垫圈；4-压板；5-垫圈；6-碟式弹簧垫片；7-工作夹片；8-工作锚板；9-锚垫板；10-螺旋筋

11．工具锚与限位板

在张拉千斤顶或设备上夹持钢绞线的临时性锚固装置，称为工具锚，其孔位排列与工作锚一一对应，且可作为工具反复使用。工具锚的成套设计参数见表 2-7-23。

工具锚成套设计参数(单位:mm)　　表 2-7-23

型　　号	限位板		工具锚板	
	ϕA	B	ϕD	E
OVM. G15-2	ϕ148	28	ϕ134	60
OVM. G15-3	ϕ148	28	ϕ134	60
OVM. G15-4	ϕ148	28	ϕ134	60
OVM. G15-5	ϕ148	28	ϕ134	60
OVM. G15-6/7	ϕ195	28	ϕ175	60
OVM. G15-8	ϕ195	28	ϕ175	60
OVM. G15-9	ϕ195	28	ϕ175	60
OVM. G15-10	ϕ207	28	ϕ184	70
OVM. G15-11	ϕ207	30	ϕ184	70
OVM. G15-12	ϕ207	30	ϕ184	70
OVM. G15-13	ϕ207	30	ϕ194	70
OVM. G15-14	ϕ207	35	ϕ194	70
OVM. G15-15	ϕ250	35	ϕ250	80
OVM. G15-16	ϕ250	35	ϕ250	90
OVM. G15-17	ϕ250	35	ϕ250	90
OVM. G15-18	ϕ250	35	ϕ250	90
OVM. G15-19	ϕ250	35	ϕ250	90
OVM. G15-(20～22)	ϕ360	35	ϕ300	120
OVM. G15-(23～27)	ϕ360	35	ϕ300	120
OVM. G15-(28～31)	ϕ360	35	ϕ300	120
OVM. G15-(32～37)	ϕ360	35	ϕ370	140
OVM. G15-(38～43)	ϕ390	35	ϕ370	140
OVM. G15-(44/45)	ϕ390	35	ϕ370	140
OVM. G15-(46～55)	ϕ420	35	ϕ419	180

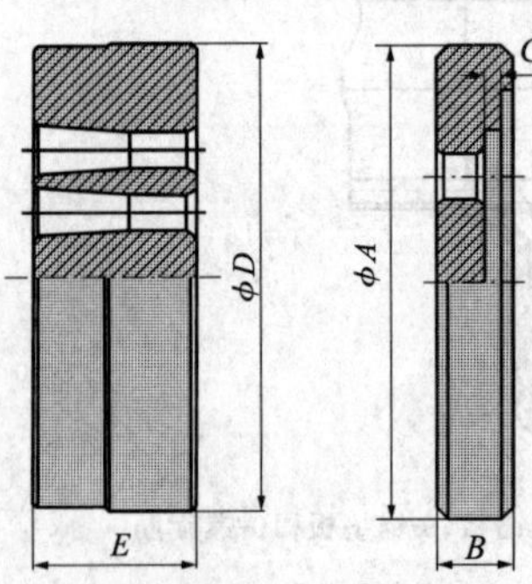

图 2-7-26　工具锚板及限位板示意图
a)工具锚板;b)限位板

限位板与千斤顶配套使用,放置在千斤顶与锚具之间,其作用是在钢绞线张拉时工作锚的夹片可放松,在锚固时夹片可有效地跟进并锚紧。因此,限位板必须与对应的千斤顶和锚具配套使用。限位板的示意图见图 2-7-26,限位板的限位高度与钢绞线直径对应参数见表 2-7-24。

三、钢绞线拉索体系

OVM250 拉索体系是一种平行钢绞线拉索体系。索体由多股 PE 防护热镀锌或环氧涂覆钢绞线组成,两端由夹片式锚具夹持。锚固区钢绞线为始

限位板的限位高度与钢绞线直径对应设计参数(单位:mm) 表 2-7-24

钢绞线直径	15	15.1	15.2	15.3	15.4	15.5	15.6
限位高度	5.8	6.2	6.6	7.0	7.4	7.8	8.2

终平行和独立状态,能够保证斜拉索可以单根穿索、单根张拉。拉索外层装有 HDPE 外护套,拉索过渡部分有可靠的防水密封措施,为拉索提供了耐久的防腐保护。在施工及营运期间,拉索可以实现单根钢绞线的换索和监测。

OVM250 钢绞线拉索体系由锚固段、过渡段和自由段组成。拉索体系的构造见图 2-7-27。

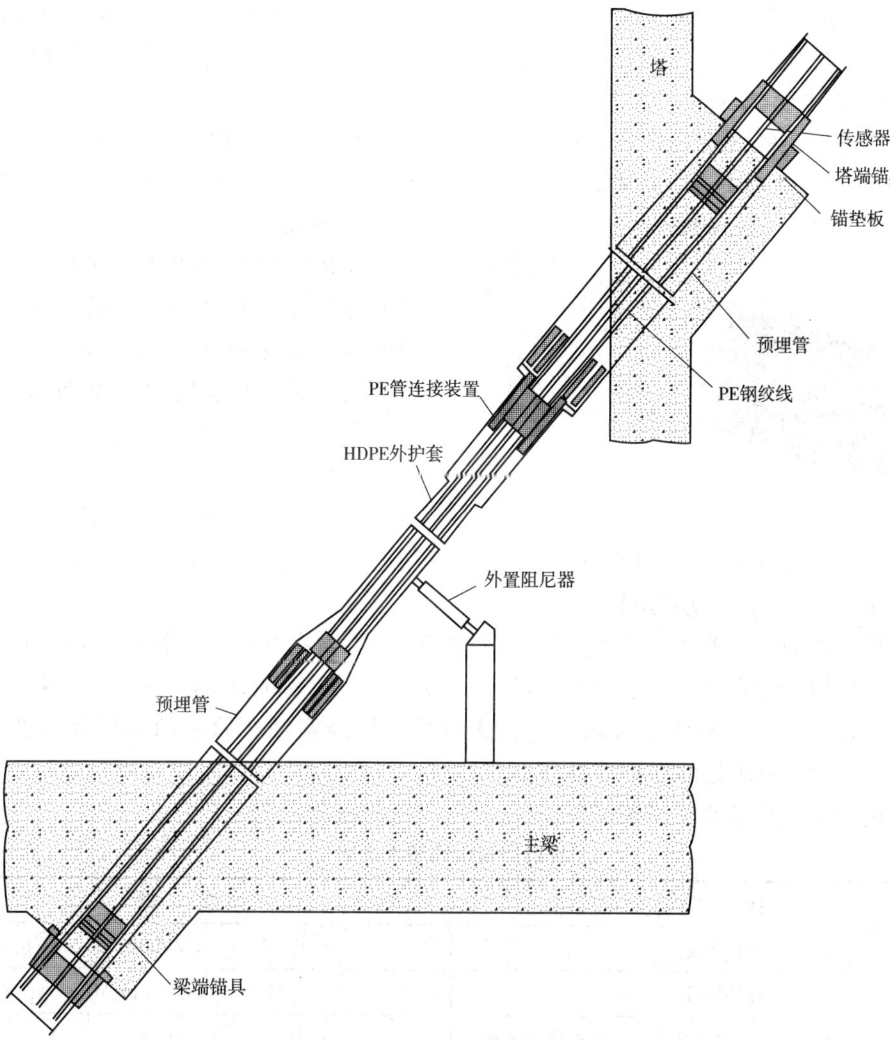

图 2-7-27 OVM250 钢绞线拉索体系构造

锚固段主要由拉索锚具组成,通过夹片将拉索张力传递给桥梁结构。拉索锚具分为张拉端锚具和固定端锚具。张拉端锚具由张拉端锚板、夹片、支承筒、螺母、密封筒、密封装置、保护罩等组成。张拉端锚具支承筒有较长的螺纹调节长度,便于索力调整。固定端锚具由固定端锚板、夹片、密封筒、密封装置、保护罩等组成。张拉端及固定段锚具的结构见图 2-7-28。

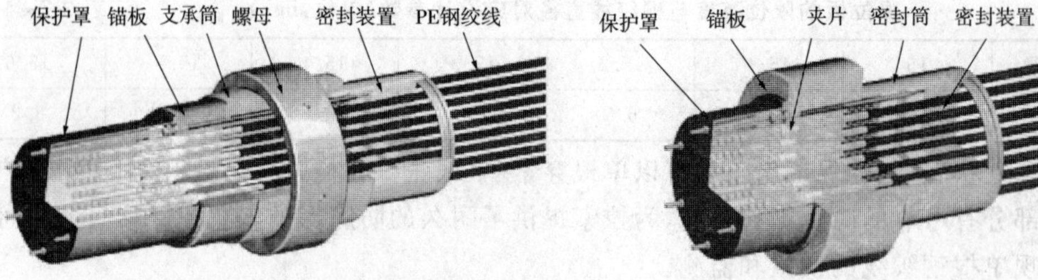

图 2-7-28 张拉端及固定段锚具的结构

自由段的拉索索体由多根单层 PE 防护钢绞线和 HDPE 外护套构成。单层 PE 防护绞钢线表面涂油脂或石蜡，涂料充满钢绞线的间隙。PE 层与钢绞线之间半黏结，表面光滑无裂缝，对钢绞线包裹紧密，且随钢绞线伸长而伸长。

HDPE 外护套的作用是保护单根防护钢绞线束，使其与外界隔绝，防止紫外线照射而老化，阻止外界腐蚀性物质进入拉索，使拉索的外表美观。拉索自由段的构造见图 2-7-29。

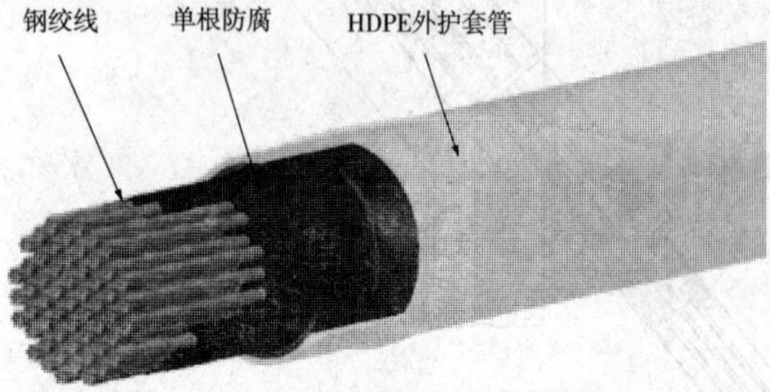

图 2-7-29 拉索自由段的构造

1. 钢绞线

索体常用的钢绞线有热镀锌钢绞线和环氧涂层钢绞线两种。热镀锌钢绞线是在钢绞线表面热镀锌层，形成阳极保护作用。锌作为一种活性金属，在腐蚀性环境下会通过消耗自身而达到保护内层金属。

环氧涂层钢绞线的环氧涂层是将环氧粉末均匀涂覆在钢绞线 7 根钢丝的表面，经加热、熔融、固结后形成致密和稳定的保护层。环氧是一种高分子物质，具有很好的稳定性，耐酸碱腐蚀能力很强，是“主动”防护层。

但环氧涂层如果涂覆质量不好，易发生脱皮现象，影响夹片锚的锚固性能，应做好质量检验。环氧涂层钢绞线在耐盐雾性试验中经 10 000h 后，应无锈蚀、膨胀、气泡等现象，表面无明显可见变化，达到《金属基体上金属和其他无机覆盖层经腐蚀试验后的试样和试件的评级》(GB/T 6461—2002)规定的保护等级(9 级)。

拉索用钢绞线技术要求见表 2-7-25。

拉索用钢绞线技术要求 表 2-7-25

项　目	指　标
公称强度	1 860MPa
弹性模量	$(1.95\pm0.05)\times10^5$MPa
应力上限为 $0.45f_{ptk}$、应力范围为 300MPa 的疲劳试验	2×10^6 次
延伸率	≥4.5%
疲劳试验后的静载试验	≥95% f_{ptk} 或 92% f_{pm}（取两者中的大值）
偏斜张拉试验	≤20%

注：1. f_{ptk} 为钢绞线的抗拉强度标准值(MPa)。

2. f_{pm} 为试验用钢绞线的实测极限抗拉强度标准值(MPa)。

2. HDPE 外护套

HDPE 外护套有双螺旋线护套和 SHG 哈弗护套两种。

双螺旋线护套是在外表面加工出双螺旋线，其外壁凸起的肋条可有效地阻止雨水在风的作用下在外护套表面形成水线，从而有效降低或阻止因风雨激振对拉索造成的不良振动，具有良好的抗风雨激振性能。

哈弗护套是一种新型缆索护套，其名称来源于英文“half－pipe”。它由两半对称的双层中空型材互相扣合于拉索上形成圆管状护套。由于采用了双层中空结构，其具有刚度高、隔热效果好的特点。哈弗护套的扣合结构更方便拉索后期检查维护。HDPE 外护套的结构见图 2-7-30。HDPE 双螺旋线外护套和 SHG 哈弗管外护套规格分别见表 2-7-26 和表 2-7-27。

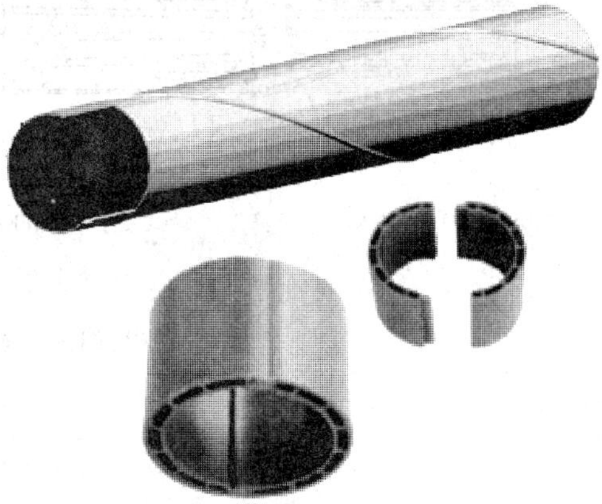

图 2-7-30　HDPE 外护套的结构

双螺旋线外护套规格(单位:mm)　　表 2-7-26

拉索规格	OVM250-(12～22)	OVM250-(23～31)	OVM250-(32～37)	OVM250-(38～55)	OVM250-(56～61)	OVM250-(62～85)	OVM250-(86～91)	OVM250-(92～127)
护套规格(外径)	140	160	180	200	235	260	280	315

SHG 哈弗外护套规格(单位:mm)　　表 2-7-27

拉索规格	OVM250-12	OVM250-(13～19)	OVM250-(20～31)	OVM250-(34～37)	OVM250-(38～61)
护套规格(外径)	120	140	160	180	210
拉索规格	OVM250-(62～73)	OVM250-(74～85)	OVM250-(86～97)	OVM250-(98～121)	OVM250-(122～127)
护套规格(外径)	225	240	255	275	295

HDPE 外护套采用高耐久性的 HDPE 材料制作加工，使其耐温度老化及耐环境应力开裂能力大大提高，通过寿命年限的分析及试验，关于索体护套色彩的选择，建议如下。

(1)在紫外线强度大的地区，推荐使用色彩稳定的黑色、白色或灰色 HDPE 外护套。

(2)如使用彩色 HDPE 外护套，其色彩的稳定性依次递减，规律为黄色、蓝色、橙色、红色。

3. 锚具

拉索张拉端和固定段锚具的构造分别见图 2-7-31 和图 2-7-32，其成套设计参数分别见表 2-7-28 和表 2-7-29。

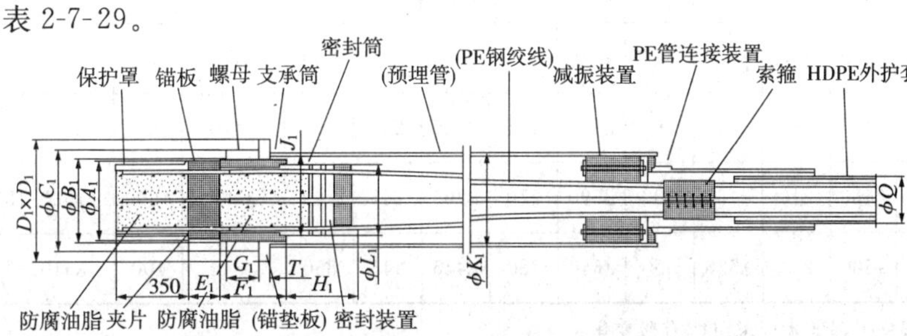

图 2-7-31　张拉端锚具的构造

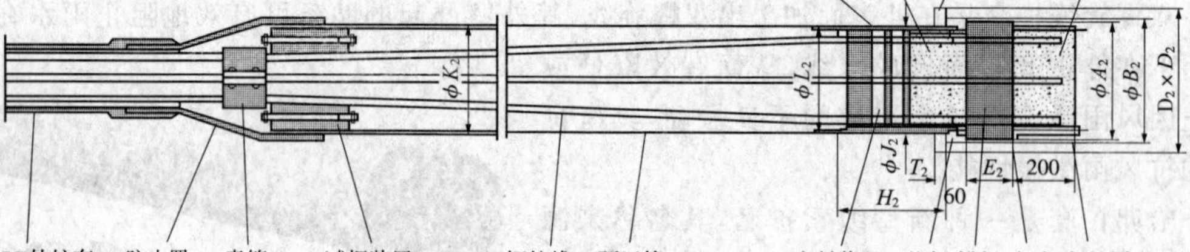

图 2-7-32 固定端锚具的构造

张拉端锚具成套设计参数(单位:mm)　　表 2-7-28

拉索规格 \ 尺寸	张拉端												HDPE外护套管
	锚板		支承筒		螺母		密封筒		锚垫板			预埋管	
	ϕA_1	E_1	ϕB_1	F_1	ϕC_1	G_1	ϕL_1	H_1	D_1	ϕJ_1（孔径）	T_1	ϕK_1（外径/壁厚）	ϕQ（外径）
OVM250-12	ϕ190	80	ϕ205	200	ϕ265	80	ϕ165	285	345	ϕ215	35	ϕ245/10	ϕ140
OVM250-19	ϕ245	100	ϕ260	240	ϕ325	95	ϕ210	245	415	ϕ270	40	ϕ299/10	ϕ140
OVM250-22	ϕ245	100	ϕ260	240	ϕ325	95	ϕ210	245	415	ϕ270	40	ϕ299/10	ϕ140
OVM250-27	ϕ270	110	ϕ285	260	ϕ350	105	ϕ230	255	435	ϕ295	40	ϕ325/10	ϕ160
OVM250-31	ϕ270	110	ϕ285	260	ϕ350	105	ϕ230	255	460	ϕ295	50	ϕ325/10	ϕ160
OVM250-34	ϕ285	110	ϕ310	280	ϕ375	110	ϕ250	245	490	ϕ320	55	ϕ351/10	ϕ180
OVM250-37	ϕ285	120	ϕ310	280	ϕ375	110	ϕ250	245	490	ϕ320	55	ϕ351/10	ϕ180
OVM250-43	ϕ310	125	ϕ330	310	ϕ400	125	ϕ280	245	520	ϕ340	60	ϕ377/10	ϕ200
OVM250-55	ϕ330	140	ϕ350	340	ϕ430	135	ϕ292	245	580	ϕ360	60	ϕ402/10	ϕ200
OVM250-61	ϕ360	145	ϕ380	370	ϕ460	145	ϕ320	245	600	ϕ390	70	ϕ426/12	ϕ235
OVM250-73	ϕ380	155	ϕ400	390	ϕ490	155	ϕ345	245	640	ϕ410	75	ϕ450/12	ϕ260
OVM250-85	ϕ400	175	ϕ420	440	ϕ520	175	ϕ365	245	700	ϕ430	80	ϕ457/12	ϕ260
OVM250-91	ϕ430	180	ϕ450	460	ϕ550	185	ϕ385	245	750	ϕ470	85	ϕ500/15	ϕ280
OVM250-109	ϕ450	210	ϕ480	530	ϕ590	210	ϕ405	245	790	ϕ490	90	ϕ530/15	ϕ315
OVM250-127	ϕ500	210	ϕ530	550	ϕ640	220	ϕ445	245	850	ϕ540	100	ϕ610/15	ϕ315

注:表中数值根据工程实际要求可能有所变化。

固定端锚具成套设计参数(单位:mm)　　表 2-7-29

拉索规格	锚板		垫板	密封筒		锚垫板			预埋管
固定端 尺寸	ϕA_2	E_2	ϕB_2	ϕL_2	H_2	D_2	ϕJ_2(孔径)	T_2	ϕK_2(外径/壁厚)
OVM250-12	ϕ200	80	ϕ215	ϕ165	325	315	ϕ171	45	ϕ194/8
OVM250-19	ϕ250	95	ϕ265	ϕ210	345	370	ϕ216	50	ϕ245/10
OVM250-22	ϕ250	95	ϕ265	ϕ210	345	370	ϕ216	50	ϕ245/10
OVM250-27	ϕ270	110	ϕ285	ϕ230	345	395	ϕ236	55	ϕ273/10
OVM250-31	ϕ270	110	ϕ285	ϕ230	345	405	ϕ236	60	ϕ273/10
OVM250-34	ϕ285	110	ϕ305	ϕ250	345	430	ϕ256	60	ϕ273/7
OVM250-37	ϕ285	120	ϕ305	ϕ250	345	430	ϕ256	60	ϕ273/7
OVM250-43	ϕ320	130	ϕ340	ϕ280	345	510	ϕ286	75	ϕ325/10
OVM250-55	ϕ340	140	ϕ360	ϕ292	345	550	ϕ298	80	ϕ325/10
OVM250-61	ϕ370	145	ϕ390	ϕ320	345	590	ϕ326	85	ϕ351/10
OVM250-73	ϕ400	160	ϕ420	ϕ345	345	650	ϕ352	90	ϕ377/10
OVM250-85	ϕ420	175	ϕ440	ϕ365	345	680	ϕ371	100	ϕ402/10
OVM250-91	ϕ450	190	ϕ475	ϕ385	345	730	ϕ391	110	ϕ426/12
OVM250-109	ϕ470	210	ϕ495	ϕ405	345	780	ϕ411	120	ϕ450/12
OVM250-127	ϕ530	220	ϕ545	ϕ445	345	850	ϕ451	130	ϕ480/12

注:表中数值根据工程实际要求可能有所变化。

4. 拉索设计参数、配套的张拉设备及张拉空间要求

拉索设计参数及配套的张拉设备见表 2-7-30,其张拉空间要求见图 2-7-33、图 2-7-34 及表 2-7-31。

拉索设计参数及配套的张拉设备　　表 2-7-30

拉索规格	钢绞线数量	1 770MPa		1 860MPa		张拉设备
		拉索破断力(kN)	最大使用拉力(kN)(0.45f_{ptk})	拉索破断力(kN)	最大使用拉力(kN)(0.45f_{ptk})	
OVM250-12	12	2 974	1 338	3 125	1 406	YDCS3000
OVM250-19	19	4 708	2 118	4 947	2 226	YDCS3000
OVM250-22	22	5 451	2 452	5 729	2 578	YDCS3000
OVM250-27	27	6 690	3 010	7 031	3 164	YDCS3000
OVM250-31	31	7 682	3 456	8 072	3 632	YDCS3000
OVM250-34	34	8 425	3 791	8 853	3 984	YDCS5500
OVM250-37	37	9 168	4 125	9 635	4 335	YDCS5500

续上表

拉索规格	钢绞线数量	1 770MPa		1 860MPa		张拉设备
		拉索破断力(kN)	最大使用拉力(kN)(0.45f_{ptk})	拉索破断力(kN)	最大使用拉力(kN)(0.45f_{ptk})	
OVM250-43	43	10 655	4 794	11 197	5 038	YDCS5500
OVM250-55	55	13 629	6 133	14 322	6 445	YDCS5500
OVM250-61	61	15 116	6 802	15 884	7 148	YDCS8000 YCW800
OVM250-73	73	18 089	8 140	19 009	8 554	YDCS8000 YCW800
OVM250-85	85	21 063	9 478	22 134	9 960	YDCS8000 YCW800
OVM250-91	91	22 550	10 147	23 696	10 663	
OVM250-109	109	27 010	12 154	28 383	12 772	
OVM250-127	127	31 470	14 161	33 070	14 881	

注：表中数据按 ϕ15.2 钢绞线计算，其中，f_{ptk}为钢绞线的抗拉强度标准值(MPa)。

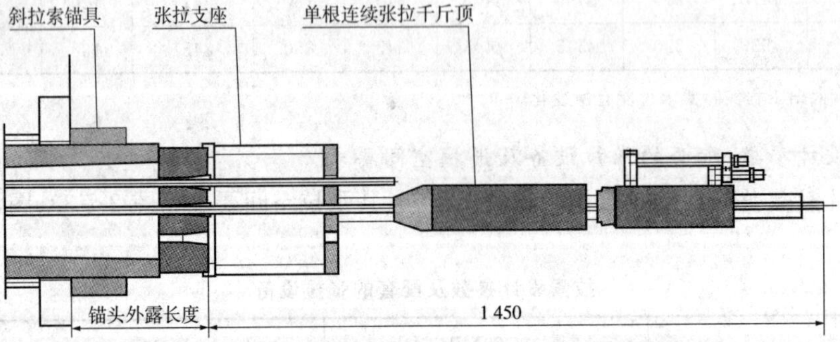

图 2-7-33　钢绞线单根张拉空间要求(尺寸单位：mm)

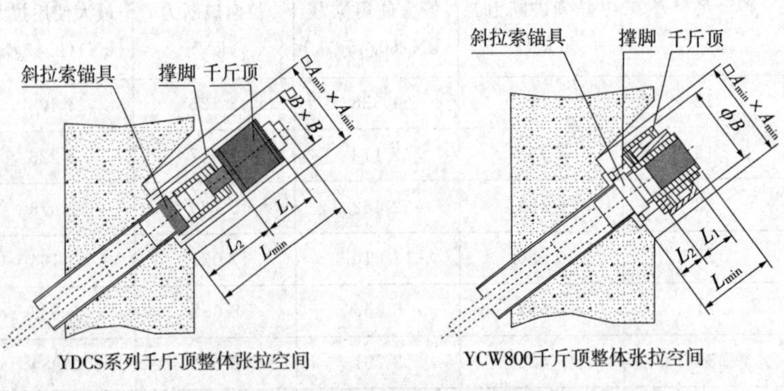

图 2-7-34　钢绞线整体张拉空间要求

钢绞线整体张拉空间要求(单位:mm) 表 2-7-31

千斤顶型号	L_1	L_2	L_{min}	$A_{min}\times A_{min}$	$B\times B(\phi B)$
YDCS3000-150	420	1 200	1 800	800×800	500×500
YDCS5500-100	360	1 200	1 800	900×900	580×580
YDCS8000-100	400	1 200	2 000	1 000×1 000	720×720
YCW800-100	300	400	850	950×950	ϕ876

5.阻尼器

斜拉索是细长杆构件,受外力的影响极易产生振动。振动对斜拉索会造成危害,因此要加以抑制。

斜拉索产生振动的主要原因有:

(1)参数激励共振(车\结构)。

(2)风激励振动(涡流\尾流\颤振\驰振等)。

(3)风雨激振。

增加斜拉索的结构阻尼是减振的最有效的解决方法。

OVM250 拉索体系是在拉索预埋管内安装内置式高性能阻尼器,利用高阻尼橡胶来耗能减振,提高拉索抗振能力。

OVM250 拉索体系外防护层采用双螺旋线护套,能有效抑制拉索的风雨激振现象,降低拉索风雨激振的振动幅度及发生风雨激振的概率。改变拉索外表面形状,阻止水线形成,是已被试验证明的一种行之有效的方法。

在要求更高阻尼的拉索上,OVM 还可提供已经过实桥认证的、阻尼性能优越的外置永磁调节式磁流变阻尼器。其结构见图 2-7-35,工程应用见图 2-7-36。

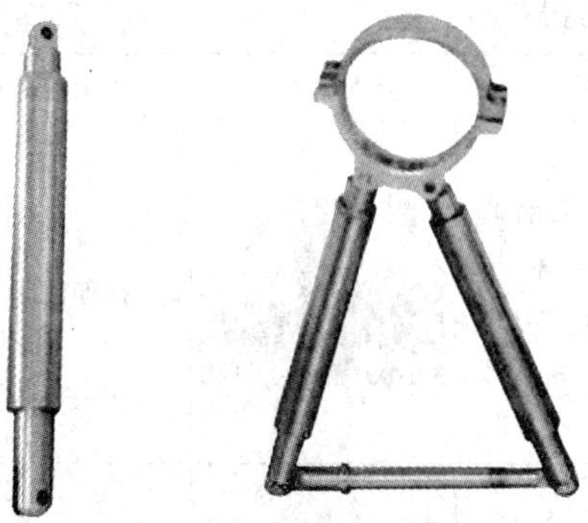

图 2-7-35 永磁调节式磁流变阻尼器结构

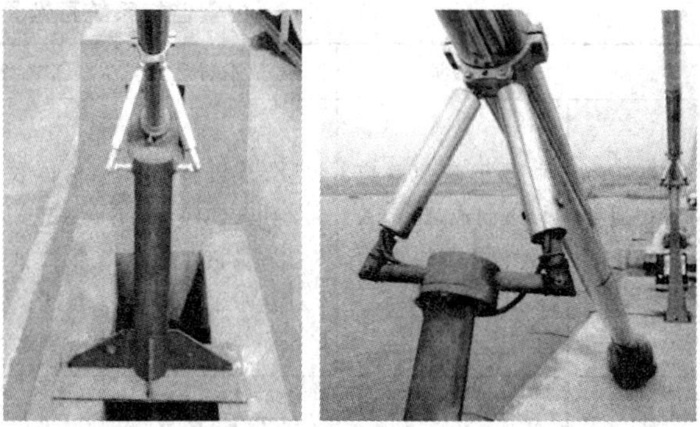

图 2-7-36 永磁调节式磁流变阻尼器的工程应用

6.监控系统

斜拉索是斜拉桥的主要受力构件之一,它的受力状态是桥梁安全与正常使用的重要指标。监测拉索的索力对于及时反映拉索的工作状态和调整拉索的结构内力极为重要。OVM 拉索监控系统分为在线和离线两种模式。

1)在线模式

数据自动采集,根据传感器的数量及分布情况在桥梁上设置一个或多个数据采集箱,结合数据传输及计算机软硬件技术，可实现斜拉索索力实时在线监测，具有自动测量、异常预警、远程操控等功能。

2)离线模式

离线模式又分为数据集中采集和数据分散采集两种方式。

数据集中采集：根据传感器的数量及分布情况在桥梁上设置一个或多个数据采集箱，将传感器信号集成进数据采集箱中，人工定期采集数据。

数据分散采集：人工携带仪器对传感器逐一进行测量。

拉索监控系统的主要仪器、设备配置见表 2-7-32，可选用的传感器见表 2-7-33。

拉索监控系统的主要仪器、设备配置 表 2-7-32

项目	在线模式	离线模式	
	数据自动采集	数据集中采集	数据分散采集
系统配置	①传感器； ②配套测量仪器； ③开关集线箱； ④数据传输线； ⑤布线管； ⑥防雷装置； ⑦数据远程传输装置； ⑧仪器保护箱； ⑨系统监控软件	①传感器； ②配套测量仪器； ③开关集线箱； ④数据传输线； ⑤布线管； ⑥防雷装置； ⑦仪器保护箱； ⑧数据采集软件	传感器(接线盒)
特点	实现斜拉索索力实时在线监测，具有自动测量、异常预警、远程操控等功能	人工巡检，预留数据接口，可升级为在线模式	人工测量，索力监测最基本的配置

拉索监控系统可选用的传感器 表 2-7-33

传感器	原理	技术特点	使用范围	实物图	应用选择
CCT 磁通量传感器	基于磁弹效应原理制成，用于铁磁性构件的应力无损测量	①结实可靠； ②耐久性好； ③测量精度高； ④防水耐压性好	由铁磁性材料制成的棒材和拉索索力的监测，包括平行钢丝索、钢绞线索、体内预应力钢绞线束、钢丝绳、精轧螺纹钢等构件		推荐使用
CLY 型液压传感器	液压变送器将弹性体腔内惰性液体因外力发生的压强变化转化为电流信号输出	①结构紧凑、高度小； ②偏载影响小； ③零飘小	适用于拉索、锚索索力及橡胶支座反力长期监测		可选用
光纤光栅(FBG)智能索	布置在拉索内，使智能筋与拉索内钢丝同步变形	①抗干扰能力强； ②体积小、重量轻； ③灵敏度高； ④适用于恶劣环境	适用于平行钢丝或钢绞线拉索索力(或应力应变)的长期监测		可选用

7. 拉索张拉及拉索挂篮的施工

1）单根钢绞线的等值张拉法

单根钢绞线安装张拉采用等值张拉法，即在基准钢绞线上安装索力传感器，其余钢绞线张拉根据基准钢绞线索力变化而调整张拉油压，以达到控制索力均匀性的目的。

单根张拉过程采用传感器控制，其中传感器通过导线与计算机相连，捕捉到的数据由系统自动计算处理，反馈参数自动控制液压泵站工作。

单根钢绞线等值张拉法的工作原理见图 2-7-37。

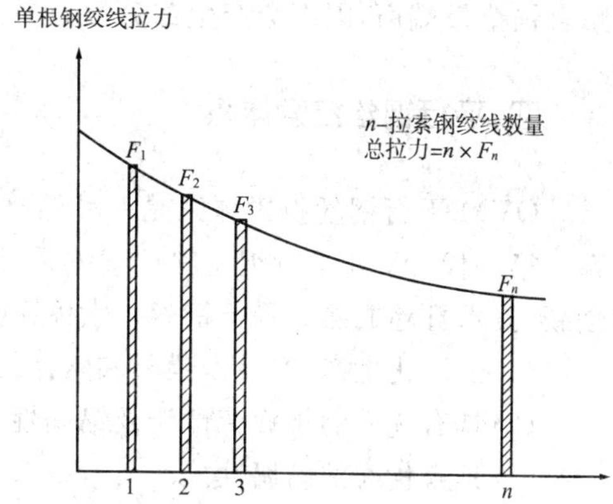

图 2-7-37　单根钢绞线等值张拉法的工作原理

2）钢绞线斜拉索的前支点挂篮施工

钢绞线斜拉索的前支点挂篮施工与一般挂篮施工的区别是斜拉索临时锚固于挂篮上，然后进行梁段混凝土的浇筑，待混凝土强度达设计要求后，再将斜拉索转换锚固于主梁。

斜拉桥前支点挂篮施工工法利用斜拉索来承担大部分挂篮的荷载，可以减轻主桁架的受力，减小挂篮的重量，节省施工设备投入费用。

与非前支点挂篮施工的斜拉索安装施工工艺相比，前支点挂篮斜拉索安装多了一次整体张拉和体系转换这两个步骤。

根据桥梁端斜拉索采用的锚具形式，斜拉索与挂篮的连接主要有图 2-7-38 和图 2-7-39 两种方式。

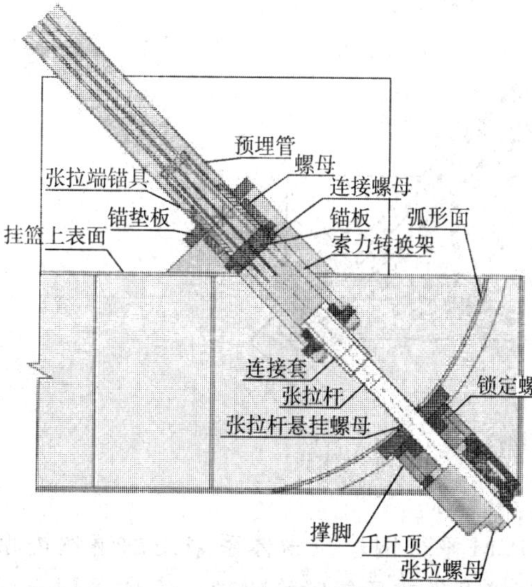

图 2-7-38　采用张拉端锚具连接方式

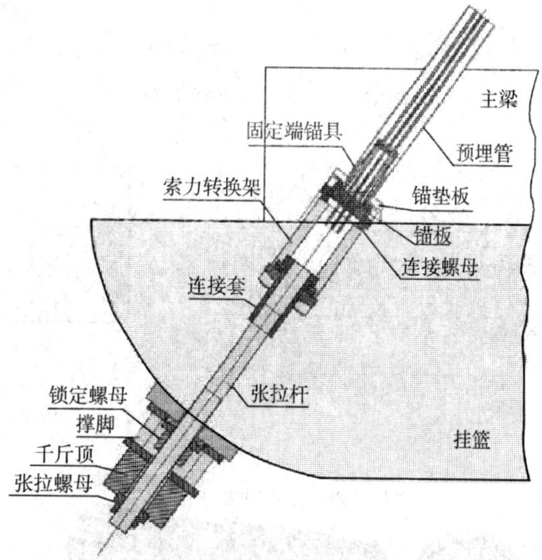

图 2-7-39　采用固定端锚具连接方式

在两种连接方式中，以采用张拉端锚具与挂篮连接的方式较好，在体系转换时最简单，索力基本没有损失。而采用固定端锚具与挂篮连接的方式，因其锚具无螺母，是直接将锚具放松贴合锚垫板端面,因而会产生部分索力损失,需通过塔端进行补张拉来弥补。

四、平行钢丝拉索体系

OVM 平行钢丝拉索体系是一种热挤高密度聚乙烯高强钢丝拉索与冷铸镦头锚的组合体系。第一代 OVM 平行钢丝斜拉索体系诞生于 20 世纪 90 年代初,经过 20 多年的持续改进和创新,技术日趋成熟。平行钢丝拉索体系具有以下优点。

(1)工厂化生产,产品以锚具和索体结合成一体的成品出厂。

(2)具有优秀的抗疲劳性能及锚固性能。

(3)具有优秀的防腐性能。

(4)整体盘卷包装方式运输。

(5)整体张拉,张拉吨位明确,索力均匀,调索方便。

(6)衍生产品品种齐全,可一揽子配套外置式阻尼器、测力传感器等。

OVM 平行钢丝拉索体系由锚固段和成品索段组成。拉索体系的构造见图 2-7-40。

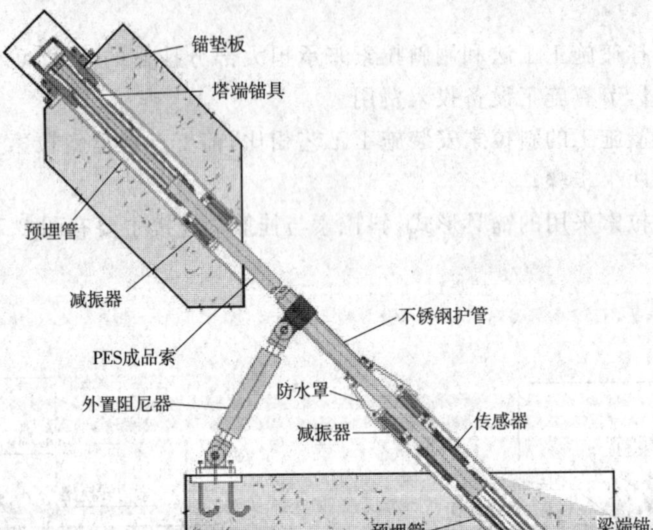

图 2-7-40　OVM250 平行钢丝拉索体系构造

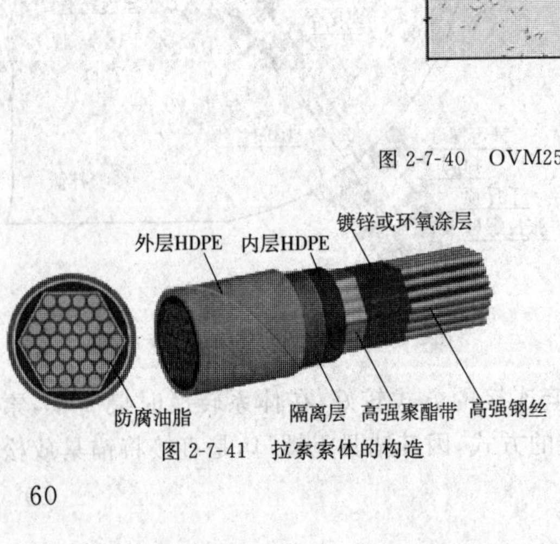

图 2-7-41　拉索索体的构造

1. 斜拉索

OVM 平行钢丝拉索体系采用的钢丝类型有热镀锌钢丝或环氧喷涂钢丝。索体采用双层 PE 层防护,用油脂充满钢丝的间隙。拉索索体的构造见图 2-7-41,拉索的主要安装尺寸参数分见表 2-7-34 和表 2-7-35。

拉索的主要安装尺寸参数(7 系列，σ_b = 1 670MPa)　　表 2-7-34

斜拉索规格	预埋管规格(mm)	锚垫板规格(mm)	破断力(kN)	设计索力(kN)(K=2.5)
PES7-37	ϕ180×8	290×290×30	2 378	951
PES7-55	ϕ194×5	320×320×30	3 535	1 414
PES7-61	ϕ203×6	330×330×30	3 920	1 568
PES7-73	ϕ219×7.5	360×360×35	4 692	1 877
PES7-85	ϕ219×7.5	370×370×40	5 463	2 185
PES7-91	ϕ245×12	390×390×40	5 848	2 339
PES7-109	ϕ273×15	420×420×40	7 005	2 802
PES7-121	ϕ273×12	440×440×40	7 777	3 111
PES7-127	ϕ273×9	460×460×40	8 162	3 265
PES7-139	ϕ273×9	480×480×40	8 933	3 573
PES7-151	ϕ299×15	500×500×45	9 705	3 882
PES7-163	ϕ299×12	520×520×45	10 476	4 190
PES7-187	ϕ299×7.5	550×550×50	12 018	4 807
PES7-199	ϕ325×12	570×570×50	12 790	5 116
PES7-211	ϕ325×10	590×590×50	13 561	5 424
PES7-223	ϕ351×10	610×610×60	14 332	5 733
PES7-241	ϕ377×15	620×620×60	15 489	6 196
PES7-253	ϕ377×13	640×640×60	16 260	6 504
PES7-265	ϕ377×9	650×650×60	17 031	6 813
PES7-283	ϕ377×9	680×680×65	18 188	7 275
PES7-301	ϕ402×12	690×690×70	19 345	7 738
PES7-313	ϕ402×11	720×720×70	20 116	8 046
PES7-337	ϕ426×12	740×740×75	21 659	8 663
PES7-349	ϕ426×12	750×750×80	22 430	8 972
PES7-367	ϕ426×10	770×770×85	23 587	9 435
PES7-379	ϕ450×15	800×800×85	24 358	9 743
PES7-409	ϕ450×10	830×830×90	26 286	10 514
PES7-421	ϕ465×14	850×850×90	27 057	10 823
PES7-439	ϕ465×12	850×850×90	28 214	11 286
PES7-451	ϕ465×10	850×850×95	28 985	11 594
PES7-475	ϕ480×10	880×880×95	30 528	12 211

注：K 为拉索安全系数。

拉索的主要安装尺寸参数(5 系列,σ_b=1 670MPa)　　表 2-7-35

斜拉索规格	预埋管规格(mm)	锚垫板规格(mm)	破断力(kN)	设计索力(kN)(K=2.5)
PES5-19	ϕ140×6	220×220×30	623	249
PES5-37	ϕ152×4.5	250×250×30	1 213	485
PES5-55	ϕ159×4.5	290×290×30	1 803	721
PES5-61	ϕ159×4.5	290×290×30	2 000	800
PES5-73	ϕ180×6	300×300×30	2 394	957
PES5-85	ϕ194×5	320×320×30	2 787	1 115
PES5-91	ϕ194×5	320×320×30	2 984	1 194
PES5-109	ϕ194×4	330×330×30	3 574	1 430
PES5-121	ϕ219×10	360×360×35	3 968	1 587
PES5-127	ϕ219×10	400×400×40	4 164	1 666
PES5-139	ϕ219×6	400×400×40	4 558	1 823
PES5-151	ϕ219×6	400×400×40	4 951	1 981

注:*K* 为拉索安全系数。

镀锌钢丝经专用制索设备平行并拢成束,经左旋轻度扭绞 2°~4°后,用高强度聚酯缠绕包带进行缠包定型,再热挤 HDPE 护套,最后根据斜拉索的无应力确认长度(通常 20℃温度下)进行裁料和标记。拉索索体的成套技术参数见表 2-7-36 和表 2-7-37。

镀锌钢丝拉索索体的成套技术参数(7 系列,σ_b=1 670MPa)　　表 2-7-36

规格型号	钢丝束公称截面面积(cm²)	钢丝束理论质量(kg/m)	黑色单护层结构(H)型		黑色内层彩色外层双层结构(O)型		破断荷载(kN)	配用锚具规格
			外径(mm)	拉索单位质量(kg/m)	外径(mm)	拉索单位质量(kg/m)		
PES()7-37	14.24	11.2	ϕ61	12.4	ϕ65	12.8	2 378	LZM7-37
PES()7-55	21.17	16.6	ϕ68	17.9	ϕ72	18.3	3 535	LZM7-55
PES()7-61	23.48	18.4	ϕ73	20.0	ϕ77	20.5	3 920	LZM7-61
PES()7-73	28.09	22.1	ϕ78	23.7	ϕ82	24.2	4 692	LZM7-73
PES()7-85	32.71	25.7	ϕ83	27.5	ϕ87	28.0	5 463	LZM7-85
PES()7-91	35.02	27.5	ϕ89	29.8	ϕ93	30.4	5 848	LZM7-91
PES()7-109	41.95	32.9	ϕ93	35.1	ϕ97	35.7	7 005	LZM7-109
PES()7-121	46.57	36.6	ϕ99	39.1	ϕ103	39.7	7 777	LZM7-121
PES()7-127	48.88	38.4	ϕ105	41.6	ϕ109	42.2	8 162	LZM7-127
PES()7-139	53.49	42.0	ϕ107	45.1	ϕ111	45.7	8 933	LZM7-139
PES()7-151	58.11	45.6	ϕ109	48.5	ϕ113	49.2	9 705	LZM7-151
PES()7-163	62.73	49.2	ϕ114	52.5	ϕ118	53.2	10 476	LZM7-163
PES()7-187	71.97	56.5	ϕ121	60.0	ϕ125	60.8	12 018	LZM7-187
PES()7-199	76.58	60.1	ϕ124	63.7	ϕ128	64.5	12 790	LZM7-199

续上表

规格型号	钢丝束公称截面面积(cm^2)	钢丝束理论质量(kg/m)	黑色单护层结构(H)型		黑色内层彩色外层双层结构(C)型		破断荷载(kN)	配用锚具规格
			外径(mm)	拉索单位质量(kg/m)	外径(mm)	拉索单位质量(kg/m)		
PES()7-211	81.20	63.7	ϕ129	67.8	ϕ133	68.6	13 561	LZM7-211
PES()7-223	85.82	67.4	ϕ133	71.7	ϕ137	72.6	14 332	LZM7-223
PES()7-241	92.75	72.8	ϕ135	76.9	ϕ139	77.7	15 489	LZM7-241
PES()7-253	97.37	78.4	ϕ139	80.8	ϕ143	81.7	16 260	LZM7-253
PES()7-265	101.98	80.1	ϕ144	85.0	ϕ148	85.9	17 031	LZM7-265
PES()7-283	108.91	85.5	ϕ147	90.4	ϕ151	91.3	18 188	LZM7-283
PES()7-301	115.84	90.9	ϕ151	96.0	ϕ155	96.9	19 345	LZM7-301
PES()7-313	120.46	94.6	ϕ154	99.8	ϕ158	100.8	20 116	LZM7-313
PES()7-337	129.69	101.8	ϕ160	107.5	ϕ164	108.5	21 659	LZM7-337
PES()7-349	134.31	105.4	ϕ162	111.2	ϕ166	112.2	22 430	LZM7-349
PES()7-367	141.24	110.9	ϕ167	117.1	ϕ171	118.1	23 587	LZM7-367
PES()7-379	145.86	114.5	ϕ170	121.0	ϕ174	122.0	24 358	LZM7-379
PES()7-409	157.40	123.6	ϕ176	130.4	ϕ180	131.5	26 286	LZM7-409
PES()7-421	162.02	127.2	ϕ177	133.8	ϕ181	134.9	27 057	LZM7-421
PES()7-439	168.95	132.6	ϕ183	140.2	ϕ187	141.3	28 214	LZM7-439
PES()7-451	173.57	136.2	ϕ185	143.9	ϕ189	145.0	28 985	LZM7 451
PES()7-475	182.80	143.5	ϕ190	151.6	ϕ194	152.7	30 528	LZM7-475

注：()内根据需要选择单层“H”或双层“C”。

镀锌钢丝拉索索体的成套技术参数(5 系列，σ_b＝1 670MPa)　　表 2-7-37

规格型号	钢丝束公称截面面积(cm^2)	钢丝束理论质量(kg/m)	黑色单护层结构(H)型		黑色内层彩色外层双层结构(C)型		破断荷载(kN)	配用锚具规格
			外径(mm)	拉索单位质量(kg/m)	外径(mm)	拉索单位质量(kg/m)		
PES()5-19	3.73	2.9	ϕ35	3.4	ϕ39	3.7	623	LZM5-19
PES()5-37	7.26	5.7	ϕ45	6.4	ϕ49	6.7	1 213	LZM5-37
PES()5-55	10.80	8.5	ϕ51	9.3	ϕ55	9.6	1 803	LZM5-55
PES()5-61	11.98	9.4	ϕ55	10.4	ϕ59	10.8	2 000	LZM5-61
PES()5-73	14.33	11.3	ϕ59	12.4	ϕ63	12.8	2 394	LZM5-73

续上表

规格型号	钢丝束公称截面面积(cm^2)	钢丝束理论质量(kg/m)	黑色单护层结构(H)型		黑色内层彩色外层双层结构(C)型		破断荷载(kN)	配用锚具规格
			外径(mm)	拉索单位质量(kg/m)	外径(mm)	拉索单位质量(kg/m)		
PES()5-85	16.69	13.1	ϕ61	14.2	ϕ65	14.6	2 787	LZM5-85
PES()5-91	17.87	14.0	ϕ65	15.4	ϕ69	15.8	2 984	LZM5-91
PES()5-109	21.40	16.8	ϕ68	18.1	ϕ72	18.5	3 574	LZM5-109
PES()5-121	23.76	18.7	ϕ71	20.0	ϕ75	20.4	3 968	LZM5-121
PES()5-127	24.94	19.6	ϕ75	21.2	ϕ79	21.7	4 164	LZM5-127
PES()5-139	27.29	21.4	ϕ78	23.2	ϕ82	23.7	4 558	LZM5-139
PES()5-151	29.65	23.3	ϕ79	24.9	ϕ83	25.4	4 951	LZM5-151

注:()内根据需要选择单层“H”或双层“C”。

环氧喷涂钢丝采用成熟的静电喷涂工艺,将专用的环氧粉末喷涂在钢丝表面,形成一层致密的保护膜,其防腐性能优于镀锌钢丝。拉索索体的成套技术参数分见表 2-7-38 和表 2-7-39。

环氧喷涂钢丝拉索索体的成套技术参数(5 系列,σ_b=1 670MPa) 表 2-7-38

规格型号	钢丝束公称截面面积(cm^2)	钢丝束理论质量(kg/m)	黑色单护层结构(H)型		黑色内层彩色外层双层结构(C)型		破断荷载(kN)	配用锚具规格
			外径(mm)	拉索单位质量(kg/m)	外径(mm)	拉索单位质量(kg/m)		
PES. ECW()5-19	3.73	2.9	ϕ38	3.5	ϕ42	3.7	623	LZM5-19
PES. ECW()5-37	7.28	5.7	ϕ49	6.5	ϕ53	6.8	1 213	LZM5-37
PES. ECW()5-55	10.80	8.5	ϕ55	9.4	ϕ59	9.7	1 803	LZM5-55
PES. ECW()5-61	11.98	9.4	ϕ60	10.5	ϕ64	10.9	2 000	LZM5-61
PES. ECW()5-73	14.33	11.3	ϕ63	12.5	ϕ67	12.9	2 394	LZM5-73
PES. ECW()5-85	16.69	13.1	ϕ66	14.3	ϕ70	14.7	2 787	LZM5-85
PES. ECW()5-91	17.87	14.0	ϕ71	15.6	ϕ75	16.0	2 984	LZM5-91
PES. ECW()5-109	21.40	16.8	ϕ74	18.3	ϕ78	18.7	3 574	LZM5-109
PES. ECW()5-121	23.76	18.7	ϕ77	20.2	ϕ81	20.6	3 968	LZM5-121
PES. ECW()5-127	24.94	19.6	ϕ84	21.7	ϕ88	22.2	4 164	LZM5-127
PES. ECW()5-139	27.29	21.4	ϕ84	23.4	ϕ88	23.9	4 558	LZM5-139
PES. ECW()5-151	29.65	23.3	ϕ86	25.1	ϕ90	25.6	4 951	LZM5-151

注:()内根据需要选择单层“H”或双层“C”。

环氧喷涂钢丝拉索索体的成套技术套数(7 系列，σ_b＝1 670MPa)　　表 2-7-39

规格型号	钢丝束公称截面面积(cm^2)	钢丝束理论质量(kg/m)	黑色单护层结构(H)型		黑色内层彩色外层双层结构(C)型		破断荷载(kN)	配用锚具规格
			外径(mm)	拉索单位质量(kg/m)	外径(mm)	拉索单位质量(kg/m)		
PES. ECW()7-37	14.24	11.2	ϕ62	12.4	ϕ66	12.8	2 378	LZM7-37
PES. ECW()7-55	21.17	16.6	ϕ71	18.0	ϕ75	18.4	3 535	LZM7-55
PES. ECW()7-61	23.48	18.4	ϕ77	20.1	ϕ81	20.6	3 920	LZM7-61
PES. ECW()7-73	28.09	22.1	ϕ84	24.1	ϕ88	24.6	4 692	LZM7-73
PES. ECW()7-85	32.71	25.7	ϕ87	27.6	ϕ91	28.2	5 463	LZM7-85
PES. ECW()7-91	35.02	27.5	ϕ93	30.0	ϕ97	30.5	5 848	LZM7-91
PES. ECW()7-109	41.95	32.9	ϕ100	35.6	ϕ104	36.2	7 005	LZM7-109
PES. ECW()7-121	46.57	36.6	ϕ104	39.3	ϕ108	39.9	7 777	LZM7-121
PES. ECW()7-127	48.88	38.4	ϕ112	42.2	ϕ116	42.9	8 162	LZM7-127
PES. ECW()7-139	53.49	42.0	ϕ113	45.6	ϕ117	46.3	8 933	LZM7-139
PES. ECW()7-151	58.11	45.6	ϕ116	49.0	ϕ120	49.8	9 705	LZM7-151
PES. ECW()7-163	62.73	49.2	ϕ120	52.7	ϕ124	53.5	10 476	LZM7-163
PES. ECW()7-187	71.97	56.5	ϕ127	60.2	ϕ131	61.0	12 018	LZM7-187
PES. ECW()7-199	76.58	60.1	ϕ130	63.9	ϕ134	64.7	12 790	LZM7-199
PES. ECW()7-211	81.20	63.7	ϕ135	68.1	ϕ139	68.9	13 561	LZM7-211
PES. ECW()7-223	88.82	67.4	ϕ141	72.4	ϕ145	73.3	14 332	LZM7-223
PES. ECW()7-241	92.75	72.8	ϕ144	77.6	ϕ148	78.5	15 489	LZM7-241
PES. ECW()7-253	97.37	76.4	ϕ147	81.1	ϕ151	82.0	16 260	LZM7-253
PES. ECW()7-265	101.98	80.1	ϕ152	85.4	ϕ156	86.3	17 031	LZM7-265
PES. ECW()7-283	108.91	85.5	ϕ154	90.7	ϕ158	91.7	18 188	LZM7-283
PES. ECW()7-301	115.84	90.9	ϕ161	96.9	ϕ165	97.9	19 345	LZM7-301
PES. ECW()7-313	120.46	94.6	ϕ163	100.6	ϕ167	101.6	20 116	LZM7-313
PES. ECW()7-337	129.69	101.8	ϕ171	108.4	ϕ175	109.5	21 659	LZM7-337
PES. ECW()7-349	134.31	105.4	ϕ172	112.1	ϕ176	113.2	22 430	LZM7-349
PES. ECW()7-367	141.24	110.9	ϕ177	118.0	ϕ181	119.1	23 587	LZM7-367
PES. ECW()7-379	145.86	114.5	ϕ180	121.5	ϕ184	122.6	24 358	LZM7-379
PES. ECW()7-409	157.40	123.6	ϕ185	130.8	ϕ189	132.0	26 286	LZM7-409
PES. ECW()7-421	162.02	127.2	ϕ186	134.2	ϕ190	135.4	27 057	LZM7-421
PES. ECW()7-439	168.95	132.6	ϕ194	141.3	ϕ198	142.5	28 214	LZM7-439
PES. ECW()7-451	173.57	136.2	ϕ196	145.0	ϕ200	146.2	28 985	LZM7-451
PES. ECW()7-475	182.80	143.5	ϕ199	152.1	ϕ203	153.3	30 528	LZM7-475

注：()内根据需要选择单层“H”或双层“C”。

对于斜拉索防护要求较高的桥梁，还可采用在钢丝成品索外加套SHG哈弗护套的方式。SHG哈弗护套隔绝了阳光中紫外线，可延缓成品索外层HDPE的老化，增加其使用寿命。而SHG哈弗护套本身处于无应力状态使用，延长了斜拉索的使用寿命。SHG哈弗护套技术参数见表2-7-40，选用SHG哈弗护套时，要使护套的内径大于索体直径15mm以上。

SHG哈弗护套技术参数 表2-7-40

型号	SHG100	SHG120	SHG140	SHG160	SHG180	SHG210	SHG225	SHG240	SHG255
外径(mm)	100	120	140	160	180	210	225	240	255
内径(mm)	74	94	114	134	154	184	197	212	227

2.锚具

OVM平行钢丝拉索体系采用LZM型冷铸锚。锚具的构造见图2-7-42，其成套设计参数见表2-7-41和表2-7-42。

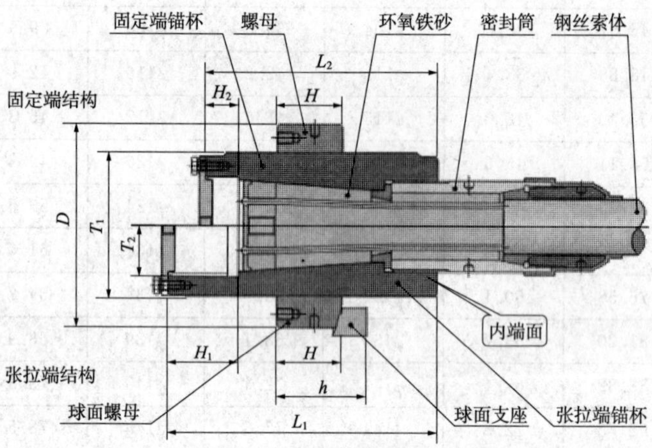

图2-7-42 LZM型冷铸锚锚具构造

注：1.锚垫板中心开孔与预埋管内径相同。

2.计算拉索锚固长度时，固定端螺母置于固定端锚杯(L_2)的中间。

3.计算拉索锚固长度时，张拉端螺母置于距离内端面$(L_1-H_1)/2$处。

LZM型冷铸锚成套设计参数(7系列) 表2-7-41

锚具类型	T_1	T_2	D	L_1	L_2	H	H_1(含退刀槽)	H_2	h
LZM7-37	Tr150×6	Tr120×6	ϕ210	265	225	90	75(10)	30	115
LZM7-55	Tr170×6	Tr140×6	ϕ230	315	275	90	70(10)	30	115
LZM7-61	Tr180×8	Tr140×6	ϕ240	330	275	90	85(12)	30	115
LZM7-73	Tr190×8	Tr155×8	ϕ260	370	320	110	78(12)	28	135
LZM7-85	Tr190×8	Tr155×8	ϕ270	380	320	110	88(12)	28	140
LZM7-91	Tr200×8	Tr165×8	ϕ270	395	335	110	90(12)	30	140
LZM7-109	Tr220×8	Tr180×8	ϕ290	425	355	130	99(12)	29	160
LZM7-121	Tr230×10	Tr185×10	ϕ300	455	370	130	116(15)	31	160

续上表

锚具类型	T_1	T_2	D	L_1	L_2	H	H_1(含退刀槽)	H_2	h
LZM7-127	Tr240×10	Tr195×10	ϕ310	465	375	130	117(15)	27	160
LZM7-139	Tr240×10	Tr195×10	ϕ320	490	405	130	116(15)	31	165
LZM7-151	Tr250×10	Tr200×10	ϕ330	500	415	150	114(15)	29	185
LZM7-163	Tr260×10	Tr210×10	ϕ340	500	415	150	114(15)	29	190
LZM7-187	Tr270×10	Tr220×10	ϕ350	535	435	160	127(15)	27	205
LZM7-199	Tr280×10	Tr230×10	ϕ370	560	455	160	135(15)	30	205
LZM7-211	Tr290×10	Tr240×10	ϕ380	575	465	160	137(15)	27	210
LZM7-223	Tr315×14	Tr240×12	ϕ405	575	410	180	179(18)	14	230
LZM7-241	Tr330×16	Tr240×12	ϕ425	585	415	180	184(18)	14	225
LZM7-253	Tr335×16	Tr250×14	ϕ435	595	425	180	184(21)	14	225
LZM7-265	Tr345×16	Tr260×14	ϕ445	610	425	200	199(21)	14	250
LZM7-283	Tr345×18	Tr265×14	ϕ450	635	445	200	204(21)	14	250
LZM7-301	Tr360×18	Tr270×14	ϕ470	645	450	200	209(21)	14	250
LZM7-313	Tr365×18	Tr280×16	ϕ470	655	460	200	209(24)	14	260
LZM7-337	Tr385×20	Tr285×16	ϕ495	695	480	220	229(24)	14	280
LZM7-349	Tr385×20	Tr295×16	ϕ500	710	495	220	228(24)	13	280
LZM7-367	Tr390×20	Tr300×16	ϕ510	715	500	220	231(24)	16	280
LZM7-379	Tr400×20	Tr300×16	ϕ520	725	510	220	229(24)	14	285
LZM7-409	Tr415×22	Tr310×16	ϕ540	755	510	245	259(24)	14	310
LZM7-421	Tr420×22	Tr320×16	ϕ545	775	530	245	261(24)	16	315
LZM7-439	Tr425×22	Tr320×16	ϕ560	785	540	245	259(24)	14	310
LZM7-451	Tr430×22	Tr330×16	ϕ560	790	545	245	259(24)	14	320
LZM7-475	Tr445×24	Tr330×16	ϕ580	815	550	265	285(24)	20	345

LZM 型冷铸锚成套设计参数(5 系列)　　表 2-7-42

锚具类型	T_1	T_2	D	L_1	L_2	H	H_1(含退刀槽)	H_2	h
LZM5-19	M111×6	M72×6	ϕ160	170	160	50	40(10)	30	63
LZM5-37	Tr130×6	Tr90×6	ϕ180	245	210	60	65(10)	30	82
LZM5-55	Tr140×6	Tr110×6	ϕ190	260	220	80	70(10)	30	101
LZM5-61	Tr140×6	Tr110×6	ϕ190	260	220	80	70(10)	30	101
LZM5-73	Tr160×8	Tr120×8	ϕ210	290	230	100	90(12)	30	120

续上表

锚具类型	T_1	T_2	D	L_1	L_2	H	H_1(含退刀槽)	H_2	h
LZM5-85	Tr170×8	Tr120×8	ϕ220	305	245	100	90(12)	30	120
LZM5-91	Tr170×8	Tr130×8	ϕ220	320	260	100	90(12)	30	120
LZM5-109	Tr175×8	Tr135×6	ϕ225	340	290	100	80(10)	30	125
LZM5-121	Tr185×8	Tr140×8	ϕ235	355	300	110	90(12)	35	140
LZM5-127	Tr185×8	Tr140×8	ϕ235	365	300	110	100(12)	35	140
LZM5-139	Tr195×8	Tr145×8	ϕ250	365	300	110	100(12)	35	142
LZM5-151	Tr200×8	Tr150×8	ϕ255	380	310	110	100(12)	30	142

3. 拉索配套的张拉设备及张拉空间要求

OVM平行钢丝拉索的张拉空间见图2-7-43，其配套的张拉设备及张拉空间要求见表2-7-43。

OVM平行钢丝拉索配套的张拉设备及张拉空间要求 表2-7-43

千斤顶型号	公称张拉力(kN)	外形尺寸(mm)	穿心孔径(mm)	张拉行程(mm)	A_{min}(mm)	B_{min}(mm)
YCW60B	600	345×ϕ170	ϕ60	200	400	1 500
YCW100B	973	370×ϕ214	ϕ78	200	450	1 900
YCW150B	1 492	370×ϕ285	ϕ120	200	550	1 900
YCW200B	1 998	382×ϕ310	ϕ120	200	600	2 000
YCW250B	2 480	380×ϕ344	ϕ140	200	600	2 000
YCW300B	3 004	401×ϕ385	ϕ160	200	670	2 000
YCW350B	3 497	434×ϕ410	ϕ175	200	670	2 050
YCW400B	3 956	400×ϕ432	ϕ175	200	680	2 050
YCW500B	4 924	564×ϕ490	ϕ196	200	750	2 100
YCW650A	6 500	640×ϕ610	ϕ240	200	800	2 100
YCW900A	8 952	600×ϕ670	ϕ280	200	1 000	2 200
YCW1200A	11 790	600×ϕ790	ϕ275	200	1 100	2 300

注：表中B_{min}值仅作为参考，具体的长度还应根据斜拉索长及受力情况来确定，以满足施工张拉的需要。

4. 施工方法

成品斜拉索施工一般采用“梁上展索、塔端提升与牵引索连接、梁端锚头牵引锚固，塔端牵引、塔端张拉”的施工方法。其中，张拉端(塔上或梁下)的选择取决于桥梁的结构空间。

通常采用梁下锚固塔上张拉的方式，进行斜拉桥成品索的施工。其施工流程是先将成品索采用吊机吊至桥面，由塔吊提升斜拉索中部协助完成桥面展开；再利用塔顶门架及卷扬机进行塔端挂设；然后利用桥面卷扬机、连续千斤顶、软硬组合牵引等设施将梁端锚头引入索套管锚固；最后在塔端进行张拉，塔端调索等工作。

五、整束挤压式钢绞线拉索体系

鉴于建筑结构，桥梁结构拉索的可靠性、耐久性、适应性直接关系到结构的安全和正常使用寿命，欧维姆机械股份有限公司凭借在预应力锚具领域的技术优势，研制开发了具有自主知识产权的整束挤压式钢绞线拉索体系。拉索体系的构造见图 2-7-44，该拉索体系具有以下优点。

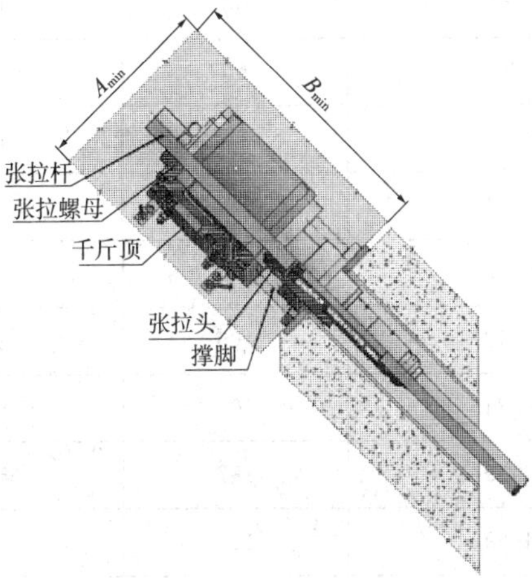

图 2-7-43　OVM 平行钢丝拉索的张拉空间

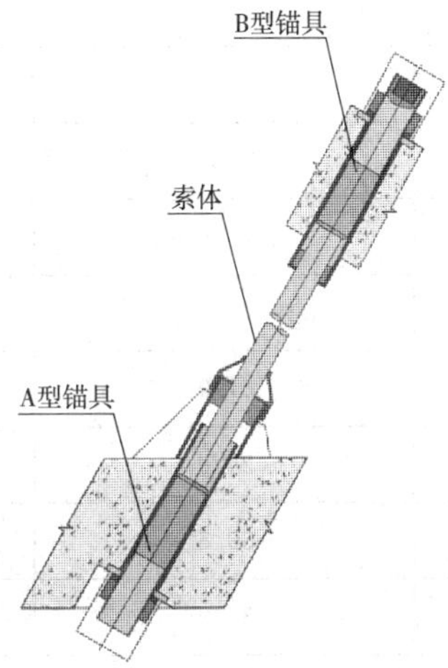

图 2-7-44　拉索体系的构造

(1)钢绞线两端整束挤压锚固，安全可靠、抗疲劳性能好。通过挤压锚固的钢绞线，在高、低应力甚至是负应力的情况下，都不会滑脱。

(2)锚头结构紧凑，外径小，有利于整体结构的优化、美化。相同承载力时，其锚头尺寸比冷铸锚、热铸锚小 30%以上，可使预留孔尺寸减少。

(3)钢绞线在索体内隔离防腐，防腐蚀性能优越，抗振性能好。对于多根钢绞线束，每根钢绞线外涂防锈油脂，单根聚乙烯护套防护；整束外缠包高强聚酯带再挤包聚乙烯护套，三层防腐，避免了钢丝束由于一处受腐蚀而整束锈蚀的现象。同时，由于钢绞线之间有聚乙烯护套相隔，结构阻尼较钢丝拉索大，抗振性能好。通过采取特殊的制造工艺，可大大减少外护套的拉应力，有效地减少了其开裂的可能性，提高了耐久性。

1.斜拉索

整束挤压式钢绞线拉索索体的钢绞线可采用 ϕ15.2mm 的环氧喷涂钢绞线、镀锌钢绞线或光面钢绞线。拉索索体的构造见图 2-7-45，拉索的主要安装尺寸参数见表 2-7-44。

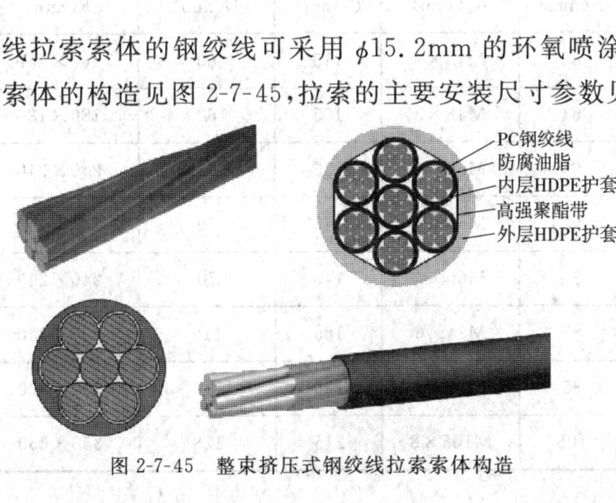

图 2-7-45　整束挤压式钢绞线拉索索体构造

整束挤压式钢绞线拉索主要安装尺寸参数　　表 2-7-44

拉索型号	钢绞线束公称截面面积(cm^2)	索体单位质量(kg/m)	索体外径(mm)	公称破断索力(kN)
GJ15-3	4.2	4.73	50	780
GJ15-4	5.6	5.93	54	1 040
GJ15-5	7.0	7.32	65	1 300
GJ15-6	8.4	8.56	65	1 560
GJ15-7	9.8	9.79	65	1 820
GJ15-9	12.6	13.21	85	2 340
GJ15-12	16.8	16.65	85	3 120
GJ15-15	21.0	21.42	105	3 900
GJ15-19	26.6	25.84	105	4 940
GJ15-22	30.8	30.59	117	5 720
GJ15-25	35.0	34.69	126	6 500
GJ15-27	37.8	36.81	126	7 020
GJ15-31	43.4	41.89	130	8 060
GJ15-37	51.8	50.28	145	9 620

2. 锚具

一般情况，整束挤压式钢绞线拉索分固定端锚具(A 型)与张拉端锚具(B 型)，若拉索的长度较长，建议两端均设置成张拉端锚具，根据施工条件确定张拉位置。张拉端锚具(B 型)的构造见图 2-7-46，固定端锚具(A 型)的构造见图 2-7-47，其成套设计参数分见表 2-7-45 和表 2-7-46。

张拉端锚具(B 型)成套设计参数　　表 2-7-45

拉索型号	A(mm)	B(mm)	A_1(mm)	C(mm)	D(mm)	E(mm)	F(mm)	G(mm)
GJ15-3B	62	50	M45×3	115	60	160×160	30	87
GJ15-4B	72	54	M48×3	125	60	180×180	30	98
GJ15-5B	80	65	M60×4	135	60	240×240	40	105
GJ15-6B	90	65	M60×4	145	70	240×240	40	115
GJ15-7B	90	65	M60×4	145	70	240×240	40	115
GJ15-9B	115	85	M84×6	185	116	320×320	50	140
GJ15-12B	120	85	M84×6	195	116	320×320	50	145
GJ15-15B	140	105	M105×8	215	128	350×350	50	165

续上表

拉索型号	A(mm)	B(mm)	A_1(mm)	C(mm)	D(mm)	E(mm)	F(mm)	G(mm)
GJ15-19B	150	105	M105×8	225	128	350×350	50	175
GJ15-22B	160	117	M122×8	235	150	400×400	50	185
GJ15-25B	175	126	M122×8	250	150	420×420	50	200
GJ15-27B	175	126	M122×8	250	150	420×420	50	200
GJ15-31B	200	130	M132×10	275	200	460×460	50	225
GJ15-37B	208	145	M142×10	285	200	500×500	50	235

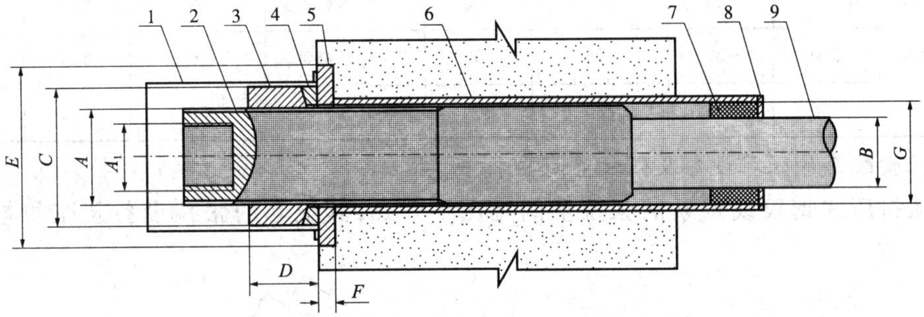

图 2-7-46　张拉端锚具(B 型)构造

1-保护罩;2-锚头;3-螺母;4-球垫;5-预埋垫板;6-预埋管;7-减振体;8-挡板;9-索体

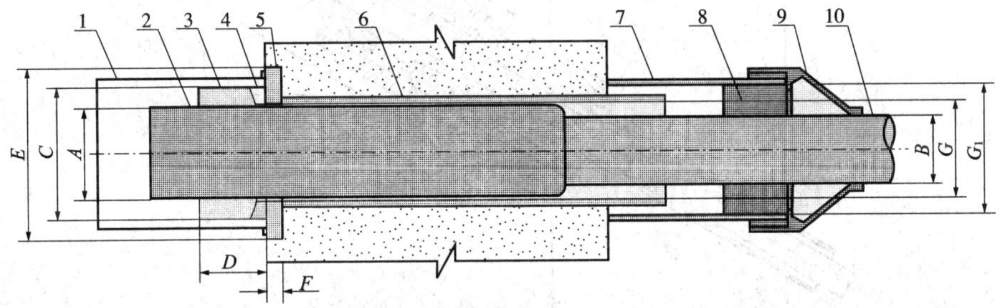

图 2-7-47　固定端锚具(A 型)构造

1-保护罩;2-锚头;3-螺母;4-球垫;5-预埋垫板;6-预埋管;7-减振体套管;8-减振体;9-防水罩;10-索体

固定端锚具(A 型)成套设计参数　表 2-7-46

拉索型号	A(mm)	B(mm)	C(mm)	D(mm)	E(mm)	F(mm)	G(mm)	G_1(mm)
GJ15-3A	62	50	115	60	160×160	30	87	110
GJ15-4A	72	54	125	60	180×180	30	98	120
GJ15-5A	80	65	135	60	240×240	40	105	125
GJ15-6A	90	65	145	70	240×240	40	115	135
GJ15-7A	90	65	145	70	240×240	40	115	135

续上表

拉索型号	A(mm)	B(mm)	C(mm)	D(mm)	E(mm)	F(mm)	G(mm)	G_1(mm)
GJ15-9A	115	85	185	96	320×320	50	140	165
GJ15-12A	120	85	195	116	320×320	50	145	165
GJ15-15A	140	105	215	128	350×350	50	165	185
GJ15-19A	150	105	225	128	350×350	50	175	195
GJ15-22A	160	117	235	150	400×400	50	185	210
GJ15-25A	175	126	250	150	420×420	50	200	225
GJ15-27A	175	126	250	150	420×420	50	200	225
GJ15-31A	200	130	275	200	460×460	50	225	260
GJ15-37A	208	145	285	200	500×500	50	235	260

3. 拉索配套的张拉设备及张拉空间要求

整束挤压式钢绞线拉索的张拉空间见图 2-7-48，其配套的张拉设备及张拉空间要求见表 2-7-47。

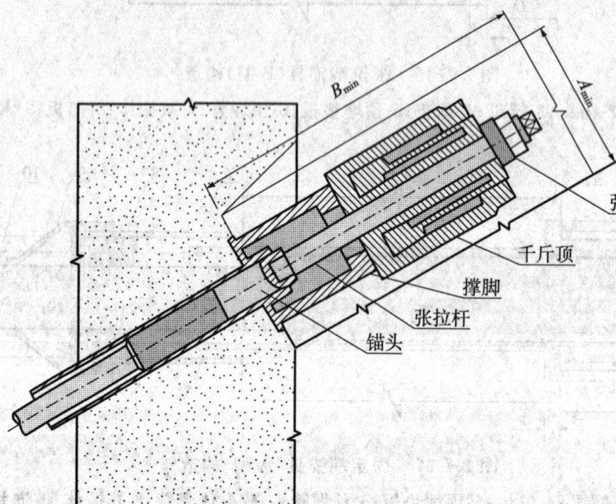

图 2-7-48 整束挤压式钢绞线拉索的张拉空间

整束挤压式钢绞线拉索配套的张拉设备及张拉空间要求 表 2-7-47

千斤顶型号	公称张拉力(kN)	外形尺寸(mm)	穿心孔径(mm)	张拉行程(mm)	A_{min}(mm)	B_{min}(mm)
YCW60B	600	ϕ170×347	ϕ60	200	400	1 500
YCW100B	973	ϕ214×370	ϕ78	200	450	1 900
YCW150B	1 492	ϕ285×370	ϕ120	200	550	1 900
YCW200B	1 998	ϕ310×382	ϕ120	200	600	2 000

续上表

千斤顶型号	公称张拉力(kN)	外形尺寸(mm)	穿心孔径(mm)	张拉行程(mm)	A_{min}(mm)	B_{min}(mm)
YCW250B	2 480	ϕ344×380	ϕ140	200	600	2 000
YCW300B	3 004	ϕ385×401	ϕ160	200	670	2 000
YCW350B	3 496	ϕ410×434	ϕ175	200	670	2 050
YCW400B	3 956	ϕ432×400	ϕ175	200	680	2 050

4.施工步骤

(1)将拉索两端锚头包装拆开,检查螺纹是否旋入自如,索体部分的外包装可待施工完成后再拆除。

(2)将拉索两端的螺母旋出,待用。

(3)将保护罩的厚垫板焊接在预埋垫板上,注意与垫板孔对中。

(4)将起吊设备的牵引绳由待穿拉索的预留孔道放下,穿过球垫及螺母。

(5)将起吊设备的吊环与拉索上端锚头的内螺纹连接,并将锚头从塔端预留孔道牵引出预埋垫板,并继续向上提,直至下端锚头可装入下预留孔道,放下拉索,旋上固定端螺母。

(6)根据工程情况,调节固定端锚头外露量。

(7)重复以上步骤,进行下一根拉索的安装。

(8)在所需张拉的一端设施工平台,根据施工设计的拉索张拉顺序及控制应力要求进行拉索的索力张拉及高程调整。

(9)张拉到设计吨位后,旋紧螺母,将张拉设备拆下。

(10)上、下锚头涂防腐油脂后用保护罩封锚。

(11)固定减振体套管,装好减振体,上端的挡板直接焊接在预埋管上,下端防水罩安装要求密封不渗水。

(12)所有拉索外露钢构件应与桥梁其他钢构件同等防腐。

六、平行钢丝吊杆体系

平行钢丝吊杆体系是在原有吊杆基础上发展的一种新型钢丝吊杆锚固体系,采用了新型PES(FD)低应力防腐索体,环氧涂层高防腐钢丝,新型防水密封装置和可偏摆的球铰装置等多项新技术、新结构,从整体上解决索体 HDPE 护套短时间开裂、下端进水和短吊杆不适应变形的问题,从而提高吊杆的安全性和耐久件。

平行钢丝吊杆体系分为 OVMLZM(K)冷铸锚式吊杆(K 代表含有球面支座结构)和OVMRM 热铸锚式吊杆两类。

1.吊杆系统

吊杆系统分为Ⅰ、Ⅱ、Ⅲ、Ⅳ、Ⅴ、Ⅵ六种类型:冷铸锚式吊杆涵盖Ⅰ～Ⅵ型,热铸锚式吊杆涵盖Ⅴ、Ⅵ型。

吊杆系统的结构分见图 2-7-49～图 2-7-54,其成套设计参数分别见表 2-7-48～表 2-7-51。

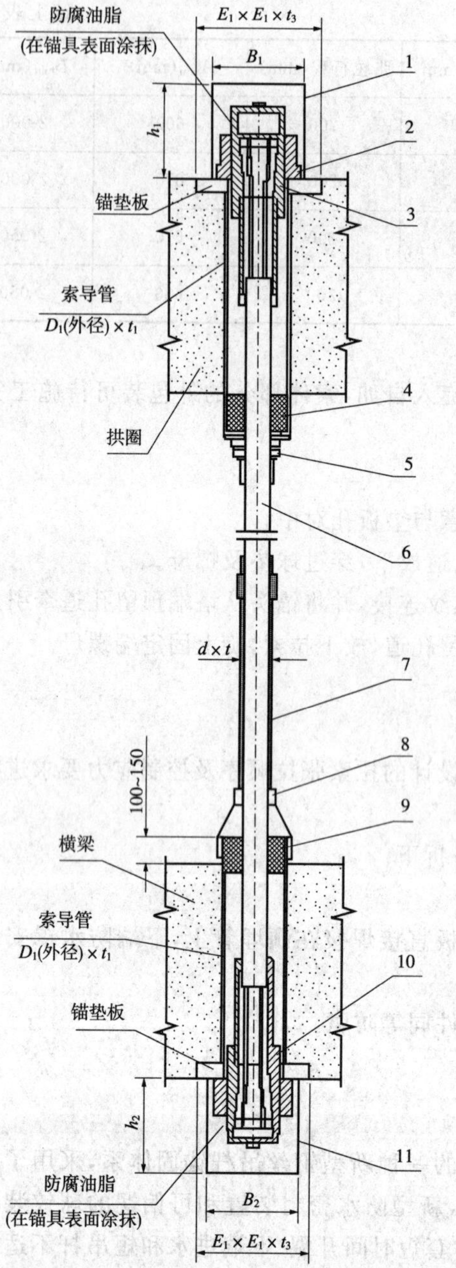

图 2-7-49 Ⅰ型吊杆系统的结构(尺寸单位:mm)

1-张拉端保护罩;2-球面支座;3-张拉端锚具;4-拱端减振器;5-管口密封;6-PES 索体;7-不锈钢护套管;8-防水罩;9-梁端减振器;10-固定端锚具;11-固定端保护罩

注:1. 黑体的为选配件,选配件为吊杆锚具附件,可视桥梁结构和技术要求进行选配。

2. 拉索锚具及附件的形状和参数有可能会根据工程的特殊要求进行调整。

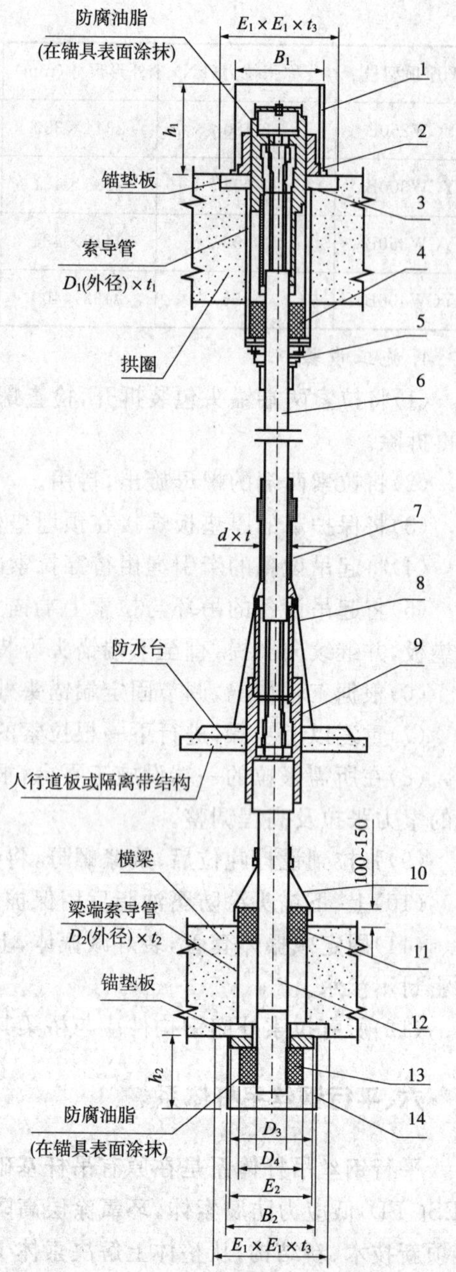

图 2-7-50 Ⅱ型吊杆系统的结构(尺寸单位:mm)

1-张拉端保护罩;2-球面支座;3-张拉端锚具;4-拱端减振器;5-管口密封;6-PES 索体;7-不锈钢护套管;8-连接锚杯防水罩;9-连接端锚具;10-防水罩;11-梁端减振器;12-拉杆;13-拉杆螺母;14-固定端保护罩

注:1. 黑体的为选配件,选配件为吊杆锚具附件,可视桥梁结构和技术要求进行选配。

2. 拉索锚具及附件的形状和参数有可能会根据工程的特殊要求进行调整。

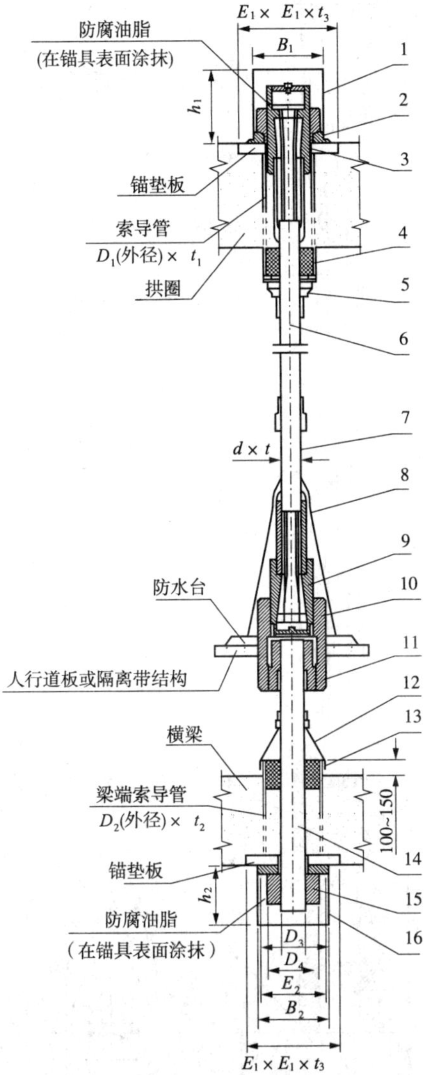

图 2-7-51　Ⅲ型吊杆系统的结构(尺寸单位:mm)

1-张拉端保护罩;2-球面支座;3-张拉端锚具;4-拱端减振器;5-管口密封;6-PES索体;7-不锈钢护套管;8-连接锚杯防水罩;9-固定端锚具;10-连接套;11-球铰装置;12-防水罩;13-梁端减振器;14-拉杆;15-拉杆螺母;16-固定端保护罩

注:1. 黑体的为选配件,选配件为吊杆锚具附件,可视桥梁结构和技术要求进行选配。

2. 拉索锚具及附件的形状和参数有可能会根据工程的特殊要求进行调整。

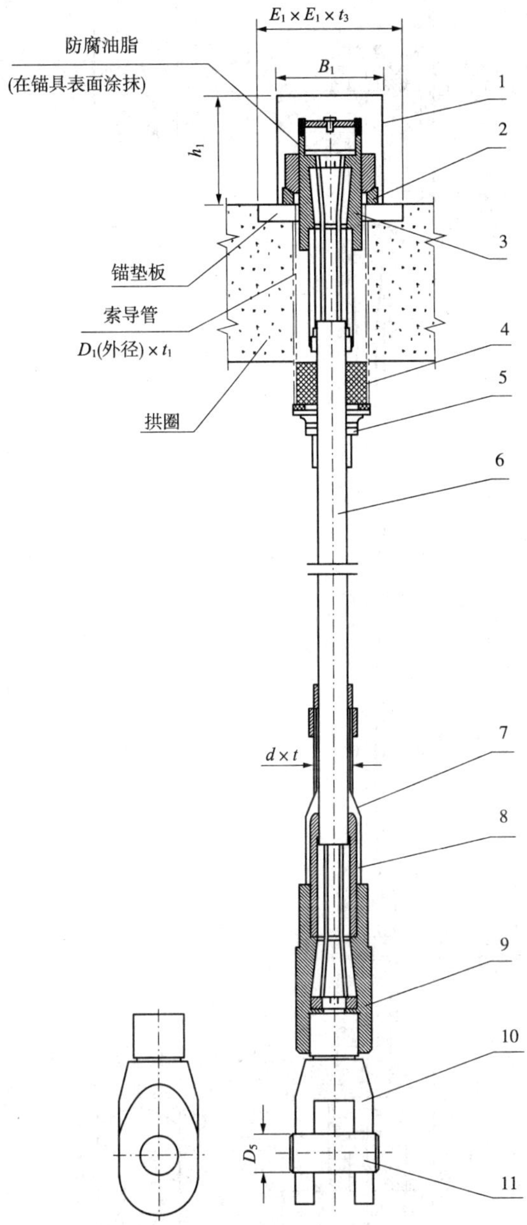

图 2-7-52　Ⅳ型吊杆系统的结构(尺寸单位:mm)

1-张拉端保护罩;2-球面支座;3-张拉端锚具;4-拱端减振器;5-管口密封;6-PES索体;7-不锈钢护套管;8-连接锚杯防水罩;9-连接端锚具;10-叉耳;11-销轴

注:1. 黑体的为选配件,选配件为吊杆锚具附件,可视桥梁结构和技术要求进行选配。

2. 拉索锚具及附件的形状和参数有可能会根据工程的特殊要求进行调整。

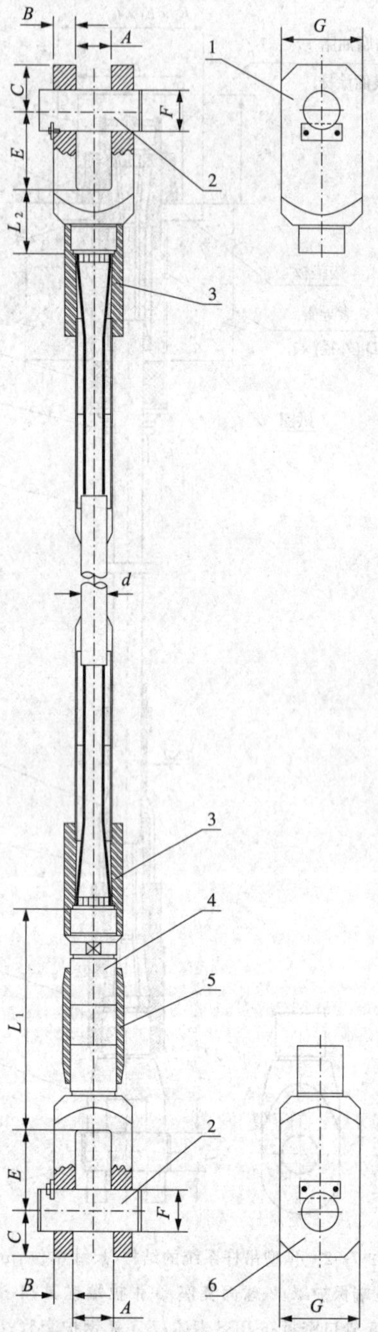

图 2-7-53 Ⅴ型吊杆系统的结构(尺寸单位:mm)

1-固定端叉耳;2-销轴;3-锚具;4-连接杆;5-连接筒;6-调整端叉耳

注:A、E 的数值未给出,其大小应根据相连接的零部件结构尺寸确定。

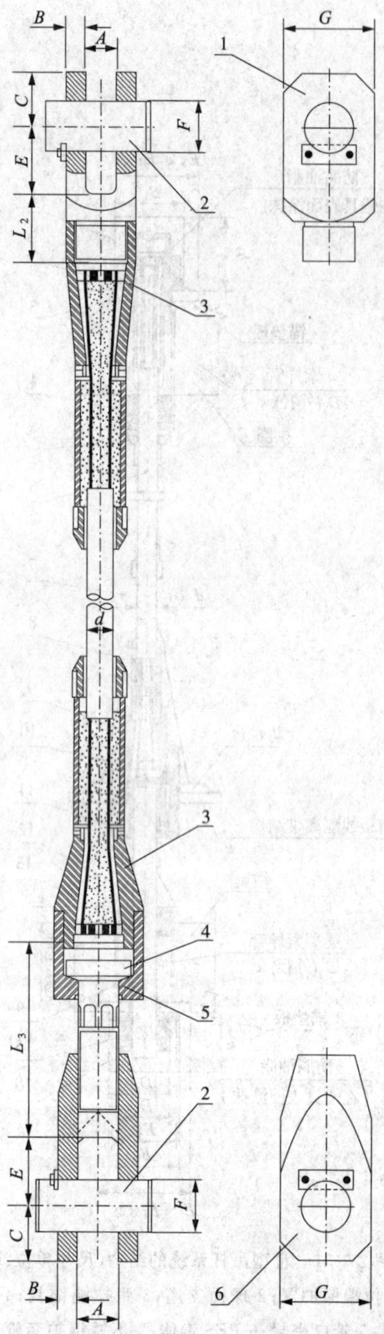

图 2-7-54 Ⅵ型吊杆系统的结构(尺寸单位:mm)

1-固定端叉耳;2-销轴;3-锚具;4-连接杆;5-连接筒;6-调整端叉耳

注:1. A、E 的数值未给出,其大小应根据相连接的零部件结构尺寸确定。

2. L_1、L_3 的数值涉及吊杆调节量的大小,具体参数应根据实际工程情况,与 OVM 公司联系确定。

OVM LZM5Ⅰ型吊杆成套设计参数(单位:mm)　　表 2-7-48

吊杆规格	破断力(kN)	设计索力(kN)(K=3)	设计索力(kN)(K=2.5)	索导管 $D_1 \times t_1$	锚垫板 $E_1 \times E_1 \times t_3$	不锈钢护套管 $d \times t$	张拉端保护罩 $B_1 \times h_1$	固定端保护罩 $B_2 \times h_2$
OVM LZM5-19	623	208	249	φ140×6	240×240×30	60×1.5	φ196×240	φ196×240
OVM LZM5-37	1 213	404	485	φ159×7	260×260×30	70×1.5	φ216×290	φ216×255
OVM LZM5-55	1 803	601	721	φ168×6	270×270×30	75×1.5	φ226×305	φ226×265
OVM LZM5-61	2 000	667	800	φ168×6	270×270×30	80×1.5	φ226×305	φ226×265
OVM LZM5-73	2 394	798	957	φ194×9	290×290×30	80×1.5	φ246×335	φ246×275
OVM LZM5-85	2 787	929	1 115	φ194×5	305×305×30	85×1.5	φ256×365	φ256×305
OVM LZM5-91	2 984	995	1 194	φ194×5	305×305×30	90×1.5	φ256×365	φ256×305
OVM LZM5-109	3 574	1 191	1 430	φ194×5	315×315×30	90×1.5	φ260×385	φ260×335
OVM LZM5-121	3 968	1 323	1 587	φ219×10	325×325×30	95×1.5	φ270×400	φ270×345
OVM LZM5-127	4 164	1 388	1 666	φ219×10	325×325×30	100×1.5	φ270×410	φ270×345
OVM LZM5-139	4 558	1 519	1 823	φ219×6	350×350×35	100×1.5	φ285×410	φ285×345
OVM LZM5-151	4 951	1 650	1 981	φ219×6	355×355×35	100×1.5	φ290×425	φ290×355

注:K 为拉索安全系数。

OVM LZM7Ⅰ～Ⅳ型吊杆成套设计参数(单位:mm)　　表 2-7-49a)

吊杆规格	破断力(kN)	设计索力(kN)(K=3)	设计索力(kN)(K=2.5)	索导管 $D_1 \times t_1$	下索导管 $D_2 \times t_2$	锚垫板 $E_1 \times E_1 \times t_3$	不锈钢护套管 $d \times$t
OVM LZM7-37	2 378	793	951	φ180×8	φ152×6	290×290×30	φ85×1.5
OVM LZM7-55	3 535	1 178	1 414	φ194×5	φ159×4.5	320×320×30	φ90×1.5
OVM LZM7-61	3 920	1 307	1 568	φ203×8	φ180×9	330×330×30	φ95×1.5
OVM LZM7-73	4 692	1 564	1 877	φ219×7.5	φ180×7	360×360×35	φ100×1.5
OVM LZM7-85	5 463	1 821	2 185	φ219×7.5	φ194×7	370×370×40	φ105×1.5
OVM LZM7-91	5 848	1 949	2 339	φ245×12	φ194×7	390×390×40	φ110×1.5
OVM LZM7-109	7 005	2 335	2 802	φ273×15	φ225×12	420×420×40	φ115×1.5
OVM LZM7-121	7 777	2 592	3 111	φ273×12	φ225×10	440×440×40	φ120×1.5
OVM LZM7-127	8 162	2 721	3 265	φ273×9	φ225×10	460×460×40	φ130×1.5
OVM LZM7-139	8 933	2 978	3 573	φ273×9	φ245×10	480×480×40	φ130×1.5
OVM LZM7-151	9 705	3 235	3 882	φ299×15	φ245×10	500×500×45	φ130×1.5
OVM LZM7-163	10 476	3 492	4 190	φ299×12	φ273×12	520×520×45	φ140×1.5
OVM LZM7-187	12 018	4 006	4 807	φ299×7.5	φ273×6.5	550×550×50	φ145×1.5
OVM LZM7-199	12 790	4 263	5 116	φ325×12	φ299×9	570×570×50	φ145×1.5
OVM LZM7-211	13 561	4 520	5 424	φ325×10	φ299×9	590×590×50	φ150×1.5

表 2-7-49b)

规格型号	张拉端保护罩 $B_1 \times h_1$	固定端保护罩 $B_2 \times h_2$		拉杆 D_3	螺母外径 D_4	过渡垫板 E_2	销轴直径 D_5(min)
		Ⅰ型	Ⅱ、Ⅲ型				
OVM LZM7-37	ϕ246×290	ϕ246×250	ϕ250×260	M90×6	ϕ175	ϕ230	ϕ85
OVM LZM7-55	ϕ266×350	ϕ266×310	ϕ270×280	M110×6	ϕ190	ϕ250	ϕ100
OVM LZM7-61	ϕ276×370	ϕ276×330	ϕ280×300	M115×6	ϕ210	ϕ260	ϕ105
OVM LZM7-73	ϕ306×410	ϕ306×370	ϕ290×300	M125×8	ϕ215	ϕ270	ϕ115
OVM LZM7-85	ϕ316×410	ϕ316×370	ϕ310×320	M135×8	ϕ235	ϕ290	ϕ125
OVM LZM7-91	ϕ316×430	ϕ316×380	ϕ320×320	M140×8	ϕ235	ϕ300	ϕ130
OVM LZM7-109	ϕ336×460	ϕ336×400	ϕ340×320	M155×10	ϕ270	ϕ320	ϕ140
OVM LZM7-121	ϕ346×490	ϕ346×410	ϕ350×320	M165×10	ϕ275	ϕ330	ϕ150
OVM LZM7-127	ϕ350×470	ϕ350×390	ϕ350×350	M170×10	ϕ275	ϕ330	ϕ155
OVM LZM7-139	ϕ350×500	ϕ350×420	ϕ370×400	M175×10	ϕ295	ϕ350	ϕ160
OVM LZM7-151	ϕ360×510	ϕ360×430	ϕ380×450	M180×10	ϕ300	ϕ360	ϕ170
OVM LZM7-163	ϕ370×510	ϕ370×430	ϕ410×460	M190×10	ϕ325	ϕ390	ϕ175
OVM LZM7-187	ϕ380×550	ϕ380×470	ϕ420×480	M200×10	ϕ335	ϕ400	ϕ185
OVM LZM7-199	ϕ400×580	ϕ400×480	ϕ450×500	M210×10	ϕ360	ϕ430	ϕ190
OVM LZM7-211	ϕ410×590	ϕ410×500	ϕ450×530	M215×10	ϕ360	ϕ430	ϕ200

OVM RM5 Ⅴ～Ⅵ型吊杆成套设计参数(单位:mm) 表 2-7-50

规格型号	B	C	销轴最小直径 F_{min}	G	L_2	设计索力(kN)(K=3)	设计索力(kN)(K=2.5)	破断力(kN)
OVM RM5-19	33	40	50	130	105	249	208	623
OVM RM5-37	40	65	70	160	120	485	404	1 213
OVM RM5-55	48	80	85	190	135	721	601	1 803
OVM RM5-61	50	90	90	200	140	800	667	2 000
OVM RM5-73	53	100	100	215	185	957	798	2 393
OVM RM5-85	58	115	105	235	195	1 115	929	2 787
OVM RM5-91	60	120	110	245	200	1 194	995	2 983
OVM RM5-109	63	135	120	255	215	1 430	1 191	3 574
OVM RM5-121	65	150	130	265	230	1 587	1 323	3 967
OVM RM5-127	68	155	130	280	265	1 666	1 388	4 164
OVM RM5-139	70	165	135	290	275	1 823	1 519	4 557
OVM RM5-151	73	180	145	300	285	1 981	1 650	4 951

注:K 为拉索安全系数。

OVM LZM7Ⅴ～Ⅵ型吊杆成套设计参数(单位:mm) 表 2-7-51

规格型号	B	C	销轴最小直径 F_{min}	G	L_2	设计索力(kN)(K=3)	设计索力(kN)(K=2.5)	破断力(kN)
OVM LZM7-37	40	97	85	176	140	951	793	2 378
OVM LZM7-55	50	115	100	208	150	1 414	1 178	3 535
OVM LZM7-61	50	125	105	225	150	1 568	1 307	3 920
OVM LZM7-73	55	136	115	245	190	1 877	1 564	4 692
OVM LZM7-85	60	146	125	264	195	2 185	1 821	5 463
OVM LZM7-91	60	155	130	279	195	2 339	1 949	5 848
OVM LZM7-109	65	169	140	305	230	2 802	2 335	7 005
OVM LZM7-121	70	177	150	320	235	3 111	2 592	7 777
OVM LZM7-127	70	185	155	333	235	3 264	2 720	8 162
OVM LZM7-139	75	190	160	343	240	3 573	2 977	8 933
OVM LZM7-151	75	204	170	368	240	3 881	3 234	9 704
OVM LZM7-163	80	208	175	375	245	4 190	3 491	10 475
OVM LZM7-187	85	222	185	401	250	4 807	4 006	12 018
OVM LZM7-199	90	226	190	407	250	5 115	4 263	12 789
OVM LZM7-211	90	238	200	430	255	5 424	4 520	13 560

注:K 为拉索安全系数。

2. 锚具

OVM 平行钢丝吊杆体系采用 LZM 型冷铸锚。锚具的构造见图 2-7-55,其成套设计参数分见表 2-7-52 和表 2-7-53。

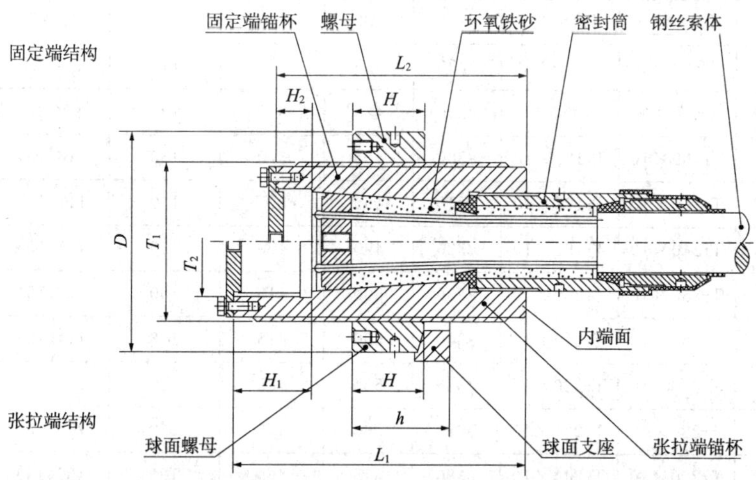

图 2-7-55 LZM 型冷铸锚的构造

注:1. 锚垫板中心开孔与预埋管内径相同。

2. 计算拉索锚固长度时,固定端螺母置于固定端锚杯(L_2)的中间。

3. 计算拉索锚固长度时,张拉端螺母置于距离内端面(L_1-H_1)/2 处。

OVM LZM5 冷铸锚成套设计参数(单位:mm) 表 2-7-52

锚具类型	T_1	T_2	D	L_1	L_2	H	H_1(含退刀槽)	H_2	h
OVM LZM5-19	M111×6	M72×6	ϕ160	170	160	40	40(10)	30	63
OVM LZM5-37	Tr130×6	Tr90×6	ϕ180	245	210	60	65(10)	30	82
OVM LZM5-55	Tr140×6	Tr110×6	ϕ190	260	220	80	70(10)	30	101
OVM LZM5-61	Tr140×6	Tr110×6	ϕ190	260	220	80	70(10)	30	101
OVM LZM5-73	Tr160×8	Tr120×8	ϕ210	290	230	100	90(15)	30	120
OVM LZM5-85	Tr170×8	Tr120×8	ϕ220	305	245	100	90(15)	30	120
OVM LZM5-91	Tr170×8	Tr130×8	ϕ220	320	260	100	90(15)	30	120
OVM LZM5-109	Tr175×8	Tr135×6	ϕ225	340	290	100	80(10)	30	125
OVM LZM5-121	Tr185×8	Tr140×8	ϕ235	355	300	110	90(12)	35	139
OVM LZM5-127	Tr185×8	Tr140×8	ϕ235	365	300	110	100(12)	35	139
OVM LZM5-139	Tr195×8	Tr145×8	ϕ250	365	300	110	100(12)	35	142
OVM LZM5-151	Tr200×8	Tr150×8	ϕ255	380	310	110	100(12)	30	142

OVM LZM7 冷铸锚成套设计参数(单位:mm) 表 2-7-53

锚具类型	T_1	T_2	D	L_1	L_2	H	H_1(含退刀槽)	H_2	h
OVM LZM7-37	Tr150×6	Tr120×6	ϕ210	265	225	90	75(10)	30	115
OVM LZM7-55	Tr170×6	Tr140×6	ϕ230	315	275	90	70(10)	30	115
OVM LZM7-61	Tr180×8	Tr140×6	ϕ240	330	275	90	85(12)	30	115
OVM LZM7-73	Tr190×8	Tr155×8	ϕ260	370	320	110	78(12)	28	135
OVM LZM7-85	Tr190×8	Tr155×8	ϕ270	380	320	110	88(12)	28	140
OVM LZM7-91	Tr200×8	Tr165×8	ϕ270	395	335	110	90(12)	30	140
OVM LZM7-109	Tr220×8	Tr180×8	ϕ290	425	355	130	99(12)	29	160
OVM LZM7-121	Tr230×10	Tr185×10	ϕ300	455	370	130	116(15)	31	160
OVM LZM7-127	Tr240×10	Tr195×10	ϕ310	465	375	130	117(15)	27	160
OVM LZM7-139	Tr240×10	Tr195×10	ϕ320	490	405	130	116(15)	31	165
OVM LZM7-151	Tr250×10	Tr200×10	ϕ330	500	415	150	114(15)	29	185
OVM LZM7-163	Tr260×10	Tr210×10	ϕ340	500	415	150	114(15)	29	190
OVM LZM7-187	Tr270×10	Tr220×10	ϕ350	535	435	160	127(15)	27	205
OVM LZM7-199	Tr280×10	Tr230×10	ϕ370	560	455	160	135(15)	30	205
OVM LZM7-211	Tr290×10	Tr240×10	ϕ380	575	465	160	137(15)	27	210

3. 索体

OVM 平行钢丝吊杆采用的有 PES 热镀锌钢丝索体、PES. E 环氧喷涂钢丝索体及 PES(FD) 低应力防腐索体,索体采用双层 PE 层及其他防护。索体的构造见图 2-7-56～

图 2-7-58，其主要技术参数见表 2-7-54～表 2-7-58。

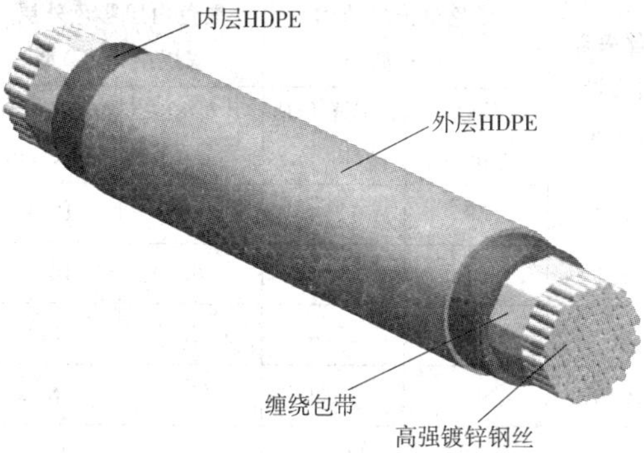

图 2-7-56　热镀锌钢丝吊杆索体的构造图

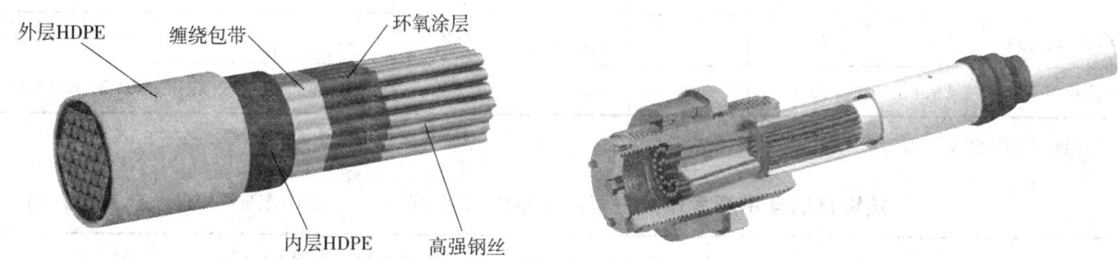

图 2-7-57　环氧喷涂钢丝吊杆索体的构造及与锚具的连接示意图

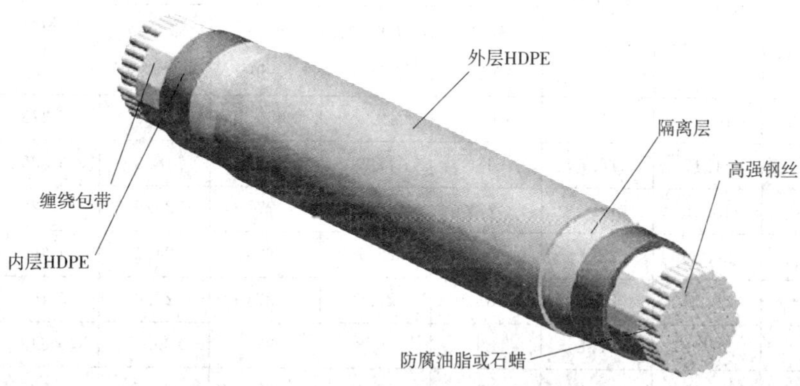

图 2-7-58　PES(FD)低应力防腐吊杆索体的构造图

热镀锌钢丝吊杆索体的主要技术参数(5 系列，σ_b＝1 670MPa)　　表 2-7-54

规格型号	钢丝束公称截面面积(cm^2)	钢丝束理论质量(kg/m)	黑色单护层结构(H)型		黑色内层彩色外层双层结构(C)型		破断力(kN)	配用锚具规格
			外径(mm)	拉索单位质量(kg/m)	外径(mm)	拉索单位质量(kg/m)		
PES()5-19	3.73	2.9	35	3.4	39	3.7	623	OVM LZM、RM
PES()5-37	7.26	5.7	45	6.5	49	6.8	1 213	OVM LZM、RM
PES()5-55	10.80	8.5	51	9.3	55	9.6	1 803	OVM LZM、RM
PES()5-61	11.98	9.4	55	10.4	59	10.8	2 000	OVM LZM、RM

续上表

规格型号	钢丝束公称截面面积(cm^2)	钢丝束理论质量(kg/m)	黑色单护层结构(H)型		黑色内层彩色外层双层结构(C)型		破断力(kN)	配用锚具规格
			外径(mm)	拉索单位质量(kg/m)	外径(mm)	拉索单位质量(kg/m)		
PES()5-73	14.33	11.3	59	12.4	63	12.8	2 394	OVM LZM、RM
PES()5-85	16.69	13.1	61	14.2	65	14.6	2 787	OVM LZM、RM
PES()5-91	17.87	14.0	65	15.4	69	15.8	2 984	OVM LZM、RM
PES()5-109	21.40	16.8	68	18.1	72	18.5	3 574	OVM LZM、RM
PES()5-121	23.76	18.7	71	20.0	75	20.4	3 968	OVM LZM、RM
PES()5-127	24.94	19.6	75	21.2	79	21.7	4 164	OVM LZM、RM
PES()5-139	27.29	21.4	78	23.2	82	23.7	4 558	OVM LZM、RM
PES()5-151	29.65	23.3	79	24.9	83	25.4	4 951	OVM LZM、RM

注:()为 H 型或 C 型。

热镀锌钢丝吊杆索体的主要技术参数(7 系列,$\sigma_b = 1\ 670$MPa)　　表 2-7-55

规格型号	钢丝束公称截面面积(cm^2)	钢丝束理论质量(kg/m)	黑色单护层结构(H)型		黑色内层彩色外层双层结构(C)型		破断力(kN)	配用锚具规格
			外径(mm)	拉索单位质量(kg/m)	外径(mm)	拉索单位质量(kg/m)		
PES()7-37	14.24	11.2	61	12.4	65	12.8	2 378	OVM LZM
PES()7-55	21.17	16.6	68	17.9	72	18.3	3 535	OVM LZM
PES()7-61	23.48	18.4	73	20.0	77	20.5	3 920	OVM LZM
PES()7-73	28.09	22.1	78	23.7	82	24.2	4 692	OVM LZM
PES()7-85	32.71	25.7	83	27.5	87	28.0	5 463	OVM LZM
PES()7-91	35.02	27.5	89	29.8	93	30.4	5 848	OVM LZM
PES()7-109	41.95	32.9	93	35.1	97	35.7	7 005	OVM LZM
PES()7-121	46.57	36.6	99	39.1	103	39.7	7 777	OVM LZM
PES()7-127	48.88	38.4	105	41.6	109	42.2	8 162	OVM LZM
PES()7-139	53.49	42.0	107	45.1	111	45.7	8 933	OVM LZM
PES()7-151	58.11	45.6	109	48.5	113	49.2	9 705	OVM LZM
PES()7-163	62.73	49.2	114	52.5	118	53.2	10 476	OVM LZM
PES()7-187	71.97	56.5	121	60.0	125	60.8	12 018	OVM LZM
PES()7-199	76.58	60.1	124	63.7	128	64.5	12 790	OVM LZM
PES()7-211	81.20	63.7	129	67.8	133	68.6	13 561	OVM LZM

注:()为 H 型或 C 型。

环氧喷涂钢丝吊杆索体的主要技术参数(5 系列,σ_b=1 670MPa) 表 2-7-56

规格型号	钢丝束公称截面面积(cm^2)	钢丝束理论质量(kg/m)	黑色单护层结构(H)型		黑色内层彩色外层双层结构(C)型		破断力(kN)	配用锚具规格
			外径(mm)	拉索单位质量(kg/m)	外径(mm)	拉索单位质量(kg/m)		
PES. E()5-19	3.73	2.9	38	3.6	42	3.9	623	OVM LZM、RM
PES. E()5-37	7.26	5.7	49	6.8	53	7.1	1 213	OVM LZM、RM
PES. E()5-55	10.80	8.5	55	9.6	59	10.0	1 803	OVM LZM、RM
PES. E()5-61	11.98	9.4	60	10.9	64	11.3	2 000	OVM LZM、RM
PES. E()5-73	14.33	11.3	63	12.7	67	13.1	2 394	OVM LZM、RM
PES. E()5-85	16.69	13.1	66	14.6	70	15.0	2 787	OVM LZM、RM
PES. E()5-91	17.87	14.0	71	15.9	75	16.4	2 984	OVM LZM、RM
PES. E()5-109	21.40	16.8	74	18.6	78	19.1	3 574	OVM LZM、RM
PES. E()5-121	23.76	18.7	77	20.6	81	21.1	3 968	OVM LZM、RM
PES. E()5-127	24.94	19.6	84	22.3	88	22.9	4 164	OVM LZM、RM
PES. E()5-139	27.29	21.4	84	23.7	88	24.2	4 558	OVM LZM、RM
PES. E()5-151	29.65	23.3	86	25.7	90	26.2	4 951	OVM LZM、RM

注:()为 H 型或 C 型。

环氧喷涂钢丝吊杆索体的主要技术参数(7 系列,σ_b=1 670MPa) 表 2-7-57

规格型号	钢丝束公称截面面积(cm^2)	钢丝束理论质量(kg/m)	黑色单护层结构(H)型		黑色内层彩色外层双层结构(C)型		破断力(kN)	配用锚具规格
			外径(mm)	拉索单位质量(kg/m)	外径(mm)	拉索单位质量(kg/m)		
PES. E()7-37	14.24	11.2	62	12.4	66	12.8	2 378	OVM LZM
PES. E()7-55	21.17	16.6	71	18.0	75	18.4	3 535	OVM LZM
PES. E()7-61	23.48	18.4	77	20.1	81	20.6	3 920	OVM LZM
PES. E()7-73	28.0	22.1	84	24.1	88	24.6	4 692	OVM LZM
PES. E()7-85	32.71	25.7	87	27.6	91	28.2	5 463	OVM LZM
PES. E()7-91	35.02	27.5	93	30.0	97	30.5	5 848	OVM LZM
PES. E()7-109	41.95	32.9	100	35.6	104	36.2	7 005	OVM LZM
PES. E()7-121	46.57	36.6	104	39.3	108	39.9	7 777	OVM LZM
PES. E()7-127	48.88	38.4	112	42.2	116	42.9	8 162	OVM LZM
PES. E()7-139	53.49	42.0	113	45.6	117	46.3	8 933	OVM LZM
PES. E()7-151	58.11	45.6	116	49.0	120	49.8	9 705	OVM LZM
PES. E()7-163	62.73	49.2	120	52.7	124	53.5	10 476	OVM LZM
PES. E()7-187	71.97	56.5	127	60.2	131	61.0	12 018	OVM LZM
PES. E()7-199	76.58	60.1	130	63.9	134	64.7	12 790	OVM LZM
PES. E()7-211	81.20	63.7	135	68.1	139	68.9	13 561	OVM LZM

注:()为 H 型或 C 型。

PES(FD)低应力防腐吊杆索体的主要技术参数(7系列，σ_b=1 670MPa)　　表2-7-58

规格型号	钢丝束公称截面面积(cm^2)	钢丝束理论质量(kg/m)	拉索外径(mm)	钢丝束直径(mm)	破断力(kN)	设计索力(kN)(K=2.5)	设计索力(kN)(K=3)	配用锚具规格
PES(FD)7-37	14.24	11.2	65	51	2 378	951	793	OVM LZM
PES(FD)7-55	21.17	16.6	72	58	3 535	1 414	1 178	OVM LZM
PES(FD)7-61	23.48	18.4	77	63	3 920	1 568	1 307	OVM LZM
PES(FD)7-73	28.09	22.1	82	68	4 692	1 877	1 564	OVM LZM
PES(FD)7-85	32.71	25.7	87	71	5 463	2 185	1 821	OVM LZM
PES(FD)7-91	35.02	27.5	93	77	5 848	2 339	1 949	OVM LZM
PES(FD)7-109	41.95	32.9	97	81	7 005	2 802	2 335	OVM LZM
PES(FD)7-121	46.57	36.6	103	85	7 777	3 111	2 592	OVM LZM
PES(FD)7-127	48.88	38.4	109	91	8 162	3 265	2 721	OVM LZM
PES(FD)7-139	53.49	42.0	111	93	8 933	3 573	2 978	OVM LZM
PES(FD)7-151	58.11	45.6	113	95	9 705	3 882	3 235	OVM LZM
PES(FD)7-163	62.73	49.2	118	98	10 476	4 190	3 492	OVM LZM
PES(FD)7-187	71.97	56.5	125	105	12 018	4 807	4 006	OVM LZM
PES(FD)7-199	76.58	60.1	128	108	12 790	5 116	4 263	OVM LZM
PES(FD)7-211	81.20	63.7	133	113	13 561	5 424	4 520	OVM LZM

注：K为拉索安全系数。

4.设计建议

(1)为适应因温度变化的影响，减少短吊杆因桥面纵向位移所产生的附加应力，如有必要可将1～3对边吊杆，根据结构的不同而使用Ⅲ型或Ⅳ型吊杆。

(2)为保证结构的安全性，建议吊杆安全因数$n\geqslant2.5\sim3$。若安全因数太大，会造成索体未绷直、受力不够大，螺母容易松脱的问题。

(3)结构设计时要合理安排最短吊杆的位置，最短吊杆的自由长度(拱肋下面至系杆上面长度)不应小于2m。

(4)为确保下端的防水，务必把下预埋管伸出桥面结构100～150mm。

(5)为了便于换索，如果结构允许建议采用双吊杆结构。

5.施工建议

1)吊杆施工工艺流程

施工平台的搭设→吊杆安装→吊杆张拉、调索→防护。

2)施工平台的搭设

根据拱桥的桥型和规模，设计相应的吊杆施工平台。拱肋吊杆施工平台一般包含拱肋上端平台和系杆下端挂篮，拱上平台用于安装和张拉吊杆使用，系杆下端平台用于安装吊杆。

3)吊杆安装

(1)吊杆索生产后必须经质检部门质检取得合格证。

(2)吊杆索在运输过程中不能有损坏，尤其是 HDPE 外防护层。

(3)吊杆索在工地搬运、吊装，不能损坏 HDPE 外防护层，特别是注意保护双螺旋线不被损坏，安装过程中应采取在地面上铺软垫层，使用安装有圆滑滚轮的支承架、专用吊钩等措施。

(4)安装前应检查吊杆外观质量，从锚头处检查吊杆型号是否正确。

(5)通过拱肋索导管起吊吊杆时，应防止吊杆表面 HDPE 被索导管刮伤。

4)吊杆张拉、调索

吊杆张拉有高程控制，张拉力控制或高程、张拉力双控三种方式。

(1)如果桥面系为预制安装的，可以在就位过程中通过调节吊杆螺母的位置使横梁至设计高程；如果桥面系为整体现浇的，则必须采用千斤顶在拱上或系杆底部进行调索或调节。吊杆的张拉示意见图 2-7-59，吊杆张拉配套的张拉设备及张拉空间要求见表 2-7-59。

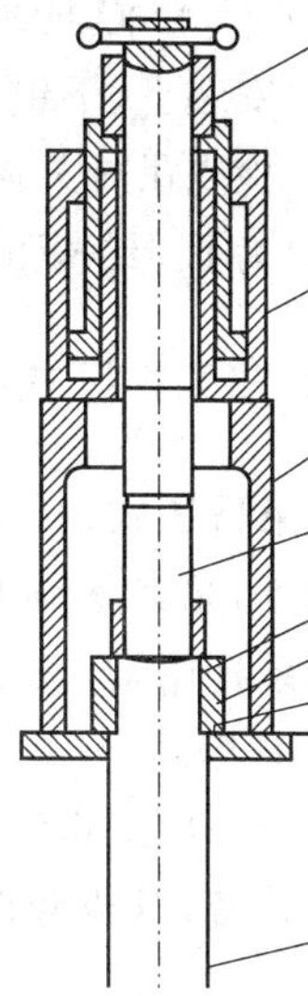

图 2-7-59　吊杆张拉示意图

吊杆张拉配套的张拉设备及张拉空间要求　　表 2-7-59

千斤顶型号	公称张拉力(kN)	外形尺寸(mm)	穿心孔径(mm)	张拉行程(mm)	A_{min}(mm)	B_{min}(mm)
YCW60B	600	ϕ170×347(ϕ170×397)	ϕ60	200(250)	400	1 500
YCW100B	973	ϕ214×370	ϕ78	200	450	1 900
YCW150B	1 492	ϕ285×370	ϕ120	200	550	1 900
YCW200B	1 998	ϕ310×382	ϕ120	200	600	2 000
YCW250B	2 480	ϕ344×380	ϕ140	200	600	2 000
YCW300B	3 004	ϕ385×401	ϕ160	200	670	2 000
YCW350B	3 497	ϕ410×434	ϕ175	200	670	2 050
YCW400B	3 956	ϕ432×400	ϕ175	200	680	2 050
YCW500B	4 924	ϕ490×564	ϕ196	200	750	2 100
YCW650A	6 500	ϕ610×640	ϕ240	200	800	2 100

注：1. 表中 B 值仅作为参考，具体的长度还应根据斜拉索长及受力情况确定，以满足施工张拉的需要。

2. A_{min}、B_{min}为千斤顶的最小张拉空间。

(2)如果设计以高程为主，则张拉时一旦达到设计高程立即停止张拉；如果以索力为主则张拉至设计索力时停机，或者实行双控。

(3)吊杆一般要求对称张拉或调节，即同步张拉或调节对称的两片横梁上的四根吊杆。

(4)当上端螺母顶面调节至锚杯尽头，桥面还没达到设计高程或设计索力时，可考虑在另一端锚头处调节螺母，或采取在螺母下面垫半圆钢板的方法。

(5)在桥面二期恒载完成以及成桥后，均需对吊杆索力进行测试或监控，以确保结构安全及设计调索需要。

5)防护

(1)往吊杆索导管内灌注防腐材料时，锚头部分需完全充满；然后再安装上、下减振体，密封装置及防水罩，要求密封不渗水。

(2)安装上、下锚头的保护罩时，需往其内注入防腐油脂进行防腐。

(3)检查吊杆外防护 HDPE 是否有损坏，如有损坏则用 PE 热焊枪进行补焊。

(4)为了对结构受力长期监测，可以在吊杆张拉端设置有永久性的测力传感器(智能光纤光栅)。

七、整束挤压式钢绞线吊杆体系

整束挤压式钢绞线吊杆不采用夹片夹持，而是整束挤压锚固，具有锚固可靠、张拉调索方便的特点，尤其是锚头结构尺寸小，具有优异的疲劳性能和超强的索体防腐性能，适用于拱桥吊杆和系杆用索，其成品特点同整束挤压式钢绞线拉索体系。

1. 锚具

整束挤压式钢绞线吊杆系统张拉端锚具的构造可参见图 2-7-46，固定端锚具的构造可参见图 2-7-47，其成套设计参数分见表 2-7-60 和表 2-7-61。

张拉端锚具的成套设计参数 表 2-7-60

拉索型号	A(mm)	B(mm)	A_1(mm)	C(mm)	D(mm)	E(mm)	F(mm)	G(mm)
GJ15B-3	62	50	M45×3	95	60	160×160	30	72
GJ15B-4	72	54	M52×4	105	60	180×180	30	82
GJ15B-7	80	65	M60×4	115	70	240×240	40	92
GJ15B-12	115	85	M84×6	180	116	320×320	50	127
GJ15B-19	140	105	M102×8	200	128	350×350	50	152
GJ15B-22	160	117	M122×8	240	150	400×400	50	172
GJ15B-27	160	126	M122×8	240	150	420×420	50	172
GJ15B-31	200	130	M132×10	280	200	460×460	50	216
GJ15B-37	200	145	M142×10	280	200	500×500	50	216

固定端锚具的成套设计参数 表 2-7-61

拉索型号	公称破断索力(kN)	A(mm)	B(mm)	C(mm)	D(mm)	E(mm)	F(mm)	G(mm)
GJ15A-3	780	62	50	95	60	160×160	28	72
GJ15A-4	1 040	72	54	105	60	180×180	30	82
GJ15A-7	1 820	80	65	115	70	240×240	38	92
GJ15A-12	3 120	115	85	180	116	320×320	50	127
GJ15A-19	4 940	140	105	200	128	350×350	50	152
GJ15A-22	5 720	160	117	240	150	400×400	50	172
GJ15A-27	7 020	160	126	240	150	420×420	50	172
GJ15A-31	8 060	200	130	280	200	460×460	50	216
GJ15A-37	9 620	200	145	280	200	500×500	50	216

2. 设计建议

(1)最短拉索的自由段长度不应小于 2m。

(2)为保证结构的安全性，建议拉索安全系数 $K \geqslant 2.5 \sim 3$。

(3)为确实保证拉索的锚固端部防水、防锈，务必将下预埋管伸出桥面结构 100～150mm。

(4)两端锚头封锚前在其外表面均匀涂抹防腐油脂。

(5)下预埋管及下保护罩内满灌注防腐聚氨酯。

(6)螺母的安装位置建议设在锚杯有效螺纹段的中部，严禁旋在有内螺纹的部分。

3. 施工建议

同平行钢丝吊杆体系。

八、钢绞线系杆体系

在结构尺寸允许及系杆索不需要弯曲变向的场合，可以选用钢绞线整束挤压成品拉索和平行钢丝成品拉索。但在系杆索需要弯曲变向的场合，应选用夹片式钢绞线系杆体系。OVMXG 钢绞线系杆体系是一种新型的系杆体系，其采用全防腐结构，并配套具有在低应力状态下高可靠锚固性能的锚固系统。其具有如下特点：

(1)锚固前，锚头和索体分开，预埋孔道尺寸小，孔道可以弯曲转向，可优化拱座结构。

(2)钢绞线系杆拉索强度等级高，应力损失小，钢绞线的用量可减少。

(3)采用钢绞线成品索方式，拉索的设计间距更紧凑，可优化结构。

(4)钢绞线系杆拉索施工简单，操作方便，质量容易控制，对定尺无严格要求。

(5)如采用环氧涂层钢绞线，系杆具有多层保护，有更好的使用耐久性。

1. 系杆结构

系杆的构造见图 2-7-60～图 2-7-63，其主要技术参数见表 2-7-62 和表 2-7-63。

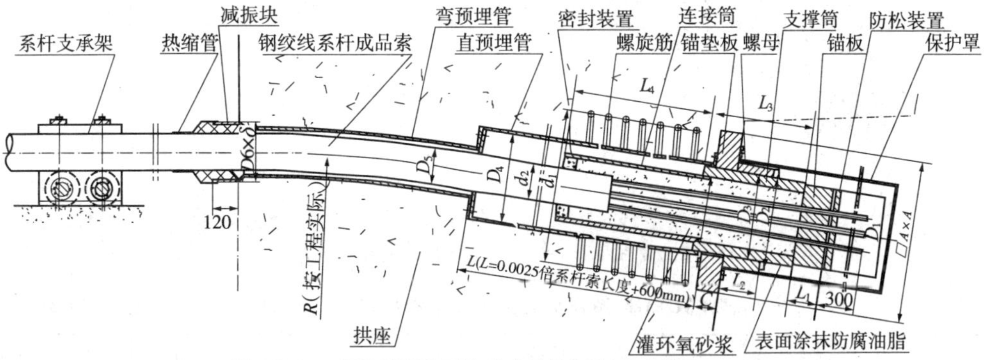

图 2-7-60　OVM XGK 可换索式系杆构造(尺寸单位：mm)

注：此结构形式索体长度在 300m 以内，弯预埋管比较平直，且较短，直预埋管满足长度要求。

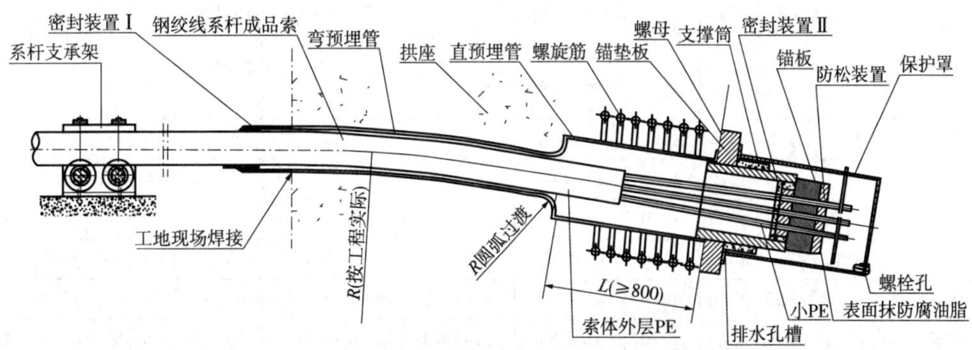

图 2-7-61　OVM XGK 全防腐型可换可调式系杆构造(尺寸单位：mm)

注：此结构形式索体长度在 300m 以上，弯预埋管又弯又长，且直预埋管长度短。密封装置Ⅰ有两重独立防水结构，增加防水功能，密封装置Ⅱ防止小 PE 通过，同时保护锚固区。

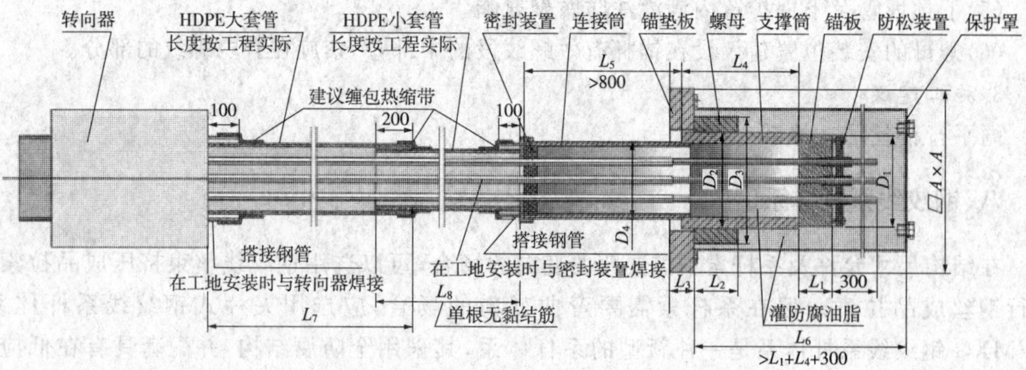

图 2-7-62　OVM XGK 单根可换索式系杆构造(尺寸单位:mm)

注:图中 L_7、L_8 对应的是 HDPE 大套管,长度按工程实际确定

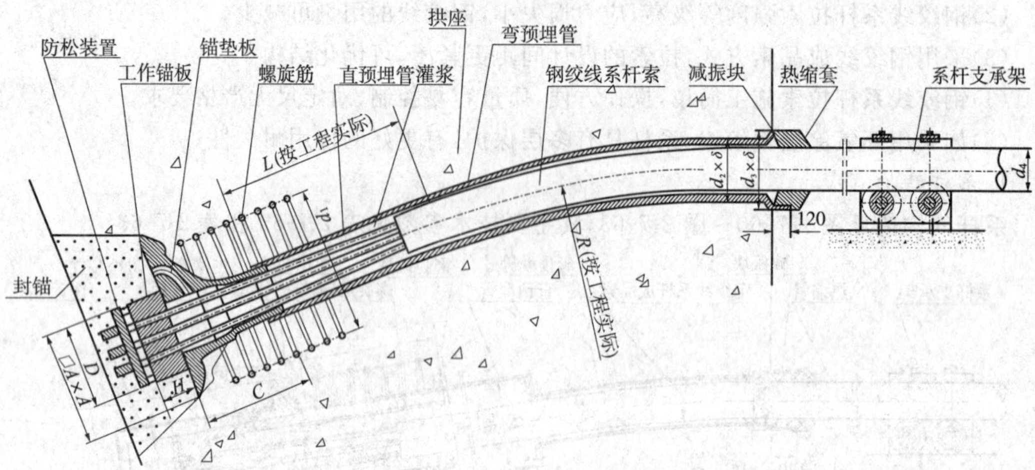

图 2-7-63　OVM XGY 永久锚固式系杆构造

OVM XGK 系杆锚具主要技术参数(单位:mm)　　表 2-7-62

规格＼尺寸	D_1	D_2	D_3	D_4(内径)	D_5(外径)×δ(壁厚) B型环氧喷涂钢绞线成品索体	D_6(外径)×δ(壁厚)	A×A×C	L_1	L_2	L_3	L_4	d_1	钢绞线系杆索 d_2 B型环氧喷涂钢绞线成品索体
OVM XGK15-7	φ160	φ175	φ210	φ150	φ108×4.5	φ133×4.5	285×285×30	70	100	300	400	φ270	φ65
OVM XGK15-12	φ220	φ235	φ270	φ205	φ133×5	φ152×5	360×360×40	80	120	330	470	φ380	φ85
OVM XGK15-19	φ245	φ260	φ305	φ230	φ140×5	φ168×5	420×420×50	100	130	350	500	φ430	φ105
OVM XGK15-22	φ245	φ260	φ305	φ230	φ159×5	φ180×5	430×430×55	100	130	400	550	φ430	φ117
OVM XGK15-27	φ285	φ295	φ340	φ270	φ159×5	φ194×5	490×490×60	100	130	450	600	φ510	φ126
OVM XGK15-31	φ285	φ295	φ340	φ270	φ180×8	φ203×8	500×500×65	110	130	500	650	φ510	φ130
OVM XGK15-37	φ330	φ345	φ400	φ315	φ194×8	φ219×8	560×560×75	130	150	500	700	φ570	φ145
OVM XGK15-55	φ370	φ385	φ480	φ350	φ219×10	φ245×10	650×650×80	180	180	600	800	φ700	φ171

OVM XGY 永久锚固式系杆主要技术参数(单位:mm)　　表 2-7-63

尺寸 / 规格	D	H	锚垫板 $A\times A\times C$	螺旋筋 d_1	d_2(外径)×δ			d_3(外径)×δ(壁厚)	钢绞线系杆索 d_4		
					A1 型光面钢绞线成品索体	A2 型光面钢绞线成品索体	B 型环氧喷涂钢绞线成品索体		A1 型光面钢绞线成品索体	A2 型光面钢绞线成品索体	B 型环氧喷涂钢绞线成品索体
OVM XGY 15-7	φ135	60	210×210×160	φ200	φ89×4.5	φ102×4.5		φ127×4	φ56	φ64	φ65
OVM XGY 15-12	φ175	70	270×270×210	φ270	φ114×6	φ121×5		φ152×6	φ72	φ80	φ84
OVM XGY 15-19	φ217	90	310×310×250	φ400	φ127×5	φ140×5		φ168×5	φ88	φ96	φ102
OVM XGY 15-22	φ235	110	320×320×260	φ430	φ133×4.5	φ152×5		φ180×5	φ97	φ105	φ114
OVM XGY 15-27	φ260	120	350×350×295	φ470	φ140×4.5	φ159×4.5		φ194×5	φ106	φ114	φ122
OVM XGY 15-31	φ275	130	390×390×346	φ510	φ152×6	φ168×6		φ203×8	φ110	φ118	φ127
OVM XGY 15-37	φ310	140	465×465×390	φ570	φ159×4.5	φ180×6		φ219×8	φ123	φ131	φ140

2. 索体

钢绞线系杆的索体是一种全防腐结构的索体,它具有良好的防腐性能,并有效地解决 HDPE 护套的应力开裂问题。索体可分为 A、B 两种类型,A 型为光面(或镀锌)钢绞线成品索体,B 型为环氧喷涂钢绞线成品索体。其中 A 型钢绞线成品索体又可分为 A1 型和 A2 型,A1 型为单层 HDPE 结构,A2 型为双层 HDPE 结构,采用低应力索体技术。索体的构造见图 2-7-64～图 2-7-66,其主要技术参数见表 2-7-64～表 2-7-66。

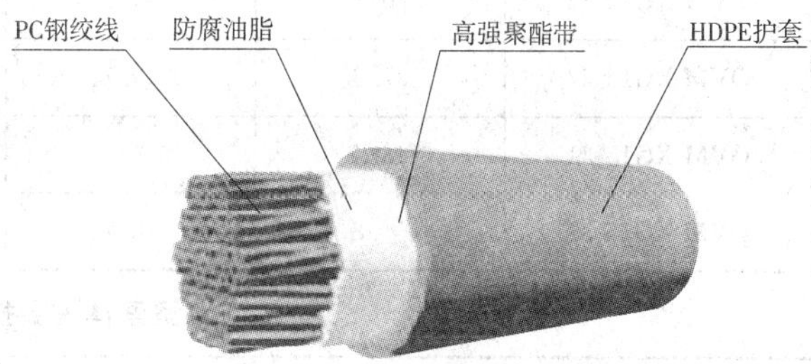

图 2-7-64　A1 型索体构造

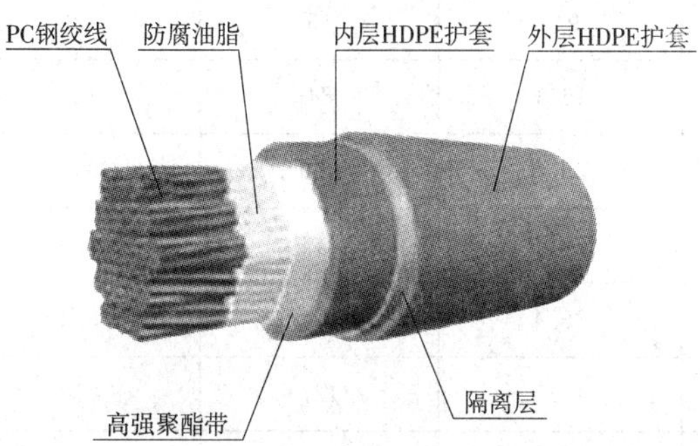

图 2-7-65　A2 型索体构造

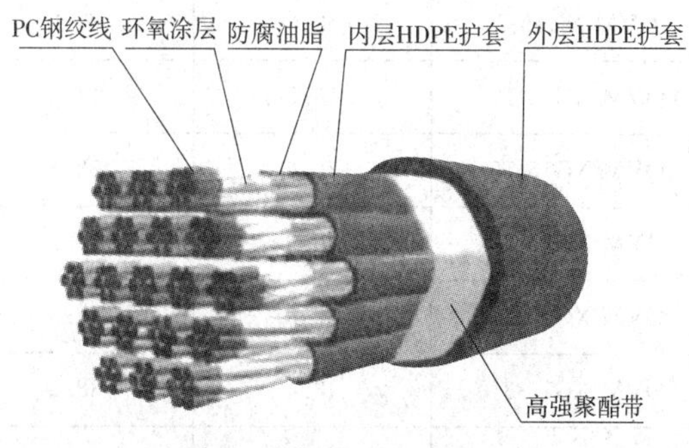

图 2-7-66　B 型索体构造

A1型索体主要技术参数　　表2-7-64

系杆型号	钢绞线束公称截面面积(cm^2)	钢绞线束单位质量(kg/m)	索体单位质量(kg/m)	拉索外径(mm)	破断索力(kN)
OVM XG15-7	9.8	7.7	8.5	56	1 823
OVM XG15-12	16.8	13.2	14.2	72	3 125
OVM XG15-19	26.6	20.9	22.4	88	4 948
OVM XG15-22	30.8	24.2	25.8	97	5 729
OVM XG15-27	37.8	29.7	31.8	106	7 031
OVM XG15-31	43.4	34.1	36.3	110	8 072
OVM XG15-37	51.8	40.7	43.4	123	9 635

A2型索体主要技术参数　　表2-7-65

系杆型号	钢绞线束公称截面面积(cm^2)	钢绞线束单位质量(kg/m)	索体单位质量(kg/m)	拉索外径(mm)	破断索力(kN)
OVM XG15-7	9.8	7.7	9.2	64	1 823
OVM XG15-12	16.8	13.2	15.1	80	3 125
OVM XG15-19	26.6	20.9	23.5	96	4 948
OVM XG15-22	30.8	24.2	27.0	105	5 729
OVM XG15-27	37.8	29.7	33.1	114	7 031
OVM XG15-31	43.4	34.1	37.7	118	8 072
OVM XG15-37	51.8	40.7	44.9	131	9 635

B型索体主要技术参数　　表2-7-66

系杆型号	钢绞线束公称截面面积(cm^2)	钢绞线束单位质量(kg/m)	索体单位质量(kg/m)	拉索外径(mm)	破断索力(kN)
OVM XG15-7	9.8	8.6	9.5	65	1 823
OVM XG15-12	16.8	14.8	16.1	84	3 125
OVM XG15-19	26.6	23.5	25.0	102	4 948
OVM XG15-22	30.8	27.2	29.1	114	5 729
OVM XG15-27	37.8	33.3	35.4	122	7 031
OVM XG15-31	43.4	38.3	40.5	127	8 072
OVM XG15-37	51.8	45.7	48.1	140	9 635

3. 系杆支承架

系杆索体在自由段需采用支承架支承，以保护索体和降低张拉时的摩擦损失。支承架是标准可组合式，它可多层设置。支承架的构造见图 2-7-67，其主要技术参数见表 2-7-67。

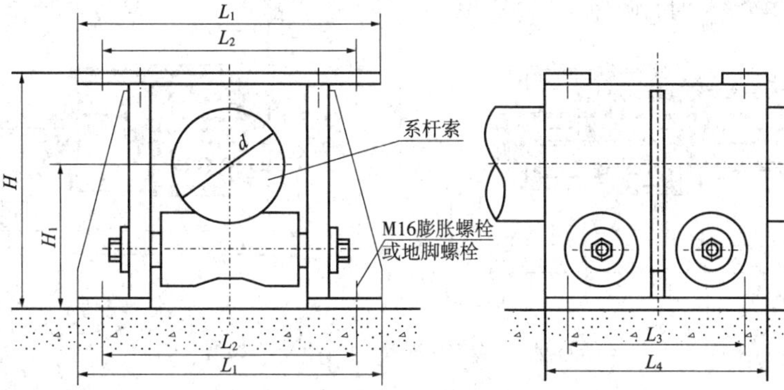

图 2-7-67　系杆支承架构造

系杆支承架主要技术参数（单位：mm）　　表 2-7-67

规格＼尺寸	L_1	L_2	L_3	L_4	H	H_1	d		
							A1 型光面钢绞线成品索体	A2 型光面钢绞线成品索体	B 型环氧喷涂钢绞线成品索体
OVM XG15-7	226	182	120	160	160	100	ϕ56	ϕ64	ϕ65
OVM XG15-12	248	204	140	180	220	125	ϕ72	ϕ80	ϕ84
OVM XG15-19(22)	276	232	160	200	210	125	ϕ88(ϕ97)	ϕ96(ϕ105)	ϕ102(ϕ114)
OVM XG15-27(31)	302	258	180	220	255	164	ϕ106(ϕ110)	ϕ114(ϕ118)	ϕ122(ϕ127)
OVM XG15-37	316	272	200	240	270	170	ϕ123	ϕ131	ϕ140

4. 系杆配套的千斤顶及张拉空间

系杆配套千斤顶的张拉空间见图 2-7-68 和图 2-7-69，配套的千斤顶及张拉空间要求见表 2-7-68和表 2-7-69。

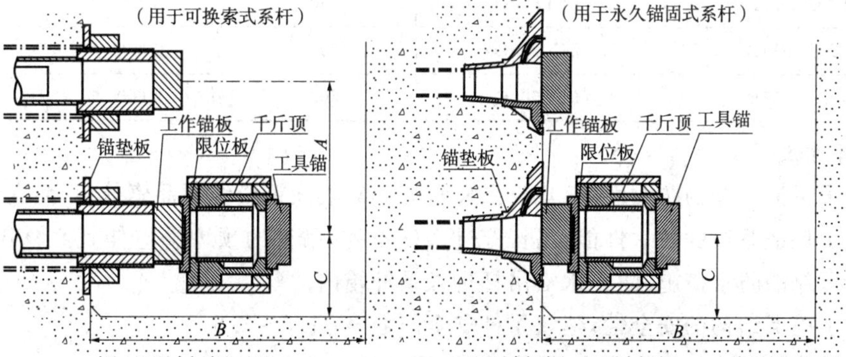

图 2-7-68　A 型索体配套千斤顶的张拉空间

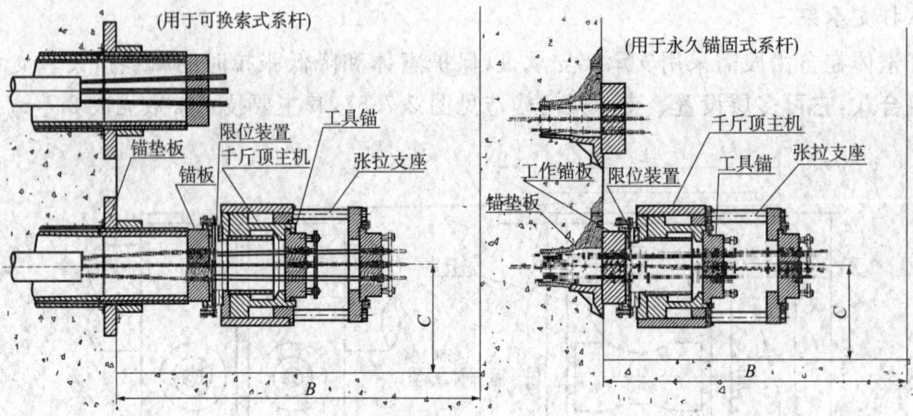

图 2-7-69 B 型索体配套千斤顶的张拉空间

A 型索体配套的千斤顶及张拉空间要求 表 2-7-68

系杆型号	配套千斤顶	A(mm)	B(mm)	C(mm)
OVM XG15-7A	YCW150B	300	1 250	190
OVM XG15-12A	YCW250B	360	1 270	220
OVM XG15-19A	YCW400B	500	1 320	265
OVM XG15-27A	YCW500A	550	1 600	310
OVM XG15-31A	YCW650A	630	2 000	350
OVM XG15-37A	YCW650A	630	2 000	350

B 型索体配套的千斤顶及张拉空间要求 表 2-7-69

系杆型号	配套千斤顶	A(mm)	B(mm)	C(mm)
OVM XG15-7B	YDCL150Q	300	2 000	190
OVM XG15-12B	YDCL250Q	360	2 050	220
OVM XG15-19B	YDCL400Q	500	2 200	265
OVM XG15-27B	YDCL500Q	550	2 300	310
OVM XG15-31B	YDCL600Q	600	2 600	330
OVM XG15-37B	YDCL600Q	600	2 600	330

5. 设计建议

(1)为了保证系杆的防腐性能,建议系杆采用环氧喷涂钢绞线成品索体(B 型索体)。

(2)为了保证系杆的防水性能,吊杆穿过系杆箱处,吊杆的预埋管应伸到系杆箱的顶部以上,并采取可靠的防水措施,防止水沿吊杆进入系杆箱内。

(3)为了确保结构的安全性,建议系杆安全因数 n=1.8~2.5。

(4)为了确保结构的整体防水、防腐,预埋管应伸出拱座结构 100~150mm。

(5)建议 OVM XGK 型系杆的调节螺母安装位置设在支撑筒的中部。

6.施工建议

1)系杆施工工艺流程

施工平台→系杆安装→系杆张拉→防护。

2)施工平台的搭设

由于系杆一般较长，所用张拉设备及配套机具较多，因此必须依据张拉平台的恒载和活载设计安全稳定的张拉施工平台，四周挂设安全网，张拉端正前方设置挡板。

3)系杆安装

(1)系杆索生产后必须经质检部门质检取得合格证。

(2)系杆索在运输过程中不能有损坏，尤其是HDPE外防护层。

(3)系杆索在工地搬运、吊装，不能损坏HDPE外防护层，特别是注意保护双螺旋线不被损坏。安装过程中应采取在地面上铺软垫层，使用安装有圆滑滚轮的支承架、专用吊钩等措施。

(4)系杆索安装前要检查牵引设备、吊具、支承架、牵引绳等机具是否有足够的工作能力，各连接处要安全可靠。

(5)必须保证足够的安装和张拉空间，安装时不得磕碰、敲击、损坏锚具，不得损坏索体，不得使其变形。

(6)根据桥梁系杆索设计长度、锚具安装尺寸、张拉设备工作长度，计算下料长度，采用砂轮切割机下料。

(7)根据索长及锚具安装尺寸计算系杆索两端的PE防护层需要剥除的长度，准确剥除PE防护层长度，避免剥除PE防护层过短时钢绞线散开、转角不当造成夹片锚固失效。严格控制带PE防护层的系杆索进入延长连接筒的长度，既要保证在连接筒内有足够的握裹长度，又要避免已剥除PE防护层的钢绞线裸露于连接筒外。

(8)钢绞线表面的油脂要求清洗干净，以增加握裹力以及便于施工。

(9)安装锚具及夹片时，注意将锚板锥孔及夹片外锥面擦拭干净，并均匀涂上退锚灵。锚板上用于灌浆的两个螺纹孔相对位置保持在最上和最下。

4)系杆张拉、调索

(1)安装YCW型千斤顶，按设计要求分阶段张拉，采用顺桥向及对称张拉，张拉速度均匀且速度小于10MPa/min，不同步拉力差不得大于索力的10%，读数测量要准确，记录要全面无误。系杆的张拉示意见图2-7-70，系杆张拉配套的张拉设备及张拉空间要求见表2-7-70。

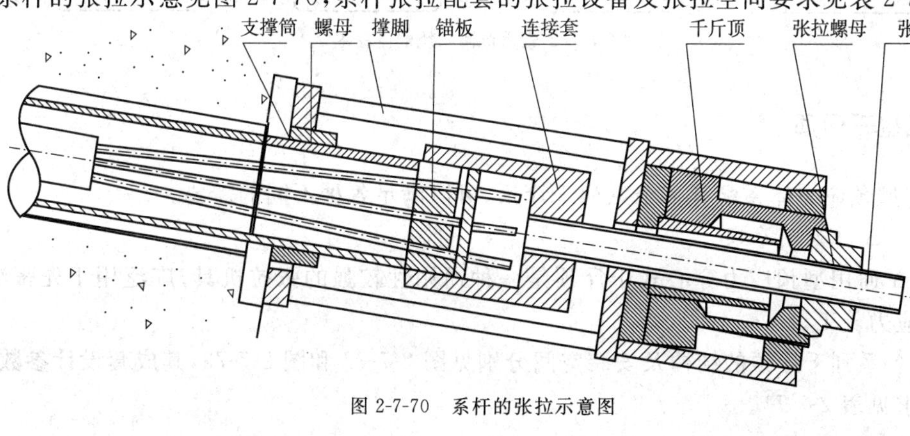

图2-7-70　系杆的张拉示意图

系杆张拉配套的张拉设备及张拉空间要求 表 2-7-70

系杆规格	配套千斤顶	配套撑脚	配套连接套	配套张拉螺母	配套张拉杆
ϕ15-7	YCW150B	YCW150B-XG-7CJ	YCW150B-XG-7LJT	YCW150B-XG-7LM	YCW150B-XG-7LG
ϕ15-12	YCW250B	YCW250B-XG-12CJ	YCW250B-XG-12LJT	YCW250B-XG-12LM	YCW250B-XG-12LG
ϕ15-19	YCW400B	YCW400B-XG-19CJ	YCW400B-XG-19LJT	YCW400B-XG-19LM	YCW400B-XG-19LG
ϕ15-27	YCW500A	YCW500A-XG-27CJ	YCW500A-XG-27LJT	YCW500A-XG-27LM	YCW500A-XG-27LG
ϕ15-31	YCW650A	YCW650A-XG-31CJ	YCW650A-XG-31LJT	YCW650A-XG-31LM	YCW650A-XG-31LG
ϕ15-37	YCW650A	YCW650A-XG-37CJ	YCW650A-XG-37LJT	YCW650A-XG-37LM	YCW650A-XG-37LG

(2)考虑到索很长，伸长量很大，故预紧时采取悬浮式张拉方案，以防止夹片因多次锚固而被损伤。

(3)系杆安装、张拉完以后，在工作锚板上给夹片安装防松装置。对可换索式系杆如果需要继续调整索力，通过调节螺牙方式进行。

(4)调索完成后切割多余钢绞线，不得采用火焰切割。对于可换式系杆应预留一定长度的钢绞线，以方便换索，外露量按设计要求为准。

5)防护

对永久式锚固式系杆按设计要求对整个预埋孔道进行灌浆，对可换索式的则对预留孔道灌注防腐油脂即可。灌浆后封好灌浆孔和排气孔，将锚具表面的砂浆清除干净。安装保护罩，并在保护罩内注满防腐油脂。

自由段索体表面不得有损伤，如有损伤必须及时修补，不得附有任何腐蚀索体的物质，注意防火。

注：详细施工工艺请向柳州欧维姆机械股份有限公司咨询。

7. 索力监测系统

系杆与吊杆作为拱桥的主要受力结构，其可靠性、耐久性直接关系到桥梁的安全和使用寿命。监测索力对于及时反映拉索的工作状态极为重要，为评定整体结构的安全性能提供重要依据。索力监测系统的流程见图 2-7-71，其系统的主要配置及可选用的传感器分别见表 2-7-32 和表 2-7-33。索力监测系统的具体方案请与欧维姆机械股份有限公司联系。

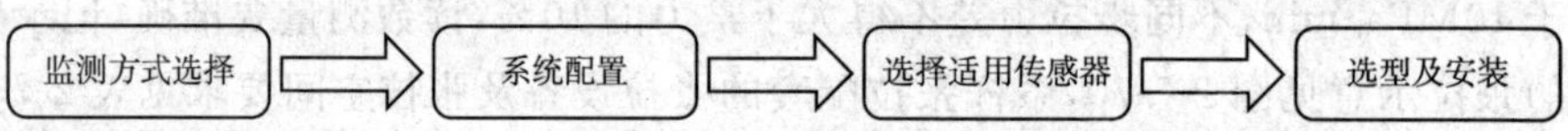

图 2-7-71 索力监测系统的流程图

九、张拉千斤顶

OVM 型预应力体系配有多个系列千斤顶，可以满足各种不同的需要。

1. YCWA 系列千斤顶

YCWA 通用型预应力穿心式千斤顶是一种通用性较强的张拉机具，广泛用于先张法、后张法的预应力施工。

YCWA 系列千斤顶的结构及安装空间分别见图 2-7-72 和图 2-7-73，其成套设计参数及安装空间要求见表 2-7-71。

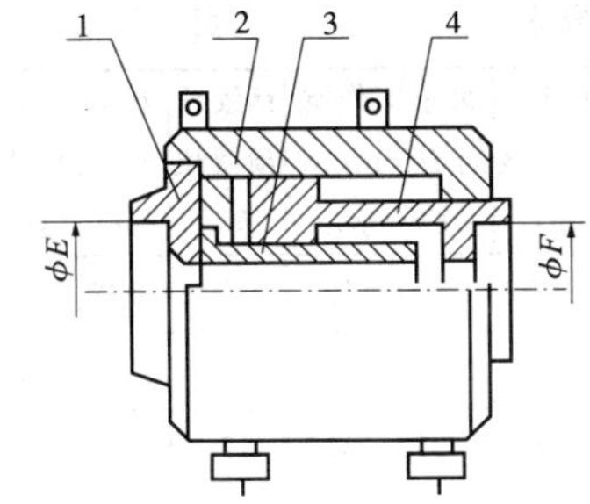

图 2-7-72　YCWA 型千斤顶结构示意图

1-前端盖；2-油缸；3-穿心套；4-活塞

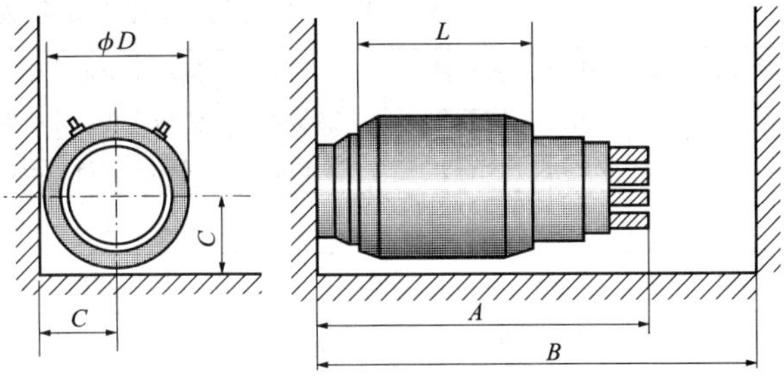

图 2-7-73　YCWA 型千斤顶安装空间

YCWA 系列千斤顶成套设计参数及安装空间要求　　　　表 2-7-71

项　　目		单　位	YCW650A 型	YCW900A 型	YCW1200A 型
公称油压		MPa	49	54	51
张拉活塞面积		m^2	1.35×10^{-1}	$1.657\ 9\times10^{-1}$	$2.312\ 99\times10^{-1}$
公称张拉力		kN	6 500	8 952	11 790
回程活塞面积		m^2	7.07×10^{-2}	$8.725\ 8\times10^{-2}$	$1.153\ 75\times10^{-1}$
张拉行程		mm	200	200	200
穿心孔径		mm	$\phi240$	$\phi280$	$\phi275$
质量		kg	960	1 325	1 700
外形尺寸	D	mm	610	670	790
	L	mm	640	600	600
最小工作空间	B	mm	2 000	2 200	2 400
	C	mm	330	450	500
钢绞线预留长 A		mm	850	1 000	1 200
安装尺寸 ϕE		mm	$\phi362$	$\phi392$	$\phi421$
安装尺寸 ϕF		mm	$\phi302$	$\phi372$	$\phi421$

2. YCWB 系列千斤顶

YCWB 系列轻量化千斤顶是在原 YCWA 系列千斤顶的基础上，为了更好地满足用户及工程的需要，保持该机型技术先进，质量最上乘的优势，采用计算机分析与优化设计相结合，特别是千斤顶油缸采用预应力处理的先进工艺，通过反复试验，多处试用和专家评审，于 1998 年开发成功的新型轻量化千斤顶。它不仅体积小、重量轻，而且强度高、密封性能好、可靠性高。它是原 YCWA 系列千斤顶的换代产品。YCWB 系列千斤顶的结构及安装空间分别见图 2-7-74和图 2-7-75，其成套设计参数及安装空间要求见表 2-7-72。

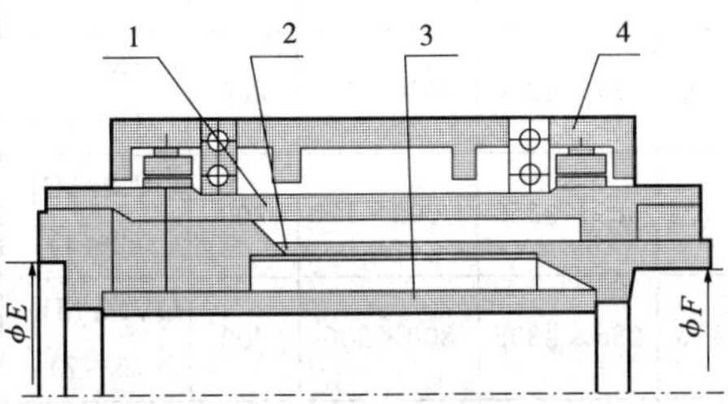

图 2-7-74　YCWB 型千斤顶结构示意图

1-油缸；2-活塞；3-穿心套；4-提手

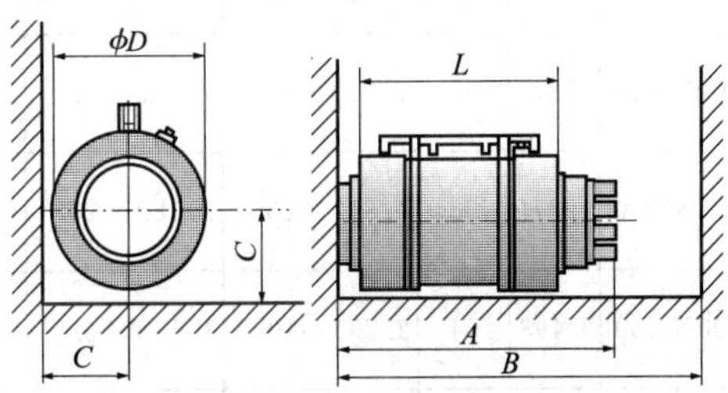

图 2-7-75　YCWB 型千斤顶安装空间

YCWB 系列千斤顶成套设计参数及安装空间要求 表 2-7-72

项目 型号	公称张拉力(kN)	公称油压(MPa)	张拉活塞面积(m^2)	回程活塞面积(m^2)	回程油压(MPa)	穿心孔径(mm)	张拉行程(mm)	主机质量(kg)	主机外形尺寸 L(mm)×D(mm)	最小工作空间 B(mm)×C(mm)	钢绞线预留长 A	安装尺寸 ϕE	安装尺寸 ϕF
YCW60B	600	52	1.15×10^{-2}	4.08×10^{-3}	<25	ϕ60	200	33	340×ϕ170	1 270×120	590	ϕ102	—
YCW100B	973	51	1.908×10^{-2}	0.777×10^{-2}	<25	ϕ78	200	65	370×ϕ214	1 220×150	570	ϕ151	ϕ136
YCW150B	1 492	50	2.98×10^{-2}	1.38×10^{-2}	<25	ϕ120	200	108	370×ϕ285	1 250×190	570	ϕ196	ϕ176
YCW200B	1 998	53	3.77×10^{-2}	2.168×10^{-2}	<25	ϕ120	200	135	382×ϕ310	1 270×210	590	ϕ196	ϕ176
YCW250B	2 480	54	4.592×10^{-2}	2.802×10^{-2}	<25	ϕ140	200	164	380×ϕ344	1 270×220	590	ϕ210	ϕ186
YCW300B	3 004	50	6.008×10^{-2}	4.029×10^{-2}	<25	ϕ160	200	221	401×ϕ385	1 320×250	620	ϕ210	ϕ196
YCW350B	3 497	54	6.476×10^{-2}	3.462×10^{-2}	<25	ϕ175	200	246	404×ϕ410	1 354×255	620	ϕ252	ϕ252
YCW400B	3 956	52	7.607×10^{-2}	4.592×10^{-2}	<25	ϕ175	200	270	400×ϕ432	1 320×265	620	ϕ252	ϕ252
YCW500B	4 924	49	10.05×10^{-2}	4.773×10^{-2}	<25	ϕ196	200	533	564×ϕ490	1 484×295	620	ϕ362	ϕ302

3. YDCN 系列内卡式千斤顶

内卡式的设计，可以减少预留钢绞线的长度；YDCN 系列千斤顶的结构及安装空间分别见图 2-7-76 和图 2-7-77，其成套设计参数及安装空间要求见表 2-7-73。

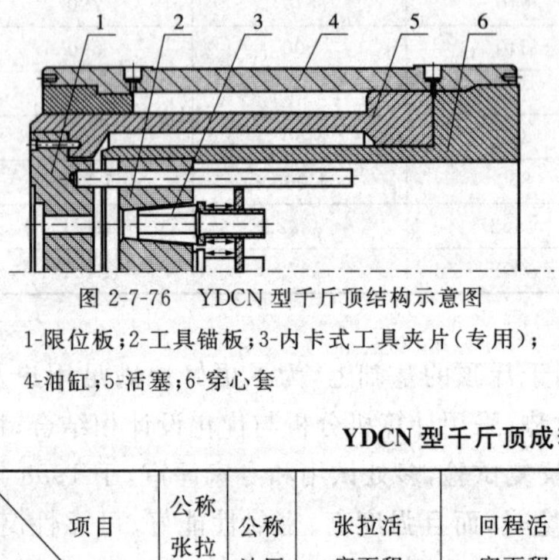

图 2-7-76 YDCN 型千斤顶结构示意图

1-限位板；2-工具锚板；3-内卡式工具夹片（专用）；

4-油缸；5-活塞；6-穿心套

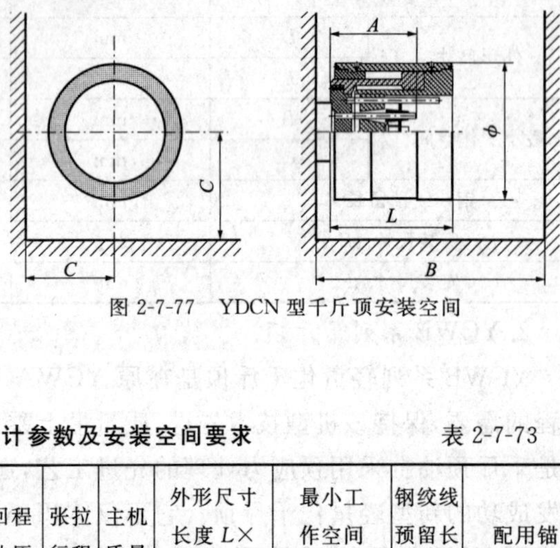

图 2-7-77 YDCN 型千斤顶安装空间

YDCN 型千斤顶成套设计参数及安装空间要求 表 2-7-73

项目 型号	公称张拉力(kN)	公称油压(MPa)	张拉活塞面积(m^2)	回程活塞面积(m^2)	回程油压(MPa)	张拉行程(mm)	主机质量(kg)	外形尺寸长度 L×直径 ϕ(mm)	最小工作空间 B(mm)×C(mm)	钢绞线预留长度 A(mm)	配用锚具规格
YDC1000N-100	997	55	1.812×10^{-2}	9.189×10^{-3}	25	100	98	281×ϕ250	800×170	200	OVM. M15-(2～4)
YDC1000N-200	997	55	1.812×10^{-2}	9.189×10^{-3}	25	200	97.4	389×ϕ250	1 000×170	200	OVM. M15-(2～4)
YDC1500N-100	1 493	54	2.765×10^{-2}	1.155×10^{-2}	25	100	116	285×ϕ305	800×200	200	OVM. M15-(3～7)
YDC1500N-200	1 493	54	2.765×10^{-2}	1.155×10^{-2}	25	200	146	385×ϕ305	1 000×200	200	OVM. M15-(3～7)

续上表

项目 型号	公称张拉力(kN)	公称油压(MPa)	张拉活塞面积(m²)	回程活塞面积(m²)	回程油压(MPa)	张拉行程(mm)	主机质量(kg)	外尺寸长度 L×直径 ϕ(mm)	最小工作空间 B(mm)×C(mm)	钢绞线预留长度 A(mm)	配用锚具规格
YDC2500N-100	2 462	50	4.924×10^{-2}	2.922×10^{-2}	25	100	217	289×ϕ399	800×250	200	OVM. M15-(6～12)
YDC2500N-200	2462	50	4.924×10^{-2}	2.922×10^{-2}	25	200	263	389×ϕ399	1 000×250	200	OVM. M15-(6～12)
YDC3000N-100	2 952	54	5.466×10^{-2}	3.464×10^{-2}	25	100	197	291×ϕ410	800×260	250	OVM. M15-(6～13)
YDC3000N-200	2 952	54	5.466×10^{-2}	3.464×10^{-2}	25	200	254	391×ϕ410	1 000×260	250	OVM. M15-(6～13)
YDC3500N-100	3 500	54	6.408×10^{-2}	3.487×10^{-2}	25	100	350	360×ϕ470	900×290	300	OVM. M15-(11～16)
YDC3500N-200	3 500	54	6.408×10^{-2}	3.487×10^{-2}	25	200	395	460×ϕ470	1 100×290	300	OVM. M15-(11～16)
YDC4000N-100	4 000	52	7.693×10^{-2}	4.773×10^{-2}	25	100	400	360×ϕ490	900×300	300	OVM. M15-(12～19)
YDC4000N-200	4 000	52	7.693×10^{-2}	4.773×10^{-2}	25	200	480	460×ϕ490	1 100×300	300	OVM. M15-(12～19)
YDC4500N-100	4 500	50	9.048×10^{-2}	4.773×10^{-2}	25	100	410	360×ϕ520	900×300	300	OVM. M15-(15～19)
YDC4500N-200	4 500	50	9.048×10^{-2}	4.773×10^{-2}	25	200	495	460×ϕ520	1 100×300	300	OVM. M15-(15～19)

4. YDC 系列千斤顶

YDC 系列千斤顶是在原 YCWA 系列千斤顶的基础上，为了更好地满足普通预应力梁施工的需要，特别设计的千斤顶。它具有体积小、重量轻、强度高、密封性能好、可靠性高的特点。YDC 系列千斤顶的结构及安装空间分别见图 2-7-78 和图 2-7-79，其成套设计参数及安装空间要求见表 2-7-74。

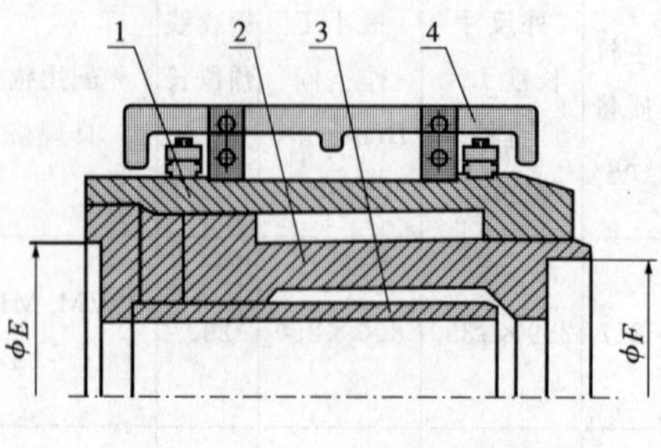

图 2-7-78　YDC 型千斤顶结构示意

1-油缸;2-活塞;3-穿心套;4-提手

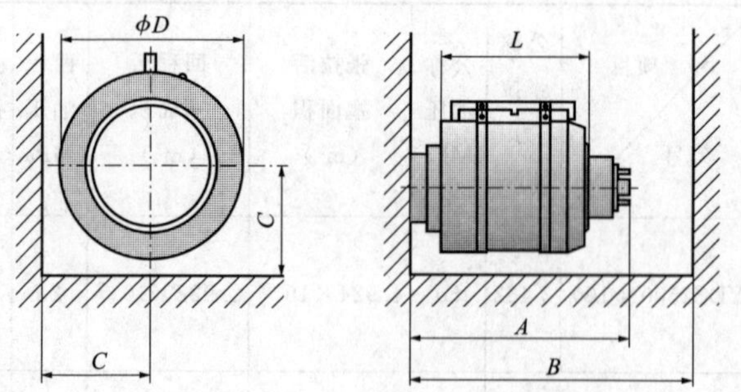

图 2-7-79　YDC 型千斤顶安装空间

YDC 型千斤顶成套设计参数及安装空间要求　　表 2-7-74

项目 型号	公称张拉力(kN)	公称油压(MPa)	张拉活塞面积($10^{-2}m^2$)	回程活塞面积($10^{-2}m^2$)	穿心孔径(mm)	张拉行程(mm)	主机质量(kg)	主机外形尺寸 L(mm)×D(mm)	最小工作空间 B(mm)×C(mm)	钢绞线预留长 A(mm)	安装尺寸 φE	安装尺寸 φF
YDC1700	1 698	53	3.20	1.01	φ93	150	99	329×φ275	1 120×185	530	φ196	φ176
YDC2900	2 863	54	5.30	3.93	φ130	150	156	339×φ357	1 150×220	560	φ208	φ196
YDC4500	4 507	53	0.851	0.427	φ162	150	332	407×φ450	1 260×215	590	φ252	φ252

5. YDB 扁锚整体张拉千斤顶

YDB 扁锚整体张拉千斤顶分为内卡式(YDB85N-150、YDB100N-150)、后卡式(YDB85H-200、YDB100H-200)及普通式(YDB100-160)三种,主要用于 2～5 孔扁锚的张拉。YDB 扁锚整体张拉千斤顶的结构分别见图 2-7-80～图 2-7-82,其成套设计参数及安装空间要求见表 2-7-75～表 2-7-77。

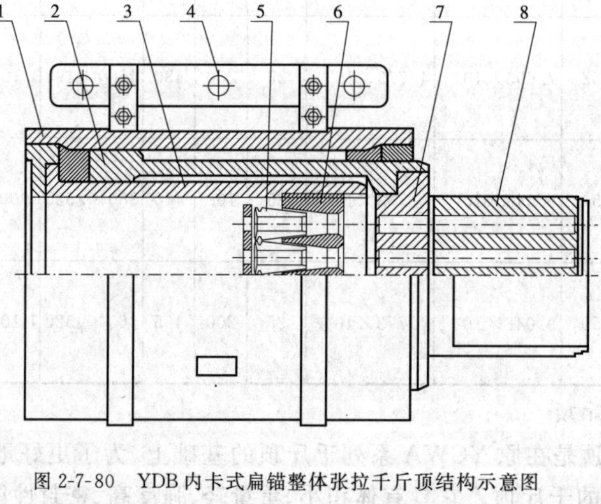

图 2-7-80　YDB 内卡式扁锚整体张拉千斤顶结构示意图

1-油缸;2-活塞;3-穿心套;4-提手;5-工具夹片;6-工具锚板;7-限位板;8-外接限位板

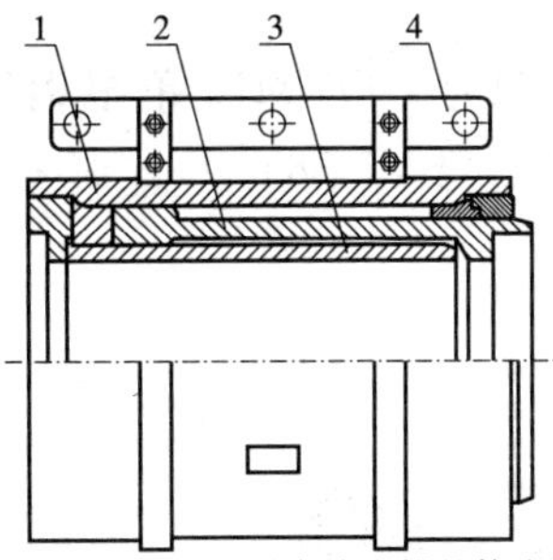

图 2-7-81　YDB后卡式扁锚整体张拉千斤顶结构示意图

1-油缸；2-活塞；3-穿心套；4-提手

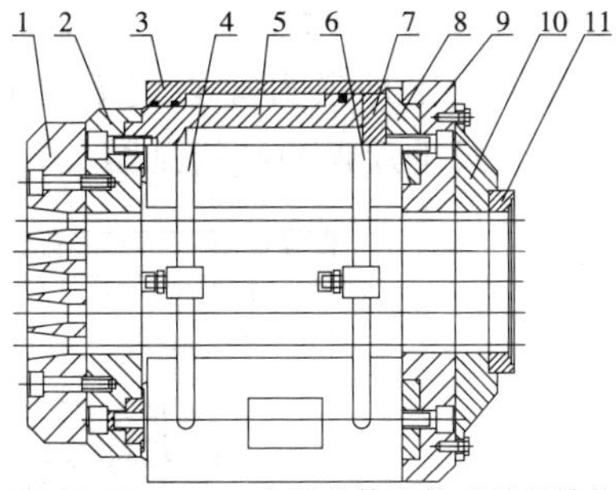

图 2-7-82　YDB100-160 扁锚整体张拉千斤顶结构示意图

1-专用工具锚板；2-连接垫板；3-油缸；4-回油管；5-活塞；6-进油管；7-后密封板；8-压紧螺母；9-支承板；10-垫板；11-限位板

YDB 内卡式扁锚整体张拉千斤顶的成套设计参数　　表 2-7-75

项　目	单　位	YDB85N-150	YDB100N-150
公称张拉力	kN	851	1 017
公称油压	MPa	43	45
张拉活塞面积	mm^2	1.98×10^4	2.26×10^4
回程活塞面积	mm^2	0.72×10^4	1.06×10^4
穿心孔径	mm	150	170
张拉行程	mm	150	150
质量	kg	118	148
外形尺寸	mm	$\phi280\times495$	$\phi310\times495$

YDB 后卡式扁锚整体张拉千斤顶的成套设计参数　　表 2-7-76

项　目	单　位	YDB85H-200	YDB100H-200
公称张拉力	kN	865	1 068
公称油压	MPa	45	54
张拉活塞面积	mm^2	1.923×10^4	1.978×10^4
回程活塞面积	mm^2	1.005×10^4	1.060×10^4
穿心孔径	mm	120	155
张拉行程	mm	200	200
质量	kg	80	116
外形尺寸	mm	$\phi245\times388$	$\phi290\times388$

YDB100-160 扁锚整体张拉千斤顶的成套设计参数　　表 2-7-77

项　目	单　位	YDB100-160	项　目	单　位	YDB100-160
公称张拉力	kN	$2\times509=1\ 018$	张拉行程	mm	160
公称油压	MPa	49	质量	kg	120
张拉活塞面积	mm^2	$2\times1.039\times10^4$	外形尺寸	mm	$572\times450\times230$
回程活塞面积	mm^2	$2\times4.712\times10^3$			

6. YDC 前卡式千斤顶

YDC 前卡式千斤顶为穿心式千斤顶，是专门用于 OVM15 及 OVM13 单根钢绞线的张拉。YDC 前卡式千斤顶的结构见图 2-7-83，其成套设计参数见表 2-7-78。

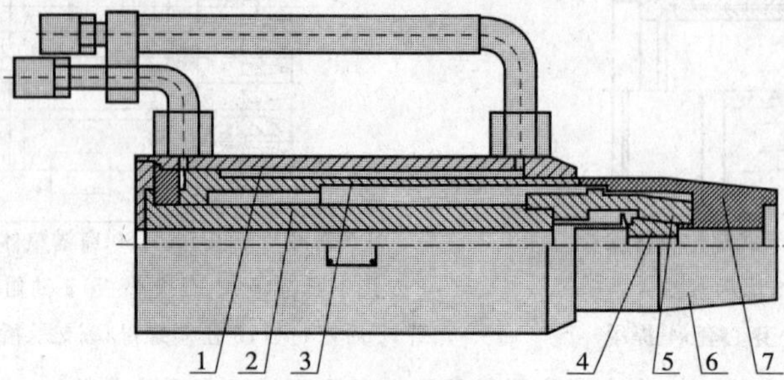

图 2-7-83　YDC 前卡式千斤顶结构示意

1-油缸；2-穿心套；3-活塞；4-夹片；5-锚环；6-支撑套；7-支撑套螺母

YDC 前卡式千斤顶成套设计参数　　表 2-7-78

型　号	额定压力 (MPa)	张拉力 (kN)	行程 (mm)	质量 (kg)	外形尺寸 (mm)	适用绞线直径 (mm)	穿心孔径 (mm)	张拉油压面积(m^2)
YDC120Q-150	40	120	150	12	ϕ83×416	ϕ15	ϕ18	3.044×10^{-3}
YDC240QX	50	240	200	20.5	ϕ110×573	ϕ13，ϕ15	ϕ18	4.771×10^{-3}

7. YCQ 型千斤顶

YC50Q 和 YC75Q 型千斤顶专门用于 OVM22 及 OVM28 单孔锚所对应的 ϕ22 和 ϕ28 钢绞线的单根张拉，是一种带顶压器的前卡式千斤顶。它们均带有止转机构，可以防止在张拉过程中活塞、油缸及穿心套之间产生相对转动。

YCQ 型千斤顶的结构及安装空间分别见图 2-7-84 和图 2-7-85，其成套设计参数见表2-7-79。

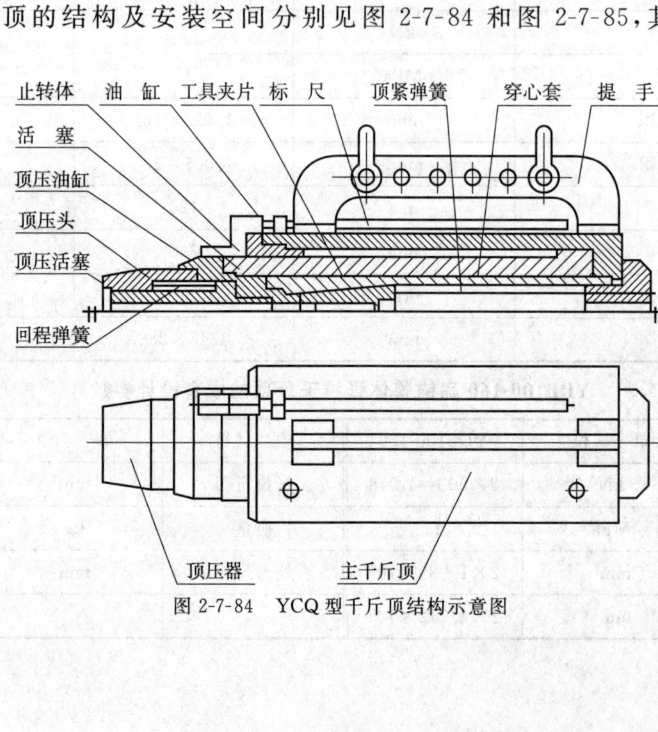

图 2-7-84　YCQ 型千斤顶结构示意图

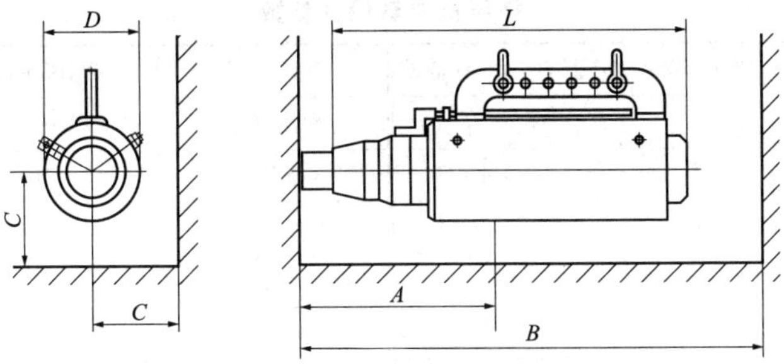

图 2-7-85　YCQ 型千斤顶的安装空间

YCQ 型千斤顶成套设计参数及安装空间要求　　表 2-7-79

项　　目		单　　位	YC75Q	YC50Q
公称张拉力		kN	750	500
公称油压		MPa	63.7	63.7
张拉活塞面积		m^2	11.78×10^{-3}	7.85×10^{-3}
回程活塞面积		m^2	4.55×10^{-3}	2.77×10^{-3}
张拉行程		mm	300	300
公称顶压力		kN	110	75
顶压油压		MPa	30	30
顶压活塞面积		m^2	3.77×10^{-3}	2.51×10^{-3}
穿心孔径		mm	30	24
顶压行程		mm	20	20
质量		kg	100	55
外形尺寸	*D*	mm	190	155
	L	mm	678	523
最小工作空间	*B*	mm	1 100	1 100
	C	mm	160	145
钢绞线预留长 *A*		mm	500	500

8. 挤压机

挤压机主要用于钢绞线固定端的挤压。挤压机的形式见图 2-7-86，其成套设计参数见表 2-7-80。

图 2-7-86　挤压机的形式

挤压机成套设计参数　　表 2-7-80

项　　目	GYJB50-150	GYJC50-150 穿心式	项　　目	GYJB50-150	GYJC50-150 穿心式
额定油压(MPa)	45	50	配用油泵	ZB4-500	ZB4-500
回程活塞面积(m^2)	4.948×10^{-3}	4.948×10^{-3}	挤压行程(mm)	150	150
挤压活塞面积(m^2)	1.131×10^{-2}	1.005×10^{-2}	外形尺寸(mm)	$\phi150\times565$	$\phi150\times565$
质量(kg)	48	48	空心孔径(mm)	—	$\phi30$
公称挤压力(kN)	509	503			

9. 压花机

压花机主要用于钢绞线固定端的压花。压花机的形式见图 2-7-87,其成套设计参数见表 2-7-81。

10. 油泵

OVM 系列千斤顶配套 ZB 型超高压油泵。ZB 型油泵的形式见图 2-7-88,其成套设计参数见表 2-7-82。

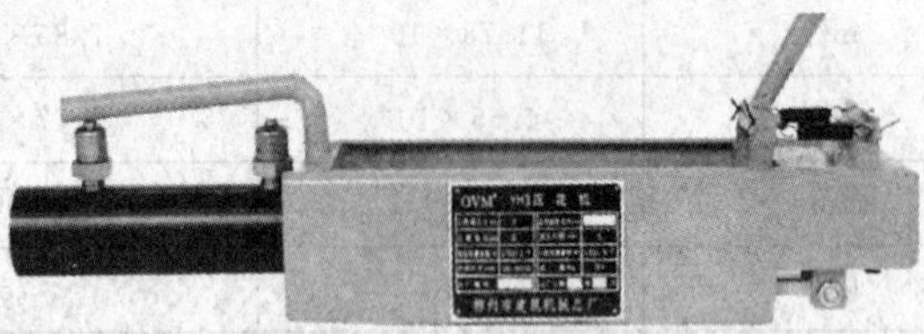

图 2-7-87　压花机的形式

图 2-7-88　ZB 型油泵的形式

压花机的成套设计参数　　表 2-7-81

项　　目	YH3 型压花机	项　　目	YH3 型压花机
额定油压	50MPa	压花直径	95mm 左右
张拉活塞面积	$0.7068\times10^{-3}m^2$	理论顶压力	35.3kN
回程活塞面积	$0.4524\times10^{-3}m^2$	公称顶压力	34kN
顶压行程	70mm	配套油泵	压力不低于 50MPa 的各种油泵
回程方式	液压	用油种类	冬季采用 HC-8 柴油机油或 20 号机械油,夏季采用 HC-11 柴油或 30 号机械油

ZB 型油泵成套设计参数　　表 2-7-82

型　　号	额定压力(MPa)	额定流量(L/min)	质量(kg)	外形尺寸(mm)	特点及适用范围
ZB4-500	50	2×2	120	745×494×1 025	常用于 YCW 系列,YZ85 型系列、YC60 型系列千斤顶及 GYJA 挤压器、LD 镦头器等
ZB4-500S	50	2×2	130	745×494×1 052	在 ZB4-500 型基础上增加一个三位四通换向阀形成三路供油,专为带独立顶压器装置的千斤顶配套,同时也满足 ZB4-500 应用的所有场合

续上表

型　　号	额定压力（MPa）	额定流量（L/min）	质量(kg)	外形尺寸(mm)	特点及适用范围
ZB10-500， ZB10/320-4/800B	50 32 80	10 10 4	400 270	1 000×760×1 050 1 090×590×1 120	超高压，大流量，专门为大吨位、长行程及要求快速动作的千斤顶配套，常用于额定张拉力大于 5 000kN 以及行程大于 500mm 的 YD、YDT、YPDS 等类型千斤顶配套，ZB10/320-4/800B 为二级变量泵
ZB20/32-8/63	32 63	21.48 7.8	434	1 000×732×1 040	二级变量泵，常与超高压、大吨位、长行程的顶举、顶推等千斤顶及其他超高压机具配套

十、波纹管

波纹管用于后张预应力混凝土结构或构件的成孔，波纹管按照截面形状分为圆形和扁形；按照径向刚度分为标准型和增强型；按照材质分为金属波纹管和塑料波纹管，而金属波纹管又分为镀锌和不镀锌两种。波纹管可接长，用大一号同类波纹管作为接头管，接头管的长度可取 200～300mm。在强腐蚀、疲劳状态下的预应力钢筋，建议使用塑料波纹管。

1. 金属波纹管

金属波纹管是用镀锌或不镀锌低碳钢带螺旋折叠咬口制成的金属管及其连接用管。金属波纹管的形式见图 2-7-89，其成套设计参数见表 2-7-83 及表 2-7-84。

图 2-7-89　金属波纹管的形式

圆形截面金属波纹管成套设计参数(单位：mm)　　表 2-7-83

内　　径	40	45	50	55	60	65	70	80	85	90	95	100	105	110	120	130	135	140	150	155	160
允许偏差	+0.5											+1.0									
标准型钢带厚度	0.25		0.3															—			
增强型钢带厚度	—				0.4										0.5						

注：按供需双方协商亦可供应表中未列尺寸的规格。

扁形截面金属波纹管成套设计参数(单位：mm)　　表 2-7-84

短轴方向	长度 *A*	19	19	19	19	25	25	25	25
	允许偏差	3 0				3 0			
长轴方向	长度 *A*	50	60	70	90	56	66	76	96
	允许偏差	±1/0				±2/0			
钢带厚度		0.3							

注：1. 边可以是直线或曲线，边是圆弧时，其半径为短轴方向内径的一半。

2. 按供需双方协方亦可供应表中未列尺寸的规格。

2. 塑料波纹管

高密度聚乙烯(HDPE)塑料波纹管主要用于OVM真空辅助压浆工艺。相对于金属波纹管,塑料波纹管具有摩阻力小、密封性能好、耐腐蚀、弯曲韧性好等特点。塑料波纹管的连接可采用专用连接套连接,也可在工地用塑料焊接机现场焊接。圆形截面塑料波纹管的形式及外形结构见图2-7-90,其成套设计参数见表2-7-85。

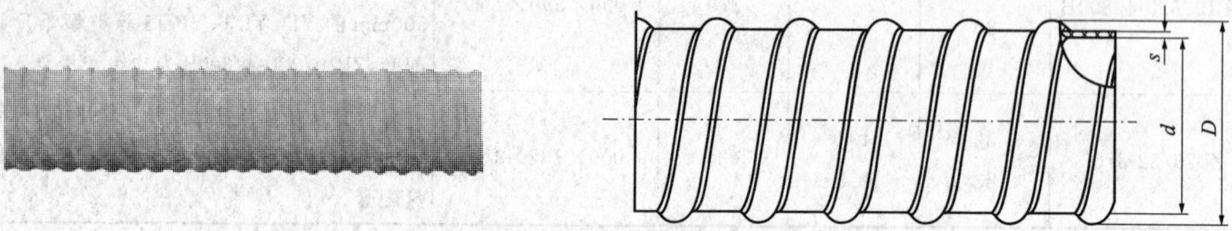

图 2-7-90　圆形截面塑料波纹管的形式及外形结构

圆形截面塑料波纹管成套设计参数(单位:mm)　　表 2-7-85

规格型号	d	D	S	配套使用锚具	
				OVM 建议	JT/T 529—2004 标准
SBG-50	ϕ50	ϕ65	2.5	YJM15-2～5OVM,YJM13-2～5OVM	M15-2～5,M13-2～7
SBG-55	ϕ55	ϕ70	2.5	根据用户需要可配套 YJM15(13)4～5OVM	
SBG-60	ϕ60	ϕ75	2.5	YJM13-6～7OVM	M15-6～7,M13-8～2
SBG-65	ϕ65	ϕ80	2.5	作 SBG55 的连接管	
SBG-70	ϕ70	ϕ86	2.5	YJM15-6～7OVM,YJM13-8～9OVM	
SBG-75	ϕ75	ϕ92	2.5		M15-8～12,M13-13～19
SBG-80	ϕ80	ϕ97	2.5	YJM8-9OVM,YJM13-10～12OVM	
SBG-85	ϕ85	ϕ102	2.5	YJM15-10～12OVM,YJM13-13～19OVM	
SBG-90	ϕ90	ϕ106	2.5	YJM15-13～17OVM,YJM13-20～22OVM	
SBG-95	ϕ95	ϕ112	2.5	作 SBG85 的连接管	
SBG-100	ϕ100	ϕ122	2.5	YJM15-18～19OVM,YJM13-23～31OVM	M15-18～22,M13-23～31
SBG-110	ϕ110	ϕ132	3.0	作 SBG100 的连接管	
SBG-120	ϕ120	ϕ142	3.0	YJM15-20～27OVM,YJM13-32～37OVM	M15-23～27,M13-32～37
SBG-130	ϕ130	ϕ154	3.0	YJM15-28～31OVM,YJM13-38～55OVM	M15-28～31,M13-38～42
SBG-140	ϕ140	ϕ164	3.0	YJM15-32～37OVM,YJM13-45～55OVM	—

注:1. 圆形截面塑料波纹管按6m、8m、10m长度规格供货,或按合同要求,偏差为$^{50}_{0}$mm。

2. 锚具的配套可按原交通部颁发标准JT/T 529—2004的要求,同时对于小孔位(12孔以下)的配套,参照国内比较成熟的与金属波纹管配套的要求,提供更多的配套选择,亦可根据设计和用户的要求提供产品,方便施工。

扁形截面塑料波纹管的形式及外形结构见图2-7-91,其成套设计参数见表2-7-86。

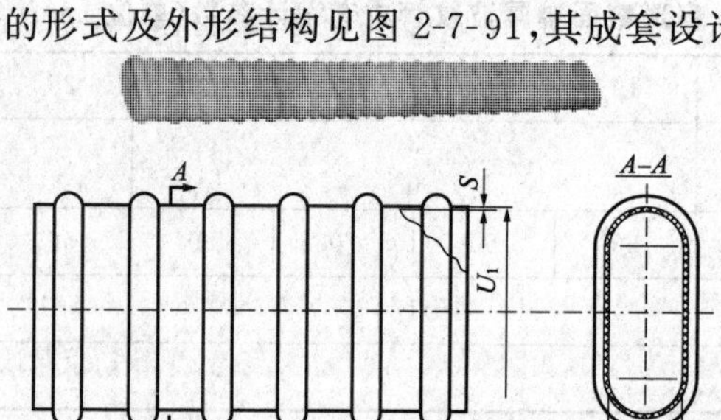

图 2-7-91　扁形截面塑料波纹管的形式及外形结构图

扁形截面塑料波纹管成套设计参数(单位:mm)　　表 2-7-86

规格型号	U_1	U_2	S	配套使用锚具
OVM SBGB-41	41	22	2.5	BM15(13)-2
OVM SBGB-60	60	22	2.5	BM15(13)-3(2)
OVM SBGB-72	72	23	2.5	BM15(13)-4
OVM SBGB-90	90	23	2.5	BM15(13)-5

圆形截面塑料波纹管的连接见图 2-7-92～图 2-7-94,OLG 圆形连接管及 OLT 圆形连接头成套设计参数见表 2-7-87。

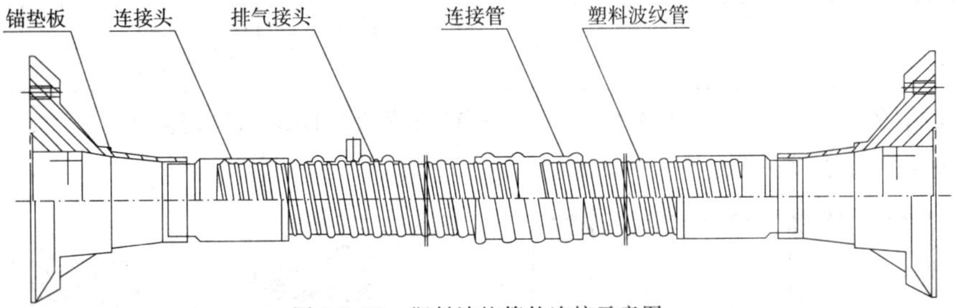

图 2-7-92　塑料波纹管的连接示意图

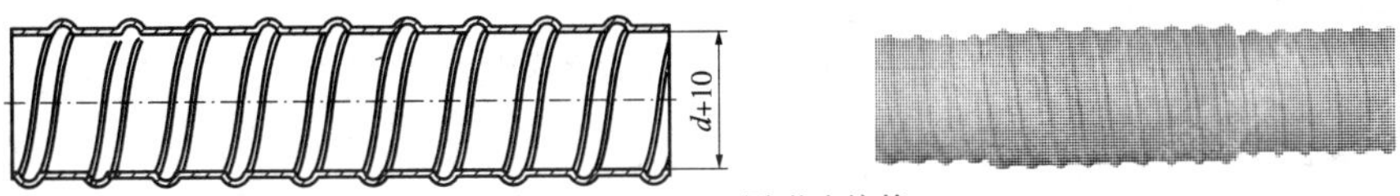

图 2-7-93　OLG 圆形连接管

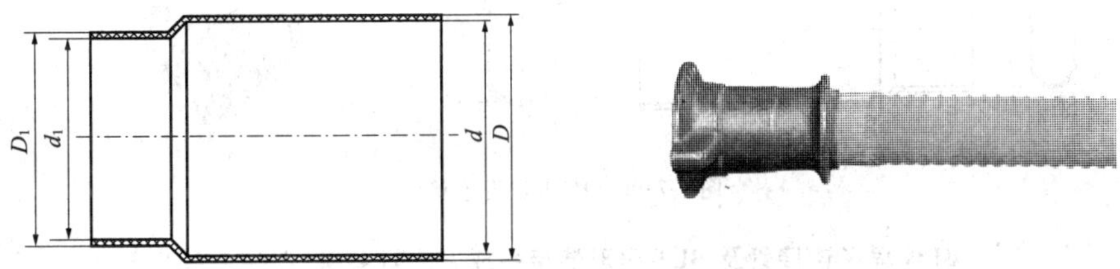

图 2-7-94　OLT 圆形连接头

OLG 圆形连接管及 OLT 圆形连接头成套设计参数(单位:mm)　　表 2-7-87

规格型号	d	D	d_1	D_1	长度 L
OLG-50					
OLG-60					
OLG-70					
OLG-80					
OLG-85	采用(d+10)mm 的塑料波纹管				建议不低于 250 或用户根据需要自行确定
OLG-90					
OLG-100					
OLG-115					
OLG-130					

续上表

规格型号	d	D	d_1	D_1	长度 L
OLT-(2～3)	ϕ64	ϕ67	ϕ52	ϕ56	
OLT-(4～5)	ϕ64	ϕ68	ϕ57	ϕ61	
OLT-(6～7)	ϕ84	ϕ88	ϕ75	ϕ78	
OLT-(8～9)	ϕ95	ϕ99	ϕ85	ϕ88	130
OLT-(10～12)	ϕ100	ϕ104	ϕ95	ϕ98	
OLT-(13～17)	ϕ105	ϕ109	ϕ95	ϕ98	
OLT-(18～19)	ϕ115	ϕ119	ϕ105	ϕ108	
OLT-(20～27)	ϕ135	ϕ139	ϕ124	ϕ128	145
OLT-(28～31)	ϕ145	ϕ149	ϕ134	ϕ138	

扁形截面塑料波纹管的连接见图 2-7-95 和图 2-7-96，BLG 圆形连接管及 BLT 圆形连接头成套设计参数见表 2-7-88。

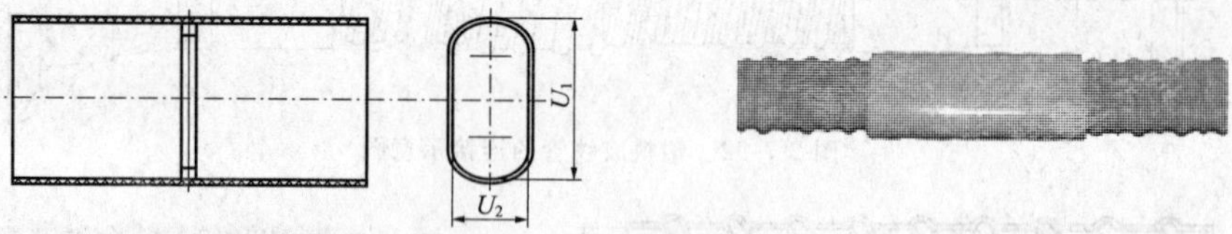

图 2-7-95　BLG 扁形连接管

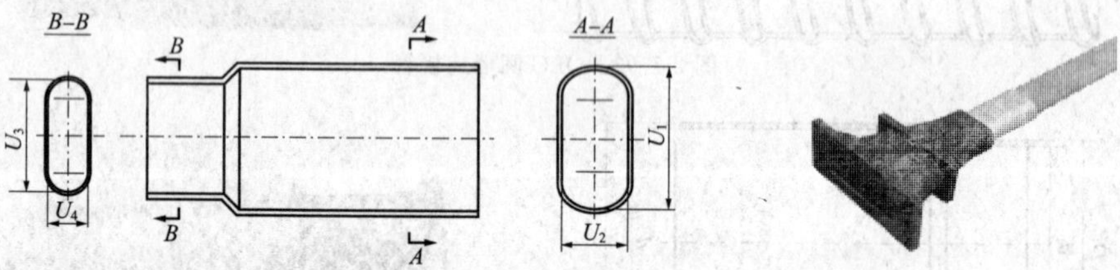

图 2-7-96　BLT 扁形连接头

BLG 扁形连接管及 BLT 扁形连接头成套设计参数(单位:mm)　　表 2-7-88

规格型号	U_1	U_2	U_3	U_4	长度 L
OVM BLG-41	59	34	—	—	
OVM BLG-60	73	34	—	—	160
OVM BLG-72	87	37	—	—	
OVM BLG-90	103	37	—	—	
OVM BLT-2	59	32	50	20	
OVM BLT-3	66	32	63	23	130
OVM BLT-4	87	35	71	24	
OVM BLT-5	98	35	93	24	

注:1. 管道摩擦因数 μ 取 0.14 或现场实测。

2. 偏摆因数 K 取 0.001～0.003m^{-1}。

3. 定位钢筋的间距不大于 0.8m。

4. 最小弯曲半径 R=0.9～1.5m。

PHJ 型塑料焊接机，适用于各种 PE 塑料管的热熔对接焊，带有横断面切削功能，温度可调，焊接迅速牢固，使用方便，不需要任何焊接料，其接口与塑料管本体同等强度和性能。PHJ 型塑料焊接机的形式见图 2-7-97，其主要设计参数见表 2-7-89。

十一、灌浆设备

Ub3 型灰浆泵可应用在预应力构件工程中预应力孔道的压浆，其形式见图 2-7-98，主要设计参数见表 2-7-90。

SZ-2 型单级水环式真空泵主要用来抽吸、输送空气及其他气体，与搅拌灌浆一体机配套使用于后张预应力孔道的真空灌浆等。该泵具有操作安全、方便、可靠、抽气量大等优点。抽真空和清洗都十分简单方便，无需拆卸任何组件即可完成清洗工作。SZ-2 型真空泵形式见图 2-7-99，其主要设计参数见表 2-7-91。

图 2-7-97　PHJ 型塑料焊接机的形式

图 2-7-98　Ub3 型灰浆泵的形式

图 2-7-99　SZ-2 型真空泵形式

PHJ 型塑料焊接机主要设计参数　　表 2-7-89

热融外形尺寸(mm)	热融速度(只/min)	电源	工作台高度(mm)	外形尺寸 L(mm)×W(mm)×H(mm)	整机质量(kg)
ϕ10～ϕ170	30	AC380V,50Hz,2kW	460	600×420×420	70

Ub3 型灰浆泵主要设计参数　　表 2-7-90

项目		参数
灰浆输送量		$3m^3/h$
工作压力		2MPa
电机功率		4kW
电机转速		1 440r/min
水重：水泥重＝0.43	水平输送距离	400m
	垂直输送距离	90m
进浆口胶管内径		64m
出浆口胶管内径		38m
整机质量		250kg
外形尺寸		1 033mm×474mm×940mm

SZ-2 型真空泵主要设计参数 表 2-7-91

抽气速率	极限真空	配用功率	转速	补充水用量	质量
$120m^3/h$	4 000Pa	3kW	2 900r/min	4～5L/min	120kg

十二、设计与施工

1.预应力损失

OVM 锚具锚口(含锚下垫板)摩阻损失率合计不大于 6%。

OVM 锚具内缩量 $\lambda \leqslant 5mm$,计算内缩造成的应力损失时,取 $\lambda = 5mm$。

预应力筋与孔道之间的摩擦引起的预应力损失即孔道摩擦损失,可按下列公式进行计算:

$$\sigma_{l1} = \sigma_{con}(1 - 1/e^{kx+\mu\theta}) \tag{2-7-1}$$

式中:k——考虑孔道(每米)局部偏差的摩擦因数,按摩擦因数表(表 2-7-92)、无黏结预应力筋的因数表(表 2-7-93)取用;

x——从张拉端至计算截面的孔道长度(m),也可近似地取该段孔道在纵轴上的投影长度;

μ——预应力筋与孔道壁的摩擦因数,按摩擦因数表(表 2-7-92)、无黏结预应力筋的因数表(表 2-7-93)取用;

θ——从张拉端至计算截面曲线孔道部分切线的夹角(rad)。

摩擦因数表 表 2-7-92

孔道成型方式	k	μ	
		钢丝束、钢绞线、光面钢筋	变形钢筋
预埋铁皮管	0.003	0.35	0.40
预埋波纹管	0.001 5	0.25	—
抽芯成型	0.001 5	0.55	0.60
塑料波纹管	0.001～0.003	0.14	—

注:当采用钢丝束的钢质锥形锚具及类似形式锚具时,尚应考虑锚环口处的附加摩擦损失,其值可根据实测数据确定。

无黏结预应力筋的因数表 表 2-7-93

无黏结预应力筋的摩擦因数	k	μ
ϕ15.2 钢绞线	0.004 0	0.12

当 $kx + \mu\theta \leqslant 0.2$ 时,σ_{l1} 可按下列近似公式计算:

$$\sigma_{l1} = \sigma_{con}(kx + \mu\theta) \tag{2-7-2}$$

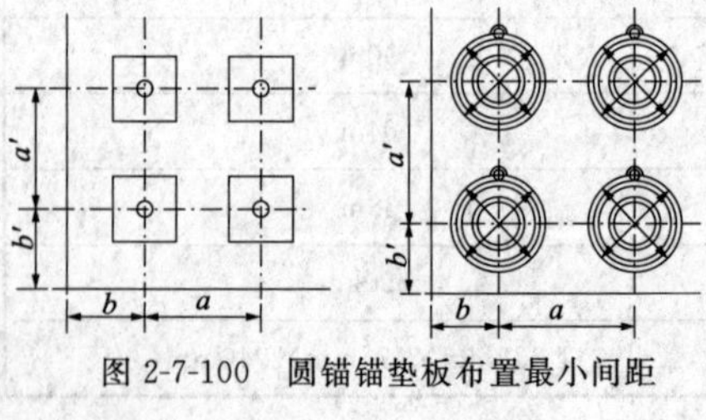

图 2-7-100 圆锚锚垫板布置最小间距

对不同曲率组成的曲线束,分段计算孔道摩擦损失较为准确。

2.锚垫板布置间距

锚垫板布置最小间距基本要点是,保证混凝土应有足够的局部承压强度。圆锚的要求见图 2-7-100 及表 2-7-94,表中 a_0、b_0 仅供参考。设计时 a、b 不应作为极限状态同时应用，当平行的两套锚具需要同时张拉时，需考虑千斤顶布置空间。

圆锚锚垫板布置最小间距要求　　表 2-7-94

锚具规格	张拉施工时锚固区混凝土的实际强度(立方体试块)					
	40(MPa)		50(MPa)		60(MPa)	
	a_0(mm)	b_0(mm)	a_0(mm)	b_0(mm)	a_0(mm)	b_0(mm)
YJM15(13)-2 OVM	140(120)	90(85)	135(120)	85(85)	130(120)	85(85)
YJM15(13)-3 OVM	170(145)	110(95)	155(135)	95(90)	145(125)	95(90)
YJM15(13)-4 OVM	198(180)	120(115)	176(150)	110(100)	168(140)	107(100)
YJM15(13)-5 OVM	220(195)	135(115)	200(170)	120(105)	184(155)	117(105)
YJM15(13)-6 OVM	240(200)	155(125)	224(180)	135(115)	224(180)	132(115)
YJM15(13)-7 OVM	260(220)	160(135)	235(200)	140(115)	224(190)	132(115)
YJM15(13)-8 OVM	275(235)	165(140)	250(210)	150(120)	246(200)	147(120)
YJM15(13)-9 OVM	295(245)	175(155)	265(225)	155(130)	256(210)	153(128)
YJM15(13)-10 OVM	310(260)	180(155)	280(235)	170(141)	290(232)	170(141)
YJM15(13)-11 OVM	325(270)	185(165)	295(245)	170(145)	290(232)	170(141)
YJM15(13)-12 OVM	340(285)	190(180)	310(260)	170(150)	290(245)	170(141)
YJM15(13)-13 OVM	355(300)	195(190)	320(270)	175(160)	300(255)	170(150)
YJM15(13)-14 OVM	365(310)	210(195)	330(280)	180(165)	320(255)	178(150)
YJM15(13)-15 OVM	380(316)	220(195)	345(290)	185(165)	330(275)	185(155)
YJM15(13)-16 OVM	390(330)	235(200)	355(300)	195(170)	335(285)	185(155)
YJM15(13)-17 OVM	405(340)	250(205)	370(310)	210(175)	345(295)	187(155)
YJM15(13)-18 OVM	445(350)	255(205)	380(315)	215(175)	355(300)	190(170)
YJM15(13)-19 OVM	430(360)	255(215)	390(325)	215(180)	365(310)	190(170)
YJM15(13)-21 OVM	455(380)	268(225)	410(345)	223(190)	390(325)	205(180)
YJM15(13)-22 OVM	485(390)	27(230)	415(350)	225(195)	410(330)	205(180)
YJM15(13)-25 OVM	500(410)	285(240)	450(375)	235(200)	425(350)	220(190)
YJM15(13)-27 OVM	510(430)	295(250)	460(390)	245(210)	435(370)	220(190)
YJM15(13)-37 OVM	600(500)	350(285)	545(460)	295(250)	510(430)	270(221)
YJM15(13)-43 OVM	645(545)	405(320)	585(495)	340(270)	555(465)	300(240)
YJM15(13)-55 OVM	730(610)	440(360)	660(555)	370(300)	620(520)	330(270)

注：1. 可根据用户需要进行特殊设计。

2. 括号内为 YJM13-X OVM 系列数值。

$$a(a') \geqslant a_0; b(b') \geqslant b_0 \tag{2-7-3}$$

式中：a_0——锚垫板之间最小的中心距；

b_0——混凝土侧表面到锚垫板中心距之间最小的距离。

扁锚锚垫板布置最小间距的要求见图 2-7-101 及表 2-7-95。

大直径锚锚垫板布置最小间距的要求见图 2-7-102 及表 2-7-96。

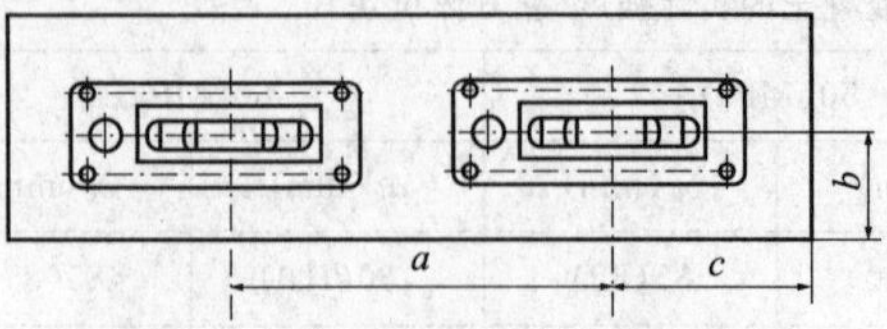

图 2-7-101 扁锚锚垫板布置最小间距

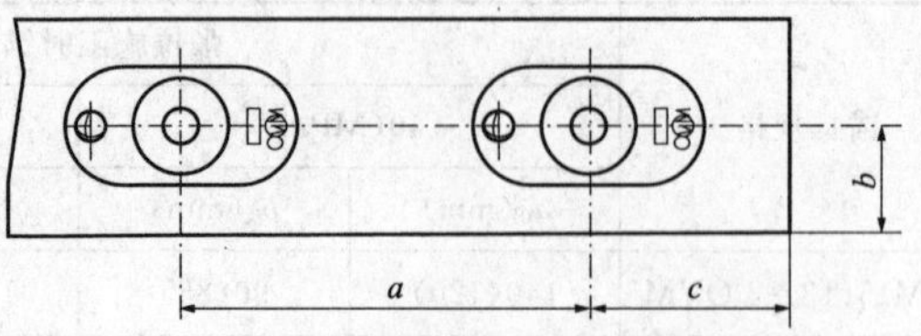

图 2-7-102 大直径锚锚垫板布置最小间距

扁锚锚垫板布置最小间距要求(单位:mm) 表 2-7-95

混凝土张拉施工时锚固区实际强度(立方体试块)	40MPa			50MPa		
锚具型号	*a*	*b*	*c*	*a*	*b*	*c*
BM15-2	230	75	115	220	70	110
BM15-3	270	80	135	240	75	130
BM15-4	340	95	170	330	90	165
BM15-5	370	95	185	360	90	180

大直径锚锚垫板布置最小间距要求(单位:mm) 表 2-7-96

型 号	混凝土张拉施工时锚固区实际强度(立方体试块)					
	40MPa			50MPa		
	a	*b*	*c*	*a*	*b*	*c*
OVM. M22-1	230	75	130	240	70	120
OVM. M28-1	340	90	170	330	85	165

3.槽口尺寸

预应力筋在构件的端部锚固时,经常需要预留槽口,槽口的构造见图 2-7-103,其主要设计参数见表 2-7-97。如果设计需要将槽口尺寸做小,或千斤顶过大而无法确保张拉空间时,可采取引出张拉的方式进行张拉作业,但需注意在钢绞线下料时,需增加引出长度和配套张拉用支撑筒,带支撑筒的千斤顶张拉示意见图 2-7-104。

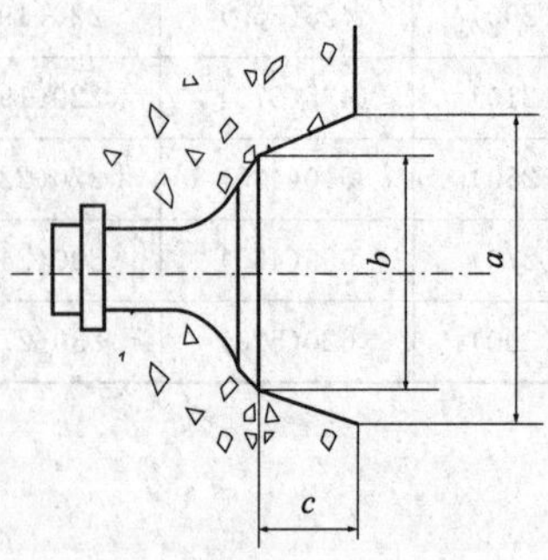

图 2-7-103 预应力预留槽口的构造

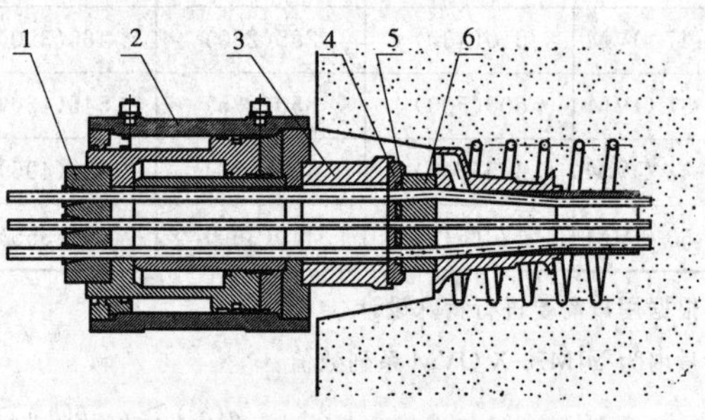

图 2-7-104 带支撑筒的千斤顶张拉示意图

1-工具锚;2-千斤顶;3-支撑筒;4-限位板;5-工作夹片;6-工作锚板

预应力预留槽口的主要设计参数　　表 2-7-97

锚 具 规 格	a(mm)	b(mm)	c(mm)
YJM15(13)-2～4 OVM	265(265)	160(160)	90(90)
YJM15(13)-5 OVM	335(265)	230(160)	90(90)
YJM15(13)-6～7 OVM	430(275)	290(160)	120(100)
YJM15(13)-8～11(8～12) OVM	430(370)	290(220)	120(130)
YJM15(13)-12～14 OVM	490(—)	340(—)	130(—)
YJM15(13)-15～19(13～19) OVM	520(437)	360(275)	140(140)
YJM15(13)-20～22 OVM	575(500)	400(330)	150(150)
YJM15(13)-23～29(23～31) OVM	620(535)	440(340)	150(170)
YJM15(13)-30～37(32～37) OVM	710(600)	510(385)	170(190)
YJM15(13)-38～44 OVM	760(710)	540(470)	190(210)
YJM15(13)-45～55 OVM	860(775)	620(520)	210(220)

4. 预应力筋的锚下直线段长度与最小弯曲半径

预应力筋的锚下直线段长度必须满足图 2-7-105 的要求。曲线预应力筋的最小弯曲半径，应根据混凝土强度和预应力筋的张拉荷载通过计算确定，一般情况下可参照图 2-7-105 选用。

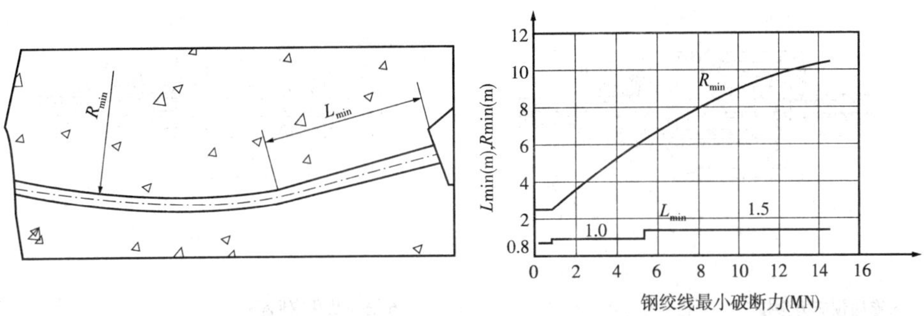

图 2-7-105　预应力筋的锚下直线段长度与最小弯曲半径

L_{min}-最小直线段长度(距锚具背面的长度)；R_{min}-最小弯曲半径

5. 预应力筋的加工

当钢绞线束采用夹片锚具锚固时，钢绞线的下料长度计算方法如下。

(1)当采用一端张拉时，可按下式计算：

$$L = 2(L_1 + L_2) + L_3 + L_4 \tag{2-7-4}$$

式中：L_1——固定端钢绞线露出锚具的长度，一般取 100～200mm；

L_2——工作锚厚度；

L_3——预应力筋孔道长度；

L_4——张拉端千斤顶的工作长度。

(2)当采用两端张拉时，可用下式计算：

$$L = 2(L_1 + L_2 + L_4) + L_3 \tag{2-7-5}$$

当引出槽口张拉时，下料长度应另加上引出长度。当固定端采用内埋式 P 型挤压锚具或 H 型压花锚具时，钢绞线的下料长度应算至锚具内埋的位置。

OVM 建议预应力筋的支撑间隔应不大于 0.8～1.2m，预应力筋曲线段应采用较小值。

6. 预应力筋的张拉

钢绞线束的张拉吨位一般采用破断力的 0.7～0.8 倍，常用 0.75 倍。当穿束和张拉工艺较好，能保证每根钢绞线均匀受力，且在张拉后无需解除预应力时，张拉吨位可取高限，以充分利用钢绞线的强度，但最大不得超过破断力的 0.8 倍。如果穿束和张拉工艺较差，不能保证钢绞线均匀受力或张拉后又需解除预应力时，张拉吨位宜取偏小值，但最小可用 0.7 倍。预应力筋的张拉过程见图 2-7-106。

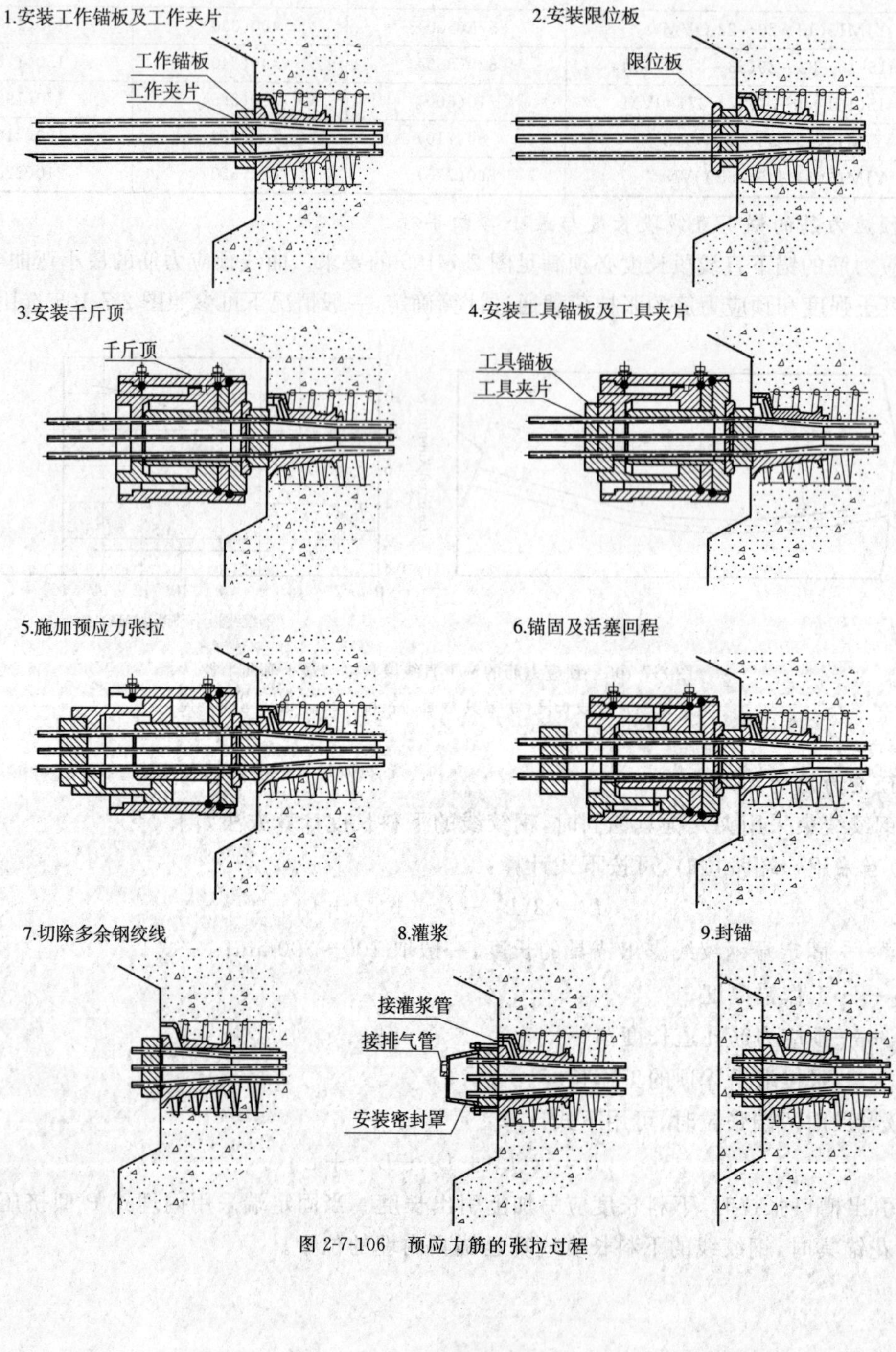

图 2-7-106 预应力筋的张拉过程

7. 压浆

对预应力管道压浆除了防止预应力筋锈蚀外，还能将后张预应力传递给混凝土结构。水泥浆的施工依据《混凝土结构工程施工质量验收规范》(GB 50204—2002)的规定进行。当需要增加孔道灌浆的密实性时，水泥浆可掺入对预应力筋无腐蚀作用的外加剂。对空隙大的孔道也可使用水泥砂浆。

OVM 公司经多年的研究与应用，参照欧美国家的经验和要求，结合我国的实际情况，成功地开发出一种操作性好、低泌水、无收缩的真空灌浆浆体，采用它配以 OVM 真空灌浆技术，可有效地提高孔道的灌浆质量。

浆体中掺入专用真空灌浆添加剂，配合后浆体的特性如下。

(1)浆体水灰比：0.30～0.35 之间。

(2)浆体流动度：≤30s(拌和后完成)。

(3)浆体泌水性：小于水泥浆初始体积的 1%，最大不超过 2%，24h 时后之前所泌出的水能自我吸收。

(4)浆体凝结时间：初凝大于或等于 3h，终凝小于 24h。

(5)体积变化率：－1%～5%。

(6)浆体强度：标准养护条件下，7d 龄期强度大于或等于 30MPa。

(7)抗渗性能：≥1MPa。

(8)浆体对钢绞线无腐蚀作用。

十三、主要特点及注意事项

(1)预应力的张拉必须遵循有关的应用技术规程，严格按照预先编制好的张拉操作程序进行。

(2)预应力筋的切割，宜采用砂轮锯，不得采用电弧切割。

(3)钢绞线编束时，应逐根理顺，捆扎成束，不得紊乱。钢绞线固定端的挤压型锚具或压花型锚具，应事先与承压板和螺旋筋进行组装。

(4)施加预应力用的机具设备、仪表，应定期维护和标定。

(5)预应力筋张拉前，应提供混凝土强度试压报告。当混凝土的立方体抗压强度满足设计要求，且不低于 OVM 规定的张拉施工时锚固区混凝土的实际强度后，方可施加预应力。

(6)预应力筋张拉前，应清理承压板面，并检查承压板后面的混凝土质量。如该处混凝土有空鼓现象，应在张拉前修补。

(7)锚具安装时，锚板应对正，夹片应打紧，且片位要均匀，但打紧夹片时不得过重敲打，以免把夹片敲坏。

(8)大吨位预应力筋正式张拉前，应会同专业人员进行试张拉。确认张拉工艺合理，张拉伸长值正常，并无有害裂缝出现后，方可成批张拉。必要时测定实际的孔道摩擦损失。

(9)预应力筋在张拉时，应先从零加载至测量伸长值起点的初拉力，然后分级加载至所需的张拉力。

(10)预应力筋的张拉管理，采取应力控制，伸长校核。实际伸长值与计算伸长值的允许偏差为－5%～＋10%。如超过该值，应暂停张拉，采取措施予以调整后，方可继续张拉；如伸长值偏小，可采取超张拉措施，但张拉力限值不得大于破断力的 0.8 倍；在多波曲线预应力筋中，为了提高内支座处的张拉应力，减少张拉后锚具下口的张拉应力，可采取超张拉回松技术。

(11)孔道灌浆要求密实，水泥浆强度等级不应低于 C30。灌浆前孔道应湿润、洁净，灌浆应缓慢均匀进行，不得中断，并应排气通顺。如遇孔道堵塞，必须更换灌浆口，但必须将第一次灌入的水泥浆排出，以免两次灌入的水泥浆之间有气体存在。在灌满孔道并封闭气孔后，宜再继续加压至 0.5～0.6MPa，稍后再封闭灌浆孔。竖向孔道的灌浆压力根据灌浆高度确定。

(12)用连接器连接的多跨连续预应力筋的孔道灌浆，应张拉完一跨灌注一跨，不得在各跨全部张拉完毕后一次灌浆；在连接器圆周上安装 P 锚挤压头时，注意挤压头要安装到位，可用细铁丝进行捆绑固定。

(13)预应力筋锚固后的外露长度为 20～50mm，锚具应用封端混凝土保护。当需长期外露时，应采取防止锈蚀的措施；当钢绞线有浮锈时，请将锚固夹持段外端的钢绞线浮锈和污物清除干净，以免在安装和张拉时浮锈、污物填满夹片齿槽而造成滑丝；对钢绞线拉索体系的锚头部分，密封应可靠，防止漏油。

(14)工具夹片为三片式，工作夹片为两片式，两者不可混用，工作锚具不能重复使用。

(15)锚具要妥善保管，使用时不得有锈、有水及沾污其他杂物，也不得被电流通导。工作夹片去掉包装纸即可使用，但当预应力束较长，须反复张拉锚固时，建议在锚板锥孔中涂少量润滑剂(如退锚灵)，既有利于工作夹片的跟进和退锚，又有利于锚具的多次锚固。工具夹片外表面和锚板锥孔内表面使用前涂上润滑剂，并经常清除夹片表面杂物，可使退锚灵活，但当夹片开裂或牙面破坏时则需更换，不得再使用。

(16)张拉时应有安全措施，张拉千斤顶后向辐射 60m 范围内不能站人。

(17)OVM 锚固体系应配套使用，不能与其他体系混用。如果做静载试验，请将夹片和锚板孔的防锈油用纱布擦拭干净，否则将会对锚固性能造成影响。

第八节 VSL 预应力张拉锚固体系

一、概述

VSL 国际有限公司(VSL International)是一个预应力专业公司，其直属的五十余家分公司遍布全球，分布于世界各地，该公司于 1956 年开始使用 VSL 后张系统(VSL Post-tensioning solutions)，是世界上首先使用钢绞线群锚体系的公司，也是首先在受拉构件上应用钢绞线的制造商之一。1997 年 VSL 国际有限公司与合肥四方交通机电有限责任公司在中国内地合资成立了“威胜利(中国)工程有限公司”。

VSL 预应力体系比较完善，有多个系列和各种不同类型的锚具、连接器及配套的张拉设备，可以满足不同结构、不同场合的各种需要。

二、锚具、连接器

VSL 的后张钢绞线预应力锚固体系基本上可分为圆锚与扁锚两个系列。

1)圆锚分四类

(1)加应力锚具(张拉锚具):GC 型及 GCF 型。

(2)截端式锚具(固定锚具):H、U、P、L 型及 LD 型。

(3)连接器:K 型及 V 型。

(4)中间加应力锚具(中间张拉锚具):Z 型及 ZU 型。

2)扁锚分三类

(1)加应力锚具(张拉锚具):S 型。

(2)截端式锚具(固定锚具):H 型及 P 型。

(3)连接器:SK 型。

1. 圆锚

1)加应力锚具

GC 型加应力锚具,是整个 VSL 预应力体系的核心元件,其作用是把应力加于钢束上,然后把钢束锚固,并确保把应力传送到建筑结构上。GC 型锚具也可作固定端使用。锚具的结构形式见图 2-8-1,其成套设计参数见表 2-8-1。

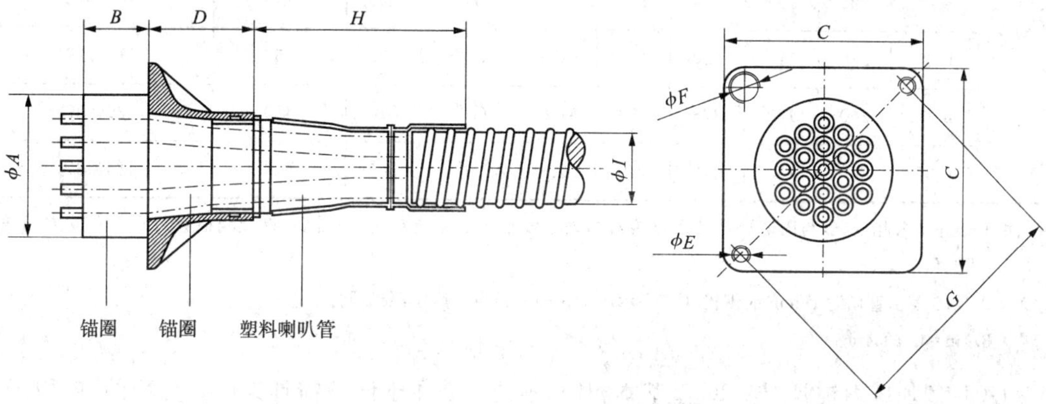

图 2-8-1 GC(GCF)型锚具结构图

GC(GCF)型锚具成套设计参数(单位:mm) 表 2-8-1

钢绞线束型号		锚圈		锚座					塑料喇叭管	金属波纹管内(外)径
		A	B	C	D	E	F	G	H	I
13mm (0.5in) 钢绞线	5-4	95	50	130	120	M12	G3″/4″	140	无	40(45)
	5-7	110	55	150	160	M12	G3″/4″	170	无	50(55)
	5-12	150	60	195	220	M12	G3″/4″	232	无	65(72)
	5-19	180	75	240	290	M16	G1″	280	无	80(87)
	5-22	190	85	290	150	M16	G1″	350	300	100(107)
	5-27	220	90	300	150	M16	G1″	360	430	100(107)

续上表

钢绞线束型号		锚圈		锚座					塑料喇叭管	金属波纹管内(外)径
		A	*B*	*C*	*D*	*E*	*F*	*G*	*H*	*I*
13mm (0.5 in) 钢绞线	5-31	230	95	325	150	M16	G1″	400	490	105(112)
	5-37	240	105	350	170	M16	G1″	436	410	130(137)
15mm (0.6 in) 钢绞线	6-3	95	50	130	120	M12	G3″/4″	140	无	40(45)
	6-4	110	55	140	120	M12	G3″/4″	154	无	50(55)
	6-7	135	60	180	135	M12	G3″/4″	210	无	65(72)
	6-12	170	75	230	220	M16	G1″	264	无	80(87)
	6-19	200	95	290	150	M16	G1″	350	300	100(107)
	6-22	220	100	325	150	M16	G1″	400	490	105(112)
	6-27	240	110	350	170	M16	G1″	430	450	115(122)
	6-31	260	120	375	170	M16	G1″	470	410	130(137)
	6-37	280	135	410	170	M16	G1″	500	410	130(137)

注：1. 表中为常用规格，与固定端锚具及连接器的钢绞线根数不完全对应，如需要，钢绞线根数可在 1～55 之间任意选择。

2. M16 表示直径为 16mm 的螺栓，G1″表示压浆孔的内径为 1 英寸，余类同。

3. 1in＝0.0254m。

GCF 型加应力锚具，与 GC 型基本相同，不同之处在于该型锚具为抗疲劳型的，应用于对疲劳要求较高的场合，GCF 型锚具也可以作固定端使用。

2）固定端锚具

H 型固定端锚具把后张预应力传至混凝土，该方法是将钢绞线的末端利用压花机压制成圆球形花，以正方形或长方形排列，并用网格钢筋固定位置。利用混凝土对钢绞线球头矩阵的握裹力实现锚固，可使用在结构的任何部位。锚具的结构形式见图 2-8-2，其成套设计参数见表 2-8-2。

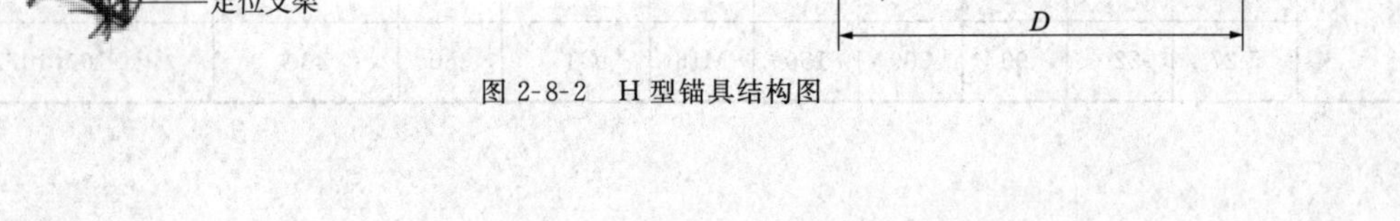

图 2-8-2　H 型锚具结构图

H 型锚具成套设计参数　　表 2-8-2

钢绞线束型号		尺寸(mm)										
		选择	类型	*A*	*B*	*C*	*D*	*E*	*F*	*G*	圈数 *N*	*H*
13mm (0.5 in) 钢绞线	5-3	1	Ⅰ	230	70	930	—	145	120	10	3	150
	5-4	1	Ⅰ	310	70	930	—	160	130	10	3	150
		2	Ⅰ	150	170	930	—	—	—	—	—	—
	5-7	1	Ⅱ	370	70	1 130	1 280	210	155	12	3	150
		2	Ⅱ	170	190	1 130	1 280	—	—	—	—	—
	5-12	1	Ⅱ	350	190	1 130	1 280	270	155	14	5	250
		2	Ⅰ	310	270	1 130	—	—	—	—	—	—
	5-19	1	Ⅱ	470	190	1 130	1 280	345	155	16	6	300
		2	Ⅱ	310	390	1 130	1 280	—	—	—	—	—
	5-22	1	Ⅱ	570	190	1 130	1 280	345	155	18	6	300
		2	Ⅱ	390	390	1 130	1 280	—	—	—	—	—
	5-31	1	Ⅱ	670	310	1 330	1 480	380	155	20	7	420
		2	Ⅱ	470	430	1 330	1 480	—	—	—	—	—
	5-37	1	Ⅱ	770	310	1 530	1 680	440	165	22	8	480
		2	Ⅱ	470	550	1 530	1 680	—	—	—	—	—
	5-42	1	Ⅱ	870	350	1 530	1 680	490	165	22	8.5	510
		2	Ⅱ	570	550	1 530	1 680	—	—	—	—	—
	5-55	1	Ⅱ	1 170	350	1 830	1 980	560	185	22	8.5	510
		2	Ⅱ	870	430	1 830	1 980	—	—	—	—	—
		3	Ⅱ	570	670	1 830	1 980	—	—	—	—	—
15mm (0.6 in) 钢绞线	6-3	1	Ⅰ	290	90	950	—	160	130	10	3	150
	6-4	1	Ⅰ	390	90	950	—	190	130	12	4	150
		2	Ⅰ	190	210	950	—	—	—	—	—	—
	6-7	1	Ⅱ	450	90	1 150	1 330	260	155	14	5	250
		2	Ⅱ	210	230	1 150	1 330	—	—	—	—	—
	6-12	1	Ⅱ	430	230	1 150	1 330	320	155	16	6	300
		2	Ⅰ	390	330	1 150	—	—	—	—	—	—
	6-19	1	Ⅱ	570	230	1 150	1 330	380	155	18	8	400
		2	Ⅱ	390	470	1 150	1 330	—	—	—	—	—
	6-22	1	Ⅱ	690	230	1 150	1 330	380	155	18	8	400
		2	Ⅱ	470	490	1 150	1 330	—	—	—	—	—
	6-31	1	Ⅱ	810	260	1 550	1 700	490	165	22	8.5	510
		2	Ⅱ	570	510	1 550	1 700	—	—	—	—	—
	6-37	1	Ⅱ	1 050	370	1 850	2 000	520	185	22	8.5	510
		2	Ⅱ	690	510	1 850	2 000	—	—	—	—	—
	6-42	1	Ⅱ	1 050	370	1 850	2 000	560	185	22	8.5	510
		2	Ⅱ	810	510	1 850	2 000	—	—	—	—	—
		3	Ⅱ	690	650	1 850	2 000	—	—	—	—	—
	6-55	1	Ⅱ	1 410	370	2 150	2 300	630	200	22	9.5	570
		2	Ⅱ	1 050	510	2 150	2 300	—	—	—	—	—
		3	Ⅱ	690	790	2 150	2 300	—	—	—	—	—

U 型固定端锚具的作用与 H 型截端式锚具相同，只是预应力的传递是通过钢绞线和 U

型板固定在混凝土中来完成的，一般用在结构的端头。锚具的结构形式见图 2-8-3，其成套设计参数见表 2-8-3。

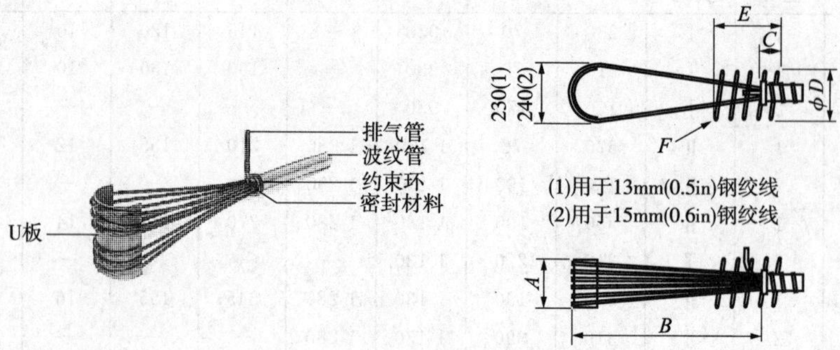

图 2-8-3 U 型锚具结构图

U 型锚具成套设计参数 表 2-8-3

钢绞线束型号		尺寸(mm)						
		A	*B*	*C*	*D*	*E*	*F*	圈数 *N*
13mm (0.5 in) 钢绞线	5-1	15	600	—	—	—	—	—
	5-3	70	600	78	145	150	10	3
	5-7	160	600	112	210	210	12	3
	5-12	280	700	114	270	270	14	5
	5-19	400	800	126	345	345	16	6
	5-22	440	900	126	345	345	18	6
	5-31	640	1 300	126	380	345	20	7
15mm (0.6 in) 钢绞线	6-1	35	600	—	—	—	—	—
	6-2	75	600	78	160	150	10	3
	6-3	145	600	112	160	150	10	3
	6-4	145	600	112	190	150	12	4
	6-7	255	700	114	260	250	14	5
	6-12	400	900	126	320	300	16	6
	6-19	690	1 450	126	380	400	18	8

P 型固定端锚具主要用于后张力必须直接传至梁端的情况。钢绞线束的末端通过锁头体在折形板或平板上被锁紧，预应力通过折形板或平板将力传入混凝土。锚具的结构形式见图 2-8-4，其成套设计参数见表 2-8-4。

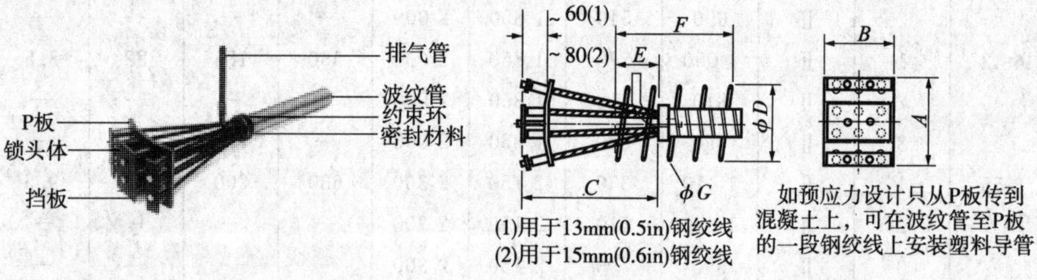

图 2-8-4 P 型锚具结构图

P型锚具成套设计参数　　表2-8-4

钢绞线束型号		尺　寸(mm)								
		选择类型	A	B	C	D	E	F	G	圈数 N
13mm (0.5 in) 钢绞线	5-3		190	60	260	145	100	150	10	3
	5-4	1	120	120	360	160	100	150	10	3
		2	230	65	360	—	—	—	—	—
	5-7		230	110	360	210	100	150	12	3
	5-12		230	190	410	270	150	250	14	5
	5-19		300	230	510	345	180	300	16	6
	5-22		350	230	610	345	180	300	18	6
	5-31		500	230	810	380	180	420	20	7
	5-37	1	600	230	960	440	180	480	22	8
		2	470	300	810	—	—	—	—	—
	5-42	1	690	230	1 010	490	180	510	22	8.5
		2	530	300	860	—	—	—	—	—
	5-55	1	880	230	1 310	560	180	510	22	8.5
		2	600	360	910	—	—	—	—	—
15mm (0.6 in) 钢绞线	6-2		180	60	280	160	100	150	10	3
	6-3		230	70	330	160	100	150	10	3
	6-4	1	260	80	430	190	100	150	12	4
		2	145	145	380	—	—	—	—	—
	6-7		270	140	430	260	150	250	14	5
	6-12		270	230	430	320	180	300	16	6
	6-19		370	270	630	380	180	400	18	8
	6-22		420	270	730	380	180	400	18	8
	6-31	1	600	270	980	490	180	510	22	8.5
		2	480	340	780	—	—	—	—	—
	6-37	1	720	270	1 180	520	180	510	22	8.5
		2	560	340	980	—	—	—	—	—
	6-42	1	800	270	1 280	560	180	510	22	8.5
		2	650	340	1080	—	—	—	—	—
	6-55	1	1 000	270	1 780	630	200	570	22	9.5
		2	800	340	1280	—	—	—	—	—

L型锚具俗称“马蹄”形锚具，即是钢绞线束在外形上形成180°的弧度，呈现马蹄形，使钢绞线束的末端可重新回复到起始点的邻近地方。因本锚具的特殊形状，预埋管后再穿索难度

较大。因此，一般采用预先将钢绞线束穿入波纹管后，一并置入预制框架中定位后再浇筑混凝土的方法。锚具的结构形式见图 2-8-5，其成套设计参数见表 2-8-5。

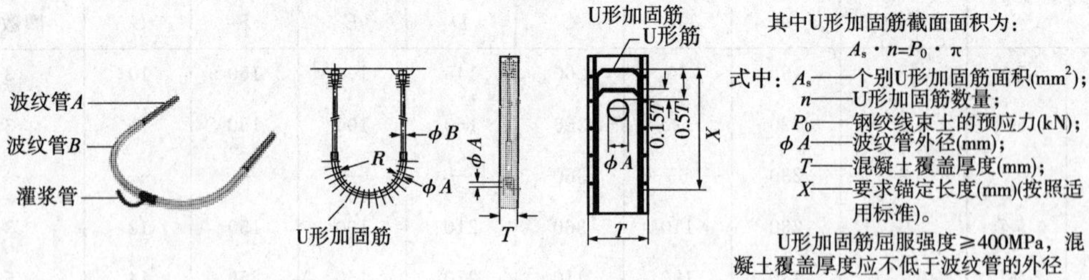

图 2-8-5　L 型锚具结构图

L 型锚具成套设计参数　　表 2-8-5

钢绞线束型号		尺寸(mm)		
		ϕA 内径(外径)	ϕB 内径(外径)	R 最小
13mm (0.5 in) 钢绞线	5-4	42(45)	36(39)	600
	5-7	60(67)	51(54)	600
	5-12	80(87)	65(72)	900
	5-19	90(97)	80(87)	1 100
	5-22	95(102)	85(92)	1 200
	5-31	110(117)	100(107)	1 400
15mm (0.6 in) 钢绞线	6-2	42(45)	36(39)	600
	6-3	42(45)	36(39)	600
	6-4	65(72)	55(62)	600
	6-7	75(82)	60(67)	750
	6-12	90(97)	80(87)	1 000
	6-19	110(117)	95(102)	1 300

LD 型固定端锚具适用于当需要较小半径的环向预应力钢绞线束的情况，可按需要提供特制的半圆波纹管。LD 型环向预应力钢绞线束弯曲半径为 590mm。钢绞线束的有效尺寸与 L 型相同，不同之处在于管构造。急速的弯曲半径常用在预制箱梁锚固于柱头上。锚具的结构形式见图 2-8-6，成套设计参数见表 2-8-6。

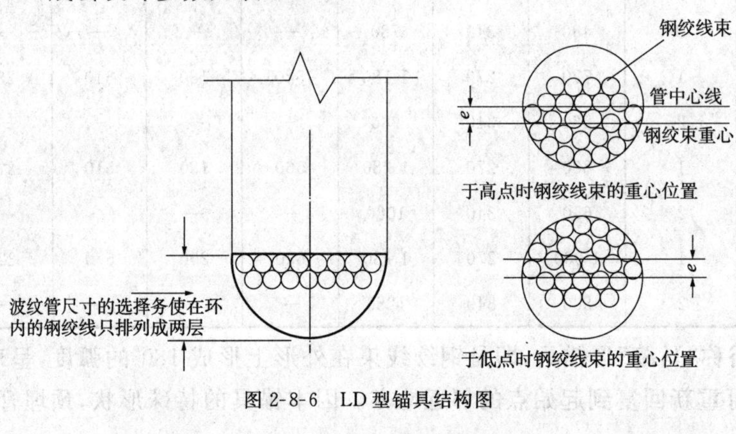

图 2-8-6　LD 型锚具结构图

LD 型锚具成套设计参数 表 2-8-6

钢绞线束型号		钢管 e(mm)	塑料管 e(mm)
13mm (0.5 in) 钢绞线	5-1	4	—
	5-3	7	—
	5-7	8	—
	5-12	11	7
	5-19	13	9
	5-22	12	22
	5-27	13	17
	5-31	14	14
	5-37	23	32
	5-42	26	28
	5-48	17	24
	5-55	23	14

钢绞线束型号		钢管 e(mm)	塑料管 e(mm)
15mm (0.6 in) 钢绞线	6-1	5	—
	6-3	6	—
	6-4	6	—
	6-7	10	9
	6-12	14	12
	6-19	17	18
	6-22	14	15
	6-27	13	32
	6-31	22	28
	6-37	25	22

3)连接器

K 型连接器是一种固定式连接器，主要是将新钢绞线束连接已经被安装和已被张拉的钢绞线束的末端。在衔接部位，将通过锁头的钢绞线安置在连接器头的窄槽处，待另一端的钢绞线束形成锚固系统以后，再进行二次张拉。K 型连接器的结构形式见图 2-8-7，成套设计参数见表 2-8-7。

V 型连接器是一种移动式连接器，主要是将新钢绞线束连接已经被安装和但尚未被张拉的钢绞线束的末端。在索的衔接部位，通过将锁头体安置在连接器头的窄槽处，就可以锚固钢绞线。在张拉过程中，连接头在外壳形成的孔道中移动。V 型连接器的结构形式见图 2-8-7，成套设计参数见表 2-8-8。

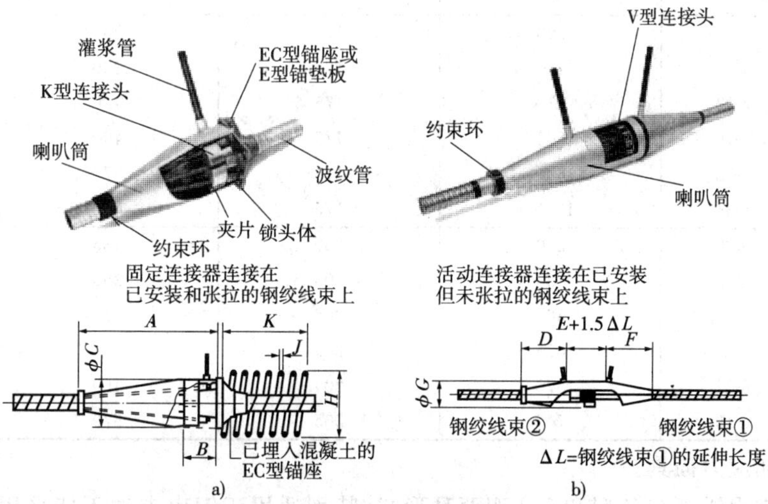

图 2-8-7 K 型及 V 型连接器

a)K 型连接器；b)V 型连接器

K 型连接器成套设计参数 表 2-8-7

钢绞线束型号		尺　寸(mm)						
		A	*B*	*C*	*H*	*J*	圈数 *N*	*K*
13mm (0.5 in) 钢绞线	5-3	430	110	130	145	10	3	150
	5-4	440	110	150	160	10	3	150
	5-7	440	110	170	210	12	3	150
	5-12	510	110	200	270	14	5	250
	5-19	590	110	240	345	16	6	300
	5-22	660	110	260	345	18	6	300
	5-27	860	110	310	380	18	8	400
	5-31	1 010	110	350	380	20	7	420
	5-37	1 080	150	390	440	22	8	480
	5-42	1 080	150	395	490	22	8.5	510
	5-48	1 370	150	420	520	22	8.5	510
	5-55	1 370	170	490	560	22	8.5	510
15mm (0.6 in) 钢绞线	6-2	380	128	150	160	10	3	150
	6-3	490	128	150	160	10	3	150
	6-4	520	128	160	190	12	4	150
	6-7	630	128	200	260	14	5	250
	6-12	730	128	240	320	16	6	300
	6-19	860	128	280	380	18	8	400
	6-22	930	128	310	380	18	8	400
	6-27	1 090	138	330	440	18	9	450
	6-31	1 090	150	350	490	22	8.5	510
	6-37	1 390	170	440	520	22	8.5	510

V 型连接器成套设计参数 表 2-8-8

钢绞线束型号		尺　寸(mm)			
		D	*E*	*F*	*G*
13mm (0.5 in) 钢绞线	5-3	290	175	230	130
	5-7	410	175	330	170
	5-12	510	175	420	200
	5-19	600	175	490	240
	5-22	690	175	570	260
	5-31	1 000	175	870	350
15mm (0.6 in) 钢绞线	6-2	230	200	185	130
	6-3	330	205	250	150
	6-4	360	205	280	160
	6-7	470	205	370	190
	6-12	570	205	460	240
	6-19	700	205	570	280

4)中间加应力锚具

中间加应力锚具有 Z 型和 ZU 型两种形式，特别适用于钢束末端不能采用普通加应力锚具的情况。在施加预应力时，利用特制的弧形座协助千斤顶工作。作连接器使用时，锚具可在预留槽内沿着钢束中轴移动。中间加应力锚具的结构形式分别见图 2-8-8 和图 2-8-9，其系列设计参数分别见表 2-8-9 和表 2-8-10。

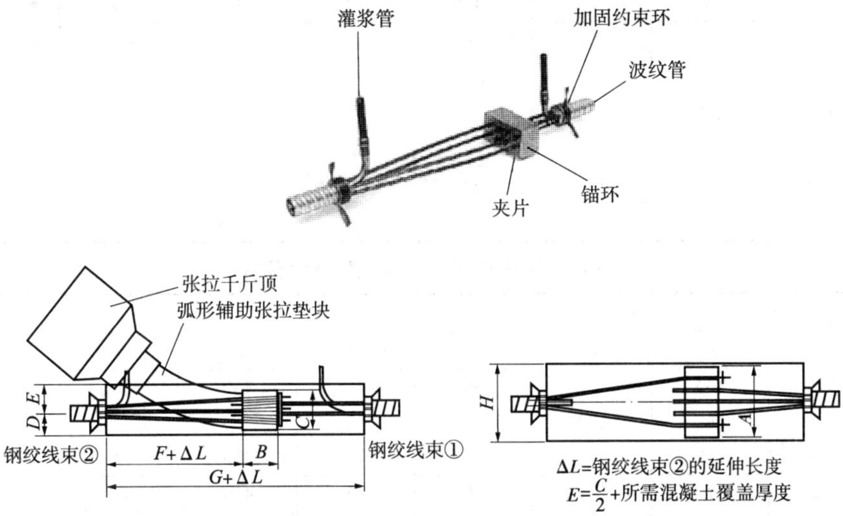

图 2-8-8　Z 型中间加应力锚具结构

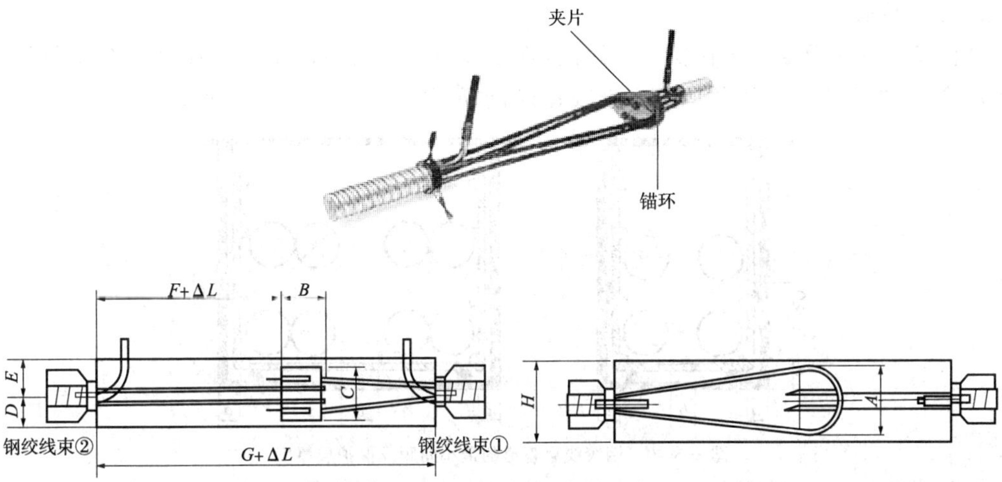

图 2-8-9　ZU 型中间加应力锚具结构

Z 型中间加应力锚具成套设计参数　　表 2-8-9

钢绞线束型号		尺　寸(mm)						
		A	B	C	D	F	G	H
13mm (0.5in) 钢绞线	5-2	130	60	80	60	400	560	170
	5-4	160	70	90	65	500	720	200
	5-6	200	90	130	85	700	990	240
	5-12	280	140	140	90	1 000	1 490	320
	5-18	320	160	180	110	1 300	1 910	360
	5-22	350	160	200	120	1 450	2 110	390

续上表

钢绞线束型号		尺寸(mm)						
		A	*B*	*C*	*D*	*F*	*G*	*H*
15mm (0.6in) 钢绞线	6-2	140	70	90	65	450	620	180
	6-4	170	80	100	70	900	1 180	210
	6-6	210	100	140	90	1 000	1 400	250
	6-12	300	160	160	100	1 350	1 960	340
	6-18	380	180	200	120	1 450	2 280	420
	6-22	400	180	250	145	1 500	2 380	440

ZU型中间加应力锚具成套设计参数 表 2-8-10

钢绞线束型号		尺寸(mm)						
		A	*B*	*C*	*D*	*F*	*G*	*H*
13mm (0.5in) 钢绞线	5-2	165	103	80	60	450	655	200
	5-4	165	103	88	65	560	815	200
	5-6	185	113	95	70	650	925	200
15mm (0.6in) 钢绞线	6-2	170	105	90	65	450	655	210
	6-4	170	105	92	65	560	815	210
	6-6	200	120	100	75	650	925	240

5)设计要求

预留管的间距及混凝土保护层的厚度:钢绞线束预留管道的最小间距及混凝土保护层的最小厚度,应参照有关适用的国家标准及建议,也可以参照图 2-8-10 使用。

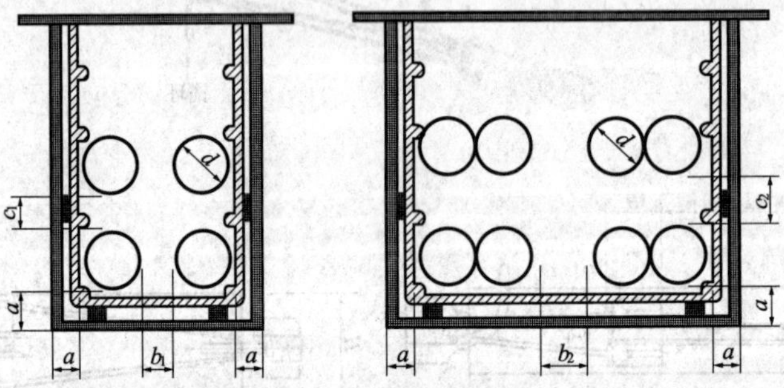

图 2-8-10 钢绞线束管道的最小间距及保护层厚度

a-预制构件 30mm;一般情况 40mm;恶劣的环境条件 50mm;b_1、c_1-0.7 倍的管道直径;b_2、c_2-1.0 倍的管道直径

钢绞线束的最小弯曲半径和锚下最小切线长度要求参见图 2-8-11,也可以采用公式计算。

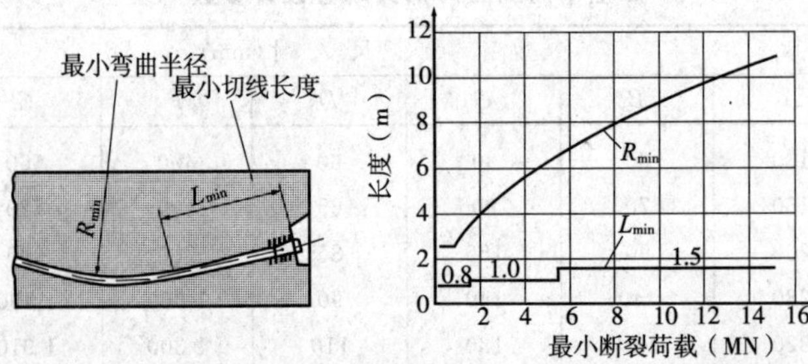

图 2-8-11 钢绞线束的最小弯曲半径和最小切线长度与最小破断荷载的关系曲线

钢绞线束的最小弯曲半径和锚下最小切线长度计算公式：

$$R_{min} = 3.0 \times \sqrt{F_{pk}} \geqslant 2.5\text{m}$$

$$L_{min} = \begin{cases} 0.8\text{m}，当\ F_{pk} \leqslant 2\text{MN} \\ 1.0\text{m}，当\ 7\text{MN} > F_{pk} > 2\text{MN} \\ 1.5\text{m}，当\ F_{pk} \geqslant 7\text{MN} \end{cases}$$

$$R_{min} = 2.5\text{m}（无黏结预应力筋）$$

式中：F_{pk}——钢绞线束的断裂荷载(MN)；

R_{min}——钢绞线束的最小弯曲半径；

L_{min}——钢绞线束锚下最小切线长度。

预留管的定位钢筋间距应参照有关适用的国家标准及建议采用，一般情况可采用 10～12 倍的波纹管内径。

有效的预应力在个别的时间和部分不同于初始时的应力，是由于不同的原因所形成，主要原因包括以下几方面。

(1)钢绞线束的弧度所产生的摩擦损耗。

(2)混凝土的收缩与徐变。

(3)预应力钢绞线的松驰。

(4)夹片锚固时的回缩。

钢绞线束的摩擦损失可由以下公式计算：

$$P_x = P_0{}^{-(\mu\alpha+kx)}$$

式中：x——距张拉端的长度(m)；

P_x——x 处的预应力强度；

P_0——张拉端的预应力强度；

μ——摩擦因数；

α——在距离上的所有斜度偏差的总和(rad)；

k——由于局部不可避免的钢绞线束轻微弯曲导致的不稳定摩擦因数(安装公差)。

摩擦因数 μ 和 k 由于不同的原因可能引起变化范围较大，包括预应力钢绞线的特性及表面状况，导管的种类、直径和表面状况以及安装方法等。在设计时可按照表 2-8-11 选用。

计算由混凝土的收缩和徐变引起的预应力损失，须参照技术手册以及个别项目所采用的设计标准。

预应力钢筋的松弛首先取决于钢材的种类(松弛等级)、预应力的强度和温度。对于现今普遍被使用的低松弛钢筋，初始应力为钢绞线束标准张拉强度 70%，在 20℃，1 000h 后，最大损失为 2.5%。更详尽的资料可参阅有关的预应力钢材标准以及生产商的技术手册。

无论使用何种千斤顶或钢绞线束，在卸荷夹片锚固时均会回缩约 6mm 而造成预应力损失。如有需要，这种损失可利用超张拉加垫片工艺来补偿。

2. 扁锚

1)加应力锚具

S 型扁锚：多应用于后张预应力截面尺寸窄或薄的构件，特别适用于窄而高的截面。这样，大大提高了构件的强度，节约了原材料，使构件轻巧。S 型扁锚也可作固定端使用，锚具的结构形式见图 2-8-12，成套设计参数见表 2-8-12。

摩擦因数 μ 和 k 设计参数表 表 2-8-11

类　　型	范　　围	推 荐 值
钢波纹管	$\mu=0.16\sim0.24$ $k=0.000\,6\sim0.001$	$\mu=0.2$ $k=0.000\,8$
PT-PLUS 塑料管	$\mu=0.12\sim0.14$ $k=0.000\,8\sim0.0\,012$	$\mu=0.14$ $k=0.001$
钢管(包括干燥并润滑的鞍座)	$\mu=0.2\sim0.3$ k 在 0.002 以内	$\mu=0.25$ k 在 0.002 以内
体外预应力索及转向块部分的高密度塑料管： 裸索 经油润滑的塑料管	$\mu=0.12\sim0.15$ $\mu=0.02\sim0.08$ k 在 0.002 以内	$\mu=0.14$ $\mu=0.06$ k 在 0.002 以内
经油润滑的塑料护套	$\mu=0.04\sim0.07$ $k=0.000\,4\sim0.000\,6$	$\mu=0.06$ $k=0.000\,5$

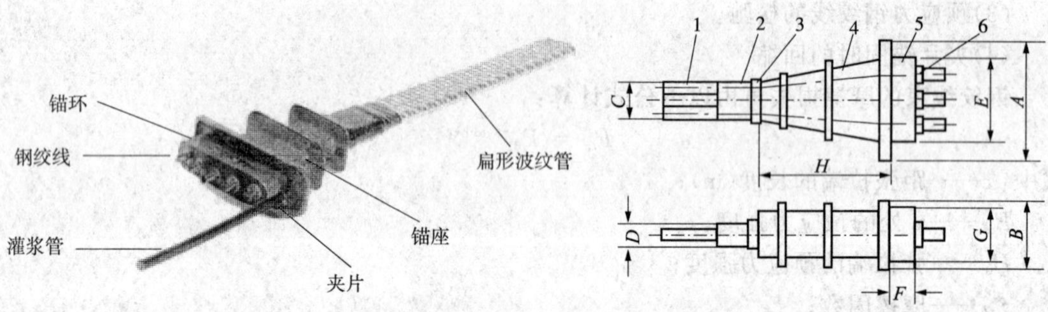

图 2-8-12　S 型扁锚结构

1-钢绞线；2-波纹管；3-约束环；4-扁锚座；5-扁锚环；6-夹片

S 型扁锚成套设计参数(单位：mm) 表 2-8-12

型号	扁锚环			扁锚座			金属波纹管	
	E	G	F	A	B	H	C	D
5-2 6-2	80	50	50	150	75	140	50	19
5-3 6-3	120	50	50	200	75	160	60	19
5-4 6-4	160	50	50	230	75	200	70	19
5-5	200	50	50	270	75	270	90	19

此外，VSL 还开发了两种新型扁锚，带穴模的 SO 型扁锚及 AB 型全封闭双钢绞线扁锚，主要用于薄板结构。锚具的结构形式分别见图 2-8-13 和图 2-8-14，成套设计参数分别见表 2-8-13 和表 2-8-14。

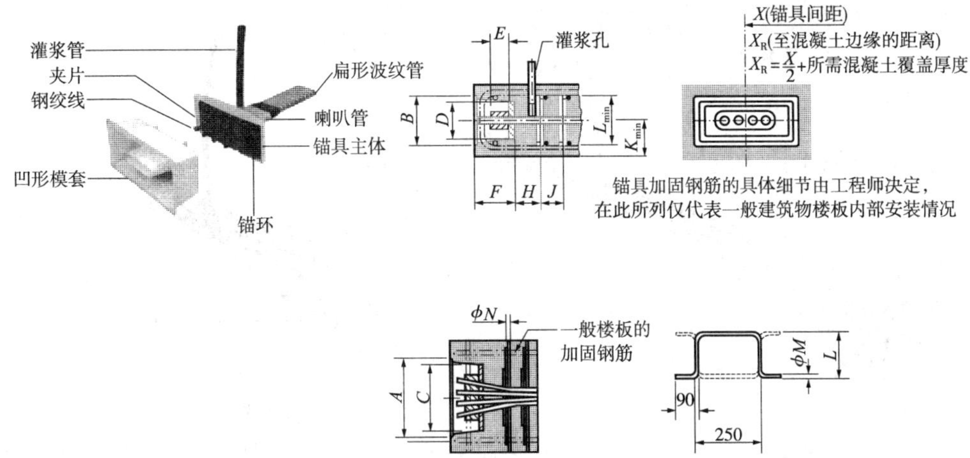

图 2-8-13　SO 型扁锚结构(尺寸单位：mm)

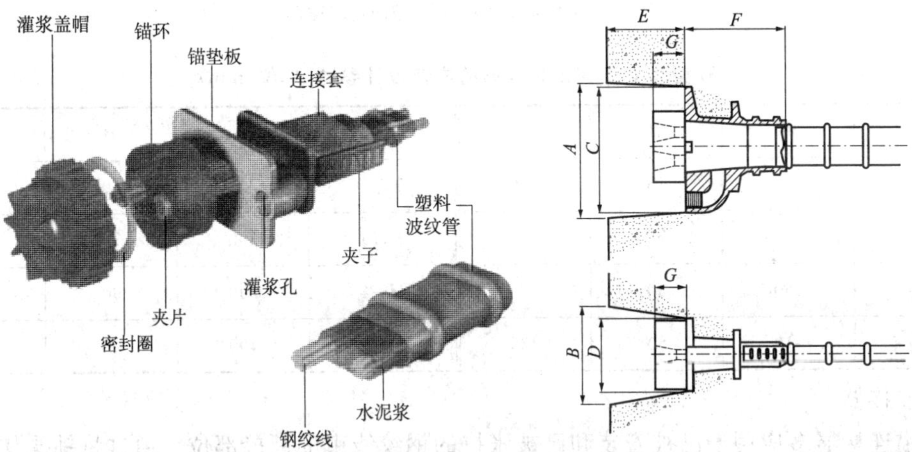

图 2-8-14　AB 型全封闭双钢绞线扁锚结构

SO 型扁锚成套设计参数(单位：mm)　　　表 2-8-13

型号	A	B	C	D	E	F	H	J_{min}	K_{min}	L_{min}	φM	φN	X
SO5-4	306	144	250	96	50	103	K−30	75	110	1.5k	10	14	370
SO6-4	306	168	280	115	50	127	K−30	75	120	1.5k	12	16	400

注：K 表示板厚的一半。

AB 型全封闭双钢绞线扁锚成套设计参数(单位：mm)　　　表 2-8-14

型号	A	B	C	D	E	F	G
SA5-2	163	163	150	90	105	130	40
K5-2	163	163	150	90	105	130	70

2)固定端锚具

扁锚的固定端H型和P型锚与群锚的H型和P型固定端锚具的性能相同,形式也相近。锚具的结构形式见图2-8-15,成套设计参数见表2-8-15。

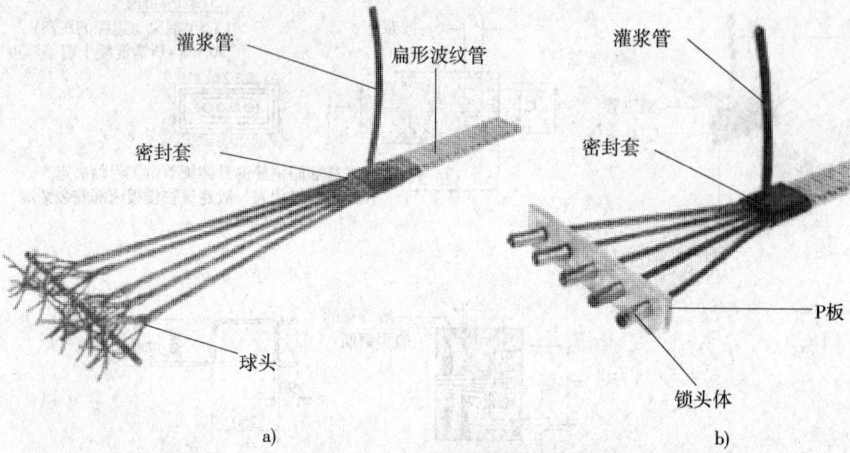

图2-8-15　H型和P型固定端扁锚结构

a)H型固定端锚具;b)P型固定端锚具

H型和P型固定端扁锚的成套设计参数(单位:mm)　表2-8-15

型号	A	B	C	型号	A	B	C
P5-4	250	75	370	H5-4	310	70	750
P5-5	300	75	370	H5-5	390	70	750
P6-4	260	80	435	H6-4	390	90	950
P6-5	410	80	435	H6-5	490	90	950

3)连接器

扁锚连接器多应用于已被安装和已被张拉的钢绞线束的衔接部位。通过将锁头体安置在连接器头部的窄槽处,就可以用于锚固钢绞线了。待另一端的钢绞线束形成锚固系统以后,再进行二次张拉。连接器的结构形式见图2-8-16,成套设计参数见表2-8-16。

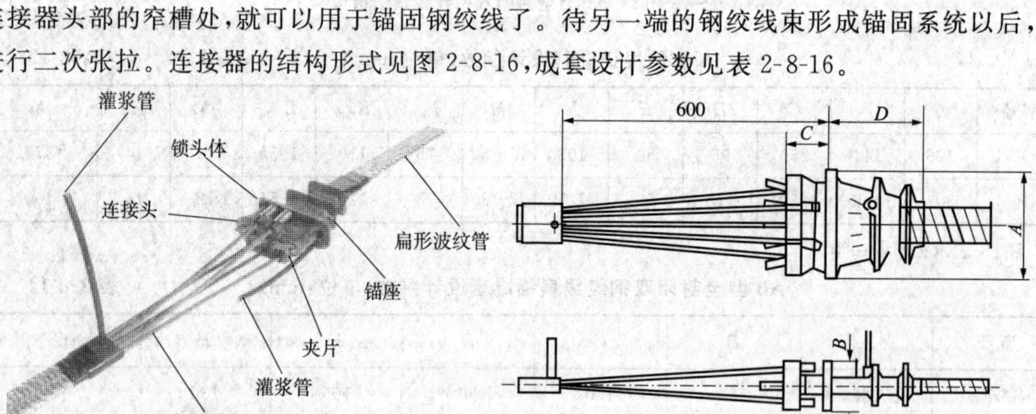

图2-8-16　扁锚连接器结构(尺寸单位:mm)

扁锚连接器的成套设计参数(单位:mm)　　表 2-8-16

型　号	A	B	C	D
SK 5-4	230	75	110	200
SK 5-5	270	75	110	270
SK 6-4	230	75	128	200
SK 6-5	270	75	128	270

4)设计要求

预留管的定位钢筋间距建议采用:标准波纹管 0.75～1.2m;PT-PLUS 塑料管 0.75～1.0m。

钢绞线束的最小弯曲半径:2.5m(垂直排放);6.0m(水平排放)。

锚具端最小直线长度:0.75m。

卸荷锚固时夹片回缩值:6mm。

摩擦损失在不同钢绞线束中以及不同结构中变化范围较大,视不同因素如钢绞线表面状况、导管的类型和表层情况、安装方法和现场施工人员等而不同。一般情况,在不考虑其他锚固损失的情况下可采用以下摩擦因数。

钢绞线束使用普通钢波纹管时:

$$\mu=0.20(\text{一般为 }0.16\sim0.22)$$

$$k=0.001(\text{一般为 }0.0008\sim0.0012)$$

钢绞线束使用 PT-PLUS 塑料管时:

$$\mu=0.14(\text{一般为 }0.12\sim0.15)$$

$$k=0.001(\text{一般为 }0.0008\sim0.0012)$$

三、预应力管道和真空辅助压浆工艺

在传统工程预目中一般使用钢波纹管。在需要加强防腐蚀保护以及提高钢绞线束的抗疲劳情况下,建议使用 VSL PT-PLUS 体系中的塑料波纹管。这种完全密封和水密封的系统提供超卓的防腐蚀保护,并消除钢绞线束与塑料壁之间疲劳磨损;同时也减少了摩擦。使得预应力的损失减小,因此,可节省钢绞线,从而降低了工程造价。

VSL PT-PLUS 塑料波纹管及真空辅助压浆工艺是 VSL 在 20 世纪 90 年代初为回应土木工程业界就预应力混凝土构件的钢绞线束存在可能发生的电化腐蚀和氧化锈蚀两个技术问题所研发的一种新的预应力工艺。

VSL PT-PLUS 塑料波纹管与 VSL 近年研制的 CS2000 型预应力锚具(图 2-8-17)配合使用,预期将逐渐取代传统上使用的金属波纹管和以普通铸铁制成的锚垫板组合而成的预应力锚具体系。VSL 的 CS2000 型锚具加上 VSL PT-PLUS 塑料波纹管,为预应力钢绞线束在预应力构件中提供了一个与电绝缘的环境。因此,可在结构设计使用年限内的任何时间进行电气监测。另外,VSL PT-PLUS 塑料波纹管的连接设计为全密封形式,因此可以利用真空泵先行清除孔道中的空气,使孔道内达致负压状态,然后再用压浆机以正压力

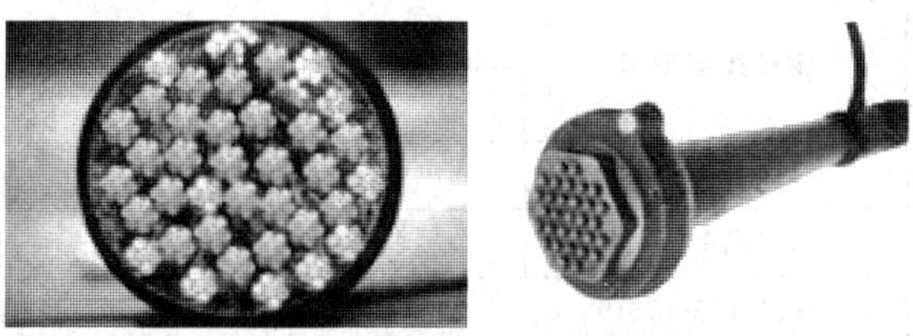

图 2-8-17　CS2000 型预应力锚具与 PT-PLUS 塑料波纹管

将水泥注入预应力孔道，由此排除了孔道中的气泡，提高了孔道内压浆的饱满度。

运用 VSL 普通锚环和铸铁锚座与 VSL PT-PLUS 塑料波纹管和锚环盖帽形成全密封体系，同样也可以采用真空辅压浆工艺，排除孔道内的气泡，提高孔道内压浆的饱满度。PT-PLUS 塑料波纹管形式见图 2-8-18，设计参数见表 2-8-17。

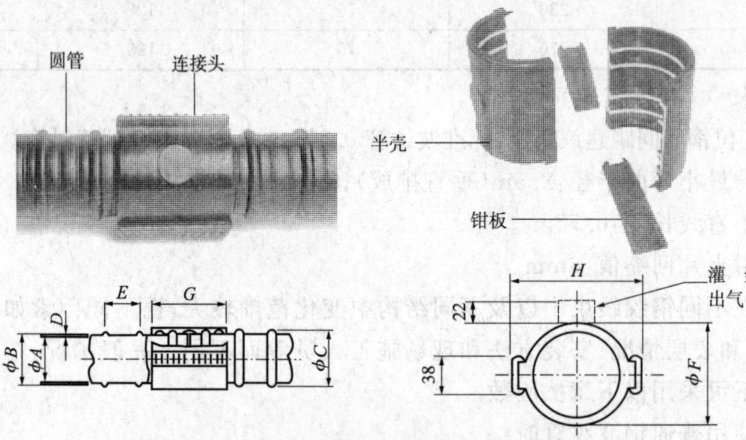

图 2-8-18 PT-PLUS 塑料波纹管形式（尺寸单位：mm）

PT-PLUS 塑料波纹管设计参数（单位：mm） 表 2-8-17

型号	钢绞线束型号		A	B	C	D	E	F	G	H	公称质量	
	13mm (0.5in)	15mm (0.6in)									管 (kg/m)	接头 (kg/个)
22	5-1	6-1	22	25	31	1.5	55	27.5①	80①	27.5①	0.18	0.01
59	5-22	6-7	58	63	73	2.5	42	82	108	106	0.48	0.20
76	5-19	6-12	76	81	91	2.5	52.5	100	116	124	0.62	0.25
100	5-31	6-19/22	100	106	116	3.0	60	123	126	147	0.98	0.27
115	5-37	6-27	115	121	131	3.0	60	138	127	162	1.12	0.32
130	5-43/55	6-31/37	130	136	146	3.0	52	153	134	177	1.20	0.38
150	—	6-55	150	157	167	3.5	60	175	126	198	1.62	0.42

注：①表示单一钢绞线的套管。

光圆塑料管设计参数见表 2-8-18。

光圆塑料波纹管设计参数 表 2-8-18

钢绞线束型号	外　径(mm)		壁　厚(mm)	
	裸束	PE 护套	裸束	PE 护套
5-12/6-7	75	90	4.3	5.1
5-15/19/6-12	90	110	5.4	6.0
5-22/31/6-15/19	110	140	6.6	6.7
5-37/6-22/27	110	160	6.6	7.7
5-43/6-31	140	160	8.3	7.7
5-55/6-37	160	180	9.5	8.6

注：表中尺寸可以修改，管的内径一般应大于或等于 $1.7\sqrt{A_p}$，A_p 为钢绞线束的面积。

PT-PLUS 扁塑料波纹管形式见图 2-8-19。钢管设计参数见表 2-8-19。

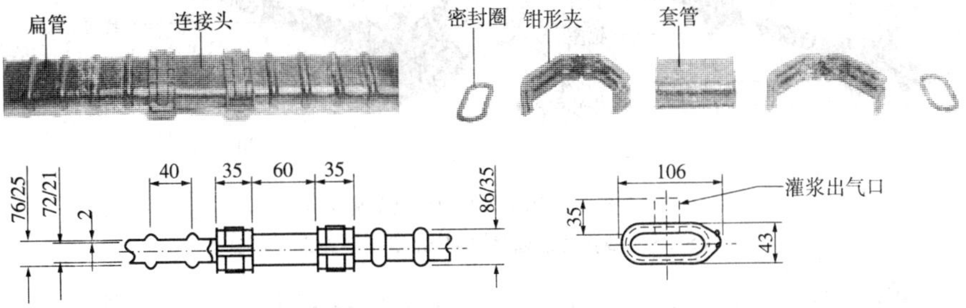

图 2-8-19 PT-PLUS 扁塑料波纹管形式(尺寸单位:mm)

钢管设计参数(单位:mm) 表 2-8-19

钢绞线束数量	不同钢绞线规格对应的最小直径(mm)		
	100mm^2	140mm^2	150mm^2
4	34	40.2	41.6
7	45	53.2	55.1
12	58.9	69.7	72.1
15	6 508	77.9	80.6
19	74.1	87.7	90.8
22	79.7	94.3	97.7
27	88.3	104.5	108.2
31	94.7	112.0	115.9
37	103.4	122.4	126.6
43	111.5	131.9	136.5
55	126.1	149.2	154.4

注:1. 钢管的厚度应大于其外径的 1/50 或 1.5mm,有特别需要可大于 3mm。

2. 表中尺寸可以修改,管的内径一般应大于或等于 1.7 $\sqrt{A_p}$,A_p 为钢绞线束的面积。

四、单根无黏结钢绞线系统

VSL 单根钢绞线体系使用直径为 15.24mm(0.6in)的钢绞线。这种钢绞线外层涂有防腐油脂并套有塑料套,既可起防腐作用,而且还避免了钢绞线与周围混凝土间相黏合。塑料套通常由壁厚大约 1mm 的聚乙烯制成。

单束钢绞线可以单根安装,或二根、三根、四根为一束安装。每束钢绞线被分别张拉锚固。

1. 锚具、连接器

VSL 单根钢绞线体系使用的锚具为了保证防腐性的持续效果,在锚具的护套外加上特殊的护罩(锚具的防护帽)。锚具的外形及结构形式分别见图 2-8-20 和图 2-8-21,连接器的外形及结构形式分别见图 2-8-22 和图 2-8-23。

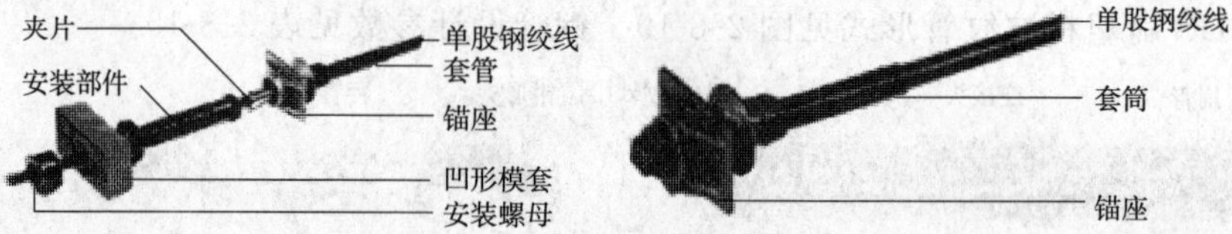

a) b)

图 2-8-20 VSL S-6 型锚具的外形图

a) VSL S-6 型张拉端锚具；b) VSL S-6 型固定端锚具

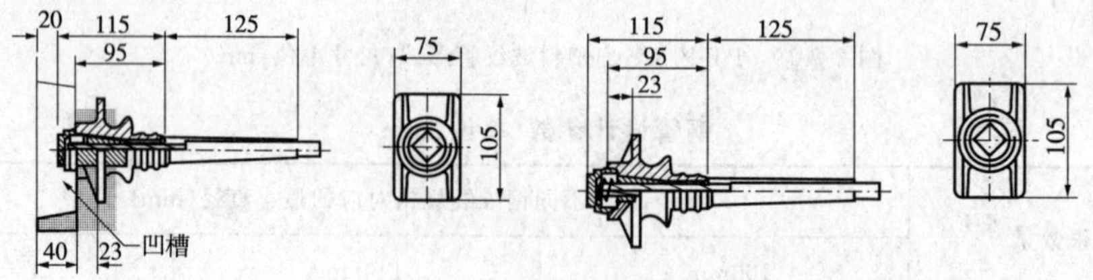

图 2-8-21 VSL S-6 型锚具的结构形式(尺寸单位:mm)

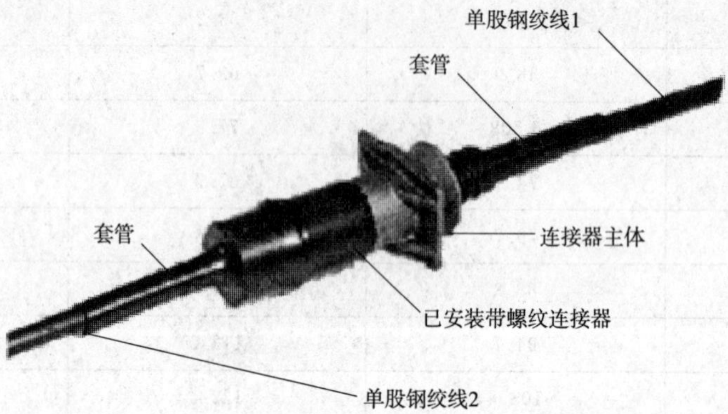

图 2-8-22 VSL S-6 型连接器的外形图

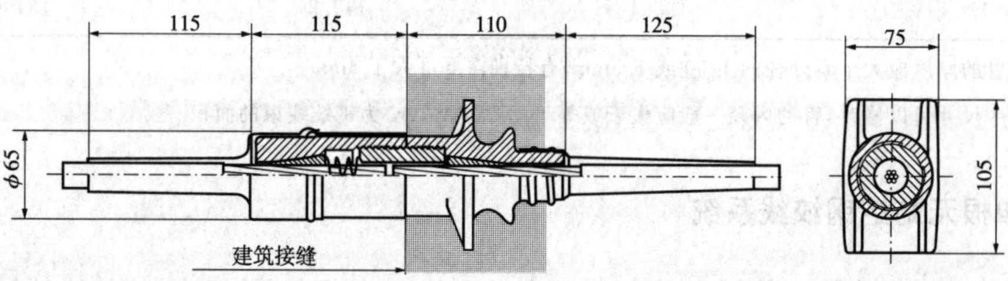

图 2-8-23 VSL S-6 型连接器的结构形式(尺寸单位:mm)

2. 设计要求

定位钢筋间距：0.6～1.5m。

钢绞线的最小弯曲半径：0.5m。

摩擦因数：$\mu=0.06$，$k=0.000\ 5$。

对 VSL 单根钢绞线体系使用的锚具，除在每个锚具后面需要采用钢筋正常加固外，还需要采用钢筋特别加固。加固方式见图 2-8-24。

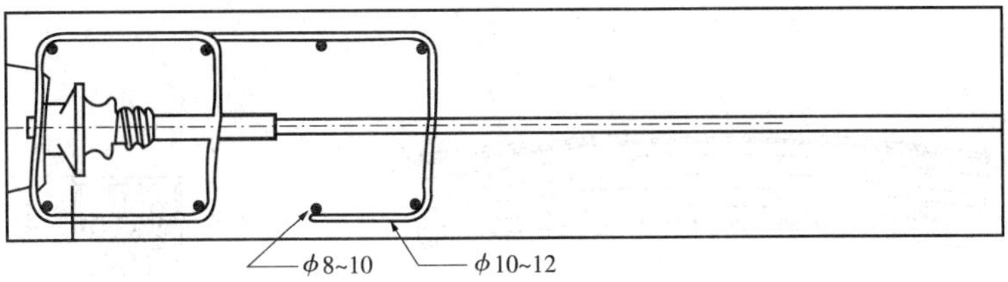

图 2-8-24　锚后钢筋加固示意

五、体外钢绞线束后张系统

体外钢绞线束后张系统因为具有较高的防护腐蚀效果，易于检查，替换方便。十分适合在桥梁上使用，尤其在加固现有的结构上效果甚为理想。

1. 系统构造

VSL 体外钢绞线束主要有以下几个组成部分。

(1)钢绞线束。

(2)聚乙烯套管。

(3)终端和中间锚具，以及钢绞线束连接器。

(4)合成物灌浆。

VSL 体外钢绞线束的布置形式见图 2-8-25。

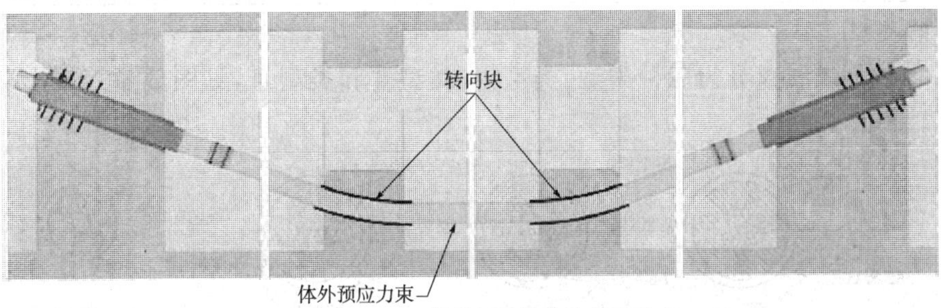

图 2-8-25　VSL 体外钢绞线束的布置形式

2. 转向装置

VSL 体外钢绞线束后张系统的转向装置分为整体式和分丝式，整体式的形式见图 2-8-26，分丝式形式见图 2-8-27，钢绞线束的最小弯曲半径要求见表 2-8-20，分丝式转向装置的规格见表 2-8-21。

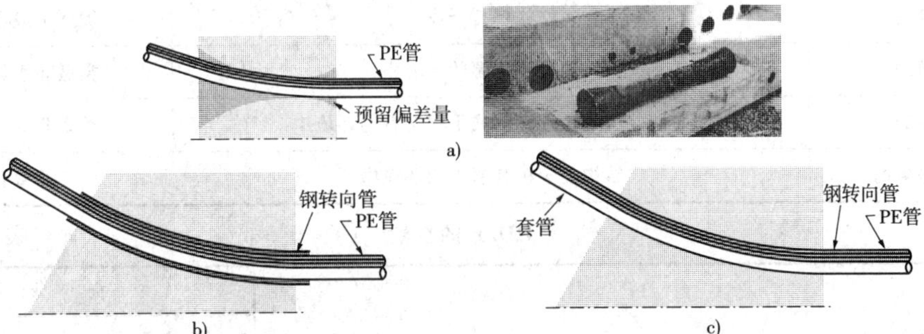

图 2-8-26　整体式转向装置的形式

a)普通型；b)PE 管通过转向钢管型；c)PE 管连接转向钢管一体型

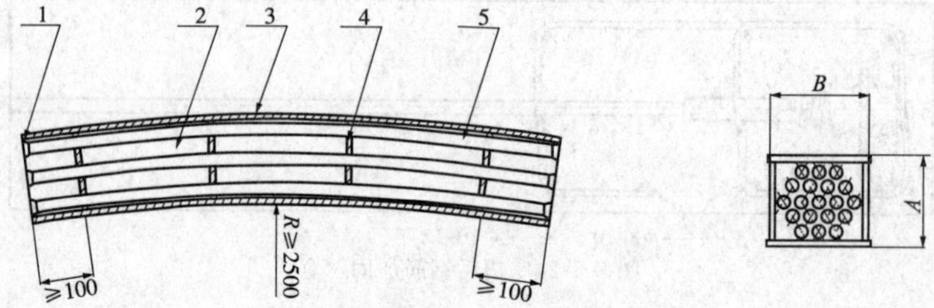

图 2-8-27　分丝式转向装置的形式

1-纠偏器；2-Ductal 浆体；3-转向体；4-固定板；5-穿线孔

体外钢绞线束的最小弯曲半径　　表 2-8-20

钢绞线束规格	最小弯曲半径(m)	钢绞线束规格	最小弯曲半径(m)
5-12 和 6-7	2.00	5-43 和 6-27/31	3.50
5-19 和 6-12	2.50	5-55 和 6-37	4.00
5-31 和 6-19/22	3.00	6-43	4.50

分丝式转向装置规格表　　表 2-8-21

钢绞线束规格	6-12	6-19	6-22	6-27	6-31
$A\times B$(mm)	145×145	175×170	175×170	207×190	207×220

3. 束的类型

VSL 体外钢绞线束分为三种类型：类型Ⅰ、类型Ⅱ和类型Ⅲ，见图 2-8-28，分别适应于不同的环境。

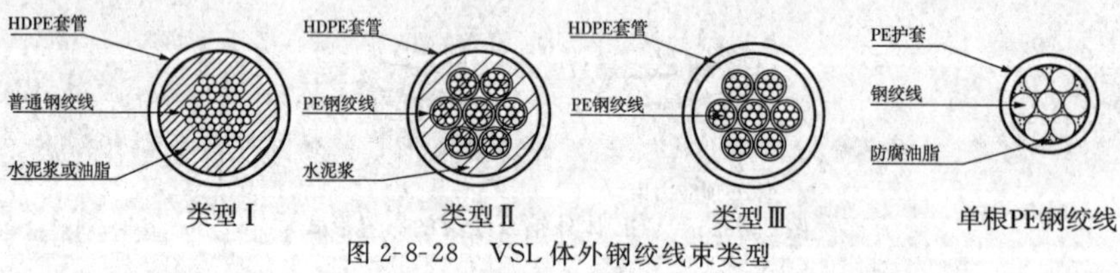

图 2-8-28　VSL 体外钢绞线束类型

VSL 体外钢绞线束的适应环境见表 2-8-22，HDPE 外套管的性能指标要求见表 2-8-23。

VSL 体外钢绞线束的适应环境表　　表 2-8-22

环境分类	环 境 条 件	适应类型
适度的	结构保持干燥	类型Ⅰ或类型Ⅲ
普通的	结构处于潮湿的环境中	类型Ⅱ或类型Ⅲ
恶劣的	结构处于永久性潮湿或干湿交替的环境中	类型Ⅱ或类型Ⅲ
极其恶劣的	结构处于极其恶劣的环境中	类型Ⅱ

HDPE 的性能　　表 2-8-23

序　号	项　　目	指　　标	
		黑色	彩色
1	密度(g/cm^3)	0.942～0.978	0.942～0.978

续上表

<table>
<tr><th rowspan="2">序 号</th><th rowspan="2" colspan="3">项 目</th><th colspan="2">指 标</th></tr>
<tr><th>黑色</th><th>彩色</th></tr>
<tr><td>2</td><td colspan="3">熔体流动速度(g/10min)</td><td>≤0.45</td><td>≤0.45</td></tr>
<tr><td>3</td><td colspan="3">拉伸强度(MPa)</td><td>≥20</td><td>≥20</td></tr>
<tr><td>4</td><td colspan="3">拉伸屈服强度(MPa)</td><td>≥10</td><td>≥10</td></tr>
<tr><td>5</td><td colspan="3">断裂伸长率(%)</td><td>≥600</td><td>≥600</td></tr>
<tr><td>6</td><td colspan="3">硬度 Shore D</td><td>≥60</td><td>≥60</td></tr>
<tr><td>7</td><td colspan="3">拉伸弹性模量(MPa)</td><td>≥150</td><td>≥150</td></tr>
<tr><td>8</td><td colspan="3">冲击强度(kJ/m²)</td><td>≥25</td><td>≥25</td></tr>
<tr><td>9</td><td colspan="3">软化温度(℃)</td><td>≥115</td><td>≥110</td></tr>
<tr><td>10</td><td colspan="3">耐环境应力开裂(F_0/h)</td><td>≥1 500</td><td>≥1 500</td></tr>
<tr><td>11</td><td colspan="3">脆化温度(℃)</td><td>≤−76</td><td>≤−76</td></tr>
<tr><td rowspan="2">12</td><td rowspan="2">炭黑分散性</td><td colspan="2">分散度(分)</td><td>≥6</td><td rowspan="2">—</td></tr>
<tr><td colspan="2">吸收系数</td><td>≥400</td></tr>
<tr><td rowspan="2">13</td><td rowspan="2">耐热老化
(100℃,168h)</td><td colspan="2">拉伸强度变化率(%)</td><td>±20</td><td>±20</td></tr>
<tr><td colspan="2">断裂伸长率变化率(%)</td><td>±20</td><td>±20</td></tr>
<tr><td>14</td><td colspan="3">耐臭氧老化,延伸 25%,温度 24℃±8℃,臭氧浓度 0.01~0.15mg/m³,暴露 1h</td><td>无异常变化</td><td>无异常变化</td></tr>
<tr><td rowspan="4">15</td><td rowspan="4">人工气候老化(%)</td><td rowspan="2">老化时间:
0~1 008h</td><td>拉伸强度变化率</td><td>±25</td><td>±25</td></tr>
<tr><td>断裂伸长率变化率</td><td>±25</td><td>±25</td></tr>
<tr><td rowspan="2">老化时间:
504~1 008h</td><td>拉伸强度变化率</td><td>±15</td><td>±15</td></tr>
<tr><td>断裂伸长率变化率</td><td>±15</td><td>±15</td></tr>
<tr><td>16</td><td colspan="3">耐光色牢度(级)</td><td>—</td><td>≥7</td></tr>
</table>

4. 减振装置

为了避免体外钢绞线束在自由段产生有害的振动,影响结构安全,必须在适当的位置安装减振装置,以改变钢绞线束的振动频率。减振装置的构造见图 2-8-29。

5. 锚具

VSL 体外钢绞线束的张拉锚具的形式有两种,分别为 SSI 型和 ECR 型,前者可以进行单根张拉,见图 2-8-30,后者可以进行整体张拉,见图 2-8-31,其常用类型的成套设计参数见表 2-8-24和表 2-8-25。

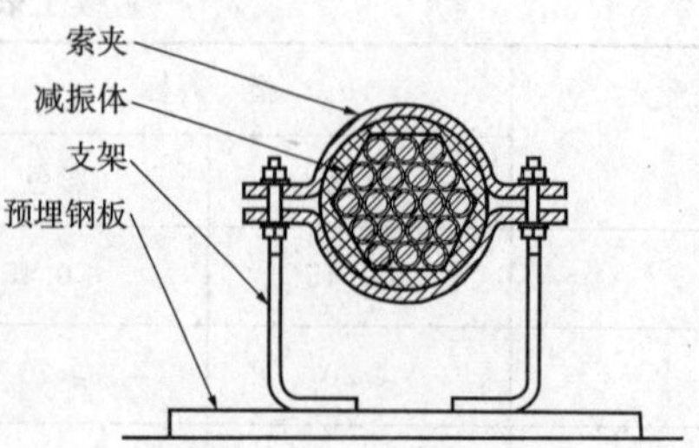

图 2-8-29　减振装置的构造

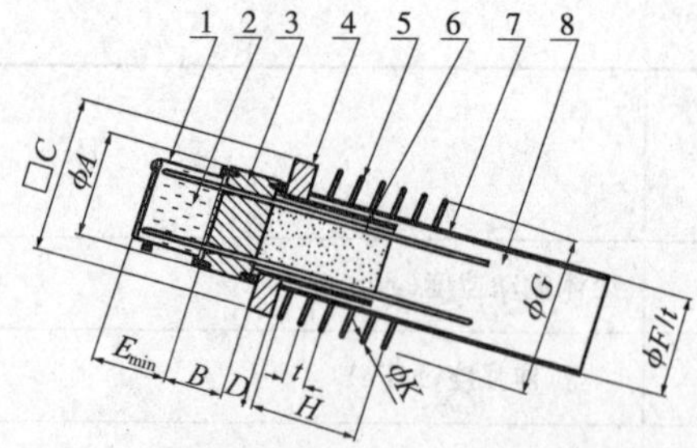

图 2-8-30　VSL 体外钢绞线束 SSI 型锚具的形式

1-保护帽；2-防腐油脂；3-锚头组件；4-锚垫板；5-螺旋筋；6-密封装置；7-预埋管；8-PE 钢绞线

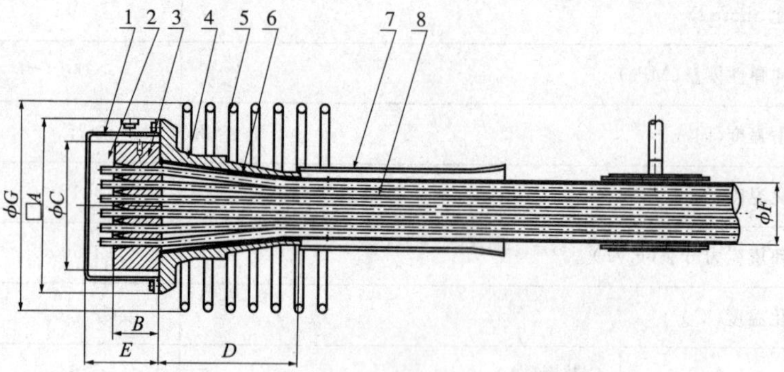

图 2-8-31　VSL 体外钢绞线束 ECR 型锚具的形式

1-保护帽；2-油脂或浆体；3-锚环；4-锚座；5-螺旋筋；6-喇叭管；7-预埋管；8-钢绞线

SSI 型锚具成套设计参数表(单位:mm)　　表 2-8-24

规格	*A*	*B*	*C*	*D*	E_{min}	*F/t*	*G*	*K*	*H*	*L*
6-12	185	105	260	35	105	180/4.5	280	18	350	50
6-19	230	120	335	50	105	219/6.5	350	20	480	60
6-22	250	120	355	50	105	209/6.5	375	20	480	60
6-31	280	145	415	60	105	245/6.5	440	22	630	70

ECR 型锚具成套设计参数表(单位:mm)　　表 2-8-25

规格	*A*	*B*	*C*	*D*	*E*	*F*	*G*
6-7	250	70	170	245	130	63×3.6	250
6-12	310	90	200	305	150	90×5.1	330
6-19	350	107	260	320	165	110×6.3	400
6-22/27	390	112	290	340	175	140×8.0	420
6-31	430	130	310	360	190	160×9.1	510
6-37	465	140	330	390	200	160×9.1	550

六、钢绞线斜拉索系统

VSL SSI2000 钢绞线斜拉索是由多股无黏结平行钢绞线所组成，钢绞线可一根一根提升、安装、张拉，其方法简便、快捷，无须考虑钢绞线束的自重，也无须笨重的提升设备和大量人力。

在张拉端和固定端之间的自由段，由 HDPE 双层外套管防护，外套管壁厚、坚固、耐腐蚀；在锚具区，钢绞线由 PE 导管组件防护，其端部浸泡在油脂中。从而使 VSL SSI 2000 斜拉索实现了多层防护的效果。

为满足不同的需要，VSL 又开发了 SSI 2000-C 和 SSI 2000-D 两种斜拉索。SSI 2000-C 斜拉索减少了外套管的直径，也减少了索的风阻；SSI 2000-D 斜拉索使用了除湿技术对拉索进行防腐保护，可最小化地减少外套管的直径，也最小化地减少了索的风阻。

1. 钢绞线斜拉索体系

VSL SSI 钢绞线斜拉索体系由如下三个主要部分组成：可调整端锚具；自由伸缩段；固定端锚具。

VSL SSI2000 钢绞线斜拉索体系的实物见图 2-8-32，结构形式分别见图 2-8-33 和图 2-8-34，设计参数分别见表 2-8-26 和表 2-8-27。VSL SSI200-D 钢绞线斜拉索体系的实物见图 2-8-35。

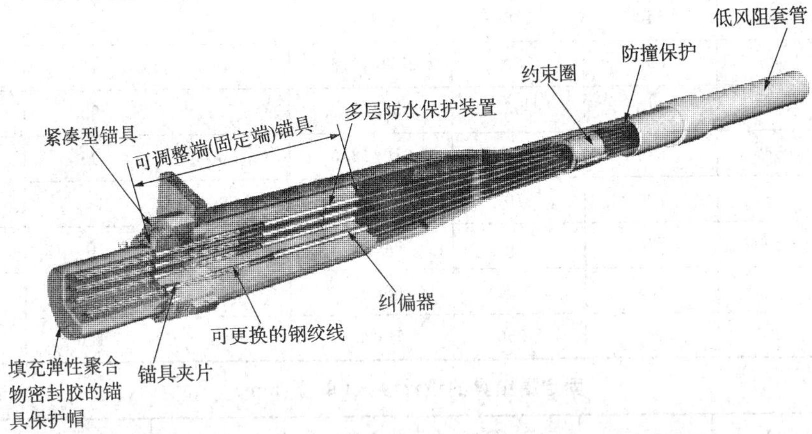

图 2-8-32　VSL SSI2000 钢绞线斜拉索锚具实物图

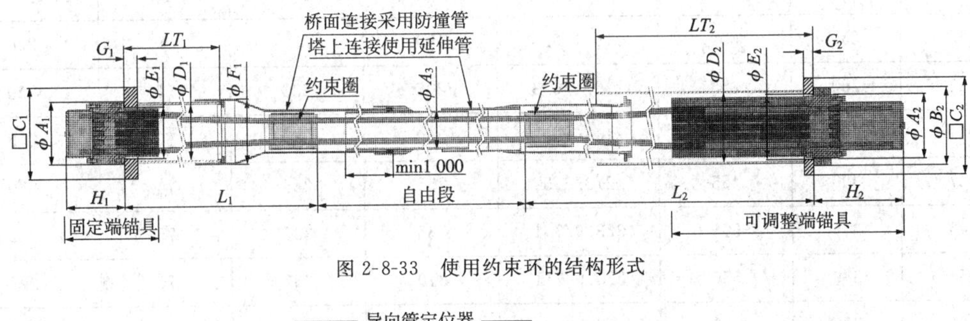

图 2-8-33　使用约束环的结构形式

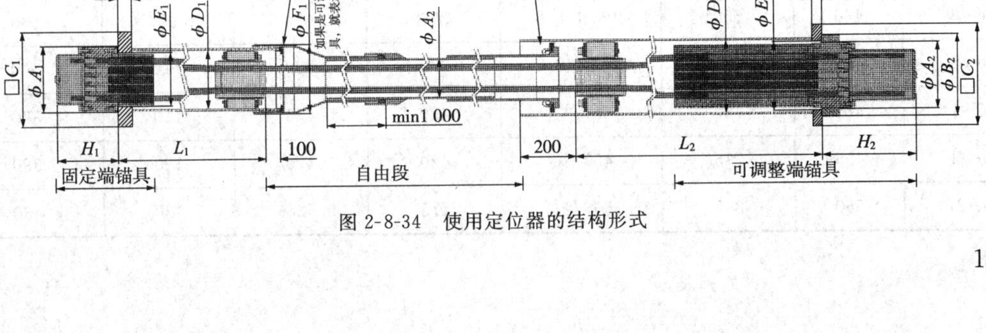

图 2-8-34　使用定位器的结构形式

可调整端锚具的设计参数(单位:mm)　　表 2-8-26

拉索规格	A_2	B_2	C_2	D_2/厚度	E_2	G_2	H_{2min}
6-12	190	230	290	219.1/6.3	196	30	320
6-19	235	285	355	267/6.3	241	35	345
6-22	255	310	385	298.5/7.1	261	40	355
6-31	285	350	440	323.9/7.1	291	45	405
6-37	310	380	485	355.6/8	316	50	435
6-43	350	425	540	406.4/8.8	356	55	450
6-55	385	470	585	419/10	391	60	490
6-61	385	470	600	419/10	391	65	525
6-73	440	530	680	508/11	446	75	525
6-85	440	540	710	508/11	446	80	585
6-91	490	590	760	559/12.5	496	80	580
6-109	505	610	795	559/12.5	511	90	615
6-127	560	670	865	610/12.5	566	95	665
6-139	580	700	910	630/12.5	590	100	685
6-151	590	720	940	640/15	600	100	695
6-169	630	760	1 000	685/15	640	110	730
6-187	660	800	1 050	720/15	670	120	770

固定端锚具的设计参数(单位:mm)　　表 2-8-27

拉索规格	A_1	C_1	D_1/厚度	E_1	F_1	G_1	H_{1min}
6-12	185	260	177.8/6.3	150	190	35	205
6-19	230	335	219.1/6.3	190	233	50	220
6-22	250	355	219.1/6.3	205	233	50	220
6-31	280	415	244.5/6.3	230	260	60	245
6-37	300	455	273/6.3	255	286	70	270
6-43	340	505	323.9/7.1	285	337	75	275
6-55	380	550	323.9/7.1	310	337	75	295
6-61	380	585	355.6/8	330	370	85	310
6-73	430	650	406.4/8.8	370	420	95	330
6-85	430	685	406.4/8.8	370	420	110	360
6-91	480	730	457/10	420	470	110	370
6-109	495	775	457/10	420	470	120	380
6-127	550	845	508/11	475	525	130	430

续上表

拉索规格	A_1	C_1	D_1/厚度	E_1	F_1	G_1	H_{1min}
6-139	570	900	520/12	480	540	135	440
6-151	590	920	559/12.5	490	550	140	460
6-169	630	970	585/14	510	580	150	480
6-187	660	1 000	600/15	550	620	160	490

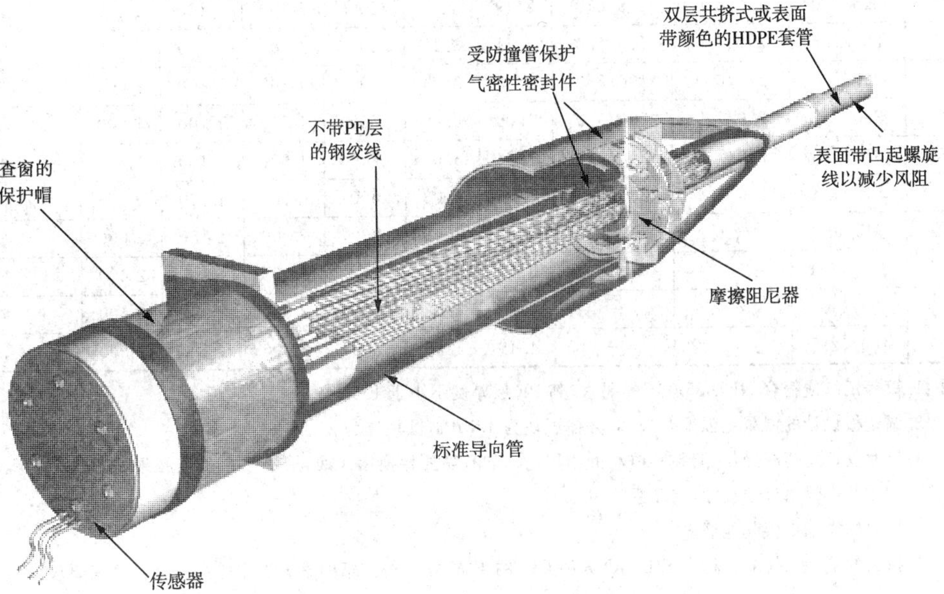

图 2-8-35　VSL SSI2000-D 钢绞线斜拉索锚具实物图

主梁锚具与主塔锚具之间的斜拉索自由伸缩段包括以下内容。

(1)单根涂油外层挤压 PE 钢绞线(注:按设计工程师及业主要求,亦可采用镀锌 PE 钢绞线)。

(2)带外螺纹的双层挤压成形 HDPE 外套管(注:按设计工程师及业主要求。亦可采用不带外螺纹的 HDPE 外套管)。

(3)热胀延伸管。

(4)预埋管连接器。

VSL 拉索套管规格及 SSI2000 钢绞线斜拉索过渡段的长度见表 2-8-28。

VSL 拉索外套管规格及过渡段的长度(单位:mm)　　表 2-8-28

拉索规格	拉索外套管(直径/厚度)			过渡段的长度						
	SSI2000	SSI2000-C	SSI2000-D	L_1	L_2	LT_1 桥面	LT_1 桥塔	LT_2 桥面	LT_2 桥塔	定位器上的水平力(kN)
6-12	125/4.9	95/5.0	80/5.0	1.1	1.5	500	500	1 100	1 100	50
6-19	140/5.4	110/5.0	95/5.0	1.37	1.77	500	500	1 100	1 100	80
6-22	160/5.0	120/5.0	105/5.0	1.55	1.95	500	500	1 100	1 100	92
6-31	160/5.0	140/6.0	120/6.0	1.74	2.14	500	900	1 100	1 200	130
6-37	180/5.6	150/6.0	130/6.0	1.92	2.32	500	900	1 100	1 200	155

续上表

拉索规格	拉索外套管(直径/厚度)			过渡段的长度						
	SSI2000	SSI2000-C	SSI2000-D	L_1	L_2	LT_1 桥面	LT_1 桥塔	LT_2 桥面	LT_2 桥塔	定位器上的水平力(kN)
6-43	200/6.2	165/6.0	145/6.0	2.17	2.57	500	900	1 100	1 200	180
6-55	200/6.2	180/6.0	155/6.0	2.29	2.69	500	1 100	1 100	1 400	230
6-61	225/7.0	190/6.0	165/6.0	2.49	2.9	500	1 100	1 100	1 400	255
6-73	250/7.8	210/6.6	175/6.0	2.71	3.12	500	1 100	1 100	1 400	306
6-85	250/7.8	225/6.9	190/6.0	2.83	3.24	500	1 300	1 100	1 600	356
6-91	280/8.7	230/7.2	200/6.2	3.08	3.49	500	1 300	1 100	1 600	381
6-109	315/9.8	250/7.7	215/6.7	3.23	3.64	500	1 300	1 100	1 600	456
6-127	315/9.8	270/8.4	235/7.3	3.63	4.03	500	2 000	1 100	2 000	531
6-139	315/9.8	—	—	3.68	4.09	500	2 000	1 100	2 000	582
6-151	355/11.1	—	—	3.77	4.17	500	2 000	1 100	2 000	632
6-169	355/11.1	—	—	4.18	4.58	500	2 000	1 100	2 500	707
6-187	400/12.3	—	—	4.19	4.59	500	2 000	1 100	2 500	783

注:1. 镀锌钢绞线符合 NF A35-035 的要求,其 PE 层厚度不小于 1.5mm。

2. 锚垫板设计的混凝土强度要求,立方体试块为 45MPa(圆柱体为 36 MPa)。

3. 尺寸仅适用荷载操作、调整和监测的应用上。如有需要替换钢绞线,最小预留长度必须按照各个工程项目而定,如需减小锚垫板的尺寸,需联系 VSL。

4. 可根据需求提供其他规格。

5. 拉索的最大工作应力符合 FIB NO.3 和 CIP 的要求,矮塔桥拉索的最大工作应力符合 CIP 的要求。

VSL SSI2000 钢绞线斜拉索的张拉空间要求见图 2-8-36 及表 2-8-29。

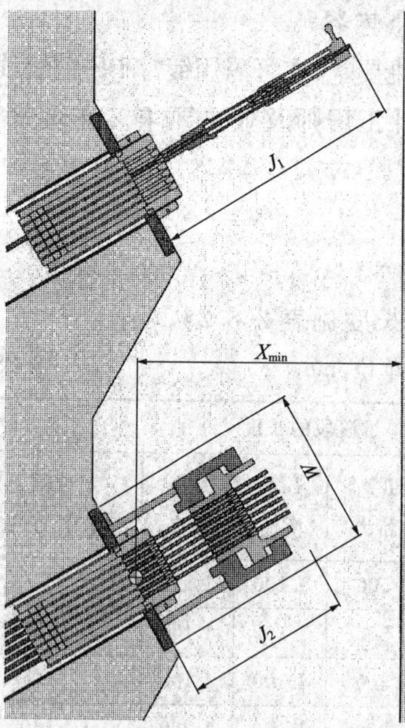

图 2-8-36 钢绞线斜拉索的张拉空间要求

千斤顶操作空间要求 表 2-8-29

拉索规格	W (mm)	J_1 (mm)	J_2 (mm)	X_{min} (mm)
6-12～6-19	490	1000	1000	1500
6-22～6-43	620	1050	1100	1500
6-55～6-73	780	1100	1200	1500
6-85～6-91	780	1150	1300	1500
6-109～6-127	970	1200	1500	1800
6-139～6-187	可调	1250	可调	2000

2. VSL 鞍座

对于矮塔斜拉桥,必须在塔上端设置鞍座,替换塔内的锚具。SSl 鞍座是在钢结构盒子内填充高强度砂浆 Ductal,并且在高强砂浆内制作 V 型单根钢绞线导向孔,并且在导向孔内注入特殊弹性胶状聚合物与钢绞线黏结来阻止氧气与钢绞线接触。此专利的导向孔形状可以给钢绞线提供有效的锚固作用，并在鞍座的长度范围内通过摩擦给钢绞线提供连续的握紧力，使得循环荷载下的摩擦腐蚀最小化。鞍座的设计是使钢绞线偏转完全作用在钢绞线和高强度砂浆之间，中间没有其他介质。

鞍座部分的构造见图 2-8-37，鞍座及索联接套管设计参数见表 2-8-30。

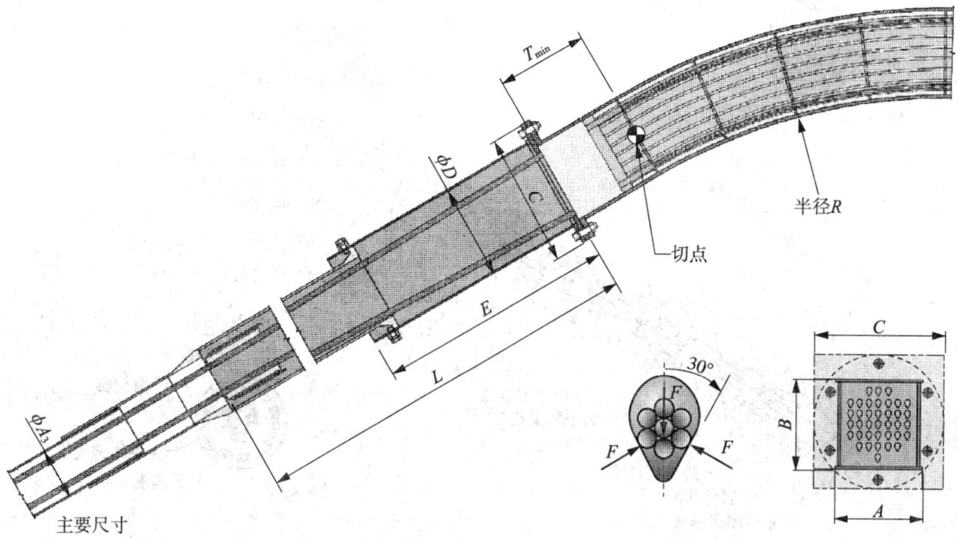

图 2-8-37　鞍座部分的构造

鞍座及索连接套管设计参数　　表 2-8-30

拉索规格	鞍座截面尺寸(mm)			索连接套管(mm)				
	A	B	C	T_{min}	L	E	D	A_3
6-12	185	200	320	300	1.16	250	193.7/4.5	125/4.9
6-19	230	235	370	300	1.76	250	224.5/5	140/5.4
6-22	230	235	370	300	1.90	500	224.5/5	160/6.2
6-31	300	275	400	300	2.22	500	273/5	160/6.2
6-37	310	310	450	300	2.58	500	323.9/5.6	180/5.6
6-43	375	310	500	300	2.54	500	355.6/5.6	200/6.2
6-55	380	350	510	300	2.88	800	368/6	200/6.2
6-61	410	395	550	300	3.24	800	406/6.3	225/7
6-73	470	395	570	300	3.47	800	430/8	250/7.8
6-85	480	430	590	300	3.59	800	450/8	250/7.8
6-91	520	470	520	300	4.01	800	480/8	280/8.7
6-109	580	470	580	300	4.12	800	500/8	315/9.8
6-127	580	545	580	300	4.70	800	560/8	315/9.8

七、岩土锚固系统

VSL 岩土锚固系统主要用于岩土工程的锚固，在岩石或泥土中安装构造相似。根据它们的结构,VSL 锚具可用作永久性(图 2-8-38)或临时性(图 2-8-39)的锚固。还可以增加有防腐蚀和防破坏的保护。

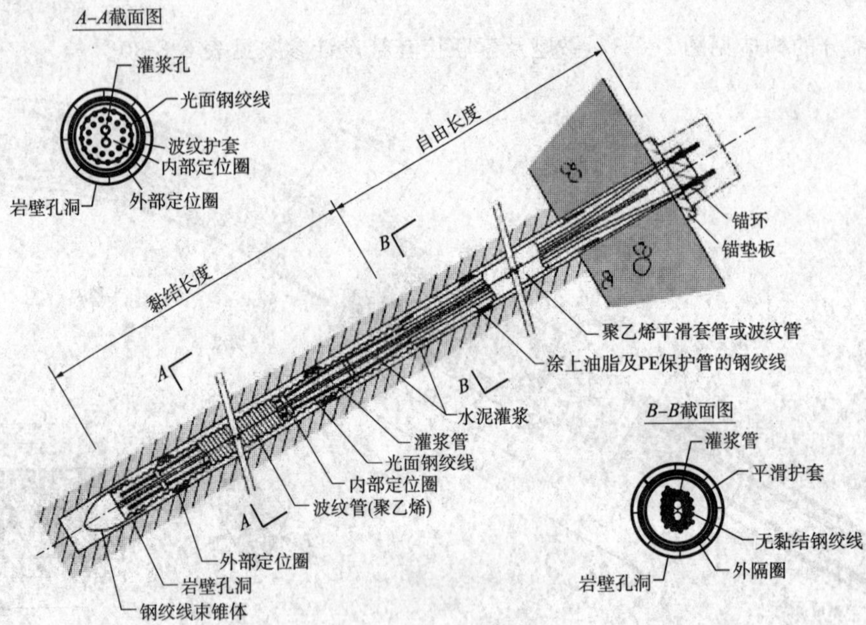

图 2-8-38　VSL 永久性岩土锚固系统

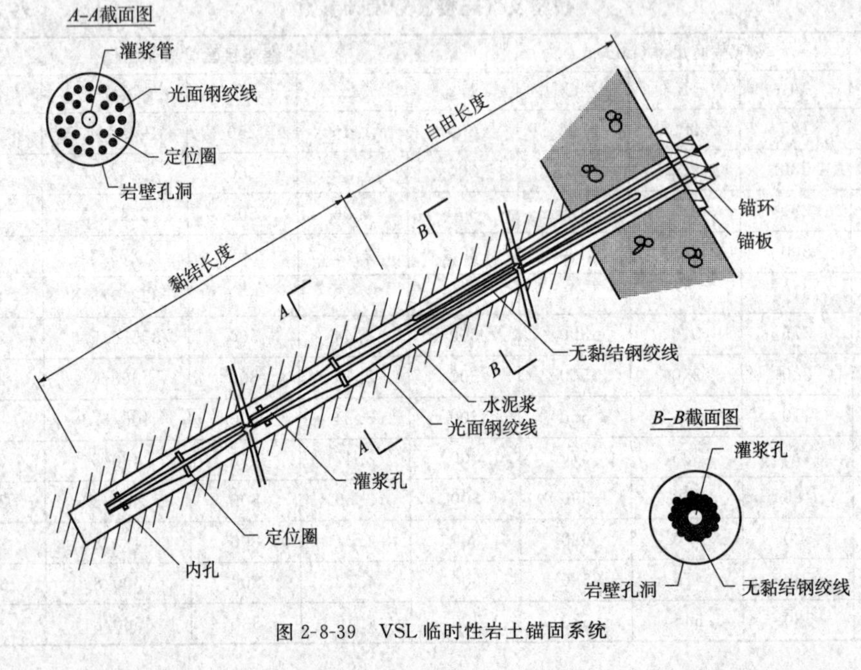

图 2-8-39　VSL 临时性岩土锚固系统

VSL 岩土锚主要使用 E 型张拉锚具,其基本结构是由一个锚垫板、夹片及锚环所组成。如果要达到安装后能监察岩土锚的应力,可考虑在锚具上加装一个保护帽盖。锚具上的所有钢绞线同时被张拉,钢绞线是在锚环锥孔中由夹片分别锚固。E 型张拉锚具分为 E_R 和 E_A 型

(图 2-8-40 和图 2-8-41)。

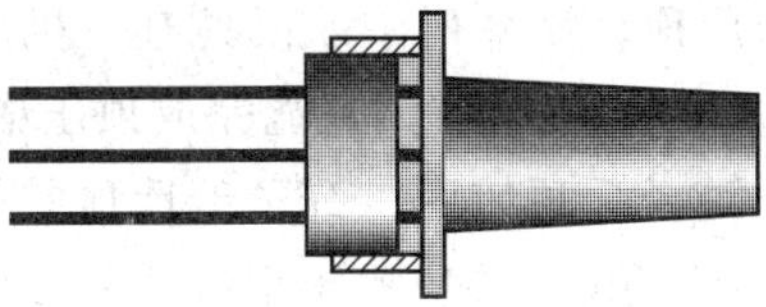

图 2-8-40　VSL E_R 型锚具

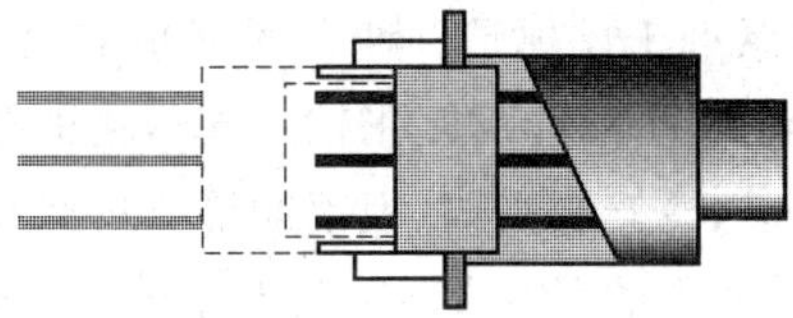

图 2-8-41　VSL E_A 型锚具

VSL E 型锚具能张拉从 1～55 根钢绞线束,锚固原理与群锚相同。锚具的设计基本上能满足所有不同的要求。如果有特殊要求必须在作出详细设计前提出,以便在设计时予以考虑。一般可满足以下几种特殊要求:

1)可用于监测

如需要作定期性观察以及在任何时间能读出张拉强度因数值,可根据锚具的操作空间(图 2-8-42),并考虑所需服务年期和经济性选择出适合的类型。

选择	A	B	C
示意图	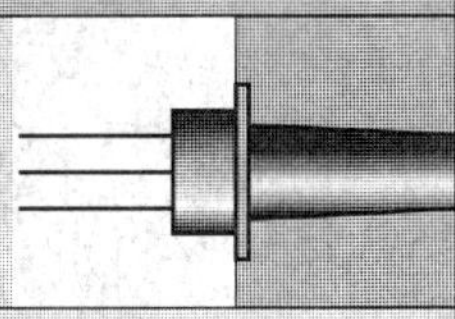	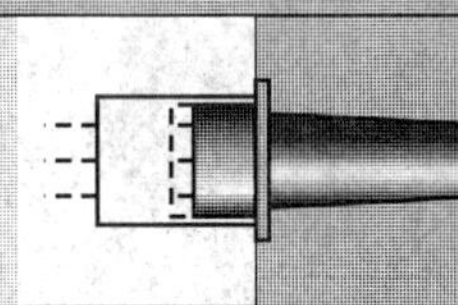	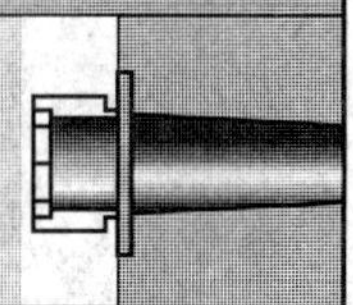
VSL 锚环	普通 E型	E 型加外螺纹	E 型加外螺纹
量度荷载用的设备	张拉用千斤顶	张拉用千斤顶加连接器	传感器可作永久安装 或量度时才安装上
外露钢绞线保护	需要	不需要	不需要

图 2-8-42　可监测锚具应力的锚环

2)能被再张拉

土壤移动或结构变形将会导致预应力的损失,因为此锚具必须制造成可被再次张拉的类型。图 2-8-42 中的 A 和 B 项可进行再次张拉。再张拉时,锚环从锚垫板上被提升后把垫片锲入。第三种方法是使用环形螺帽能调节预张拉强度的 VSL E_R 型锚具(图 2-8-40)。

3)能卸荷和张拉

当锚具需要在日后卸荷时,需要使用一种特别的夹片,以及在千斤顶与锚环之间加入一组装置。夹片在任何时候都可以放松或锚固,使锚具在经过一个或多个程序后完全卸荷。

当要切断钢绞线余留在锚环外的长度时,可使用 VSL E_A 型锚具(图 2-8-41)。这是利用一个可调节的环形螺帽连接器的原理来卸荷的。

4)可拆除

对使用后需要被拆除的临时岩土锚,VSL 的临时性岩土锚固系统满足了这个特别要求。

锚具在卸荷后,整根钢绞线束可完全被拆除。所残留下的小部分钢部件和已灌浆的塑料管,不会影响将来建筑其他基础工作。

八、张拉千斤顶

VSL 型预应力体系配有多个系列千斤顶,可以满足各种不同的需要。

1)ZPE 系列千斤顶

ZPE 系列千斤顶是一种专用型预应力穿心式千斤顶。该系列千斤顶具有一机多能的特点,配上各种附件,能反复张拉不同规格的锚固体系。除自锚锚固外,还能完成顶压锚固,并能完成墩头锚、冷铸墩头锚、粗钢筋锚具的张拉;也可作纯千斤顶使用。ZPE 千斤顶共有三种系列,其中系列Ⅰ的 ZPE-23FJ 型千斤顶是一种前卡式千斤顶,主要应用于钢绞线斜拉索桥梁工程中钢绞线的张拉。与相同吨位的其他千斤顶相比,ZPE 型千斤顶具有结构紧凑,外形尺寸小,穿心孔径大,自重轻,操作简单,维修方便等特点。

ZPE 系列千斤顶的外形见图 2-8-43,其成套设计参数见表 2-8-31。

2)SCJ 系列千斤顶

SCJ 系列千斤顶主要应用于钢绞线斜拉索桥梁工程中的整索索力的调整。它结构紧凑、体积小、重量轻。SCJ 系列千斤顶的外形见图 2-8-44,其成套设计参数见表 2-8-32。

图 2-8-43 ZPE 系列千斤顶的外形图

图 2-8-44 SCJ 系列千斤顶的外形图

ZPE 系列千斤顶成套设计参数 表 2-8-31

型号	分类	长度	直径(mm)	行程(mm)	活塞面积(cm^2)	荷载(kN)	油压(bar)	质量(kg)	适用于13mm (0.5 in)钢绞束型号	适用于15mm (0.6 in)钢绞束型号
ZPE-23FJ	Ⅰ	830	116	200	47.1	230	488	23	—	6-1
ZPE-30	Ⅱ	720	140	250	58.32	320	549	28	5-1	6-1
ZPE-3	Ⅲ	475	200	160	103.6	500	483	47	5-1	6-2
ZPE-60	Ⅲ	615	180	250	126.4	632	500	74	5-2、5-3	6-2、6-3
ZPE-7/A	Ⅲ	700	280	160	203.6	1 064	523	140	5-2～5-4	6-4
ZPE-12/St2	Ⅱ	610	310	100	309.4	1 850	600	151	5-6、5-7	6-6、6-7
ZPE-185	Ⅱ	600	295	100	309.3	1 856	600	120	5-12	6-3、6-4、6-7
ZPE-200	Ⅲ	1 170	315	300	325.7	2 000	614	305	5-7	6-6、6-7
ZPE-19	Ⅱ	730	390	100	500.3	2 900	580	294	5-12、5-19	6-12
ZPE-460/31	Ⅱ	580	485	100	804	4 660	580	435	5-18	6-18、6-19
ZPE-500	Ⅲ	1 000	550	200	894.6	5 000	559	1 064	5-22、5-31	6-18～6-22
ZPE-580	Ⅱ	760	500	150	961.7	5 805	610	460	5-22、5-31	6-12、6-19、6-22
ZPE-750	Ⅱ	1 185	520	150	1 247	7 500	601	1 100	5-12～5-31	6-31～6-43
ZPE-980	Ⅱ	810	645	150	1 652.3	9 750	590	800	5-31、5-55	6-27、6-31、6-37
ZPE-1000	Ⅲ	1 200	790	200	1 809.5	10 000	553	2 340		6-31～6-37
ZPE-1250	Ⅱ	1 290	620	150	2 168	12 500	577	1 730	5-37～5-55	6-43～6-55
ZPE-1450	Ⅱ	840	765	150	2 436.9	14 500	595	1 250	5-37～5-55	6-43、6-48、6-55

注:1bar＝10^5 MPa。

SCJ 系列千斤顶成套设计参数　　表 2-8-32

项目 型号	公称 张拉力 (kN)	公称 油压 (MPa)	张拉活 塞面积 (cm^2)	回程 油压 (MPa)	张拉 行程 (mm)	质量 (kg)	外形尺寸× 外径 (mm)
SCJ570	5 700	60	948	≤15	75	440	457×ϕ530
SCJ1130	11 300	60	1 847	≤15	75	790	457×ϕ720

3)ZPE 系列千斤顶的张拉空间要求

VSL 预应力体系的预应力束锚后预留长度及千斤顶的张拉空间要求分别见图 2-8-45 及图 2-8-46,其设计参数见表 2-8-33。

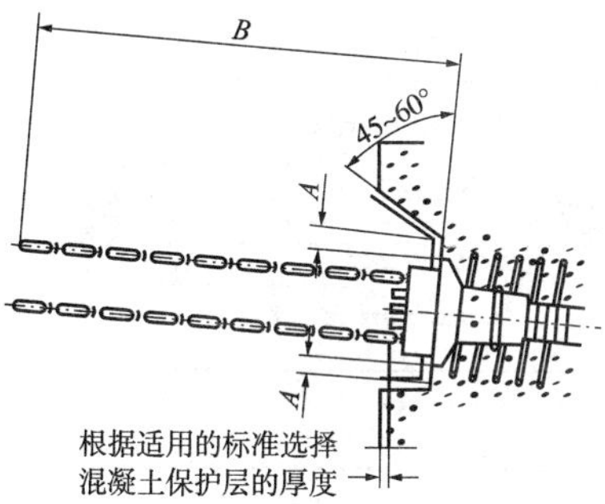

图 2-8-45　预应力束锚后预留长度要求

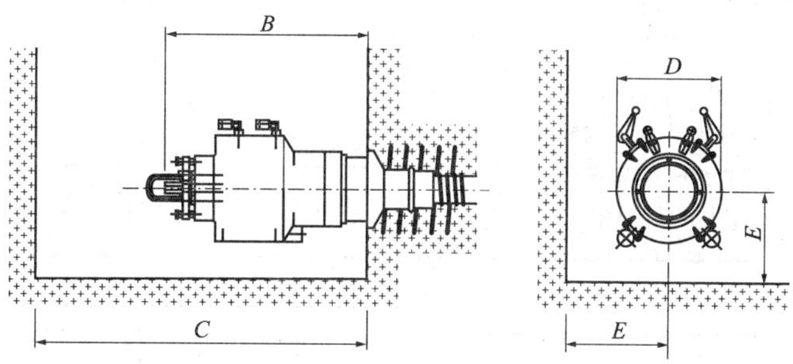

图 2-8-46　千斤顶的张拉空间要求

预应力束锚后预留长度及千斤顶的张拉空间要求(单位:mm)　　表 2-8-33

千斤顶型号	A_{min}	B	C	D	E
ZPE-23FJ		300～360	1 200	116	90
ZPE-30	30	600	1 350	140	100
ZPE-3	30	500	1 000	200	150
ZPE-60	30	650	1 250	180	140
ZPE-7/A	30	650	1 400	300	200
ZPE-12/St2	50	520	1 100	310	200
ZPE-185	50	620	1 220	300	180
ZPE-200	50	950	2 000	330	210
ZPE-19	50	700	1 500	390	250
ZPE-460/31	60	560	1 300	485	300
ZPE-500	80	950	2 000	585	330
ZPE-580	80	860	1 620	500	280
ZPE-750	80	1 200	2 400	570	365
ZPE-980	80	950	1 760	650	360

续上表

千斤顶型号	A_{min}	B	C	D	E
ZPE-1000	80	1 200	2 400	790	450
ZPE-1250	90	1 300	2 550	710	375
ZPE-1450	90	1 010	1 850	770	420

九、预应力的施加方法

VSL 预应力体系配有一系列双动穿心式千斤顶,千斤顶无顶压器,采用自锚锚固钢绞线。预应力的施加可分为图 2-8-47 所示的几个阶段。

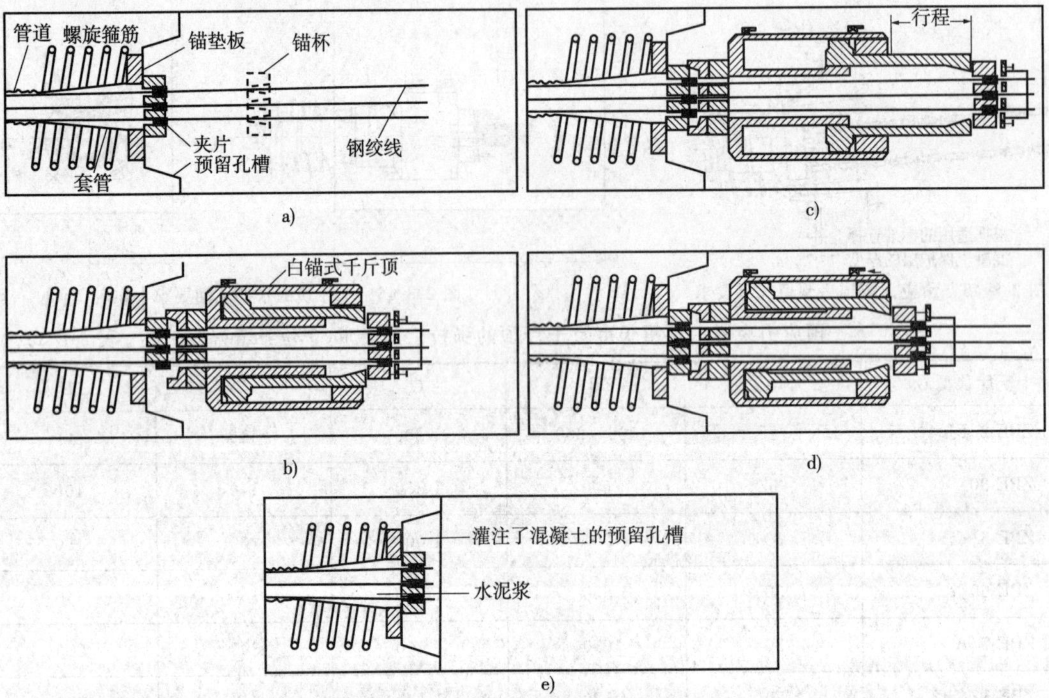

图 2-8-47　预应力的施加阶段示意图

1)准备工作

穿进钢束,安装锚杯及夹片。

2)千斤顶的定位

将自锚式千斤顶定位,若是较小型的千斤顶,采用人工定位;若是较大型的千斤顶,采用起重机或其他辅助设备定位。

3)张拉

采用高压油泵对千斤顶加压,记录千斤顶的压力及钢束的延伸率。

4)锚固

当千斤顶行程已满或已达到所需张拉力时,给千斤顶回油,把钢绞线整齐地锚固在锚具内;千斤顶的活塞返回原位;如仍需张拉,推紧自动工具锚;继续张拉,直至达到所需的张拉力为止。

5)灌浆及封口

移去千斤顶,切除多余的钢绞线,然后对孔道灌浆,最后用混凝土封住预留孔槽。预应力束孔道灌浆的压浆口及出气孔的布置可参见图 2-8-48。

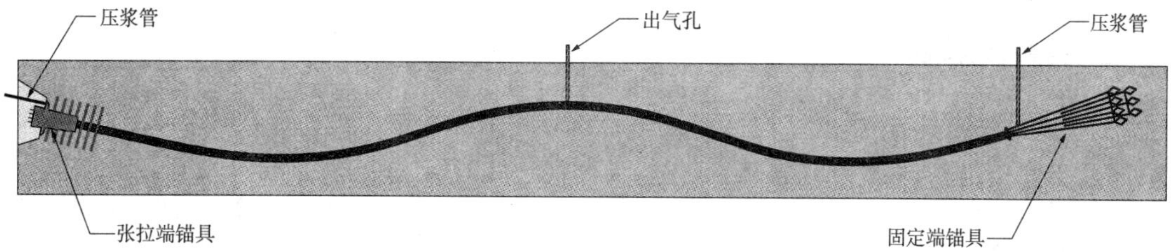

图 2-8-48 预应力孔道压浆口及出气孔的布置示意图

十、主要特点

(1)VSL 预应力体系采用钢绞线作为预应力筋,钢束中的每根钢绞线同时受力,但分别锁定于锚杯内。

(2)可适用于不同直径、不同标准的钢绞线。

(3)每种锚具均有一系列因不同需要而设计的规格供选用。

(4)用料适当,设备简单,安装方法合理。

(5)由于采用钢绞线作预应力筋,特别是采用真空辅助压浆工艺,灌浆后与混凝土的黏结效果很好。

(6)钢绞线的破断荷载按 BS 标准的最高级别设计使用,可保证采用其他标准的可能性。

(7)混凝土的强度按较低的标准使用,设计混凝土的强度为 35MPa,达到 25MPa 的强度即可张拉,保证了在较低强度等级的混凝土结构中也能使用预应力。

(8)无论圆锚或扁锚,卸荷锚固时夹片回缩值均为 6mm。

(9)在低锚固应力状态时,要采取特别的措施,防止夹片松动,钢绞线滑移。

第九节 YM 型预应力张拉锚固体系

一、概述

YM 型钢绞线预应力张拉锚固体系是交通部“七五”、“八五”期间的重点科技项目——大吨位钢绞线成套张拉设备和大吨位锚具的研究成果,是由交通部公路规划设计院和交通部新津筑路机械厂负责,安徽省四方交通工程设备厂参加共同研制的。

该项目于 1985 年经交通部批准立项,经过六年努力,研制出 YM 锚具体系和配套设备 1990 年 9 月通过交通部组织的专家评议,随后完成了工业性试验,于 1992 年 4 月通过了交通部的鉴定。

YM型预应力张拉锚固体系是在广泛地采纳工程单位意见，吸收国内外先进技术的基础上研制出来的，产品性能符合国际预应力混凝土协会《后张预应力体系的验收和应用建议》(1981年)的建议。

该体系属于无顶压的锚固体系，现由交通部新津筑路机械厂与合肥四方交通工程设备厂生产。

二、锚具、连接器

YM体系的锚具、连接器结构形式及系列设计参数见附录七——中华人民共和国国家标准《预应力筋用锚具、夹具和连接器》(GB/T 14370—2007)。

三、张拉千斤顶

YM型预应力张拉锚固体系配套的千斤顶为YCL型系列穿心式千斤顶，千斤顶的结构形式和操作方法与QM型体系的YCQ型千斤顶相同，其系列技术参数见表2-9-1。

YCL系列千斤顶技术参数 表2-9-1

型　号	额定压力(MPa)	张拉力(kN)	张拉活塞面积(mm^2)	张拉行程(mm)	穿心孔径(mm)	质量(kg)	外形尺寸		适用张拉锚具型号	钢绞线最短预留长度(cm)
							ϕD(mm)	L(mm)		
YC3	50	30	—	—	—	—	—	—	H型锚具(轧花)	—
YCL22	50	220	5 105	200	20	21	110	500	单根张拉	180
YCL40	50	400	7 854	200	—	50	130	380	P型锚具(挤压)	—
YCL150	50	1 500	30 238	200	100	120	280	400	YM15-7 YM12-9	600
YCL200A	50	2 000	39 760	200	118	192	320	430	YM15-9 YM12-12	630
YCL250	50	2 500	50 580	200	130	235	370	450	YM15-12 YM12-19	670
YCL320	50	3 200	65 345	200	150	350	400	456	YM15-14 YM12-19	700
YCL420	50	4 200	85 058	200	160	446	460	480	YM15-19 YM12-27	750
YCL520	50	5 200	100 530	200	184	554	505	482	YM15-22 YM12-31	770
YCL650	50	6 500	131 868	200	210	898	565	630	YM15-31 YM12-42	1 100
YCL900	50	9 000	180 249	200	240	1 300	660	630	YM15-42 YM12-55	1 150
YCL1200	50	12 000	251 406	200	270	1 700	760	630	YM15-55	1 200

注：钢绞线最短预留长度包含工具锚、工作锚、限位板长度。

四、预应力的施加方法

YM 体系的预应力施国方法与 QM 体系及 OVM 体系相同。

五、主要特点

与 OVM 体系相同。

六、注意事项

在构件端部锚座的在布置(图 2-9-1)应满足表 2-9-2 或表 2-9-3 的要求。在采用挤压式锚具时,锚板的布置(图 2-9-2)应满足表 2-9-4 或表 2-9-5 的要求。其余同 OVM 体系。

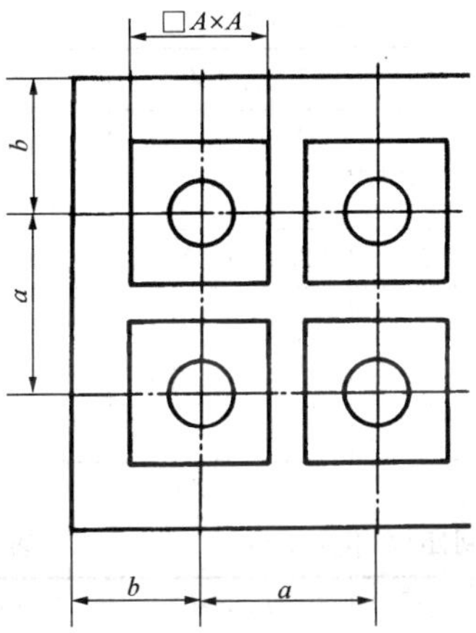

图 2-9-1　锚座在构件端部的布置

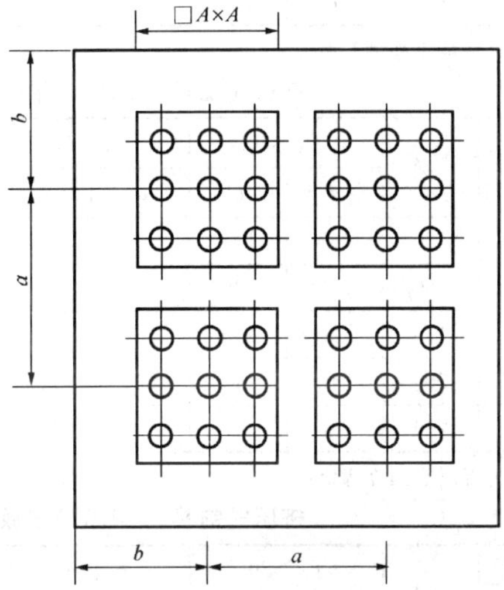

图 2-9-2　挤压式锚具锚板在构件端部的布置

YM15 锚座的最小布置间距(单位:mm)　　表 2-9-2

型号	□A	$f_{ck}\geqslant30$		$f_{ck}\geqslant45$		型号	□A	$f_{ck}\geqslant30$		$f_{ck}\geqslant45$	
		a	b	a	b			a	b	a	b
YM15-3	135	160	120	140	110	YM15-16	290	370	225	330	205
YM15-4	150	190	135	170	125	YM15-19	310	400	240	360	220
YM15-5	165	210	145	190	135	YM15-22	340	430	255	380	230
YM15-6	180	230	155	210	145	YM15-25	355	460	270	410	245
YM15-7	190	240	160	220	150	YM15-27	380	480	280	430	255
YM15-8	205	250	165	240	160	YM15-31	390	520	300	470	275
YM15-9	215	270	175	260	170	YM15-37	430	570	325	500	290
YM15-10	225	285	185	270	175	YM15-42	475	610	345	540	310
YM15-12	250	320	200	290	185	YM15-55	540	700	390	630	355

注:f_{ck}为混凝土强度等级。

YM12 锚座的最小布置间距(单位:mm) 表 2-9-3

型号	□A	$f_{ck}\geqslant30$		$f_{ck}\geqslant45$		型号	□A	$f_{ck}\geqslant30$		$f_{ck}\geqslant45$	
		a	b	a	b			a	b	a	b
YM12-3	120	140	110	130	105	YM12-19	270	330	205	310	195
YM12-4	135	160	120	150	115	YM12-22	290	360	220	330	205
YM12-5	145	180	130	160	120	YM12-24	300	380	230	340	210
YM12-6	155	190	135	180	130	YM12-27	310	400	240	360	220
YM12-7	165	210	145	190	135	YM12-31	340	430	255	380	230
YM12-8	175	220	150	200	140	YM12-37	370	470	275	430	255
YM12-9	185	240	160	220	150	YM12-42	395	500	290	450	265
YM12-10	190	250	165	230	155	YM12-55	460	580	330	510	295
YM12-12	215	270	175	240	160						

注:f_{ck}为混凝土强度等级。

挤压式锚具(YMP15)锚板的最小配置间距(单位:mm) 表 2-9-4

型号	□A	$f_{ck}\geqslant30$		$f_{ck}\geqslant45$		型号	□A	$f_{ck}\geqslant30$		$f_{ck}\geqslant45$	
		a	b	a	b			a	b	a	b
YMP15-3	120	180	115	160	105	YMP15-8	210	280	165	250	150
YMP15-4	150	210	130	190	120	YMP15-9	220	290	170	260	155
YMP15-5	170	220	135	200	135	YMP15-12	250	350	200	300	175
YMP15-6	200	240	145	220	135	YMP15-19	300	420	235	370	210
YMP15-7	200	260	160	240	150	YMP15-27	350	500	275	450	250

注:f_{ck}为混凝土强度等级。

挤压式锚具(YMP12)锚板的最小配置间距(单位:mm) 表 2-9-5

型号	□A	$f_{ck}\geqslant30$		$f_{ck}\geqslant45$		型号	□A	$f_{ck}\geqslant30$		$f_{ck}\geqslant45$	
		a	b	a	b			a	b	a	b
YMP12-3	100	150	95	140	90	YMP12-9	170	250	150	220	135
YMP12-4	120	170	110	150	100	YMP12-12	200	290	175	260	160
YMP12-5	130	190	120	170	110	YMP12-19	250	350	200	330	190
YMP12-6	150	200	125	180	115	YMP12-27	330	420	235	380	165
YMP12-7	150	220	135	200	125	YMP12-31	350	450	250	400	225
YMP12-8	165	230	140	210	130						

注:f_{ck}为混凝土强度等级。

第十节　XYM 型预应力张拉锚固体系

一、概述

XYM 型预应力张拉锚固体系是由中原预应力工艺设备厂与交通部公路规划设计院合作

共同研制的一种钢绞线预应力体系。该体系结构形式介于 XM 型与 YM 型之间，兼有两者的特点。该体系于 1992 年在河南省开封市通过省级鉴定。

根据预应力筋形式的不同，可分为 XYM5、XYM7、XYM8 高强钢丝型和 XYM15、XYM13 钢绞线型。其性能指标和试验参数均达到《预应力筋用锚具、夹具和连接器》(GB/T 14370)要求及满足国际预应力混凝土协会《后张预应力体系的验收建议》即 FIP(1991)标准要求。

二、锚具、连接器

XYM 型锚固体系分群锚(XYM)和扁锚(KBM)两个系列，张拉端锚具、固定端锚具和连接器三类。其中固定锚具又分为轧花式(H 型)锚具和挤压式(P 型)锚具两种。

1. 群锚锚具

1)张拉端锚具

其结构形式和工作原理与 YM 锚具相同，也可作为固定端锚具使用。当锚固钢绞线时，夹片为二片直立式；当锚固高强钢丝束时，夹片与 XM 型相似，为三片斜开缝式。锚具的结构见图 2-10-1，其成套设计参数见表 2-10-1。

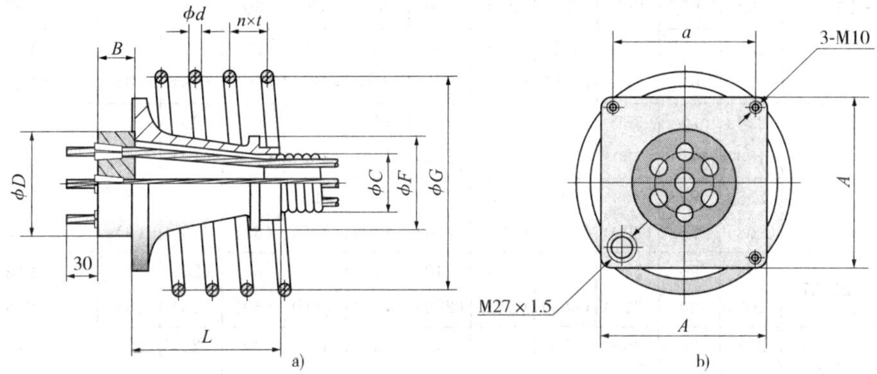

图 2-10-1　XYM 型张拉端锚具结构(单位：mm)

张拉端锚具成套设计参数　表 2-10-1

锚具型号	锚环 (mm)		锚垫板 (mm)				波纹管 (mm)	螺旋筋 (mm)				千斤顶型号
	φD	B	A	L	φF	a	φC 内	φG	t	φd	n	
XYM15(13)-1	48 (40)	52 (50)	90 (90)	35 (35)		70 (70)		80 (85)	30 (35)	6	4 (4)	QYC230
XYM15(13)-2	94 (80)	52 (50)	135 (120)	110 (110)		85 (80)	45 (40)	120 (110)	40 (50)	8 (8)	3 (3)	YDC650 (YDC650)
XYM15(13)-3	94 (80)	52 (50)	135 (120)	110 (110)		85 (80)	50 (50)	130 (130)	40 (50)	10 (8)	4 (3)	YDC650 (YDC650)
XYM15(13)-4	99 (85)	55 (50)	150 (135)	120 (120)		100 (95)	50 (50)	150 (150)	50 (50)	14 (10)	4 (4)	YDC1500A (YDC650)

续上表

锚具型号	锚环 (mm)		锚 垫 板 (mm)				波纹管 (mm)	螺 旋 筋 (mm)				千斤顶型号
	ϕD	B	A	L	ϕF	a	ϕC 内	ϕG	t	ϕd	n	
XYM15(13)-5	108 (94)	55 (55)	180 (150)	130 (120)		130 (110)	55 (50)	170 (160)	50 (50)	14 (14)	4 (4)	YDC1500A (YDC1500A)
XYM15(13)-6,7	128 (108)	55 (55)	190 (165)	160 (150)	140	140 (125)	70 (60)	200 (190)	50 (50)	14 (14)	4 (5)	YDC1500A (YDC1500A)
XYM15-8	139	60	230	180	160	180	80	240	60	16	5	YDC2000
XYM15(13)-9	154 (128)	60 (60)	240 (180)	190 (160)	170 (130)	190 (140)	80 (60)	240 (220)	60 (50)	16 (16)	5 (5)	YDC2000 (YDC1500A)
XYM15-10	168	60	250	210	180	200	80	270	60	16	6	YDC2500A
XYM15(13)-12	168 (148)	60 (60)	260 (215)	210 (190)	180 (150)	210 (175)	90 (80)	270 (240)	60 (60)	16 (16)	6 (5)	YDC2500A (YDC2000)
XYM15-14	188	65	270	220	190	220	90	310	60	18	6	YDC3000
XYM15-16	208	65	290	250	220	240	90	330	60	18	6	YDC4000A
XYM15(13)-19	208 (178)	70 (65)	310 (270)	265 (260)	220 (180)	260 (230)	100 (90)	350 (310)	60 (60)	18 (18)	7 (6)	YDC4600 (YDC3000)
XYM15(13)-22	229 (188)	70 (65)	380 (290)	265 (260)	230 (200)	330 (250)	120 (100)	380 (330)	60 (60)	20 (18)	7 (6)	YDC4600 (YDC3000)
XYM15(13)-24	238 (208)	75 (75)	380 (300)	380 (270)	240 (230)	330 (260)	120 (100)	380 (340)	60 (60)	20 (18)	7 (6)	YDC6500 (YDC4600)
XYM15(13)-25,27	248 (208)	90 (80)	380 (320)	300 (280)	250 (245)	340 (280)	120 (100)	400 (360)	60 (60)	20 (18)	7 (6)	YDC6500 (YDC4600)
XYM15(13)-31	278 (238)	90 (90)	390 (340)	355 (320)	300 (255)	340 (300)	130 (105)	450 (380)	70 (60)	22 (20)	8 (6)	YDC6500 (YDC4600)
XYM15(13)-37	288 (238)	100 (100)	430 (370)	435 (370)	320 (275)	380 (330)	140 (120)	500 (430)	70 (70)	22 (22)	8 (6)	YDC8000 (YDC6500)
XYM(13)-42	268	100	395	380	295	355	130	450	70	22 (22)	7	YDC10000
XYM15-44	328	110	460	465	350	410	160	550	70	22	8	YDC10000
XYM15(13)-55	360 (298)	120 (110)	530 (460)	515 (460)	405 (320)	480 (420)	160 (140)	630 (510)	70 (70)	25 (22)	9 (7)	YDCl2000 (YDC10000)

2)固定端锚具

图 2-10-2　XYMP 型固定端锚具实物

XYM15P 和 XYM13P 型挤压式固定端锚具适用于构件端部设计应力大或端部空间受到限制的情况。它是用挤压机将挤压套压结在钢绞线上的一种握裹式锚具。它需要预埋在混凝土内,混凝土凝固到设计强度后,再进行张拉。

锚具的实物见图 2-10-2,结构见图 2-10-3,其成套设计参数见表 2-10-2。

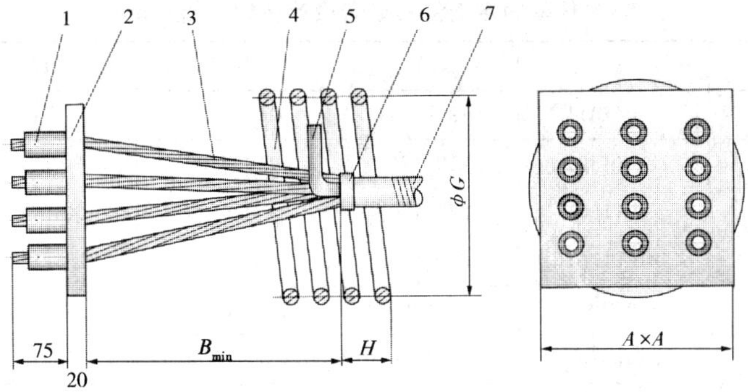

图 2-10-3　XYMP 型固定端锚具结构(尺寸单位:mm)

1-挤压锚;2-固定锚板;3-钢绞线;4-螺旋筋;5-排气管;6-约束圈;7-波纹管

XYMP 型固定端锚具成套设计参数(单位:mm)　　表 2-10-2

尺寸＼型号	XYM 15(13) P-1	XYM 15(13) P-2	XYM 15(13) P-3	XYM 15(13) P-4	XYM 15(13) P-5	XYM 15(13) P-6,7	XYM 15(13) P-8	XYM 15(3) P-9	XYM 15(13) P-11,12	XYM 15(13) P-15	XYM 15(13) P-19	XYM 15(13) P-27	XYM 15(13) P-31
A	70	120 (100)	120 (100)	150 (120)	170 (130)	200 (150)	220 (160)	220 (170)	250 (200)	300 (230)	300 (250)	350 (330)	(350)
B_{min}	—	150 (100)	180 (120)	240 (180)	300 (240)	380 (300)	440 (350)	440 (380)	500 (440)	720 (480)	720 (500)	860 (720)	(900)
H	85	110 (85)	110 (85)	l10 (110)	110 (110)	120 (110)	120 (110)	120 (110)	135 (120)	135 (120)	135 (135)	135 (135)	(135)
ϕG	70	130 (130)	130 (130)	140 (140)	150 (150)	210 (170)	230 (180)	240 (200)	240 (200)	240 (230)	270 (230)	270 (270)	(270)

XYM15H、XYM13H 型轧花式固定端锚具是利用压花机将钢绞线端头压成梨形头的一种锚具,它为内置自锚式锚具,按需要订做成正方形、长方形多种形式排列。压花机形式见图 2-10-4,锚具的实物见图 2-10-5,结构见图 2-10-6,其成套设计参数见表 2-10-3。

图 2-10-4　压花机形式

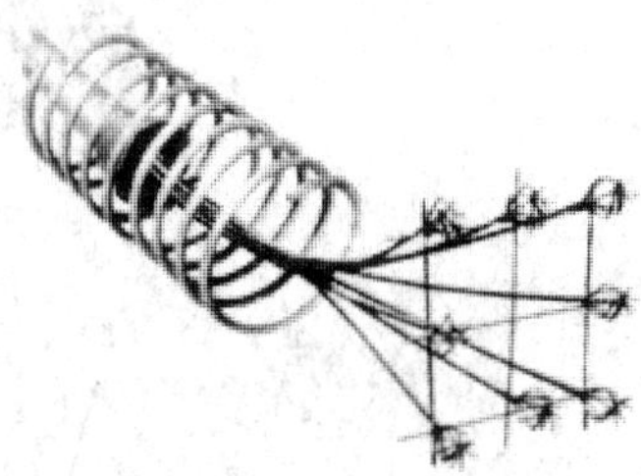

图 2-10-5　锚具的实物

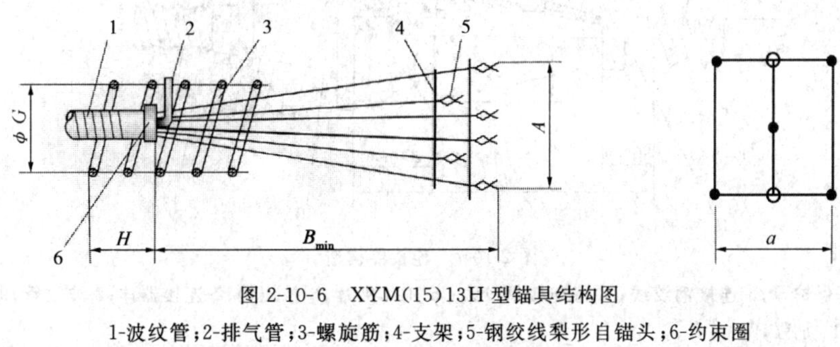

图 2-10-6　XYM(15)13H 型锚具结构图

1-波纹管;2-排气管;3-螺旋筋;4-支架;5-钢绞线梨形自锚头;6-约束圈

XYMH 型固定端锚具成套设计参数(单位:mm)　　表 2-10-3

型　　号	a	A	$B_{\min}$	H	ϕG
XYM15(13)H-3	90(70)	190(130)	950(650)	145(145)	130(130)
XYM15(13)H-4	190(150)	210(170)	950(650)	145(145)	140(140)
XYM15(13)H-5	200(160)	220(180)	950(650)	145(145)	150(150)
XYM15(13)H-6,7	210(170)	230(190)	1 300(850)	155(155)	210(170)
XYM15(13)H-9	270(220)	310(250)	1 300(850)	155(155)	240(200)
XYM15(13)H-12	330(270)	390(310)	1 300(850)	155(155)	240(200)
XYM15(13)H-19	390(310)	470(390)	1 300(950)	155(155)	270(230)
XYM15(13)H-27	450(410)	520(430)	1 700(1 150)	165(155)	270(270)
XYM15(13)H-31	510(430)	570(470)	1 700(1 150)	165(155)	350(270)
XYM15(13)H-37	510(430)	690(570)	2 000(1 680)	185(165)	400(400)
XYM15(13)H-43	550(500)	750(580)	2 500(1 680)	210(185)	470(400)
XYM15(13)H-55	620(560)	850(680)	2 500(1 980)	240(185)	520(400)

3)连接器

XYM 型连接器的主要作用是将要接长的新钢束连接到已张拉锚固的钢束上。连接器的构造见图 2-10-7,新钢束末端的挤压头与挤压式锚具相同,其系列设计参数见表 2-10-4。

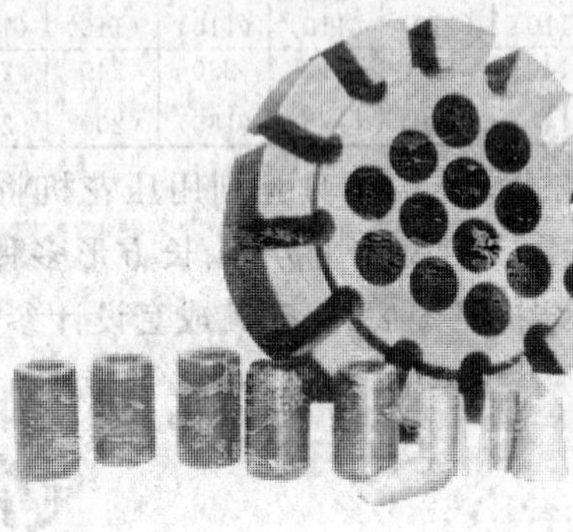

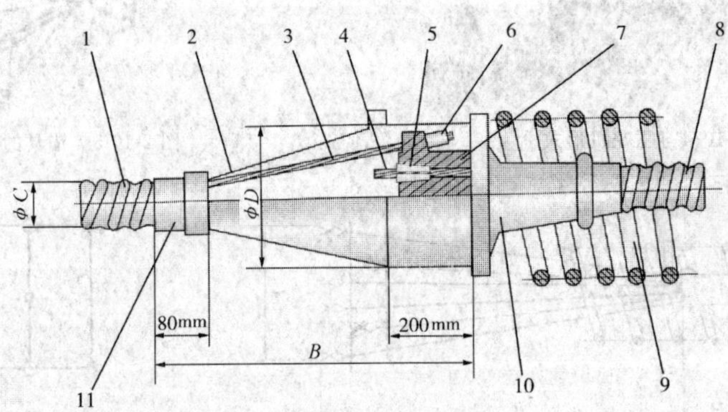

图 2-10-7　连接器构造

1-波纹管;2-保护罩;3-连接钢绞线;4-待连接钢绞线;5-工作夹片;6-挤压锚;7-连接器体;8-波纹管;9-螺旋筋;10-锚垫板;11-加强环

XYM15 型连接器系列设计参数(单位:mm)　　表 2-10-4

规格	XYM15 (13)L-3	XYM15 (13)L-4	XYM15 (13)L-5	XYM15 (13)L-6,7	XYM15 L-8	XYM15 (13)L-9	XYM15 L-10	XYM15 (13)L-12	XYM15 (13)L-19
ϕD	162 (140)	168 (145)	175 (154)	196 (168)	208	222 (188)	236	236 (208)	276 (238)
ϕB	505 (445)	510 (445)	525 (460)	590 (500)	600	660 (565)	680	680 (630)	746 (670)
ϕC	50 (40)	50 (50)	55 (50)	70 (60)	80	80 (60)	80	90 (80)	100 (90)

2. 扁锚锚具

其作用与 YM 型扁锚相同,主要用于桥面横向预应力、空心板、低高度箱梁等扁薄结构。KBM15(13)型张拉端锚具的实物见图 2-10-8,结构见图 2-10-9,其成套设计参数见表 2-10-5。

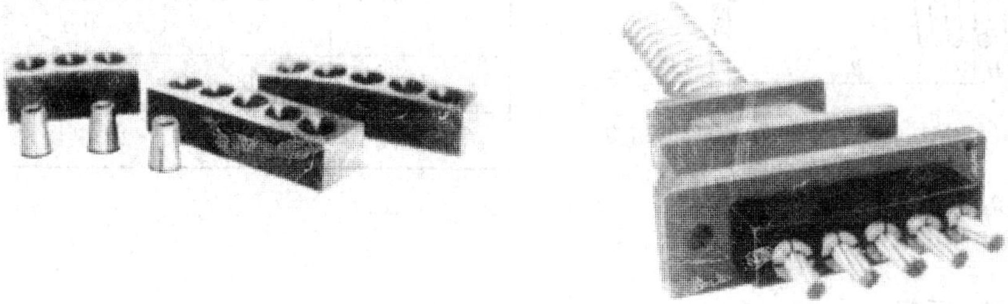

图 2-10-8　扁锚的锚具实物

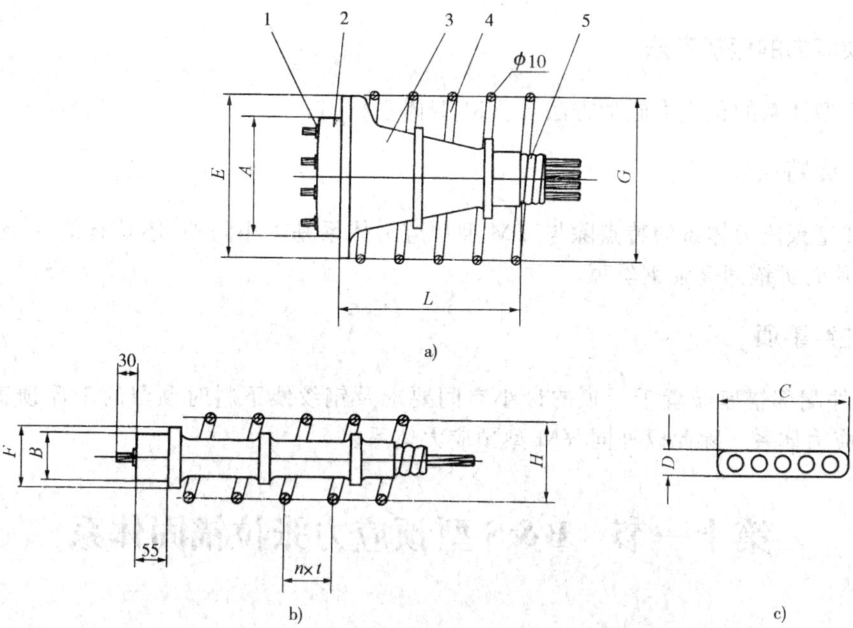

图 2-10-9　张拉端扁锚的锚具结构图(尺寸单位:mm)

1-钢绞线;2-锚板;3-喇叭管;4-螺旋筋;5-波纹管

张拉端扁锚的成套设计参数(单位:mm)　表 2-10-5

锚具型号	扁锚板		扁波纹管(内径)		扁锚垫板			扁螺旋筋			
	A	*B*	*C*	*D*	*E*	*F*	*L*	*G*	*H*	*n*	*t*
KBM15(13)-2	90	45	52	22	160	70	140	160	100	5	45
KBM15(13)-3	120	45	65	22	180	70	150	180	100	5	45
KBM15(13)-4	160	45	74	22	220	80	210	220	100	5	45
KBM15(13)-5	200	45	90	22	260	80	270	260	100	5	45

固定端锚具:KBM15(13)P 固定端锚具适用于使用群锚构件端部空间受到限制的情况。KBM15(13)型张拉端锚具的结构见图 2-10-10,其成套设计参数见表 2-10-6。

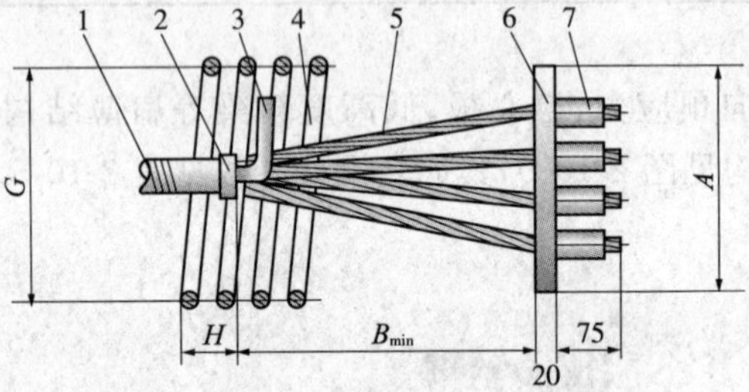

图 2-10-10　KBM15(13)P 型张拉端锚具的结构(尺寸单位:mm)

1-扁波纹管;2-扁约束圈;3-排气管;4-扁螺旋筋;5-钢绞线;6-固定锚板;7-挤压锚

KBM15(13)**P** 型固定端扁锚(单位:mm)　表 2-10-6

型号 / 尺寸	KBM15(13) P-3	KBM15(13) P-4	KBM15(13) P-5
A×宽度	180×70	200×70	220×70
B_{min}	300	400	500
H	100	150	150
G×宽度	180×100	220×100	260×100

三、张拉千斤顶

XYM 型锚具与 XM 型锚具配套同类型的千斤顶。

四、预应力的施加方法

XYM 型体系的预应力施加方法与 YM 型体系相同。

五、主要特点

XYM 型预应力体系的特点除与 YM 型预应力体系基本相同外,还具有的一个特点是,当采用斜夹片时可锚固高强钢丝束。

六、注意事项

在构件端部锚座布置千斤顶的最小空间要求及钢绞线下料时预留的千斤顶工作长度同 XM 型预应力体系。除此以外同 YM 型预应力体系。

第十一节　B&S 型预应力张拉锚固体系

一、概述

B&S 型预应力张拉锚固体系是北京市建筑工程研究院研制并开发的现代高效预应力体

系，预应力筋采用钢绞线。该体系于 1992 年通过部级鉴定，符合国标《预应力筋用锚具、夹具和连接器》(GB/T 14370)和国际预应力混凝土协会(FIP)《后张预应力体系的验收和应用建议》(1981 年)的要求。1993 年度被列入国家级新产品，1994 年被建设部列为科技成果重点推广项目。

该体系可锚固强度达 1860MPa 级的钢绞线预应力筋，预应力的张拉锚固既可以采用自锚，也可以采用弹簧式或液压式顶压器顶压锚固。

二、锚具、连接器

B&S 型锚固体系分为张拉锚具、固定锚具和连接器三类。其中张拉锚具又按锚座的不同形式(锚垫板加喇叭管式的和整体铸件式的)分为 Z 型和 ZT 型两种。各种锚具、连接器又按适用的钢绞线的不同规格分为 Z15 和 Z13 两个系列。

1. 张拉锚具

Z 型张拉锚具：锚杯的形式与 QM 型锚具相同，锚座的形式与 XM 型锚具相同，其结构形式见图 2-11-1，成套设计参数分别见表 2-11-1 和表 2-11-2。

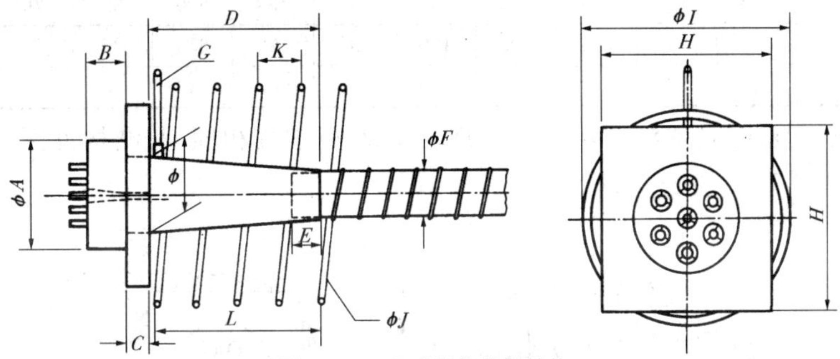

图 2-11-1　Z 型张拉锚具结构

Z13 张拉锚具成套设计参数(单位：mm)　　表 2-11-1

型号	ϕA	B	C	D	E	ϕF	G	H	ϕI	ϕJ	K	L	ϕ
Z13-3	80	45	18	120	30	45	15	110	130	10	50	150	55
Z13-4	90	50	20	140	30	50	20	120	150	10	50	200	65
Z13-5	100	50	20	140	30	55	20	140	180	10	50	250	75
Z13-7	110	55	25	150	30	60	20	160	200	12	50	250	85
Z13-9	130	60	25	150	50	70	20	180	220	12	50	300	105
Z13-12	140	60	30	250	50	75	20	220	270	14	60	300	120
Z13-13	155	60	30	250	50	75	20	220	270	14	60	300	130
Z13-14	155	60	30	250	50	80	20	220	270	16	60	300	130
Z13-19	175	70	35	350	60	90	25	270	340	16	60	360	150
Z13-21	195	80	40	380	60	95	25	300	370	18	60	360	170
Z13-22	205	80	40	380	60	95	25	300	370	18	60	360	180
Z13-25	215	90	45	440	80	105	25	350	440	18	60	420	190
Z13-31	215	90	50	440	80	105	25	350	440	18	60	420	190
Z13-37	240	100	55	480	80	130	40	390	490	20	70	420	215
Z13-43	270	110	60	540	100	140	40	420	520	20	70	490	245
Z13-55	280	130	70	540	100	150	50	480	600	22	70	560	255

Z15 张拉锚具成套设计套数(单位:mm)　　表 2-11-2

型号	ϕA	B	C	D	E	ϕF	G	H	ϕI	ϕJ	K	L	ϕ
Z15-3	88	50	18	120	30	50	15	120	150	10	50	200	65
Z15-4	98	50	20	140	30	55	20	160	200	10	50	250	70
Z15-5	118	60	20	160	50	60	20	180	220	12	50	250	80
Z15-7	130	60	30	200	50	65	20	200	250	12	50	300	90
Z15-9	155	60	30	240	50	75	20	220	270	14	60	360	115
Z15-12	170	60	35	300	50	85	20	270	340	16	60	360	125
Z15-13	170	70	35	300	50	85	20	270	340	16	60	360	145
Z15-14	170	70	35	300	50	85	20	270	340	16	60	360	145
Z15-19	190	85	40	400	60	100	25	320	400	19	60	420	165
Z15-21	215	90	45	440	80	120	25	350	440	18	60	420	190
Z15-22	225	90	45	440	80	120	25	350	440	18	60	420	200
Z15-25	240	100	50	480	80	140	40	380	480	20	70	490	215
Z15-31	240	100	55	480	80	140	40	420	520	20	70	490	215
Z15-37	265	115	60	540	100	150	40	480	600	22	70	560	240
Z15-43	295	125	70	640	100	180	50	520	650	25	70	560	270
Z15-55	310	150	80	740	100	180	50	580	740	25	70	630	285

ZT 型张拉锚具:锚具的结构和工作原理与 QM 型锚具相同,其结构见图 2-11-2,成套设计参数分别见表 2-11-3 和表 2-11-4。

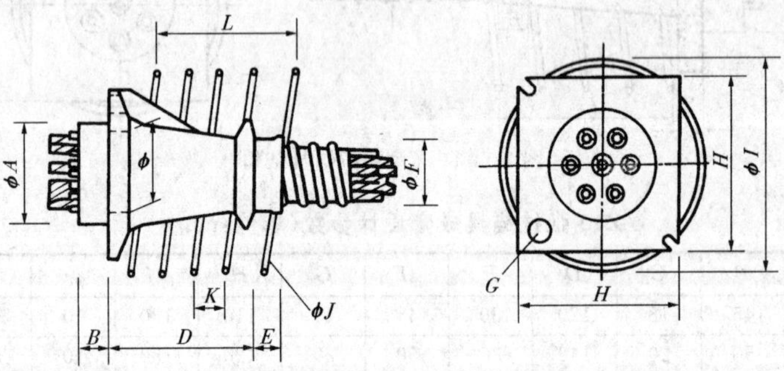

图 2-11-2　ZT 型张拉锚具结构

ZT15 张拉锚具成套设计参数(单位:mm)　　表 2-11-3

型号	ϕA	B	D	E	ϕF	G	H	ϕI	ϕJ	K	L	ϕ
ZT15-4	98	50	130	60	63	15	180	190	12	50	150	80
ZT15-5	118	60	130	60	68	15	180	210	12	50	150	80
ZT15-7	130	60	130	60	73	20	200	230	14	50	200	90
ZT15-9	155	60	160	60	83	20	220	250	16	60	240	110
ZT15-12	170	60	190	60	93	20	240	270	18	60	240	125
ZT15-19	190	85	200	60	108	20	260	290	18	60	240	155
ZT15-22	225	90	240	70	128	25	300	330	20	70	280	175
ZT15-25	240	100	280	70	148	25	340	370	20	70	280	190

ZT13 张拉锚具成套设计参数(单位:mm)　　表 2-11-4

型号	ϕA	B	D	E	ϕF	G	H	ϕI	ϕJ	K	L	ϕ
ZT13-4	90	50	120	50	58	15	140	170	10	50	150	75
ZT13-5	100	50	120	50	63	15	160	190	12	50	150	75
ZT13-7	110	55	120	50	68	20	180	210	12	50	150	85
ZT13-9	130	60	150	60	78	20	200	230	14	60	180	105
ZT13-12	140	60	170	60	83	20	220	250	16	60	180	115
ZT13-19	175	70	180	60	98	20	240	270	18	60	240	145
ZT13-22	205	80	210	60	103	25	280	310	18	60	240	160
ZT13-25	215	90	250	70	113	25	320	350	20	70	280	170

2. 固定锚具

B&S 型体系的固定锚具(ZH 型)的结构形式(图 2-11-3)与其他钢绞线群锚的固定锚具基本相同,其成套设计参数见表 2-11-5 和表 2-11-6。

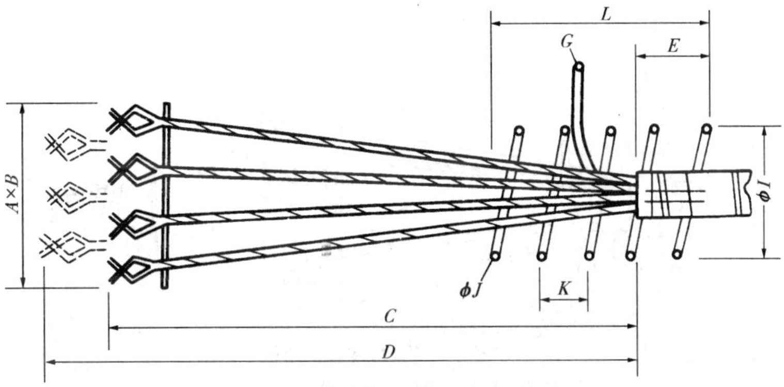

图 2-11-3　ZH 型固定锚具结构

ZH15 固定锚具成套设计参数(单位:mm)　　表 2-11-5

型号	A	B	C	D	ϕI	ϕJ	G	E	K	L
ZH15-3	290	90	950	—	150	10	15	100	50	200
ZH15-4	190	210	950	—	200	10	15	100	50	250
ZH15-5	190	210	950	—	220	12	15	100	50	250
ZH15-7	210	230	1 150	1 300	250	12	15	150	50	300
ZH15-9	210	230	1 150	1 300	270	14	15	180	60	360
ZH15-12	430	230	1 150	1 300	340	16	20	180	60	350
ZH15-19	390	470	1 150	1 300	400	18	20	180	60	420
ZH15-22	470	490	1 150	1 300	440	18	20	180	60	420
ZH15-31	570	510	1 550	1 700	520	20	25	200	70	490

ZH13 固定锚具成套设计参数(单位:mm) 表 2-11-6

型　号	A	B	C	D	ϕI	ϕJ	G	E	K	L
ZH13-3	230	70	930		130	10	15	100	50	200
ZH13-4	150	170	930		150	10	15	100	50	200
ZH13-5	150	170	930		180	10	15	100	50	250
ZH13-7	170	190	1 130	1 280	200	12	15	150	50	250
ZH13-9	170	190	1 130	1 280	220	12	15	150	50	300
ZH13-12	350	190	1 130	1 280	270	14	15	180	60	300
ZH13-19	310	390	1 130	1 280	340	16	20	180	60	360
ZH13-22	390	390	1 130	1 280	370	18	20	180	60	360
ZH13-31	470	430	1 330	1 480	440	18	20	180	60	360

3. 连接器

B&S 型体系的连接器(ZL 型)的结构形式(图 2-11-4)和作用与其他钢绞线群锚的连接器基本相同,其系列设计参数见表 2-11-7 和表 2-11-8。

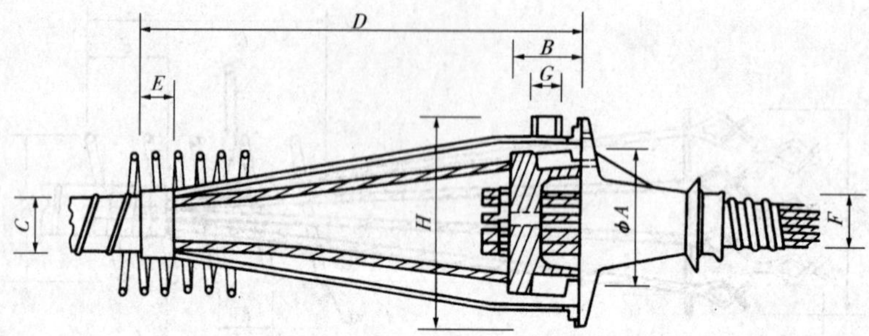

图 2-11-4　ZL 型连接器结构

ZL15 连接器系列设计参数(单位:mm) 表 2-11-7

型　号	ϕA	B	C	D	E	G	H
ZL15-3	168	110	30	440	50	15	200
ZL15-4	178	110	30	470	50	20	210
ZL15-5	188	110	30	500	50	20	220
ZL15-7	198	120	30	570	60	20	230
ZL15-9	220	120	30	600	60	20	270
ZL15-12	230	120	35	670	60	20	270
ZL15-19	270	130	40	780	80	25	300
ZL15-21	295	130	40	850	80	25	330
ZL15-31	320	140	45	1 120	100	40	360
ZL15-37	345	150	55	1 290	100	40	380
ZL15-55	390	170	60	1 500	100	50	440

ZL13 连接器系列设计参数(单位:mm)　　表 2-11-8

型　号	ϕA	B	C	D	E	G	H
ZL13-3	160	100	25	380	50	15	190
ZL13-4	170	100	25	430	50	20	200
ZL13-5	180	100	25	450	50	20	210
ZL13-7	190	110	30	480	60	20	220
ZL13-9	210	110	30	550	60	20	240
ZL13-12	220	110	30	600	60	20	255
ZL13-19	255	110	35	650	60	25	285
ZL13-21	275	110	40	720	80	25	305
ZL13-31	295	110	40	1 020	80	25	325
ZL13-37	320	140	45	1 180	100	40	355
ZL13-55	360	160	55	1 220	100	50	400

三、张拉千斤顶

B&S 型体系无专用的配套千斤顶,可以与多种钢绞线群锚千斤顶配套使用。

四、预应力的施加方法

B&S 型体系在采用顶压器时,预应力的施加方法与 XM 型体系相同;采用自锚时,预应力的施加方法 QM 型体系相同。

五、主要特点

B&S 型体系的基本特点与 QM 型体系基本相同,不同处主要为以下两点。

(1)夹片螺纹的螺距介于 XM 与 QM 型锚具之间,兼有两者的优点。

(2)锚座有两种形式可供选择。

六、注意事项

(1)在钢束锚固时,锚具的变形与钢绞线的回缩值,在设计时推荐按 5mm 计算。

(2)在预应力张拉时,锚具部分的摩阻损失按 2%计算。

(3)由于无专用配套千斤顶,在使用其他类型的千斤顶张拉时,应注意顶压器或限位板与锚具的适配性。

(4)锚座布置的最小间距要求:相邻锚座的中心距离大于锚下螺旋筋的直径加 20mm;锚座的中心到构件边缘的距离大于锚下的螺旋筋半径加 30mm。

第十二节　TM 型预应力张拉锚固体系

一、概述

TM 型预应力张拉锚固体系是由铁道部大桥局郑州预应力设备公司研制的一种后张法群

描体系。该体系从 1992 年 5 月开始研制，于 1994 年 1 月通过铁道部鉴定，鉴定认为该产品工艺先进，质量稳定，达到了设计要求的技术指标。

TM 型锚具适用于锚固标准强度为 1 570～1 860MPa 的 $\phi15.0$～$\phi15.7$mm 的钢绞线。锚具可以自锚，也可以采用顶压器顶压锚固。

二、锚具、连接器

TM 型锚固体系分为张拉锚具、固定锚具和连接器三类。其中张拉锚具又分 TMⅠ型、TMⅡ型和 TMⅢ型群锚及扁锚(TBM)。固定锚具分轧花式(H 型Ⅰ、Ⅱ)与挤压式(P 型)。连接器分为 TMLⅠ和 TMLⅡ型。

1. 张拉锚具

TMⅠ型张拉锚具：其结构形式与 XM 型锚具相似(图 2-12-1)，成套设计参数见表 2-12-1。

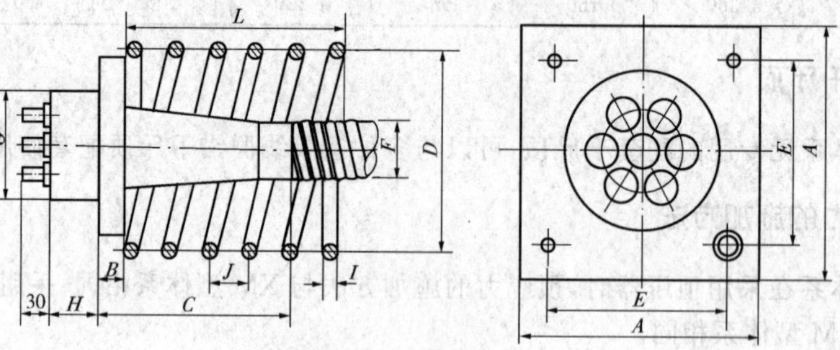

图 2-12-1　TMⅠ型张拉锚具结构(尺寸单位：mm)

TMⅠ型张拉锚具成套设计参数(单位：mm)　　表 2-12-1

规格		1	3	4	5	6,7	8	9	12	19	22	27	31	37
锚垫板	A		160	170	190	220	250	250	300	370	400	440	470	520
	B		20	25	25	30	35	35	40	50	50	55	60	60
	C		190	205	215	240	290	325	415	585	710	735	765	910
	E		100	110	130	160	190	190	240	310	340	380	410	460
管道	ϕF		50	50	60	70	75	80	90	100	115	120	135	148
锚环	ϕG	48	97	107	123	143	153	163	183	227	267	293	305	345
	H	48	50	50	50	55	60	60	75	78	85	90	100	116
螺旋筋	ϕD		140	170	190	210	240	260	280	350	380	430	470	500
	J		50	50	50	60	60	60	60	60	60	70	70	70
	ϕI		10	14	14	16	16	16	20	20	22	22	22	22
	L		200	200	250	300	360	360	360	420	420	560	560	560
	n		4	4	5	5	6	6	6	7	7	8	8	8

TMⅡ型和 TMⅢ型张拉锚具：这两种形式的锚具结构(图 2-12-2)相同，仅在所使用的夹片型方面有所不同。当采用 QM 式三夹片时，即为 TMⅡ型；采用 OVM 式两夹片时，既为 TMⅢ型。锚具的成套设计参数见表 2-12-2。

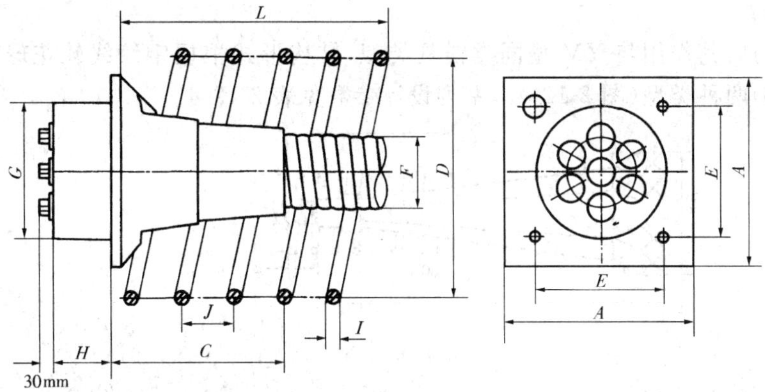

图 2-12-2　TMⅡ(TMⅢ)型张拉锚具结构

TMⅡ(TMⅢ)型张拉锚具成套设计参数(单位:mm)　　表 2-12-2

规格		1	3	4	5	6,7	8	9	12	19	22	27	31	37	42	55
锚垫板	A		135	150	170	190	200	210	250	310	330	360	390	430	470	540
	C		125	155	160	170	185	195	245	305	325	345	350	450	480	550
	E		75	90	110	130	140	150	190	250	270	300	330	370	410	480
管道	ϕF		50	50	60	70	75	80	90	100	115	120	135	148	158	178
锚环	ϕG	48	95	96	116	135	147	156	168	197	217	247	257	267	287	317
	H	48	48	50	55	60	60	60	70	90	100	120	120	130	140	160
螺旋筋	ϕD		140	170	190	210	240	260	280	350	380	430	470	500	540	630
	J		50	50	50	60	60	60	60	60	60	70	70	70	70	80
	ϕI		10	14	14	16	16	16	20	20	22	22	22	22	25	25
	L		200	200	250	300	360	360	360	420	420	560	560	560	560	720
	n		4	4	5	5	6	6	6	7	7	8	8	8	8	9

扁锚(TBM):其结构形式(图 2-12-3)和作用与 YM 型扁锚相类似,成套设计参数见表 2-12-3。

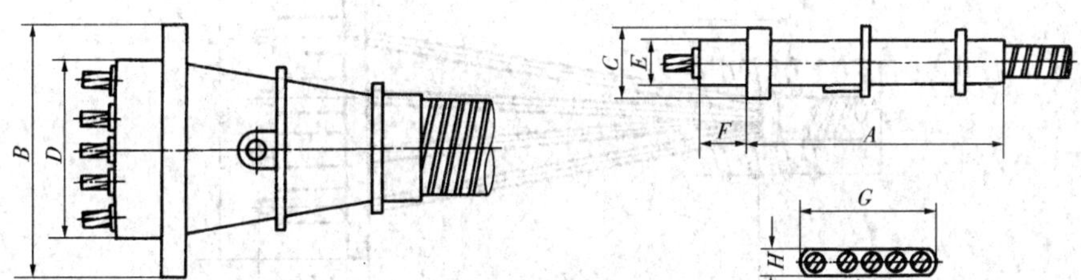

图 2-12-3　扁锚结构

TBM15 扁锚成套设计参数(单位:mm)　　表 2-12-3

钢绞线根数	喇叭管			锚　板			波纹管		钢绞线根数	喇叭管			锚　板			波纹管	
	A	B	C	D	E	F	G	H		A	B	C	D	E	F	G	H
2	200	140	70	80	48	50	50	19	4	290	220	70	150	48	50	70	19
3	250	180	70	115	48	50	60	19	5	320	260	70	185	48	50	90	19

2. 固定锚具

轧花式锚具:其作用与 YM 型同类锚具类似,结构形式根据钢绞线轧花球头的排列方式不同分 a)和 b)两种类型(图 2-12-4),系列设计参数见表 2-12-4。

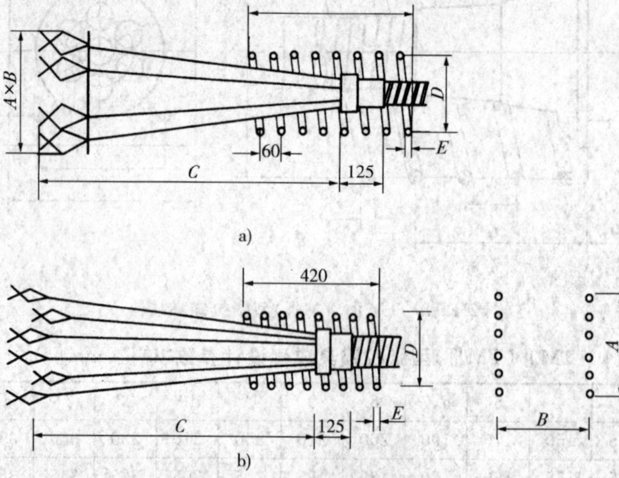

图 2-12-4　轧花式锚具结构(尺寸单位:mm)

TM15 轧花式锚具系列设计参数(单位:mm)　　表 2-12-4

规　格	3	4		7		12		19		31		37	
型号	Ⅰ	Ⅰ	Ⅱ	Ⅰ	Ⅱ	Ⅰ	Ⅱ	Ⅰ	Ⅱ	Ⅰ	Ⅱ	Ⅰ	Ⅱ
A	290	390	190	450	210	430	390	570	390	810	570	1050	690
B	90	90	210	90	230	230	330	230	470	260	510	370	510
C	845	845	845	1 330	1 330	1 330	1 180	1 330	1 330	1 740	1 740	2 065	2 065
D	—	—	—	200	200	230	230	300	300	400	400	400	400
E	—	—	—	14	14	14	14	16	16	18	18	20	20

挤压式锚具:其结构形式(图 2-12-5)作用与 YM 型同类锚具相同,系列设计参数见表 2-12-5。

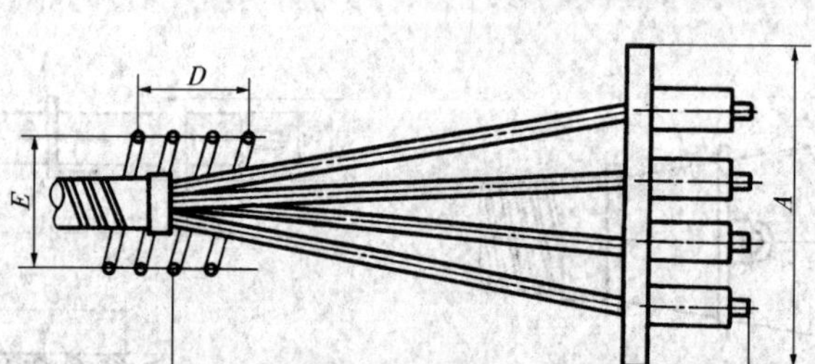

图 2-12-5　挤压式锚具结构(尺寸单位:mm)

TM15 挤压式锚具系列设计参数(单位:mm)　　表 2-12-5

规　格	3	4	5	6,7	9	12	9	27	规　格	3	4	5	6,7	9	12	9	27
A	120	150	170	200	220	250	300	350	D	200	250	250	250	300	300	360	360
B_{min}	180	240	300	380	440	500	720	860	ϕE	130	190	210	210	240	240	270	270
C	110	110	110	120	120	135	135	135									

3. 连接器

TMLⅠ连接器：其作用与其他钢绞线群锚连接器相同，结构形式见图 2-12-6，系列设计参数见表 2-12-6。

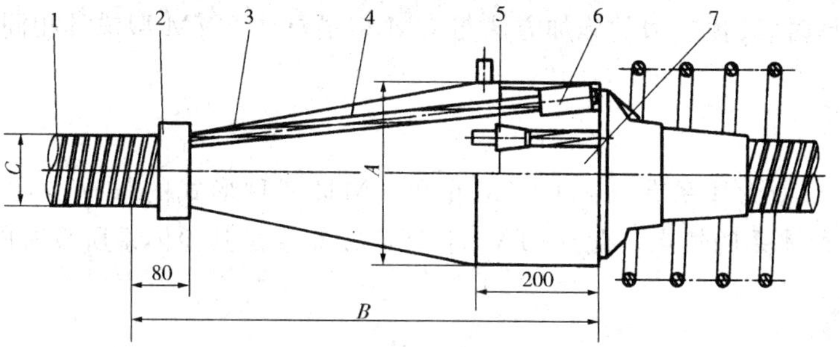

图 2-12-6 TMLⅠ连接器结构（尺寸单位：mm）

1-波纹管；2-约束环；3-外罩壳；4-连接预应力筋；5-锚具夹片；6-挤压头；7-连接器锚杯

TML15Ⅰ连接器系列设计参数（单位：mm） 表 2-12-6

规　格	3	4	5	6、7	8	9	12	19
A	170	180	195	215	225	235	265	300
B	400	450	520	570	600	660	700	760
C	50	50	60	70	75	80	90	100

TMLⅡ连接器：其作用与其他钢绞线连接器相同；在结构上与其他连接器不同的是，新钢束的连接不是采用连接器群锚锚具，而是采用单个连接器锚具。连接器的结构见图 2-12-7，其系列设计参数见表 2-12-7。

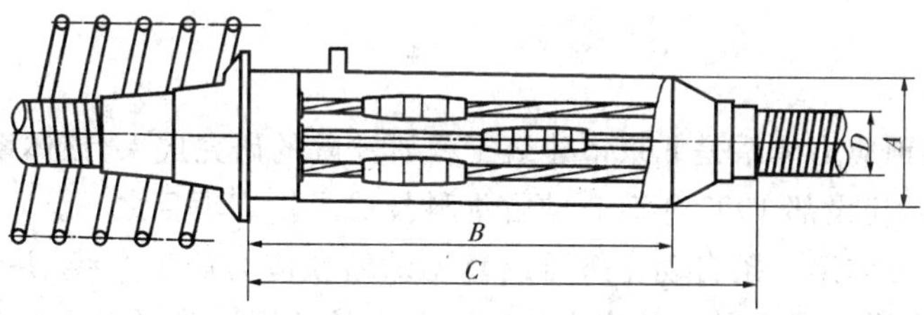

图 2-12-7 TMLⅡ连接器结构

TML15Ⅱ连接器系列设计参数（单位：mm） 表 2-12-7

规　格		3	4	5	6、7	8	9	12	19
连接器保护套	A	100	115	130	145	170	170	185	230
	B	790	585	790	800	590	800	810	820
	C	950	780	1 050	1 060	1 100	1 200	1 230	1 420
管道	D	50	50	60	70	75	80	90	100

三、张拉千斤顶

TM 型预应力张拉锚固体系无专用的配套千斤顶，但可以与 YCW 型及 YDC 型系列千斤顶配套使用。这两种类型千斤顶的技术参数及最小空间要求详见本章的第八节及第六节的张拉千斤顶。

四、预应力的施加方法

当为 TMⅠ型张拉锚具时，其预应力的施加方法应与 XM 型锚具相同；采用 TMⅡ型或 TMⅢ型张拉锚具时，其预应力的施加方法与 QM 型锚具或 OVM 型锚具相同。

五、主要特点

由于 TM 型预应力体系有 TMⅠ、TMⅡ和 TMⅢ三种形式的张拉锚具，因此具有 XM、QM 和 OVM 三种体系的特点。此外，TMLⅡ型连接器又是其他体系所没有的。

六、注意事项

(1)在钢束锚固时，锚具的变形和钢绞线的回缩值，当采用自锚时，推荐取 6mm；当采用顶压器顶压时，推荐取 4mm。

(2)在钢束张拉时，锚具部分的摩阻损失按张拉控制力的 2.5%计算。

(3)由于张拉锚具有多种形式，因此在使用时，一定要注意千斤顶、顶压器或限位板与锚具相配套，不能混用。

第十三节　BUPC 无黏结预应力筋张拉锚固体系

一、概述

BUPC 无黏结预应力体系是北京市建筑工程研究院的研究成果，该体系于 1981 年通过建设部的技术鉴定，是建设部 1991 年公布的首批科技成果推广项目之一。

BUPC 建成了国内第一条自动化挤压成套无黏结预应力筋生产线，并形成了锚固产品加工体系，在国内首次进行了无黏结预应力长期耐久性的工程试验研究。

二、无黏结预应力筋的制作

BUPC 无黏结预应力筋是通过专用设备在钢丝束或钢绞线上涂以润滑防锈油脂，并包裹塑料套管而成的，其构造见图 2-13-1。

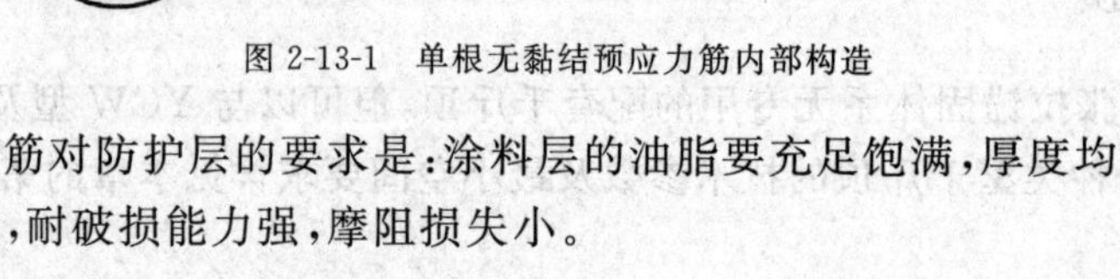

图 2-13-1　单根无黏结预应力筋内部构造

无黏结预应力筋对防护层的要求是：涂料层的油脂要充足饱满，厚度均匀，不允许漏除；成型管壁厚度要均匀，耐破损能力强，摩阻损失小。

1. 原材料

钢材：无黏结预应力钢材包括抗拉强度从 1 470MPa 到 1 860MPa 的各级钢绞线或 7 丝钢丝束。

涂料：无黏结预应力筋用油脂选用长沙炼油厂生产的"专用建筑油脂"，具有防锈、黏附耐酸和化学稳定性好等特点，并且融点也较高。

包裹材料：采用低密度高压聚乙烯，具有熔点低，黏度小，流动性好，在加工温度范围内不易分解，成型范围广，结晶温度范围窄等特点。

原材料的技术参数见表 2-13-1。

BUPC 无黏结预应力筋技术参数　　表 2-13-1

名　称	性能指标	钢　丝　束	钢　绞　线	低松弛钢绞线
		7ϕ5(7ϕ4)	ϕ15(ϕ12.7)	ϕ15(ϕ12.7)
钢材	抗拉强度(MPa)	1 570(1 570)	1 470(1 470)	1 862(1 862)
	延伸率(%)	4(4)	3.5(3.5)	3.5(3.5)
	截面面积(mm^2)	137.44 (87.96)	139.98 (89.45)	139.98 (89.45)
	理论质量(kg/m)	1.078 (0.690)	1.091 (0.697)	1.091 (0.697)
	弹性模量(MPa)	2.0×10^5 (2.0×10^5)	1.8×10^5 (1.8×10^5)	2.0×10^5 (2.0×10^5)
油脂	专用防腐油脂用量(kg/10m)	0.35～0.60 (0.22～0.38)	0.35～0.60 (0.22～0.38)	0.35～0.60 (0.22～0.38)
套管	聚乙烯用量(kg/10m)	0.30～0.55 (0.19～0.35)	0.30～0.55 (0.19～0.35)	0.30～0.55 (0.19～0.35)
摩擦因数	k	0.003 5	0.004	0.004
	μ	0.100 0	0.12	0.12

2. 主要工艺及流程

预应力筋挤压涂层工艺的特点是涂油预应力筋经过挤压成型后，塑料包裹层一次成型在预应力筋上。其工艺流程见图 3-13-2，主要工序是选盘、上盘、钢丝成束、涂油、包塑、冷却、牵引拖动、收线等八道。

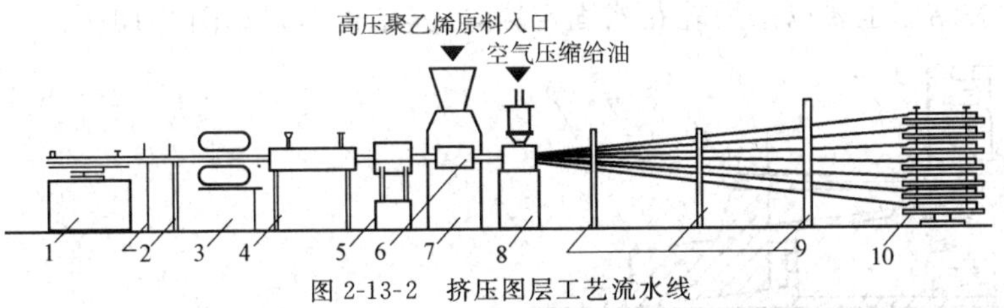

图 2-13-2　挤压图层工艺流水线

1-收线盘；2-定位装置；3-牵引机；4-水冷装置；5-风冷装置；6-成型机头；7-塑料挤压机；8-给油装置；9-梳子板；10-钢丝放线盘

三、锚具、连接器

BUPC 的锚固体系是专为无黏结预应力筋配套而设计的，主要包括甲、乙两种类型。甲型锚固体系主要用于钢丝束；乙型锚固体系主要用于钢绞线。

1. 无黏结钢丝束

无黏结钢丝束所用的甲型锚固体系主要是镦头锚具，锚具的结构和设计参数见本章第三

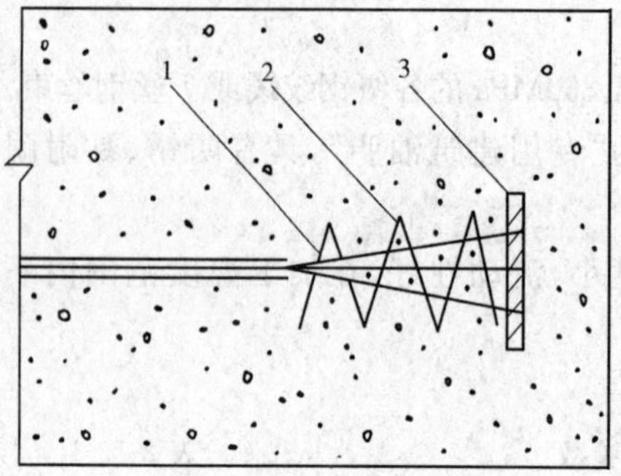

图 2-13-3　无黏结钢丝束用固定锚具

1-高强钢丝;2-螺旋钢筋;3-镦头锚板

节“DM 型钢丝镦头预应力张拉锚固体系”。此外,在构件的固定端也可以采用一种类似钢绞线群锚挤压式锚具的固定锚具,其结构见图 2-13-3。

2. 无黏结钢绞线

无黏结钢绞线用乙型锚固体系分为张拉锚具、固定锚具和连接器三类。其中张拉锚具又分组合式和铸件式两种。

1)张拉锚具

组合式张拉锚具:即由锚杯、夹片、锚垫板组合而成,共同作用。锚具的结构见图 2-13-4,分外露张拉端和穴模张拉端(在张拉端内部)两种情况。

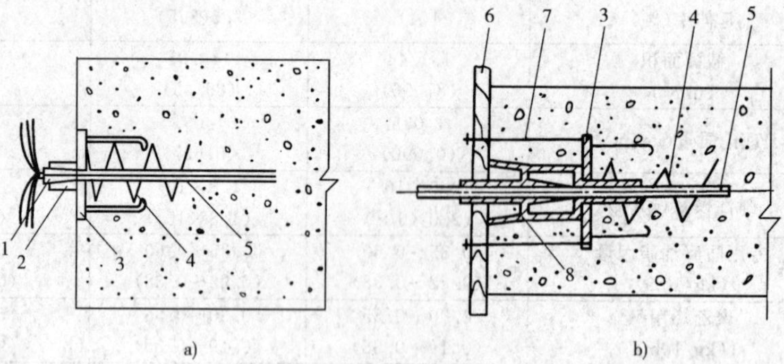

图 2-13-4　组合式张拉锚具结构

a)外露张拉端;b)穴模张拉端

1-夹片;2-锚杯;3-锚垫板;4-螺旋筋;5-钢绞线无黏结筋;6-模板;7-临时螺栓;8-塑料穴模

铸件式张拉锚具:将锚杯与锚垫板合为一体,采用铸件式,这样可减小锚具的尺寸,便于在构件的布置。锚具的结构见图 2-13-5。

2)固定锚具

钢绞线无黏结筋也要以采用轧花式固定锚具,其结构形式见图 2-13-6。

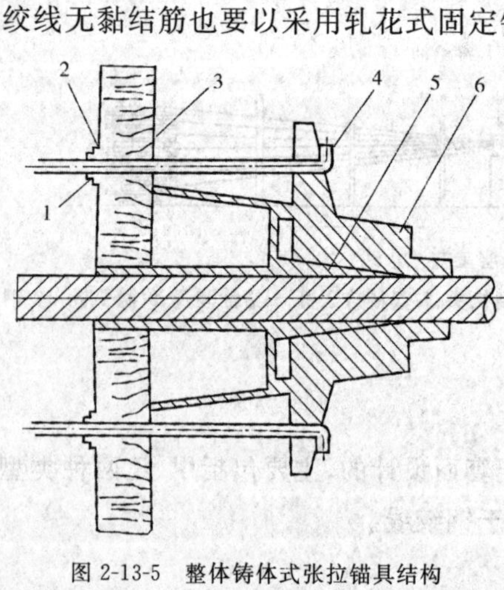

图 2-13-5　整体铸体式张拉锚具结构

1-螺帽;2-垫片;3-模板;4-固定螺栓;5-塑料穴模;6-整体铸件式锚块

图 2-13-6　轧花锚具结构

1-钢绞线无黏结筋;2-螺旋筋;3-轧花球头

3)连接器

钢绞线无黏结筋连接器的作用主要用于接长预应力筋,其结构见图 2-13-7。

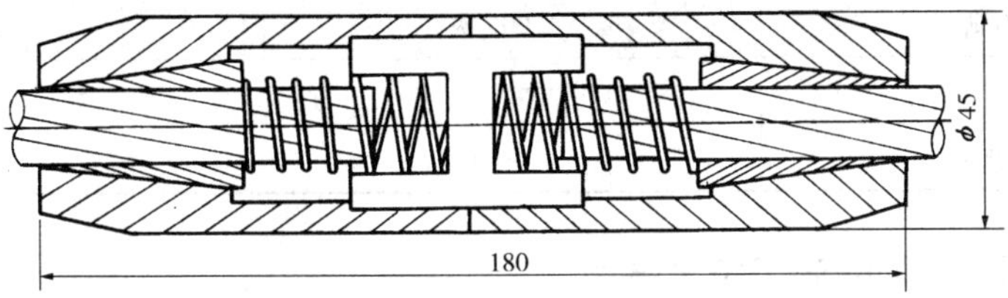

图 2-13-7　连接器结构(尺寸单位:mm)

四、张拉千斤顶

BUPC 无黏结预应力体系配套的是 YCN-18(25)型前卡式千斤顶,千斤顶的外形尺寸见图 2-13-8,其主要技术参数见表 2-13-2。这种千斤顶的特点是工具锚位于千斤顶的前部,可以自动夹持和自动松锚,钢筋外露的千斤顶的工作长度只需 20(或 25)cm,而且体积小,质量轻,便于操作。

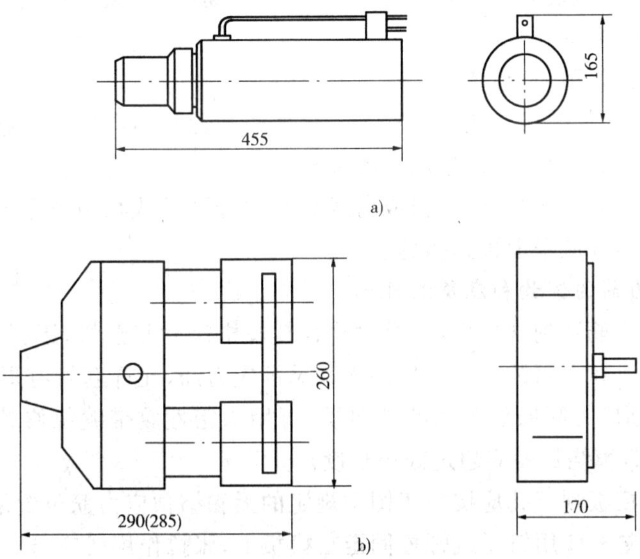

图 2-13-8　YCN-18(或 25)型前卡式千斤顶结构(尺寸单位:mm)

a)单缸千斤顶;b)双缸千斤顶

千斤顶的主要技术参数　　表 2-13-2

型　　号	YCN-18	YCN-25
适应预应力筋直径	ϕ15mm	ϕ15mm
额定张拉力	160kN	250kN
最大张拉力	180kN	300kN
工作行程	160mm	160mm

续上表

型　　号	YCN-18	YCN-25
工具锚寿命	2 000 次	2 000 次
外形尺寸	ϕ100mm×460mm	ϕ114mm×510mm
质量(含油)	18kg	25kg

五、无黏结预应力筋的施工技术要点

1. 无黏结预应力筋的制作、包装及运输

(1)单根无黏结预应力筋的制作,涂料层的涂敷和外包层的制作应一次完成,由专业化工厂生产。

(2)挤塑成型后的无黏结预应力筋应按工程所需的长度和锚固形式下料、组装。

(3)无黏结预应力筋下料长度应综合考虑其曲率、张拉伸长值等因素,根据不同的张拉方法和锚固形式预留张拉长度。

(4)根据预应力施工条件,无黏结预应力筋可采用以下两种方式运至施工现场。

①工厂预先下料并组装固定端后,逐根盘起运至现场(采用夹片式锚具组装固定端时,预紧力为 $0.75F_{ptk}$,允许误差为±3%)。

②成盘运至现场后下料及组装。

(5)装卸吊装时,应保持成盘或顺直状态。起吊和搬运时不得摔砸踩踏,严禁钢丝绳或其他坚硬吊具与无黏结预应力筋的外包层直接接触。

(6)无黏结预应力筋应按规格、品格成盘或顺直地分开堆放在通风干燥处。露天堆放时,不得直接与地面接触,并应采取覆盖措施。

2. 无黏结预应力筋的铺放和浇筑混凝土

(1)无黏结预应力筋运到现场后,应及时检查其规格尺寸和数量,逐根检查其端部配件无误后,方可分类堆放。在无腐蚀环境中使用无黏结预应力筋,允许套管有局部损伤(纵向 10~20mm)。对无黏结预应力筋局部破损的外包层,可用水密性胶带缠绕修补,胶带搭接宽度不应小于其宽度的 1/2,缠绕长度应超过破损长度。

(2)张拉端端部模板预留孔应按施工图中规定的无黏结预应力筋位置编号和钻孔。

(3)张拉端的锚垫板应用钉子或螺栓固定在模板上,张拉作用线应与锚垫板面保持垂直。

(4)无黏结预应力筋应按设计图纸的规定铺放,铺放时应符合下列要求。

①无黏结预应力筋允许采用与普通钢筋相同的绑扎方法。铺放前应通过计算确定无黏结预应力筋的位置,其垂直高度宜采用支承钢筋控制,亦可与其他钢筋绑扎。无黏结预应力筋位置的允许垂直偏差,在板内为±5mm,在梁内为±10mm。

②无黏结预应力筋的位置宜保持顺直。

③铺放双向配置的无黏结预应力筋时,应对每根纵横筋交叉点相应的两个标高进行比较,先铺放标高低的无黏结预应力筋,后铺放标高高的筋。

④铺设各种管线不应将无黏结预应力筋的垂直位置抬高或压低。

⑤当集束配置多根无黏结预应力筋时,应保持平行走向,防止相互扭绞。

⑥无黏结预应力筋采取竖向、环向或螺旋形铺放时，应有定位支架或其他措施控制位置。

⑦无黏结预应力筋最小弯曲半径 2.5m。

(5)乙型锚固体系的安装如下。

①无黏结预应力筋的外露长度应根据张拉机具所需的长度确定，无黏结预应力曲线筋或折线筋末端的切线应与锚垫板相垂直，锚垫板后应有不小于 300mm 的直线段。在安装带有穴模或其他预先埋入混凝土中的张拉锚具时，各部件之间不应有缝隙。

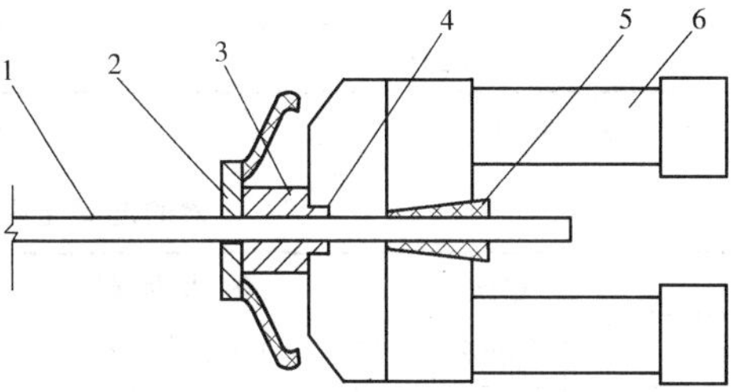

图 2-13-9　无黏结筋锚固端组装图

1-无黏结筋；2-埋件；3-锚杯；4，5-夹片；6-开口式双缸千斤顶

②乙型锚固体系当采用张拉锚具作固定锚具使用时，应按图 2-13-9 所示，采用开口式的双缸千斤顶加压固定(加压力为 $0.75F_{ptk}$)，然后再将组装好的锚具按设计要求的位置绑扎牢固。

③张拉端和固定端均必须按设计要求配置螺旋筋或网片，螺旋筋或网片应紧靠锚垫板或锚杯。

(6)浇筑混凝土时，除按有关规范的规定执行外，还应遵守下列规定。

①无黏结预应力筋铺放、安装完毕后，应进行隐蔽工程验收。

②混凝土浇筑时，严禁踏压碰撞无黏结预应力筋、支撑架以及端部预埋部件。

③锚下混凝土必须保证质量并粗心振捣密实。

3. 无黏结预应力筋的张拉

无黏结预应力筋的预应力施加方法与 QM 型体系基本相同，可参照 QM 型预应力体系的预应力方法进行张拉。

六、主要特点

采用无黏结预应力技术可避免后张预应力混凝土中如预留孔道、穿束压浆等较复杂的工艺。无黏结预应力技术使预应力的施工如同非预应力施工一样的方便，可直接放入模板内使用；尤其可用于复杂的连续曲线配筋结构，而且安全、可靠、高效。

无黏结预应力筋便于工厂化生产，可在工厂制作成型，作为商品供应，大量地减少现场施工工序及简化施工工艺，因此可以提高产品质量，降低成本，提高施工水平。

无黏结预应力筋应用于大跨度平板、密肋板、板梁结构，可有效地减少结构高度，增加建筑净空。

七、注意事项

(1)对于无黏结预应力筋的孔道摩阻损失，推荐 $k=0.03$，$\mu=0.10$(钢丝束)或 0.12(钢绞线)。

(2)无防腐与防火需要，板或梁中无黏结预应力筋的最小保护层厚度应满足表 2-13-3 与表 2-13-4 的规定。

板的混凝土保护层最小厚度(单位:mm) 表 2-13-3

约束条件	耐火极限			
	1h	1.5h	2h	3h
简支	25	30	40	50
连续	20	20	25	30

注:h 为时间单位。

梁的混凝土保护层最小厚度(单位:mm) 表 2-13-4

约束条件	梁宽(mm)	耐火极限				约束条件	梁宽(mm)	耐火极限			
		1h	1.5h	2h	3h			1h	1.5h	2h	3h
简支	200	45	50	65	注	连续	200	40	40	45	50
简支	>300	40	45	50	65	连续	>300	40	40	40	45

注:1. 对于梁宽在 200~300mm 之间的,混凝土保护层可采用插值法取用。

2. 当防火等级较高时,如表中保护层厚度不能满足要求,应使用防火涂料。

3. 采取特殊措施。

4. h 为时间单位。

(3)无黏结预应力体系的锚座和预应力筋布置的最小间距应满足图 2-13-10 的要求。

(4)无黏结预应力筋的张拉端锚具应按图 2-13-11 所示(仅示铸件式锚)进行组装。

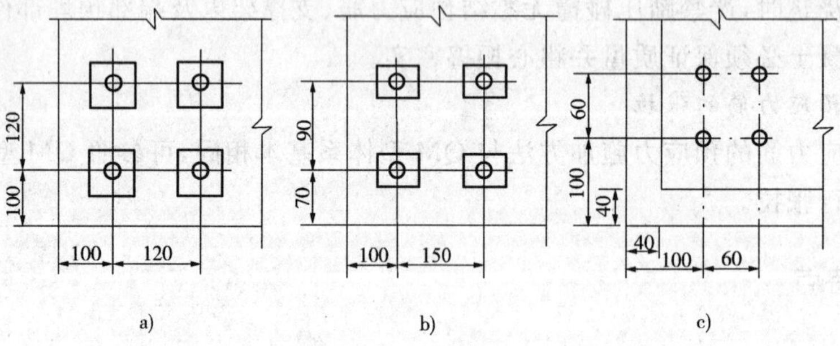

图 2-13-10 无黏结预应力筋、锚座布置(尺寸单位:mm)

a)100mm×100mm 锚垫板;b)120mm×80mm 铸件锚;c)无黏结筋

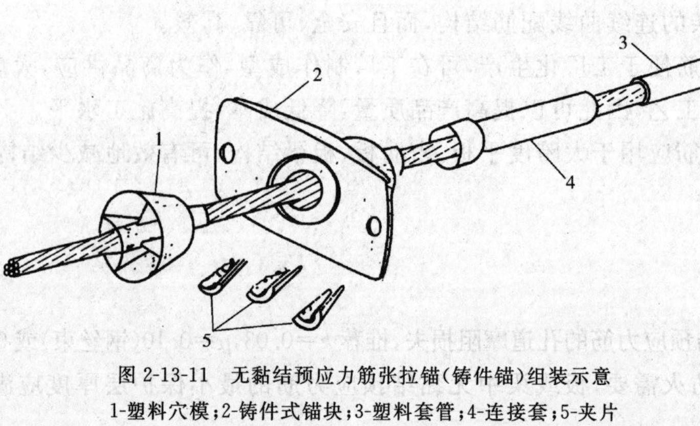

图 2-13-11 无黏结预应力筋张拉锚(铸件锚)组装示意

1-塑料穴模;2-铸件式锚块;3-塑料套管;4-连接套;5-夹片

第十四节　JM 型预应力张拉锚固体系

一、概述

JM 型锚固体系采用的是一种传统式锚具，早期 JM 型锚具主要用于锚固粗钢筋和低强度的 7ϕ4mm 钢绞线。现在许多单位与工厂对这种锚具加以改进与完善，除仍可用于锚固粗钢筋之外，也可用于锚固高强度的钢绞线。交通部门对这类锚具使用较少，主要在建筑部门使用。

二、锚具

目前国内生产 JM 型锚具的厂有较多，而且大都经过不同程度的改进。

JM 型锚具由锚杯、夹片及锚垫板组成。锚杯采用 45 号钢加工；夹片一般采用 20Cr 钢加工，齿形为细齿锯齿形；锚垫板可采用 A3 钢制作。图 2-14-1 为 JM 型锚具结构图，表 2-14-1 为合肥四方交通工程设备厂提供的 JM 型锚具系列设计参数。

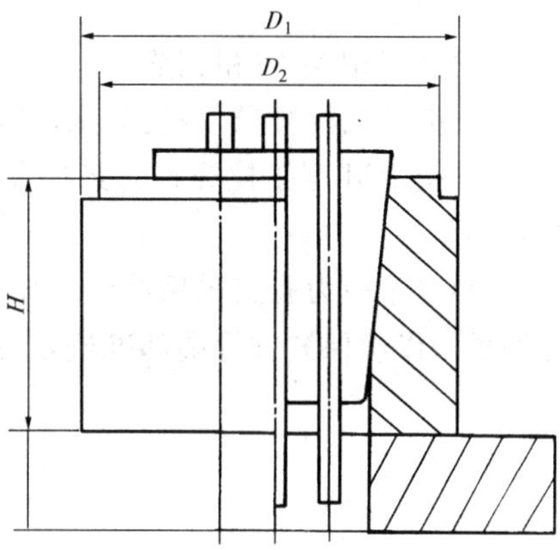

图 2-14-1　JM 型锚具结构

JM 型锚具系列设计参数(单位:mm)　　表 2-14-1

型号	ϕD_1	ϕD_2	H	型号	ϕD_1	ϕD_2	H	型号	ϕD_1	ϕD_2	H
JM12-3	98	79	55	JM12-6	108	79	55	JM15-4	108	79	55
JM12-4	98	79	55	JM12-7	108	79	55	JM15-5	118	105	60
JM12-5	98	79	55	JM15-3	98	79	55	JM15-6	128	105	65

注:仅用于钢绞线使用的参数。

关于锚下垫板的规格及尺寸，各厂家都没给出具体数值，使用时可根据《公桥规》中关于局部承压的要求设计计算。JM 型锚具的锚垫板可以单个独立工作，也可以多个共同工作。

三、张拉千斤顶

JM 型锚具无专用配套千斤顶，可以使用所有钢绞线群锚用的穿心式千斤顶，但必须在千斤顶上安装专用顶压器及工具锚。

四、预应力的施加方法

JM 型锚具的张拉方法与 XM 型张拉锚具基本相同，可参照 XM 型张拉锚具进行张拉。

五、主要特点

(1)一种锚具可锚固粗钢筋、钢绞线等几种不同的预应力筋。

(2)在一定的范围内(一般在 6 根钢绞线内),预应力的吨位可以根据需要作适当的调整。

(3)在孔道端部不需要扩孔,构件制作简单。

六、注意事项

(1)由于钢绞线(粗钢筋)非独立锚固,一根预应力筋的失效将影响到其他预应力筋。

(2)夹片结构复杂,精度要求高,因此,加工难度较大,成本也较高。

(3)按 XM 型张拉锚具的张拉方法,对 JM 型锚具进行张拉顶锚时,顶锚力应大于张拉力的 40%。

(4)当预应力孔道采用波纹管成孔时,锚垫板的背面应焊一段短钢管(其内径等于波纹管的外径),以确保波纹管端部准确定位及防止漏浆。

第三章　预应力材料

预应力混凝土结构用材料主要有混凝土和预应力筋。

第一节　混　凝　土

混凝土通常采用常规的水泥和砂石做原材料、使用常规的制作工艺生产。在混凝土材料中，引气剂、膨胀剂、高效减水剂与水下不离析等混凝土外加剂与粉煤灰、矿渣和硅灰等混凝土辅助胶凝材料对混凝土性能与混凝土工艺做出了重要贡献。高效减水剂的应用出现了高强度混凝土，流动混凝土与高性能混凝土。辅助胶凝材料的应用进一步提高了混凝土的抗渗性、耐久性与结构的可靠度等性能。高强、高性能混凝土在桥梁结构中的应用，可有效地降低结构自重和结构高度、增大结构刚度和桥梁跨度、增加结构耐久性并降低养护维修费用。

因此原交通部颁布的《公路钢筋混凝土及预应力混凝土桥涵设计规范》(JTG D62—2004)(以下简称《公桥规》)中将混凝土强度等级提高到C80级，并规定预应力混凝土构件不应低于C40。《公桥规》中规定混凝土轴心抗压强度标准值 f_{ck} 与设计值 f_{cd}，和轴心抗拉强度标准值 f_{tk} 与设计值 f_{td} 应按表3-1-1采用，混凝土受压或受拉时的弹性模量应按表3-1-2采用。

混凝土强度标准值与设计值(MPa)　　表3-1-1

强度种类 / 强度等级	轴心抗压		轴心抗拉	
	f_{ck}	f_{cd}	f_{tk}	f_{td}
C15	10.0	6.9	1.27	0.88
C20	13.4	9.2	1.54	1.06
C25	16.7	11.5	1.78	1.23
C30	20.1	13.8	2.01	1.39
C35	23.4	16.1	2.20	1.52
C40	26.8	18.4	2.40	1.65
C45	29.6	20.5	2.51	1.74
C50	32.4	22.4	2.65	1.83
C55	35.5	24.4	2.74	1.89
C60	38.5	26.5	2.85	1.96
C65	41.5	28.5	2.93	2.02
C70	44.5	30.5	3.00	2.07
C75	47.4	32.4	3.05	2.10
C80	50.2	34.6	3.10	2.14

注：计算现浇钢筋混凝土轴心受压和偏心受压构件时，如截面的长边或直径小于300mm，表中数值应乘以系数0.8；当构件质量(混凝土成型、截面和轴线尺寸等)确有保证时，可不受此限。

混凝土的弹性模量(单位:MPa)　　表 3-1-2

混凝土强度等级	E_c	混凝土强度等级	E_c
C15	2.20×10^4	C50	3.45×10^4
C20	2.25×10^4	C55	3.55×10^4
C25	2.80×10^4	C60	3.60×10^4
C30	3.00×10^4	C65	3.65×10^4
C35	3.15×10^4	C70	3.70×10^4
C40	3.25×10^4	C75	3.75×10^4
C45	3.35×10^4	C80	3.80×10^4

注:当采用引气剂及较高砂率的泵送混凝土且无实测数据时,表中 C50～C80 的 E_c 值应乘折减系数 0.95。

《公桥规》的第 3.1.6 条又规定,混凝土的剪变模量 E_c 可按表 3-1-2 数值的 0.4 倍采用,混凝土的泊松比 ν_c 可采用 0.2。

一、高强混凝土

通常把抗压强度高于 50MPa 的混凝土归类于高强混凝土,把抗压强度高于 100MPa 的混凝土称为超高强混凝土。

制造高强混凝土需要认真地选用混凝土材料,如水泥、外加剂、混合材料、集料以及粗集料最大粒径、品种等,仔细地设计混凝土配合比,高强混凝土施工还需要严格地控制质量。

1. 高强混凝土性能

(1)抗压强度

目前抗压强度 50～98MPa 的高强度混凝土已广泛在桥梁工程中应用。高强度混凝土由于低水灰比和高水化热引起的较高的内部养护温度,强度发展迅速,1d 即可达到 26～34MPa,超高强度混凝土 12h 可达 54MPa,1d 抗压强度可达到 81MPa,这种较高的早期强度对于预制构件和预应力构件具有实际意义。

(2)抗拉与抗折强度

低强度混凝土劈裂抗拉强度约为抗压强度的 10%,高强混凝土劈裂抗拉强度约为抗压强度的 5%,碎石混凝土劈裂抗拉强度约比同强度卵石混凝土大 8%,劈裂抗拉强度约等于抗拆强度的 70%。

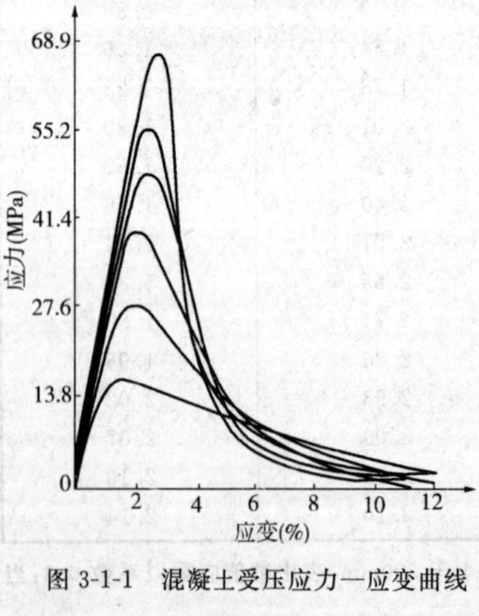

图 3-1-1　混凝土受压应力—应变曲线

(3)应力—应变

与普通混凝土比较,高强混凝土更加匀质,图 3-1-1 表示强度为 104MPa 以下各种强度混凝土轴向受压应力—应变曲线,从图上可看出高强混凝土应力—应变曲线上升部分较陡、接近直线,应力—应变曲线的下降部分前段也较陡,且最大应力时的应变也较大,这是由于高强混凝土的界面区减少了微裂缝的数量与微裂缝尺寸,因此高强混凝土显得更脆。

在承受短期荷载和持续荷载时,高强混凝土内部的微裂缝比一般强度的混凝土要少得多,其横向应变也较小。

混凝土的静弹性模量一般随混凝土的抗压强度增加而增长，但其增长幅度不大，高强混凝土的静弹性模量为 $3.1\times10^4\sim4.5\times10^4$ MPa，美国混凝土学会 ACI363 计算弹性模量公式如下：

$$E=3\ 320\sqrt{f}+6\ 900 \tag{3-1-1}$$

式中：E——混凝土的静弹性模量(MPa)；

f——混凝土抗压强度(MPa)。

式(3-1-1)适用于 21MPa$<f<$83MPa 的情况。

清华大学测得抗压强度 67.9～94.2MPa 混凝土的弹性模量为 $4.06\times10^4\sim4.60\times10^4$ MPa。

(4)收缩与徐变

混凝土的收缩与其用水量的大小有关，与水灰比关系不大，高强混凝土早期收缩大于普通混凝土，但 180d 以后两者相差不大。清华大学试验表明，混凝土掺加 NF 高效减水剂后，早期收缩略大，但增大的收缩数值在标准允许的范围内。掺加 NF 的高强混凝土，由于它大大减少了用水量，使混凝土更加密实，因而这种高强混凝土的收缩率始终小于普通混凝土的收缩率，其徐变也小于较低强度混凝土的徐变(图 3-1-2)。

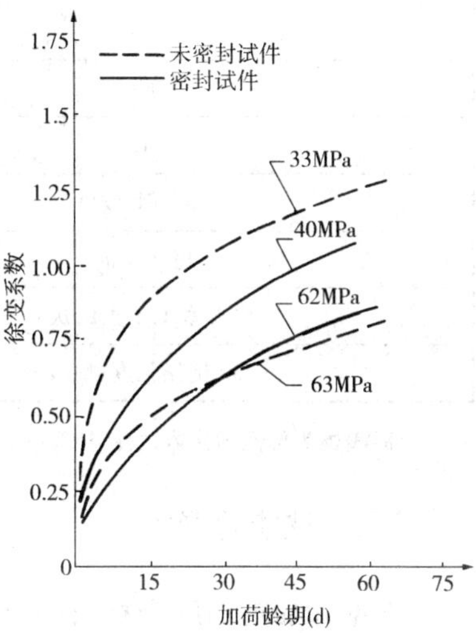

图 3-1-2　混凝土的徐变

2. 高强混凝土的配合比

高强混凝土配合比可按普通混凝土配合比设计方法设计，强度应符合有关规范和工程技术要求，强度保证率不应小于 95%。高强混凝土仍然遵循水灰比—强度关系，水泥用量一般为 400～500kg/m^3，最优水泥用量要经过试拌多组配合比经过比较后确定。由于水泥用量较大，高效减水剂的掺量要适量增加，由此使得高强混凝土的减水率要比普通混凝土高。如工程施工需要用大流动度混凝土，掺加高效减水剂应部分用来降低水灰比、部分用来增加流动度以满足强度与和易性的要求。

高强混凝土水泥浆较为丰富，砂率一般宜小一些，在满足和易性要求的条件下，最小砂率可以获得最好的强度。

在高强混凝土中，可用粉煤灰代替一部分水泥，通过掺加一级粉煤灰，可减少部分用水量，降低水灰比，减少的水的体积可通过增加适量的砂来补充，以保持总的体积不变。大部分高强混凝土可同时掺加高效减水剂与粉煤灰。

高强混凝土的试验室试拌配合比，应测定坍落度，容重，离析泌水，凝结时间与坍落度损失。

3. 高强混凝土的应用

高强混凝土的配料、拌和、运输、浇筑、养护与控制与普通混凝土相同。各种材料尽可能保持低温，集料含水率取样要有代表性并精确测定。由于低用水量、高水泥用量和小颗粒粗集料，拌和效率低于普通混凝土，拌和时间宜适当延长，并尽可能保持混凝土质量均匀。与普通混凝土比较，高强混凝土的震动捣实要适当加强，并采用水养护。

美国高强混凝土的典型配合比见表 3-1-3。

高强混凝土代表性配合比(单位:kg/m³)　　表 3-1-3

<table>
<tr><th colspan="3">材　料</th><th>芝加哥 1975 年</th><th>休斯敦 1980 年</th><th>试验配合比 1984 年</th></tr>
<tr><td colspan="3">波特兰水泥</td><td>501.9</td><td>390.4</td><td>593.3</td></tr>
<tr><td rowspan="3">火山灰</td><td colspan="2">F 级粉煤灰</td><td>59.3</td><td>—</td><td>—</td></tr>
<tr><td colspan="2">C 级粉煤灰</td><td>—</td><td>99.1</td><td>—</td></tr>
<tr><td colspan="2">硅　灰</td><td>—</td><td>—</td><td>118.7</td></tr>
<tr><td rowspan="3">碎石</td><td rowspan="3">最大粒径</td><td>19mm</td><td>—</td><td>1 140.9</td><td>—</td></tr>
<tr><td>15.8mm</td><td>1 067.9</td><td>—</td><td>—</td></tr>
<tr><td>12.7mm</td><td>—</td><td>—</td><td>997.9</td></tr>
<tr><td colspan="3">砂</td><td>608.1</td><td>577.9</td><td>536.9</td></tr>
<tr><td colspan="3">水</td><td>178</td><td>161.4</td><td>157.8</td></tr>
<tr><td colspan="3">减水剂(OZ)</td><td>25</td><td>25</td><td>—</td></tr>
<tr><td colspan="3">超塑化剂</td><td>—</td><td>—</td><td>高掺量</td></tr>
<tr><td colspan="3">水/(水泥＋火山灰)</td><td>0.32</td><td>0.33</td><td>0.22</td></tr>
<tr><td colspan="3">28d 抗压强度(MPa)</td><td>64.8</td><td>67.4</td><td>111.5</td></tr>
</table>

注:美国为标准圆柱体试件,换算为 15cm 立方体抗压强度,需乘以 1.25。

二、高性能混凝土

新型外加剂和胶凝材料的出现,使得既具有良好的施工性能,又有优异的力学性和耐久性的混凝土的生产成为现实,这种混凝土就称为高性能混凝土(HPC)。

1. 高性能混凝土的性能

HPC 应用的主要目的是使混凝土结构能安全可靠地应用 50～100 年,适应重大建筑物不断地对混凝土提出的性能要求和减少日益增加的结构物破坏的危险;是专门设计以适用于一定工程结构和使用环境的,适合重要工程需要的混凝土。因此,HPC 应具有高施工性能,高力学性能和高耐久性能。美国对高性能混凝土性能的要求见表 3-1-4。

美国典型的高性能混凝土成分与性能　　表 3-1-4

成分与性能	普通混凝土	高性能混凝土
水泥(kg/m³)	309	416
砂(kg/m³)	772	766
卵石(kg/m³)	1 129	1 069
水(kg/m³)	178	137
硅灰(kg/m³)	—	50
超塑化剂(水泥和硅灰的%)	—	1.7%
抗压强度(MPa)	29.8	105.0
弹性模量(MPa)	2.52×10^4	4.48×10^4
使用年限(年)	30～40	50～100

2.高性能混凝土的配合比

高性能混凝土配合比也可按普通混凝土配合比设计方法设计，水泥用量一般为400～550kg/m^3，最优水泥用量需经过试拌多组配合比经过比较后确定。高性能混凝土由于水泥用量较大，水灰比小，需要掺加高效减水剂，高效减水剂主要功能就是在保持流动性的条件下大幅度减少混凝土用水量，一般宜用分散性能较好的、硫酸盐含量较低的高效减水剂，以符合HPC低水灰比、高流动性的要求。由于有较高的水泥用量，从技术性能与经济上考虑，需要掺加辅助胶凝材料，以改善混凝土的微观结构，一般可以掺加10%～30%的辅助胶凝材料，以得到很高的抗压强度，也可以单独掺加硅灰、粉煤灰、硅灰与粉煤灰或硅质与矿渣的混合物。掺加硅灰、矿渣、粉煤灰与硅灰复合或矿渣与硅灰复合辅助胶凝材料，可以得到很低渗透性的混凝土，尤以矿渣与硅灰复合者氯离子渗透性最低，见表3-1-5。我国常应用的普通水泥和矿渣水泥，可掺加10%～30%的优质粉煤灰。

掺粉煤灰、硅灰、矿渣混凝土的性能 表3-1-5

胶凝材料(%)		波特兰水泥类别	W/C	28d渗透性(C)		28d抗压强度(MPa)
				73℉时	100℉时	
1	60/35/3	Ⅱ	0.40	2 110	1 110	5 490
	65/30/5	Ⅲ	0.40	2 070	1 170	5 650
	65/30/5	Ⅲ	0.40	880	450	6 300
2	50/45/5	Ⅱ	0.40	790	540	8 060
	50/45/5	Ⅲ	0.40	470	350	7 800
	50/47/3	Ⅱ	0.40	1 200	1 170	7 370
	50/47/3	Ⅲ	0.40	820	590	8 020

注：第1栏为水泥/粉煤灰/硅灰；第2栏为水泥/矿渣/硅灰。

高性能混凝土由于胶凝材料用量较大，细集料用量较少。而粗集料如果用量较大时，可以减少浆体用量，比较经济，也可以获得比较高的强度。在和易性满足施工要求的条件下，可参考普通混凝土配合比设计砂率选用表，选择适宜的较小的砂率。

3.高性能混凝土的应用

高性能混凝土或普通混凝土的耐久性在很大程度上决定于施工质量是否优良。加料顺序正确，拌和彻底、均匀，运输与搬运过程混凝土拌和物不离析、振捣密实、养护充分均是保证高性能混凝土质量的重要因素。

高性能混凝土可以应用普通混凝土的施工设备进行施工，但其施工质量控制应该更加严格，配料计量误差要在允许范围内，原材料质量变化的检查次数要增加，混凝土的拌和要彻底均匀，要保证新拌混凝土的良好的施工性能。

为利于混凝土的浇筑，高性能混凝土通常需要较大的坍落度，与普通混凝土不同，高性能混凝土宜在施工现场掺加高效减水剂，以利于坍落度控制和混凝土施工。

国内外几种高性能混凝土的典型配合比应用实例如下。

(1)青马大桥混凝土技术标准及配合比分别见表3-1-6及表3-1-7。

青马大桥混凝土技术标准 表 3-1-6

28d 立方体试件强度	>50MPa
水泥种类	普通水泥×(25%～35%粉煤灰); 普通水泥×(65%～75%矿渣)
水泥用量	>350kg/m^3
	<550kg/m^3
水胶比	<0.4
氯离子含量	<胶结材料的 0.06%
最大含碱量(当量 Na_2O)	<3kg/m^3

青马大桥主桥塔混凝土配合比 表 3-1-7

普硅水泥	150kg/m^3
磨细矿渣	290kg/m^3
微硅粉	25kg/m^3
20mm 单尺寸集料	670kg/m^3
10mm 单尺寸集料	310kg/m^3
专门破碎细集料	710kg/m^3
总加水量	175kg/m^3
高效减水剂	5.8kg/m^3
缓凝剂	0.3%～0.6%

(2)丹麦大带桥混凝土技术标准及配合比分别见表 3-1-8 及表 3-1-9。

丹麦大带桥混凝土技术标准 表 3-1-8

对混凝土原材料的要求			对混凝土配合比的要求	
水泥	种类	低碱、抗硫酸盐硅酸盐水泥	最大水灰比	0.35(配合比 A) 0.45(配合比 B)
	28d 强度	>50MPa	最小水泥用量	300kg/m^3
	水化热	<320kJ/kg	最小粉煤灰掺量	胶结材的 10%
粉煤灰	细度>0.045mm	<25%	最小微硅粉掺量	胶结材的 5%
	烧失量	<4%	最大微硅粉掺量	胶结材的 8%
微硅粉	细度>0.045mm	<10%	粉煤灰+微硅粉最多	胶结材的 25%
	烧失量	<2%	最大加水量	135kg/m^3(配合比 A) 140kg/m^3(配合比 B)
粗集料(砾石)	有层理颗粒含量	<5%		
	吸水率	<1%	最大含气量<0.35mm	浆体体积的 20%
	立方体颗粒含量	>70%	最小含气量<0.35mm	浆体体积的 8%
砂	碱活性成分含量	<1%体积	最大引气量	浆体体积的 7%
	20 周碱膨胀	<0.5×10^{-6}(配合比 A)	气泡最小比表面积	25mm^2/mm^3
		<1×10^{-6}(配合比 B)	最大氯离子含量	胶结材的 0.1%
	云母含量	<1%	最大含碱量(当量 Na_2O)	3kg/m^3

丹麦大带桥混凝土配合比　　表 3-1-9

对混凝土配合比的要求		实际配合比(A)	实际配合比(B)
水胶比	＜0.35(配合比 A) 0.45(配合比 B)	0.347	0.371
水泥用量(kg/m^3)	＞360	320	310
粉煤灰掺量(%)	＞胶结材的 10	12.1	12.5
微硅粉掺量(%)	＞胶结材的 10 ＜胶结材的 8	5.2	5.1
粉煤灰＋微硅粉(%)	＜胶结材的 25	13.7	17.6
加水量(kg/m^3)	＜135(配合比 A) ＜140(配合比 B)	133	138
含气量(＜0.35mm)(%)	＜浆体体积的 20 ＞浆体体积的 8	17.1	17.1
引气量(%)	＜浆体体积的 7	5.5	5.5
气泡比表面积(mm^2/mm^3)	＞25	—	—
氯离子含量(%)	＜胶结材的 0.1	0.074 4	0.075 0
含碱量(当量 Na_2O)(kg/m^3)	＜3	2.64	2.55

(3)加拿大联盟桥混凝土技术标准及配合比分别见表 3-1-10 及表 3-1-11。

联盟桥混凝土技术标准 表 3-1-10

水泥种类	10SFSF(含 7.5%硅粉)
胶结材用量	＞450kg/m^3
粉煤灰	＜10%
水胶比	＜0.34
91d 强度	60MPa
渗透性	＜1 000C
含气量	5%～8%
坍落度	180mm±40mm

联盟桥混凝土配合比　表 3-1-11

水泥	430kg/m^3(含 32kg 硅粉)
粉煤灰	45kg/m^3
砂	704kg/m^3
石	1 029kg/m^3
水	145kg/m^3
减水剂	液体 1.742kg/m^3
高效减水剂	液体 3.076kg/m^3
引气剂	按要求加入

(4)蒙特利尔预拌混凝土厂高性能混凝土几种试验室配合比见表 3-1-12。

蒙特利尔高性能混凝土试验室配合比　　表 3-1-12

混凝土类别 成分	对　比	硅　灰	粉煤灰	矿渣＋硅灰	
$W/(C+m)$	0.30	0.30	0.30	0.30	0.25
水(kg/m^3)	127	128	129	131	128
ASTM　水泥(kg/m^3)　Type Ⅱ	450	425	365	228	168
硅灰(kg/m^3)	—	45	—	45	54

续上表

成分 \ 混凝土类别	对　比	硅　灰	粉煤灰	矿渣＋硅灰	
粉煤灰(kg/m³)	—	—	95	—	—
矿渣(kg/m³)	—	—	—	183	320
镁质石灰岩粗集料(kg/m³)	1 100	1 110	1 115	1 110	1 100
细集料(kg/m³)	815	810	810	800	730
萘磺酸钠盐超塑化剂(L/in³)	15.3	14	13	12	13
45min后的坍落度(mm)	110	180	170	220	210
抗压强度28d(MPa)	99	110	90	105	114
抗压强度91d(MPa)	109	118	111	121	126
抗压强度365d(MPa)	119	127	125	127	137

(5)几种工程实用的高性能混凝土配合比见表3-1-13。

实用的高性能混凝土配合比　　表3-1-13

成分 \ 混凝土类别	1	2	3	4	5
水(kg/m³)	195	165	135	145	130
水泥(kg/m³)	505	451	500	315	513
粉煤灰(kg/m³)	60	—	—	—	—
矿渣(kg/m³)	—	—	—	137	—
硅灰(kg/m³)	—	—	30	36	43
粗集料(kg/m³)	1 030	1 030	1 100	1 130	1 080
细集料(kg/m³)	630	745	700	745	685
减水剂(mL/m³)	975	—	—	900	—
缓凝剂(L/m³)	—	4.5	1.8	—	—
超塑化剂(L/m³)	—	11.25	14	5.9	15.7
$W/(C+m)$	0.35	0.37	0.27	0.31	0.25
抗压强度28d(MPa)	65	80	93	83	119
抗压强度91d(MPa)	79	87	107	93	145

第二节　预应力筋

预应力筋可分为钢筋、钢丝和钢绞线三大类。

一、钢筋

预应力钢筋又可分为两类：一类为冷拉热轧钢筋，另一类为热处理钢筋。

1.冷拉热轧钢筋

冷拉钢筋是指经过冷拉后提高了抗拉强度的热轧低合金钢筋。根据国内以往的生产及使用情况可供选用的冷拉钢筋有：冷拉Ⅱ级、冷拉Ⅲ级、冷拉Ⅳ级钢筋和冷拉5号钢钢筋（表3-2-1）。

冷拉钢筋力学性能 表3-2-1

钢筋级别	钢筋直径(mm)	屈服强度(MPa)	抗拉强度(MPa)	伸长率 δ_{10}(%)	冷弯	
		不小于			弯曲角度	弯曲直径
Ⅱ级	≤25	450	510	10	90°	3*d*
	28～40	430	490	10	90°	4*d*
Ⅲ级	8～40	500	570	8	90°	5*d*
Ⅳ级	10～28	700	835	6	90°	5*d*
5号钢	10～40	450	500	9	90°	3*d*

注：直径大于 ϕ25mm 的冷拉Ⅲ，Ⅳ级钢筋，冷弯弯曲直径应增加 1*d*。

钢筋中含碳量和主加合金元素对低合金钢的焊接性能有一定的影响。由于冷拉Ⅲ级钢筋中的碳、硅含量较高，使其可焊性能较高，容易在焊接热影响区产生断筋现象，因此钢筋接长较为困难。为了解决这一矛盾，一是在钢筋端部的冷轧螺纹采用套筒接长（轧丝锚）；二是钢厂用热轧方法直接生产一种无纵肋的精轧螺纹钢筋，在端部用螺纹套筒进行连接接长。精轧螺纹钢筋的力学性能见表3-2-2。

在公路桥梁工程中，低强度的冷拉钢筋已较少使用，最常用的主要是冷拉Ⅳ级钢筋（直径 ϕ25、ϕ32 两种）与精轧螺纹钢筋（直径 ϕ25、ϕ32 两种）。

精轧螺纹钢筋力学性能 表3-2-2

钢筋级别	屈服点 $\sigma_{0.2}$(MPa)	抗拉点 σ_b(MPa)	伸长率 δ_5(%)	冷弯	10h松弛率(%)，不大于
	不小于				
JL540	540	835	10	$d=6a$，90°	1.5
JL785	785	980	7	$d=7a$，90°	
JL930	930	1 080	6		

注：1. *a* 为钢筋直径(mm)，其规格一般为 18mm、25mm、32mm、40mm，*d* 为弯心直径。

2. 除生产厂家另有规定外，弹性模量取为 2×10^6MPa。

3. 冷弯指标不作为交货条件。

2. 热处理钢筋

热处理钢筋是由Ⅲ级低合金钢经过调质热处理而成的。先加热至900℃左右，并保持恒温，然后淬火，以提高钢筋的抗拉强度，再经450℃左右的中温或低温回火处理，以改变其塑性性能。热处理钢筋具有强度高、线材长、弹性模量大和松弛小等特点，其直径为6～10mm（表3-2-3），以盘圆供应。它可以直接应用于预应力混凝土结构中，因而在施工中可免去冷拉、对头焊接等工作，有利于施工。

热处理钢筋力学性能　　表 3-2-3

公称直径(mm)	钢号	屈服强度 $\sigma_{0.2}$ (MPa)	抗拉强度 σ_b (MPa)	伸长率 δ_{10} L_0=80mm(%)
		不小于		
6	40Si2Mn	1 325	1 470	6
8.2	48Si2Mn			
10	45Si2Cr			

热处理钢筋除以上国标规格外,天津预应力钢丝一厂还生产自行开发的 ϕ8 和 ϕ9 钢筋(表 3-2-4);威海银兴金属制品有限公司按照日本 JISG 3109—85 标准生产系列钢筋(表 3-2-5)。

预应力混凝土用光面钢筋力学性能　　表 3-2-4

公称直径(mm)	钢号	屈服强度 $\sigma_{0.2}$ (MPa)	抗拉强度 σ_b (MPa)	伸长率 δ_{10} L_0=80mm(%)
		不小于		
8.0	80	1 080	1 270	6
9.0				

预应力凹螺纹钢筋力学性能　　表 3-2-5

公称直径(mm)	实际直径(mm)	公差(mm)	公称面积(mm^2)	单位质量(kg/m)	最大卷重(kg)	盘卷内径(m)	盘卷外径(m)	拉断负荷(kN)	屈服荷载(kN)	拉伸(min)(%)	松弛(max)(%)	弹性模量(GPa)
7.47	7.25	±0.05	40	0.315	1 000	2.0	2.45	58 000	54 500	5	1.5	200
9.2	9.15		64	0.50			2.45	92 800	86 500			
11	11.10		90	0.17			2.60	130 500	121 000			
13	13.10		125	0.98			2.60	181 250	168 000			

二、钢丝

预应力混凝土结构常用的高强钢丝,按交货状态分为冷拉及矫直回火两种;按外形分为光面及刻痕两种。冷拉钢丝是用经过处理使之适用于冷拔的热轧盘圆拔制的盘圆成品,其表面光滑,并可能有润滑剂的残渣。随后可用机械方式对钢丝进行压痕而成为刻痕钢丝;对钢丝进行矫直回火处理后就成为矫直回火钢丝。预应力钢丝经过矫直回火后,可消除钢丝冷拔中产生的残余应力,提高钢丝的比例极限、屈服强度和弹性模量,并改善塑性;同时也可解决钢丝的伸直性,方便施工。常用的预应力钢丝标准见表 3-2-6。

三、钢绞线

预应力混凝土用钢绞线用冷拔钢丝制造,是在绞线机上以一种稍粗的直钢丝为中心,其余钢丝围绕其进行螺旋状绞合,再经低温回火处理而成的。其规格有 2 股、3 股、7 股、19 股等,常用的是 7 股钢绞线。

模拔钢绞线就是在普通钢绞线绞制成型时通过一个模子拔制,并对其进行低温回火处理而成的。这种钢绞线由于每根钢丝在挤压接触时被压扁,使钢绞线的内部空隙和外径都大大地减小,提高了钢绞线的密度。而且由于周边面积较大、易于锚固。常用的预应力钢绞线标准见表 3-2-7。

部分国家预应力钢丝标准

表 3-2-6

标准号（国别）	公称直径	公称线质量	公称面积	允差（直径）	公称抗拉强度 Ⅰ	公称抗拉强度 Ⅱ	公称抗拉强度 Ⅲ	最小破断荷载 Ⅰ	最小破断荷载 Ⅱ	最小破断荷载 Ⅲ	屈服强度 $\sigma_{0.1}(\sigma_{0.2})$ 1%伸长时最小应力 Ⅰ	屈服强度 Ⅱ	屈服强度 Ⅲ	屈强比	延伸率	最大松弛率 初荷载	最大松弛率 1 000h	弯曲次数 次数	弯曲次数 弯曲半径	弹性模量
单位	mm	g/m	mm²	mm	MPa	MPa	MPa	kN	kN	kN	MPa	MPa	MPa	%	%	%	%	次	mm	GPa
ASTM A421—91（美国）[①]	4.88	146	18.7	±0.05 椭圆度 ≤0.05		1 725	—		32.2	—		1 465(1 552.5)	—	普通松弛：≥85%；低松弛：≥90%（$\sigma_{0.1}$%/σ_b）	L_0=250mm，≥4.0	$700\sigma_b$ $800\sigma_b$	普通松弛：$r\leqslant8$，$r\leqslant12$；低松弛：$r\leqslant2.5$，$r\leqslant3.5$	—		—
	4.98	152	19.48		1 655	1 725		32.2	33.6		1 407(1 489.5)	1 465(1 552.5)								
	6.35	248	31.67		1 655	1 655		52.4	52.4		1 407(1 489.5)	1 407(1 489.5)								
	7.01	302	38.59		1 620	1 620		62.5	62.5		1 377(1 459.8)	1 377(1 459.8)								
	7.80	374	47.48		1 620	1 620		77.4	77.4		1 377(1 459.8)	1 377(1 459.8)								
BS 5896—80（英国）冷拔	3.0	55.5	7.07	±0.04 椭圆度 ≤0.04	1 770	1 860		12.5	13.1		10kN	10.5kN		冷拉钢丝：≥80%；低松弛：≥85%（$\sigma_{0.1}$%/σ_b）	L_0=200mm，≥3.5	$60F_b$ $70F_b$ $80F_b$	Ⅰ≤4.5 Ⅱ≤1.0 Ⅰ≤8.0 Ⅱ≤2.5 Ⅰ≤12.0 Ⅱ≤4.5	光面 4 次 刻痕 3 次		205±10
	4.0	98.9	12.6		1 670	1 720	1 770	21.0	21.7	22.3	16.8kN	17.4kN	17.8 kN							
	4.5	125	15.9		1 620			25.8			20.6kN									
	5.0	154	19.6		1 570	1 670	1 770	30.8	32.7	34.7	24.6kN	26.2kN								
矫直	4.0	98.6	12.6	±0.05 椭圆度 ≤0.05	1 670	1 770	—	21.0	22.3		17.6kN	19.0kN	27.8 kN							
	4.5	125	15.9		1 620			25.8			21.9kN									
	5.0	154	19.6		1 670	1 770		32.7	34.7		21.8kN	29.5kN								
	6.0	222	28.3		1 670	1 770		47.3	50.1		40.2kN	42.3kN								
	7.0	302	38.5		1 570	1 670		60.4	64.3		53.1kN	54.7kN								
ISO 6934（国际）	2.5	—	—	—	1 960	1 860	1 670	—	—	—	—	—	—	冷拉钢丝：≥80%；低松弛：>ϕ8，≥80%；≤ϕ8，≥83%	L_0=200mm，≥3.5	$60F_b$ $70F_b$ $80F_b$	Ⅰ≤4.5 Ⅱ≤1.0 Ⅰ≤8.0 Ⅱ≤2.5 Ⅰ≤12.0 Ⅱ≤4.5	光面 4 次 刻痕 3 次		205±10
	3.0				1 770	1 860														
	4.0				1 670	1 770														
	5.0				1 670	1 770														
	6.0				1 670	1 770														
	7.0				1 570	1 670														
	8.0				1 470	1 570														
	9.0				1 470															
	10.0				1 470	1 570														
	12.2				1 470	1 570														
JISG 3536—1988（日本）	SW	5.0	154	19.64	±0.05	1 625	—	—	—	—	—	1 421	—	—	—	≥4	$80F_b$ ≤3.0	—		—
	PR	7.0	302	38.48		1 515						1 325								
	SWP	8.0	395	50.27		1 472						1 277				≥4.5				
	D1	9.0	499	63.62		1 418						1 226								

续上表

标准号（国别）		公称直径	公称线质量	公称面积	允差（直径）	公称抗拉强度			最小破断荷载			屈服强度 $\sigma_{0.1}$($\sigma_{0.2}$) 1%伸长时最小应力			屈强比	延伸率	最大松弛率		弯曲次数		弹性模量
						Ⅰ	Ⅱ	Ⅲ	Ⅰ	Ⅱ	Ⅲ	Ⅰ	Ⅱ	Ⅲ			初荷载	1000h	次数	弯曲半径	
单位		mm	g/m	mm²	mm	MPa	MPa	MPa	kN	kN	kN	MPa	MPa	MPa	%	%	%	%	次	mm	GPa
GB/T 5223—2002（中国）	消除应力	4.0	99	12.57	±0.04	1 470	1 570	—	—	—	—	1 250	1 330	—	85% ($\sigma_{0.2}/\sigma_b$)	L_0=100mm，≥4	$60F_b$	Ⅰ≤4.5 Ⅱ≤1.0	3	10	—
		5.0	154	19.63	±0.05	1 670	1 770					1 410	1 500						4	15	
		6.0	222	28.27		1 570	1 670					1 330	1 420				$70F_b$	Ⅰ≤8.0 Ⅱ≤2.5			
		7.0	302	38.48		1 470	1 570					1 250	1 330							20	
		8.0	394	50.26		1 470	1 570					1 250	1 330				$80F_b$	Ⅰ≤12.0 Ⅱ≤4.5		25	
		9.0	499	63.62		1 470	1 570					1 250	1 330								
	冷拉	3.0	55	7.07	±0.04	1 470	1 570		—	—	—	1 100	1 180		75% ($\sigma_{0.2}/\sigma_b$)	≥2	—	—	4	7.5	—
		4.0	99	12.57		1 670						1 250				≥3			4	10	
		5.0	154	19.63	±0.05	1 470	1 570	1 670				1100	1 180	1 250		≥3			5	15	
	刻痕	5.0	154	19.63	±0.05	1 470	1 570	—	—	—	—	1 250	1 340	—	85% ($\sigma_{0.2}/\sigma_b$)	≥4	$70F_b$	Ⅰ≤8.0 Ⅱ≤2.5	3	15	—
		7.0	302	38.48		1 470	1 570					1 250	1 340							20	
Thyssen.A.G.（德国）	缆索用镀锌	7.0	301	38.48	+0.08 −0.02 椭圆度≤0.04	1 600	—	—	—	—	—	1 300	—	—	—	L_0=250mm，≥4	$70F_b$	≤2.5	3	17.5	200^{+10}_{-5}
GB/T 17101—1997（中国）	缆索用镀锌	5.0	154	19.6	±0.06	1 570	1 670	1 770	—	—	—	1 250(1 330)	1 330(1 410)	1 410	—	L_0=250mm，≥4	$70F_b$	Ⅰ≤8.0 Ⅱ≤2.5	4	15	—
		7.0	301	38.5	±0.07	1 570	1 670						(1 330)	(1 500) (1 410)					5	20	
NF A35—035—1993（法国）	缆索用镀锌	7.0	301	38.5	±2（截面积）	1 670	1 770	—	64.3 kN	68.1 kN	—	57kN	60.4kN	—	—	≥3.5	$70F_b$	≤2.5	—	—	—

注：①括号内的数字为低松弛型。

部分国家预应力钢丝标准

表 3-2-7

标准号（国别）	级别		公称直径	公称线质量	公称面积	允差			最小破断力	1%伸长时的荷载	0.1%屈服荷载	0.2%屈服荷载	最小延伸率	中心丝加大	屈强比	捻距	捻向	弹性模量	最大松弛率	
						直径	面积	线重											初荷载	1 000h（20℃）
单位		MPa	mm	kg/km	mm²	mm	%	%	kN	kN	kN	kN	%	≥%（mm）	%	直径倍数		GPa	%	%
ASTM A416—98（美国）		250（1 720）	6.35	182	23.82	±0.40	—	—	40.0	34.0(36.0)	—	—	L_0≥610mm，δ≥3.5%	(0.025 4)	普通松弛：≥85%；低松弛：≥90%	12～16	左捻右捻均可	—	$70F_b$ $80F_b$	普通松弛：≤8，≤12；低松弛：≤2.5，≤3.5
			7.94	294	37.42				64.5	54.7(58.1)				(0.038 1)						
			9.53	405	51.61				89.0	75.6(80.1)				(0.050 8)						
			11.11	548	69.68				120.1	102.3(108.1)				(0.063 5)						
			12.70	730	92.90				160.1	136.2(144.1)				(0.076 2)						
			15.24	1094	139.35				240.2	204.2(216.2)				(0.101 6)						
		270（1 860）	9.53	432	54.84	±0.66 −0.15			102.3	87.0(92.1)	—	—		(0.050 8)						
			11.11	582	74.19				137.9	117.2(124.1)				(0.063 5)						
			12.7	775	98.17				183.7	156.1(165.3)				(0.076 2)						
			15.24	1102	140.00				260.7	221.5(234.6)				(0.101 6)						
KS 5896—1980（英国）	标准	1 770	9.3	408	52	+0.3 −0.15	+4 −2	+4 −2	92	81	78	—	L_0≥500mm，δ≥3.5%	2	$F_{0.1}/F_b$ 85%；F_1/F_b 88%	12～18 模拔 14～18	最好右捻	195±10	$60F_b$ $70F_b$ $80F_b$	Ⅰ≤4.5 Ⅱ≤1.0 Ⅰ≤8 Ⅱ≤2.5 Ⅰ≤12 Ⅱ≤4.5
		1 770	11.0	557	71				125	110	106									
		1 770	12.5	730	93	+0.4 −0.2			164	144	139									
		1 670	15.2	1 090	139				232	204	197									
	高级	1 860	8.0	298	38	+0.3 −0.15			70	61	59	—								
		1 860	9.6	432	55				102	90	87									
		1 860	11.3	590	75	+0.4 −0.2			139	122	118									
		1 880	12.9	785	100				186	163	158									
		1 770	15.7	1 180	150				265	233	225									
	模拔	1 860	12.7	90	112	+0.4 −0.0		—	209	184	178	—								
		1 820	15.2	1 295	165				300	264	255									
		1 700	18.0	1 750	223				380	334	323									
I SO 6934—4—91（国际）	普通	1 720	9.3	405	51.6	—	—	+4 −2	88	—	72.8	75.4	≥3.5	—	$F_{0.1}/F_b$ 82%	12～18 模拔 14～18	左捻右捻均可	—	$60F_b$ $70F_b$ $80F_b$	Ⅰ≤4.5 Ⅱ≤1.0 Ⅰ≤8.0 Ⅱ≤2.5 Ⅰ≤12.0 Ⅱ≤4.5
		1 860	9.5	432	54.8				102		83.6	86.6								
		1 720	10.8	546	69.7				120		98.4	102								
		1 860	11.1	580	74.2				138		113	117								
		1 720	12.4	729	92.9				160		131	136								
		1 860	12.7	774	98.7				184		151	156								
		1 720	15.2	1 101	139				255		185	191								
		1 860	15.2	1 101	139				258		212	220								
	模拔	1 860	12.7	890	112	—			209	—	178	184			约 85%					
		1 820	15.2	1 295	165				300		255	264								
		1 700	18.0	1 750	223				380		323	334								

续上表

标准号（国别）	级别		公称直径	公称线质量	公称面积	允差			最小破断力	1%伸长时的荷载	0.1%屈服荷载	0.2%屈服荷载	最小延伸率	中心丝加大	屈强比	捻距	捻向	弹性模量	最大松弛率	
						直径	面积	线重											初荷载	1 000h（20℃）
单位		MPa	mm	kg/km	mm²	mm	%	%	kN	kN	kN	kN	%	≥%（mm）	%	直径倍数		GPa	%	%
EURO—NORM 138—79（欧洲）	标准	1 770 1 860 1 860 1 770	12.5 12.5 15.2 15.2	730 730 1 090 1 090	93 93 139 139	+0.4 −0.2	+4 −2	+4 −2	164 173 232 246	144 152 204 216	139 147 197 209	—	≥3.5	2	$F_{0.1}/F_b$约85%；F_1/F_b约88%	12～18	—	195±10	$60F_b$ $70F_b$ $80F_b$	Ⅰ≤4.5 Ⅱ≤1.0 Ⅰ≤8 Ⅱ≤2.5 Ⅰ≤12 Ⅱ≤4.5
	高级	1 770 1 770	12.9 15.7	785 1180	100 150				186 265	163 233	158 225	—								
ⅠNⅠ 7676（意大利）		1 770 1 860 1 670 1 770 1 600	12.5 12.5 15.2 15.2 17.8	730 730 1 090 1 090 1 500	93 93 139 139 190	—	+3 −2	—	184 173 232 246 304	1 570MPa 1 670MPa 1 470MPa 1 570MPa 1 470MPa	1 600MPa 1 700MPa 1 600MPa 1 500MPa	—	L_0≥600mm，≥3.5	—	—	—	—	—	$75F_b$	普通级：≤9；低松弛级：≤2.2 2 000h ≤2.5
AS 1311—1987（澳大利亚）	普通类		10.9 12.7 15.2	555 740 1 090	71 94 139	±0.4	—	—	125 165 227	—	—	106.3 140.3 193.0	≥3.5	—	—	—	—	—	$70F_b$ $80F_b$	≤2.5 ≤3.5
	优等类		10.9 12.7 15.2	590 785 1 125	75 100 143				138 184 250	—	—	117.3 156.4 212.5								
	超高抗拉类		15.2	1 125	143				261	—	—	221.9								
JⅠSG 3536—1988（日本）	SWPR-7A		10.8 12.4 15.2	546 729 1 101	69.68 92.90 138.70	+0.4 −0.2	—	—	119.641 159.848 240.263	—	—	101.989 136.312 203.978	≥3.5	0.08	—	12～16	—	—	0.2%屈服荷载最小值的80%	≤3.0（10h）
	SWPR-7B		11.1 12.7 15.2	580 774 1 101	74.19 98.71 138.70				138.274 183.384 280.857	—	—	117.680 155.926 221.630								

续上表

标准号(国别)	级别	公称直径	公称线质量	公称面积	允差 直径	允差 面积	允差 线重	最小破断力	1%伸长时的荷载	0.1%屈服荷载	0.2%屈服荷载	最小延伸率	中心丝加大	屈强比	捻距	捻向	弹性模量	最大松弛率 初荷载	最大松弛率 1 000h(20℃)
单位	MPa	mm	kg/km	mm²	mm	%	%	kN	kN	kN	kN	%	≥%(mm)	%	直径倍数		GPa	%	%
GB/T 5224—2003(中国)	1 470	15.2	1 101	140	+0.4 −0.2	—	—	206	—	—	185	L_0 ≥500mm, ≥3.5	2.5	90%	12～16	—	—	$60F_b$ $70F_b$ $80F_b$	≤1.0 ≤2.5 ≤4.5
	1 570	15.2	1 101	140	+0.4 −0.2	—	—	220	—	—	198								
	1 670	15.2	1 101	140	+0.4 −0.2	—	—	234	—	—	211								
	1 720	9.5	430	54.8	+0.3 −0.15	—	—	94.3	—	—	84.9								
	1 720	11.1	582	74.2	+0.3 −0.15	—	—	128	—	—	115								
	1 720	12.7	775	98.7	+0.4 −0.2	—	—	170	—	—	153								
	1 720	15.2	1 101	140	+0.4 −0.2	—	—	241	—	—	217								
	1 720	17.8	1 500	191	+0.4 −0.2	—	—	327	—	—	294								
	1 720	18.0(C)	1 750	223	+0.4 −0.2	—	—	384	—	—	346								
	1 770	15.7	1 178	150	+0.4 −0.2	—	—	266	—	—	239								
	1 820	15.2(C)	1 101	140	+0.4 −0.2	—	—	300	—	—	270								
	1 860	9.5	430	54.8	+0.3 −0.15	—	—	102	—	—	91.8								
	1 860	11.1	582	74.2	+0.3 −0.15	—	—	138	—	—	124								
	1 860	12.7	775	98.7	+0.4 −0.2	—	—	184	—	—	166								
	1 860	15.2	1 101	140	+0.4 −0.2	—	—	260	—	—	234								
	1 860	15.7	1 178	150	+0.4 −0.2	—	—	279	—	—	251								
	1 860	17.8	1 500	191	+0.4 −0.2	—	—	353	—	—	318								
	1 860	12.7(C)	775	98.7	+0.4 −0.2	—	—	208	—	—	187								
	1 960	9.5	430	54.8	+0.3 −0.15	—	—	107	—	—	96.3								
	1 960	11.1	582	74.2	+0.3 −0.15	—	—	145	—	—	131								
	1 960	12.7	775	98.7	+0.4 −0.2	—	—	193	—	—	174								
	1 960	15.2	1 101	140	+0.4 −0.2	—	—	274	—	—	247								
NFA 35—035—1993(法国) 缆索用镀锌	1770	12.5	726	93	—	—	—	164	—	146	—	≥3.5	—	—	—	—	—	$70F_b$	2.5
	1770	12.9	781	100	—	—	—	177	—	158	—		—	—	—	—	—		
	1770	15.2	1 086	139	—	—	—	246	—	220	—		—	—	—	—	—		
	1770	15.7	1 172	150	—	—	—	265	—	236	—		—	—	—	—	—		
	1860	12.5	726	93	±2(截面积)	—	—	173	—	154	—		—	—	—	—	—		
	1860	12.9	781	100	±2(截面积)	—	—	186	—	166	—		—	—	—	—	—		
	1860	15.2	1 086	139	±2(截面积)	—	—	259	—	230	—		—	—	—	—	—		
	1860	15.7	1 172	150	±2(截面积)	—	—	279	—	248	—		—	—	—	—	—		

注:括号内的数字为低松弛型。

第四章 预应力体系的设计与施工

本章主要依据《公路钢筋混凝土及预应力混凝土桥涵设计规范》(JTG D62—2004)(以下简称《公桥规》)与《预应力混凝土结构设计原理》及《公路桥涵施工技术规范》(JTG/T F50—2011)(以下简称《公施规》),介绍预应力设计与施工的计算方法。

在预应力的结构设计中,主要介绍了预应力混凝土构件的裂缝、变形与预应力损失等计算问题,以及预应力筋面积估算及其布置等内容。

在预应力的施工设计中,重点是预应力的张拉程序、伸长值的计算与量测、回缩损失的控制等。

第一节 预应力混凝土结构分类

我国根据国内的工程习惯,对以钢材为配筋的加筋混凝土结构系列,按其预应力度分成全预应力混凝土($\lambda \geqslant 1$)、部分预应力混凝土($0<\lambda<1$)和钢筋混凝土($\lambda=0$)等三种。

1.预应力度的定义

预应力度是指预加应力的程度,其表达方式较多,目前国际上还没有统一的定义。预应力混凝土构件的预应力度可按下列公式计算:

$$\lambda=\sigma_{pc}/\sigma_{st} \tag{4-1-1}$$

对预应力混凝土受弯构件也可按下列公式计算:

$$\lambda=M_0/M_s \tag{4-1-2}$$

$$M_0=\sigma_{pc}W_0 \tag{4-1-3}$$

式中:λ——预应力度;

σ_{pc}——扣除全部预应力损失后的预加力在构件抗裂边缘产生的预压应力;

σ_{st}——由作用(或荷载)短期效应组合产生的构件抗裂边缘的法向拉应力;

M_0——消压弯矩,即使构件抗裂边缘的预压应力抵消到零时的弯矩值;

M_s——按作用(或荷载)短期效应组合计算的弯矩值;

W_0——换算截面抗裂边缘的弹性抵抗矩。

2.预应力比率与预应力指标

预应力比率是描述预应力度的另一种方式。美国的内曼(A. E. Naaman)教授,将在极限状态下由预应力筋所提供的抵抗弯矩与由预应力和非预应力筋共同提供的抵抗弯矩的比值,称为预应力比率,即:

$$PPR=\frac{(M_u)_p}{(M_u)_{p+s}} \tag{4-1-4}$$

式中：$(M_u)_p$——由预应力筋提供的抵抗弯矩；

$(M_u)_{p+s}$——由预应力筋和非预应力筋共同提供的抵抗弯矩。

根据混凝土构件抗弯强度设计理论，当材料充分发挥其强度时，式(4-1-4)可表示成如下的形式。

$$PPR=\frac{A_p f_{py}\left(h_p-\frac{x}{2}\right)}{A_p f_{py}\left(h_p-\frac{x}{2}\right)+A_s f_{sy}\left(h_s-\frac{x}{2}\right)} \tag{4-1-5}$$

式中：A_p、A_s——预应力和非预应力筋的截面面积；

f_{py}、f_{sy}——预应力和非预应力筋的抗拉强度设计值；

h_p、h_s——预应力和非预应力筋截面形心至混凝土受压区最外边缘的距离；

x——混凝土受压区高度。

如果 $h_p=h_s$，则式(4-1-5)简化为：

$$PPR=\frac{A_p f_{py}}{A_p f_{py}+A_s f_{sy}} \tag{4-1-6}$$

高强预应力钢材没有显著的流线平台，瑞士的瑟尔利曼(Thürliman)建议采用预应力指标为：

$$i_p=\frac{A_p f_{0.2}}{A_p f_{0.2}+A_s f_{sy}} \tag{4-1-7}$$

式中：$f_{0.2}$——预应力钢筋取0.2%残余应变时的屈服强度；

其余符号意义同前。

3. 部分预应力的定义

所谓部分预应力混凝土结构，是指其预应力度介于全预应力混凝土结构和钢筋混凝土结构为两个极端的中间广阔领域的预应力混凝土结构。这一定义是采用了包括CEB/PIP规范中的有限预应力和部分预应力这两个部分的广义定义。

《公桥规》第6.1.2条规定，预应力混凝土构件可根据桥梁使用和所处环境的要求，进行不同性质构件的设计。

(1)全预应力混凝土构件。此类构件在作用(或荷载)短期效应组合下控制截面的受拉边缘不允许出现拉应力(不得消压)。

(2)部分预应力混凝土构件。此类构件在作用(或荷载)短期效应组合下控制截面受拉边缘允许出现拉应力：当拉应力不超过规范限值时，为部分预应力混凝土A类构件；当拉应力超过规范限值或出现不超过规范限值的裂缝时，为部分预应力混凝土B类构件。

跨径大于100m桥梁的主要受力构件，不宜进行部分预应力混凝土设计。

由于A类构件允许出现拉应力的限值较小，在使用荷载作用下，构件一般不会出现裂缝，即使开裂，其裂缝宽度也很小，故可不必进行专门的裂缝宽度验算。对于B类构件，则应进行裂缝宽度的验算。

第二节　预应力混凝土构件设计

一、预应力混凝土构件设计的基本概念

1.基本要求

预应力混凝土结构及构件的设计应满足以下几个要求。

(1)构件应有足够的强度,使其在达到承载能力极限状态时仍具有一定的安全储备,以满足构件在最不利的条件下还能够承受所出现的最大内力。

(2)在正常使用条件下,构件的应力(混凝土的正截面应力、斜截面应力、预应力筋的应力)、结构的变形都不超过规定的极限。对允许出现裂缝的构件,裂缝宽度也应限制在规定的范围内。

(3)结构及构件外形美观、适用。结构及构件的外形尽量简捷、明快,对需要在外部设锚的预应力结构,锚固构造的设计尽可能不影响结构的外形,并且不影响结构其他部位的功能。

(4)经济合理。结构物的经济合理性不仅体现在材料上的节省,而且还要求施工简便,同时还应考虑其在预计使用年限内的维护费用。

2.设计的关键控制因素

结构及构件设计中的主要控制因素为构件截面的选择、预应力筋面积和位置的设计,其中尤为重要的是截面的拟定。截面的确定意味着构件外形的确定,也将决定预应力筋的布置及面积。构件的其他设计要求,如应力的校核、预应力筋的走向、锚具和端块的布置都可以通过局部设计来实现。

截面尺寸和预应力筋面积及其位置是相互关联的,即截面尺寸越大,则抵抗外荷载所需预应力筋的数量越少,但同时由于截面加大又导致结构自重加大,因而也增加了抵抗自重所需的预应力筋数量;截面的形状决定了预应力筋布置的位置,因为预应力筋锚固点设在构件上,决定了预应力筋走向必须顺延构件方向,即预应力筋总在截面的范围内,或置于截面混凝土内,或置于其表面;再者,从抵抗弯矩方面来讲,预应力筋对于截面中性轴的偏心距同预应力筋的面积成反比关系,偏心距越大,在同等预应力筋控制应力条件下,所需预应力筋面积越少,反之,偏心距越小,则所需预应力筋面积越多。

截面尺寸与预应力筋数量及位置之间的密切联系导致了设计上的复杂性。仅从理论上讲,在满足构件基本设计要求的前提下,可有多种方案。在设计实践中,考虑到工程的实际要求及提高设计速度,仅能采用有限个方案进行比较,这就需要设计者具备丰富的设计经验,可参考已有结构资料,依据自身理论知识拟订结构方案,进行截面预应力筋配制及布置,通过反复试算最终完成设计。

3.设计的基本步骤

对于不同的结构,尽管其形式不同,但其基本的设计理念大致相仿,根据结构的受力体系,划分出不同的受力构件或单体,分析各单体的实用条件以确定设计原则,然后进行各单体的设计,通过各单体的组装与联系,最终完成整体结构的设计。

构件的跨度、材料(钢筋与混凝土)、外荷载、支撑条件(约束条件)、施工方法(预制或现浇)

等条件，一般在方案拟定时已确定，设计的任务是针对上述各项条件去选用合理的截面形状、尺寸和配筋(预应力与非预应力筋)。接着进行截面计算，校核承载能力和正常使用状态是否满足设计要求。如不能满足，进行修改，往往要经过多次试算才能得到经济合理的要求。具体的设计计算可大致分以下几个步骤。

(1)根据使用要求，参照已有设计和有关资料，初步拟定截面尺寸；或者根据强度要求，初步估算截面尺寸。

(2)根据结构可能出现的荷载组合，计算控制截面最大的设计内力。

(3)根据控制截面在承载能力极限状态下的极限内力和正常使用极限状态下的使用内力，估算预应力筋的数量，并进行合理的布置。

(4)计算截面几何特征。

(5)进行张拉控制应力、预应力损失、有效预加力计算。

(6)进行控制截面的正截面强度和斜截面强度计算。

(7)使用荷载阶段和施工阶段的应力验算。

(8)变形(挠度和反拱度)计算。

(9)梁端部局部承压与锚固区设计计算。

对于超静定结构，如连续梁等，存在预应力二次矩。特别是中小跨径结构，预应力二次矩比重较大，预加力对截面的效应受到的影响也较大，往往导致估算预应力筋数量偏差较大，所以需要多次试算与调整预应力筋面积和位置，以达到设计的基本要求。预应力混凝土构件设计的基本流程见图 4-2-1。

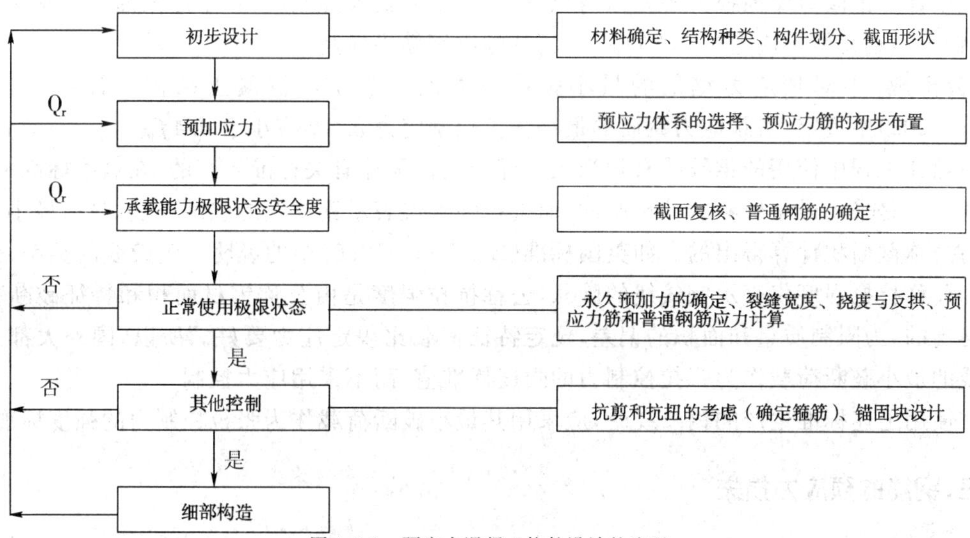

图 4-2-1　预应力混凝土构件设计的流程

注：Q_r 表示尽快返到此位置重新调整或计算。

二、预应力筋的张拉控制应力

预应力钢筋的张拉控制应力(σ_{con})，是指张拉钢筋进行锚固前，张拉千斤顶所指示的总拉力除以预应力钢筋截面积所求得的钢筋应力值。对于钢制锥形锚具等有锚圈口摩阻力的锚具，σ_{con}应为扣除锚圈口摩擦损失后的锚下拉应力值，故《公桥规》特别指出，σ_{con}为张拉钢筋时锚下的控制应力。

从经济方面来说，张拉控制应力愈高愈好，这样，在构件抗裂性相同的情况下，可以减少用钢量；在预应力筋数量相同的情况下，可使混凝土中的预压应力增大。但是，σ_{con}值过高也将存在以下问题。

(1)可能引起钢丝束断丝。因为同一束中各根钢丝的应力不可能完全相同，其中少数钢丝的应力必然超过σ_{con}，如果σ_{con}值本身定得过高，个别钢丝就可能破断。另外，如果需要进行超张拉(即全束平均拉应力要比σ_{con}高5%～10%)，这种个别钢丝先被拉断的现象就可能更多一些。此外由于气温的降低，也可能使张拉后的预应力钢筋在与混凝土黏结之前突然断裂。

(2)σ_{con}值愈高，钢筋的应力松弛也愈增大。

(3)σ_{con}值过高，预应力混凝土构件就没有足够的安全系数来防止混凝土的脆裂。

因此，预应力钢筋的张拉控制应力σ_{con}不能定得过高，应留有适当的余地，一般宜在钢筋的比例极限之下。钢筋张拉控制应力的确定，还需要根据钢筋的不同品质而定，因此，《公桥规》第6.1.3条的规定，预应力混凝土构件预应力钢筋的张拉控制应力值σ_{con}应符合下列规定：

钢丝、钢绞线　　$\sigma_{con} \leqslant 0.75 f_{pk}$

精轧螺纹钢筋　　$\sigma_{con} \leqslant 0.90 f_{pk}$

式中：f_{pk}——预应力钢筋抗拉强度标准值。

上述张拉控制应力，对后张法构件系指体内锚下钢筋应力。先张法和后张法构件在进行超张拉或计入锚圈口摩擦损失等任何情况下，钢筋中的最大控制应力(千斤顶油泵上反映的数值)对钢丝和钢绞线不应超过$0.80 f_{pk}$，对精轧螺纹钢筋不应超过$0.95 f_{pk}$。

《公桥规》中对顶应力钢筋的最小张拉应力没做规定，《混凝土结构设计规范》(GB 50010—2002)中规定，对预应力钢筋的最小张拉控制应力σ_{con}不应小于$0.4 f_{pk}$。

目前在工程中使用的钢绞线有相当大一部分是按国外有关标准生产的，在这些标准中，钢绞线的强度是采用最小破断载荷控制的，而抗拉强度仅表示钢绞线的强度级别，是由最小破断载荷与公称截面积计算得出的。如英国标准(B 55896—1980)中的说明：“钢绞线的类型、公称直径和公称抗拉强度仅表示钢绞线的牌号，公称抗拉强度是由公称钢材面积和特征破断荷载计算得出的，为限制质量和面积的偏差，规定特征荷载比规定应力要好。”所以，国外大都采用钢绞线的最小破断荷载作为张拉控制力的强度标准值，而不采用应力控制。

在使用上述标准生产的钢绞线时，应采用其最小破断荷载作为张拉控制力的强度标准值。

三、钢筋的预应力损失

钢筋中的预应力，由于施工因素、材料性能及环境条件的影响，将要引起预应力的损失。实际损失值大于或小于计算值，对结构的承载能力影响较小，但是影响到使用荷载下的性能(如变形、反拱、开裂荷载)和连接，在使用荷载下，过高或过低估计损失都是不利的。因此，钢筋的应力损失对正常使用极限状态计算具有重要的意义。

考虑到影响各项预应力损失的因素十分复杂，在一般情况下应根据桥梁施工的具体情况由试验确定预应力损失；所以《公桥规》规定，预应力损失值应根据试验确定，当无可靠试验数据时，可按规范的规定计算。

在计算构件截面应力和确定钢筋的控制应力时，可按《公桥规》规定计算下列因素引起的预应力损失值：

预应力钢筋与管道壁之间的摩擦　σ_{l1}

锚具变形、钢筋回缩和接缝压缩　σ_{l2}

预应力钢筋与台座之间的温度差　σ_{l3}

混凝土的弹性压缩　σ_{l4}

预应力钢筋的应力松弛　σ_{l5}

混凝土的收缩和徐变　σ_{l6}

此外，尚应考虑预应力钢筋与锚圈口之间的摩擦、先张法台座的弹性变形等其他损失。

(1)后张法构件张拉时，预应力钢筋与管道壁之间摩擦引起的预应力损失，可按《公桥规》第 6.2.2 条的规定计算：

$$\sigma_{l1}=\sigma_{con}\left[1-e^{-(\mu\theta+kx)}\right] \tag{4-2-1}$$

式中：σ_{con}——预应力钢筋锚下的张拉控制应力(MPa)；

μ——预应力钢筋与管道壁的摩擦系数，按表 4-2-1 采用；

θ——从张拉端至计算截面曲线管道部分切线的夹角之和(rad)；

k——管道每米局部偏差对摩擦的影响系数，按表 4-2-1 采用；

x——从张拉端至计算截面的管道长度，可以近似地取该段管道在构件纵轴上的投影长度(m)。

系数 k 及 μ 值　表 4-2-1

管道成型方式	k	μ	
		钢丝束、钢绞线	螺纹钢筋
预埋铁皮管	0.003 0	0.35	0.40
预埋钢管	0.001 0	0.25	—
抽芯成型孔道	0.001 5	0.55	0.60
预埋金属波纹管	0.001 5	0.20～0.25	0.50
预埋塑料波纹管	0.001 5	0.14～0.17	0.45

(2)预应力直线钢筋由锚具变形、钢筋回缩和接缝压缩引起的预应力损失，可按《公桥规》第 6.2.3 条的规定计算：

$$\sigma_{l2}=\frac{\sum \Delta l}{l}E_p \tag{4-2-2}$$

式中：Δl——张拉端锚具变形、钢筋回缩和接缝压缩值(mm)，按表 4-2-2 采用；

l——张拉端至锚固端之间的距离(mm)；

E_p——预应力钢筋的弹性模量。

后张法构件预应力曲线钢筋由锚具变形、钢筋回缩和接缝压缩引起的预应力损失，应考虑锚固后反向摩擦的影响。这里介绍两种考虑反摩擦影响的计算方法。

锚具变形、预应力筋回缩和接缝压缩容许值 表 4-2-2

锚具、接缝类型		变形形式	容许值 Δl_R(mm)
钢制锥形锚具		预应力筋回缩、锚具变形	6
夹片式锚具	有顶压时	预应力筋回缩、锚具变形	4
	无顶压时		6
镦头锚具		缝隙压密	1
粗钢筋锚具(用于螺纹钢筋)		预应力筋回缩、锚具变形	1
每块后加垫板的缝隙		缝隙压密	1
水泥砂浆接缝		缝隙压密	1
环氧树脂砂浆接缝		缝隙压密	1

①《公桥规》附录 D 简化计算法

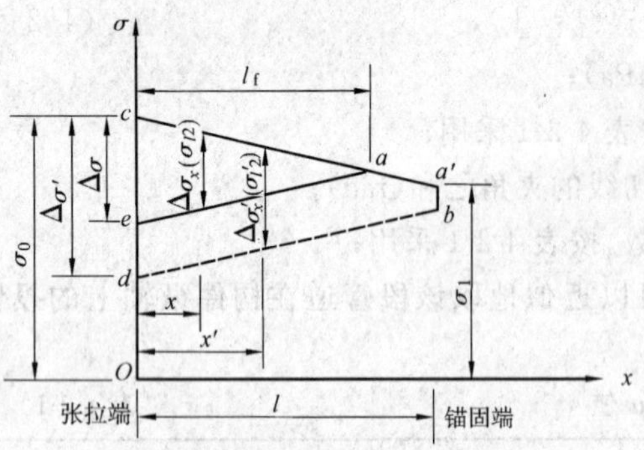

图 4-2-2 考虑反摩擦的 σ_{l2} 计算示意图

caa'-预应力钢筋扣除管道摩擦损失后的预拉力线；eaa'—$l_f\leqslant l$ 时，预应力钢筋扣除管道正摩擦和回缩(考虑反摩擦)等损失后的应力分布线；db—$l_f>l$ 时，预应力钢筋扣除管道正摩擦和回缩(考虑反摩擦)等损失后的应力分布线；cae-等腰三角形；$ca'bd$-等腰梯形

如图 4-2-2 所示，假定反向摩擦的管道摩擦系数与正向摩擦的相同。

反摩擦影响长度 l_f 可按下列公式计算：

$$l_f=\sqrt{\frac{\sum\Delta l\cdot E_p}{\Delta\sigma_d}}\quad(\text{mm})\qquad(4\text{-}2\text{-}3.1)$$

式中：$\Delta\sigma_d$——单位长度由管道摩擦引起的预应力损失，按下列公式计算：

$$\Delta\sigma_d=\frac{\sigma_0-\sigma_l}{l}\qquad(4\text{-}2\text{-}3.2)$$

式中：σ_0——张拉端锚下控制应力；

σ_l——预应力钢筋扣除沿途管道摩擦损失后锚固端应力；

l——张拉端至锚固端之间的距离。

当 $l_f\leqslant l$ 时，预应力钢筋离张拉端 x 处考虑反摩擦后的预拉力损失 $\Delta\sigma_x(\sigma_{l2})$，可按下列公式计算：

$$\Delta\sigma_x(\sigma_{l2})=\Delta\sigma\frac{l_f-x}{l_f}\qquad(4\text{-}2\text{-}3.3)$$

$$\Delta\sigma=2\Delta\sigma_d l_f\qquad(4\text{-}2\text{-}3.4)$$

式中：$\Delta\sigma$——当 $l_f\leqslant l$ 时，在 l_f 影响范围内，预应力钢筋考虑反摩擦后在张拉端锚下预应力损失值；如 $x\geqslant l_f$，表示 x 处预应力钢筋不受反摩擦的影响；当 $l_f>l$ 时，预应力钢筋离张拉端 x' 处考虑反摩擦后的预拉力损失 $\Delta\sigma'_x(\sigma_{l2})$，可按下列公式计算：

$$\Delta\sigma'_x(\sigma'_{l2})=\Delta\sigma'-2x'\Delta\sigma_d\qquad(4\text{-}2\text{-}3.5)$$

式中：$\Delta\sigma'$——当 $l_f>l$ 时，在 l 范围内，预应力钢筋考虑反摩擦后在张拉端锚下的预应力损失值，可按以下方法求得：令图 4-2-2 中等腰梯形 $ca'bd$ 的面积 $A=\sum\Delta l\cdot E_p$，试算

得到 cd，则 $\Delta\sigma'=cd$。

两端张拉(分次张拉或同时张拉)且反摩擦损失影响长度有重叠时，在重叠范围内同一截面扣除正摩擦和回缩反摩擦损失后预应力钢筋的应力可取：两端分别张拉、锚固，分别计算正摩擦和回缩反摩擦损失，分别将张拉端锚下控制应力减去上述应力计算结果所得较大值。

②《公桥规》原条文说明中的计算法

如图 4-2-3 所示，A 点表示锚端内侧预应力钢筋的张拉应力，由于管道的摩阻作用，朝跨径方向预应力钢筋的拉应力有所降低，如图中 ABNC 曲线所示。预应力钢筋锚固后，由于锚具变形、钢筋回缩和接缝压密，钢筋与管道发生反摩阻作用，钢筋的拉应力将会减小，假定锚端内侧钢筋的拉应力减小了 ΔT_0，减小以后的钢筋拉应力如图中 $A'B'NC$ 曲线所示。

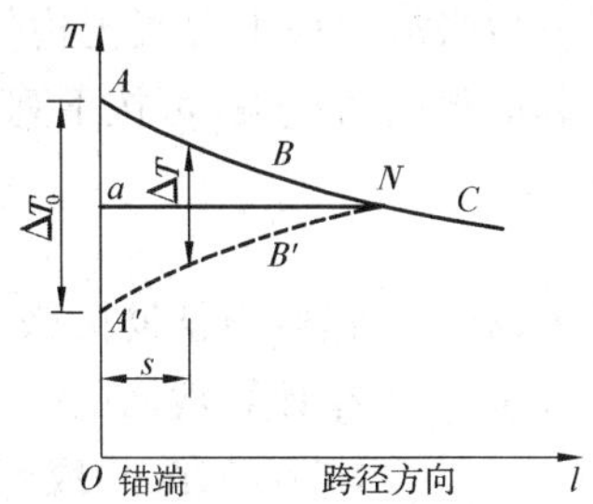

图 4-2-3　考虑反摩擦的 σ_{l2} 计算简图

设锚固端钢筋总的回缩长度为 Δl，在离锚端内侧 a 点的 s 距离处，钢筋的应力损失为 ΔT，则其应变为

$$\varepsilon=\frac{\Delta T}{E_y} \tag{4-2-4.1}$$

a 与 N 之间的变形即为回缩长度 Δl，即

$$\Delta l=\int_a^N \varepsilon \mathrm{d}s=\int_a^N \frac{\Delta T}{E_y}\mathrm{d}s=\frac{1}{E_y}\int_a^N \Delta T \mathrm{d}s \tag{4-2-4.2}$$

或

$$E_y \Delta l=\int_a^N \Delta T \mathrm{d}s \tag{4-2-4.3}$$

式中，$\int_a^N \Delta T \mathrm{d}s$ 为图中面积 $ABNB'A'$，也就是面积 $ABNa$ 的两倍，所以，只要先求出 $E_y\dfrac{\Delta l}{2}$，再以试算方法确定一个正好等于 $E_y\dfrac{\Delta l}{2}$的面积 $ABNa$，于是，由钢筋回缩引起预应力损失的影响长度 aN 即可求出，在影响长度内，任一点的预应力损失为以 aN 为基线向上垂直距离的两倍，如在锚固端内侧，预应力损失为 $2Aa$。

(3)先张法预应力混凝土构件，当采用加热方法养护时，由钢筋与台座之间的温度差引起的预应力损失，可按《公桥规》第 6.2.4 条的规定计算：

$$\sigma_{l3}=2(t_2-t_1)\qquad(\mathrm{MPa}) \tag{4-2-5}$$

式中：t_2——混凝土加热养护时，受拉钢筋的最高温度(℃)；

t_1——张拉钢筋时，制造场地的温度(℃)。

注：①为了减少温差引起的预应力损失，可采用分阶段的养护措施。

②当台座与构件共同受热时，可不考虑温差引起的预应力损失。

(4)预应力混凝土构件，由混凝土弹性压缩引起的预应力损失可按《公桥规》第 6.2.5 条的下列规定计算。

①后张法预应力混凝土构件当采用分批张拉时，先张拉的钢筋由张拉后批钢筋所引起的混凝土弹性压缩的预应力损失，可按下列公式计算：

$$\sigma_{l4}=\alpha_{Ep}\sum\Delta\sigma_{pc} \tag{4-2-6}$$

式中：$\Delta\sigma_{pc}$——在计算截面先张拉的钢筋重心处，由后张拉各批钢筋产生的混凝土法向应力

(MPa)；

α_{Ep}——预应力钢筋弹性模量与混凝土弹性模量的比值。

②先张法预应力混凝土构件，放松钢筋时由混凝土弹性压缩引起的预应力损失，可按下列公式计算：

$$\sigma_{l4}=\alpha_{Ep}\sigma_{pc} \tag{4-2-7}$$

式中：σ_{pc}——在计算截面钢筋重心处，由全部钢筋预加力产生的混凝土法向应力(MPa)。

后张法预应力混凝土构件，当同一截面的预应力钢筋分束(批)张拉时，由混凝土弹性压缩引起的预应力损失，可按下列简化公式近似计算：

$$\sigma_{l4}=\frac{m-1}{2}\alpha_{Ep}\Delta\sigma_{pc}$$

式中：m——预应力钢筋的张拉束(批)数，每束(批)钢筋根数应相同；

$\Delta\sigma_{pc}$——在计算截面的全部钢筋重心处，由张拉一束(批)预应力钢筋产生的混凝土法向压应力(MPa)，取各束(批)的平均值。

(5)预应力钢筋由于钢筋松弛引起的预应力损失终极值，可按《公桥规》第6.2.6条的下列规定计算。

①预应力钢丝、钢绞线

$$\sigma_{l5}=\Psi\cdot\zeta\left(0.52\frac{\sigma_{pe}}{f_{pk}}-0.26\right)\sigma_{pe} \tag{4-2-8}$$

式中：Ψ——张拉系数，一次张拉时，$\Psi=1.0$；超张拉时，$\Psi=0.9$；

ζ——钢筋松弛系数，Ⅰ级松弛(普通松弛)，$\zeta=1.0$；Ⅱ级松弛(低松弛)，$\zeta=0.3$；

σ_{pe}——传力锚固时的钢筋应力，对后张法构件$\sigma_{pe}=\sigma_{con}-\sigma_{l1}-\sigma_{l2}-\sigma_{l4}$；对先张法构件$\sigma_{pe}=\sigma_{con}-\sigma_{l2}$。

②精轧螺纹钢筋

一次张拉

$$\sigma_{l5}=0.05\sigma_{con} \tag{4-2-9.1}$$

超张拉

$$\sigma_{l5}=0.035\sigma_{con} \tag{4-2-9.2}$$

注：①当取超张拉的应力松弛损失值时，张拉程序应符合我国有关规范要求。

②预应力钢丝、钢绞线当需分阶段计算松弛损失时，其中间值与终极值的比值可按表4-2-3取用。

钢筋松弛损失中间值与终极值的比值 表4-2-3

时　间	2	10	20	30	40
比　值	0.5	0.61	0.74	0.87	1.0

(6)由混凝土收缩、徐变引起的构件受拉区和受压区预应力钢筋的预应力损失，可按《公桥规》第6.2.7条的下列公式计算：

$$\sigma_{l6}(t)=\frac{0.9[E_p\varepsilon_{cs}(t,t_0)+\alpha_{Ep}\sigma_{pc}\phi(t,t_0)]}{1+15\rho\rho_{ps}} \tag{4-2-10.1}$$

$$\sigma'_{l6}(t)=\frac{0.9[E_p\varepsilon_{cs}(t,t_0)+\alpha_{Ep}\sigma'_{pc}\phi(t,t_0)]}{1+15\rho'\rho'_{ps}} \tag{4-2-10.2}$$

$$\rho=\frac{A_p+A_s}{A},\rho'=\frac{A'_p+A'_s}{A} \tag{4-2-10.3}$$

$$\rho_{ps}=1+\frac{e_{ps}^2}{i^2},\rho'_{ps}=1+\frac{e'^2_{ps}}{i^2} \tag{4-2-10.4}$$

$$e_{ps}=\frac{A_p e_p+A_s e_s}{A_p+A_s},e'_{es}=\frac{A'_p e'_p+A'_s e'_s}{A'_p+A'_s} \tag{4-2-10.5}$$

式中：$\sigma_{l6}(t)$、$\sigma'_{l6}(t)$——构件受拉区、受压区全部纵向钢筋截面重心处由混凝土收缩、徐变引起的预应力损失；

σ_{pc}、σ'_{pc}——构件受拉区、受压区全部纵向钢筋截面重心处由预应力产生的混凝土法向压应力(MPa)，应按《公桥规》第 6.1.7 条和第 6.1.6 条规定计算，此时，预应力损失值仅考虑预应力钢筋锚固时(第一批)的损失，普通钢筋应力 σ_{l6}、σ'_{l6} 应取值为零；σ_{pc}、σ'_{pc} 的值不得大于传力锚固时混凝土立方体抗压强度 f_{cu}' 的 0.5 倍；当 σ'_{pc} 为拉应力时，应取值为零；计算 σ_{pc}、σ'_{pc} 时，可根据构件制作情况考虑自重的影响；

E_p——预应力钢筋的弹性模量；

α_{Ep}——预应力钢筋弹性模量与混凝土弹性模量的比值；

ρ、ρ'——构件受拉区、受压区全部纵向钢筋配筋率；

A——构件截面面积，先张法构件取 $A=A_0$，后张法构件取 $A=A_n$，此处，A_0 和 A_n 分别为换算截面面积和净截面面积；

i——截面回转半径，$i^2=I/A$，I 为截面惯性矩，先张法构件取 $I=I_0$，$A=A_0$；后张法构件取 $I=I_n$，$A=A_n$；此处，I_0 和 I_n 分别为换算截面惯性矩和净截面惯性矩；

e_p、e'_p——构件受拉区、受压区预应力钢筋截面重心至构件截面重心轴的距离；

e_s、e'_s——构件受拉区、受压区纵向普通钢筋截面重心至构件截面重心轴的距离；

e_{ps}、e'_{ps}——构件受拉区、受压区预应力钢筋和普通钢筋截面重心至构件截面重心轴的距离；

$\varepsilon_{cs}(t,t_0)$——预应力钢筋传力锚固龄期为 t_0，计算考虑的龄期为 t 时的混凝土收缩应变，其终极值 $e_{cs}(t_u,t_0)$ 可按表 4-2-4 取用；

$\phi(t,t_0)$——加载龄期为 t_0，计算考虑的龄期为 t 时的徐变系数，其终极值 $\phi(t_u,t_0)$ 可按表 4-2-4 取用。

混凝土收缩应变和徐变系数终极值　　表 4-2-4

混凝土收缩应变终极值 $\varepsilon_{cs}(t_u,t_0)\times10^3$								
传力锚固龄期(d)	40%≤RH<70%				70%≤RH<99%			
	理论厚度 h(mm)				理论厚度 h(mm)			
	100	200	300	≥600	100	200	300	≥600
3～7	0.50	0.45	0.38	0.25	0.30	0.26	0.23	0.15
14	0.43	0.41	0.36	0.24	0.25	0.24	0.21	0.14
28	0.38	0.38	0.34	0.23	0.22	0.22	0.20	0.13
60	0.31	0.34	0.32	0.22	0.18	0.20	0.19	0.12
90	0.27	0.32	0.30	0.21	0.16	0.19	0.18	0.12

续上表

混凝土徐变系数终极值 $\phi(t_u, t_0)$								
加载龄期(d)	$40\% \leqslant RH < 70\%$				$70\% \leqslant RH < 99\%$			
	理论厚度 h(mm)				理论厚度 h(mm)			
	100	200	300	≥600	100	200	300	≥600
3	3.78	3.36	3.14	2.79	2.73	2.52	2.39	2.20
7	3.23	2.88	2.68	2.39	2.32	2.15	2.05	1.88
14	2.83	2.51	2.35	2.09	2.04	1.89	1.79	1.65
28	2.48	2.20	2.06	1.83	1.79	1.65	1.58	1.44
60	2.14	1.91	1.78	1.58	1.55	1.43	1.36	1.25
90	1.99	1.76	1.65	1.46	1.44	1.32	1.26	1.15

注：1. 表中 RH 代表桥梁所处环境的年平均相对湿度(%)。

2. 表中理论厚度 $h=\frac{2A}{u}$，A 为构件截面面积，u 为构件与大气接触的周边长度。当构件为变截面时，A_c 和 u 均可取其平均值。

3. 本表适用于由硅酸盐水泥或快硬水泥配制而成的混凝土；对 C50 及以上混凝土，表列数值应乘以 $\sqrt{\frac{32.4}{f_{ck}}}$，式中，$f_{ck}$ 为混凝土轴心抗压强度标准值(MPa)。

4. 本表适用于季节性变化的平均温度－20～40℃。

5. 构件的实际传力锚固龄期、加载龄期或理论厚度为表列数值中间值时，收缩应变和徐变系数终极值可按直线内插法取值。

6. 在分阶段施工或结构体系转换中，当需计算阶段收缩应变和徐变系数时，可按《公桥规》附录 F 提供的以下方法进行。

附：混凝土收缩应变和徐变系数计算

(1)收缩应变

①混凝土的收缩应变可按下列公式计算：

$$\varepsilon_{cs}(t,t_s)=\varepsilon_{cso}\cdot\beta_s(t-t_s) \tag{4-2-11.1}$$

$$\varepsilon_{cso}=\varepsilon_x(f_{cm})\cdot\beta_{RH} \tag{4-2-11.2}$$

$$\varepsilon_s(f_{cm})=[160+10\beta_{sc}(9-f_{cm}/f_{cmo})]\times10^{-6} \tag{4-2-11.3}$$

$$\beta_{RH}=1.55\times[1-(RH/RH_0)^3] \tag{4-2-11.4}$$

$$\beta_s(t-t_s)=\left[\frac{(t-t_s)t_1}{350(h/h_0)^2+(t-t_s)/t_1}\right]^{0.5} \tag{4-2-11.5}$$

式中：t——计算考虑时刻的混凝土龄期(d)；

t_s——收缩开始时的混凝土龄期(d)，可假定为 3～7d；

$\varepsilon_{cs}(t,t_s)$——收缩开始时的龄期为 t_s，计算考虑的龄期为 t 时的收缩应变；

ε_{cso}——名义收缩系数；

β_s——收缩随时间发展的系数；

f_{cm}——强度等级 C20～C50 混凝土在 28d 龄期时的平均立方体抗压强度(MPa)，$f_{cm}=$

$0.8f_{cu,k}+8MPa$；

$f_{cu,k}$——龄期为28d，具有95%保证率的混凝土立方体抗压强度标准值(MPa)；

β_{RH}——与年平均相对湿度相关的系数，公式(4-2-11.4)适用于$40\% \leqslant RH < 99\%$；

RH——环境年平均相对湿度(%)；

β_{sc}——依水泥种类而定的系数，对一般硅酸盐类水泥或快硬水泥，$\beta=5.0$；

h——构件理论厚度(mm)，$h=2A/u$，A_c为构件截面面积，u为构件与大气接触的周边长度。

$$RH_0=100\%$$
$$h_0=100mm$$
$$t_1=1d$$
$$f_{cmo}=10MPa$$

②强度等级C20～C50混凝土的名义收缩系数ε_{cso}，可按由公式(4-2-11.2)算得的表4-2-5所列数值采用。

混凝土名义收缩系数 $\varepsilon_{cso}\cdot 10^3$　　表4-2-5

$40\% \leqslant RH < 70\%$	$70\% \leqslant RH < 99\%$
0.529	0.310

注：1. 本表适用于一般硅酸盐水泥或快硬水泥配制而成的混凝土。

2. 本表适用于季节性变化的平均温度－20～40℃。

3. 对强度等级为C50及以上混凝土，表列数值应乘以$\sqrt{\frac{32.4}{f_{ck}}}$，式中，$f_{ck}$为混凝土轴心抗压强度标准值(MPa)。

③在桥梁设计中当需考虑收缩影响或计算阶段预应力损失时，混凝土收缩应变值可按下列步骤计算。

a. 按公式(4-2-12.5)计算从t_s到t、t_s到t_0的收缩应变发展系数$\beta_s(t-t_s)$、$\beta_s(t_0-t_s)$，当计算$\beta_s(t_0-t_s)$时，公式中的t均改用t_0。其中t为计算收缩应变考虑时刻的混凝土龄期(d)，t_0为桥梁结构开始受收缩影响时刻或预应力钢筋传力锚固时刻的混凝土龄期(d)，t_s为收缩开始时(养护期结束时)的混凝土龄期，设计时可取3～7d，$t>t_0 \geqslant t_s$。

b. 按下列公式计算自t_0至t_s时的收缩应变值$\varepsilon_{cs}(t,t_0)$：

$$\varepsilon_{cs}(t,t_0)=\varepsilon_{cso}[\beta_s(t-t_s)-\beta_s(t_0-t_s)] \tag{4-2-12}$$

式中的名义收缩系数ε_{cso}按表4-2-5采用。

(2)徐变系数

①混凝土的徐变系数可按下列公式计算：

$$\phi(t,t_0)=\phi_0\cdot\beta_c(t-t_0) \tag{4-2-13.1}$$

$$\phi_0=\phi_{RH}\cdot\beta(f_{cm})\cdot\beta(t_0) \tag{4-2-13.2}$$

$$\phi_{RH}=1+\frac{1-RH/RH_0}{0.46(h/h_0)^{\frac{1}{3}}} \tag{4-2-13.3}$$

$$\beta(f_{cm})=\frac{5.3}{(f_{cm}/f_{cmo})^{0.5}} \tag{4-2-13.4}$$

$$\beta(t_0)=\frac{1}{0.1+(t_0/t_1)^{0.2}} \tag{4-2-13.5}$$

$$\beta_c(t-t_0)=\left[\frac{(t-t_0)/t_l}{\beta_H+(t-t_0)/t_l}\right]^{0.3} \qquad (4\text{-}2\text{-}13.6)$$

$$\beta_H=150\left[1+\left(1.2\frac{RH}{RH_0}\right)^{18}\right]\frac{h}{h_0}+250\leqslant 1\,500 \qquad (4\text{-}2\text{-}13.7)$$

式中：t_0——加载时的混凝土龄期(d)；

t——计算考虑时刻的混凝土龄期(d)；

$\phi(t,t_0)$——加载龄期为 t_0，计算考虑龄期为 t 时的混凝土徐变系数；

ϕ_0——名义徐变系数；

β_c——加载后徐变随时间发展的系数；

其余符号意义及其采用值与第(1)条相同。

②强度等级C20～C50混凝土的名义徐变系数 ϕ_0，可按由公式(4-2-13.2)算得的表4-2-6值采用。

混凝土名义徐变系数 ϕ_0 表4-2-6

加载龄期(d)	40%≤RH<70% 理论厚度 h(mm)				70%≤RH<99% 理论厚度 h(mm)			
	100	200	300	≥600	100	200	300	≥600
3	3.90	3.50	3.31	3.03	2.83	2.65	2.56	2.44
7	3.33	3.00	2.82	2.59	2.41	2.26	2.19	2.08
14	2.92	2.62	2.48	2.27	2.12	1.99	1.92	1.83
28	2.56	2.30	2.17	1.99	1.86	1.74	1.69	1.60
60	2.21	1.99	1.88	1.72	1.61	1.51	1.46	1.39
90	2.05	1.84	1.74	1.59	1.49	1.39	1.35	1.28

注：1.本表适用于一般硅酸盐水泥或快硬水泥配制而成的混凝土。

2.本表适用于季节性变化的平均温度－20～40℃。

3.对强度等级为C50及以上混凝土，表列数值应乘以 $\sqrt{\frac{32.4}{f_{ck}}}$，式中，$f_{ck}$ 为混凝土轴心抗压强度标准值(MPa)。

4.构件的实际理论厚度和加载龄期为表列中间值时，混凝土名义徐变系数可按直线内插法求得。

③在桥梁设计中需考虑徐变影响或计算阶段预应力损失时，混凝土的徐变系数值可按下列步骤计算。

a.按公式(4-2-13.7)计算 β_H，计算时公式中的年平均相对湿度 RH，当 $40\%\leqslant RH<70\%$ 时，取 $RH=55\%$；当 $70\%\leqslant RH<99\%$ 时，取 $RH=80\%$；

b.根据计算徐变所考虑的龄期 t、加载龄期 t_0 及已算得的 β_H，按公式(4-2-13.6)计算徐变发展系数 $\beta_c(t-t_0)$；

c.根据 $\beta_c(t-t_0)$ 和表4-2-6所列名义徐变系数(必要时用内插求得)，按公式(4-2-14.1)计算徐变系数 $\phi(t-t_0)$。

注：当实际的加载龄期超过表4-2-7给出的90d时，其混凝土名义徐变系数可按 $\phi'_0=\phi_0\cdot\beta(t'_0)/\beta(t_0)$ 求得，式中，ϕ_0 为表4-2-6所列名义徐变系数，$\beta(t'_0)$ 和 $\beta(t_0)$ 按公式(4-2-14.5)计算，其中 t_0 为表列加载龄期，t'_0 为90d以外计算所需的加载龄期。

(7)钢筋的有效预应力计算。

钢筋的有效预应力是指钢筋张拉后，从锚下控制张拉应力 σ_{con} 中，扣除相应阶段的应力损失后，在钢筋中实际存在的预拉应力。不同受力阶段的有效预应力值是不同的。将预应力损失值按各受力阶段进行组合，可算出不同阶段的有效预应力值。预应力混凝土构件，其各阶段的预应力损失值可按表 4-2-7 的规定进行组合。

各阶段预应力损失值的组合　　表 4-2-7

预应力损失值的组合	先张法构件	后张法构件
传力锚固时的损失(第一批) σ_{lI}	$\sigma_{l2}+\sigma_{l3}+\sigma_{l4}+0.5\sigma_{l5}$	$\sigma_{l1}+\sigma_{l2}+\sigma_{l4}$
传力锚固后的损失(第二批) σ_{lII}	$0.5\sigma_{l5}+\sigma_{l6}$	$\sigma_{l5}+\sigma_{l6}$

四、预应力的效应计算

1. 等效荷载法

“等效荷载”的概念是 R. B. B. Moorman 于 20 世纪 50 年代初提出的。等效荷载法的原理，是将预应力筋和锚具与结构脱离，而把它们的作用替换为等效荷载，并把这些等效荷载如同外荷载一样施加到由混凝土和非预应力筋组成的结构上，用以计算结构在预应力作用下的内力。等效荷载由两部分组成：其一是通过预应力锚具作用于锚固点的荷载，一般称其为节点等效荷载；其二是由于预应力筋线形改变在构件上产生竖向、水平及扭转的集中和分布荷载，一般称其为线形等效荷载。

在预应力作用下，预应力筋和相应的混凝土构件(包括非预应力筋)组成了一个受力自平衡的体系，或者说在等效荷载反力作用下的预应力筋自身是平衡的，因此其等效荷载属于一种自平衡力系。假定有效预加力为常数。

(1)曲线预应力筋的线形等效荷载

曲线预应力筋在预应力结构中是最常用的线形，一般常用圆弧线或二次抛物线。图 4-2-4 所示为一简支梁，配置了抛物线形筋，跨中垂度(矢高) f 为，则预应力筋的抛物线方程为：

$$y_p(x)=\frac{4f}{l^2}x^2-\frac{4f-e_B+e_A}{L}x+e_A \quad (4\text{-}2\text{-}14)$$

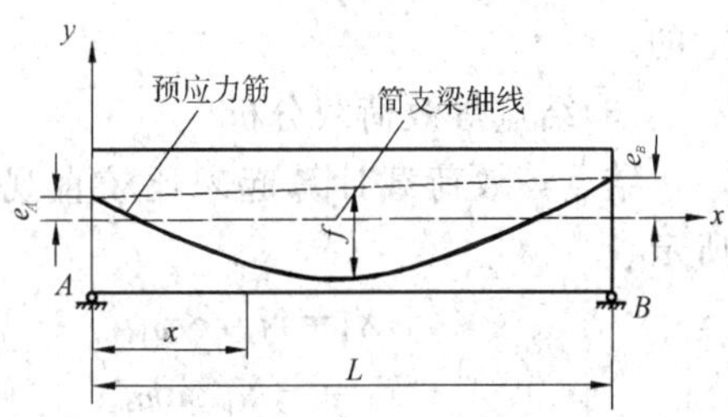

图 4-2-4　二次抛物线形预应力筋

根据材料力学的方法可知弯矩和分布荷载(设向下为正)的关系为：

$$q(x)=\frac{d^2M}{dx^2} \quad (4\text{-}2\text{-}15)$$

显然，对于预应力的作用可等效地化为外荷载：

$$q_e(x)=-\frac{d^2M_p}{dx^2}=-\frac{d^2}{dx^2}[N_p(x)y_p(x)+ax+b]=-\frac{d^2}{dx^2}[N_p(x)y_p(x)] \quad (4\text{-}2\text{-}16)$$

式中：M_p——预应力引起的弯矩；

a、b——弯矩 M_p 的待定参数。

由图 4-2-4，当沿预应力筋预加力为定值 N_p 时，则将式(4-2-14)代入式(4-2-16)即可得：

$$q_e(x)=-N_p\frac{d^2}{dx^2}\left(\frac{4f}{L^2}x^2-\frac{4f-e_B+e_A}{L}x+e_A\right)=-\frac{8N_pf}{L^2} \quad (4\text{-}2\text{-}17)$$

式(4-2-17)中右边的负号表明，当二次曲线向上凸时，等效线荷载的方向也向上，反之亦然。

(2)折线预应力筋的线形等效荷载

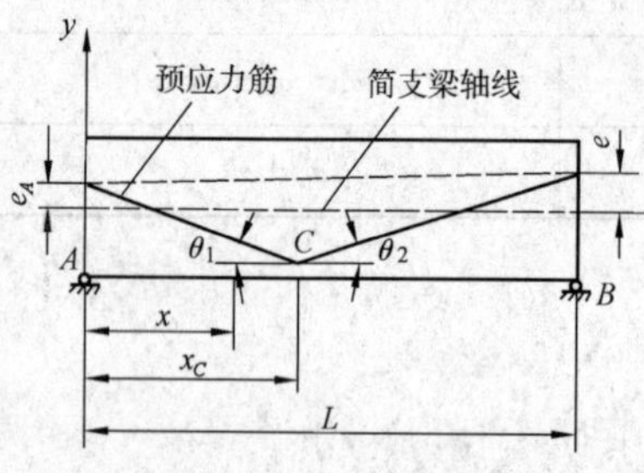

图 4-2-5 折线形预应力筋

当预应力筋为折线形布置时(图 4-2-5)，预应力筋线形在 AC 和 BC 两段为直线变化。在折点 C 左段的弯矩 M_L 为：

$$M_L=N_p\cos\theta_1(e_A-x\tan\theta_1)+ax+b \quad (4\text{-}2\text{-}18)$$

折点 C 右段的弯矩 M_R 为：

$$M_R=N_p\cos\theta_2[e_B-(L-x)\tan\theta_2]+ax+b \quad (4\text{-}2\text{-}19)$$

式中：a、b——M_L 和 M_R 的待定参数。

由材料力学可知，在折点 C 处的等效集中荷载(向下为正)与剪力的关系为：

$$P=[V_L]_{x=x_C}-[V_R]_{x=x_C} \quad (4\text{-}2\text{-}20)$$

式中：V_L、V_R——分别为在折点 C 左、右侧的剪力。

因
$$V_L=\frac{dM_L}{dx}=-N_p\cos\theta_1\tan\theta_1+a=-N_p\sin\theta_1+a \quad (4\text{-}2\text{-}21.1)$$

$$V_R=\frac{dM_R}{dx}=N_p\cos\theta_2\tan\theta_2+a=N_p\sin\theta_2+a \quad (4\text{-}2\text{-}21.2)$$

则有：
$$P=-N_p(\sin\theta_2+\sin\theta_1) \quad (4\text{-}2\text{-}21.3)$$

式(4-2-21.3)等号右边的负号表明，当预应力筋折角向上时，等效集中荷载方向也是向上的。

(3)结点等效荷载分析

结点等效荷载计算起来比较直观，如图 4-2-6 所示。

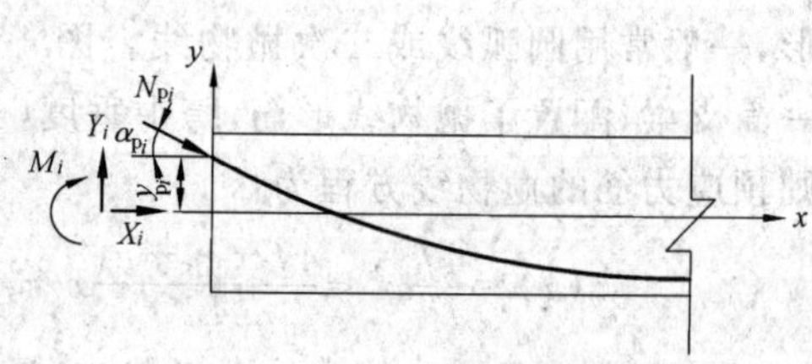

图 4-2-6 结点等效荷载

$$X_i=N_{pi}\cos\alpha_{pi} \quad (4\text{-}2\text{-}22.1)$$

$$Y_i=-N_{pi}\sin\alpha_{pi} \quad (4\text{-}2\text{-}22.2)$$

$$M_i=X_iy_{pi}=N_{pi}y_{pi}\cos\alpha_{pi} \quad (4\text{-}2\text{-}22.3)$$

式中：N_{pi}、y_{pi}、α_{pi}——分别为第 i 个锚固点处预应力筋的有效预加力、预加力筋曲线在局部坐标系下的 y 坐标和该点处预应力筋曲线切线与构件轴线(x 轴方向)的夹角。

(4)等效荷载的适用范围

预应力等效荷载是以弹性材料假设为基础的，在承载能力极限状态阶段等效荷载是不成立的。所以，在使用阶段预应力混凝土结构的计算中，才可以采用等效荷载的概念。

以上因假设有效预加力沿预应力筋全长不变，故求出的等效荷载是近似的。对于多波或多折布筋的情况，由于有效预应力沿预应力筋全长有较大的变化，如果仍采用上述假设将求出的等效荷载计算结构内力，则结果往往与实际情况有较大的差别。故在必要的情况下，需采用上述等效荷载的基本原理，计算有效预加力沿预应力筋全长变化的等效荷载。

2.荷载平衡法

荷载平衡法是由林同炎教授于1963年提出的，该法简化了对预应力连续梁的分析。采用这个方法就像分析非预应力结构一样，为预应力连续梁、板、壳体和框架的设计提供了一种很有用的分析工具。

如前所述，预应力的作用可用等效荷载替代，而等效荷载的分布形式也可设计为与外荷载一样。外荷载为均布荷载 q，其弯矩图形为二次抛物线，则预应力筋的线形可取为抛物线，见图4-2-7a)所示，预应力筋的等效荷载将与外荷载的效应相反，可使结构的一部分以至全部的外荷载被预应力产生的反向荷载 q_b 所抵消(平衡)。平衡荷载确定后，即可由平衡荷载推求所需的 N_p 值和矢高 f 值。当外荷载为集中荷载时，相应预应力筋应为折线形，其弯折点应在集中荷载作用的截面处，见图4-2-7b)。如果在同一跨内既有均布荷载，又有集中荷载作用，则该跨预应力筋的线形可取曲线与折线相组合。当外荷载全部被预应力所平衡时，梁承受的竖向荷载为零。这时梁如同一根轴心受压构件，只受到轴心压力 N_p 的作用而没有弯矩，也没有竖向挠度。

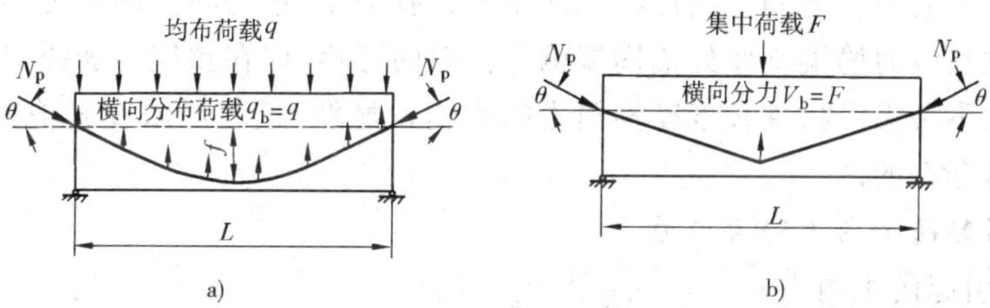

图4-2-7　荷载平衡法示意图

(1)荷载平衡法原理

荷载平衡法的基本原理可用图4-2-8所示承受均布荷载的简支梁来加以说明。在荷载平衡状态下，该梁在预加力 N_p 和被平衡掉的荷载 q_b 作用下，梁处于平直状态，没有反拱和挠度，梁截面只承受一个均布的压应力 N_p/A，如图4-2-8a)所示。如果梁承受的荷载超过 q_b，由荷载差额 q_{nb} 对应弯矩 M_{nb} 所引起的应力可用材料力学公式 $M_{nb}y/I$ 求得，如图4-2-8b)。这个应力与 N_p/A 叠加后即可得到截面混凝土应力，见图4-2-8c)。上述分析说明，在达到平衡状态之后，对预应力梁的分析方法就和非预应力梁一样。

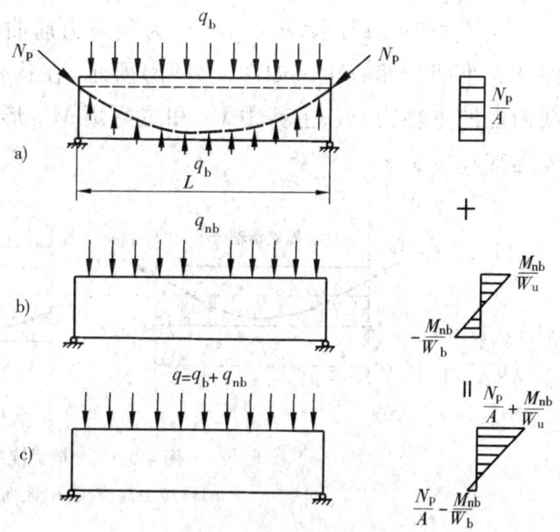

图4-2-8　梁截面在平衡荷载和不平衡荷载作用下的应力

a)荷载平衡状态；b)荷载不平衡状态；c)＝a)＋b)

应当注意，为了达到荷载平衡，简支梁两端预应力筋的合力必须通过截面形心，即偏心距应为零，否则该端部弯矩将干扰梁的平衡，使梁仍处于受弯状态。

(2)平衡荷载的选择

国内外工程设计经验表明，预应力平衡掉全部恒载是合适的。当考虑用预加力平衡活荷载时，取用的活荷载值应当是实际数值，而不是规范规定的设计活荷载组合值。如果规定的设计活荷载值比实际值高很多，就只需要平衡掉活荷载的一小部分甚至完全不考虑平衡。反之，对活荷载的准永久部分是持久作用的，应当考虑由预应力来平衡。

当结构承受的活荷载与全部荷载相比较大时，除恒载外再平衡掉一部分活荷载是需要的。

按林同炎教授的建议，当平衡荷载取全部恒载再加一半活荷载时，受弯构件在活荷载的一半作用下不受弯，也没有挠度。当全部活荷载移去时，可按活荷载的一半向上作用进行设计；当全部活荷载作用于结构时，则按活荷载的另一半向下作用考虑设计。当活荷载的作用是持续性的，例如仓库、货栈等，上述平衡荷载的取值原则是合理的。

对平衡荷载值的选择，还应考虑对弹性应力限值、裂缝控制、结构反拱和挠度控制以及极限强度等条件的要求，这些都是应当满足的。

需指出的是，荷载平衡法是用于初步确定预应力筋线形和预应力的有效方法，但由于受到结构设计各种构造可能性因素的制约，荷载平衡法也有一些不足之处。在连续梁中，采用荷载平衡设计法所得到的预应力筋的线形在中间支座处有尖角，这是与实际情况不符的；荷载平衡法不能直接考虑预应力筋端支座处锚固端偏心引起的弯矩，即在预应力筋锚固点不能有偏心；荷载平衡设计法不考虑沿构件长度摩擦损失的影响。显然，这些局限在其他方法中至少在初步设计阶段也是存在的。

3. 预应力引起的主内力和次内力

(1)预应力引起的主内力

预应力作用下，在预应力混凝土静定结构或超静定结构的静定基本结构上产生的内力称为主内力。预应力构件的主内力可以直接由截面受力平衡而求得。

如图 4-2-9a)所示，$y_p = y_p(x)$为预应力筋曲线相对于局部坐标的线形方程，对于等截面构件其大小即为偏心距。如图 4-2-9b)所示，在构件 x 处，预应力筋的预拉力 N_p 和作用在构件截面上的主轴力 N_1、主剪力 V_1 和主弯矩 M_1，形成了一个自平衡力系，可以得到如下主内力的表达式：

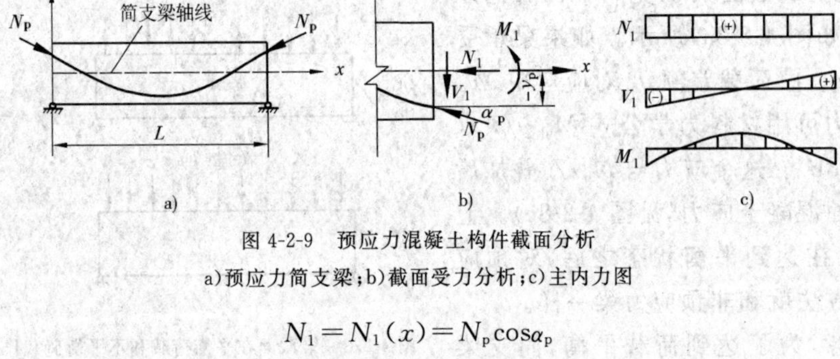

图 4-2-9 预应力混凝土构件截面分析

a)预应力简支梁；b)截面受力分析；c)主内力图

$$N_1 = N_1(x) = N_p \cos\alpha_p \tag{4-2-23.1}$$

$$V_1 = V_1(x) = N_p \sin\alpha_p \tag{4-2-23.2}$$

$$M_1 = M_1(x) = N_p y_p \cos\alpha_p \tag{4-2-23.3}$$

式中符号意义同前。

一般情况下，预应力筋线形比较平缓，即 α_p 比较小，则 $\sin\alpha_p \approx \alpha_p$，$\cos\alpha_p \approx 1$，因此主内力可以近似表达为：

$$N_1 = N_1(x) = N_p \tag{4-2-23.4}$$

$$V_1 = V_1(x) = N_p\alpha_p \tag{4-2-23.5}$$

$$M_1 = M_1(x) = N_p y_p \tag{4-2-23.6}$$

图 4-2-9c)为简支梁的主内力图。

当构件为变截面时，截面形心线一般为折线或曲线。若取 $y_p = y_p(x)$ 为预应力筋线形相对于截面形心轴的曲线方程，则同样直接由截面受力平衡可以求得主内力。

(2)预应力引起的次内力和综合内力

如图 4-2-10 所示的预应力简支梁 AB，其在预应力作用下的内力即为主内力。当施加预应力后，梁 AB 必将产生变形，若预应力筋处于轴线以下时，则梁 AB 出现反拱，由于简支梁没有超静定约束，因此其变形是自由的，简支梁的支座反力也为零。

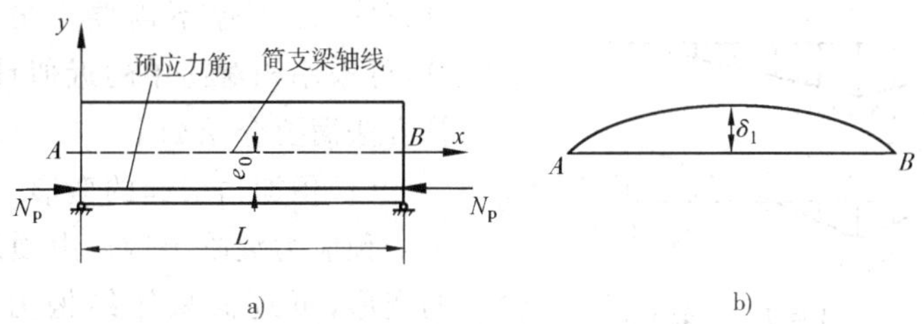

图 4-2-10 预应力混凝土简支梁

a)预应力混凝土简支梁；b)简支梁自由变形

如图[4-2-11a)]所示的一根直线配筋的双跨预应力连续梁，以弯矩为例说明次内力产生的机理。首先，将连续梁中支座约束释放并对此结构施加预应力，此时梁内将产生主弯矩[图 4-2-11e)]并发生图示的反拱[图 4-2-11b)]；然后，在中支点处施加强迫力 R_C。使中支点处的位移恢复到实际情况[图 4-2-11c)]并约束之，这时在连续梁内产生的弯矩增量即为次弯矩图[4-2-11f)]，而强迫力 R_C 就是中支座的次反力[图 4-2-11d)]。因此，在超静定结构中施加预应力后产生的相对于预应力主内力的内力增量即为次内力。其他结构及各种次内力的计算原理同上，此不赘述。

显然，综合内力就是主内力和次内力之和，亦即预应力引起的结构内力。

若超静定结构在预应力作用下不产生次内力，则布置在构件中的预应力筋(束)称为吻合束(索)。此时，预应力引起的压力线和预应力筋合力作用线重合。

五、预应力混凝土构件的变形、裂缝及疲劳计算

1. 预应力混凝土构件变形计算

预应力混凝土构件一般都采用高强度材料，故其截面尺寸较普通钢筋混凝土构件小，而且预应力混凝土结构所适用的跨径范围一般也较大。因此，设计中应进行预应力混凝土结构的变形计算，以避免因变形过大而影响使用功能。

预应力混凝土构件的变形由两部分组成。一部分是预加力作用所产生的变形，常称为反

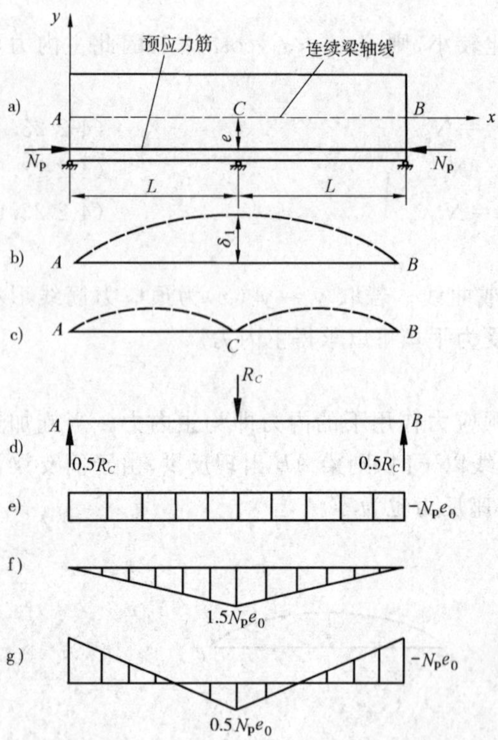

图 4-2-11 连续梁次内力产生的机理

a)预应力混凝土连续梁；b)无 C 支座时梁在预应力作用下变位；c)连续梁在预应力作用下的实际变位；d)由预应力引起的支座次反力；e)主弯矩图；f)次弯矩图；g)综合弯矩

拱度；另一部分是荷载作用产生的变形，对于梁常称为挠度。一般情况下，这两部分变形方向相反，可以利用预加力形成的反拱度，来抵消由荷载所产生的挠度。然而，有时会因对预应力产生的反拱度预估不足，造成过分的反拱或下挠，反而出现不利情况。精确计算预应力混凝土构件的变形是很复杂的。首先，要考虑到混凝土弹性模量是随应力阶段而异，并随混凝土的龄期而变化；其次，需要用徐变、收缩和松弛相互影响的方法，来考虑预压力与时间相关的变化。因此，精确预计预应力构件的变形较为复杂，必须借助计算机程序进行。然而，在常规设计中对容许挠度的规定并不要求十分精确，因而也不需要十分精确的变形值计算，可采用相对简单的近似计算法。近似的计算方法简要介绍如下。

(1)预加力引起的变形

预应力混凝土构件由预加力 N_p 作用引起的变形，可近似采用结构力学的方法根据曲率，或直接用预应力弯矩图进行计算，考虑预加力短期影响的公式如下：

$$f_p=\int_0^l \frac{M_p\overline{M}}{B_0}\mathrm{d}x \tag{4-2-24}$$

$$B_0=0.95E_cI_0 \tag{4-2-25}$$

式中：l——构件的轴线总长；

M_p——预加力(永存预加力)作用下构件的弯矩；

$\overline{M}$——在构件变形计算点及相应方向作用单位力产生的弯矩；

B_0——作用短期效应组合下全截面受弯构件的抗弯刚度；

E_c——混凝土弹性模量；

I_0——全截面换算截面惯性矩。

(2)使用荷载作用下的变形

在使用荷载作用下，预应力混凝土(包括全预应力混凝土与部分预应力混凝土)构件的变形，同样可近似按结构力学的公式进行计算。但问题是计算中所涉及的构件抗弯刚度，将随着荷载的增加而下降，而且变化范围比较大。因此，变形计算的准确度问题，主要在于如何合理地确定能够反映构件实际情况的抗弯刚度问题。

以预应力混凝土等截面简支梁为例，设其在施加外荷载前没有裂缝，而且预应力筋与混凝土黏结良好。此时，当荷载在数小时内从零增加至最大值的过程中，其跨中挠度变化的情况如图 4-2-12 所示。

从图 4-2-12 中弯矩—挠度曲线可以看出：随着荷载的增加，挠度增加的速度要比荷载增加的速度快得多。这说明预应力混凝土构件的抗弯刚度，是随着荷载的增加而降低的。为了计算方便，常在挠度计算时将上述弯矩一挠度曲线予以简化。所采用的计算预应力混凝土受弯构件变形的方法，是将弯矩—挠度曲线近似地假定为以混凝土受拉区出现裂缝的点 2 为转折点，并用两条直线（即图 4-2-12 中的 $0'-2'$ 和 $2'-3'$）所组成。同时，假定构件受拉区混凝土开裂前（即 $0'-2'$ 段）的抗弯刚度为 $B_0=0.95E_cI_0$，承受的最大弯矩为开裂弯矩 M_{cr}；而假定开裂后的构件刚度 $B_{cr}=E_cI_{cr}$ 或 $B_{cr}=\beta E_cI_0$，承受的弯矩为 M_s-M_{cr}（M_s 为按作用短期效应组合计算的弯矩）。上述近似计算方法称为“直接双线性法”。由此，可得到在短期使用荷载作用下变形计算公式。

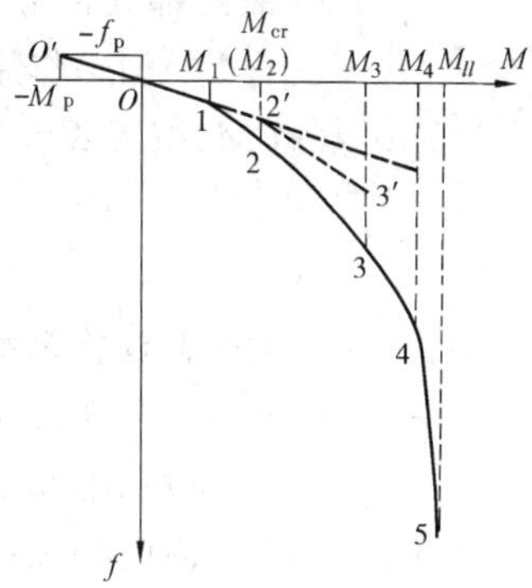

图 4-2-12 预应力混凝土梁加载历程的挠度变化

对于 $M_s<$的 M_{cr} 情况，计算公式如下。

①自重变形 f_{g1} 和后加二期恒载变形 f_{g2}

由自重和二期恒载引起的变形可近似用下式计算：

$$f_{g1}+f_{g2}=\int_0^l \frac{(M_{g1}+M_{g2})\,\overline{M}}{B_0}\mathrm{d}x \tag{4-2-26}$$

式中：M_{g1}——构件自重弯矩；

M_{g2}——构件二期恒载弯矩；

其余符号意义同前。

②活载变形

活载变形计算方法与恒载相同，计算公式为：

$$f_{ll}=\int_0^l \frac{M_{ll}\,\overline{M}}{B_0}\mathrm{d}x \tag{4-2-27}$$

式中：M_{ll}——活载引起的弯矩（不计活载冲击影响）；

其余符号意义同前。

如果活载在一个构件跨度范围内移动产生正负不同的变形时，最大变形应为正负变形绝对值之和表示的幅度。

活载引起的变形值是衡量结构和构件刚度的指标，在短期荷载作用下求得的最大挠度，应不得超过规范规定的容许值。

以上公式仅适用于 $M_s<M_{cr}$ 的情况。

在使用荷载阶段，如果 $M_s>M_{cr}$，活载变形可按照“直接双线性法”计算，计算公式如下。

首先求出短期使用荷载作用下的总变形 f_M：

$$f_M=\int_0^l \overline{M}\left(\frac{M_{cr}}{B_0}+\frac{M_s-M_{cr}}{B_{cr}}\right)\mathrm{d}x \tag{4-2-28.1}$$

式中：B_{cr}——当 $M_s>M_{cr}$ 时，短期使用荷载下构件的抗弯刚度，可按《公桥规》第 6.5.2 条规定计算：①全预应力混凝土和部分预应力混凝土 A 类构件：$B_0=95E_cI_0$；②允许开裂的部分预应力混凝土 B 类构件：在开裂弯矩 M_{cr} 作用下 $B_0=0.95E_cI_0$，在 (M_s-M_{cr}) 作用下 $B_{cr}=E_cI_{cr}$。I_{cr} 为开裂截面换算截面惯性矩。

开裂弯矩 M_{cr} 按下式计算。

$$M_{cr}=(\sigma_{pc}+\gamma f_{tk})W_0 \tag{4-2-28.2}$$

$$\gamma=2S_0/W_0 \tag{4-2-28.3}$$

式中：S_0——为全截面换算截面重心轴以上（或以下）部分面积对重心轴的面积矩；

σ_{pc}——为扣除全部预应力损失后的预加力在构件抗裂边缘产生的混凝土预压应力，可按《公桥规》第 6.1.2 条规定计算；

W_0——换算截面抗裂边缘的弹性抵抗矩。

注：对变高度连续梁，当支座截面刚度不大于跨中截面刚度的两倍时，构件刚度仍可采用跨中截面刚度。

于是可求得 $M_s>M_{cr}$ 情况下的活载（不计冲击影响）变形：

$$f_{ll}=f_M-(f_{g1}+f_{g2}) \tag{4-2-29}$$

求得的 f_{ll} 同样不得超过规范规定的容许值。

(3)预应力混凝土构件的总变形

①短期荷载作用下预应力混凝土构件的总变形

$$f_s=f_p+f_M \tag{4-2-30}$$

式中：f_p——扣除预应力损失后的预加力 N_p 产生的变形，按公式(4-2-24)计算；

f_M——由自重弯矩 M_{g1}、二期恒载弯矩 M_{g2} 与活载（不计冲击影响）弯矩 M_{ll} 之和所引起的变形值。当 $M_s>M_{cr}$，按式(4-2-28.1)计算；当 $M_s<M_{cr}$ 时，按式(4-2-26)、(4-2-27)计算。

②长期变形计算

由于预加力、构件自重及二期恒载是持续作用的，而按式(4-2-26)、式(4-2-27)所计算的只是由这些荷载引起的初始短期弹性变形。在长期持续荷载作用下，混凝土徐变将使变形增大。考虑混凝土徐变时对预加力、自重及二期恒载变形影响后，长期变形 $f_{l(t)}$ 的计算公式为：

$$f_{l(t)}=(f_p+f_{g1})[1+\phi(t,\tau_1)]+f_{g2}[1+\phi(t,\tau_1)] \tag{4-2-31}$$

式中：$\phi(t,\tau_1)$——以施加预应力和构件自重作用时刻为混凝土加载龄期的徐变系数；

$\phi(t,\tau_1)$——以二期恒载作用时刻为混凝土加载龄期的徐变系数；

其余符号意义同前。

在式(4-2-31)中，考虑预加力和结构自重同时起作用，即预应力施加后构件已拱起、脱模，长期最终变形可取 $t=\infty$ 的徐变系数计算求得。

结构在全部使用荷载作用下的长期总变形为：

$$f_{l(t)}=(f_p+f_{g1})[1+\phi(t,\tau_1)]+f_{g2}[1+\phi(t,\tau_2)]+f_{ll} \tag{4-2-32}$$

式中符号意义同前。

对受弯构件计算的挠度值，《公桥规》第 6.5.3 条规定，受弯构件在使用阶段的挠度应考虑荷载长期效应的影响，即按荷载短期效应组合和第 6.5.2 条规定的刚度计算的挠度值，乘以挠度长期增长系数 η_θ。挠度长期增长系数可按下列规定取用。

采用 C40 以下混凝土时，$\eta_\theta=1.60$。

采用 C40～C80 混凝土时，$\eta_\theta=1.35\sim1.45$，中间强度等级可适当插入取用。

钢筋混凝土和预应力混凝土受弯构件按上述计算的长期挠度值，在消除结构自重产生的长期挠度后梁式桥主梁的最大挠度处不应超过计算跨径的 1/600；梁式桥主梁的悬臂端不应超过悬臂长度的 1/300。

(4)预拱度的设置

在一般的预应力混凝土简支梁中，预加力引起的变形基本能克服自重和二期恒载的变形，或尚有一定的余量，故通常不设置预拱度，如余量过大时，还应考虑设置向下的预拱度。但当构件的跨径较大或预应力筋张拉后预压应力很大或较小(例如部分预应力混凝土构件)的情况下，有时会因恒载的长期作用而引起较大的变形，在这种情况下，可考虑设置适当的预拱度，用以抵消长期荷载下逐渐增大的塑性变形。根据国内外的经验，预拱度可按照长期恒载(包括预应力作用)加半个活载(不计冲击影响)所产生的变形曲线来设置。

对预拱度的设置《公桥规》的有关规定如下。

《公桥规》第 6.5.4 条规定，预应力混凝土受弯构件由预加力引起的反拱值，可用结构力学方法按刚度 E_0I_0 进行计算，并乘以长期增长系数。计算使用阶段预加力反拱值时，预应力钢筋的预加力应扣除全部预应力损失，长期增长系数取用 2.0。

《公桥规》第 6.5.5 条规定，受弯构件的预拱度可按下列规定设置。

①钢筋混凝土受弯构件

a.当由荷载短期效应组合并考虑荷载长期效应影响产生的长期挠度不超过计算跨径的 1/600 时，可不设预拱度。

b.当不符合上述规定则应设预拱度，且其值应按结构自重和 1/2 可变活荷载频遇值计算的长期挠度值之和采用。

②预应力混凝土受弯构件

a.当预加应力产生的长期反拱值大于按荷载短期效应组合计算的长期挠度时，可不设预拱度。

b.当预加应力的长期反拱值小于按荷载短期效应组合计算的长期挠度时应设预拱度，其值应按该项荷载的挠度值与预加应力长期反拱值之差采用。

对自重相对于活载较小的预应力混凝土受弯构件，应考虑预加应力反拱值过大可能造成的不利影响，必要时采取倒预拱或设计和施工上的其他措施，避免桥面隆起直至开裂破坏。

注：①汽车荷载频遇值为汽车荷载标准值的 0.7 倍，人群荷载频遇值等于其标准值。

②预拱的设置应按最大的预拱值沿顺桥向做成平顺的曲线。

《公桥规》第 6.5.6 条规定，预应力混凝土受弯构件当需计算施工阶段的挠度时，可按构件自重和预加力产生的初始弹性变形乘以$[1+\phi(t,t_0)]$求得。此处 $\phi(t,t_0)$ 为混凝土徐变系数，可根据加载龄期 t_0 和计算所需龄期 t 按附录 F 的方法计算。

2.预应力混凝土构件的裂缝计算

部分预应力混凝土 B 类构件，在正常使用荷载作用下允许出现裂缝，因此，如何控制其裂缝宽度，并使之不超过规定的限值，就成了部分预应力混凝土构件设计的一项重要内容。

国内外在进行了大量的试验和研究工作的基础上，提出了各种不同的裂缝理论以及包含各种不同参数、不同形式的裂缝计算公式。裂缝公式的多样性说明，尽管对裂缝问题有了相当的研究，但对于计算裂缝宽度的理论，以及裂缝因素与裂缝宽度的定性定量关系，至今尚未取得一致的意见。

目前，对部分预应力混凝土构件裂缝的控制，国内外通常采用两种方法，一是直接计算裂缝宽度，另一种是用规定名义拉应力来限制裂缝宽度。

(1)直接计算裂缝宽度

裂缝宽度具有很大的随机性和离散性，若采用"最大裂缝宽度"为计算和验算对象是不够妥当的。合理的方法不是确保最大裂缝宽度不超过限值，而是借助数理统计方法计算超过某个宽度裂缝出现的概率，根据要求的保证率和裂缝宽度变异系数 C_v 形成所谓的"特征裂缝宽度"。通过对"特征裂缝宽度"的控制，以确保构件的裂缝小于某个宽度达到确定的概率(保证率)。

①公式一

我国《公桥规》建议的以数理统计方法为基础的经验公式计算"特征裂缝宽度"的方法。

《公桥规》第 6.4.3 条规定，矩形、T 形和 I 形截面钢筋混凝土构件及 B 类预应力混凝土受弯构件，其特征裂缝宽度 W_{fk} 可按下列公式计算：

$$W_{fk}=C_1C_2C_3\ \frac{\sigma_{ss}}{E_s}\frac{30+d}{0.28+10\rho}\quad (mm) \tag{4-2-33.1}$$

$$\rho=\frac{A_s+A_p}{bh_o+(b_f-b)h_f} \tag{4-2-33.2}$$

式中：C_1——钢筋表面形状系数，对光面钢筋，$C_1=1.4$；对带肋钢筋，$C_1=1.0$；

C_2——作用(或荷载)长期效应影响系数，$C_2=1+0.5\dfrac{N_l}{N_s}$，其中 N_l 和 N_s 分别为按作用(或荷载)长期效应组合和短期效应组合计算的内力值(弯矩或轴向力)；

C_3——与构件受力性质有关的系数，当为钢筋混凝土板式受弯构件时，$C=1.15$，其他受弯构件时 $C_3=1.0$，轴心受拉构件时 $C_3=1.2$，偏心受拉构件时 $C_3=1.1$，偏心受压构件时 $C_3=0.9$；

d——纵向受拉钢筋直径(mm)，当用不同直径的钢筋时，d 改用换算直径 d_e：钢筋混凝土构件，$d_e=\dfrac{\sum n_i d_i^2}{\sum n_i d_i}$式中，对钢筋混凝土构件，$n_i$ 为受拉区第 i 种普通钢筋的根数，d_i 为受拉区第 i 种普通钢筋的公称直径；对混合配筋的预应力混凝土构件，而预应力钢筋为由多根钢丝或钢绞线组成的钢丝束或钢绞线束，式中 d_i 为普通钢筋的公称直径、钢丝束或钢绞线束的等代直径 d_{pe}，$d_{pe}=\sqrt{n}d$，此处，n 为钢丝束中钢丝的根数或钢绞线束中钢绞线的根数，d 为单根钢丝或钢绞线的公称直径。对钢筋混凝土构件中的焊接钢筋骨架，公式(4-2-33.1)中的 d 或 d_e 应乘以系数 1.3；

ρ——纵向受拉钢筋配筋率，对钢筋混凝土构件，当 $\rho>0.02$ 时，取 $\rho=0.02$；当 $\rho<0.006$ 时，取 $\rho=0.006$；对轴心受拉构件，ρ 按全部受拉钢筋截面面积 A_s 的一半计算；

b_f——构件受拉翼缘宽度；

h_f——构件受拉翼缘厚度；

σ_{ss}——钢筋应力，按《公桥规》第 6.4.4 条规定计算。

注：①当配置环氧树脂涂层带肋钢筋时，公式(4-2-33.1)中的 d 或 d_e 应乘以 1.25 系数。

②箱形截面受弯构件的特征裂缝宽度可参照本条的规定计算。

《公桥规》第 6.4.4 条规定，对预应力混凝土构件由作用(或荷载)短期效应组合引起的开裂截面纵向受拉钢筋的应力 σ_{ss}，可按下列公式计算：

a. 钢筋混凝土构件

轴心受拉构件
$$\sigma_{ss}=\frac{N_s}{A_s} \tag{4-2-34.1}$$

受弯构件
$$\sigma_{ss}=\frac{M_s}{0.87A_sh_0} \tag{4-2-34.2}$$

偏心受拉构件
$$\sigma_{ss}=\frac{N_se'_s}{A_s(h_0-a'_s)} \tag{4-2-34.3}$$

偏心受压构件
$$\sigma_{ss}=\frac{N_s(e_s-Z)}{A_sZ} \tag{4-2-34.4}$$

$$Z=\left[0.87-0.12(1-\gamma'_f)\left(\frac{h_0}{e_s}\right)^2\right]h_0 \tag{4-2-34.5}$$

$$\sigma_s=\eta_se_0+y_s \tag{4-2-34.6}$$

$$\gamma'_f=\frac{(b'_f-b)h'_f}{bh_0} \tag{4-2-34.7}$$

$$\eta_s=1+\frac{1}{4\,000e_0/h_0}\left(\frac{l_0}{h}\right)^2 \tag{4-2-34.8}$$

式中：A_s——受拉区纵向钢筋截面面积：对轴心受拉构件，取全部纵向钢筋截面面积；对偏心受拉构件，取受拉较大边的纵向钢筋截面面积；对受弯、偏心受压构件，取受拉区纵向钢筋截面面积；

e'_s——轴向拉力作用点至受压区或受拉较小边纵向钢筋合力点的距离；

e_s——轴向压力作用点至纵向受拉钢筋合力点的距离；

Z——纵向受拉钢筋合力点至截面受压区合力点的距离；

η_s——使用阶段的轴向压力偏心距增大系数，当 $l_0/h\leqslant14$ 时，取 $\eta_s=1.0$；

y_s——截面重心至纵向受拉钢筋合力点的距离；

γ'_f——受压翼缘截面面积与腹板有效截面面积的比值；

b'_f、h'_f——受压区翼缘的宽度、厚度，在公式(4-2-34.7)中，当 $h'_f>0.2h_0$ 时，取 $h'_f=0.2h_0$；

N_s、M_s——按作用(或荷载)短期效果应组合计算的轴向力值、弯矩值。

b. 预应力混凝土构件

$$\sigma_{ss}=\frac{M_s\pm M_{p2}-N_{p0}(Z-e_p)}{(A_p+A_s)Z} \tag{4-2-35.1}$$

$$e=e_p+\frac{M_s\pm M_{p2}}{N_{p0}} \tag{4-2-35.2}$$

式中：Z——受拉区纵向普通钢筋和预应力钢筋合力点至截面受压区合力点的距离，按公式(4-2-34.5)计算，但式中的 e_s 以公式(4-2-35.2)的 e 代入；

e_p——混凝土法向预应力等于零时，纵向预应力钢筋和普通钢筋的合力 N_{p0} 的作用点至受拉区纵向预应力钢筋和普通钢筋合力点的距离；

N_{p0}——混凝土法向预应力等于零时，预应力钢筋和普通钢筋的合力，先张法构件和后张法构件按《公桥规》公式(6.1.6-1)计算，该式中的 σ_{p0} 和 σ'_{p0}，先张法构件按《公桥规》公式(6.1.5-2)计算，后张法构件按《公桥规》公式(6.1.5-5)及第 6.1.5 条规定计算；

M_{p2}——由预加力 N_p 在后张法预应力混凝土连续梁等超静定结构中产生的次弯矩。

注：在式(4-2-35.1)、式(4-2-35.2)中，当 M_{p2} 与 M_s 的作用方向相同时，取正号；相反时，取负号。

《公桥规》第 6.4.5 条规定，圆形截面钢筋混凝土偏心受压构件，其特征裂缝宽度(保证率为 95%)可按下列公式计算：

$$W_{fk}=C_1C_2\left[0.03+\frac{\sigma_{ss}}{E_s}(0.004\frac{d}{\rho}+1.52C)\right]\quad(\mathrm{mm})\tag{4-2-36.1}$$

$$\sigma_{ss}=\left[59.42\frac{N_s}{\pi r^2 f_{cu,k}}(2.80\frac{\eta_s e_0}{r}-1.0)-1.6454\right]\cdot\rho^{\frac{2}{3}}\quad(\mathrm{MPa})\tag{4-2-36.2}$$

式中：N_s——按作用(或荷载)短期效应组合计算的轴向力(N)；

C_1——钢筋表面形状系数，对光面钢筋，$C_1=1.4$；对带肋钢筋，$C_1=1.0$；

C_2——作用(或荷载)长期效应影响系数，同上；

σ_{ss}——截面受拉区最外缘钢筋应力，当按公式(4-2-36.2)计算的 $\sigma_{ss}\leqslant 24\mathrm{MPa}$ 时，可不必验算裂缝宽度；

d——纵向钢筋直径(mm)；

ρ——截面配筋率，$\rho=A_s/(\pi r^2)$；

C——混凝土保护层厚度(mm)；

r——构件截面半径(mm)；

η_s——使用阶段的偏心距增大系数，当按公式(4-2-34.8)计算，式中的 h 以 $2r$ 代替；h_0 以 $(r+r_s)$ 代替；当 $l_0/2r\leqslant 14$ 时，可取 $\eta_s=1.0$；

e_0——轴向力 N_s 的偏心距(mm)；

$f_{cu,k}$——边长为 150mm 的混凝土立方体抗压强度标准值，设计时可取混凝土强度等级(MPa)；

r_s——构件截面纵向钢筋所在圆周的半径(mm)；

l_0——构件的计算长度，按第 5.3.1 条表注及工程经验确定。

②公式二

以数理统计分析为基础的"特征裂缝宽度"计算方法。

计算所控制的"特征裂缝宽度"W_k 与平均裂缝宽度 W_m 有如下关系：

$$W_k=(1+kC_v)W_m=\alpha W_m\tag{4-2-37}$$

式中：C_v——裂缝宽度的变异系数；

k——与分布类型和特征裂缝宽度的保证率有关的系数；

α——考虑裂缝宽度分散性的扩大系数，即 $\alpha=1+kC_v$。

计算分析表明，无论按对数正态分布或皮尔逊Ⅲ型曲线分布，当取保证率为 95%时，求得的扩大系数 α 值都非常接近。

根据国内外裂缝计算理论和试验研究的成果，通过对影响裂缝宽度参数的分析，可取混凝土保护层厚度 c、配筋影响区的含筋率 ρ_e、钢筋的粘结特性（外形与直径）系数 v 及钢筋应力 σ_s 作为决定平均裂缝宽度的主要参数。在国内百余根轴向受拉构件和受弯构件裂缝宽度实验资料统计分析的基础上，得到下列计算钢筋混凝土和部分预应力混凝土构件的平均裂缝宽度公式：

$$W_m=\left(2.4c+v\frac{d}{\rho_e}\right)\frac{\sigma_s}{E_s} \tag{4-2-38}$$

公式(4-2-38)括号中的第一项"$2.4c$"，主要反映保护层对裂缝宽度的影响，由于实测裂缝宽度通常以构件侧面主筋形心为准，此保护层厚度也指侧保护层厚度；第二项"vd/ρ_e"反映钢筋与混凝土相对滑移对裂缝宽度的影响。在多数情况下，第一项所占的比例较大。在以构件裂缝平均宽度小于计算值的保证率为95%条件下，考虑裂缝宽度长期增长效应的影响，则特征裂缝宽度可表示为：

$$W_k=\alpha_l\alpha\left(2.4c+v\frac{d}{\rho_e}\right)\frac{\sigma_s}{E_s} \tag{4-2-39}$$

式中：α_l——裂缝宽度长期增长效应系数，当荷载为短期组合时，$\alpha_l=1.2$；当荷载为长期组合时，$\alpha_l=1.4$；

α——考虑裂缝宽度分散性的扩大系数：受弯构件 $\alpha=1.8$；轴向受拉构件为 $\alpha=2.0$（分散配筋）和 $\alpha=2.5$（集中配筋）；

c——纵向主筋侧面的净保护层厚度；

v——钢筋黏结特征系数：对于规律变形钢筋、光圆钢筋或钢丝，分别取 $v=0.02$ 和 $v=0.04$；后张法孔道压浆的预应力筋，因黏结性能较差，v 值应予以提高，变形钢筋、钢丝分别取 $v=0.04$ 和 $v=0.06$，两种钢筋混合使用时取其平均值；

d——钢筋的直径，当采用不同直径的钢筋时 $d=4(A_s+A_p)/U$，其中 U 为钢筋周长的总和；

ρ_e——纵向受拉主筋的有效配筋率，$\rho_e=(A_s+A_p)/A_{te}$，其中 A_{te} 为受钢筋影响的有效受拉混凝土截面面积，按图 4-2-13 计算；

E_s——钢筋的弹性模量；

σ_s——纵向受拉主筋处混凝土应力为零时起算的非预应力筋或预应力筋的应力增量。对于受弯构件，可近似按下列的简化公式计算：

$$\sigma_s=\frac{M-0.75M_{cr}}{0.87h_0(A_p+A_s)} \tag{4-2-40}$$

M——使用荷载（不包括预加力）短期或长期组合作用下的弯矩；

其余符号意义同前。

特征裂缝宽度的限值，是由构件所处的环境条件及使用钢筋的品质等确定，具体数值可参见规范。

《公桥规》第 6.4.1 条规定，钢筋混凝土构件和 B 类预应力混凝土构件，在正常使用极限状态下的裂缝宽度，应按作用（或荷载）短期效应组合并考虑长期效应影响进行验算，且不得超过第 6.4.2 条规定的限值。

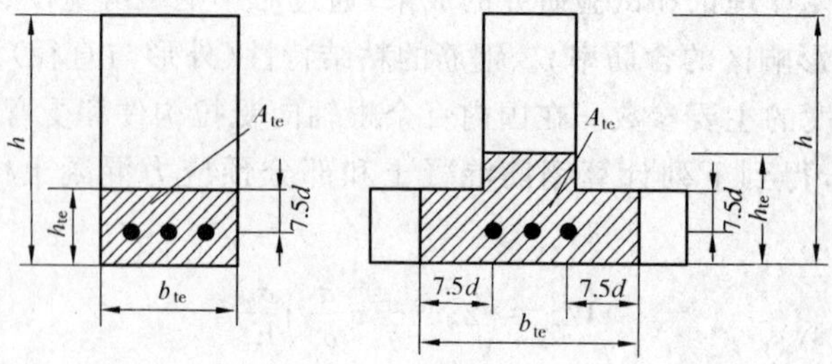

图 4-2-13　受钢筋影响的有效受拉混凝土截面

《公桥规》第 6.4.2 条规定，钢筋混凝土构件和 B 类预应力混凝土构件，其计算的特征裂缝宽度不应超过下列规定的限值。

钢筋混凝土构件：

Ⅰ类环境和Ⅱ类环境　　0.20mm

Ⅲ类环境和Ⅳ类环境　　0.15mm

采用精轧螺纹钢筋的预应力混凝土构件：

Ⅰ类环境和Ⅱ类环境　　0.20mm

Ⅲ类环境和Ⅳ类环境　　0.15mm

采用钢丝或钢绞线的预应力混凝土构件：

Ⅰ类环境和Ⅱ类环境　　0.10mm

Ⅲ类环境和Ⅳ类环境　　不得进行带裂缝的 B 类构件设计

(2)用名义拉应力控制裂缝宽度

控制构件裂缝的另一种方法是限制其受拉边缘混凝土的名义拉应力。

开裂的部分预应力混凝土构件，按开裂前截面算得的混凝土拉应力，即所谓名义拉应力。在使用荷载弯矩 M、轴力 N 和有效预加力 N_p 的共同作用下，构件截面受拉区边缘的名义拉应力 σ_{ct}^{N}（此以拉应力为正），应不超过与裂缝宽度限值相应的容许名义拉应力$[\sigma_{ct}^{N}]$，即：

$$\sigma_{ct}^{N}=\frac{N}{A}+\frac{M}{W}-\left(\frac{N_p}{A}+\frac{N_p e_p}{W}\right)\leqslant[\sigma_{ct}^{N}] \tag{4-2-41}$$

式中：M、N——分别为使用荷载短期或长期组合计算的弯矩和轴力；

N_p——扣除相应阶段应力损失后的有效预加力（对于先张法构件应为混凝土应力为零时的有效预加力）；

e_p——预应力筋形心至构件截面形心轴的距离；

A、W——分别为不考虑开裂及钢筋影响的混凝土截面面积和截面模量；

$[\sigma_{ct}^{N}]$——混凝土的容许名义拉应力。

显然，对于 B 类预应力混凝土构件根据式(4-2-41)算得的 σ_{ct}^{N} 值，必将超过混凝土抗拉极限强度值，亦即构件受拉区混凝土早已开裂，故称为名义拉应力。根据试验资料的分析，对于不同配筋情况、不同混凝土强度等级的部分预应力混凝土构件，可以算出在一定裂缝宽度时所对应的名义拉应力，因而可以定出其相应的容许名义拉应力$[\sigma_{ct}^{N}]$值，也就是当 $\sigma_{ct}^{N}<[\sigma_{ct}^{N}]$时，则认为裂缝宽度一般不会超过其相应的限值。

容许名义拉应力值，不仅与预加应力方式、混凝土强度等级与裂缝宽度有关，还与梁高和非预应力筋的含筋量有关。所以根据规范查出的容许名义拉应力的值还需作如下调整。

①根据构件的实际高度，将$[\sigma_{ct}^{N}]$乘以规定的高度修正系数。对于组合构件，当施工阶段的拉应力不超过规定时，可采用截面全高计算其高度修正系数。

②当构件受拉区混凝土布置有非预应力筋时，修正后的容许名义拉应力尚可以提高。其提高量值可根据非预应力筋截面面积 A_s 与混凝土截面面积 A_c 之百分比计算决定。

容许名义拉应力值及修正和提高系数详见有关规范。

3.预应力混凝土构件的疲劳强度计算

由于部分预应力混凝土构件材料的永存预应力很高，且在正常使用荷载作用下允许构件开裂，构件截面开裂后钢筋应力将大幅度增加，因而应力变化幅度也较大。同时，部分预应力混凝土结构，通常是用于活载与恒载之比值较大的场合，特别是对于经常承受反复荷载的部分预应力混凝土构件来说，疲劳始终是一个应该重视的问题。

(1)材料的疲劳强度

①钢筋疲劳强度

国内外的实验资料表明，影响钢筋疲劳寿命(即荷载重复次数)的主要因素是应力变化幅度 $\Delta\sigma^{f}$，其次是最小应力 σ_{min}^{f}。对于预应力筋来说，其疲劳强度还与其黏结性能密切相关，且与预应力度也有密切关系，因为预应力度小，出现的裂缝宽度就较大，相应地对预应力筋与混凝土黏结性能的破坏也较大，因而使疲劳强度下降。钢筋的疲劳应力变化幅度，可按下式校核：

$$\Delta\sigma^{f}=\alpha_{f}[\sigma_{max}^{f}-\sigma_{min}^{f}]<[\Delta\sigma^{f}] \tag{4-2-42}$$

式中：$\Delta\sigma^{f}$——由疲劳验算荷载引起的受拉钢筋的应力变化幅度；

σ_{max}^{f}、σ_{min}^{f}——按弹性理论(即按平截面变形假定；受压区混凝土应力图形为三角形，受拉区开裂后混凝土不参加受拉工作)由疲劳验算荷载算得的钢筋最大与最小应力；

α_{f}——按弹性理论计算的应力增大系数，考虑构件在反复荷载作用下，受拉区钢筋可能产生非弹性变形和残余应力，使实际应力较按弹性理论计算的大；α_{f} 与荷载重复次数有关，由试验资料得，当荷载重复次数为200万～400万次时，可取 $\alpha_{f}=1.3$；

$[\Delta\sigma^{f}]$——钢筋应力变化幅度容许值，应由试验确定；当缺乏该项试验数据时，其值可参照有关规范取用。

②混凝土疲劳强度

混凝土的疲劳强度一般不起控制作用，不必进行疲劳强度验算。研究成果表明，混凝土没有一个相应于重复荷载次数 $N\to\infty$ 的所谓“耐劳极限”；N 数值与混凝土的最大应力 σ_{max} 的关系更为密切，而不是应力幅度 $\Delta\sigma_{c}$ 和最小应力 σ_{min}；抗压疲劳强度的折减系数，一般可用于抗弯、抗拉和抗剪的情况。

(2)部分预应力混凝土受弯构件的疲劳强度

①受弯构件正截面疲劳强度

预应力混凝土构件的疲劳往往是由于预应力筋的拉伸破坏而产生的。预应力筋的耐劳能力和它周围混凝土的黏结情况有密切的关系。当黏结情况良好时，即使预应力筋应力很高，只要混凝土未开裂或只产生肉眼不可见裂缝，钢筋的应力幅度就较小，一般也不致发生疲劳破坏；当黏结情况不良或混凝土已产生肉眼可见裂缝时，在裂缝附近的黏结力便遭破坏，耐劳能力则与预应力筋的有效预应力值大小有关。

部分预应力混凝土受弯构件正截面的疲劳强度，是通过应力限制加以保证的。试验表明，部分预应力混凝土受弯构件的应力，即便在截面开裂后仍可按平面假定即静力平衡条件计算。因此，仍可采用一般公式计算应力。但在重复荷载作用下，材料可能产生非弹性变形和残余应力，故常规的应力计算方法是有误差的。为了考虑这一因素，可采用一种简化的计算方法，即将弹性假定计算得到的应力乘以大于1.0的经验系数。当然，还需更多地进行非弹性变形和残余应力的研究。

②受弯构件斜截面疲劳强度

部分预应力混凝土构件的斜截面疲劳，是一个非常复杂的问题。研究表明，在正常配筋的情况下，斜截面的疲劳破坏总是从斜裂缝处某一肢箍筋开始发生疲劳断裂而引起。因此，斜截面的疲劳验算主要是控制箍筋的应力问题。

部分预应力混凝土构件的斜截面箍筋的最大应力，也可按弹性假定计算方法求得，并考虑箍筋应力不均匀影响的试验系数，即：

$$\sigma_{sv,max}^{f}=\dot{\Psi}_{sv}\sigma_{sv}^{f} \tag{4-2-43}$$

式中：$\dot{\Psi}_{sv}$——考虑箍筋应力不均匀影响的试验系数，即箍筋最大应力与平均应力之比；

σ_{sv}^{f}——按弹性假定计算的由疲劳验算荷载引起的箍筋平均应力，可按容许应力法的有关公式计算。

总的说来，部分预应力混凝土构件，只要预应力度选择得当，一般不致发生疲劳破坏。但是，疲劳问题仍应当给予足够的重视，而且还有待作更深入的研究。

六、锚固区计算

1. 先张法构件预应力筋的传递长度和锚固长度

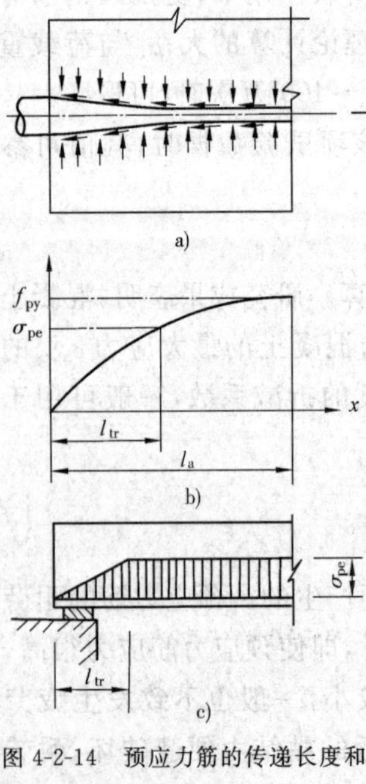

图 4-2-14 预应力筋的传递长度和锚固长度

先张法构件预应力筋的两端都不设永久性锚具，而是通过预应力筋与混凝土之间的黏结作用达到锚固要求。当预应力筋放松后，由于在构件端部外露处预应力筋的拉应力为零，预应力筋则朝构件内产生收缩，但预应力筋与混凝土间的黏结力将阻止预应力筋内缩，通过一定长度的黏结作用，预应力筋停止内缩而保持有效预拉应力 σ_{pe}。在正常使用极限状态下，从预应力筋应力为零的端部到应力为 σ_{pe} 的这一段长度 l_{tr}，称为预应力筋应力的传递长度[图 4-2-14c)]；同理，当外荷载增加、承载能力达到极限状态时，预应力筋的应力达到抗拉强度设计值 f_{pd}，为了使预应力筋不致被拔出，预应力筋应力从 f_{pd} 至零的这一段长度 L_a 则称为锚固长度[图 4-2-14b)]。

预应力筋应力在传递过程中，黏结应力实际上并不均匀分布。由于预应力筋的内缩滑动，一部分黏结力破坏，但预应力筋的内缩又使其直径增大，且愈近端部愈大，形成锚楔作用。同时，由于预应力筋周围混凝土限制其直径增大而将引起较大的径向压力，由此产生的摩阻力比在钢筋混凝土中因混凝土收缩所产生的摩阻力更大。因此，预应力传递过程中的受力是很复杂的。为了计算方便，通过试验可以决定各种预应力筋的传递长度和锚固长度。

《公桥规》第 6.1.7 条规定，对先张法预应力混凝土构件端部区段进行正截面、斜截面抗裂验算时，预应力传递长度 l_{tr} 范围内预应力钢筋的实际应力值 σ_{pe}，在构件端部取为零，在预应力传递长度末端取有效预应力值，两点之间按直线变化取值(图 4-2-14)。预应力钢筋的预应力传递长度按表 4-2-8 采用。

预应力钢筋的预应力传递长度 l_{tr}(单位：mm)　　表 4-2-8

预应力钢筋种类		混凝土强度等级					
		C30	C35	C40	C45	C50	≥C55
钢绞线	1×2、1×3，σ_{pe}=1 000MPa	75d	68d	63d	60d	57d	55d
	1×7，σ_{pe}=1 000MPa	80d	73d	67d	64d	60d	58d
螺旋肋钢丝，σ_{pe}=1 000MPa		70d	64d	58d	56d	53d	51d
刻痕钢丝，σ_{pe}=1 000MPa		89d	81d	75d	71d	68d	65d

注：1. 预应力传递长度应根据放张时混凝土立方体抗压强度 f_{cu}' 确定，当 f_{cu}' 在表列混凝土强度等级之间时，预应力传递长度按直线内插取用。

2. 当预应力钢筋的有效预应力值 σ_{pe} 与表值不同时，其预应力传递长度应根据表值按比例增减。

3. 当采用骤然放松预应力钢筋的施工工艺时，l_{tr} 的起点应从离构件末端 0.25l_{tr} 处开始计算。

《公桥规》第 5.1.6 条规定，计算先张法预应力混凝土构件端部锚固区的正截面和斜截面承载能力时，锚固区内预应力钢筋的抗拉强度设计值，在锚固起点处为零，在锚固终点处取为 f_{pd}，两点之间按直线内插法取值。预应力钢筋的锚固长度 l_a 按表 4-2-9 采用。

在验算先张法预应力混凝土构件锚固段的截面应力时，应考虑预应力筋传递长度 l_{tr} 范围内应力的变化；而在验算锚固段的截面强度时，则应考虑锚固长度 l_a 范围内预应力筋抗拉设计强度的变化。

预应力钢筋的预应力锚固长度 l_a(单位：mm)　　表 4-2-9

预应力钢筋种类		混凝土强度等级					
		C40	C45	C50	C55	C60	≥C65
钢绞线	1×2、1×3，f_{pd}=1 170MPa	115d	110d	105d	100d	95d	90d
	1×7，f_{pd}=1 260MPa	130d	125d	120d	115d	110d	105d
螺旋肋钢丝，f_{pd}=1 200MPa		95d	90d	85d	83d	80d	80d
刻痕钢丝，f_{pd}=1 070MPa		125d	115d	110d	105d	103d	100d

注：1. 当采用骤然放松预应力钢筋的施工工艺时，锚固长度的起点应从离构件末端 0.25l_{tr} 处开始计算。

2. 当预应力钢筋的抗拉强度设计值 f_{fd} 与表值不同时，其预应力锚固长度应根据表值按强度比例增减。

3. 表中 d 系指国家标准中钢绞线、钢丝和精轧螺纹钢筋的公称直径，单位：mm。

2. 后张法构件预应力筋锚下局部承压计算

在构件端部和其他布置锚具的地方，巨大的预加压力 N_p 将通过锚具及其下面积不大的垫板传递给混凝土。因此，锚具下的混凝土将承受着很大的局部应力，一般需对锚具下的混凝土进行局部承压强度和抗裂性计算。

(1)锚固区受力分析

构件锚端中心在局部荷载 N_p 的作用下[图 4-2-15a)],锚下截面 AA'的压力非常集中,随着逐渐远离锚具,截面应力将逐步扩散,最后被均匀传递到整个截面(如 BB'截面)上。自 AA'截面至开始均匀受力的 BB'截面,这个区段一般称过渡段或锚固段。试验和理论研究表明,过渡段的长度约等于构件的高度 h,因此常把等于 h 的这一过渡段称为端块。图 4-2-15b)表示端块的应力轨迹,可见端块的受力情况比较复杂,它不仅存在着不均匀的纵向应力,而且也存在着剪应力和横向应力。

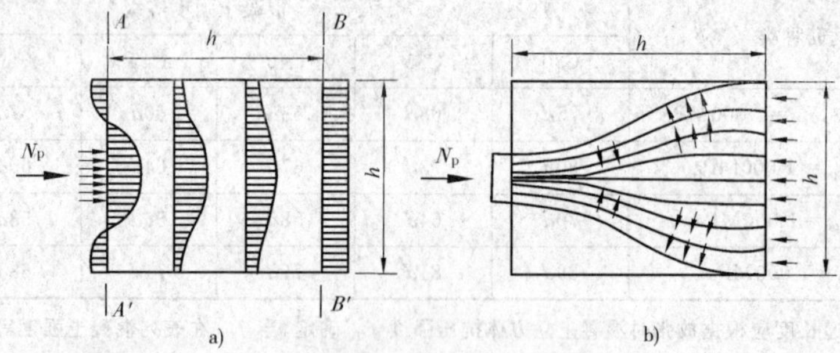

图 4-2-15　预应力筋锚下应力分布

a)构件锚端处的压应力分布;b)构件锚端处的应力轨迹

(2)局部承压计算原理和方法

所谓局部承压,就是指构件受力表面,仅有部分面积承受压力的受力状态。试验表明,混凝土局部承压强度值要比抗压强度标准值大得多。关于局部承压问题,以往大多以"套箍强化"理论来解释局部承压板下混凝土承压强度提高这一基本特性,并以此建立计算模式。根据这一理论,当局部承压应力超过某一限值后,局部承压区混凝土内部就会出现微裂缝,随着承压应力的增加,微裂缝将急剧开展,混凝土则不断产生横向扩张;但是,承压区周围的混凝土却限制其侧向变形,起着套箍作用而使其承压强度增高,故称为"套箍强化"理论。然而,试验研究发现,运用这一理论来说明局部承压的多种复杂破坏形态时,存在着一些矛盾现象。例如,按照"套箍强化"理论的极限平衡条件,作为"套箍"的外围混凝土一旦开裂,它对核心混凝土的套箍作用也随之消失,构件理应立即丧失承载能力,但试验结果却并不会立即达到破坏;又如,在条形荷载局部承压(即承压面积的宽度与试件承压表面宽度相等)的情况下,外围混凝土并不能构成"套箍",但局部承压强度却仍有明显提高。对此,"套箍"理论也不能给出合理的解释。

近年来,国内外根据对局部承压的开裂和破坏机理的研究,提出了以"剪切破坏机理"为依据的计算局部承压的理论和方法。试验研究认为,在局部荷载 N 的作用下,局部承压构件可以假想为一个带有多根"拉杆"的拱,如图 4-2-16a)所示。紧靠承压板下的混凝土,纵向承受着局部荷载 N,横向承受拱顶侧向压力 T,离承压板较远的部位,则由假想"拉杆"承受由 N 引起的横向拉力 T。当 N 增加到使假想"拉杆"承受的拉力 T 达到其极限抗拉强度时,则在局部承压区产生局部纵向裂缝,见图 4-2-16b),此时的荷载称为局部承压开裂荷载 N_{cr}。当荷载继续增加时,裂缝将进一步延伸,拱顶部位的内力重分布,"拉杆"的合力中心到拱顶的压力中心间

的距离 k_1h 继续加大，而使 T/N 的比值下降。承压板下承受三轴向应力的混凝土，此时所受到的横向压应力也随之降低，因而逐步形成剪切破坏的楔形体，如图 4-2-16c)所示。

以上，所述楔形体的形成和破坏机理，都能在试验测定中得到证实。总之，局部承压构件不同的受力阶段存在着两种类型的劈裂力：第一种是拱作用引起的横向劈裂拉力，它的作用位置在拱拉杆部位(即端块的中下部位)，这种拉力自加载开始直至破坏始终存在；第二种劈裂力是楔形体形成时引起的，它仅仅在接近破坏阶段才产生，作用部位在楔形体高度范围内。显然，这两类力的作用位置、时间和形成原因都各不相同。

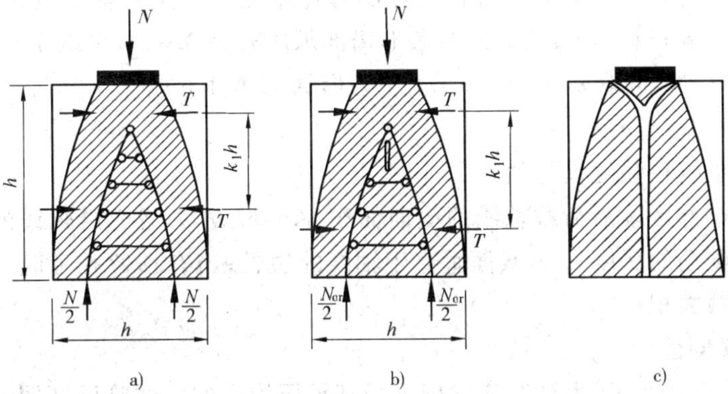

图 4-2-16　局部承压混凝土破坏机理示意

①局部承压混凝土开裂荷载计算

图 4-2-17 为采用有限单元法按平面问题求得的横向应力分布规律，它与实测的应变场分布规律基本一致。考察截取半个端部块体的平衡条件，在截面 B-B 上由 $\frac{N}{2}$ 构成的外力矩和由 T 构成的外力矩平衡，即 $\sum M=0$ 得：

$$\frac{N}{2}\cdot\frac{h-a}{4}=k_1hT \tag{4-2-44.1}$$

或改写为：

$$T=\frac{N}{8k_1}\left(1-\frac{a}{h}\right) \tag{4-2-44.2}$$

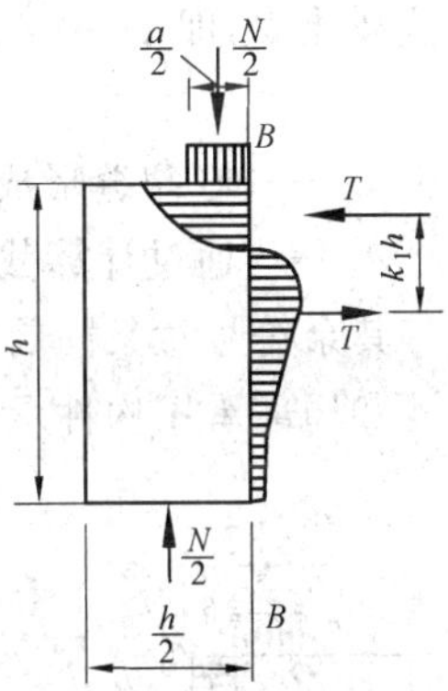

图 4-2-17　开裂荷载的计算图式

式中：k_1——力臂系数，其值随 a/h 而变化。试件在开裂前按弹性分析，当 a/h 大于 0.1 时，$k_1=0.5$；

其余符号意义见图 4-2-17。

T 即为局部荷载 N 引起的横向劈裂力。裂缝的形成过程，也就是在 T 作用下构件纵截面被拉裂的过程。根据开裂时的极限平衡条件，可得横向劈裂拉力：

$$T_{cr}=\frac{N_{cr}}{8k_1}\left(1-\frac{a}{h}\right)\leqslant\omega_1\omega_2Af_t \tag{4-2-45.1}$$

从而得到局部承压开裂荷载：

$$N_{cr}=\frac{8k_1\omega_1\omega_2}{1-a/h}f_tA=\alpha_{cr}f_tA \tag{4-2-45.2}$$

令 $$\alpha_{cr}=\frac{8k_1\omega_1\omega_2}{1-a/h} \tag{4-2-45.3}$$

则 $$N_{cr}=\alpha_{cr}f_tA \tag{4-2-45.4}$$

式中：ω_1——横向劈裂拉应力的应力图形完整系数（考虑 T_{cr} 并非作用在全部截面 A 上及应力分布不均匀性）。参照弹性应力分布和考虑混凝土的塑性影响，经各种图形完整性系数的统计分析，ω_1 在 0.5～0.7 之间变化（条形轴心局部承压时 $\omega_1=0.7$，一般轴心局部承压时 $\omega_1=0.5$）；

ω_2——复杂应力条件下混凝土抗拉强度的降低系数。参照一轴受拉另一轴受压的双轴应力实验资料，当 $a/h\leqslant0.8$（条形局部承压时为 0.74），可取 $\omega_2=1.0$；当 $0.8<a/h\leqslant1.0$ 时，可取 $\omega_2=5(1-a/h)$［条形局部承压构件，当 $0.74<a/h\leqslant1.0$ 时，取 $\omega_2=3.9(1-a/h)$］；

f_t——混凝土抗拉强度设计值；

A——构件端部区段沿荷载轴线的截面面积，$A=hb$，h 为截面沿轴线的边长，一般可取间接配筋的深度，b 为截面垂直于轴线的边长；当有预留孔道时，应扣除孔道沿轴线的截面积；

其余符号意义同前。

公式(4-2-45.4)中的 N_{cr} 为针对素混凝土局部承压构件的。试验已证明，当构件中配有间接钢筋时抗裂荷载将提高，因此在对间接配筋局部承压构件的抗裂计算时，还应考虑间接钢筋的抗裂能力，即：

$$N_{cr}=\alpha_{cr}(f_tA+\sigma_sA_s) \tag{4-2-46}$$

式中：σ_s——在裂缝形成时的钢筋应力，一般均在 60MPa 以上；

A_s——通过计算截面的间接钢筋的截面面积；

其余符号意义同前。

②局部承压构件承载力计算

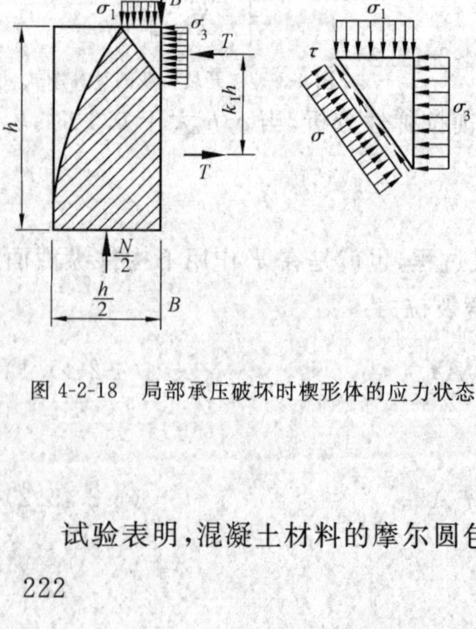

图 4-2-18　局部承压破坏时楔形体的应力状态

根据局部承压破坏机理，可以假定在达到破坏极限时，承压板下部楔形体高度范围内的混凝土处于三轴受压状态，纵向压应力为 σ_1、横向压应力为 σ_2 和 σ_3。按照摩尔强度理论，并忽略中间主应力 σ_2 的影响，取图 4-2-18 所示的计算图式，研究在 σ_1 和 σ_3 作用下的剪切破坏条件。

根据库仑强度理论，材料的抗剪强度可用下式表达：

$$\tau=c+\sigma\tan\varphi \tag{4-2-47}$$

式中：c——黏聚力；

σ——剪切滑移面上的正应力；

$\tan\varphi$——材料的内摩擦因数；

φ——材料的内摩擦角。

试验表明，混凝土材料的摩尔圆包络线在 τ-σ 坐标图中并非直线，因而式(4-2-47)中的

$\tan\varphi$ 也并非常数，它随正压应力值的增长而逐渐减小。为简化计算，仍近似地取式(4-2-47)作为剪切破坏的准则。

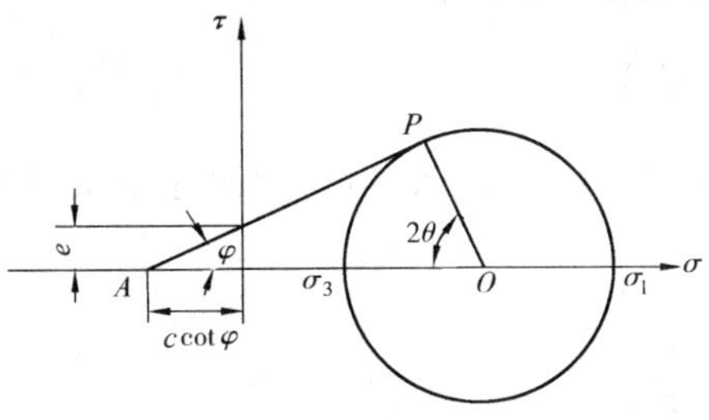

图 4-2-19　剪切破坏时 τ 与 σ_1、σ_3 的关系

按照图 4-2-19 的几何关系，得：

$$\sin\varphi=\frac{OP}{OA}=\frac{\sigma_1-\sigma_3}{2}\Big/\left(\frac{\sigma_1+\sigma_3}{2}+\cot\varphi\right) \tag{4-2-48}$$

或 $\sigma_1(1-\sin\varphi)-\sigma_3(1+\sin\varphi)-2c\cos\varphi=0$

上式可写成下列形式：

$$\sigma_1=\frac{2c\cos\varphi}{1-\sin\varphi}+\frac{1+\sin\varphi}{1-\sin\varphi}\sigma_3=\sigma_c+K\sigma_3 \tag{4-2-49.1}$$

其中

$$\sigma_c=\frac{2c\cos\varphi}{1-\sin\varphi},k=\frac{1+\sin\varphi}{1-\sin\varphi}$$

按照摩尔强度理论，剪切破坏面与第一主应力 σ_1 的夹角为 $\theta=45°-\varphi/2$，因而 $\varphi=90°-2\theta$，于是

$$k=\frac{1+\sin\varphi}{1-\sin\varphi}=\frac{1+\sin(90°-2\theta)}{1-\sin(90°-2\theta)}=\frac{1+\cos2\theta}{1-\cos2\theta}=\cot^2\theta \tag{4-2-49.2}$$

k 值叫做侧压指数，其数值与材料的内摩擦角 φ 值有关。而 φ 的数值不仅与混凝土材料性质(如强度等级、集料大小等)有关，而且与侧压应力 σ_3 的大小有关。从三轴受压试验资料得出，内摩擦角 σ_3 值大致在较大侧压时的 30°到较小侧压时的 50°范围内变化。

如前所述，局部荷载作用下，试件端部区段沿荷载轴线承受着不平衡弯矩引起的侧向压力 T(图 4-2-17)。在弹性受力阶段，侧向压力 T 作用在试件顶部的整个宽度范围内，如图 4-2-20a)所示；临近破坏阶段，由于楔形体形成过程中产生了顶部劈裂力，从而使承压板外围混凝土由原来的受压状态转为受拉状态，直至到达抗拉强度而开裂，核心混凝土所受的侧压力则逐步增高，如图 4-2 20b)所示(这种内力重分布现象为实验所证实)。因此，在极限状态下，侧向压力 T 将全部作用在楔形体上(图 4-2-21)。

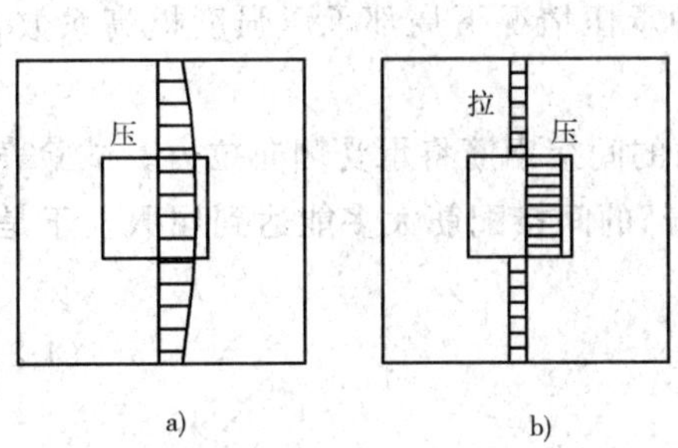

图 4-2-20　楔形体外围混凝土所受侧向应力的变化

a)楔形体形成前；b)楔形体形成后

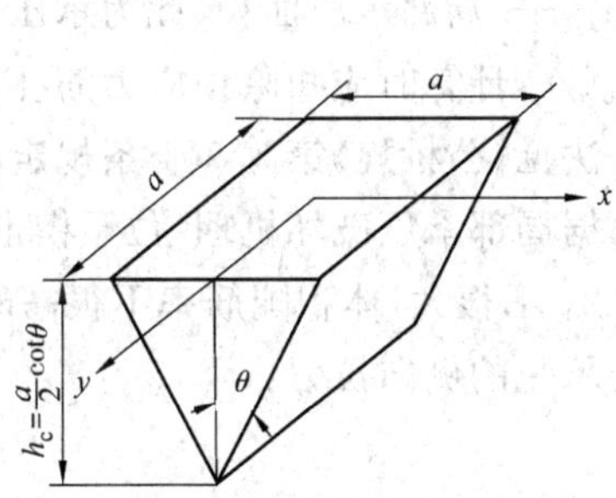

图 4-2-21　楔形体示意图

侧向压应力的平均值 σ_3 可按下式计算：

$$\sigma_3=\frac{T}{A_0} \tag{4-2-50}$$

其中，A_0 按下式计算(图 4-2-20)：

$$A_0=\frac{1}{2}a^2\cot\theta \tag{4-2-51}$$

参照式(4-2-44.2)，并注意 $N=a^2\sigma_1$，则侧向压应力的平均值为：

$$\sigma_3=\frac{\sigma_1}{4k_1\cot\theta}\left(1-\frac{a}{h}\right) \tag{4-2-52}$$

参照式(4-2-49.1)，并将式(4-2-52)代入，同时也将 $k=\cot^2\theta$ 代入，可得混凝土的局部承压强度：

$$f_{cl}=\frac{f_c}{-\frac{\cot\theta}{4k_1}\left(1-\frac{a}{h}\right)} \tag{4-2-53}$$

式中：f_{cl}——混凝土局部承压强度；

f_c——混凝土单轴抗压设计强度；

其余符号意义同前。

由上式得局部承压强度的提高系数：

$$\beta=\frac{f_{c1}}{f_c}=\frac{1}{1-\frac{\cot\theta}{4k_1}\left(1-\frac{a}{h}\right)} \tag{4-2-54}$$

于是，在局部承压板下的混凝土所产生的抗力可表示为：

$$N_{c1}=\beta f_c A_1 \tag{4-2-55}$$

局部承压构件临近破坏阶段，侧向压应力 σ_3 一般不会很高，材料内摩擦角 φ 的平均值可取 40°，相应的 $\theta=25°$；考虑内力重分布和应力分布的不均匀性，取 $k_1=0.55$。代入式(4-2-54)，得近似计算式：

$$\beta=\frac{f_{c1}}{f_c}\approx\frac{h}{a}=\sqrt{\frac{h^2}{a^2}}=\sqrt{\frac{A_b}{A_1}} \tag{4-2-56}$$

式中：A_b——局部承压计算底面积，此为局部承压构件端部的面积，$A_b=h^2$；

A_1——局部承压面积，此为承压板的面积，$A_1=a^2$。

A_b、A_1 计算时应扣除预应力筋孔道的面积；各种承压情况下局部承压强度提高系数 β 的计算方法见《公桥规》第 5.7.1 条规定。

根据局部承压破坏机理，位于楔形体高度范围内的间接钢筋将承受侧向拉力。试验表明，当 A_b/A_1 不很大，体积配筋率不很高时，破坏阶段端部的间接配筋大多能达到屈服。于是，间接钢筋承受的侧向拉力：

$$T_s=\omega_s A_s f_{sy} \tag{4-2-57}$$

式中：ω_s——钢筋应力图形完整系数；

A_s——端部区段纵截面间接钢筋的总面积；

f_{sy}——间接钢筋抗拉强度设计值。

T_s 的反力将作为侧向压力全部作用于楔形体上，因而对楔形体形成的平均侧向压应力 σ_3 为：

$$\sigma_3=\frac{T_s}{A_0}=\frac{2\omega_s A_s f_{sy}}{a^2\cot\theta} \tag{4-2-58}$$

式中符号意义同前。

参照式(4-2-49.1)，则得间接钢筋所提高的局部承压抗力为：

$$N_{s1}=k\sigma_s A_1=\frac{2k\omega_s A_s f_{sy}}{\cot\theta}=2\omega_s A_s f_{sy}\cot\theta \tag{4-2-59}$$

式中符号意义同前。

由于间接配筋大多能达到屈服，可以假定间接钢筋中的应力呈图 4-2-22 的分布形态，该图中的应力图形完整系数为 $\omega_s=0.9$，同时取 $\theta=25°$，则式(4-2-60)近似表示为：

$$N_{s1}\approx 4A_s f_{sy} \tag{4-2-60}$$

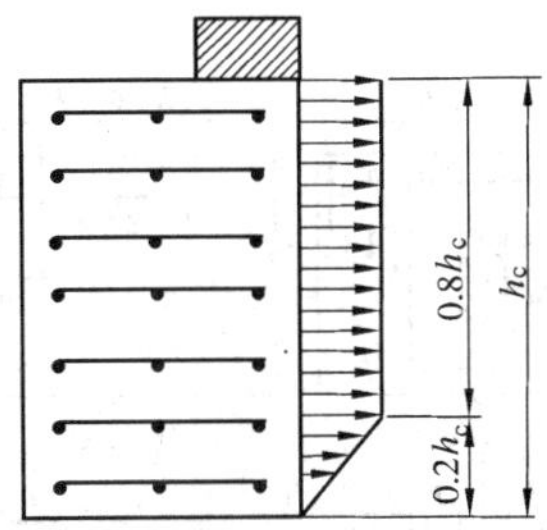

图 4-2-22　假定的间接钢筋应力和分布

考虑空间配置间接钢筋的作用，式(4-2-60)可表示成：

$$N_{s1}=2\rho_v\beta_{cor}^2 f_{sy}A_1 \tag{4-2-61}$$

式中：ρ_v——间接钢筋的体积配筋率，即核心范围内的混凝土所包含的间接钢筋体积；

β_{cor}——间接钢筋对局部承压强度的提高系数，按式(4-2-62)计算：

$$\beta_{cor}=\sqrt{\frac{A_{cor}}{A_1}} \tag{4-2-62}$$

A_{cor}——空间钢筋网或螺旋钢筋范围内核心混凝土的截面积。

将式(4-2-55)与式(4-2-61)相加即可得到局部承压构件局部承压抗力为：

$$N_{c1}N_{s1}=\beta f_c A_1+2\rho_v\beta_{cor}^2 f_{sy}A_1 \tag{4-2-63}$$

式(4-2-63)计入安全系数后，即得到《公桥规》建议的钢筋混凝土局部承压构件承载力计算公式。

《公桥规》第 5.7.1 条规定，配置间接钢筋的混凝土构件，其局部受压区的尺寸应满足下列要求：

$$\gamma_0 F_{ld}\leqslant 1.3\eta_s\beta f_{cd}A_{ln} \tag{4-2-64.1}$$

$$\beta=\sqrt{\frac{A_b}{A_l}} \tag{4-2-64.2}$$

式中：F_{ld}——局部受压面积上的局部压力设计值；对后张法构件的锚头局压区，应取 1.2 倍张拉时的最大压力；

f_{cd}——混凝土局部承压强度设计值，对后张法预应力混凝土构件，应根据张拉时的混凝土立方体抗压强度 f'_{cd} 值按《公桥规》表 3.1.4 的规定以直线内插求得；

η_s——混凝土局部承压修正系数，混凝土强度等级为 C50 及以下，$\eta_s=1.0$；混凝土强度等级为 C50～C80，取 $\eta_s=0.76$～1.0，中间直线插入取值；

β——混凝土局部承压强度提高系数；

γ_0——桥梁结构的重要性系数；

A_{ln}、A_l——混凝土局部受压面积，当局部受压面有孔洞时，A_{ln} 为扣除孔洞后的面积，A_l 为不扣除孔洞的面积；当受压面积设有钢垫板时，局部受压面积应计入在垫板中按 45°刚性角扩大的面积；对于具有喇叭管并与垫板连成整体的锚具，A_{ln} 可取垫板面积扣除喇叭管尾端内孔洞面积；

A_b——局部受压时的计算底面积，可按图 4-2-23 确定。

《公桥规》第 5.7.2 条规定，配置间接钢筋的局部受压构件(图 4-2-24)，其局部抗压承载力应按下列规定计算：

$$\gamma_0 F_{ld} \leqslant 0.9(\eta_s \beta f_{cd} + k\rho_v \beta_{cor} f_{sd}) A_{ln} \tag{4-2-65.1}$$

$$\beta_{cor} = \sqrt{\frac{A_{cor}}{A_l}} \tag{4-2-65.2}$$

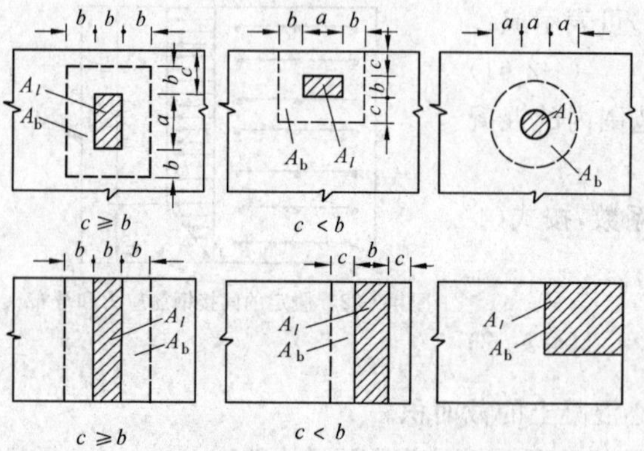

图 4-2-23　局部承压时计算底面积 A_b 的示意图

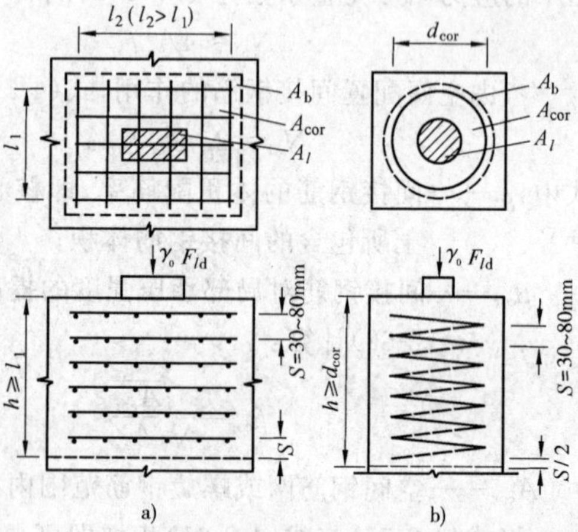

图 4-2-24　局部承压配筋图

a)方格网钢筋；b)螺旋形配筋

间接钢筋体积配筋率(核心面积 A_{cor} 范围内单位混凝土体积所含间接钢筋体积)按下列公式计算：

方格网
$$\rho_v = \frac{n_1 A_{s1} l_1 + n_2 A_{s2} l_2}{A_{cor} S} \tag{4-2-65.3}$$

此时，在钢筋网两个方向的钢筋截面面积相差不应大于 50％。

螺旋筋
$$\rho_v = \frac{4A_{ss1}}{d_{cor} S} \tag{4-2-65.4}$$

式中：γ_0——桥梁结构的重要性系数；

β_{cor}——配置间接钢筋时局部抗压承载力提高系数；

k——间接钢筋影响系数，混凝土强度等级为 C50 及以下，$k=2.0$；C50～C80 取 $k=1.70$～2.0，中间直线插入取值；

A_{cor}——方格网或螺旋形间接钢筋范围内的混凝土核心面积，其重心应与 A_l 的重心相重合，计算时按同心、对称原则取值；当 $A_{cor} > A_b$ 时，应取 $A_{cor} = A_b$；

n_1、A_{s1}——方格网沿 l_1 方向的钢筋根数、单根钢筋的截面面积；

n_2、A_{s2}——方格网沿方 l_2 方向的钢筋根数、单根钢筋的截面面积；

A_{ss1}——单根螺旋形间接钢筋的截面面积；

d_{cor}——螺旋形间接钢筋内表面范围内混凝土核心面积的直径；

S——方格网或螺旋形间接钢筋的层距。

注：方格网钢筋不应少于 4 层，螺旋形钢筋不应少于 4 圈；带喇叭管的锚具垫板，板下螺旋筋圈数的长度不应小于喇叭管的长度。

在许多工程实践中，为了增大局部承压面积及减少锚下混凝土的局部应力，而采用刚性垫板（即增加垫板厚度，使垫板的宽厚比为 5：1～8：1）及整体铸件式锚座的做法，起到了明显的效果。

由于整体铸件式锚座含有垫板和喇叭管，精确计算相当复杂，一般需要用局部应力分析。由正规生产厂家制造的标准锚垫板或整体铸件式锚座，除了特殊情况外，一般都能满足要求。

3. 后张法构件多个锚具的布置

以上的分析及计算都是对单个锚具而言，当构件的端部或其他截面处，需要同时锚固多个锚具时，各个锚下的混凝土受力可能相互干扰，对此《公桥规》没做具体规定。

图 4-2-25～图 4-2-28 为 VSL 国际公司钢绞线预应力体系关于锚座（混凝土强度大于 C35，标准型锚具）的设置的最小间距等有关规定，可供设计时参考。但对一些重要的构件，必须采用有限元法进行分析。

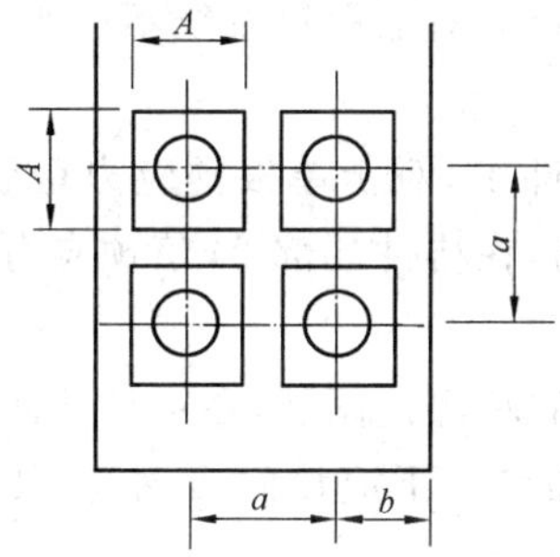

图 4-2-25　锚座的最小配置间距

A-锚下垫板尺寸；a-螺旋筋的直径＋20mm；

b-螺旋筋直径的一半加混凝土保护层（最小 20mm）

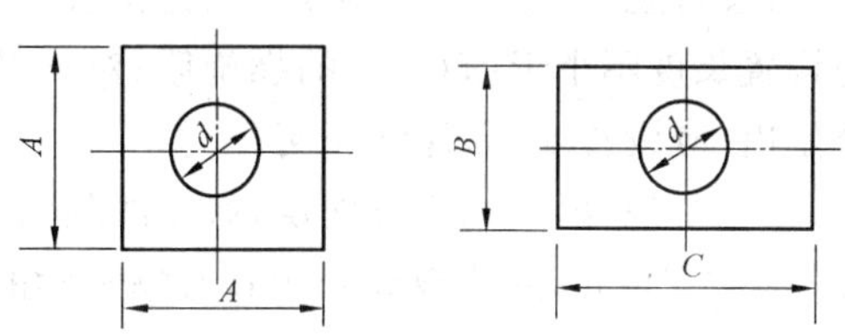

图 4-2-26　锚垫板正方形变长方形原则

$B\times C\geqslant A^2$；$C/B\leqslant 1.2$

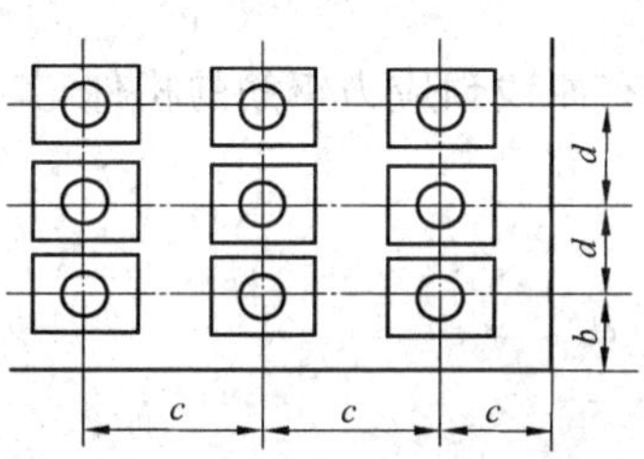

图 4-2-27　多个长方形锚座的布置原则

$c>a, d<a, c\times d\geqslant a^2$

a-锚具标准最小配置间距，$a\geqslant 1.5b$；

b-锚具中心至构件端部距离最小值

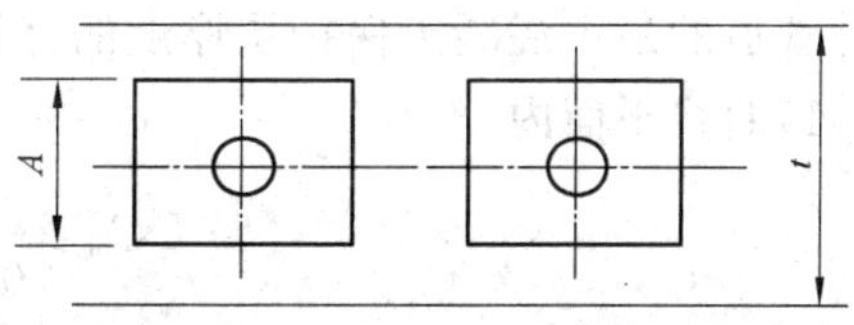

图 4-2-28　薄形构件的锚座布置原则

t-板型构件厚；A-锚下垫板短边尺寸；$t\geqslant A+2\times 35$mm

七、构造要求

对预应力混凝土构件，除必须满足有关钢筋混凝土构件的构造要求外，还必须有自身的特殊要求。《公桥规》的有关要求如下。

《公桥规》第 9.4.2 条规定，预应力混凝土梁当设置竖向预应力钢筋时，其纵向间距宜为

500～1 000mm。预应力混凝土T形截面梁、I形截面梁和箱形截面梁腹板内应设置直径不小于10mm和12mm的箍筋，且应采用带肋钢筋，其间距不应大于250mm，自支座中心起长度不小于一倍梁高范围内，应采用闭合式箍筋，其间距不宜大于100mm。在T形、I形截面梁下部的马蹄内，应另设直径不小于8mm的闭合式箍筋，箍筋间距不应大于200mm。此外，马蹄内尚应设直径不小于12mm的定位钢筋。

《公桥规》第9.4.3条规定，部分预应力混凝土梁应采用混合配筋。位于受拉区边缘的普通钢筋宜采用直径较小的带肋钢筋，以较密的间距布置。

《公桥规》第9.4.4条规定，先张法预应力混凝土构件宜采用钢绞线、螺旋肋钢丝线或刻痕钢丝用作预应力钢筋。当采用光面钢丝作预应力钢筋时，应采取适当措施，保证钢丝在混凝土中可靠地锚固。

《公桥规》第9.4.5条规定，在先张法预应力混凝土构件中，预应力钢绞线之间的净距不应小于其直径的1.5倍，且对二股、三股钢绞线不应小于20mm，对七股钢绞线不应小于25mm。预应力钢丝之间净距不宜小于15mm。

《公桥规》第9.4.6条规定，在先张法预应力混凝土构件中，对于单根预应力钢筋，其端部应设置长度不小于150mm的螺旋筋；对于多根预应力钢筋，在构件端部10倍预应力钢筋直径范围内，应设置3～5片钢筋网。

《公桥规》第9.4.7条规定，后张法预应力混凝土构件的端部锚固区，在锚具下面应设置厚度不小于16mm的垫板或采用具有喇叭管的锚具垫板。锚垫板下应设间接钢筋，其体积配筋率ρ_v不应小于0.5%。

《公桥规》第9.4.8条规定，后张法预应力混凝土梁（包括连续梁和连续刚构边跨现浇段）的部分预应力钢筋，应在靠近端支座区段横桥向对称成对弯起，宜沿梁端面均匀布置，同时沿纵向可将梁腹板加宽。在梁端部附近，宜按《公桥规》第9.3.8条及第9.4.2条的要求，设置间距较密的纵向钢筋和箍筋。

《公桥规》第9.4.9条规定，对外形呈曲线形且布置有曲线预应力钢筋的构件，其曲线平面内、外管道的最小混凝土保护层厚度的计算如下。

(1)曲线平面内

$$C_{in} \geqslant \frac{P_d}{0.266r\sqrt{f'_{cu}}} - \frac{d_s}{2} \tag{4-2-66.1}$$

式中：C_{in}——曲线平面内最小混凝土保护层厚度；

P_d——预应力钢筋的张拉力设计值(N)，可取扣除锚圈口摩擦、钢筋回缩及计算截面处管道摩擦损失后的张拉力乘以1.2；

r——管道曲线半径(mm)，可按公式$r=\frac{1}{2}\left(\frac{1}{4\beta}+\beta\right)$计算，$\beta$为曲线矢高与弦长之比；

d_s——管道外缘的直径；

f'_{cu}——预应力钢筋张拉时，边长为150mm立方体混凝土抗压强度(MPa)。

当按公式(4-2-66.1)计算的保护层厚度过大时，也可按直线管道设置最小保护层厚度，但应在管道曲线段弯曲平面内设置箍筋(图4-2-29)。箍筋单肢的截面面积可按下列公式计算：

$$A_{sv1} \geqslant \frac{P_d S_v}{2rf_{sv}} \tag{4-2-66.2}$$

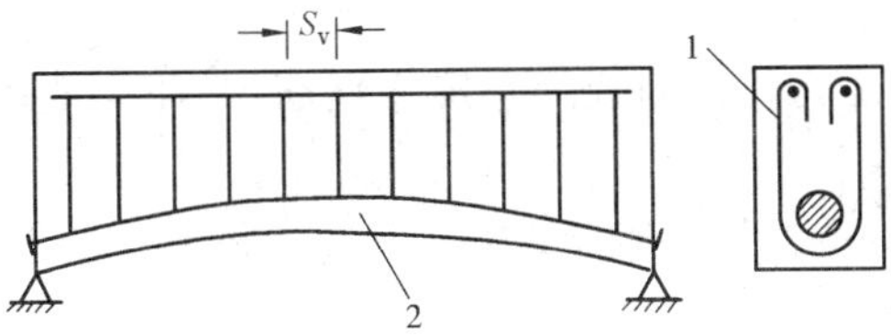

图 4-2-29 预应力钢筋曲线管道保护层
1-箍筋；2-保护层

式中：A_{sv1}——箍筋单肢截面面积(mm^2)；

S_v——箍筋间距(mm)；

f_{sv}——箍筋抗拉强度设计值(MPa)。

(2)曲线平面外

$$C_{out} \geqslant \frac{P_d}{0.266\pi r\sqrt{f'_{cu}}} - \frac{d_s}{2} \qquad (4\text{-}2\text{-}66.3)$$

式中：C_{out}——曲线平面外最小混凝土保护层厚度。

(3)按上述公式计算的保护层厚度，如小于表 4-2-10 内各类环境的直线管道的保护层厚度，应取相应环境的直线管道的保护层厚度并应满足《公桥规》第 9.1.1 条的要求。

《公桥规》第 9.1.1 条对钢筋的最小混凝土保护层厚度作如下规定。普通钢筋和预应力直线形钢筋的最小混凝土保护层厚度（钢筋外缘或管道外缘至混凝土表面的距离）不应小于钢筋公称直径，后张法预应力直线形钢筋不应小于其管道直径的 1/2，且应符合表 4-2-10的规定。

普通钢筋和预应力直线形钢筋最小混凝土保护层厚度(单位：mm)　　表 4-2-10

序　号	构 件 类 别	环 境 条 件		
		Ⅰ	Ⅱ	Ⅲ、Ⅳ
1	基础、桩基承台：①基坑底面有垫层或侧面有模板（受力钢筋）；②基坑底面无垫层或侧面无模板	40 60	50 75	60 85
2	墩台身、挡土结构、涵洞、梁、板、拱圈、拱上建筑（受力主筋）	30	40	45
3	人行道构件、栏杆（受力主筋）	20	25	30
4	箍筋	20	25	30
5	缘石、中央分隔带、护栏等行车道构件	30	40	45
6	收缩、温度、分布、防裂等表层钢筋	15	20	25

注：对于环氧树脂涂层钢筋，可按环境类别Ⅰ取用。

《公桥规》第 9.4.10 条规定，后张法预应力混凝土构件，其预应力钢筋管道的设置应符合下列规定。

(1)直线管道的净距不应小于 40mm，且不宜小于管道直径的 0.6 倍；对于预埋金属或塑料波纹管和铁皮管，在竖直方向可将两管道叠置。

(2)曲线形预应力钢筋管道在曲线平面内相邻管道间的最小净距按式(4-2-66.1)计算，其中 P_d 和 r 分别为相邻两管道曲线半径较大的一根预应力钢筋的张拉力设计值和管道曲线半径，C_{in} 为相邻两曲线管道外缘在曲线平面内净距。当上述计算结果小于其相应直线管道外缘间净距时，应取用直线管道最小外缘间净距。

曲线预应力钢筋在曲线平面外相邻外缘间最小净距，应按式(4-2-66.3)计算，其中 C_{out} 为相邻两曲线管道外缘在曲线平面外净距。

(3)管道内径的截面面积不应小于预应力钢筋截面面积的两倍。

(4)按计算需要设置预拱度时,预留管道也应同时起拱。

《公桥规》第 9.4.11 条规定,后张法预应力混凝土构件的曲线形预应力钢筋,其曲线半径应符合下列规定。

(1)钢丝束、钢绞线束的钢丝直径等于或小于 5mm 时,不宜小于 4m;钢丝直径大于 5mm 时,不宜小于 6m。

(2)精轧螺纹钢筋的直径等于或小于 25mm 时,不宜小于 12m;直径大于 25mm 时,不宜小于 15m。

注:对一些重要或特殊构件,曲线形预应力钢筋的曲线半径也可由计算确定。曲线预应力筋由于纵向弯曲,通常在位于钢筋改变方向处产生径向力 Q,径向力的大小与曲线的曲率半径 R 和预加力 P 有关,方向通常垂直于钢筋轴线的切线,且$Q=P/R$。

如果曲线钢筋靠近混凝土的内表面,并且混凝土的内表面也为曲线状并与钢筋平行,曲线预应力筋就有从混凝土中崩出的危险。

图 4-2-30 所示为一个曲线状混凝土构件,假定预应力孔道的外径为 r,孔道处在预加应力时混凝土的压应力为 σ_r。

当孔道处内侧的混凝土由于径向力的作用而出现楔形破坏时(图 4-2-31),作用在楔形体上的纵向力为:

$$D_1=\frac{1}{2}(d_1+\sqrt{2}r)\times(2\sqrt{2}r+2d_1)\sigma_r=(d_1+\sqrt{2}r)^2\sigma_r \tag{4-2-67.1}$$

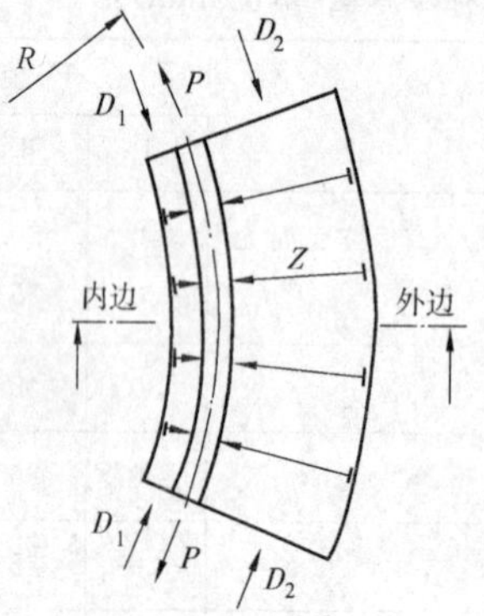

图 4-2-30　曲线状混凝土构件的孔道处纵断面

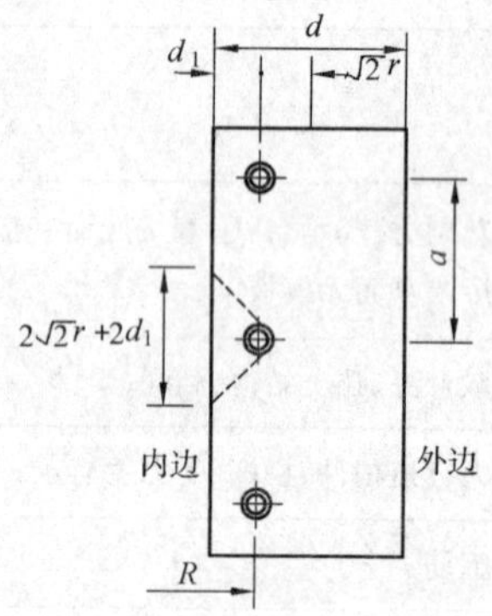

图 4-2-31　图 4-2-30 的横断面(楔形破坏)

由 D_1 产生的径向力为:

$$Q_1=\frac{D_1}{R}=\frac{(d_1+\sqrt{2}r)^2}{R}\sigma_r \tag{4-2-67.2}$$

作用在楔形体上的径向力(也就是外边混凝土所承受的拉力)为:

$$Z=Q-Q_1=\frac{P-(d_1+\sqrt{2}r)^2\sigma_r}{R} \tag{4-2-67.3}$$

沿破坏线混凝土的拉应力为:

$$\sigma_z=\frac{Z}{2(\sqrt{2}r+d_1)}=\frac{P-(d_1+\sqrt{2\gamma})^2\sigma_r}{2(d_1+\sqrt{2}r)R} \tag{4-2-67.4}$$

如果预应力孔道间的距离太小,即 $a\leqslant 2(\sqrt{2}r+d_1)$(图 4-2-32),破坏线可能是沿孔道中心的连线。

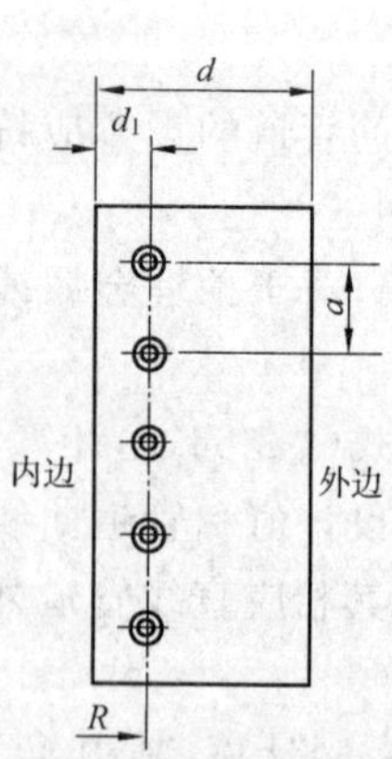

图 4-2-32　图 4-2-30 的横断面

(直线形破坏)

$$Z=\frac{P-ad_1\sigma_r}{R} \tag{4-2-68.1}$$

$$\sigma_z=\frac{P-ad_1\sigma_r}{Ra} \tag{4-2-68.2}$$

这里的 σ_z 应小于混凝土的抗拉容许值。考虑到钢筋的位置可能不准确,而在此产生应力集中,混凝土的抗拉容许值不能太大。

在设计时，钢筋所选的曲率半径除应满足本章所介绍的规范要求外，还应按上述公式进行混凝土的受力验算。一旦 σ_z 超过混凝土的抗拉容许值，应在孔道周围设置箍筋，用于承受全部拉力 Z。图 4-2-33 为 VSL 国际公司关于钢绞线预应力筋在不同的最小破断荷载时所对应的最小曲率半径曲线(R_{min})，可供设计时选用。

此外，钢丝束、钢绞线的夹片式锚具及连接器，由于构造及受力的要求，不允许钢束的曲线段进入锚具部分，也就是要求锚下钢束必须保持一定的直线长度，国内目前还未见资料介绍。在设计时，可以根据图 4-2-33，预应力筋的最小破断载荷与锚下最小直线段长度(L_{min})的关系曲线选用。

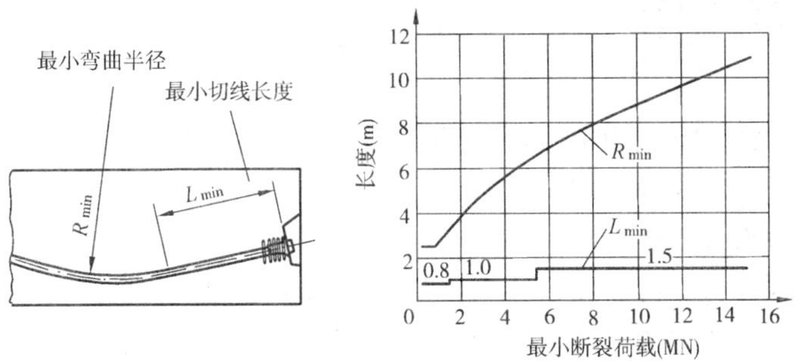

图 4-2-33　钢绞线的最小破断荷载与 R_{min} 和 L_{min} 的关系曲线

《公桥规》第 9.4.12 条规定，预应力钢筋管道灌浆用水泥浆，按 70mm×70mm×70mm 立方体试件，标准养护 28d 测得的抗压强度标准值不宜低于 C30。其水灰比宜为 0.40～0.45；为减少收缩，可通过试验掺入适量的膨胀剂。

《公桥规》第 9.4.13 条规定，在预加应力完毕后，埋封于梁体内的锚具其周围应设置构造钢筋与梁体连接，然后浇筑混凝土封锚。封锚混凝土强度等级不应低于构件本身混凝上强度等级的 80%，且不低于 C30。

《公桥规》第 9.4.14 条规定，预应力混凝土连续梁在选用预应力体系和布置预应力钢筋时，应采取措施减少摩阻损失。

在工程实践中，可采用下列措施以减少摩阻损失：

(1)在逐段浇筑或逐段拼装的连续梁中，预应力钢筋宜采用逐段张拉锚固、逐段接长的预应力体系。

(2)当需在整根梁上布置通长曲线形预应力钢筋时，可变化梁高以适应梁的受力情况，使预应力钢筋在立面内曲率尽量趋小。

(3)为了避免一根预应力钢筋在立面内形成几个 S 形曲线，可在梁的反弯点附近设置较长的预应力钢筋重叠搭接段。

《公桥规》第 9.4.15 条规定，在连续梁全长上，预应力钢筋不宜在某个截面或某个区段急剧增加或减少。梁的正负弯矩交替区，可设置较长的预应力钢筋重叠搭接段，并宜分散布置。

在连续梁中间支承处，腹板及其下方翼缘内应设置顺桥向的普通钢筋。

《公桥规》第 9.4.16 条规定，当预应力钢筋需在构件中间锚固时，其锚固点宜设在截面重心轴附近或外荷载作用下的受压区。如因锚固而削弱梁截面，应用普通钢筋补强。箱形截面梁的顶、底板内的预应力钢筋引出板外时，应在专设的齿板上锚固，此时，预应力钢筋宜尽量采用较大弯曲半径，并按《公桥规》第 9.4.9 条规定设置箍筋。

《公桥规》第 9.4.17 条规定，采用预制块件拼装的预应力混凝土结构，预制块件端部应配置直径不小于 10mm 的钢筋网,接缝间应采用环氧树脂黏结或用细石混凝土填充。环氧树脂接缝,块件端头应密贴平整,涂层厚度均匀,接缝应进行挤压。细石混凝土接缝的缝宽不应小于 60mm,混凝土强度不应低于预制块件混凝土强度等级。预制块件拼装结构不应作部分预应力混凝土设计。

八、预应力混凝土构件的设计方法

1. 截面设计

当结构的总体方案和形式确定后,在开始进行构件计算以前,设计者的主要任务就是拟定合理的截面形式和尺寸。合理的截面形式和尺寸不仅能保证结构良好的工作性能,而且对结构物的经济性也具有重要的作用。

预应力混凝土构件抵抗荷载内力的机理与钢筋混凝土构件不同。对于荷载引起的弯矩,钢筋混凝土构件主要是依靠变化的钢筋合力(或变化的混凝土的合力),与固定的内力偶臂的乘积;而预应力混凝土构件,则是依靠基本不变的预加力 N_p(或混凝土的合力),与随外弯矩变化而变化的内力偶臂的乘积。因此,对于预应力混凝土受弯构件来说,其内力偶臂所能变化的范围越大,则在预加力相同的条件下,其所能抵抗外弯矩的能力也就越大,即抗弯效率越高。

(1)按照经验拟定截面形式和基本尺寸

在实际工程中,人们根据多年来的实践经验以及对截面的研究,考虑了设计、使用和施工等多方面因素,已经形成了一些常用的截面形式和基本尺寸,在设计时可供选择参考。下面以预应力混凝土受弯构件为例,介绍一些常用截面形式(图 4-2-34)和基本尺寸。

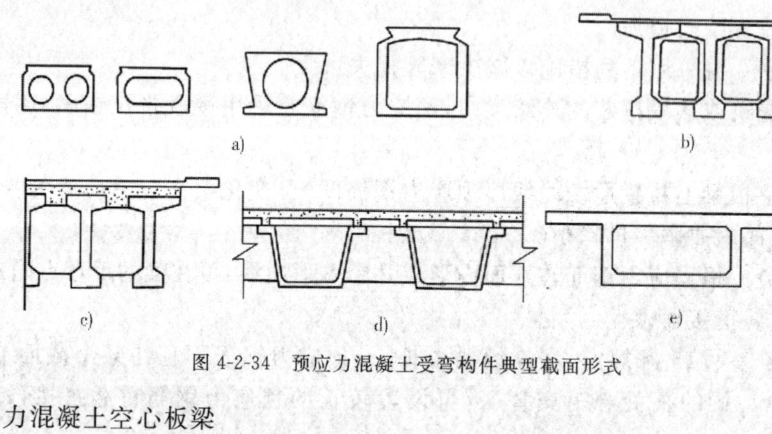

图 4-2-34 预应力混凝土受弯构件典型截面形式

①预应力混凝土空心板梁

见图 4-2-34a),这种板梁的芯孔可采用圆形、圆端形或椭圆形等形式。小跨径时一般采用厂制直线预应力筋的先张法工艺(多用长线法生产)。随着跨径的增大,则需配置曲线预应力筋而采用后张法工艺。空心板梁的跨高比一般取为 18～23,用作简支梁的最大跨径一般为 25m。

②预应力混凝土 T 形梁

见图 4-2-34b),一般采用后张法施工。在梁的下缘为布置预应力筋和承受强大的预压力的需要,常将肋板下段加厚成“马蹄”形。T形梁的肋板主要是承受剪应力和主应力,一般较薄,但构造上要求应能满足布置预留孔道的需要,一般最小为140~180mm,而梁端锚固区段,应能满足锚具布置和局部承压的需要,故常将其做成与“马蹄”同宽。T形梁的起吊质量较大,其跨径常受到起吊能力的限制。T形梁的跨高比一般取为15~20,用作简支梁的最大跨径一般为50m。

③预应力混凝土组合式T形梁

为了减轻吊装质量,采用预应力混凝土工字梁加预制板(或现浇板)形成的组合式T形梁,见图4-2-34c)。由于梁肋在组合之前必须单独承受预制板(或现浇板)的荷载,受力不甚合理,因此不如整体式T形梁经济。施工中应注意加强结合面处的联结,以保证肋与板能够共同工作。组合式T形梁的跨高比一般取为15~18,用作简支梁的最大跨径一般为30m。

④预应力混凝土组合式箱梁

箱式组合梁的主梁常采用预制槽形梁,待槽形梁架设完毕后,再采用预制板作顶板,由现浇混凝土铺装与槽形梁联结成组合式箱梁,或直接现浇顶板组合式箱梁。见图4-2-34d)。这种组合截面与组合式T形梁相比,抗扭刚度大,横向分布好,而且运输和吊装的稳定性也较好,但也存在同样的缺点。组合式箱梁的跨高比一般取为15~18,用作简支梁的最大跨径一般为35m。近年来,在此基础上发展了一种新的形式——装配式小箱梁,即主梁采用预制小箱梁,与预应力混凝土T形梁一样安装,但墩顶有二期负弯矩预应力筋使结构形成连续。小箱梁的跨高比一般取为18~20,跨径一般取30m左右。

⑤预应力混凝土箱形梁

如图4-2-34e),箱形截面为闭口截面,其抗扭刚度比一般开口截面(如T形截面梁)大得多,可使梁的荷载分布比较均匀,箱壁一般做得较薄,材料利用合理,自重较轻,跨越能力大。等截面箱形梁的跨高比一般取为20~25,用作简支梁的最大跨径一般取45m。

(2)根据各受力阶段混凝土容许应力拟定截面尺寸

在后张法受弯构件拟定截面尺寸时,可利用预应力筋的面积估算公式,根据在预加应力阶段和使用阶段构件混凝土截面上、下缘应力限制条件,近似地不计预留孔道削弱的影响并设压应力为正,拉应力为负。建立基本方程式,估算抗弯截面的模量,对经验尺寸进行初步校核。

在预加应力阶段:

$$\sigma_{cu}=\frac{N_p}{A_c}\left(1-\frac{e_p y'_c}{i_c^2}\right)+\frac{M_{g1}y'_c}{I_c}\geqslant[\sigma_{ct}] \tag{4-2-69.1}$$

$$\sigma_{cb}=\frac{N_p}{A_c}\left(1+\frac{e_p y_c}{i_c^2}\right)+\frac{M_{g1}y_c}{I_c}\geqslant[\sigma_{cc}] \tag{4-2-69.2}$$

在使用阶段:

$$\sigma_{cu}=\frac{\alpha N_p}{A_c}\left(1-\frac{e_p y'_c}{i_c^2}\right)+\frac{(M_{g1}+M_{g2}+M_{ll})y'_c}{I_c}\leqslant[\sigma_c] \tag{4-2-70.1}$$

$$\sigma_{cb}=\frac{\alpha N_p}{A_c}\left(1-\frac{e_p y_c}{i_c^2}\right)+\frac{(M_{g1}+M_{g2}+M_{ll})y_c}{I_c}\geqslant[\sigma_t] \tag{4-2-70.2}$$

式中： N_p——传力锚固时预应力钢筋的合力；

A_c、I_c——分别为构件全截面混凝土面积和惯性矩；

i_c——构件混凝土全截面的回转半径，$i_c^2=I_c/A_c$；

e_p——预应力筋的合力作用点至截面形心轴的距离；

y'_c、y_c——分别为截面上、下边缘至构件混凝土截面形心轴的距离；

M_{g1}——构件自重在计算截面处引起的弯矩；

M_{g2}、M_{ll}——分别为传力锚固之后所承受的二期恒载 g_2 和活载 ll 在计算截面处引起的弯矩；

α——考虑预应力损失全部出现后的永存预加力与传力锚固时的有效预加力的比值，初估预应力筋面积时，可近似地取 $\alpha=0.8$；

$[\sigma_{ct}]$、$[\sigma_{cc}]$——分别为施工阶段混凝土的限制拉应力（拉应力为负）和限制压应力（压应力为正）；

$[\sigma_t]$、$[\sigma_c]$——分别为使用阶段混凝土的限制拉应力（拉应力为负）和限制压应力（压应力为正）。

现将式(4-2-69.1)和式(4-2-70.1)运算组合、式(4-2-69.2)与式(4-2-70.2)运算组合，得到如下混凝土截面抗弯截面模量的估算值：

$$W_u\geqslant\frac{M_{g2}+M_{ll}+(1-\alpha)M_{g1}}{[\sigma_c]-\alpha[\sigma_{ct}]} \tag{4-2-71.1}$$

$$W_b\geqslant\frac{M_{g2}+M_{ll}+(1-\alpha)M_{g1}}{\alpha[\sigma_{cc}]-[\sigma_t]} \tag{4-2-71.2}$$

式中：W_u、W_b——分别为构件截面上、下缘抗弯截面模量；

其余符号意义同前。

截面的抗弯效率是衡量截面尺寸合理性的一个重要指标。在一般情况下，截面抗弯效率可用参数 $\eta_b=(K_u+K_b)/h$（K_u、K_b 为截面上、下核心距，h 为全截面高度）来表示，并将 η_b 称为抗弯效率指标，η_b 值越高表示截面经济效率越高。η_b 值实际上也是反映截面混凝土材料沿梁高分布的合理性，它与截面形式有关。例如，矩形截面的 η_b 值为 1/3，而空心板则随挖空率而变化，一般为 0.4～0.55，T 形截面亦可达到 0.5 左右。对于 T 形梁一般当 $\eta_b<0.45$ 时，截面比较笨重；当 $\eta_b>0.55$ 时，截面过分单薄，应注意检查薄腹板、薄翼缘的稳定性。故在预应力混凝土构件截面设计时，应在满足设计与施工要求的前提下，考虑选取合理的截面形式。

2. 预应力筋面积估算

预应力筋截面积可由承载能力极限状态时的极限承载能力、施工和使用阶段的应力要求等方面来估算。

(1)按承载能力极限状态估算

现以矩形截面受弯构件为例，构件达到受弯的极限状态时，受压区混凝土应力达到混凝土抗弯强度设计值，受拉区钢筋达到抗拉强度设计值。在初步估算预应力筋数量时，参照如下步骤。

如图 4-2-35 所示，设 b、h_0 为已知，且不考虑 A_s、A'_s 的影响，则由

$$\sum X=0: \qquad A_p f_{py}=f_{cm}bx \tag{4-2-72.1}$$

$$\sum M=0: \qquad M=f_{cm}bx\left(h_0-\frac{x}{2}\right) \tag{4-2-72.2}$$

解得

$$x=h_0-\sqrt{h_0^2-\frac{2M}{f_{cm}b}} \tag{4-2-72.3}$$

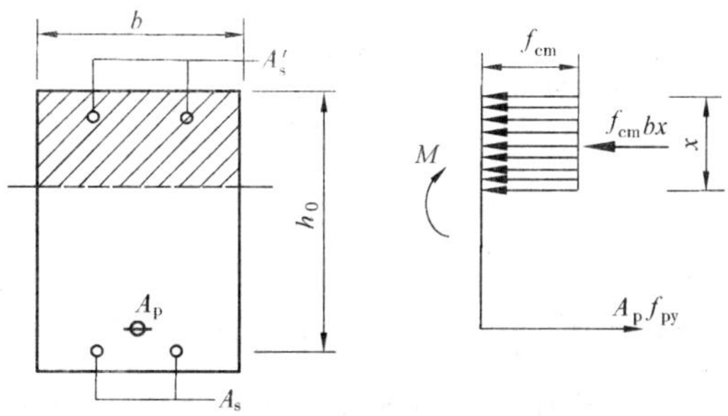

图 4-2-35 矩形截面预应力混凝土受弯构件截面承载能力计算图式

将式(4-2-72.3)代入式(4-2-72.1)可得：

$$A_p f_{py}=f_{cm}b\left(h_0-\sqrt{h_0^2-\frac{2M}{f_{cm}b}}\right) \tag{4-2-72.4}$$

或

$$A_p=b\frac{f_{cm}}{f_{py}}\left(h_0-\sqrt{h_0^2-\frac{2M}{f_{cm}b}}\right) \tag{4-2-72.5}$$

式中符号意义同前。

对承受正负弯矩的断面，可近似视为单筋截面，分别计算上下缘的预应力筋，然后再作调整。

(2)按施工和使用阶段构件上下缘混凝土应力的限制值估算

经过简单变换，由式(4-2-69.1)～式(4-2-70.2)可得如下麦尼尔不等式：

对于预加应力阶段

$$\frac{1}{N_p}\geqslant\frac{e_p y'_c/i_c^2-1}{A_c(M_{g1}y'_c/I_c-[\sigma_{ct}])} \tag{4-2-73.1}$$

$$\frac{1}{N_p}\geqslant\frac{1+e_p y_c/i_c^2}{A_c(M_{g1}y_c/I_c+[\sigma_{cc}])} \tag{4-2-73.2}$$

对于使用阶段

$$\frac{1}{N_p}\leqslant\frac{\alpha(1+e_p y'_c/i_c^2)}{A_c\left([\sigma_c]+\frac{M_{g1}+M_{g2}+M_l}{I_c}y'_c\right)} \tag{4-2-74.1}$$

$$\frac{1}{N_p} \geqslant \frac{\alpha(1-e_p y_c/i_c^2)}{A_c\left([\sigma_t]-\dfrac{M_{g1}+M_{g2}+M_l}{I_c}y_c\right)} \tag{4-2-74.2}$$

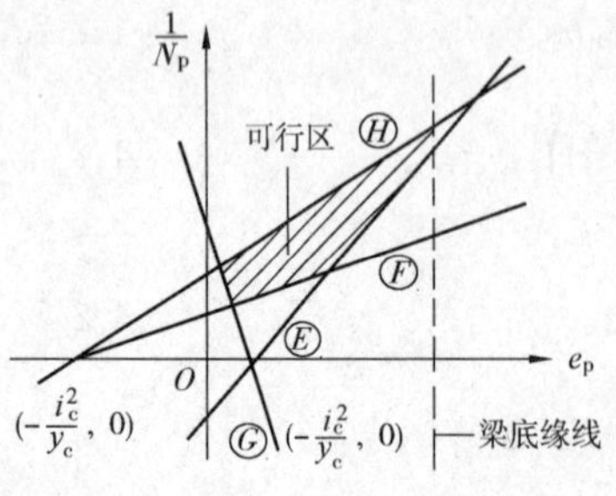

图 4-2-36　预应力筋合力及位置的可行区域

从麦尼尔不等式中可以看出：$1/N_p$ 与 e_p 之间是线性关系，因而，当混凝土截面尺寸选定后，就可以很方便地利用图解法，初步定出符合设计条件的 N_p 与 e_p 可供选用的范围(图 4-2-36 中的阴影部分)。根据选定的 N_p，再确定适当的张拉控制应力 σ_{con}，扣除第一阶段预应力损失，求得传力锚固时的有效预应力 σ_{pe}(一般后张法构件约为 σ_{con} 的 0.8 倍)，就可以估算出所需要的预应力筋的总面积。

A_p 确定之后，则可按每一预应力束的面积 A_{p1} 算出所需的束数 n_1 为：

$$n_1 = A_p / A_{p1} \tag{4-2-75}$$

3.预应力筋合理布置界限

对于预应力混凝土简支梁，在弯矩最大的跨中截面处，应尽可能使预应力筋的合力降低(即尽量增大偏心距 e_p 值)，使之产生较大的预应力负弯矩 $N_p e_p$ 来平衡外荷载引起的正弯矩。而对于外荷载弯矩较小的其他截面，如视 N_p 近似不变，则应相应地减小偏心距 e_p 值，以免因过大的预应力负弯矩 $N_p e_p$，而引起构件上缘的混凝土出现超限的拉应力。

为了不使构件截面上、下缘混凝土出现超限的拉应力，可以按照最小外荷载(即构件自重 g_1)作用下和最不利荷载(即梁自重 g_1、二期恒载 g_2 和活载 ll)作用下的两种情况，分别确定 N_p 在各截面上偏心矩的极限值。由此可以绘出如图 4-2-37 所示的两条 e_p 的限值线 E_1 和 E_2。只要 N_p 合力作用点(也即近似为预应力筋的截面形心)的位置落在由 E_1 和 E_2 所围成的区域内，就能保证构件在最小外荷载和最不利荷载作用下，其上、下缘混凝土均不会出现超限的拉应力。因此，我们把由 E_1 和 E_2 两条曲线所围成的、布置预应力筋(束)的形心界限，称为束界(或索界)。

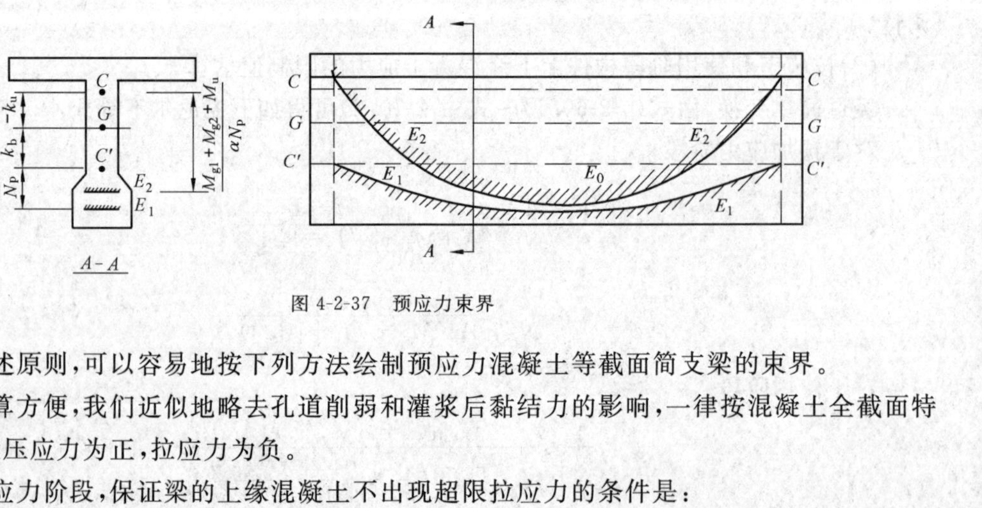

图 4-2-37　预应力束界

根据上述原则，可以容易地按下列方法绘制预应力混凝土等截面简支梁的束界。

为使计算方便，我们近似地略去孔道削弱和灌浆后黏结力的影响，一律按混凝土全截面特性计算，并设压应力为正，拉应力为负。

在预加应力阶段，保证梁的上缘混凝土不出现超限拉应力的条件是：

$$\sigma_{cu}=\frac{N_p}{A_c}-\frac{N_p e_{p1}}{W_{cu}}+\frac{M_{g1}}{W_{cu}}\geqslant[\sigma_{ct}] \tag{4-2-76.1}$$

由此求得：

$$e_{p1}\leqslant E_1=K_b+\frac{M_{g1}-W_{cu}[\sigma_{ct}]}{N_p} \tag{4-2-76.2}$$

式中：e_{p1}——预加力的合力偏心距，设在构件截面形心轴以下为正，反之为负；

K_b——构件截面下核心距，$K_b=W_{cu}/A_c$；

其余符号意义同前。

同理，在使用荷载作用下，根据保证构件下缘不出现超限拉应力的条件，同样可以求得预加力合力偏心距 e_{p2} 为：

$$e_{p2}\geqslant E_2=\frac{M_{g1}+M_{g2}+M_{ll}+W_{cb}[\sigma_t]}{\alpha N_p}-K_u \tag{4-2-77}$$

式中：K_u——混凝土截面上核心距，$K_u=W_{cb}/A_c$；

其余符号意义同前。

由上式可以看出：e_{p1}、e_{p2}分别具有与弯矩（$M_{g1}+M_{g2}+M_{ll}$）相似的变化规律，都可视为沿跨径而变化的抛物线，其限值 E_1、E_2 如图 4-2-37 所示。曲线 E_1 和 E_2，分别称为束界的下限和上限，曲线 E_1、E_2 之间的区域就是束筋配置范围。由此可见，预应力束形心位置所应遵循的条件是：

$$\frac{M_{g1}+M_{g2}+M_{ll}+W_{cb}[\sigma_t]}{\alpha N_p}-K_u\leqslant e_p\leqslant K_b+\frac{M_{g1}-W_{cu}[\sigma_t]}{N_p} \tag{4-2-78}$$

只要预应力筋形心线的偏心距 e_p 满足式(4-2-78)的要求，就可以保证构件在预加力阶段和使用阶段，构件截面上、下缘混凝土都不会出现超限的拉应力。这对于检验预应力束配置是否得当，是一个简便而直观的方法。

4. 先张法预应力筋配置

先张法预应力构件由于工厂制作的限制，一般采用直线预应力筋，其种类有螺纹钢筋、光圆钢丝和钢绞线。由于预应力筋在全梁范围内对截面中性轴的偏心距相同，且预加力也基本相同，对于承受弯矩的构件来讲，受力将会不利。例如，简支梁跨中弯矩最大，支点处弯矩为零，为抵抗跨中弯矩的预应力筋，在支点处必将导致截面上缘产生过大的拉应力。设计实践中，一般采用将预应力筋在端部到四分点之间分批失效，例如可通过在预应力筋表面套塑料管或牛皮纸，将预应力筋与混凝土分割开来，但是应注意预应力筋的锚固长度。由于许多先张法构件采用依靠混凝土与预应力筋之间的握裹力来锚固预应力筋，所以预应力筋之间的间距、预应力筋至混凝土表层距离上都有较严格的限制。

5. 后张法预应力筋配置

(1)预应力筋布置基本原则

对于后张法预应力构件，由于张拉操作有一定的自由度，预应力筋沿梁长方向的布置可以更为合理，一般根据弯矩图可将预应力筋按曲线形布置，同时也有利于提高结构的抗剪能力，也可采用局部筋解决局部内力峰值区域的受力状态。预应力筋的形心线应位于束界内，但有时由于预应力二次矩的影响，导致束界随所配置的预应力筋而变化，此时只能通过反复试算及调整预应力筋的位置来解决。特别是中小跨径超静定结构，预应力二次矩较大，必然增加反复调整次数，一般可借助计算机辅助完成。由于梁截面一般为带腹板形式，预应力筋的横向布置则应考虑到曲线筋的弯起空间。锚固端处尚应考虑锚垫板的布置。另外，在横向布置受到限制时可考虑采用将预应力筋平弯解决，也可加大束筋面积，减少预应力筋根数。

(2)结构抗剪对预应力筋线形的要求

预应力筋的弯起能够大大提高构件的抗剪能力。理论上讲，最佳的总预剪力应为：

$$N_p \sin\alpha_p = -\left(V_g + \frac{V_l}{2}\right) \tag{4-2-79}$$

这是因为当仅有恒载作用时，截面总剪力为：

$$V = V_g - \left(V_g + \frac{V_l}{2}\right) = -\frac{V_l}{2} \tag{4-2-80}$$

当恒载和活载共同作用时，截面总剪力为：

$$V = V_g + V_l - \left(V_g + \frac{V_l}{2}\right) = \frac{V_l}{2} \tag{4-2-81}$$

以上式中符号意义同前。

这样，在有活载或无活载作用时，截面上分别只产生大小相等、方向相反的最小剪力，即 $V_l/2$。但是对于恒载剪力较大的(即跨径较大)的构件，按此确定的弯起角度 θ 值显然过大，这将使力筋的摩阻损失大大增加，所以一般只能按抵消一部分恒载剪力来设计。

预应力筋逐步弯起所产生的预剪力，不仅对抵消支点附近较大的外荷载剪力带来好处，而且由于预应力筋弯起，锚固点分散，对改善锚固区局部承压条件以及布置张拉千斤顶也是极为有利的。预应力筋弯起角度一般不宜大于 20°，对于弯出梁顶锚固的预应力筋通常在 25°～30°之间，以避免过大的摩阻力损失。预应力筋起弯点，一般在距支点 $L/4 \sim L/3$ 之间。预应力筋线形可采用圆弧线、抛物线和悬链线。在矢跨比较小的情况下，这三种曲线的坐标值相差不大，可以任选一种。对于施工来说，选择悬链线比较方便，但是悬链线起弯不急，从满足起弯角度来讲，圆弧线比较好，施工放样也较方便。目前，设计中一般采用圆弧线起弯。

(3)结构构造对预应力筋线形的要求

结构构造对预应力筋线形有着直接的影响。对于体内预应力来说，由于预应力筋直接置于混凝土内，预应力筋的走向与结构的构造需要相互协调，以保证预应力筋全部位于混凝土体内。例如，对于预应力混凝土简支 T 梁来说，跨中梁底“马蹄”内的预应力筋在靠近支点附近要向上弯起，而跨中肋板厚度小，如果到支点附近肋板宽度不变，则出现预应力筋外露于 T 梁之外，显然不满足设计要求。故 T 梁“马蹄”应随预应力筋的弯起线形逐步升高，最终再将肋板宽度变为同“马蹄”一样，进而将预应力筋全部包于梁体内。对于体外预应力来说，由于梁内只能设置有限个转向块构造，因而要求预应力筋线形为折线形，而难以采用圆弧线形。

第三节　无黏结预应力混凝土结构

一、无黏结预应力混凝土的发展概况

早在20世纪初期就有人提出在钢筋混凝土构件中采用无黏结预应力筋的设想，即在张拉预应力筋时允许其对周围混凝土发生纵向相对滑移。20世纪20年代德国的R. Farber取得了无黏结预应力的专利。到了20世纪30年代，由粗钢筋经镀锌或涂层保护制作的无黏结预应力筋开始应用于圆筒形储罐，施工时采用花篮螺丝施加预应力；法国的E. Freyssinet在预应力混凝土桥梁的初期实践中，也曾试用涂以沥青并缠绕纸带的无黏结钢束，但在当时没有受到重视。1934年，德国的Franz Dischinger提出用钢筋做拉杆的无黏结力筋的预应力梁形式，并提出了事后补拉以弥补应力损失的方法，并获得了体外预应力的专利。1937年德国用这种方法建成了奥厄桥(该桥为25.2m+69.0m+25.2m，分别在1962年和1983年进行了两次维修及对预应力筋重新张拉，至今仍然使用)，采用SA52钢的粗钢筋做预应力筋。由于当时建桥材料的质量低劣和锚固方法不可靠，以及人们对预应力认识的局限，这种预应力方式未能推广使用。一直到20世纪50年代初期，美国将无黏结预应力筋用到升板建筑中。随着大跨度平板的发展，无黏结预应力筋开始在美国得到较大的推广应用。最初的无黏结筋采用直径6.5mm、强度1 600MPa级的消除应力钢丝，经涂油脂后用纸带缠绕包裹制作而成，采用镦头式锚具。20世纪60年代早期，采用单根钢绞线缠绕纸带制成的无黏结筋开始替代由钢丝制作的无黏结筋；20世纪60年代中期，出现了内涂油脂外包塑料护套的钢绞线无黏结预应力筋。大约到1970年，塑料护套的制作工艺得到了重大改进，采用热挤涂塑工艺制作的无黏结预应力筋取得了成功，并于1972年获得美国专利。以后这种无黏结预应力筋在结构工程中得到了大量应用。

我国于20世纪60年代后期，在房屋建筑中首先采用了涂沥青冷拉钢筋的无黏结筋。20世纪70年代初上海、北京、云南等地的有关机构，先后对无黏结预应力筋的基本性能进行了研究。这期间，中国建筑科学研究院、北京市建筑工程研究院等单位开始采用高强钢丝或钢绞线制作无黏结筋，并研究这种高效后张无黏结混凝土的结构性能以及无黏结筋的制作和张拉工艺。1980年北京市建筑工程研究院研制成功挤压涂层的无黏结筋生产线和相应的锚固系统，1984年出版的《部分预应力混凝土结构设计建议》介绍了无黏结预应力混凝土设计的理论和方法，这些工作为大规模地推广无黏结预应力技术创造了条件。

目前，我国已建成约10条无黏结筋生产线，可提供ϕ12mm、ϕ15mm高强钢绞线以及7ϕ5mm高强钢丝三种规格的无黏结筋。用于无黏结筋的锚固体系夹持单根钢绞线的三片筒式锚与钢丝束镦头锚两种锚固体系已日趋成熟。近10多年来，后张无黏结预应力技术在我国发展迅速，并正在获得越来越多的应用。可以预见随着研究的深入和工程实践的增多，无黏结预应力混凝土结构将会在建筑结构中得到越来越广泛的应用。

二、无黏结预应力混凝土的基本概念

无黏结预应力混凝土指的是采用无黏结预应力筋(经涂抹防锈油脂，用聚乙烯材料包裹制成的专用预应力筋)的预应力混凝土。施工时,无黏结预应力筋可如同非预应力筋一样,按设计要求铺放在模板内,然后浇筑混凝土,待混凝土达到设计要求强度后,再张拉锚固。此时,无黏结预应力筋与混凝土不直接接触,而成为无黏结状态。在外荷载作用下,结构中预应力筋束与混凝土径向存在变形协调关系,但在纵向可以相对周围混凝土发生滑移。无黏结预应力混凝土的设计理论与有黏结预应力混凝土相似,一般需增设普通受力钢筋以改善结构的性能,避免构件在极限状态下发生集中裂缝。

由于无黏结预应力结构性能良好,施工方便,经济合理,近 20 多年来,已为许多国家所采用,国外的 ACI、BS8110 及 D1N4227 等结构设计规范对无黏结预应力混凝土的设计与应用都做了具体规定。

三、无黏结预应力混凝土的优缺点

无黏结部分预应力混凝土是继有黏结预应力混凝土和部分预应力混凝土之后又一种新的预应力形式。大量实践与研究表明,无黏结预应力混凝土及其结构有如下优点。

(1)结构自重轻。后张无黏结预应力混凝土结构不需要预留孔道,可以减小构件的尺寸,减轻自重,有利于减小下部支承结构的荷载和降低造价。

(2)施工简便、速度快。施工时,无黏结预应力筋同非预应力筋一样,按设计要求铺设在模板内,然后浇筑混凝土,待混凝土达到一定强度后进行张拉、锚固、封堵端部。它无需预埋孔道、穿筋、灌浆等复杂工序,简化了施工工艺,加快了施工进度。同时,构件可以预制也可以现浇,特别适用于构造比较复杂的曲线布筋构件和运输不便、施工场地狭小的建筑。

(3)抗腐蚀能力强。涂有防腐油脂外包塑料套管的无黏结预应力筋束,具有双重防腐能力,可以避免预埋孔道穿筋的后张预应力构件因压浆不密实而发生预应力筋锈蚀以致断丝。

(4)使用性能良好。在使用荷载作用下,容易使应力状态满足要求,挠度和裂缝得到控制。通过采用无黏结预应力筋束和普通钢筋的混合配筋,在满足极限承载能力的同时,可以避免较大集中裂缝的出现,使之具有有黏结部分预应力混凝土相似的力学性能。

(5)防火性能满足要求。现浇后张平板结构的防火和火灾灾害试验表明,只要具有适当的保护层厚度与板的厚度,防火性能是可靠的。一些国际标准与规范对板的最小厚度与最小保护层厚度都做了规定。

(6)抗震性能好。试验和实践表明,在地震荷载作用下,无黏结预应力混凝土结构,当承受大幅度位移时,无黏结预应力筋一般始终处于受拉状态,不像有黏结预应力筋可能由受拉转为受压。无黏结预应力筋承受的应力变化幅度较小,可将局部变形均匀地分布到钢筋全长上,使无黏结筋的应力保持在弹性阶段,并且部分预应力构件中配置的非预应力普通钢筋,使结构的能量消散能力得到保证,并仍保持良好的挠度恢复性能。

(7)应用广泛。无黏结预应力混凝土常用于多层和高层建筑中的单向板、双向连续平板和密肋板,以及井字梁、悬臂梁、框架梁、扁梁等结构。也适用于桥梁结构中的简支板(梁)、连续梁、预应力拱桥、桥梁下部结构、灌注桩的墩台等,亦可应用于旧桥加固工程中。

但是无黏结结构也有一定的缺点,主要表现在三个方面。

(1)极限强度小。由于无黏结筋与混凝土之间存在着滑动,其应变是沿钢筋全长分配,所以结构的最大弯矩(或开裂截面)处预应力筋的实际应变只是平均应变。这就造成在极限荷载作用下的无黏结预应力筋的实际应力远远小于相应的有黏结筋的实际应力。所以无黏结预应力混凝土结构的极限抗弯强度要大大低于相应的有黏结预应力混凝土结构。

(2)裂缝宽、挠度发展快。由于预应力筋与混凝土无黏结，无黏结预应力混凝土结构在开裂的荷载作用下，混凝土构件具有裂缝条数少、缝宽、开裂集中，以及裂缝和挠度发展快等不利特性，这就导致混凝土应变集中，最后造成结构的过早破坏。

(3)连续破坏问题。对于连续多跨的单向无黏结预应力混凝土结构(板或梁)，当其中某一跨由于某种原因而造成预应力筋失效时，势必将影响其他跨的预应力，使连续结构丧失部分或全部的承载能力。

四、无黏结预应力混凝土受弯构件的受力性能

1.无黏结预应力受弯构件的受力特性

无黏结预应力混凝土受弯构件的受力性能与有黏结预应力混凝土受弯构件的受力性能是有所区别的。不配有黏结非预应力筋的无黏结预应力混凝土受弯构件在最大弯矩区段内将只出现一条或很少的几条裂缝，其中一条主裂缝一经产生即迅速展开，其上部呈叉型。图 4-3-1a)所示为纯无黏结预应力混凝土受弯构件裂缝的开展情况，随着裂缝的迅速开展，截面中性轴上升，混凝土受压应变增加很快，挠度增加也较快，但预应力筋的应变增加较慢，最后无黏结预应力混凝土受弯构件产生类似带拉杆的扁拱那样的破坏形式。

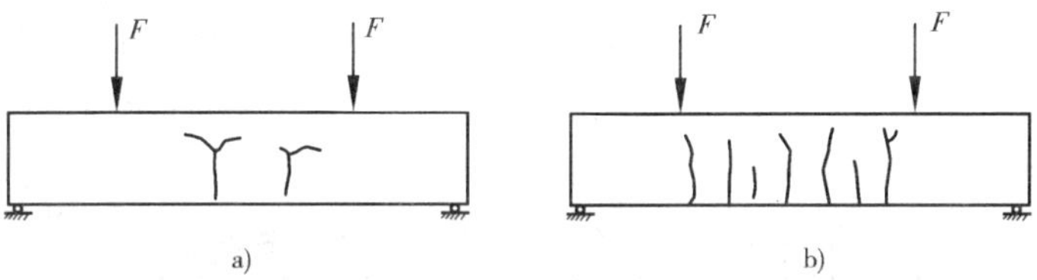

图 4-3-1　使用荷载作用下预应力混凝土受弯构件裂缝分布

a)无黏结预应力受弯构件；b)有黏结预应力受弯构件

而有黏结后张预应力混凝土受弯构件在承受荷载时，任一截面预应力筋的变形与它周围混凝土的变形是协调的，有黏结预应力筋的最大应力出现在最大弯矩截面处。有黏结预应力混凝土受弯构件的裂缝分布较均匀，间距较小，裂缝和挠度增加较慢，如图 4-3-1b)所示。试验表明，与相同配筋无黏结预应力混凝土受弯构件相比，开裂后在相同荷载下有黏结预应力混凝土受弯构件的挠度较小，且极限承载能力比相应无黏结预应力混凝土受弯构件高10%～30%。

无黏结预应力混凝土受弯构件极限承载能力较低的原因在于：在无黏结预应力混凝土受弯构件中，由于无黏结筋和混凝土发生纵向的相对滑动，无黏结筋的应力基本沿全长均匀分布。当受弯构件的受压区混凝土达到极限应变时，无黏结筋的应变增量比有黏结筋小。受弯构件破坏时，无黏结筋的极限应力小于最大弯矩截面处有黏结筋的极限应力，所以无黏结受弯构件的极限承载能力低于有黏结受弯构件。

2.混合配筋的无黏结部分预应力受弯构件的特性

由于纯无黏结预应力混凝土受弯构件具有裂缝条数少、裂缝和挠度发展快以及脆性破坏形态等不利特性，这大大影响了纯无黏结预应力混凝土受弯构件在工程实践中推广应用。

无黏结部分预应力混凝土受弯构件与纯无黏结预应力混凝土受弯构件性能不同。近年来的有关研究表明，混合配筋的无黏结部分预应力混凝土，可以有效地克服纯无黏结预应力混凝土受弯构件的不利特性。配置一定数量的有黏结非预应力钢筋的无黏结预应力混凝土受弯构件，对改善纯无黏结受弯构件的使用性能非常有利。国内外一些试验表明：在相同条件下，无黏结部分预应力混凝土受弯构件采用混合配筋后，其工作性能、强度和延性可能达到和有黏结部分预应力混凝土受弯构件相同或者更好的状态。

当非预应力筋的配筋率达到0.3%，且非预应力筋在极限状态下的拉力不低于预应力与非预应力筋两者拉力之和的25%，即：

$$A_s f_{sy}/(A_s f_{sy}+A_p \sigma_{pu})\geqslant 0.25$$

其中，σ_{pu}为无黏结预应力筋的极限应力，则这种无黏结预应力混凝土受弯构件的受力性能与有黏结预应力混凝土受弯构件基本类似，荷载—挠度曲线也有不开裂弹性、开裂弹性和塑性三个阶段，如图4-3-2所示；破坏特征是有黏结非预应力筋首先屈服，然后裂缝迅速向上伸展，受压区越来越少，最后由于受压区混凝土被压碎而导致构件破坏，呈现弯曲破坏特征。

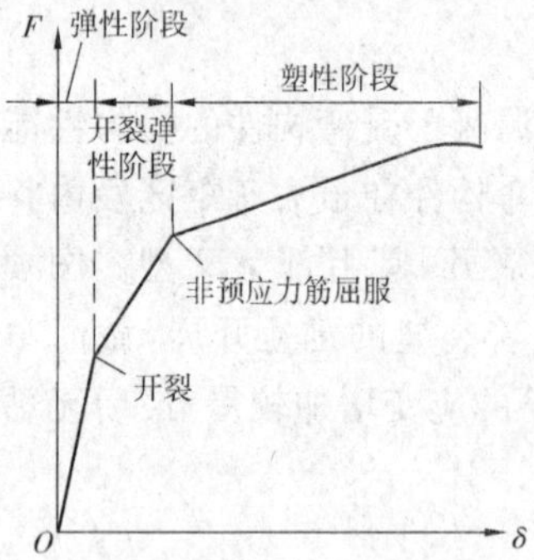

图4-3-2 无黏结部分预应力混凝土受弯构件荷载—挠度曲线

在无黏结部分预应力混凝土受弯构件中，无黏结预应力筋的极限应力与非预应力筋的配量有关。试验表明，配置的非预应力筋在一定数量内时对提高无黏结预应力筋的极限应力值，改善梁的受弯延性有利。但是，当有黏结筋超过所需的数量时，将导致梁中无黏结预应力筋的极限应力下降。

3. 无黏结预应力筋的极限应力

计算无黏结预应力混凝土受弯构件的极限承载能力，关键是确定构件在达到极限承载能力时无黏结筋中的极限应力值。无黏结预应力受弯构件中预应力筋的应力，随荷载变化的规律与有黏结预应力筋是不同的，由图4-3-3可清楚地看到，无黏结预应力筋的应力增量总是低于有黏结预应力筋的应力增量，随着荷载的增大，这个差距越来越大，当构件达到极限荷载时，无黏结预应力筋的极限应力都不可能超过钢筋的条件屈服强度$f_{0.2}$，其原因如前所述：当有黏结预应力混凝土受弯构件承受荷载时，任何截面处预应力筋的应变变化都是与其周围混凝土相协调的，故有黏结预应力筋的最大应力发生在最大弯矩截面处；而无黏结预应力混凝土受弯构件承受荷载后，由于无黏结预应力筋能发生纵向相对滑动，沿预应力筋通长的应变（或应力）是几乎一样的，其应变的变化值等于沿预应力筋全长周围混凝土应变变化的平均值。这样，当受弯构件由于受压区混凝土达到极限应变导致弯曲破坏时，无黏结预应力筋中的最大应变将比有黏结预应力筋的最大应变小。所以，无黏结预应力筋的极限应力将低于有黏结预应力筋的极限应力。

在混凝土开裂之前，无黏结预应力筋的应力增量很小；在混凝土开裂后，预应力筋应力增加较快。无黏结预应力筋的极限应力与有效预应力、预应力筋和有黏结非预应力筋的配筋率、梁的高跨比、钢筋和混凝土的材料特性、荷载形式、预留套管与预应力筋摩擦力等因素有关。

(1)用弯矩—曲率分析方法计算无黏结预应力筋极限应力

在无黏结预应力混凝土受弯构件中，无黏结筋应变的改变等于沿预应力筋全长周围混凝土应变变化的平均值。因无黏结预应力筋的应变增量是一个未知数，需增加一个纵向变形协调的条件，亦即无黏结筋应变增量可以用无黏结筋长度的增加与周围混凝土长度变化总和相等而求得。在采用弯矩—曲率分析方法时，无黏结预应力受弯构件需要首先假设一个无黏结筋的应力增量，经计算后如果预应力筋长度的增长与周围混凝土长度变化不相等，则修改应力增量，直到求得比较精确的结果为止。在计算过程中，预应力筋按实测的应力—应变曲线，混凝土的应力—应变关系可近似用抛物线型(图 4-3-4)公式，即

$$\sigma_c = f_c\left[\frac{2\varepsilon_c}{\varepsilon_0} - \left(\frac{\varepsilon_c}{\varepsilon_0}\right)^2\right] \tag{4-3-1}$$

式中：f_c——混凝土强度设计值；

ε_0——与 f_c 对应的混凝土应变；

ε_c——与 σ_c 对应的混凝土应变，其值不大于极限应变 ε_{cu}；

其余符号意义见图 4-3-4。

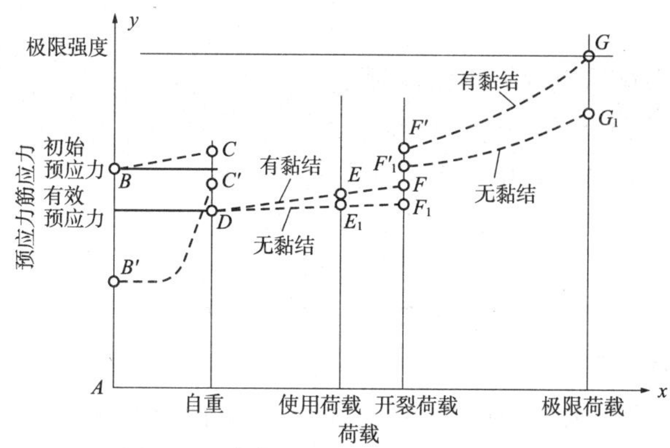

图 4-3-3　荷载—预应力筋应力变化的关系

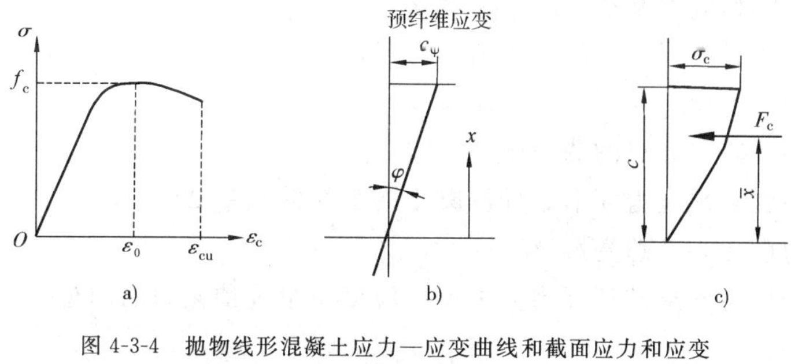

图 4-3-4　抛物线形混凝土应力—应变曲线和截面应力和应变

a)抛物线形曲线；b)截面应变；c)截面应力

以矩形截面受弯构件为例，根据内力平衡条件，建立如下方程：

$$\int_0^c \sigma_c b\,\mathrm{d}x = A_p\sigma_{pu} + A_s\sigma_s \tag{4-3-2}$$

将 σ_c 代入式(4-3-2)，并令 $\varphi x=\varepsilon_c$，得：

$$\int_0^c f_c\left[2\,\frac{\varphi x}{\varepsilon_0} - \left(\frac{\varphi x}{\varepsilon_0}\right)^2\right]b\,\mathrm{d}x = A_p\sigma_{pu} + A_s\sigma_s \tag{4-3-3}$$

式中：φ——截面曲率，$\varphi=\varepsilon^u/c$，ε^u 为截面上缘混凝土的压应变；

b——矩形截面受弯构件的截面宽度；

σ_{pu}——无黏结预应力筋的极限应力；

σ_s——非预应力筋的应力；

A_p、A_s——无黏结预应力筋和非预应力筋的截面面积；

其余符号意义同前。

式(4-3-3)经运算可得混凝土受压区高度：

$$c=\frac{A_p\sigma_{pu}+A_s\sigma_s}{bf_c\frac{\varepsilon^u}{\varepsilon_0}\left(1-\frac{\varepsilon^u}{3\varepsilon_0}\right)} \tag{4-3-4}$$

对中性轴取矩，求混凝土合力作用点至中性轴的距离 $\bar{x}$；

$$\bar{x}\int_0^c b\sigma_c\mathrm{d}x=\int_0^c b\sigma_c x\mathrm{d}x \tag{4-3-5}$$

计算整理后可得：

$$\bar{x}=c\frac{8\varepsilon_0-3\varepsilon^u}{12\varepsilon_0-4\varepsilon^u} \tag{4-3-6}$$

从而，对混凝土合力作用点取矩得截面弯矩：

$$M=A_p\sigma_{pu}[h_p-(c-\bar{x})]+A_s\sigma_s[h_s-(c-\bar{x})] \tag{4-3-7}$$

式中：h_p——无黏结预应力筋截面形心至截面上缘的距离；

h_s——非预应力筋截面形心至截面上缘的距离；

其余符号意义同前。

以上公式(4-3-4)、式(4-3-6)、式(4-3-7)适用于受拉区混凝土已开裂、受压区混凝土 ε_c 应变不大于极限应变 ε_{cu} 的情况。

为了求得无黏结预应力筋的极限应力 σ_{pu}，可根据构件受力情况将其划分成若干段，然后按如下步骤进行迭代计算。

①先假定无黏结预应力筋的极限应力为 σ_{pu}。

②按照承载能力状态下弯矩的设计值，判别构件各区段的受力状态，以取用合适的公式计算混凝土受压区高度及相应受压边缘的压应变。

③计算构件各区段划分点的曲率 $\varphi_i=\varepsilon_{ci}/c_i$。

④计算构件各区段预应力筋形心处混凝土的平均伸长量 $\Delta l_{cp,i}$。

⑤计算预应力筋形心处总变形 $\Delta l_{cp}=\sum\Delta l_{cp,i}$。

⑥根据纵向变形协调条件计算预应力筋的应变增量及预应力筋的总应变：

$$\Delta\varepsilon_p=\frac{\Delta l_{cp}}{L}$$

$$\varepsilon_p=\varepsilon_{pe}+\Delta\varepsilon_p$$

式中：L——沿预应力筋纵向的构件长度；

ε_{pe}——预应力筋的永存应变。

⑦利用预应力筋的本构方程 $\sigma_p=\sigma_p(\varepsilon_p)$，计算预应力筋的极限拉应力 σ_{pu}^*。

⑧比较极限拉应力 σ_{pu}^* 和假定值 σ_{pu}，若不满足精度要求，则修改 σ_{pu} 后返回①重新迭代计算，直至满足精度要求为止。

(2)无黏结预应力筋极限应力实用计算公式

按上述理论分析计算无黏结预应力筋极限应力，计算工作量大，计算结果往往需要几次迭代才能满意。由于在无黏结部分预应力混凝土受弯构件中，影响无黏结预应力筋极限应力的因素较多，如无黏结筋有效预应力的大小、无黏结筋与非预应力筋的配筋率、受弯构件的高跨比、加载方式和支承条件、无黏结筋与管壁间的摩擦力、无黏结束的形式和材料性能、构件混凝土的强度和截面形式等。因此，国内外专家、学者做了大量的试验研究工作，通过试验及理论分析，在有关规范中提出了较多的计算公式，现主要介绍如下。

①英国 CP110 规范

CP110 规范所采用的公式，不仅计算简单，而且考虑了不同跨高比的影响。规范规定，当无黏结预应力混凝土受弯构件弯曲破坏时，预应力筋极限应力 σ_{pu} 按表 4-3-1 采用。只要利用表中的系数及已知的预应力筋的有效预应力 σ_{pe}，即可求得无黏结预应力筋的极限应力 σ_{pu}。

无黏结预应力筋极限应力与有效预应力之比 σ_{pu}/σ_{pe}　　表 4-3-1

ρ_p	l/h_p		
	30	20	10
0.025	1.23	1.34	1.45
0.05	1.21	1.32	1.45
0.10	1.18	1.26	1.45
1.15	1.14	1.20	1.36
1.20	1.11	1.16	1.27

注：ρ_p——预应力筋配筋率，$\rho_p=\sigma_{pe}A_p/(bhf_{cu})$，其中，$A_p$ 为预应力筋截面面积，b、h 为构件截面的宽度和高度，f_{cu} 为混凝土立方体抗压强度；

l/h_p——构件的跨径与预应力筋形心至受压边缘的高度之比。

②美国 ACI 318—95 规范

根据试验结果，建议对于跨高比 l/h_p 小于或大于 35 的受弯构件中的无黏结预应力筋极限应力 σ_{pu} 分别采用不同的计算公式。

a. 当 $l/h_p \leqslant 35$ 时

$$\sigma_{pu}=\sigma_{pe}+70+\frac{f_c}{100\rho_p} \quad (\text{MPa}) \tag{4-3-8}$$

限制条件为　$\sigma_{pu}\leqslant f_{py}$ 及 $\sigma_{pu}\leqslant\sigma_{pe}+400$　(MPa)

b. 当 $l/h_p>35$ 时

$$\sigma_{pu}=\sigma_{pe}+70+\frac{f_c}{300\rho_p} \quad (\text{MPa}) \tag{4-3-9}$$

限制条件为　$\sigma_{pu}\leqslant f_{py}'$ 及 $\sigma_{pu}\leqslant\sigma_{pe}+200$　(MPa)

式中：f_{py}——预应力筋的抗拉设计强度；

其余符号意义同前。

③我国《无黏结预应力混凝土结构技术规程》(JGJ 92—2004)

对采用钢绞线作无黏结预应力筋的受弯构件，在进行正截面承载力计算时，无黏结预应力筋的应力设计值 σ_{pu} 宜按下列公式计算：

$$\sigma_{pu}=\sigma_{pe}+\Delta\sigma_p \tag{4-3-10.1}$$

$$\Delta\sigma_p=(240-335\xi_0)\left(0.45+5.5\frac{h}{l_0}\right) \tag{4-3-10.2}$$

$$\xi_0 = \frac{\sigma_{pe} A_p + f_y A_s}{f_c b h_p} \tag{4-3-10.3}$$

此时，应力设计值 σ_{pu} 尚应符合下列条件：

$$\sigma_{pe} \leqslant \sigma_{pu} \leqslant f_{py} \tag{4-3-11}$$

式中：σ_{pe}——扣除全部预应力损失后，无黏结预应力筋中的有效预应力(MPa)；

$\Delta\sigma_p$——无黏结预应力筋中的应力增量(MPa)；

ξ_0——综合配筋指标，不宜大于 0.4；

l_0——受弯构件计算跨度；

h——受弯构件截面高度；

h_p——无黏结预应力筋合力点至截面受压边缘的距离。

对翼缘位于受压区的 T 形、I 形截面受弯构件，当受压区高度大于翼缘高度时，综合配筋指标 ξ_0 可按下式计算：

$$\xi_0 = \frac{\sigma_{pe} A_p + f_y A_s - f_e (b'_f - b) h'_f}{f_c b h_p}$$

式中：h'_f——T 形、I 形截面受压区的翼缘高度；

b'_f——T 形、I 形截面受压区的翼缘计算宽度，应按现行国家标准《混凝土结构设计规范》(GB 50010)有关规定执行。

五、无黏结预应力混凝土受弯构件计算

无黏结预应力混凝土受弯构件计算内容主要包括：截面承载能力、截面应力以及构件挠度、裂缝及疲劳强度。这些计算内容与有黏结预应力混凝土受弯构件的根本区别在于：计算截面中无黏结预应力筋的变形不符合平面假定，因此无黏结预应力混凝土受弯构件的计算问题相对较复杂，且某些问题仍处于研究阶段。

1. 无黏结预应力混凝土受弯构件截面承载能力计算

(1)正截面抗弯承载能力计算

由于计算截面中无黏结预应力筋的变形不符合平面假定，无黏结预应力混凝土受弯构件正截面承载能力计算只有用理论分析公式或试验分析公式求出无黏结预应力筋的极限应力，并根据截面内非预应力筋与混凝土变形协调的特点，按静力平衡原理便可进行正截面承载能力计算。

因此，参照有黏结预应力混凝土受弯构件正截面承载能力计算的基本公式及其公式的限制条件及其他有关公式，将这些公式中的 f_{py} 改为无黏结预应力筋的极限应力 σ_{pu}，即可建立无黏结预应力混凝土受弯构件正截面承载能力计算公式。

(2)斜截面承载能力计算

①斜截面抗剪强度计算

无黏结预应力混凝土构件斜截面抗剪强度计算问题仍是一个待研究的重要课题。到目前为止，国内外规范尚无这方面条款，无黏结预应力混凝土受弯构件的设计，一般均参照有黏结预应力混凝土受弯构件的方法。然而，由于在无黏结预应力混凝土构件中预应力筋与周围混凝土不黏结，在构件受荷载发生变形时，无黏结预应力筋可以相对混凝土滑移，削弱预应力筋对混凝土的“销栓”作用，影响构件的抗剪承载能力。所以，完全采用有黏结预应力混凝土构件

的设计方法，进行无黏结预应力混凝土构件抗剪强度的计算显然是不合理的。我国重庆交通学院在国家自然科学基金的资助下，开展了"后张无黏结部分预应力混凝土梁斜截面设计原理"的研究，提出斜截面抗剪强度的计算公式，可供参考。

无黏结预应力混凝土构件剪切破坏阶段的形态与钢筋混凝土构件相似，有斜拉、剪压和斜压三种。

a. 无黏结部分预应力混凝土梁斜截面抗剪强度计算公式

混凝土和箍筋斜截面抗剪强度直线回归方程式如下。

根据试验和图 4-3-5、图 4-3-6 关系曲线，取抗剪强度计算模式为：

$$Q_{hk}^{p}=AR_{L}bh_{0}(2+p)\frac{\alpha}{m}+Bmbh_{0}\mu_{k}R_{gk} \tag{4-3-12}$$

式中：α——系数，$\alpha=1+\lambda$，λ 为预应力度；

m——剪跨比；

b——通过斜截面受压处顶端截面上构件腹板厚度(mm)；

h_0——通过斜截面受压顶端截面上有效高度(mm)；

p——斜截面内受拉钢筋的纵向配筋率；

R_L——混凝土抗拉设计强度(MPa)；

μ_k——箍筋的配筋率；

R_{gk}——箍筋的设计强度(MPa)。

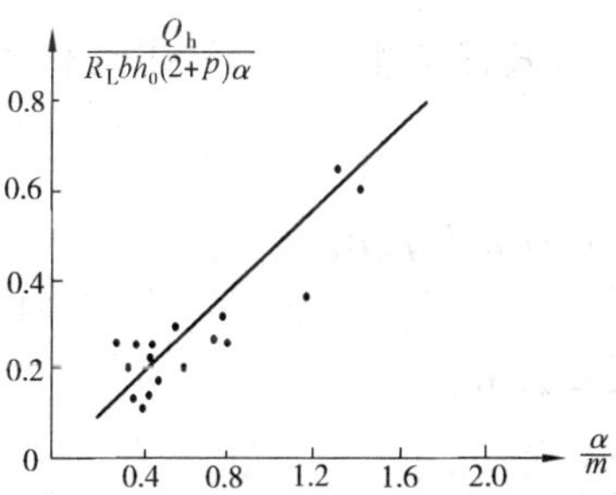

图 4-3-5 $\frac{Q_h}{R_L bh_0(2+p)\alpha}$-$\frac{\alpha}{m}$ 关系曲线

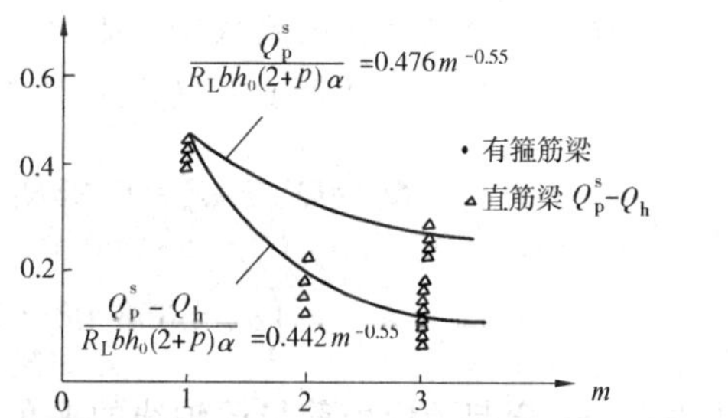

图 4-3-6 $\frac{Q_p^s}{R_L bh_0(2+p)\alpha}$-$m$ 关系曲线

按 17 片无黏结部分预应力混凝土梁抗剪强度试验数据回归得系数 $A=0.473\,7$，$B=0371\,3$，回归的相关系数 $\gamma=0.722$，剩余标准差 $s=0.133$，回归图示见图 4-3-7，于是得：

$$Q_{hk}^{p}=0.47R_{L}bh_{0}(2+p)\frac{\alpha}{m}+0.37mbh_{0}\mu_{k}R_{gk} \tag{4-3-13}$$

其中： $1\leqslant m\leqslant 3$

当 $m<1$ 时，取 $m=1$；

当 $m>3$ 时，取 $m=3$。

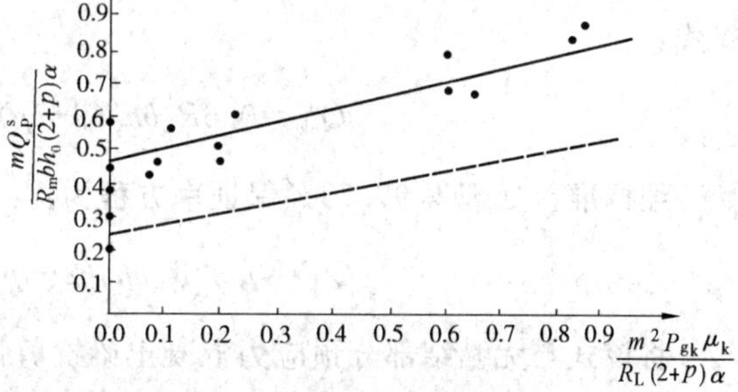

图 4-3-7 回归直线 $y=0.473\,7+0.371\,7x$

相关系数 $\gamma=0.722$，剩余标准差 $s=0.133$

弯起无黏结筋提供的斜截面试验抗剪强度计算公式如下。

在无黏结预应力混凝土梁中，其弯起钢筋在斜裂缝处的应变等于全梁整个力筋变应的平均值，它小于有黏结梁弯起力筋在斜裂缝处的应变。破坏时弯起无黏结筋的应力值小于有黏结筋的应力值，其应力值达不到预应力筋的抗拉设计强度。所以，无黏结弯起力筋在破坏时的应力实际上是在有效应力的基础上增加一个应力增量$\Delta\sigma_y$，即

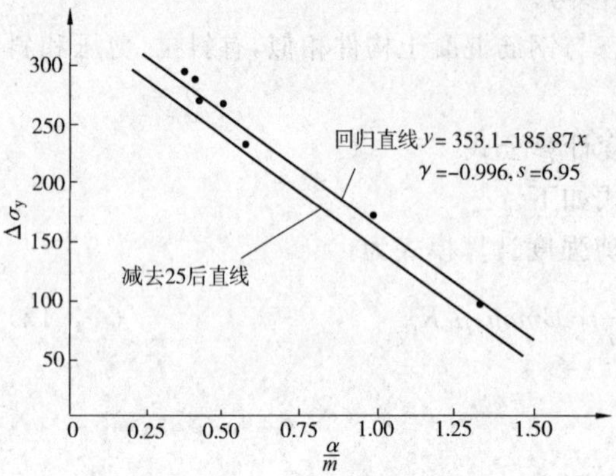

图 4-3-8 $\Delta\sigma_y$与α/m的关系

$$\sigma_{yw}=\sigma_{ye}+\Delta\sigma_y \tag{4-3-14}$$

式中：σ_{yw}——无黏结弯起力筋破坏时的应力值；

σ_{ye}——无黏结弯起力筋的有效预应力；

$\Delta\sigma_y$——梁破坏时弯起力筋的应力增量。

按图 4-3-8 得直线公式为：

$$\Delta\sigma_y=353.08-185.76\frac{\alpha}{m} \tag{4-3-15}$$

经回归后得无黏结弯起力筋的抗剪强度计算方程为：

$$Q_w=\sigma_{yw}\cdot\sum A_{yw}\sin\theta=\left(\sigma_{ye}+353.08-185.76\frac{\alpha}{m}\right)\sum A_{yw}\sin\theta \tag{4-3-16}$$

无黏结部分预应力斜截面抗剪强度计算公式如下。

上述计算公式是在试验数据基础上的直线回归方程式，其保证率为 50%，再进行标准差分析处理，得 97.73%的保证率方程：

$$\begin{aligned}Q_p=Q_{hk}^p+Q_w^p=&0.25R_Lbh_0(2+p)\frac{\alpha}{m}+0.37mbh_0\mu_kR_{gk}+\\&\left(\sigma_{ye}+353.08-185.76\frac{\alpha}{m}\right)\cdot\sum A_{yw}\sin\theta\end{aligned} \tag{4-3-17}$$

式中：θ——弯起预应力筋与梁轴线的夹角；

其余符号意义同前。

有黏结部分预应力混凝土梁抗剪强度回归方程式如下。

依据 50 片有黏结部分预应力混凝土梁抗剪试验得出混凝土和箍筋抗剪强度回归方程式：

$$Q_{hk}^p=0.6R_Lbh_0(2+p)\frac{\alpha}{m}+0.33mbh_0\mu_kR_{gk} \tag{4-3-18}$$

经标准差处理得 97.73%保证率方程为：

$$Q_{hk}^p=0.32R_Lbh_0(2+p)\frac{\alpha}{m}+0.33mbh_0\mu_kR_{gk} \tag{4-3-19}$$

将该式与无黏结部分预应力混凝土梁抗剪强度比较得如下结论。

无黏结梁的斜截面抗剪强度低于有黏结梁的抗剪强度，其主要原因是：无黏结预应力筋束与梁体分离，纵筋的销栓作用减小，有黏结力筋在梁体中存在黏结，当梁体斜截面裂缝开展时，黏结力可抑制裂缝的开展，而无黏结力筋无此作用。

b. 无黏结部分预应力公路桥斜截面抗剪强度计算

上述公式是在试验的基础上总结的回归方程式，它反映了无黏结部分预应力结构斜截面抗裂的力学性能。但是该公式还不能直接应用于公路桥梁斜截面抗剪强度计算，因为公式采用单一安全系数来保证结构的安全。目前在公路桥涵设计规范承载能力计算中，均采用多系数极限状态设计理论，为了和公路桥涵设计规范相一致，推荐采用式(4-3-20)～式(4-3-25)，其计算式见图 4-3-9。

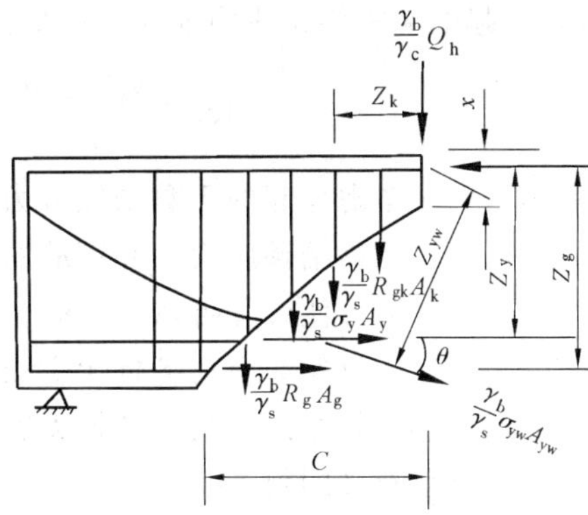

图 4-3-9　斜截面强度计算图

$$Q_j \leqslant Q_h + Q_k + Q_w \tag{4-3-20.1}$$

或

$$Q_j \leqslant Q_{hk} + Q_w \tag{4-3-20.2}$$

式中：Q_j——荷载效应最不利组合值，即通过斜截面顶端正截面内的最大剪应力(kN)；

Q_{hk}——斜截面内混凝土与箍筋共同的抗剪强度(kN)；

Q_w——与斜截面相交的弯起钢筋的抗剪度(kN)。

根据试验得 Q_{hk} 计算公式：

$$Q_{hk} = 0.25R_L bh_0(2+p)\beta + 0.37mbh_0\mu_k R_{gk} \tag{4-3-21}$$

考虑材料安全系数、工作条件系数，则得：

$$Q_{hk} = \frac{\gamma_b}{\gamma_c} \times \frac{0.25R_L bh_0(2+p)\alpha}{m} + 0.37 \times \frac{\gamma_b}{\gamma_s} \times mbh_0\mu_k R_{gk} \tag{4-3-22}$$

式中：γ_b——材料工作条件系数，取 $\gamma_b = 0.95$；

γ_c、γ_s——构件材料安全系数，取 $\gamma_c = \gamma_s = 1.25$。

$$Q_{hk} = \frac{0.19R_L bh_0(2+p)\alpha}{m} + 0.281mbh_0\mu_k R_{gk} \tag{4-3-23}$$

p——斜截面内受拉钢筋的纵向配筋率，$p = 100\mu$，$\mu = \dfrac{A_y + A_{yw} + A_g}{bh_0}$，当 $p > 3.5$ 时，取 $p = 3.5$；

m——剪跨比，$m = \dfrac{M}{Qh_0}$，斜截面受压区顶端正截面处的剪跨比，当 $m < 1.7$ 时，取 $m = 1.7$；当 $m > 3$ 时，取 $m = 3.0$；

μ_k——箍筋的配筋率，$\mu_k = A_k / S_k b$；A_k 为同一截面上 n 支箍筋的总截面面积(mm^2)；

S_k——斜裂缝范围内的箍筋间距(mm)；

其余符号意义同前。

弯起无黏结筋的抗剪强度计算公式如下。

对于配置箍筋和弯起的无黏结的预应力筋的矩形、T 形截面的部分预应力混凝土受弯构件，其弯起的无黏结预应力筋对斜截面的抗剪强度可按下式计算：

$$Q_w=\frac{\gamma_b\times0.9}{\gamma_s}\sigma_y\sum A_{yw}\sin\theta=0.68\sigma_y\sum A_{yw}\sin\theta \tag{4-3-24}$$

式中：0.9——考虑弯起的无黏结预应力钢筋的应力不均匀系数；

σ_y——无黏结预应力弯起钢筋的应力，$\sigma_y=\sigma_{ye}+\Delta\sigma_y$；$\Delta\sigma_y$ 为无黏结预应力筋应力增量，为方便计算可取 $\sigma_y=\sigma_{ye}$值；

A_{yw}——通过斜截面的各批无黏结弯起钢筋的截面面积(mm^2)；

θ——和斜截面相交的各批无黏结预应力弯起钢筋与构件纵轴线的夹角；

其余符号意义同前。

构件斜截面上总抗剪强度计算公式：

$$Q_j=Q_{hk}+Q_w=\frac{0.19R_Lbh_0(2+P)\alpha}{m}+0.281mbh_0\mu_kR_{gk}+0.68\sigma_y\sum A_{yw}\sin\theta \tag{4-3-25}$$

应当注意：上述斜截面抗剪强度计算公式仅适用于等高度简支梁结构体系。对于变截面梁的斜截面抗剪强度计算问题，应进行试验研究。

计算公式适用范围：上述公式(4-3-25)是根据剪压破坏时的受力特点及试验研究资料得到的，因此，它仅在一定的条件下适用。由于无黏结部分预应力受弯构件斜截面抗剪强度研究较少，资料的准确性有待进一步验证，所以仍采用公路桥涵设计规范规定限定公式的适用范围。在此不再赘述。

②斜截面抗弯强度计算

根据无黏结预应力混凝土构件斜截面受弯破坏的形态，可以采用有黏结预应力混凝土受弯构件同样的图式及相似的承载能力计算的基本公式，将这些公式中的 f_{py}改为无黏结预应力筋的极限应力 σ_{pu}，即可建立无黏结预应力混凝土受弯构件斜截面抗弯承载能力计算公式。

2. 无黏结预应力混凝土受弯构件应力计算

由无黏结预应力混凝土受弯构件的试验结果可知：构件同样经历预加应力阶段、消压阶段、开裂阶段及破坏阶段。无黏结预应力混凝土受弯构件从施加预应力到混凝土开裂，均处于弹性工作阶段，无黏结预应力筋的应力增量和有黏结非预应力筋的应力都较小。随着构件的开裂，刚度减小、挠度加大，无黏结预应力筋的应力增大，有黏结非预应力筋的应力发生突跃式增大。

无黏结预应力混凝土受弯构件各受力阶段应力计算方法如下。

(1)预加应力阶段应力计算

无黏结预应力混凝土受弯构件在预加应力阶段，主要为承受预加力和构件自重内力的受力状态。本阶段混凝土全截面参加工作，无黏结预应力筋因与混凝土不黏结，混凝土截面中应扣除无黏结筋孔道的部分，非预应力筋与混凝土组成换算截面(若非预应力筋的作用需计入)。本阶段的计算方法同有黏结预应力混凝土受弯构件。

(2)使用阶段正应力计算

①无黏结部分预应力混凝土 A 类构件

无黏结部分预应力混凝土 A 类构件，因其处于开裂前的弹性工作阶段，截面几何特征与预加应力阶段相同。

a. 无黏结预应力筋应力计算

在使用阶段无黏结预应力筋的应力，可表示为如下形式：

$$\sigma_p = \sigma_{pe} + \Delta\sigma_p \tag{4-3-26}$$

式中：σ_{pe}——无黏结预应力筋的有效预应力；

$\Delta\sigma_p$——在使用荷载作用下，无黏结预应力筋的应力增量。

虽然无黏结预应力筋与混凝土截面不符合平面变形协调关系，但是无黏结预应力筋的应变增量在其全长近似相等，此应变值等于构件在使用阶段荷载作用下沿预应力筋长度方向混凝土应变增量的平均值。因此，无黏结预应力筋的应力增量 $\Delta\sigma_p$ 可以近似地表示为：

$$\Delta\sigma_p = \varepsilon_p \Delta\varepsilon_p = \varepsilon_p \frac{\Delta l_c}{l_p} \tag{4-3-27}$$

式中：$\Delta\varepsilon_p$——在使用阶段荷载作用下无黏结预应力筋的应变增量；

l_p——无黏结预应力筋的长度；

Δl_c——在使用阶段荷载作用下沿预应力筋长度方向混凝土构件的变形增量，其可近似按下式计算：

$$\Delta l_c = \frac{1}{E_c}\int_0^{l_p} \frac{M_x e_p}{I_{on} + n_p A_p e_p^2} dx \tag{4-3-28}$$

式中：M_x——使用阶段荷载引起构件弯矩，若在预加应力阶段构件未拱起、脱模，则应计入构件自重引起的弯矩；

e_p——无黏结预应力筋截面形心至混凝土换算截面（混凝土与非预应力筋）形心的距离；

I_{on}——扣除无黏结筋孔道部分的构件混凝土换算截面（混凝土与非预应力筋）的抗弯惯性矩；

其余符号意义同前。

b. 混凝土和非预应力筋应力计算

在求出无黏结预应力筋应力增量之后，无黏结预应力筋的拉力为：

$$N_p = A_p \sigma_p = \sigma_{pe} + \Delta\sigma_p \tag{4-3-29}$$

此阶段混凝土和非预应力筋的应力，由式(4-3-29)表示的无黏结预应力筋的拉力和使用阶段荷载共同产生，计算公式可参照有黏结预应力构件应力计算式，并根据无黏结混凝土截面几何特征建立起来，此不再列出。

②无黏结部分预应力混凝土 B 类构件

无黏结部分预应力混凝土 B 类构件，在预加应力阶段和使用阶段的全部恒载作用下，构件正截面不消压，应力计算公式同 A 类构件。在使用阶段活载作用下，构件将开裂，正应力计算可参考前面的相关公式计算，其中无黏结预应力筋的应力增量可参照式(4-3-27)、式(4-3-28)进行计算，式(4-3-28)中构件混凝土换算截面的抗弯惯性矩，近似用有效抗弯惯性矩 I_e 代之：

$$I_e = I_{cr}(I_{ucr} - I_{cr})\left(\frac{M_{cr}-M_g}{M_{max}-M_g}\right) \leqslant I_{ucr} \tag{4-3-30}$$

式中：I_{cr}——构件截面开裂时的换算抗弯惯性矩；

I_{ucr}——构件截面未开裂的换算抗弯惯性矩，取值同式(4-3-14)一致；

M_{cr}——构件截面开裂弯矩，计入无黏结预应力筋应力增量影响；

M_g——构件截面恒载弯矩；

M_{max}——使用阶段构件截面最大弯矩。

各应力计算公式在此不列出。

(3)使用阶段剪应力和主应力计算

无黏结预应力混凝土受弯构件在使用阶段剪应力和主应力计算公式，同样可根据构件截面几何特征和无黏结预应力筋的拉力，参照有黏结预应力构件计算公式建立起来，此不赘述。

3. 无黏结预应力混凝土受弯构件变形、裂缝及疲劳强度计算

(1)无黏结预应力混凝土受弯构件变形计算

对于无黏结预应力混凝土受弯构件，当配有一定数量非预应力筋后，开裂后将保持钢筋混凝土受弯构件的基本特性。因无黏结预应力筋的作用，改善了构件的刚度，其变形计算方法和公式同有黏结预应力混凝土受弯构件相似。但是，由于无黏结预应力筋和混凝土不黏结，使其刚度有所下降，故在计算时应考虑影响刚度的因素。

试验表明，影响无黏结预应力混凝土受弯构件短期刚度的主要因素，为无黏结预应力筋、非预应力筋的配筋指标 β_p、β_s 及综合配筋指标 β_0。即：

$$\beta_p = \frac{A_p\sigma_{pe}}{f_{cm}bh_p}$$

$$\beta_s = \frac{A_s f_y}{f_{cm}bh_s}$$

$$\beta_0 = \frac{A_p\sigma_{pe}}{f_{cm}bh_p} + \frac{A_s f_y}{f_{cm}bh_s}$$

综合配筋指标 β_0 对刚度的影响较大，当 β_0 取值增大刚度变化趋小，M_{cr}/M_s 对刚度的影响减弱。因此，与构件开裂刚度有关的主要因素中应计入上述指标的影响。

限于目前对无黏结预应力混凝土受弯构件研究的状况，在一般设计计算时，无黏结预应力混凝土受弯构件的变形可参照有黏结预应力混凝土构件的有关公式进行计算，其中：刚度修正系数均取 0.85，抗弯惯性矩根据无黏结预应力混凝土构件截面几何特征及所在计算阶段构件是否开裂，作出相应调整；计入无黏结预应力筋应力增量影响。

中国建筑科学研究院为了建立 $M > M_{cr}$ 构件的抗弯刚度计算公式，做了三组共 39 根试验梁。在试验数据分析中，取综合配筋指标 q_0 为主要变量对第二直线段弹塑性刚度系数进行线性回归计算。并考虑了 $\eta = q_{ye}/q_0$ 和 $\alpha_E\rho$ 的影响，分别对 β' 和 $1/\beta_{0.6}$（$\beta_{0.6}$ 指 $M_{cr}/M_s = 0.6$ 时的刚度折减系数）进行回归分析，在有黏结部分预应力受弯构件刚度计算公式的基础上提出了表 4-3-2 刚度计算公式，计算时可供参考。

对于长期荷载作用下，无黏结部分预应力混凝土受弯构件刚度计算可按下式计算：

$$B_{cr}=\frac{M_s}{M_1(\theta-1)+M_s}\cdot B_s \tag{4-3-31}$$

式中：M_s——荷载短期效应组合下的弯矩；

M_1——按荷载长期效应组合计算的弯矩值；

θ——考虑荷载长期效应组合对挠度增大的影响系数，对预应力混凝土受弯构件，取$\theta=2.0$；

B_s——短期刚度。

无黏结部分预应力受弯构件短期刚度计算公式 表 4-3-2

刚度计算	第二直线段弹塑性刚度系数	刚度折减系数 $\beta_{0.6}$	短期刚度 B_s 表达式
	(1)	(2)	(3)
方法Ⅰ	$1/\beta'=1.0+\frac{0.56}{q_0}$ 相关系数=0.92	—	$\frac{0.85\beta' ME_h I_{oj}}{\beta' M_f+0.85(M_s-M_{cr})}$
方法Ⅱ	$\beta'=0.1-0.08\eta+2\alpha E\rho$ 相关系数=0.91	—	—
方法Ⅲ	—	$1/\beta_{0.6}=1.26+0.3\eta\frac{0.07}{\alpha E\rho}$ 复相关系数：0.75	$\frac{E_h I_{oj}}{1.2+\left(1-\frac{M_{cr}}{M}\right)\left[\left(3.2+0.8\eta+\frac{0.2}{\alpha E\rho}\right)\frac{1}{(1+0.45\gamma_f)-3}\right]}$

注：E_h——混凝土弹性模量；

I_{oj}——扣除无黏结筋孔道换算截面惯性矩；

M_{cr}——受弯构件正截面的开裂弯矩；

αE——钢筋弹性模量与混凝土弹性模量的比值；

ρ——纵向受拉钢筋配筋率，取 $\rho=\frac{A_y+A_g}{bh_0}$；

γ_f——受拉翼缘面积与腹板面积的比值，$\gamma_f=\frac{(b_f-b)h_f}{bh_0}$，其中，$b_f$、$h_f$ 为受拉区翼缘的宽度和高度。

(2)无黏结预应力混凝土受弯构件裂缝计算

在无黏结预应力混凝土受弯构件中，混凝土与无黏结筋之间不存在应变协调条件。为了解无黏结预应力混凝土受弯构件的裂缝性能和计算裂缝宽度，中国建筑科学研究院对一批试验梁进行了分析研究。根据无黏结预应力筋的应变增量在其全长近似相等，此应变值等于构件在荷载作用下沿预应力筋长度方向混凝土应变增量的平均值，把无黏结预应力筋面积 A_p 折算为等效的有黏结预应力筋面积 K_pA_p，则无黏结预应力混凝土受弯构件的裂缝计算公式的形式与有黏结预应力混凝土构件的公式一样，其中 σ_s，即纵向受拉主筋处混凝土应力为零时起算的非预应力筋或预应力筋的应力增量，计算公式改为：

$$\sigma_s=\frac{M-M_1}{0.87(K_pA_ph_p+A_sh_s)} \tag{4-3-32}$$

式中：M——荷载弯矩；

M_1——起算受拉主筋应力增量的弯矩；

K_p——无黏结预应力筋面积折算为等效的有黏结预应力筋面积的系数，取值为 0.4～0.5；

其余符号意义同前。

由于受拉钢筋形心处混凝土消压时，截面其余部位仍存在较大的压应力，故起算受拉主筋应力增量的弯矩 M_1 取值较重要。如令 $M_1=K_0M_0$，则：

$$K_0=\frac{M-0.87(K_pA_ph_p+A_sh_s)\sigma_s}{M_0} \tag{4-3-33}$$

式中：M_0——非预应力筋重心处消压弯矩。

分析表明，对不同配筋的无黏结受弯构件，K_0 变化较小，平均值为 1.14，均方差$\sigma=0.033$。

(3)无黏结预应力混凝土受弯构件疲劳强度计算

在无黏结部分预应力混凝土受弯构件开裂后，钢筋应力有较大幅度增大，同时使用荷载下应力变化幅度也较大。但从构件试验的结果来看，应力变化幅度一般小于材料的疲劳强度。试验表明：在重复荷载作用下，无黏结预应力筋的应力增量在早期有一定的增加，在整个使用过程中应力脉冲值较小；非预应力筋在初期重复荷载作用下，应力脉冲增加迅速，然后随着荷载重复次数的增加，应力脉冲增加缓慢，但在 200 万次重复荷载后仍有不断增加的趋势；在重复荷载的初期，构件受压区混凝土压应力增长明显，随后逐渐趋于平缓。

同有黏结部分预应力混凝土受弯构件一样，无黏结部分预应力混凝土受弯构件疲劳强度计算也以弹性理论和对混凝土构件的基本假定为基础，主要考虑混凝土开裂和重复荷载对无黏结预应力筋、受拉的非预应力筋和受拉混凝土的影响。疲劳计算的主要内容是：无黏结预应力筋和受拉的非预应力筋应力、混凝土的主拉应力和箍筋的应力。其中，无黏结预应力筋的应力增量，如前所述采用构件整体变形计算。

由上述可知，无黏结预应力混凝土受弯构件疲劳强度常规验算的条件，可采用同有黏结部分预应力混凝土受弯构件一样的形式。

①材料的疲劳强度

a. 钢筋疲劳强度

在无黏结部分预应力混凝土公路桥受弯构件中，无黏结预应力筋的最小应力 σ_{min} 等于有效预应力与恒载作用下产生的应力之和，一般 σ_{min} 多超过 $0.5f_{pu}$ 范围，其下限值较高。虽然 B 类构件允许梁体下缘开裂，但在重复使用荷载作用下，无黏结筋的应力增长均匀分布于全梁，Δf 值较小，即使是有超载作用，疲劳强度 f_y 也增长缓慢。所以，无黏结部分预应力板(梁)中的无黏结预应力筋一般是不会发生疲劳破坏的。

b. 混凝土疲劳强度

同有黏结部分预应力混凝土受弯构件一样，无黏结预应力混凝土受弯构件混凝土的疲劳强度一般不起控制作用，不必进行疲劳强度验算。

②无黏结部分预应力混凝土受弯构件的疲劳强度

在无黏结部分预应力混凝土梁设计中，因在正常使用荷载作用下允许构件开裂，构件开裂后钢筋的应力将有较大幅度增大，从而使得应力的变化幅度较大。从无黏结部分预应力混凝土模型试验梁看，在公路桥设计荷载作用下，应力的变化幅度小于材料的疲劳强度，但为了保证构件的安全，仍需要对无黏结部分预应力混凝土梁进行疲劳验算。试验表明，无黏结部分预应力混凝土桥梁的疲劳校核，主要应对受拉普通钢筋、无黏结预应力筋、混凝土上的主拉应力和箍筋的应力进行。

无黏结预应力混凝土受弯构件疲劳强度常规验算的条件，可采用同有黏结部分预应力混凝土受弯构件一样的形式。其中，无黏结预应力筋的应力增量，如前所述采用构件整体变形计算。

六、无黏结预应力混凝土受弯构件设计

无黏结预应力混凝土广泛应用于建筑工程结构，无黏结预应力技术在桥梁建设中的应用正处于研究阶段，应用事例较少，多限于中、小跨径简支结构或结构横桥向布置。

1. 无黏结预应力混凝土板的形式

对于多跨连续、预应力筋需要多波曲线布置的板，从实用效果、施工方便和经济性等方面考虑，混凝土板中的预应力筋采用无黏结预应力筋效果最好。若采用有黏结预应力筋，则摩擦损失很大，而且由于需要在大量扁平的预留孔道中灌浆，通常难以保证灌浆密实，反而使预应力筋容易受到腐蚀。相对于钢筋混凝土板，无黏结预应力混凝土板具有良好的结构性能，它的优点主要有：改善了结构在正常使用状态下的受力性能；降低了板厚度和结构层高；便于铺设预留管道施工方便；降低了结构造价；结构整体性能和抗震性能良好等。

无黏结预应力混凝土板的几种基本结构形式主要应用于建筑结构，对于桥梁结构可参考使用，其主要特点以及各自适用的经济跨度如下。

（1）平板

主要优点是具有平整的底板，支模简单，施工方便。平板的厚度最薄，管道等设备布置方便。如图 4-3-10 所示。平板厚度一般由板的冲切强度控制，平板结构不宜用于直接抵抗水平风载及地震作用。无黏结预应力混凝土平板的跨高比为 40～45，最大跨度为 10m。

（2）带托板的平板

如图 4-3-11 所示，带托板的平板结构与无托板的平板结构的优点相似。由于在柱边增加板厚将提高结构的刚度及抗冲切能力，并减少配筋，故带托板的平板的经济跨度和最大跨度均有所增加。无黏结预应力混凝土带托板平板的跨高比为 45～50，最大跨度为 12m。

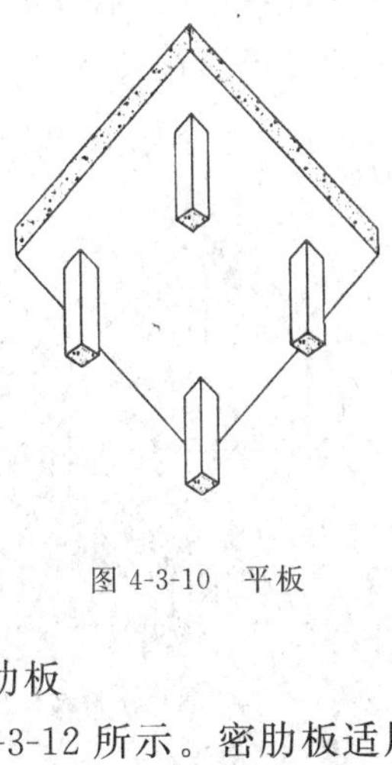

图 4-3-10　平板

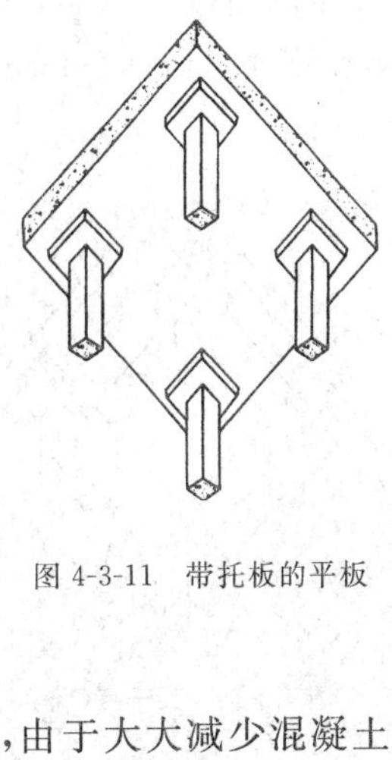

图 4-3-11　带托板的平板

（3）密肋板

如图 4-3-12 所示。密肋板适用于双向大柱网结构体系，由于大大减少混凝土及钢筋的用

量，而具有减少结构重量、节省材料的优点，但密肋板支模复杂，布筋麻烦。如采用重复使用的标准模板或模壳，将有利于减少施工的费用及支模的麻烦。密肋板楼盖的刚度较大，允许高跨比也较大。预应力混凝土密肋板的跨高比为 30～35，最大跨度为 15m。

(4)次梁—板结构

如图 4-3-13 所示，次梁—板结构施工比密肋板简单，通常次梁与次梁之间的板厚由防火要求控制，对 2h 的耐火期的板，最小板厚为 120mm，跨度一般为 4m 左右。预应力混凝土次梁—板的跨高比为 25～30，最大跨度为 15m。

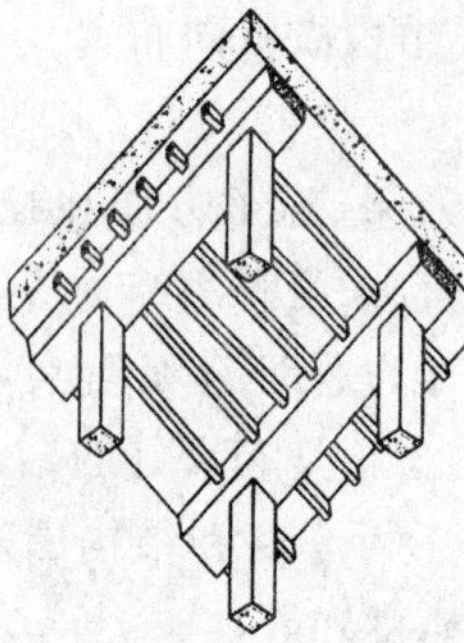

图 4-3-12　密肋板

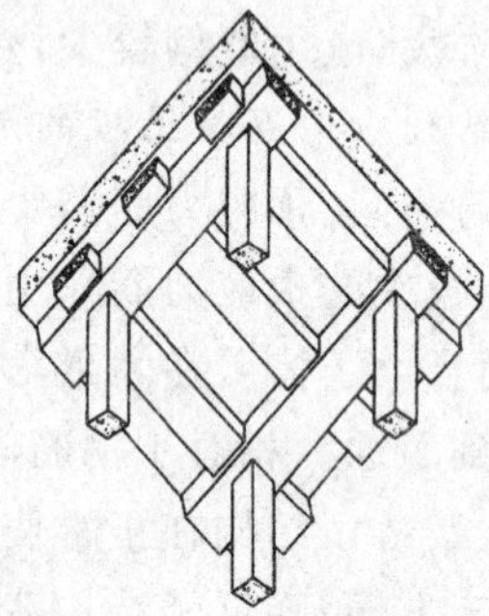

图 4-3-13　次梁—板结构

(5)梁—板结构

如图 4-3-14 所示。梁—板结构是由轴线上的梁与梁之间的板组成，梁高较大，刚度更大。梁与柱一起形成水平抗侧刚度很大的结构。这种梁—板结构的支模复杂，不利于设备布置。根据跨高比的比值，板可分为单向板或双向板。预应力混凝土板中一般采用无黏结预应力筋，预应力混凝土梁常采用有黏结预应力筋。梁—板结构中板与梁的经济跨高比通常取为：单向板 40～45，双向板 45～50，梁 15～18。

(6)扁梁—板结构

如图 4-3-15 所示。通常扁梁是指梁宽大于梁高的宽梁。扁梁可以减小结构高度，与一般梁具有相似的跨越能力。这种扁梁—板结构有利于模板及支承布置，有利于简化配筋，也有利于梁下管道设备的通过。扁梁—板结构中的扁梁一般与柱同轴，但也有在轴线之间布置扁梁。扁梁体系的经济跨度与扁梁的宽度有关。预应力混凝土扁梁的经济跨高比为 20～25，最大跨度通常取为 20m。

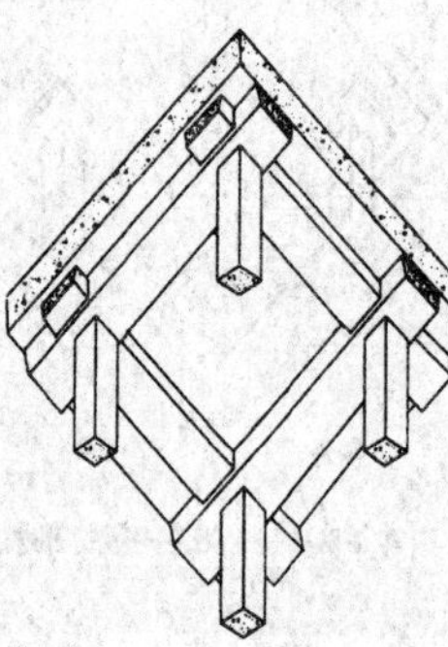

图 4-3-14　梁—板结构

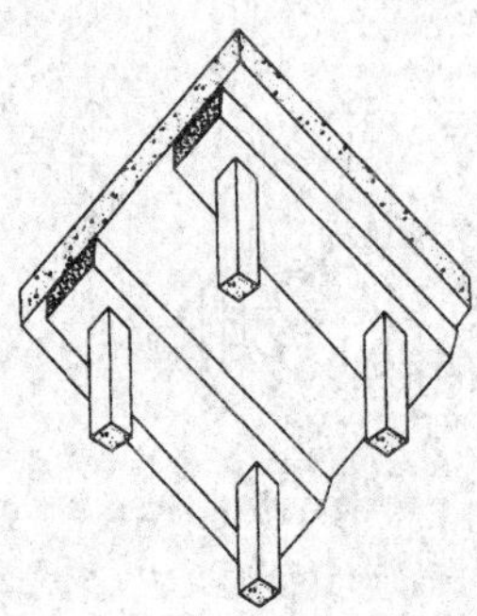

图 4-3-15　扁梁—板结构

2. 无黏结预应力混凝土梁的形式

由于桥梁结构的无黏结预应力混凝土梁正处于研究阶段，故目前无黏结预应力技术在桥梁建设中的应用多限于中、小跨径简支结构或结构横桥向布置。无黏结预应力混凝土梁的截面形式可参见有黏结预应力混凝土梁。

3. 受弯构件截面尺寸拟定

同有黏结预应力混凝土受弯构件一样，无黏结预应力混凝土受弯构件截面尺寸设计方法如下。

首先，根据设计、使用和施工等多种因素的工程实践经验，将一些已形成的常用截面形式和基本尺寸，作为初步选择参考的依据。上述板和梁的截面形式、常用跨高比范围及适用的最大跨径，都可作为设计时取用的最初尺寸。

其次，根据预加应力阶段和使用阶段混凝土的容许应力估算抗弯截面模量，对经验尺寸进行初步校核。

最后，根据截面初步尺寸校核截面抗弯效率指标 $\eta_b=(K_u+K_b)/h$，一般希望其在 0.45～0.50 以上。但当 $\eta_b>0.55$ 时，截面过分单薄，应注意检查薄腹板、薄翼缘的稳定性。故应在设计与施工要求的前提下，考虑选取合理的截面形式。

4. 无黏结预应力筋、非预应力筋面积估算

估算无黏结部分预应力混凝土受弯构件所需的无黏结预应力筋、非预应力筋面积，可采用同有黏结预应力混凝土受弯构件相似的方法。即从满足强度要求和使用阶段受力要求出发，同时考虑构造、经济及施工的合理性和可行性。下面以矩形截面构件为例说明有关内容。

(1)按承载能力极限状态估算钢筋面积

按照美国的内曼(A. E. Naaman)教授提出的预应力比率 PPR，即：

$$PPR=\frac{(M_u)_p}{(M_u)_{p+s}} \tag{4-3-34}$$

式中：$(M_u)_p$——由预应力筋提供的抵抗弯矩；

$(M_u)_{p+s}$——由预应力和非预应力筋共同提供的抵抗弯矩。

根据混凝土构件抗弯强度设计理论，当材料充分发挥其强度时，式(4-3-34)可表示成如下的形式：

$$PPR=\frac{A_p f_{py}\left(h_p-\frac{x}{2}\right)}{A_p f_{py}\left(h_p-\frac{x}{2}\right)+A_s f_{sy}\left(h_s-\frac{x}{2}\right)} \tag{4-3-35}$$

式中：A_p、A_s——预应力和非预应力筋的截面面积；

f_{py}、f_{sy}——预应力和非预应力筋的抗拉强度设计值；

h_p、h_s——预应力和非预应力筋截面形心至混凝土受压区最外边缘的距离；

x——混凝土受压区高度。

如果 $h_p=h_s$，并将 f_{py} 换成无黏结预应力筋极限应力 σ_{pu}，则式(4-3-35)简化为：

$$PPR=\frac{A_p\sigma_{pu}}{A_p\sigma_{pu}+A_s f_{sy}} \tag{4-3-36}$$

式中符号意义同前。

按承载能力极限状态估算钢筋面积的步骤如下。

①根据截面平衡条件，建立基本方程式。

$$\sum X=0 \qquad f_{cm}bx=A_p f_{py}+A_s f_{sy} \tag{4-3-37}$$

$$\sum M=0 \qquad M=f_{cm}bx\left(h_0-\frac{x}{2}\right) \tag{4-3-38}$$

从式(4-3-38)解得：

$$x=h_0-\sqrt{h_0^2-\frac{2M}{f_{cm}b}} \tag{4-3-39}$$

再由式(4-3-36)和式(4-3-37)得：

$$A_p=\frac{f_{cm}bxPPR}{\sigma_{pu}} \tag{4-3-40}$$

$$A_s=\frac{A_p\sigma_{pu}}{f_{sy}}\left(\frac{1}{PPR}-1\right) \tag{4-3-41}$$

②选取预应力比率(度)PPR，由式(4-3-40)估算出预应力筋的面积，再由式(4-3-41)算出非预应力筋的面积。

③根据无黏结部分预应力混凝土构件的构造要求，校核预应力筋占钢筋总抗力的比例，使非预应力筋满足最小配筋率要求。

$$\frac{A_s f_{sy}}{A_p\sigma_{pu}+A_s f_{sy}}\geqslant 0.25 \tag{4-3-42}$$

若不满足要求，则对 A_s 做相应调整。

(2)按施工和使用阶段构件上下缘混凝土应力的限制值估算钢筋面积

为估算预应力筋的面积 A_p，可采用前述的麦尼尔不等式求解，此不列出有关公式。

当在可行范围内得到预加力 N_p 之后，就能按控制张拉应力 σ_{con} 和估计的永存预加力与传力锚固时的有效预加力的比值 α，估算预应力筋的面积 A_p，最后由式(4-3-42)算出非预应力筋的面积 A_s。

在确定控制截面所需预加力 N_p 之后，还需从构件整体受力要求出发，采用和有黏结预应力混凝土受弯构件一样的方法，确定 N_p 在各截面上偏心矩的极限值，即形成预应力筋(束)的束界。

5.无黏结预应力混凝土受弯构件的一般构造要求

由于无黏结预应力混凝土受弯构件的构造、与相关结构联结构造，以及用途等方面的多样性，此仅就这种构件的一般构造要求作一叙述。具体构件的细部构造，可按有关规范要求处理。

(1)钢筋布置构造要求

①无黏结预应力筋可采用一般松弛或低松弛高强钢丝和钢绞线制成的无黏结筋，非预应力筋应采用中等强度的钢筋。

②非预应力筋应布置在构件受拉区的外层，且采用细而密的布置方式。特殊需要的非预应力筋的直径也不应超出 20mm。

③无黏结预应力筋定位钢筋的间距不应大于 1.0m，在曲线段应加密设置。

④在大转折曲线段，无黏结预应力筋应尽量避免或减少成束布置，以防预应力筋横向压力损伤防护材料。

(2)构件配筋率的要求

①为了保证构件在破坏时预应力筋强度的充分发挥，有利提高延性、防止脆性破坏，构件受压区高度应符合有关规范的规定，不应采用超筋设计。同时，为保证构件从开裂至破坏具有一定的安全储备，构件配筋率也不应取得过低。

②应在构件混凝土受拉区配置一定数量的非预应力筋钢筋，以控制和分散混凝土裂缝、改善延性，非预应力筋钢筋的最小配筋指标一般应满足式(4-3-27)的要求。

(3)预应力筋锚固区的构造要求

无黏结预应力筋锚固区的构造要求基本与有黏结预应力筋相同，但其锚具的耐久性更为重要，故封锚混凝土应采用配筋混凝土构造，混凝土强度等级与构件相同，封锚混凝土厚度按内配受力钢筋要求设置。

七、无黏结预应力混凝土的材料与锚固体系

1. 无黏结预应力混凝土的材料

同一般预应力混凝土一样，用于无黏结预应力结构的混凝土，应采用高强度等级混凝土，而且要与构件所采用的高强钢筋的等级相配合。只有这样才能充分发挥高强钢筋的抗拉性能，从而有效地减小构件截面尺寸，减轻构件自重。因此，无黏结预应力混凝土强度等级，对于板式结构不应低于 C30，对于梁及其他特殊构件不宜低于 C40。

对混凝土材料的基本要求与一般预应力混凝土一致。从耐久性的要求考虑，混凝土中不得使用含氯离子、硫离子的外掺剂，以防腐蚀无黏结预应力筋束。

无黏结预应力筋系采用专用防腐涂料层和外包层的预应力筋(图 4-3-16)，其质量直接影响到无黏结预应力构件的安全。因此，无黏结预应力筋的质量要求应符合有关规范的规定。无黏结预应力筋可由单根或多根高强钢丝、钢绞线或高强粗钢筋组成，钢材主要的力学性能必须满足预应力筋用材所需的基本要求。无黏结预应力筋用的钢绞线和高强钢丝不应有死弯，不得含锈斑，当有死弯时必须切断。无黏结预应力筋中的，每根钢丝应是通长的，严禁有接头。

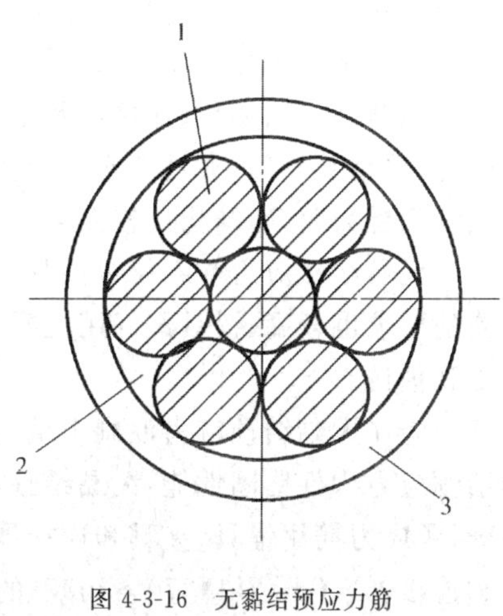

图 4-3-16　无黏结预应力筋

1-钢绞线或钢丝；2-防腐涂料；3-外包层

无黏结预应力筋的涂料层是预应力筋防锈保护的重要材料，同时在张拉预应力筋时也起润滑作用。因此对其要求如下。

①在－20～＋70℃温度范围内，不流淌、不裂缝变脆，

并有一定韧性。

②使用期内，化学稳定性好。

③对周围材料（如混凝土、钢筋和外包材料）无侵蚀作用。

④不透水、不吸湿、防水性好。

⑤防腐蚀性能好。

⑥润滑性能好，摩擦阻力小。

这种防锈、润滑材料一般可取用沥青、建筑油脂、蜡、环氧树脂等。现最常用的材料为建筑油脂。

无黏结预应力筋涂层外的套管（包裹层）是预应力筋防腐蚀的第二道防线，同时它还具有保护防腐润滑涂料的作用，所以护套材料应采用高密度聚乙烯或聚丙烯而不得采用聚氯乙烯。护套材料应满足以下要求：

①在－20～＋70℃温度范围内，不流淌、不裂缝变脆，并有一定韧性；

②在预应力筋的全长应连续、封闭，起到防潮、防杂质作用；

③应具有足够韧性、抗磨及抗冲击性，对周围材料应无侵蚀作用，足以抵抗运输或施工过程中可能遇到的碰撞、磨损；

④制作套管的材料，不得含有氯化物或其他有害物质；

⑤在使用期内，应具有化学稳定性，以及良好的抗低温、抗高温、抗蠕变、抗老化等性能。

对于无黏结预应力筋的套管，曾采用过多种材料，诸如用纸或塑料布缠包、用塑料套管穿束以及采用挤压成型塑料套管等。国内外工程实践表明，采用高压聚乙烯挤压成型的塑料套管是满足上述防腐要求最理想的材料。

2.无黏结预应力混凝土的锚固体系

无黏结预应力混凝土的锚固体系是无黏结预应力成套技术的重要组成部分。无黏结预应力混凝土结构的合理性能依赖于预应力的准确性、永久性和正确位置。锚固体系的作用正是保证这些要求能够得到具体的实现。

无黏结预应力混凝土的锚固体系同体内有黏结预应力混凝土基本相似，完善的锚固体系通常包括：锚具、夹具、连接器及锚下支承系统等。无黏结预应力筋的锚具是锚固体系中的关键件，也是基础件；夹具和连接器实质上是锚固体系中不同用途派生出来的装置；而锚下支承系统则受力明确，结构比较简单。

无黏结预应力筋不仅对锚具组装件质量的要求较高，而且对锚具的防腐蚀和防火保护措施的要求也较高；锚具最好用混凝土封闭或涂以环氧树脂水泥浆，以防止潮气入侵或防止涂层受到损伤。

为在无黏结预应力混凝土结构设计中正确使用无黏结筋的锚具、夹具和连接器，保证无黏结预应力构件锚固性能，无黏结预应力筋锚固系统的质量检验和合格验收应符合国家现行标准《预应力筋用锚具、夹具和连接器应用技术规程》（JGJ 85—2010）和《预应力筋用锚具、夹具和连接器》（GB/T 14370—2007）的规定要求。

提高无黏结预应力筋锚固性能的另一可行、有效方法是采用局部灌浆。具体做法如下：根据黏结力要求，清除无黏结预应力筋两端一定长度范围内的护套和涂层；将无黏结筋穿入预置波纹管中，管道上设有附加的压浆孔和排气孔，在张锚完毕后随即灌浆，使端部区域内预应力筋与混凝土之间建立黏结力。这种做法虽施工较复杂，但可节省材料费用，而且施工质量容易保证。

第四节 体外预应力混凝土结构

一、体外预应力混凝土结构的发展概况

体外预应力桥的概念起源于预应力钢索加固旧桥和斜拉桥采用拉索。自 1937 年德国设计了世界上第一座体外预应力混凝土桥梁——奥厄桥以来，虽然各国工程师在以后仍建造了一些体外预应力混凝土桥梁，但由于体外索的防护与防腐蚀问题在当时未能得到很好的解决，所以除了 1960～1970 年间在比利时建造了一系列此种体系的公路桥梁以外，在整个 20 世纪 60～70 年代建造的体外预应力混凝土桥梁的数量很少。

体外预应力混凝土结构得以再发展的原因主要得益四个方面：一是在加固和维修原有预应力混凝土体内配筋结构及钢筋混凝土结构中取得了经验；二是斜拉桥的复兴促进了体外预应力索的发展；三是伴随节段施工法的大量运用而促进了施工技术的发展；四是对体内预应力混凝土“自然防腐”的再认识。尤其是 20 世纪 70 年代以来，节段施工法成为了桥梁建设的主流，这使桥梁的设计、施工和管理成为相互紧密关联的因素。桥梁的经济性不再仅仅由桥梁结构本身所耗费的材料指标所决定，而同时反映在对施工速度、施工费用、施工质量的把握以及对桥梁的管理和维护等方面。在许多条件下体外预应力混凝土具有体内预应力混凝土难以相比的优势。

在体外预应力混凝土结构在世界各国广泛运用和不断创新的今天，我国桥梁结构中体外预应力的应用是屈指可数的。1990 年通车的福州洪塘大桥的引桥采用了体外预应力体系。

近年来，我国的结构工作者正日益认识到体外预应力结构的重要价值，已从多方面展开研究工作，并且在桥梁及建筑结构的加固和新结构的设计中对其进行了探索。

二、体外预应力混凝土结构的概念及应用

1. 体外预应力混凝土结构的定义

体外预应力结构与体内预应力结构最本质的区别，便是体外预应力结构的预应力筋（称为体外预应力索）布置在主体结构之外。当体外预应力索应用于混凝土结构时，称为体外预应力混凝土结构；而当体外预应力索应用于钢结构时，则称为预应力钢结构。图 4-4-1 为体外预应力混凝土结构的一般布置图。

2. 体外预应力在混凝土桥梁上的应用

现代体外预应力混凝土桥梁的应用主要在三个方面。

一是以 Long Key 桥为代表的采用逐跨预制节段施工的长桥。法国工程师 Jean Muller 于 1979 年设计了美国佛罗里达州的 Long Key 桥，该桥总长约 3 700m，标准跨径 36m，共有 101 跨，

每跨由 6 个 5.5m 标准段和 3m 的墩顶段预制块件拼接而成；体外预应力索采用标准强度为 270ksi(1 836MPa)的高强度、低松弛钢绞线；钢索的防护采用 HDPE(高密度聚乙烯)管，墩顶及跨内偏转块中预埋镀锌钢管，两者用氯丁橡胶套管连接；体外索张拉后在 PE 管中灌注水泥浆。

该桥在设计施工中采用了大量的创新技术，在预应力设计上，该桥采用全体外预应力设计，即所有预应力索均布置在箱梁体外，锚固在墩顶横梁上，钢索由位于箱梁下梗腋上的偏转块偏转以满足转向要求，如图 4-4-1 中所示。

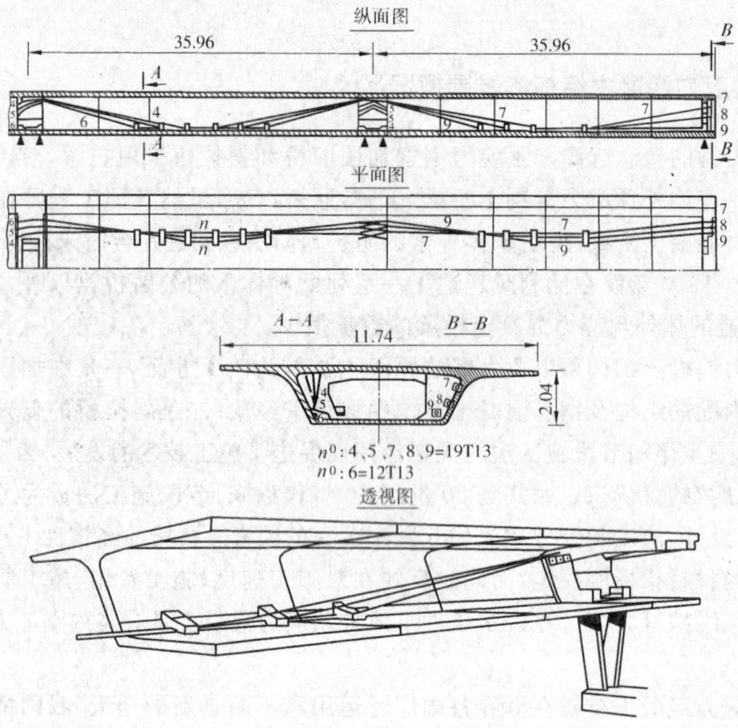

图 4-4-1　体外预应力混凝土结构的布置图(尺寸单位：mm)

在施工方面，该桥大量采用预制节块组装，包括所有上部结构主梁和下部结构桥墩。为加快施工速度及最大限度上发挥体外预应力混凝土结构的优势，该桥首次在主梁预制节段之间采用复式剪力键和干接缝。由于省去了穿索及节块间涂抹环氧树脂工艺，每跨拼装完成后即进行预应力索的张拉，这样大大加快了施工速度。

这种类型的体外预应力混凝土结构是应用最早也最为广泛的体外预应力结构形式，其突出的优势在于设计和施工的标准化和施工速度的快捷。

由于它的体外预应力索可以采用与体内预应力同样的普通多股钢绞线和锚具，与体内预应力索一样采用水泥灌浆，故其预应力索的成本较低。这种类型的桥梁结构由于受连接缝的影响，跨径一般为 30～50m。它通常在通航要求不高的多跨长桥、长大桥梁的引桥以及人口密集和交通组织困难的城市高架公路和轻轨干线中采用。

二是用粗大的体外钢索替代了原先配置在腹板内的大量体内预应力束，简化了腹板的构造及其厚度，其主要应用在悬臂施工和顶推施工的桥梁中。全桥的预应力体系通常采用体内有黏结和体外无黏结混合配置的方式。由于腹板内不放置预应力筋，所以可以把传统的混凝土箱梁腹板改成混凝土桁架形式或直接在肋板式结构中采用钢腹板，图 4-4-2 为采用波纹钢腹板形式的法国 Maupre 桥，它是体外预应力结构的代表作。

当体外预应力索在桥墩顶部的偏心距大于混凝土梁高而布置在梁顶时，称为坦拉式体外预应力混凝土结构，也称为“部分斜拉桥”。

图 4-4-2　采用三角形断面和波纹钢腹板的法国 Maupre 桥

三是应用于原有预应力混凝土体内配筋结构及钢筋混凝土结构的维修和加固。对桥梁上部结构施加体外预应力，以预加力产生的反弯矩抵消部分外荷载产生的内力，可达到改善其使用性能和提高其承载能力的作用。体外预应力用于桥梁的维修和加固，具有施工简便、工期短、投入少、效果明显等特点，且可以在不中断交通的情况下实施，对结构的损伤也小。

三、体外预应力混凝土结构的受力性能

体外预应力混凝土结构中的预应力索基本上是折线型的，直线与直线之间由偏转装置转向，钢索管道在偏转位置处一般采用圆弧线。就预应力混凝土梁而言，体内无黏结预应力筋与体外预应力索可以布置成完全一样的形式。

按施工方法分，体外预应力混凝土结构可以分为整体施工与节段施工两大类。整体施工的体外预应力混凝土结构与无黏结预应力混凝土结构是基本相同的，它们从施加预应力、受荷至消压、开裂直至最后破坏的机理也是相似的，两者的差别主要在构造上；节段施工的体外预应力混凝土结构的力学性能较为特殊，与整体施工的无黏结预应力混凝土结构的差别较大。

1.整体施工的体外预应力混凝土结构的力学性能

整体施工的体外预应力混凝土结构的力学性能与无黏结预应力混凝土结构是基本相同的，但应注意以下的几点区别。

(1)体外预应力索通常布置在箱梁底板之上及顶板之下，故预应力索的偏心距比体内无黏结预应力筋的偏心距要小。

(2)在结构受力变形后，由于体外预应力索与周围混凝土体是脱离的，结构仅在锚固点与转向区域对体外预应力索有约束，只有在这些点处钢索在构件截面上的位置是不变的，在其他区段钢索在截面上的相对位置将随构件的变形而变化，如图 4-4-3 所示。由于这个原因，体外预应力索对截面的偏心距会随着构件弯曲下挠而减小，从而减小了预应力的作用，这种现象称为二次效应。要减小体外预应力索的二次效应，就必须调整偏转装置的位置，使偏转点的间距密一些。

而体内无黏结预应力筋布置在构件内部预留的孔道内，在每个截面上虽然预应力筋的应变与周围混凝土应变不协调，但预应力筋沿构件长度在截面上的相对位置是固定不变的，与构件变形无关。

(3)体外预应力混凝土结构与体内无黏结预应力混凝土结构在预应力筋极限应力及结构极限承载力方面的计算方法是相同的，都可以用传统的截面强度计算方法计算极限承载能力。但考虑到体外预应力结构二次效应的特殊性，在计算体外预应力索极限应力时应有所不同，可

以参照欧洲标准,偏安全地取钢索的有效预应力为极限应力。也就是说,预应力索在结构消压后没有应力增量。

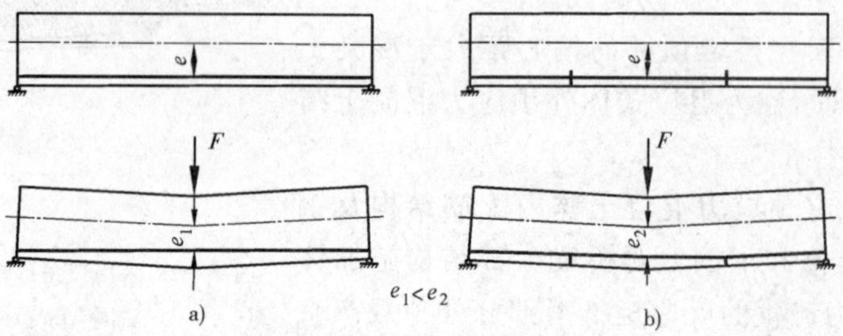

图 4-4-3　钢索与梁体相对变形

a)无转向装置;b)两个转向装置

2. 节段施工体外预应力混凝土结构的力学性能

与整体施工法的体内无黏结预应力混凝土结构相比,采用预制节段施工法的体外预应力混凝土结构,在构件的节段间存在连接缝,所配置的非预应力筋在接缝处被断开,使构件的抗弯刚度削弱,使其在相同荷载作用下的挠曲更大,也使其力学性能受到很大的影响。所以,节段施工体外预应力混凝土结构在极限状态下的力学性能,既不同于传统的体内预应力混凝土结构,也不同于整体施工的无黏结预应力混凝土结构。

(1)正常使用极限状态

在节段拼装施工的体外预应力混凝土桥梁结构中,若完全采用纯无黏结的体外预应力索,即节块间没有黏结钢筋通过,则预制节块间的裂缝便难以控制。采用这种施工方法的桥梁结构,当主梁开裂时,裂缝往往集中于节块间的连接缝处,若节块间采用干接缝连接则这种现象更为明显。所以,这种结构往往以增加预应力数量的方法来阻止混凝土裂缝的发生。美国关于节段式混凝土桥梁方面的有关规范可供参考。

在美国州际公路和运输工作者协会(AASHTO)1989 年出版的《节段式混凝土桥梁设计和施工指导性规范》中,把节段连接缝分为两类:一类为预制节段间的湿接缝或胶接缝和现浇混凝土接缝;另一类为预制节块间的干接缝,前者称为 A 类接缝;后者称为 B 类接缝。在预加应力阶段和使用荷载阶段,规范对这两类连接缝处混凝土的最小应力作了如下规定。

①A 类接缝

a. 预应力力筋体内配置且有最小黏结辅助钢筋穿过接缝时,在预加应力阶段的最大拉应力为 $3\sqrt{f'_{ci}}$,f'_{ci}为混凝土在各施工阶段的标准圆柱体抗压强度,单位为 lb/in^2(约 70kPa);在使用荷载阶段的最大拉应力为 f_c',即混凝土达到龄期时的强度。

b. 预应力筋体内配置且无最小黏结辅助钢筋穿过接缝时,不允许有拉应力(零应力)。

②B 类接缝

当为体外预应力结构时,在最不利荷载下,最小压应力为 $200lb/in^2$(约 1.4MPa)。

美国规范规定节段式(或有接缝)混凝土桥梁结构是不允许采用部分预应力混凝土的,必须采用全预应力,以保证在正常使用极限状态下,最不利受力位置的混凝土截面将仍然有一定数量的压应力储备,使节段间的接缝不致开裂。

因此，在此状态下，结构基本处于弹性受力阶段，结构的变形也很小。如结构的几何尺寸及材料相同，各种配筋方式下结构的力学性能也基本上是相同的。

(2)承载能力极限状态

由于体外预应力索的应变与混凝土构件的应变在同一截面处不协调，体外预应力索的应力发展也将不同于体内预应力筋，通常在极限状态下不会达到屈服，从而导致其抗弯能力削弱。整体施工的无黏结预应力混凝土结构可以借用体内有黏结预应力混凝土结构的极限承载能力计算方法，而节段施工的体外预应力混凝土结构，受其节段间的连接缝、钢索的黏结情况、钢索偏转块的布置等多种因素的影响。由于这些因素的综合影响，将使问题变得非常复杂，存在着非线性问题，不能通过简单的计算方法得到其极限承载能力。因此，必须借助计算机，通过建立各种非线性因素的数学模型，把非线性问题化为短区间的线性问题，再编制有限元仿真计算程序，通过反复迭代和数值计算，模拟出实际结构的受力全过程并得到整体结构的力学性能，从而得到考虑各种因素综合作用的结构极限承载能力和结构在极限状态下的安全度。

欧洲混凝土委员会1990年的混凝土模式规范(CEB—1990)已将混凝土非线性分析模式纳入有关条文，我国《水工钢筋混凝土结构规范》也在附录中列入了有关非线性有限元的条文。

3. 影响体外预应力结构力学性能的主要因素

体外预应力混凝土结构有许多种实现方式。从施工方法来看，有整体和节段施工；从配筋方式来看，有全体外和体内、体外混合配筋；从与结构的黏结情况来看，分有黏结和无黏结两种。体外预应力混凝土结构的不同实现方式均会影响到体外预应力结构的极限承载能力。

(1)整体施工与节段施工

同无黏结体内预应力混凝土结构一样，对于配筋率较低的受弯构件，在承受弯曲荷载时仅出现一条或少数几条裂缝，且发生在最大弯矩附近。随着荷载的增加，这条裂缝的宽度和高度都会迅速扩展，荷载增加不多构件就会发生脆性破坏，混凝土的塑性变形几乎全部集中在裂缝断面。所以，不管是体内无黏结预应力混凝土结构，还是体外预应力混凝土结构，除满足预应力筋最低配筋率的要求外，还需根据构件的构造、强度等要求配置一定数量的非预应力筋或体内有黏结预应力筋，即采用混合配筋方式，以改善裂缝的分布及改善结构的力学性能，达到提高体外预应力混凝土结构和体内无黏结预应力混凝土结构极限强度的目的。

整体施工区别于预制节段施工的最大特点，一是没有接缝，二是具有节段施工所没有的穿越结构整体的非预应力筋。图4-4-4为非预应力筋的不同配筋率对结构力学性能的影响，采用美国学者Rabbat和Sowlat的试验结构，在计算中假设原结构在受拉区的非预应力筋配筋率为ρ_0。从图中可看出非预应力筋的有无及不同配筋率对结构力学性能的影响较大。

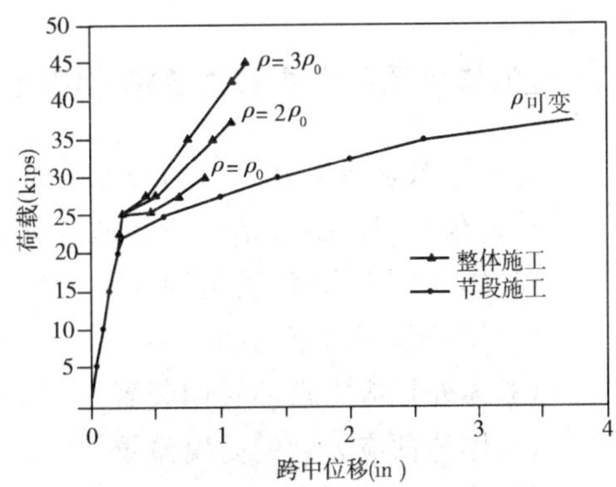

图4-4-4　不同配筋率对结构力学性能的影响

注：1kips=4.536kN；1in=25.4mm。

(2)钢索的体内、体外混合配筋

体外预应力混凝土结构的体内是否配置部分有黏结预应力筋，对结构的力学性能也有一定的影响。图 4-4-5 为钢索的体内、体外混合配筋对节段施工结构力学性能的影响，采用美国奥斯汀德克萨斯大学的两位学者 Mac Gregor 和 Hindi 的试验结构。图中等效荷载由 AASHTOHS—20 按试验结构缩尺模拟求得，纵标表示对于此荷载的倍数。

(3)钢索黏结性能

由于体外预应力索与周围主体结构在同一截面上的变形是不协调的，无论采用粗钢筋、高强钢丝或钢绞线，在转向位置处体外预应力索与混凝土结构黏结情况不同，其力学性能也会不同，图 4-4-6 表示 Mac Gregor 等实验结构的体外预应力索黏结情况对其力学性能的影响。从图中可看出通过在转向位置处对体外预应力索进行约束，可以有效地减少预应力索的自由长度，提高结构的极限承载能力。

由于连接缝和非预应力筋的影响，整体施工的体外预应力混凝土结构与节段施工的体外预应力混凝土结构，在力学性能上有很大的区别，不能把节段施工的体外预应力混凝土结构的力学性能，等同于整体施工的体外预应力混凝土结构；也不能把整体施工的体外预应力混凝土结构的试验或计算结果，简单地套用到节段施工的体外预应力混凝土结构中去。从根本上来说，采用节段施工、节段间有连接缝的体外预应力混凝土结构，接缝处的刚体转动是其区别于其他各种预应力结构的本质因素。限制接缝处的刚体转动，将使结构的极限承载能力和结构在极限荷载阶段的刚度得到提高。由于节段施工体外预应力结构的混凝土和非预应力筋在连接缝处完全被断开，预应力索是限制节段间接缝刚体转动的唯一影响因素。明确这一点对以后的理论研究和实际工程应用具有重要的意义。

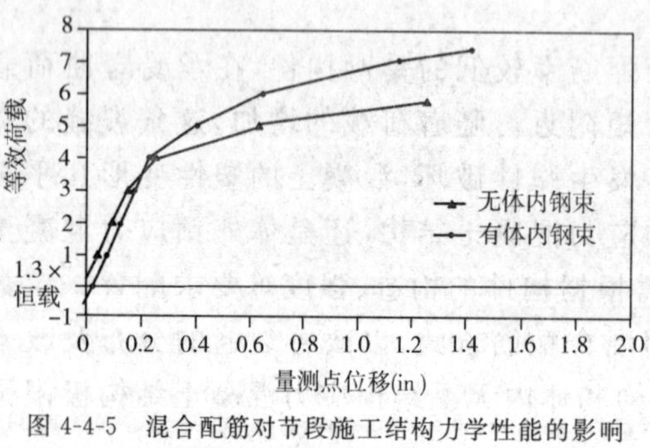

图 4-4-5 混合配筋对节段施工结构力学性能的影响

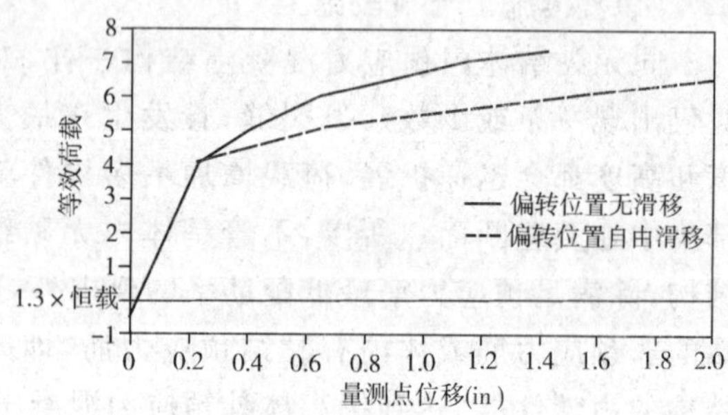

图 4-4-6 钢索黏结情况对其力学性能的影响

四、体外预应力混凝土结构的组成

1.体外预应力混凝土结构的基本组成

体外预应力混凝土结构的基本组成部分(图 4-4-7)包括以下内容。

(1)体外预应力索、管道和灌浆材料。

(2)体外预应力索的锚固系统。

(3)体外预应力索的转向装置。

(4)体外预应力索的防腐系统。

从图 4-4-7 中可以看出，体外预应力索与混凝土结构可能有黏结联系的地方只是在锚固区域和设转向装置区。

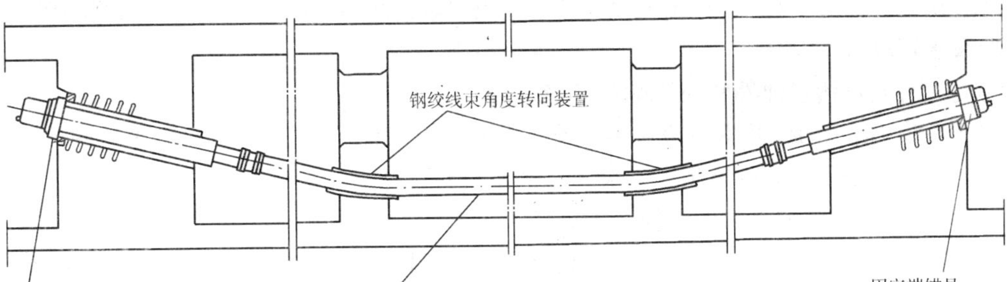

图 4-4-7　体外预应力混凝土结构的基本组成

2.体外预应力索、管道和灌浆材料

体外预应力混凝土结构所采用的预应力索有粗钢筋、高强钢丝或钢绞线，一般多采用钢绞线。钢绞线包括与体内预应力混凝土结构完全相同的普通钢绞线以及镀锌钢绞线或外表涂层和外包 PE 防护的单根无黏结钢绞线。体外预应力索的管道主要起防腐作用，它通常有两种形式：一是全部采用钢管道；二是采用钢管与高密度聚乙烯(简称 HDPE)管道相结合的方式，即除在锚固段及转向弯曲段采用钢管外，在其他直线段均采用 HDPE 管道。

体外预应力索所采用管道的形式与钢索及灌浆材料的形式密切相关，钢管较贵，且本身有防腐的问题；HDPE 管尽管有大量的应用，但应注意其与钢管的连接，必须保证管道连接的密封性能。同时 HDPE 管的材性也必须满足相应规范的要求。

体外预应力索管道的灌浆材料分为刚性灌浆材料和非刚性灌浆材料。刚性灌浆材料通常是指水泥，非刚性灌浆材料主要是指油脂和石蜡。水泥灌浆是最简单和最常用的材料，它可以适用于与结构有离散黏结的体外预应力结构，也适用于与结构完全无黏结的体外预应力结构；而油脂和石蜡通常用在由普通钢绞线和钢制管道组成的预应力系统中，以达到钢索与结构无黏结的目的。

图 4-4-8、图 4-4-9 分别为两种典型的体外索形式。对体外预应力索及与之密切相关的管道和灌浆材料选择的标准主要基于以下方面。

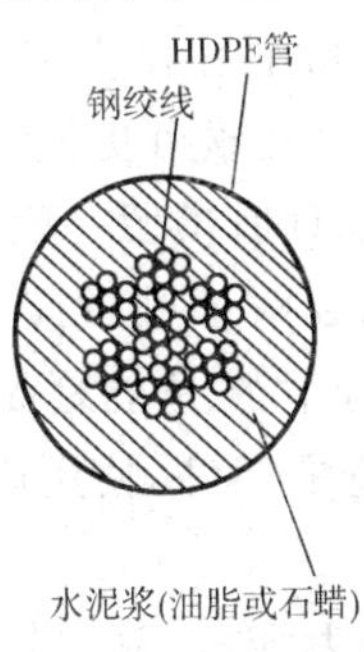

图 4-4-8　普通钢绞线外包 PE 防护的体外索

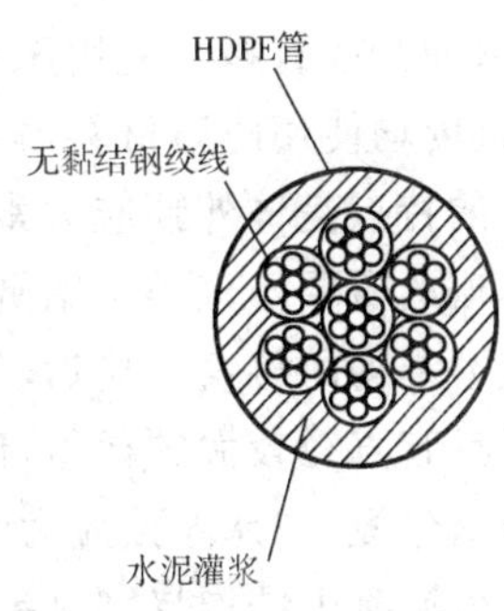

图 4-4-9　单根无黏结外包 PE 防护的体索

(1)环境条件和钢索的暴露程度

在《公路钢筋混凝土及预应力混凝土桥涵设计规范》(JTG D62—2003)中，把周围环境与结构的关系分为四类：

①非寒冷地区或寒冷地区的大气环境；与无侵蚀性的水或土接触的环境；

②严寒地区的大气环境、与无侵蚀性的水或土接触的环境，使用除冰盐环境，滨海环境；

③海水环境；

④受人为或自然侵蚀性物质影响的环境。

图 4-4-8 中所示的体外索一般可用于前三类的环境，而第④类环境一般需采用图 4-4-9 中所示的防护能力较强的体外索形式。管道和灌浆材料选择受环境的影响不大。

(2)钢索索力调整或钢索的调换

如果需要体外预应力索可多次张拉，或需要在施工期或使用期的拆卸和调换，这就要求钢索与结构之间必须是无黏结的，同时需要选择钢索、管道和灌浆材料以满足设计要求。

不管管道和灌浆材料如何选择，只要采用单根无黏结钢绞线组成的钢索就能够满足多次张拉的要求。如在锚固和转向位置处采用双层管道，不管钢索是何种类型，都能达到拆卸或调换的要求。而当体外预应力索在锚固及转向位置采用单层管道时，则只能采用无黏结钢索和非刚性的灌浆材料，才能保证钢索在必要时能够拆卸和调换。

(3)钢索张拉时的摩擦力

钢索与管道之间的摩阻力会引起预应力损失，该项损失与管道不平整系数 k 和钢索与弯曲管道间的摩擦因数 μ 相关。由于体外无黏结钢索的 μ 和 k 均非常小，只有在特别长或弯道很多的情况下，才会有较大的预应力损失。

3.体外预应力索的锚固系统

体外预应力索的锚固体系与上述的体外预应力索的系统密切相关，一般可以分成可更换和不可更换两大类。若采用不可更换的体外预应力索的锚具，则钢索将不更换、不调整，一般应用于体外预应力索与混凝土结构有离散黏结的桥梁结构。可以更换的体外预应力锚固系统必须保证锚具与混凝土结构之间相互隔断，对于体外预应力混凝土结构而言，关键在于锚固位置及转向结构处。

在可以更换的体外预应力锚具中，包括钢索无法放松和可以放松两种类型。前者在钢索张拉后不预留能够再次张拉的长度，钢索在张拉后无法放松，使用这种类型锚具的体外预应力索既可以是普通的钢绞线，也可以是单根无黏结钢绞线。使用普通钢绞线时，在管道中灌注非刚性灌浆材料(油脂或石蜡)；使用无黏结钢绞线时，管道中一般灌注水泥浆。但是，无论采用何种钢索，锚具内均使用防腐材料填密而不使用水泥浆，以满足钢索可更换的要求。

后者最大的特点是体外预应力索在张拉锚固后，需要在锚具后预留一段一定长度的钢索，以满足钢索放松的需要。该类型锚具可以用于顶推施工中的临时体外预应力索，也可用于坦拉式体外预应力结构的拉索。显然，使用这种锚具的体外预应力索只能是无黏结钢索。这种锚具通常需要具有直径较大的导管，以足以穿入锚板和喇叭管的组件，使用旋在锚板上的螺母将锚固力传至锚垫板，与体内预应力索的镦头锚具相似。

体外预应力混凝土结构特别是钢索可以更换的体外预应力结构，其对锚具有巨大的依赖性。所以体外预应力锚具组件本身必须能提供比一般体内预应力锚具高得多的可靠性和安全性。传统的体内预应力混凝土结构在张拉后不久必须在预应力筋孔道中压注水泥浆，与预应力筋黏结的水泥浆，在一旦锚具组件中某部分失效后仍然能提供足够的黏结力，预应力筋不会由于锚具的失效而完全失效。而体外预应力混凝土结构不是这样，尤其是使用无黏结钢索时，钢索完全依靠在锚固点的锚具，一旦锚具组件出现问题，其导致的后果便是灾难性的。同时，体外预应力索要承受比体内预应力筋更不利的动载及由此产生的疲劳问题。所以，用于体外预应力结构的锚具组件及与钢索的适配性均需要进行严格周密的计算和静、动载试验，以保证体外预应力混凝土结构的安全、可靠。

4. 体外预应力索的转向装置

体外预应力混凝土结构中的偏转向装置是一种特殊构造，它是除锚固构造外，体外预应力索在跨内唯一与混凝土体有联系的构件，并且担负着钢索转向的重要任务，也是体外预应力混凝土结构中最重要、最关键的结构构造之一。图 4-4-10～图 4-4-13 是几种体外预应力混凝土结构中最常见的转向装置构造。

图 4-4-10 为最简单的块状式转向构造，只能承受钢索的竖向分力，它大量应用于跨径较小、采用节段施工的体外预应力混凝土结构。图 4-4-11 为能够承受钢索横竖向转向产生的分力的转向构造，为承受水平分力，转向构造混凝土在箱梁底板上是贯通的，该种转向构造常用于斜、弯的体外预应力结构。图 4-4-12 所示的转向构造能够承受较大的钢索分力，该种转向构造称为转向竖横肋，竖横肋把钢索的转向力传至箱梁腹板和上梗腋，具有较好的受力保障。同时，由于箱梁采用斜腹板，故横肋在底板用另一根横梁贯通以承受该种转向构造产生的水平分力。如竖向及横向的横肋全部加宽，这样的转向构造就成为转向横梁，它往往应用于钢索转向力特别大的结构中。图 4-4-13 所示的体外预应力转向鞍座由较轻的钢构件组成，力学模式与图 4-4-12 中的相同，即钢板用于传力及定位，斜杆和水平杆的合力用于抵消体外钢索在转向时产生的竖直及水平分力。这种轻型的钢鞍座转向构造使用起来灵活、方便，也可以用于加固结构中。必须注意，在这种类型转向结构中，体外预应力索所使用的转向钢管除与以上其他转向构造中钢管同样具有定位作用以外，还需要承受钢索产生的向上弯折力，所以一般需要壁厚较大的钢管。

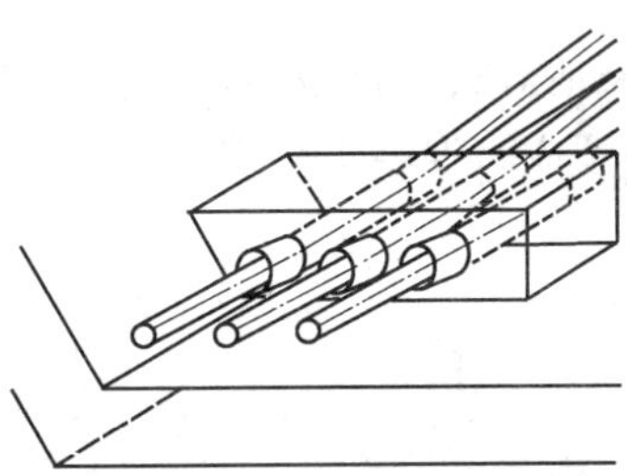

图 4-4-10　块状转向装置构造

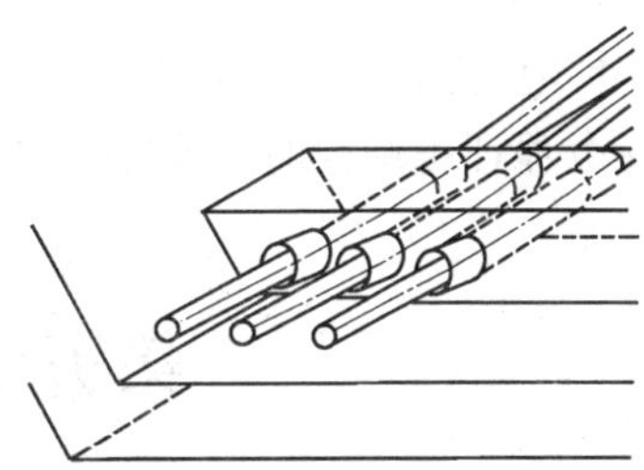

图 4-4-11　底横肋式转向装置构造

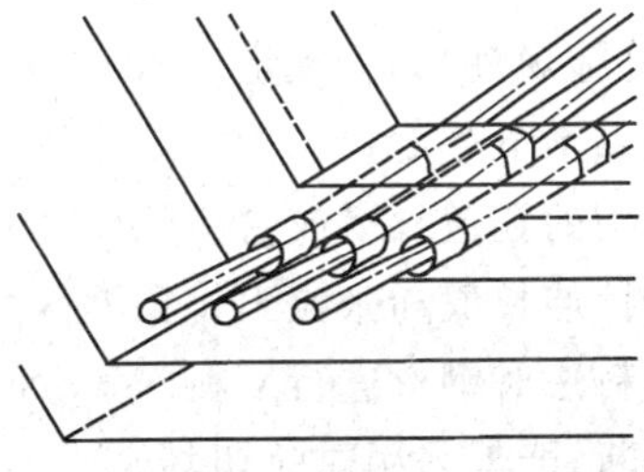

图 4-4-12　竖横肋式转向装置构造

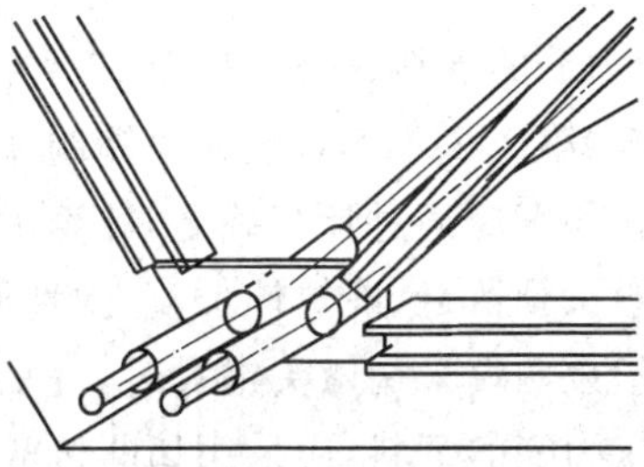

图 4-4-13　钢鞍座式转向装置构造

5. 体外预应力索的防腐系统

对体外预应力混凝土结构，预应力索的防腐十分重要，它关系到结构的安全性及可靠度，体外预应力索的防腐主要有以下几个方面。

(1)钢索本身的防腐

对钢索本身，成品的单根无黏结钢绞线是现在最常用及有效的防腐手段。目前国内外生产的环氧涂层无黏结钢绞线具有较好的防腐性能。这种钢绞线每根均有单独的PE护套并内充油脂，本身具有防护系统，一般情况可以不用管道而单独使用，较好地应用于桥梁的体外预应力加固工程中。

(2)管道与灌浆材料的防腐作用

对于体外预应力索，管道与相应的灌浆材料的防腐作用至关重要。HDPE管道加水泥浆是最经济的方式，由于钢索在体外，且钢索的几何外型比较简洁，故钢索的灌浆条件相对比体内预应力筋好得多。这样，水泥浆就能比较可靠地充实全部管道。这种防腐措施已被证明是可靠的，世界上大部分体外预应力混凝土结构均采用这种方法。

用油脂或石蜡在钢管或PE管内灌浆同样是可靠的防腐手段，它适应于转向块处采用单层管、钢索可以更换的体外预应力混凝土结构的形式。

在转向块处采用双层管道的体外预应力混凝土结构，一般可采用无黏结钢绞线及水泥灌浆，水泥灌浆起隔离作用。这种防腐形式就有了三道措施：一是无黏结钢绞线本身；二是外层的PE管；三是水泥灌浆材料。

(3)锚固区段的防腐

不管采用何种灌浆材料，锚具及锚下喇叭管内也都需要防护，需要采用油脂或其他材料填充喇叭管及外侧的防护套管。

由于体外预应力索由于暴露在外，因此可以方便地对其进行检测，并且在有些情况下还可以更换，这充分保证了结构的防腐能力，也正是体外预应力混凝土结构的优势之一。

第五节　施　　工

一、预应力钢筋的制作

对预应力筋的下料、镦头、挤压等要求可参见《公施规》的如下规定。

《公施规》第7.2.4条对预应力筋制作时的下料做出下列规定。

(1)下料长度应通过计算确定，计算时应考虑结构的孔道长度或台座长度、锚夹具厚度、千斤顶长度、镦头预留量、冷拉伸长值、弹性回缩值、张拉伸长值和张拉工作长度等因素。

(2)钢丝束两端采用镦头锚具时，宜采用等长下料法对钢丝进行下料。

(3)预应力筋的下料，应采用切断机或砂轮锯切断，严禁采用电弧切割。

《公施规》第7.2.5条规定，高强钢丝的镦头宜采用液压冷镦，镦头前应确认钢丝的可镦性。钢丝镦头的强度不得低于钢丝强度标准值的98%。

《公施规》第7.2.6条规定，制作挤压锚时，模具与挤压锚应配套使用，挤压锚具的外表面应涂润滑介质，挤压力和挤压操作应符合产品说明书的规定。挤压后的预应力筋外端应露出挤压套筒2～5mm。钢绞线压花锚成型时，表面应清洁、无油污，梨形头的尺寸和直线段长度应不小于设计值。

《公施规》第7.2.7条规定，预应力筋由多根钢丝或钢绞线组成且当采取整束穿入孔道内时应预先编束，编束时应将钢绞线或钢丝逐根理顺，防止缠绕，并每隔1～1.5m捆绑一次，使其捆扎牢靠、顺直。

二、混凝土的浇筑

对预应力混凝土的浇筑要求可参见《公施规》的如下规定。

《公施规》第7.5.1条对混凝土浇筑前做出下列规定。

(1)应根据待浇结构物的情况、环境条件及浇筑量等制订合理的浇筑工艺方案，工艺方案应对施工缝设置、浇筑顺序、浇筑工具、防裂措施、保护层的控制等作出明确规定。

(2)应对支架、模板、钢筋、预埋件等进行检查，模板内的杂物、积水及钢筋上的污物应清理干净。模板如有缝隙或有空洞时，应填塞严密且不漏浆。

(3)应对混凝土的均匀性和坍落度等性能进行检测。

(4)应对预埋于混凝土中的锚具、管道和钢筋等进行全面验收，符合要求方可开始浇筑。

《公施规》第7.5.2条规定，浇筑混凝土时，宜根据结构或构件的不同形式选用插入式、附着式或平板式等振动器进行振捣。对箱梁腹板与底板及顶板连接处的承托、预应力筋锚固区以及其他预应力钢束与钢筋密集部位，应采取有效措施加强振捣；对先张构件应避免振动器碰撞预应力筋；对后张结构应避免振动器碰撞预应力筋的管道、预埋件等。浇筑过程中应随时检查模板、管道、锚固端垫板等的稳固性，保证其位置及尺寸符合设计要求。

《公施规》第7.5.3条规定，用于判断现场预应力混凝土结构或构件强度的混凝土试件，应置于现场与结构或构件同环境、同条件养护。

三、预应力的施加

1.施加预应力

《公施规》第7.6.1条对预应力张拉用的机具设备和仪表做出下列规定。

(1)预应力筋的张拉宜采用穿心式双作用千斤顶，整体张拉或放张宜采用具有自锚功能的千斤顶；张拉千斤顶的额定张拉力宜为所需张拉力的1.5倍，且不得小于1.2倍。与千斤顶配套使用的压力表应选用防震型产品，其最大读数应为张拉力的1.5～2倍，标定精度应不低于1.0级。张拉机具设备应与锚具配套使用，并应在进场时进行校正、检查和标定。

(2)张拉用的千斤顶应与压力表配套标定，并配套使用，标定应在经国家授权的法定计量技术机构定期进行，标定时千斤顶活塞的运行方向应与实际张拉工作状态一致。当处于下列情况之一时，应重新进行标定：

①使用时间超过6个月；

②张拉次数超过300次；

③使用过程中千斤顶或压力表出现异常现象；

④千斤顶检修或更换配件后。

(3)当采用测力传感器测量张拉力时，测力传感器应按国家标准的规定每年送检一次。

《公施规》第7.6.2条规定施加预应力之前，施工现场的准备工作及结构或构件需达到的要求如下。

(1)施工现场应具备经批准的张拉顺序、张拉程序和施工作业指导书，经培训掌握预应力施工知识和正确操作的施工人员，以及能保证操作人员和设备安全的防护措施。

(2)锚具安装正确，结构或构件混凝土已达到要求的强度和弹性模量(或龄期)。

《公施规》第7.6.3条对预应力筋施加时的规定如下。

(1)千斤顶安装时，工具锚应与前端的工作锚对正，工具锚与工作锚之间的各根预应力筋不得错位、扭绞。实施张拉时，千斤顶与预应力筋、锚具的中心线位于同一轴线上。

(2)预应力钢筋的张拉程序及张拉控制应力应符合设计规定。当施工中需要对预应力筋实施超张拉或计入锚圈口预应力损失时，可比设计规定提高5%，但在任何情况下均不得超过设计规定的最大张拉控制应力。

(3)预应力筋采用应力控制方法张拉时，应以伸长值进行校核，实际伸长值与理论伸长值的差值应符合设计要求，设计无规定时，其偏差应控制在±6%以内，否则应暂停张拉，待查明原因并采取措施予以调整后，方可继续张拉。对环形筋、U形筋等曲率半径较小的预应力束，其实际伸长值与理论伸长值的偏差宜通过试验确定。

(4)预应力筋的理论伸长值ΔL_L(mm)可按式(4-5-1)计算。

$$\Delta L_L = \frac{P_p L}{A_p E_p} \tag{4-5-1}$$

式中：P_p——预应力筋的平均张拉力(N)，直线筋取张拉端的拉力；两端张拉的曲线筋，按式(4-5-2)计算；

L——预应力筋的长度(mm)；

E_p——预应力筋的弹性模量(MPa)；

A_p——预应力筋截面面积(mm^2)。

$$P_p = \frac{P[1 - e^{-(kx+\mu\theta)}]}{kx + \mu\theta} \tag{4-5-2}$$

式中：P——预应力筋张拉端的张拉力(N)；

x——从张拉端至计算截面的孔道长度(m)；

θ——从张拉端至计算截面曲线孔道部分切线的夹角之和(rad)；

k——孔道每米局部偏差对摩擦的影响系数，参见设计部分；

μ——预应力钢筋与孔道壁的摩擦系数，参见设计部分。

预应力筋的实际伸长值与理论计算伸长值之间有一定的误差，究其原因，主要有：预应力筋的实际弹性模量与计算时的取值不一致；千斤顶的拉力不准确；孔道的摩擦损失计算与实际不符；量测误差等。特别是弹性模量的取值是否正确，对伸长值的计算影响较大。必要时，预应力筋的弹性模量、锚圈口及孔道摩阻损失应通过试验测定，计算时予以调整。

对重要的预应力混凝土结构，预应力筋的实测伸长值与理论伸长值之间误差的容许范围，可参照美国和日本规范容许误差±5%的规定从严掌握，《公施规》关于±6%的规定是符合我国实际情况的，也是能够达到的。

(5)预应力筋张拉时，应先调到初应力 σ_0，初应力宜为张拉控制应力 σ_{con} 的 10%～25%，伸长值应从初应力时开始量测。预应力筋的实际伸长值除量测的伸长值外，尚应加上初应力以下的推算伸长值，预应力筋张拉实际伸长值 ΔL_s(mm)可按式(4-5-3)计算。

$$\Delta L_s = \Delta L_1 + \Delta L_2 \tag{4-5-3}$$

式中：ΔL_1——从初应力到最大张拉应力间的实测伸长值(mm)；

ΔL_2——初应力以下的推算伸长值(mm)，可采用相邻级的伸长值推算。

关于初应力以下的推算伸长值，由于在最初张拉时各根预应力钢筋的松紧弯曲程度不一致，在初应力以下拉伸过程中，既有弹性伸长，也有非弹性伸长，所以不宜采用量测的方法，而宜采用推算的方法。推算时，应以实际伸长值与实测应力之间的关系线为依据。可采用相邻级的伸长值推算。

(6)预应力筋的锚固，应在张拉控制应力处于稳定状态下进行。锚固阶段张拉端锚具的变形、预应力筋的内缩量和接缝压密值，应不大于设计规定或不大于表 4-2-2 所列容许值。

(7)在预应力筋张拉、锚固过程中及锚固完成后，均不得大力敲击或振动锚具。预应力筋锚固后需要放松时，对夹片式锚具宜采用专门的放松装置松开；对支撑式锚具可采用张拉设备缓慢地松开。

(8)预应力筋在实施张拉或放张作业时，应采取有效的安全防护措施，预应力筋两端的正面严禁站人和穿越。

(9)预应力筋张拉、锚固及放松时，均应填写施工记录。

2. 先张法

《公施规》第 7.7.1 条及第 7.7.2 条对先张法墩式台座结构、预应力筋的安装规定如下。

(1)承力台座应进行专门设计，其应具有足够的强度、刚度和稳定性，其抗倾覆安全系数应不小于 1.5，抗滑移系数应不小于 1.3。

(2)锚固横梁须有足够的刚度，受力后挠度应不大于 2mm。

(3)预应力筋安装宜自下而上进行，并应采取措施防止其被台座上涂刷的隔离剂污染。预应力筋与锚固梁间的连接，宜采用张拉螺杆。

《公施规》第 7.7.3 条对先张法预应力筋的特殊规定如下。

(1)张拉前，应对台座、横梁及各项张拉设备进行详细检查，符合要求后方可进行操作。

(2)同时张拉多根预应力筋时，应预先调整其单根预应力筋的初应力，使相互之间的应力一致，再整体张拉。张拉过程中，应使活动横梁与固定横梁始终保持平行，并应抽查预应力筋的预应力值，其偏差的绝对值不得超过按一个构件全部预应力筋预应力总值的 5%。

(3)先张法预应力筋的张拉程序应符合设计要求；设计无规定时，其张拉程序可按表 4-5-1 的规定进行。

先张法预应力筋张拉程序 表 4-5-1

预应力筋种类		张拉程序
钢丝、钢绞线	夹片式等具有自锚性能的锚具	普通松弛预应力筋：0→初应力→1.03σ_{con}（锚固）； 低松弛预应力筋：0→初应力→σ_{con}（持荷 5min 锚固）
	其他锚具	0→初应力→1.05σ_{con}（持荷 5min）→0→σ_{con}（锚固）
螺纹钢筋		0→初应力→1.05σ_{con}（持荷 5min）→0.9σ_{con}→σ_{con}（锚固）

注：1. 表中 σ_{con} 为张拉时的控制应力值，包括预应力损失值。

2. 超张拉数值超过《公施规》第 7.6.3 条规定的最大超张拉应力限值时，应按该条规定的限值进行张拉。

3. 张拉螺纹钢筋时，应在超张拉并持荷 5min 后放张至 0.9σ_{con}时再安装模板、普通钢筋及预埋件等。

(4)张拉时，预应力筋的断丝数量不得超过表 4-5-2 的规定。

先张法预应力筋断丝限制 表 4-5-2

预应力筋种类	检查项目	控制数
钢丝、钢绞线	同一构件内断丝数不得超过钢丝总数的百分比	1%
螺纹钢筋	断筋	不允许

(5)预应力筋张拉完毕后，其设计位置与设计的偏差不得大于 5mm，同时不得大于构件最短边长的 4%，且宜在 4h 内浇筑混凝土。

《公施规》第 7.7.4 条等对先张法预应力筋的放张规定如下。

(1)预应力筋放张时构件混凝土的强度和弹性模量（或龄期）应符合设计规定，设计未规定时，混凝土的强度不得低于设计强度等级值的 80%，弹性模量不低于混凝土 28d 弹性模量的 80%。

(2)在预应力筋放张之前，应将限制位移的侧模、翼缘模板或内模拆除。

(3)预应力筋的放张顺序应符合设计规定，设计未规定时，应分阶段、对称、相互交错地放张。

(4)多根整批预应力筋的放张，当采用砂箱放张时，放砂速度应均匀一致；采用千斤顶放张时，放张宜分数次完成；单根钢筋采用拧松螺母的方法放张时，宜先两侧后中间，并不得一次将一根力筋松完。

(5)预应力筋放张后，其在构件端部的内缩值不宜大于 2.0mm。对钢丝、钢绞线，应采用机械切割的方式进行切断；对螺纹钢筋，可采用乙炔—氧气切割，但应采取必要的措施防止高温对其产生不利影响。

(6)长线台座上预应力筋的切断顺序，应由放张端开始，逐次切向另一端。

3. 后张法

《公施规》第 7.8.1 条和第 7.8.2 条对采用金属或塑料管道构成后张预应力混凝土结构或构件的孔道和采用胶管抽芯法制孔时的规定如下。

(1)管道的规格、尺寸应符合设计规定，且其内横截面积应不小于预应力筋净截面积的 2 倍；对长度大于 60m 的管道，宜通过试验确定其面积比是否可以进行正常的压浆专业。

(2)管道应按设计规定的坐标位置进行安装，并应采用定位钢筋固定，使其能牢固地置于模板内的设计位置，且在混凝土浇筑期间不产生位移。管道与普通钢筋重叠时，应移动普通钢筋，不得改变管道的设计坐标位置。固定各种成孔管道用的定位钢筋的间距，对钢管不宜大于1.0m，波纹管不宜大于0.8m；位于曲线上的管道和扁平波纹管道应适当加密。定位后的管道应平顺，其端部的中心线应与锚垫板相垂直。

(3)管道接头处的连接管宜采用大一级直径的同类管道，其长度宜为被连接管道内径的5～7倍。连接时不应使接头处产生角度变化及在混凝土浇筑期间发生管道的转动或移位，并应缠裹紧密，防止水泥浆的渗入。塑料波纹管应采用专用焊接机进行热熔焊接或采用具有密封性能的塑料结构连接器连接。当采用真空辅助压浆工艺进行孔道压浆时，管道的所有接头应具有可靠的密封性能，并应满足真空度的要求。

(4)所有管道均应在每个顶点设排气孔及需要时在每个低点设排水孔。压浆管、排气管和排水管应是最小内径为20mm的标准管或适宜的塑性管，与管道之间的连接应采用金属或塑料结构扣件，长度应足以从管道引出结构物以外。

(5)管道安装完毕后，其端口应采取可靠措施临时封堵，防止水或其他杂物进入。

(6)后张预应力管道安装的允许偏差应符合表4-5-3的规定。

后张预应力管道安装允许偏差　　表4-5-3

项　　目		允许偏差　(mm)
管道坐标	梁长方向	30
	梁高方向	10
管道间距	同排	10
	上下层	10

(7)采用胶管抽芯法制孔时，胶管内应插入芯棒或充以压力水增加刚度；采用钢管抽芯法制孔时，钢管表面应光滑，焊接接头应平顺。抽芯时间应通过试验确定，以混凝土抗压强度达到0.4～0.8MPa时为宜，抽拔时不得损伤结构混凝土。抽芯后，应采用通孔器或压气、压水等方法对孔道进行检查，如发现孔道堵塞或有残留物或与邻孔有串通，应及时处理。

《公施规》第7.8.3条和第7.8.4条对预应力筋、锚具、夹具和连接器的安装规定如下。

(1)预应力筋可在浇筑混凝土之前或之后穿入孔道，穿束前应检查锚垫板和孔道，锚垫板的位置应准确；孔道内应畅通，无水和其他杂物。

(2)宜将一根钢束中的全部预应力筋编束后整体穿入孔道中，整体穿束时，束的前端宜设置穿束网套或特制的牵引头，应保持预应力筋顺直，且仅应前后拖动，不得扭转；对钢绞线，可采用穿束机逐根将其穿入孔道内，但应保证其在孔道内不发生相互缠绕。

(3)对在混凝土浇筑及养护之前安装在孔道中但在表4-5-4的规定时限内未压浆的预应力筋，应采取防止锈蚀或其他防腐性的措施，直至压浆。

未采取防腐蚀措施的预应力筋在安装后至压浆时的容许时间　　表4-5-4

暴露条件	安装后至压浆时的容许时间(d)
空气湿度大于70%或盐分过大时	4
空气湿度40%～70%时	15
空气湿度小于40%时	20

(4)在预应力筋安装在管道中后，应将管道端部开口密封，以防止湿气进入。采用蒸汽养

生时，在养生完成之前不应安装预应力筋。

(5)在任何情况下，当在安装有预应力筋的构件附近进行电焊时，均应对全部预应力筋和附属构件进行保护，防止溅上焊渣或造成其他损坏。

(6)对在混凝土浇筑之前穿束的管道，预应力筋安装完成后，应进行全面检查，查出可能损坏的管道。在混凝土浇筑之前，应将管道上所有非有意留的孔、开口或损坏之处修复，并应在浇筑混凝土过程中随时检查预应力筋能否在管道内自由移动。

(7)锚具、夹具和连接器在安装之前应擦拭干净。锚具和连接器的安装位置应准确，且应与孔道对中。锚垫板上设置有对中止口时，应防止锚具偏出止口。安装夹片时，应使夹片的外露长度基本一致。

(8)采用螺母锚固的支撑式锚具，安装时应逐个检查螺纹的配合情况，应保持在张拉和锚固过程中能顺利旋合拧紧。

《公施规》第 7.8.5 条等对后张预应力筋的张拉和锚固特殊规定如下。

(1)预应力筋张拉之前，宜对不同类型的孔道进行至少一次孔道的摩阻测试，通过测试所确定的 μ 值和 k 值宜用于对设计张拉控制应力的修正。摩阻损失的测试方法见《公施规》的附录 C2。

(2)张拉时，结构或构件混凝土的强度和弹性模量(或龄期)应符合设计规定，设计未规定时，混凝土的强度不得低于设计强度等级值的 80%，弹性模量不低于混凝土 28d 弹性模量的 80%。

(3)预应力筋的张拉顺序应符合设计规定，设计未规定时，可采取分批、分阶段的方法对称张拉。

(4)预应力筋应整束张拉锚固。对扁平管道中平行排放的预应力钢绞线束，在保证各根钢绞线不会叠压时，可采用小型千斤顶逐根张拉，但应考虑逐根张拉时预应力损失对控制应力的影响。

(5)预应力筋张拉端的设置应符合设计规定；设计未规定时，应符合下列规定。

①直线筋和螺纹钢筋可在一端张拉。对曲线预应力筋，应根据施工计算的要求采取两端张拉或一端张拉的方式进行，当锚固损失的影响长度小于或等于 $L/2$(L 为结构或构件长度)时，应采取两端张拉；当锚固损失的影响长度大于 $L/2$ 时，可采取一端张拉。

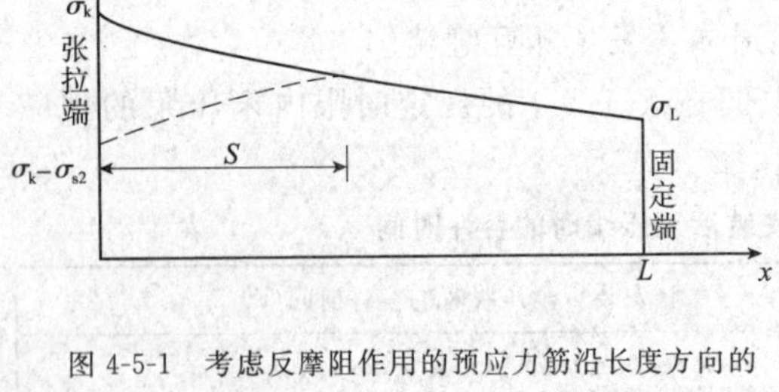

图 4-5-1　考虑反摩阻作用的预应力筋沿长度方向的应力变化

预应力筋张拉时，由于管道的摩阻作用，朝固定端或跨中方向预应力筋的拉应力有所降低，如图 4-5-1 所示。预应力筋锚固后，由锚具变形、钢筋回缩和接缝压密引起的预应力损失，由于受管道反摩阻的影响，在张拉端最大，沿构件的长度方向逐渐减小，最后至零。

a. 假定锚固后预应力筋的回缩损失影响长度 $S \geqslant L/2$，这说明跨中应力受到了钢筋回缩等的影响而有所减小，张拉端锚固后的应力小于固定端的应力，可以采用一端张拉。

b. 假定锚固后预应力的损失影响长度 $S < L/2$，这时张拉端锚固后的应力大于固定端，一般应采用两端张拉。当然，对两端需要预应力值较小的简支构件，或因结构的特殊情况必须采

用一端张拉而固定端应力仍能满足设计要求时，也可采用一端张拉。

关于锚固损失 σ_{l2} 及其影响长度 S 的计算，详见本章第二节中钢筋的预应力损失部分。

②当同一截面中有多束一端张拉的预应力筋时，张拉端宜分别交错设置在结构或构件的两端。

③预应力筋采用两端张拉时，宜两端同时张拉，或先在一端张拉锚固后，再在另一端补足预应力值进行锚固。当采用两台以上千斤顶实施对称和两端张拉时，各千斤顶之间同步张拉力的允许误差宜为±2%。

(6)后张预应力筋的张拉程序应符合设计规定；设计未规定时，可按表 4-5-5 的规定进行。张拉控制应力的精度宜为±1.5%。

后张法预应力筋张拉程序 表 4-5-5

锚具和预应力筋类别		张拉程序
夹片式等具有自锚性能的锚具	钢绞线束、钢丝束	普通松弛预应力筋：0→初应力→1.03σ_{con}（锚固）
		低松弛预应力筋：0→初应力→σ_{con}（持荷 5min 锚固）
其他锚具	钢绞线束、钢丝束	0→初应力→1.05σ_{con}（持荷 5min）→σ_{con}（锚固）
		0→初应力→1.05σ_{con}（持荷 5min）→0→σ_{con}（锚固）
螺母锚固锚具	螺纹钢筋	0→初应力→σ_{con}（持荷 5min）→0→σ_{con}（锚固）

注：1. 表中 σ_{con} 为张拉时的控制应力值，包括预应力损失值。

2. 两端同时张拉时，两端千斤顶升降压、画线、测伸长等工作应基本一致。

3. 超张拉数值超过《公施规》第 7.6.3 条规定的最大超张拉应力限值时，应按该条规定的限值进行张拉。

在对钢绞线预应力筋进行张拉时发现，由于现在已普遍采用低松弛预应力筋，预应力筋的应力松弛损失较小，加上施加预应力时多数采用自锚式锚具，如采用超张拉方法进行张拉时，一旦张拉应力达到 1.05σ_{con}后就很难再回到 σ_{con}，即使能回到 σ_{con}，夹片已开始工作，经回缩损失后锚固，实际上预应力筋是在 1.05σ_{con}和 σ_{con}之间时开始锚固的。因此，表 4-5-5 规定若采用自锚式锚具，在张拉低松弛预应力筋时，一旦张拉应力达到 σ_{con}时，可直接锚固；在张拉普通松弛预应力筋时，可超张拉至 1.03σ_{con}后直接锚固。

(7)后张预应力筋断丝及滑移的数量不得超过表 4-5-6 的控制数。

后张预应力筋断丝、滑移限制 表 4-5-6

类别	检查项目	控制数
钢丝束、钢绞线束	每束钢丝断丝或滑丝	1 根
	每束钢绞线断丝或滑丝	1 丝
	每个断面断丝之和不超过该断面钢丝总数的百分比	1%
螺纹钢筋	断筋或滑移	不容许

注：1. 钢绞线断丝系指单根钢绞线内钢丝的断丝。

2. 超过表列控制数时，原则上应更换；当不能更换时，在许可的条件下，可采取补救措施，如提高其他束预应力值，但须满足设计各阶段极限状态的要求。

(8)预应力筋在张拉控制应力达到稳定后方可锚固。对夹片式锚具，锚固后夹片顶面应平齐，其相互间的错位不宜大于 2mm，且露出锚具外的高度不应大于 4mm。锚固完毕并经检验确认合格后方可切割端头多余的预应力筋，切割时应采用砂轮锯，严禁采用电弧进行切割，同时不得损伤锚具。

张拉锚固后，预应力筋在锚下的有效预应力应符合设计张拉控制应力，两者的相对偏差应不超过±5%，且同一断面中的预应力束其有效预应力的不均匀度应不超过±2%。

(9)切割后预应力筋的外露长度不应小于30mm，且不应小于1.5倍预应力筋直径。锚具应采用封端混凝土保护，当需长期外露时，应采取防止锈蚀的措施。

四、后张孔道压浆及封锚

《公施规》第7.9.1条要求，预应力筋张拉锚固后，孔道应尽早压浆，且应在48h内完成，否则应采取避免预应力筋锈蚀的措施。

《公施规》第7.9.2条和第7.9.3条对后张预应力孔道采用的专用压浆料或专用压浆剂配制的浆液，其原材料的规定如下。

(1)水泥应采用性能稳定、强度等级不低于42.5的低碱硅酸盐或低碱普通硅酸盐水泥，水泥的性能要求应符合《公施规》第6.15.4条的规定。

(2)外加剂应与水泥具有良好的相容性，且不得含有氯盐、亚硝酸盐或其他对预应力筋有腐蚀作用的成分。减水剂应采用高效减水剂，且应满足现行国家标准《混凝土外加剂》(GB 8076)中高效减水剂一等品的要求，其减水率应不小于20%。

(3) 矿物掺和料的品种宜为Ⅰ级粉煤灰、磨细矿渣粉或硅灰，并应符合《公施规》第6.15.8条的规定。

(4)水不应含有对预应力筋或水泥有害的成分，每升水中不得含有350mg以上的氯化物离子或任何一种其他有机物，宜采用符合国家卫生标准的清洁饮用水。

(5)膨胀剂宜采用钙矾石系或复合型膨胀剂，不得采用以铝粉为膨胀源的膨胀剂或总碱量0.75%以上的高碱膨胀剂。

(6)压浆材料中的氯离子含量不应超过胶凝材料总量的0.06%，比表面积应大于350m^2/kg，三氧化硫含量不应超过6.0%。

(7)采用压浆材料配置的浆液，其性能应符合表4-5-7的规定。

后张预应力孔道压浆浆液性能指标　　表4-5-7

<table>
<tr><th colspan="2">项　目</th><th>性能指标</th><th>检验试验方法标准</th></tr>
<tr><td colspan="2">水胶比</td><td>0.26～0.28</td><td rowspan="3">《水泥标准稠度用水量、凝聚时间、安定性检验方法》(GB/T 1346)</td></tr>
<tr><td rowspan="2">凝聚时间(h)</td><td>初凝</td><td>≥5</td></tr>
<tr><td>终凝</td><td>≤24</td></tr>
<tr><td rowspan="3">流动度(25℃)(s)</td><td>初始流动度</td><td>10～17</td><td rowspan="3">见《公施规》附录C3</td></tr>
<tr><td>30min流动度</td><td>10～20</td></tr>
<tr><td>60min流动度</td><td>10～25</td></tr>
<tr><td rowspan="2">泌水率(%)</td><td>24h自由泌水率</td><td>0</td><td>见《公施规》附录C4</td></tr>
<tr><td>3h钢丝间泌水率</td><td>0</td><td>见《公施规》附录C5</td></tr>
</table>

续上表

项　目		性能指标	检验试验方法标准
压力泌水率(%)	0.22MPa (孔道垂直高度≤1.8m时)	≤0.2	见《公施规》附录C6
	0.36MPa (孔道垂直高度>1.8m时)		
自由膨胀率(%)	3h	0～2	见《公施规》附录C4
	2h	0～3	
充盈度		合格	见《公施规》附录C7
抗压强度(MPa)	3d	≥20	《水泥胶砂强度检验方法(ISO法)》(GB/T 17671)
	7d	≥40	
	28d	≥50	
抗折强度(MPa)	3d	≥5	
	7d	≥6	
	28d	≥10	
对钢筋的锈蚀作用		无锈蚀	《混凝土外加剂》(GB 8076)

注:1.有抗冻性要求时,宜在压浆材料中掺用适量引气剂,且含气量宜为1%～3%。

2.有抗渗性要求时,抗氯离子渗透的28d电量指标宜小于或等于1 500C。

《公施规》第7.9.4条对后张孔道压浆的设备性能要求规定如下。

(1)搅拌器的转速应不低于1000r/min,搅拌叶的形状应与转速相匹配,其叶片的线速度不宜小于10m/s,最高线速度宜限制在20m/s以内,且应能满足在规定的时间内搅拌均匀的要求。

(2)用于临时储存浆液的储料罐亦应具有搅拌功能,且应设置网格尺寸不大于3mm的过滤网。

(3)压浆机应采用活塞式可连续作业的压浆泵,其压力表的最小分度值应不大于0.1MPa,最大量程应使实际工作压力在其25%～75%的量程范围内。不得采用风压式压浆泵进行孔道压浆。

(4)真空辅助压浆工艺中采用的真空泵应能达到0.10MPa的负压力。

《公施规》第7.9.5条对孔道压浆前的准备工作规定如下。

(1)应在工地试验室对压浆材料加水进行试配,各种材料的称量(均以质量计)应精确到±1%。经试配的浆液其各项性能指标均应满足表4-5-7的要求后方可用于正式压浆。

(2)应对孔道进行清洁处理。对抽芯成型的孔道应冲洗干净并应使孔壁完全湿润;金属和塑料管道在必要时亦应冲洗清除附着于孔道内壁的有害材料。对孔道内可能存在的油污等,可采用已知对预应力筋和管道无腐蚀作用的中性洗涤剂或皂液,用水稀释后进行冲洗;冲洗后,应使用不含油的压缩空气将孔道内的所有积水吹出。

(3)应对压浆设备进行清洗,清洗后的设备内不应有残渣和积水。

《公施规》第 7.9.6 条至第 7.9.15 条等对孔道压浆规定如下。

(1)压浆时,对曲线孔道和竖向孔道应从最低点的压浆孔压入;对结构或构件中以分层设置的孔道,应按先下层后上层的顺序进行压浆。同一管道的压浆应连续进行,一次完成。压浆应缓慢、均匀地进行,不得中断,并应将所有最高点的排气孔依次一一打开和关闭,使孔道内排气通畅。

(2)浆液自拌制完成至压入孔道的延续时间不宜超过 40min,且在使用前和压注过程中应连续搅拌,对于因延迟使用所致的流动度降低的水泥浆,不得通过额外加水增加其流动度。

(3)对水平或曲线孔道,压浆的压力宜为 0.5～0.7MPa;对超长孔道,最大压力不宜超过 1.0MPa;对竖向孔道,压浆的压力宜为 0.3～0.4MPa。压浆的充盈度应达到孔道另一端饱满且排气孔排出与规定稠度相同的水泥浆为止,关闭出浆口后,应保持一个不小于 0.5MPa 的稳压期,该稳压期的保持时间宜为 3～5min。

(4)对采用真空辅助压浆工艺时,在压浆前应对孔道进行抽真空,真空度宜稳定在 −0.06～−0.1MPa范围内。真空度稳定后,应立即开启孔道压浆端的阀门,同时启动压浆泵进行连续压浆。

(5)压浆时,每一工作班应制作不少于 3 组尺寸为 40mm×40mm×160mm 的试件,标准养护 28d,进行抗压强度和抗折强度试验,作为质量评定的依据。试验方法应按现行国家标准《水泥胶砂强度检验方法(ISO 法)》(GB/T 17671)的规定执行;质量评定方法可参照《公施规》第 6 章的规定执行。

(6)压浆过程中及压浆后 48h 内,结构或构件混凝土的温度及环境温度不得低于 5℃,否则应采取保温措施,并应按冬期施工的要求处理,浆液中可适量掺用引气剂,但不得掺用防冻剂。当气温高于 35℃时,压浆宜在夜间进行。

(7)压浆后应通过检查孔抽查压浆的密实情况,如有不实,应及时处理。

(8)压浆完成后,应及时对锚固端按设计要求进行封闭保护或防腐处理,需要封锚的锚具,压浆完成后对梁端混凝土凿毛并将其周围冲洗干净,设置钢筋网浇筑封锚混凝土;封锚应采用与结构或构件同强度的混凝土并应严格控制封锚后的梁体长度,保护层厚度应不小于 50mm 或符合设计规定,且应密实、无裂纹。长期外露的锚具,应采取防锈措施。

(9)对后张预制构件,在管道压浆前不得安装就位,在压浆后,应在压浆强度达到规定的强度后方可移运和吊装。

(10)孔道压浆应填写施工记录。记录项目包括:压浆材料、配合比、压浆日期、搅拌时间、出机初始流动度、浆液温度、环境温度、稳压压力及时间,采用真空辅助压浆工艺时尚应包括真空度。

五、无黏结预应力

《公施规》第 7.10.2 条至第 7.10.4 条对无黏结预应力筋的下料、安装及张拉规定如下。

(1)无黏结预应力筋的下料长度应经计算确定。下料宜采用砂轮锯、成束切割,且宜采用先粗后精、略长于计算长度的二次下料法。无黏结预应力筋在运输、存放和安装过程中应采取可靠措施,防止对其产生任何损伤。

(2)铺放前应检查其规格、数量及是否有破损,并应在逐根确认其端部组装配件可靠无误后，方可铺放。

(3)安装时应按设计规定的位置，采用定位钢筋控制定位，并应保持其顺直、牢固，浇筑混凝土时不应出现移位和变形。

(4)当与其他构件位置有矛盾时，不应将无黏结预应力筋垂直位置抬高或降低。

(5)当集束配置多根无黏结预应力筋时，应保持平行走向，防止相互扭绞。

(6)施加预应力之前，应对结构或构件进行检验，符合要求后方可进行张拉，张拉应符合本节施加预应力的相关规定。

(7)张拉完毕后应及时对锚固区进行保护处理，应采用防腐油脂通过灌注孔将张拉形成的空腔灌注密实。将多余的预应力筋切割后，应先在锚具部位套上内涂防腐油脂的塑料封端罩，再采用细石混凝土或微膨胀砂浆进行封堵。

六、体外预应力

《公施规》第7.11.2条至第7.11.6条对体外预应力筋的安装及张拉规定如下。

(1)体外预应力束外套管的安装应连接平滑且应完全密封，在安装过程中应防止外套管受到机械损伤。由多根预应力筋组成的体外预应力束的外套管，其管内应采用防腐油脂保护。

(2)体外预应力束的锚固区和转向块应与主体结构同时施工，预埋的锚固件及管道的位置和方向应符合设计规定。转向块的偏角制造误差应小于1.2°，安装误差应不超过±5%，否则应采用可调节转向块。

(3)体外预应力束的端部应垂直于承压板，曲线段的起点至张拉锚固点的直线长度不宜小于600mm。穿束时应采取保护措施，严禁在混凝土面上拖拽预应力筋，防止损坏其保护层而减弱防腐能力。

(4)体外预应力束的张拉顺序应严格按设计规定进行，张拉时应保证结构或构件对称均匀受力，避免发生侧向弯曲或失稳。

(5)体外预应力束张拉完成后，应对其锚具设置全密封防护罩，并应在防护罩内灌注油脂或其他可清洗的防腐蚀材料。

七、钢筋回缩产生预应力损失的补偿

预应力筋张拉锚固时，无论采用何种锚夹具，都会产生预应力筋的回缩，引起预应力损失。

一般情况下，由预应力筋回缩产生的预应力损失在结构设计时，已进行了计算，不会对结构的预应力产生太大的影响。有时这类预应力损失也会给结构带来有利的条件，如锚固端不需太大预应力的地方。但如果钢筋的回缩值较大，而束的长度又较小，预应力筋回缩产生的预应力损失值就会很大，过小的预应力将会影响到预应力筋的锚固性能，而且也不经济。

如果需要对预应力筋回缩产生的预应力损失做出补偿的话，可以从以下三个方面进行。

(1)对预应力筋进行超张拉，然后锚固，可以抵消部分预应力损失。

(2)在预应力筋张拉锚固后，利用撑脚将张拉千斤顶直接支撑在梁端混凝土上，再对预应力筋进行二次张拉，然后在锚夹具与垫板之间加上适当厚度的钢垫片。

(3)从锚夹具的结构上考虑，采用回缩量小的螺纹式锚夹具；或者在回缩量较大的锚夹具外圆加上螺纹、螺母，采用二次张拉，同样可以克服由于回缩造成的预应力损失。

第六节 计算实例

一、预应力钢筋的张拉控制应力(力)、预应力损失的计算

如图 4-6-1 所示，一个 2×25m 的两跨连续梁，预应力束由 12 根钢绞线组成，采用波纹管成孔。按两种标准的钢绞线，两种方式计算。

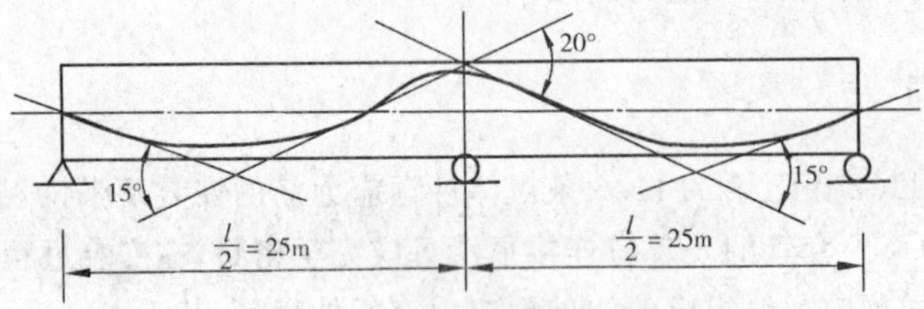

图 4-6-1 预应力钢束布置示意图

方式一

预应力钢筋采用中华人民共和国国家标准《预应力混凝土用钢绞线》(GB/T 5224—2003)中直径为 15.2mm 的钢绞线。

1. 已知条件

钢绞线束总长约：$l=50$m；

钢绞线的标准强度：$f_{pk}=1\ 860$MPa；

钢绞线束的总截面面积：$A_p=12\times139=1\ 668\text{mm}^2$；

弹性模量：$E_p=1.95\times10^5$MPa。

2. 张拉控制应力

锚下张拉控制应力：$\sigma_{con}=0.75f_{pk}=1\ 395$MPa。

假定钢束在锚具部分的摩阻损失为 3%，则：

钢筋中的张拉控制应力：$1.03\sigma_{con}=1\ 436.85$MPa；

钢筋中的张拉控制力：$1.03\sigma_{con}A_p=2\ 396.7$kN；

再假定千斤顶的摩阻损失为 2%(实际可根据标定曲线计算)，则：

油压表显示的拉力应为 $1.03\times1.02\times\sigma_{con}A_p=2\ 444.6$kN。

3. 摩擦引起的预应力损失

按一端张拉和两端张拉两种情况分别计算。

从《公桥规》表 6.2.2(或本章表 4-2-1)查 μ 和 k 值，取中值得 $\mu=0.225$、$k=0.001\ 5$。

一端张拉时固定端的预应力损失：

$$\sigma_{l1}=\sigma_{con}\left[1-e^{-(\mu\theta+kx)}\right] \tag{4-6-1}$$

式中，$\sum\theta=50°=0.872\ 66$rad，$l=50$m，则 $\sigma_{l1}=1\ 395\times\left[1-e^{-(0.196\ 348\ 5+0.075)}\right]=331.52$MPa。

两端张拉时跨中的预应力损失[同式(4-6-1)]。

式中，$\sum\theta=25^{\circ}=0.436\ 33\text{rad}$，$L=25\text{m}$，则 $\sigma_{l1}=1\ 395\times[1-e^{-(0.098\ 174\ 77+0.037\ 5)}]=176.988\text{MPa}$

4. 钢筋回缩引起的预应力损失

假定采用 YM15-12 锚具，锚固时钢筋的回缩值为 6mm。

采用《公桥规》附录 D 介绍的(可见本章第二节)，考虑反摩擦作用，钢筋回缩引起的预应力损失实用计算方法，进行计算。

先按一端张拉进行计算，见图 4-6-2。

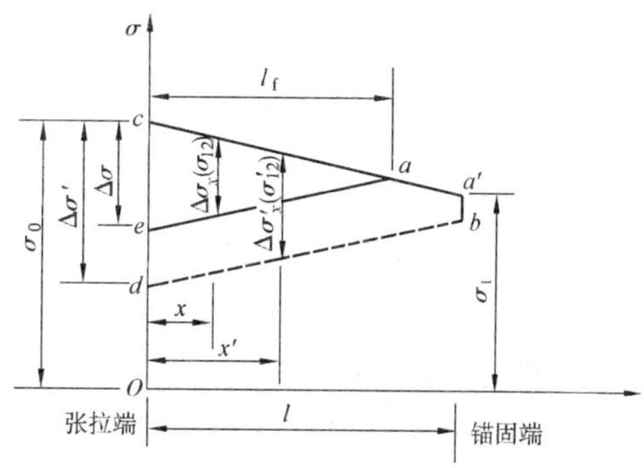

图 4-6-2 一端张拉时钢筋回缩引起的预应力损失计算简图

单位长度由管道摩擦引起的预拉力损失为：

$$\Delta\sigma_d=\frac{\sigma_0-\sigma_l}{l}=\frac{331.52}{50\times10^3}=6.630\ 4\times10^{-3}$$

反摩擦影响长度为：

$$l_f=\sqrt{\frac{\sum\Delta l\cdot E_p}{\Delta\sigma_d}}=\sqrt{\frac{6\times1.95\times10^5}{6.630\ 4\times10^{-3}}}=13\ 283.8(\text{mm})$$

张拉端由锚具变形、钢筋回缩和接缝压缩引起的、考虑反摩擦后的最大预拉应力损失为：

$$\sigma_{l2}=2\Delta\sigma_d l_f=2\times6.630\ 4\times10^{-3}\times13\ 283.8=176.2(\text{MPa})$$

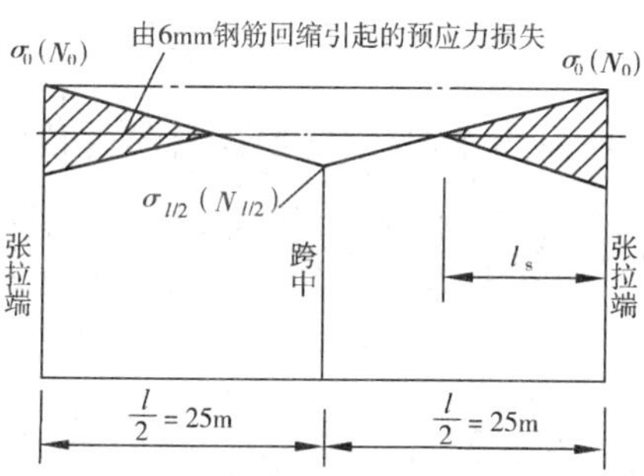

图 4-6-3 两端张拉时钢筋回缩引起的应力损失计算简图

从上面计算可看出，钢筋回缩引起的预应力损失影响不到跨中，张拉端损失后的应力仍大于固定端，采用两端张拉应比一端张拉有利。

再按两端张拉重新计算钢筋回缩引起的应力损失，见图 4-6-3。

$$\Delta\sigma_d=\frac{\sigma_0-\sigma_l}{l}=\frac{176.988}{25\times10^3}=7.079\ 52\times10^{-3}$$

反摩擦影响长度为：

$$l_f=\sqrt{\frac{\sum\Delta l\cdot E_p}{\Delta\sigma_d}}=\sqrt{\frac{6\times1.95\times10^5}{7.079\ 52\times10^{-3}}}=12\ 855.6(\text{mm})$$

张拉端由锚具变形、钢筋回缩和接缝压缩引起的、考虑反摩擦后的最大预拉应力损失为：

$$\sigma_{l2}=2\Delta\sigma_d l_f=2\times7.079\ 52\times10^{-3}\times12\ 855.6=182(\text{MPa})$$

方式二

预应力钢筋采用美国标准(ASTMA4—1992a)中的 270 级低松弛钢绞线，钢绞线直径为 15.24mm，钢绞线的力学性能见本书第三章。

1. 已知条件

钢绞线束总长约：$l=50\text{m}$；

钢绞线束总的破断载荷：$F_{ptk}=12\times260.7=3\ 128.4\text{kN}$；

钢绞线束的总截面面积：$A_p=12\times140=1\ 680mm^2$；

弹性模量：$E_p=1.95\times10^5MPa$。

2. 张拉控制力

锚下张拉控制应力：$N_{con}=0.75F_{ptk}=2\ 346.3kN$；

假定钢束在锚具部分的摩阻损失为3%，则钢筋中的张拉控制力为：$1.03N_{con}=2\ 416.7kN$。

再假定千斤顶的摩阻损失为2%（实际可根据标定曲线计算），则油压表显示的拉力应为：$1.03\times1.02\times N_{con}=2\ 465kN$。

3. 摩擦引起的预应力损失

按一端张拉和两端张拉两种情况分别计算。

从《公桥规》表6.2.2（或本章表4-2-1）查μ和k值，取中值得$\mu=0.225$、$k=0.001\ 5$。

一端张拉时固定端的预应力损失：

$$\sigma_{l1}=\sigma_{con}[1-e^{-(\mu\theta+kx)}]$$

式中：$\sum\theta=50°=0.872\ 66rad$，$l=50m$，则：

$$N_{l1}=2\ 346.3\times[1-e^{-(0.196\ 348\ 5+0.075)}]=557.6(kN)$$

两端张拉时跨中的预应力损失（公式同上式），式中：$\sum\theta=25°=0.436\ 33rad$，$L=25m$，则：

$$N_{l1}=2\ 346.3\times[1-e^{-(0.098\ 174\ 77+0.037\ 5)}]=297.68(kN)$$

4. 钢筋回缩引起的预应力损失

假定采用YM15-12锚具，锚固时钢筋的回缩值为6mm。

采用《公桥规》附录D介绍的（可见本章第二节），考虑反摩擦作用，钢筋回缩引起的预应力损失实用计算方法，进行计算。

先按一端张拉进行计算，见图4-6-2。

单位长度由管道摩擦引起的预拉力损失为：

$$\Delta p_d=\frac{p_0-p_l}{l}=\frac{N_{l1}}{l}=\frac{557.6\times10^3}{50\times10^3}=11.152$$

反摩擦影响长度为：

$$l_f=\sqrt{\frac{\sum\Delta l\cdot E_p\cdot A_p}{\Delta p_d}}=\sqrt{\frac{6\times1.95\times10^5\times1\ 680}{11.152}}=13\ 276.1(mm)$$

张拉端由锚具变形、钢筋回缩和接缝压缩引起的、考虑反摩擦后的最大预拉应力损失为：

$$N_{l2}=\Delta p_x=2\Delta p_d l_f=2\times11.152\times13\ 283.8=296\ 110(N)=296.11(kN)$$

从上面计算可看出，钢筋回缩引起的预应力损失影响不到跨中，张拉端损失后的应力仍大于固定端，采用两端张拉应比一端张拉有利。

再按两端张拉重新计算钢筋回缩引起的应力损失，见图4-6-3。

$$\Delta p_d=\frac{p_0-p_l}{l/2}=\frac{N_{l1}}{l/2}=\frac{297.68\times10^3}{25\times10^3}=11.907$$

反摩擦影响长度为：

$$l_f = \sqrt{\frac{\sum \Delta l \cdot E_p \cdot A_p}{\Delta p_d}} = \sqrt{\frac{6 \times 1.95 \times 10^5 \times 1\ 680}{11.907}} = 12\ 848.3(\text{mm})$$

张拉端由锚具变形、钢筋回缩和接缝压缩引起的、考虑反摩擦后的最大预拉应力损失为：

$$N_{l2} = \Delta p_x = 2\Delta p_d l_f = 2 \times 11.907 \times 12\ 848.3 = 305\ 969.9(\text{N}) = 305.97(\text{kN})$$

二、预应力钢筋的理论伸长值计算

按两端张拉，采用精确计算法计算。

如图 4-6-4 所示的半连续梁，预应力筋采用一束 12 根 5.24 的钢绞线束，张拉控制力 $N_{con}=0.75F_{ptk}=2\ 346.3\text{kN}$，$A_p=12\times140=1\ 680\text{mm}^2$，$E_p=1.95\times10^5\text{MPa}$，孔道采用预埋波纹管成型，$\mu=0.225$、$k=0.001\ 5$。

将半个曲线预应力筋分成四段，采用本章式(4-5-2)分段计算：

$$\alpha = \arctan\frac{68}{550} = 7.048° = 0.123\text{rad}$$

$$\theta = \arcsin\frac{450}{1\ 734.25} = 15.039° = 0.262\text{rad}$$

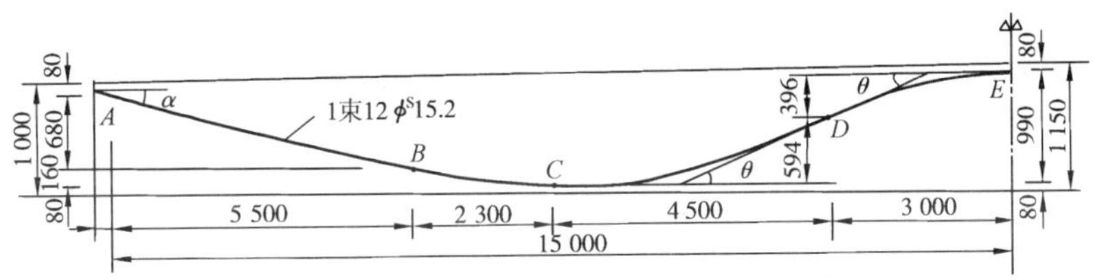

图 4-6-4　连续梁的尺寸与预应力筋布置(尺寸单位：mm)

将各段数据列入表 4-6-1。

各 段 参 数 表　　表 4-6-1

线　段	l(m)	θ(rad)	$\mu\theta+kx$	$e^{-(\mu\theta+kx)}$	终点力(kN)	Δl(mm)
AB	5.5	0	0.008 25	0.991 78	2 327.020	39.2
BC	2.3	0.123	0.031 125	0.969 35	2 255.697	14.5
CD	4.5	0.262	0.065 7	0.936 41	2 112.257	30
DE	3.0	0.262	0.063 45	0.938 52	1 982.396	18.7

将表 4-6-1 中的数据代入下式：

$$\Delta l = \frac{P_p L}{E_p A_p} \tag{4-6-2}$$

$$P_p = \frac{P[1 - e^{-(kx+\mu\theta)}]}{kx + \mu\theta} \tag{4-6-3}$$

分段求得 $\Delta l = 2\times102.4 = 205\text{mm}$。

三、局部承压计算

一种 $7\phi^s15.2$ 的钢绞线群锚锚座结构如图 4-6-5 所示，锚座在梁端的布置如图 4-6-6 所示。

1. 已知条件

锚垫板的尺寸：22cm×22cm×3.5cm；

钢绞线的张拉控制力：0.75×7×260.7=1 368.7kN；

锚下混凝土强度：C40；

锚下螺旋钢筋：HRB335(ϕ16)；

其他见图。

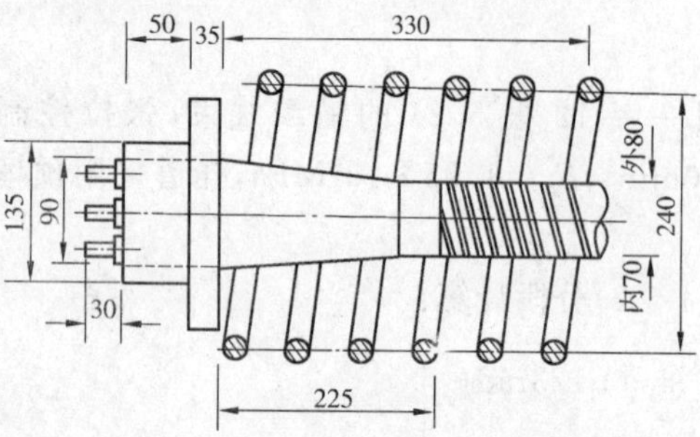

图 4-6-5　锚座结构(尺寸单位：mm)

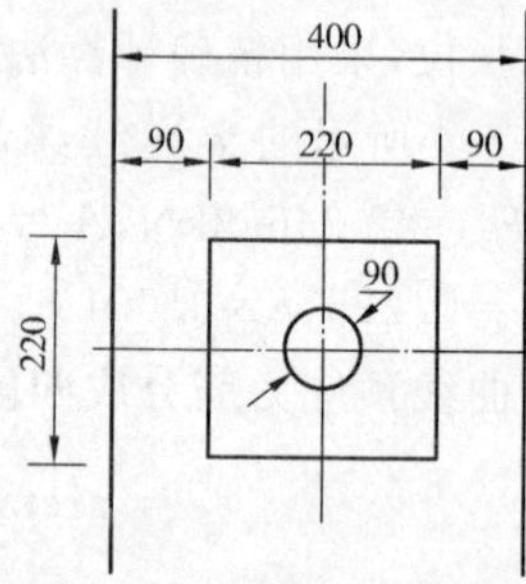

图 4-6-6　锚座在梁端的布置(尺寸单位：mm)

2. 局部抗压承载力计算

按照《公桥规》第 5.7.2 条式(5.7.2-1)或本章式(4-2-65.1)计算：

$$F_{ld} = 1.2 \times 1\ 368.7 = 1\ 642.44\text{kN}, \gamma_0 = 1.0, k = 2.0, S = 6\text{cm}, \eta_s = 1.0$$

$$A_l = (22 + 3.5) \times (22 + 3.5) = 650.25\text{cm}^2$$

$$A_b = 40 \times (22 + 22 + 22) = 2\ 640\text{cm}^2$$

$$A_{ln} = A_l - \frac{1}{4} \times \pi \times 8^2 = 600\text{cm}^2$$

$$A_{cor} = \frac{1}{4} \times \pi \times (24 - 1.75)^2 = 388.8\text{cm}^2 < A_b$$

$$A_{ss1} = 2.011\text{cm}^2, d_{cor} = 22.25\text{cm}$$

$$f_{cd} = 18.4\text{MPa}, f_{sd} = 280\text{MPa}$$

$$\beta_{cor} = \sqrt{\frac{A_{cor}}{A_l}} = \sqrt{\frac{388.8}{650.25}} = 0.773, \beta = \sqrt{\frac{A_b}{A_l}} = \sqrt{\frac{2\ 640}{650.25}} = 2.015$$

$$\rho_v = \frac{4A_{ss1}}{d_{cor}S} = \frac{4 \times 2.011}{22.25 \times 6} = 0.06$$

将以上数据分别代入《公桥规》式(5.7.2-1)或本章式(4-2-65.1)的左右项得：

$$\gamma_0 F_{ld} = 1.0 \times 1\ 642.44 = 1\ 642.44(\text{kN})$$

$$0.9(\eta_s \beta f_{cd} + k\rho_v \beta_{cor} f_{sd})A_{ln} = 0.9(1.0 \times 2.015 \times 18.4 + 2.0 \times 0.06 \times 0.773 \times 280) \times 600 \times 10^2 = 3\ 404\ 635(\text{N}) = 3\ 404.6(\text{kN})$$

$$\gamma_0 F_{ld} < 0.9(\eta_s \beta f_{cd} + k\rho_v \beta_{cor} f_{sd})A_{ln}$$

满足局部抗压承载力的要求。

3.局部受压区混凝土抗裂计算

按照《公桥规》第5.7.1条式(5.7.1-1)或本章式(4-2-64.1)计算，将上面有关数据分别代入公式得：

$$\gamma_0 F_{ld} = 1.0 \times 1\ 642.44 = 1\ 642.44(\text{kN})$$

$$1.3\eta_s\beta f_{cd}A_{ln} = 1.3 \times 1.0 \times 2.015 \times 18.4 \times 600 \times 10^2 = 2\ 891\ 928(\text{N}) = 2\ 892(\text{kN})$$

$$\gamma_0 F_{ld} < 1.3\eta_s\beta f_{cd}A_{ln}$$

满足混凝土抗裂的要求。

第五章　质量检验与验收标准

在预应力混凝土结构中，预应力张拉锚固体系是否安全可靠，不仅直接关系到结构的正常使用，同时也关系到结构的安全度及耐久性。

第一节　预应力筋

根据《公路桥涵施工技术规范》(JTG/T F50—2011))(以下简称《公施规》)第 7.2.1 条的规定，预应力混凝土结构所采用的钢丝、钢绞线、螺纹钢筋等材料的性能和质量，应符合现行国家标准的规定。钢丝应符合《预应力混凝土用钢丝》(GB/T 5223)的规定；钢绞线应符合《预应力混凝土用钢绞线》(GB/T 5224)的规定；螺纹钢筋应符合《预应力混凝土用螺纹钢筋》(GB/T 20065)的规定；有涂层的预应力筋应符合相应的现行国家标准的规定。进口材料的性能和质量应符合合同规定标准的要求。

《公施规》第 7.2.2 条规定，预应力筋进场时应分批验收，验收时，除应按合同要求对其质量证明书、包装、标志和规格等进行检查外，尚须按下列规定进行检验。

(1)钢丝分批检验时每批质量不大于 60t。检验时应先从每批中抽查 5%且不少于 5 盘，进行表面质量检查，如检查不合格，则应将该批钢丝逐盘检查。在表面质量检查合格的钢丝中抽取 5%，但不少于 3 盘，在每盘钢丝的两端取样进行抗拉强度、弯曲和伸长率的试验。试验结果如有一项不合格时，则不合格盘报废，并从同批未试验过的钢丝盘中取双倍数量的试样进行该不合格项的复验，如仍有一项不合格，则该批钢丝为不合格。

(2)钢绞线分批检验时每批质量不大于 60t。检验时应从每批中钢绞线任取 3 盘，并从每盘所选的钢绞线端部正常部位截取一组试样进行表面质量、直径偏差和力学性能试验。如每批少于 3 盘，则应逐盘取样进行上述试验。试验结果如有一项不合格时，则不合格盘报废，并再从该批未试验过的钢绞线中取双倍数量的试样进行该不合格项的复验，如仍有一项不合格，则该批钢绞线为不合格。

(3)螺纹钢筋分批检验时每批质量不大于 100t。对表面质量应逐根目视检查，外观检查合格后在每批中任选 2 根钢筋截取试件进行拉伸试验。试验结果如有一项不合格时，则应另取双倍数量的试样重做全部各项试验；如仍有一根试件不合格，则该批钢筋为不合格。

(4)预应力筋的实际强度不得低于现行国家标准的规定。预应力筋的检验试验方法应按现行国家标准的规定执行，用作拉伸试验的试件不得进行任何形式的加工。在对预应力筋的拉伸试验中，应同时测定其弹性模量。

(5)对特大桥、大桥或重要桥梁工程中使用的钢丝、钢绞线和螺纹钢筋，进场时应按上述规定进行检验；对预应力材料用量较少的一般桥梁工程，其预应力钢材的力学性能，可仅进行抗拉强度检验，或由生产厂家提供力学性能试验报告。

第二节　锚具、夹具和连接器

《公施规》第 7.3.1 条规定：锚具、夹具和连接器应按设计规定采用，并应具有可靠的锚固性能、足够的承载能力和良好的适用性，能保证充分发挥预应力筋的强度，并安全地实现预应力张拉作业，其性能和质量应符合现行国家标准《预应力筋用锚具、夹具和连接器》(GB/T 14370)的规定。

《公施规》第 7.3.2 条规定：锚具应满足分级张拉、补张拉以及放松预应力的要求；锚固多根预应力筋的锚具除具有整束张拉的性能外，尚应具有单根张拉的性能；用于承受低应力或动荷载的夹具式锚具应具有放松性能；锚具的锚口损失率不宜大于 6%。

《公施规》第 7.3.3 条规定：夹具应具有良好的自锚性能、松锚性能和安全的重复使用性能；主要锚固零件应具有良好的防锈性能，可重复使用的次数不应少于 300 次；需敲击才能松开的夹具，必须保证其对预应力筋的锚固没有影响，且对操作人员的安全不造成危险。

《公施规》第 7.3.4 条规定：在混凝土结构或构件中的永久性预应力筋连接器，应符合锚具的性能要求；用于先张法施工且在张拉后还需进行放张和拆卸的连接器，应符合夹具的性能要求。

《公施规》第 7.3.5 条规定：锚垫板应具有足够的强度和刚度，且宜设置锚具对中止口以及压浆孔或排气孔，压浆孔的内径不宜少于 20mm。与后张预应力筋用锚具或连接器配套的锚垫板和局部加强钢筋，在规定的局部承压试件尺寸及混凝土强度下，应满足传力性能要求。

《公施规》第 7.3.6 条规定：锚具、夹具和连接器进场时，应按合同核对其型号、规格和数量，以及适用的预应力筋品种、规格和强度等级，且生产厂家还应提供产品质保书、产品技术手册、锚固区传力性能型式检验报告，以及夹具式锚具的锚口摩擦损失测试报告或参数。产品按合同验收后，按下列规定进行进场检验。

(1)外观检查：应从每批中抽取 2%且不少于 10 套样品，检查其外形尺寸、表面裂纹及锈蚀情况。外形尺寸应符合产品质保书所示的尺寸范围，且表面不得有裂纹及锈蚀。当有下列情况之一时，本批产品应逐套检查，合格者方可进入后续检验。

①当有一个零件不符合产品质保书所示的外形尺寸，则应取双倍数量的零件重新检查，且仍有一个不合格：

②当有一个零件表面有裂纹或夹片、锚孔锥面有锈蚀。

对配套使用的锚垫板和螺旋筋可按上述方法进行外观检查，但允许表面有轻度锈蚀。

(2)硬度检验：应从每批中抽取 3%且不少于 5 套样品(对多孔夹片式锚具的夹片，每套抽取 6 片)，对其中有硬度要求的零件进行硬度试验，每个零件测试 3 点，其硬度应符合产品质保书的规定。当有一个零件不合格时，则应另取双倍数量的零件重做检验；如仍有一个零件不合格，则应对本批产品逐个检验，合格者方可使用或进入后续检验。

(3)静载锚固性能试验：应在外观检查和硬度检验均合格的同批产品中抽取样品，与相应规格和强度等级的预应力筋组成 3 个预应力筋一锚具组装件，进行静载锚固性能试验，如有 1 个试件不符合要求时，则应另取双倍数量的样品重做试验；仍有一个试件不符合要求，则该批锚具为不合格品。静载锚固性能试验方法应符合现行国家标准《预应力筋用锚具、夹具和连接器》(GB/T 14370)的规定。

(4)对特大桥、大桥和重要桥梁工程中使用的锚具产品，应进行上述 3 项检查和检验；对锚具用量较少的一般中、小桥梁工程，如生产厂家能提供有效的静载锚固性能试验合格的证明文件，则仅需进行外观检查和硬度检验。

(5)进场检验时，同种材料、同一生产工艺条件下，同批进场的产品可视为同一个验收批。锚具的每个验收批不宜超过 2 000 套；夹具、连接器的每个验收批不宜超过 500 套；获得第三方独立认证的产品其验收批可扩大一倍。检验合格的产品，在现场的存放超过一年时，再用时应进行外观检查。

《公施规》第 7.3.8 条规定：预应力筋锚用锚具产品应配套使用，同一结构或构件中应采用同一生产厂家的产品，工作锚不得作为工具锚使用。夹片式锚具的限位板和工具锚宜采用与工作锚同一生产厂的配套产品。

第三节　管　　道

《公施规》第 7.4.1 条规定：在后张有黏结预应力混凝土结构或构件中，预应力筋的孔道宜由浇筑在混凝土中的刚性或半刚性管道构成，或采取钢管抽芯、胶管抽芯及金属伸缩套管抽芯等方法进行预留。设置于混凝土中的刚性或半刚性管道不应有漏浆现象，且应具有足够的强度和刚度，应能在浇筑混凝土重力的作用下保持原有的形状，并能按要求传递黏结应力。

《公施规》第 7.4.2 条对管道的性能要求规定如下。

(1)刚性管道应是壁厚不小于 2mm 的平滑钢管，且应具有光滑的内壁并可被弯曲成适当的形状而不出现卷曲或被压扁；半刚性管道应是波纹状的金属管或高密度聚乙烯塑料管，且金属波纹管宜采用镀锌钢带制作，壁厚不宜小于 0.3mm。

(2)金属波纹管的性能和质量应符合现行行业标准《预应力混凝土用金属波纹管》(JG 225)的规定；塑料波纹管的制作材料、性能和质量应符合现行行业标准《预应力混凝土桥梁用塑料波纹管》(JT/T 529)的规定。

《公施规》第 7.4.3 条对管道的进场检验规定如下。

(1)进场时除应按合同检查出厂台格证和质量保证书，核对其类别、型号、规格及数量外，尚应对其外观、尺寸、集中荷载下的径向刚度、荷载作用后的抗渗漏及抗弯曲渗漏等进行检验。检验试验方法应分别符合现行业标准《预应力混凝土用金属波纹管》(JG 225)和《预应力混凝土桥梁用塑料波纹管》(JT/T 529)的规定。

(2)管道应按批进行检验。金属波纹管每批应由同一钢带生产厂生产的同一批钢带所制造的产品组成，累计半年或 50 000m 生产量为一批，不足半年产量或 50 000m 也作为一批的，则取产量最多的规格；塑料波纹管每批应由同一配方、同一生产工艺、同设备稳定连续生产的产品组成，每批数量应不超过10 000m。

(3)检验时应先进行外观质量的检验，合格后再进行其他指标的检验。当其他指标中有不合格项时，应取双倍数量的试件对该不合格项进行复验；复验仍不合格时，则该批产品为不合格。

第四节　无黏结预应力和体外预应力

《公施规》第7.10.1条对无黏结预应力所采用的材料规定如下。

(1)无黏结预应力筋的性能和质量应符合现行行业标准《无黏结预应力钢绞线》(JG 161)的规定；制作无黏结预应力筋的钢绞线，其质量应符合现行国家标准《预应力混凝土用钢绞线》(GB/T 5224)的规定。

(2)无黏结预应力筋的护套应采用挤塑型高密度聚乙烯管，其性能和质量应符合现行国家标准《聚乙烯(PE)树脂》(GB/T 11115)的规定。护套表面应光滑，无裂缝、凹陷、可见钢绞线轮廓、气孔及机械损伤等缺陷。

(3)防腐润滑脂应符合现行行业标准《无黏结的预应力筋专用防腐润滑脂》(JG 3007)的规定。

《公施规》第7.11.1条对体外预应力所采用的材料规定如下。

(1)体外预应力筋宜选用高强度低松弛预应力钢绞线，其质量应符合现行国家标准《预应力混凝土用钢绞线》(CB/T 5124)的规定。

(2)体外束的外套管可选用高密度聚乙烯管或镀锌钢管。外套管和连接接头应完全密闭防水，在使用期应有可靠的耐久性；外套管应与预应力筋和防腐蚀材料具有良好的兼容性，且应能抵抗运输、安装和使用过程中所受的各种作用力而不被损坏。

(3)防腐蚀材料的耐久性能应与体外束所处的环境类别和使用年限一致；防腐蚀材料在加工、运输、安装及张拉过程中应能保持其稳定性、柔性且不产生裂缝，并在所要求的温度范围内不流淌。

(4)锚固体系应与束体的形式和组成相匹配。

第五节　预应力张拉及防护

《公施规》第7.12.2条对预应力筋施加预应力时，多台千斤顶张拉时的同步性、持荷时间、锚下的有效预应力及其均匀度等质量控制规定如下。

(1)在采用两台以上千斤顶实施对称和两端张拉时，各千斤顶之间同步张拉力的允许误差宜为±2%。

(2)张拉至控制应力时，应按《公施规》第7.7节和第7.8节的规定，保证千斤顶具有足够的持荷时间。张拉控制应力的精度宜为±1.5%。

(3)张拉锚固后，预应力筋在锚下的有效预应力应符合设计张拉控制应力，两者的相对偏差应不超过±5%，且同一断面中的预应力束其有效预应力的不均匀度应不超过±2%。

《公施规》第7.12.3条规定：先张法预应力筋放张后，预应力筋在构件端部的内缩值不宜大于2.0mm。

《公施规》第7.12.4条对后张孔道压浆的质量规定如下。

(1)压浆所采用的水泥、外加剂、矿物掺和料、膨胀剂和水等原材料的质量，以及所配制浆液的性能应符合《公施规》第7.9节的规定。

(2)孔道内的结硬浆体应饱满、密实，充盈度应满足要求。

《公施规》第7.12.5条对锚具防护及封锚的质量规定如下。

(1)锚固端的混凝土保护层厚度应不小于50mm或符合设计规定。

(2)封锚混凝土应密实、无裂纹。

(3)无黏结和体外束的预应力筋端头、锚具夹片等应达到密封的要求。

第六章 工程实例

第一节 简支梁

一、交通运输部标准图《装配式预应力混凝土简支空心板》

交通运输部标准图《装配式预应力混凝土简支空心板》展示的是一种以钢绞线为预应力筋的后张法简支板，几种跨度的梁高见表 6-1-1，其工程概况见表 6-1-2，16m 跨空心板中板的预应力钢束布置见图 6-1-1。

空心板的高、宽　　表 6-1-1

跨径(m)	10	13	16	20
梁高(m)	0.6	0.7	0.8	0.95
梁宽(m)	中板和边板均为 1.24，边板悬臂长度 0～0.63			

工　程　概　况　　表 6-1-2

设计单位	交通运输部专家委员会		
结构类型	简支、连续	跨度	预应力钢筋混凝土空心板 10m、13m、16m、20m
预应力部位	全部主梁	配筋方式	有黏结、直线、曲线
设计荷载	公路—Ⅰ级，公路—Ⅱ级	混凝土强度等级	C50
预应力筋	《预应力混凝土用钢绞线》(GB/T 5224—2003)(1 860MPa) 10m 板：2×4ϕ^{S}15.2 中板、2×5ϕ^{S}15.2 边板 13m 板：4×3ϕ^{S}15.2 中板、4×4ϕ^{S}15.2 边板 16m 板：4×4ϕ^{S}15.2 中板、4×5ϕ^{S}15.2 边板 20m 板：4×5ϕ^{S}15.2 中板、4×5ϕ^{S}15.2 边板	锚具类型	钢绞线锚具
预应力张拉设备	YCD 千斤顶	张拉方式	两端张拉
张拉控制应力	0.75f_{pk}		

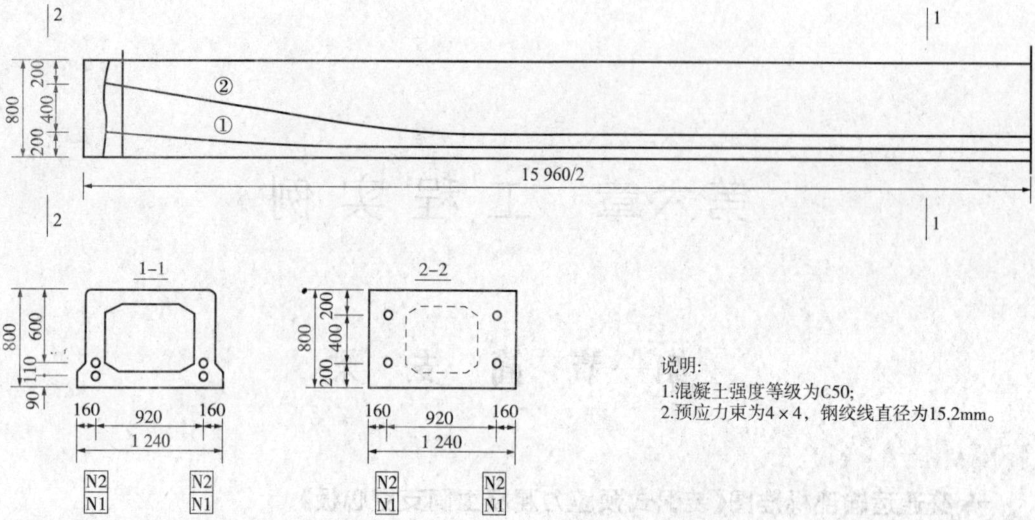

图 6-1-1　16m 跨空心板中板的预应力钢束布置(尺寸单位:mm)

二、上海市内环线高架路工程

上海市内环线工程,全长 47.66km,分浦东和浦西两大部分。浦东部分为 7.49km 的地面道路,浦西部分为 29.17km 的地面道路和高架道路。浦东、浦西和全长 11km 的南浦、杨浦两座大桥连成整体,形成了上海市的内环线。

浦西部分的高架道路,桥宽 18m,双向四车道,设计车速 80km/h,按 7 度地震烈度设防。

本实例所介绍的内容主要为上海市市政设计院所做的工作及部分结构的预应力布置。工程概况详见表 6-1-3,箱形梁钢束布置见图 6-1-2,T 形梁的钢束布置见图 6-1-3。

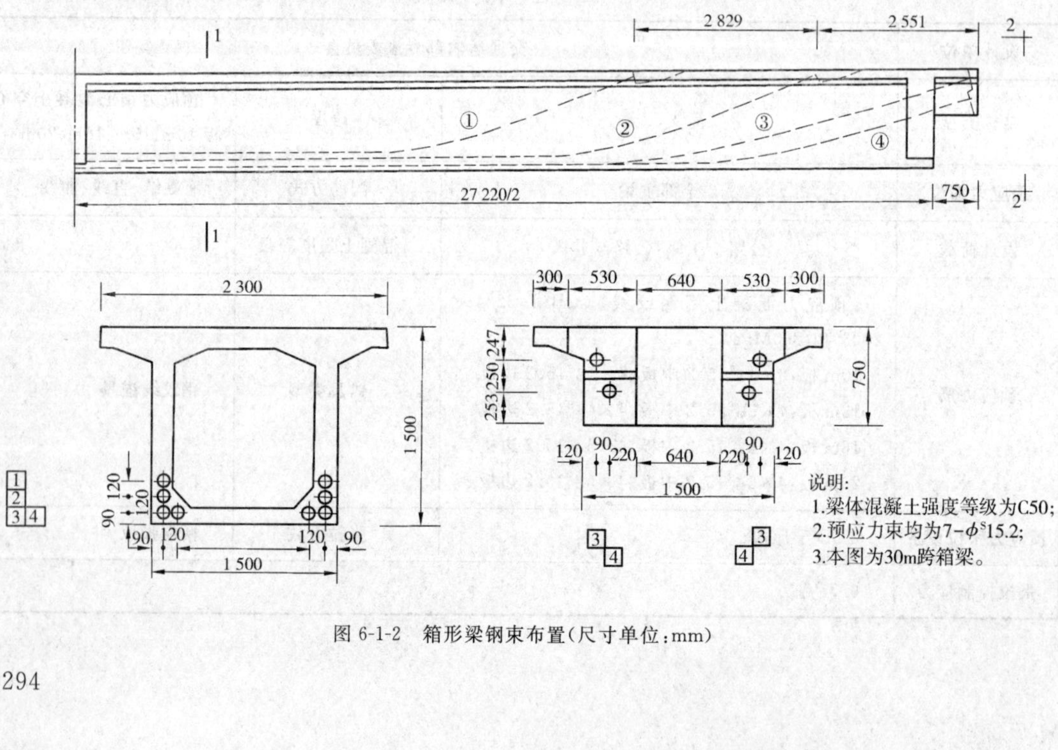

图 6-1-2　箱形梁钢束布置(尺寸单位:mm)

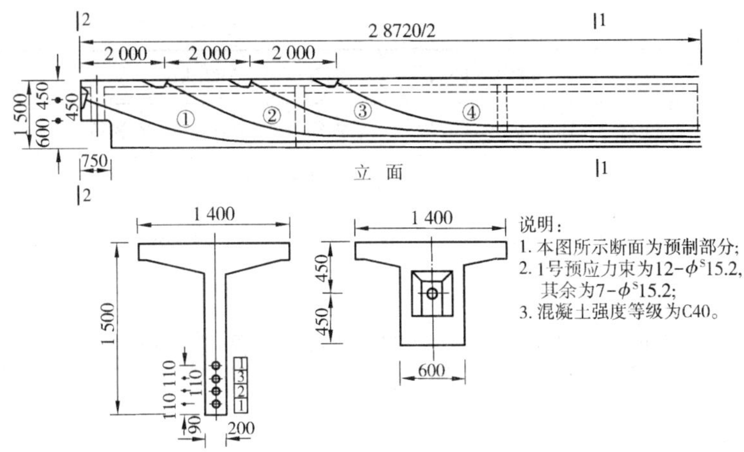

图 6-1-3 T形梁钢束布置(尺寸单位:mm)

工 程 概 况 表 6-1-3

设计单位	上海市政工程设计研究院 上海城市建设设计研究院等		
施工单位	上海市隧道工程公司、交通部三航局一公司等	建设时间	1992 年 9 月～1994 年 12 月
结构类型	简支、连续	跨度	空心板梁:16～22m; T 形梁:25～46m; 箱形梁:25～30m
预应力部位	全部主梁及桥墩盖梁	配筋方式	有黏结、直线、曲线
设计荷载	汽车—20 级,挂车—100	混凝土强度等级	C40、C50
预应力筋	ASTM A416-88b(270 级)高强度低松弛钢绞线	锚具类型	OVM15 系列
预应力张拉设备	YCW 系列千斤顶	张拉方式	两端张拉
张拉控制应力	$(0.75\sim0.78)R_y^b$		

三、开封黄河公路大桥

开封黄河公路大桥全长 4 475.09m,上部结构采用 20m 和 50m 两种部分预应力混凝土 T 形简支梁,50mT 梁梁高 2.6m,中梁宽 2.47m,边梁宽 2.905m;20mT 梁梁高 1.45m,中边梁宽同 50mT 梁。

开封黄河公路大桥 20m 和 50mT 梁的工程概况详见表 6-1-4。

工 程 概 况 表 6-1-4

设计单位:河南省交通规划勘察设计院	施工时间:1987～1989 年
施工部位:河南省交通公路工程局	桥梁用途:公路桥
预应力施工单位:河南省交通公路工程局	跨径组成:10×20m+6×11×20m+12×5×50m+9×50m+8×50m+10×20m
结构类型:部分预应力混凝土简支梁	

续上表

设计荷载:汽车—超 20　挂车—120　人群 3.5kN/m^2	混凝土强度等级:C50
桥宽:3.1m+12.3m+3.1m;总宽:18.5m	配筋方式:预留管道　有黏结　直线
预应力部位:简支 T 梁　中墩盖梁	锚具类型:XM 锚
预应力筋:ASTM250 级　钢绞线	张拉方式:千斤顶　双控张拉　两端张拉
张拉控制应力:0.75R_y^b	预应力松弛:2.5%
50m 跨简支梁跨上部构造单位面积材料用量:预应力钢材 24.92kg,普通钢筋 50.98kg,钢材 630kg,混凝土 0.383m^3	

四、卢阿普拉河大桥

赞比亚卢阿普拉河大桥全长 2 800 多米,上部结构采用先张法预应力混凝土组合箱梁。组合箱梁结构见图 6-1-4,其预制部分槽梁见图 6-1-5,工程概况详见表 6-1-5。

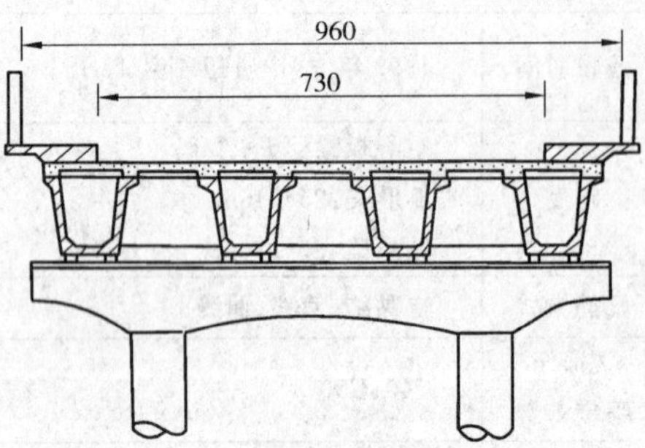

图 6-1-4　上部构造(尺寸单位:mm)

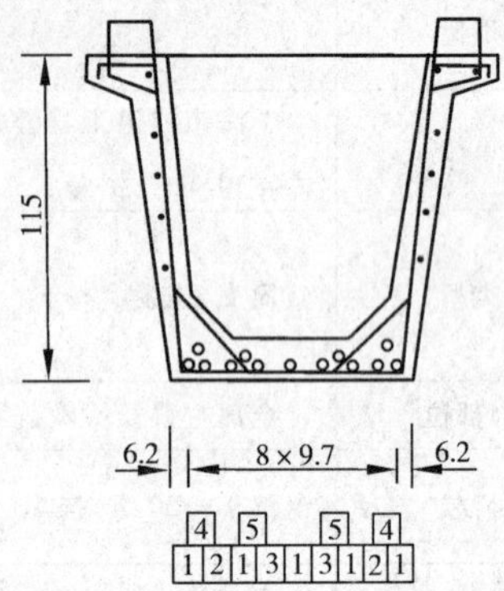

图 6-1-5　预制槽梁(尺寸单位:mm)

工 程 概 况　　表 6-1-5

设计单位:交通部公路规划设计院 广东省公路设计院	桥梁所在地:赞比亚
施工单位:广东省公路局	施工时间:1997～1983 年
预应力施工单位:广东省公路局	桥梁用途:公路桥
结构类型:预应力组合箱梁	主跨组成:140×20m
设计荷载:英国(BS 153)HA	混凝土强度等级:C40、C35
预应力部位:上部构造	配筋方式:先张法直线配筋
预应力筋:ϕ25mm 螺纹钢筋	夹具的种类:螺纹钢筋锚、砂箱
预应力张拉设备:2 台 500t 油压千斤顶	张拉方式:先张法,一端张拉
张拉控制应力:0.9R_y^b	
单位面积材料用量:预应力筋 18.3kg/m^2;非预应力筋 28.4kg/m^2(上部)	

五、浙江瑞安飞云江桥

飞云江桥总长 1 718.86m。北岸边孔配 18 孔 51m，南岸主孔配 5 孔 62m，引桥配 14 孔 35m，上部结构均为预应力混凝土简支梁。主孔 62m 梁梁高 2.85m，梁宽 2.50m。主孔梁配置 27 束 28ϕ5 预应力钢丝束，其中 23 束锚于梁端，4 束锚于梁顶。为满足预施应力时主梁跨中截面的稳定计算，要求前 23 束在预制场就地张拉；后 4 束在 T 梁安装就位，并组成箱形断面后再在桥上张拉。同时要求梁体混凝土必须达到 100%设计强度后，方可施加预应力。其工程概况详见表 6-1-6。

工程概况 表 6-1-6

<table>
<tr><td>设计单位：浙江省交通设计院
施工单位：铁道部大桥工程局四处
预应力施工单位：铁道部大桥工程局四处</td><td>桥梁所在地：浙江瑞安
施工时间：1988 年
桥梁用途：公路桥</td></tr>
<tr><td>结构类型：简支 T 形梁
设计荷载：汽车—20，挂车—100
预应力部位：主桥上部构造
预应力筋：每束 28 丝 ϕ5mm 高强钢丝束
预应力张拉设备：85t 三作用千斤顶</td><td>主跨组成：5×62m
混凝土强度等级：C60
配筋方式：后张、直曲线
锚具种类：弗氏锥形锚具
张拉方式：两端张拉</td></tr>
<tr><td colspan="2">张拉控制应力：$\sigma_k=(0.75\sim0.72)R_y^b$，($R_y^b$=1 600MPa)，超张拉 1.05$\sigma_k$；
单位面积材料用量：预应力筋 44.58kg/m^2，非预应力筋 74.53kg/m^2，其他钢材 6.53kg/m^2，混凝土 0.70m^3/m^2</td></tr>
<tr><td colspan="2">桥梁特点：T 形梁中距 2.5m，上翼板预制宽度 1.96m（边梁上翼板外侧增宽 10cm），相邻梁片翼板间留有 54cm 的湿接头，以加强梁的整体性，同时也可减轻吊装质量。在下缘马蹄外侧增设 12～13cm 的底板，安装后浇筑 54cm 的湿接头，形成四箱封闭截面，增加梁的抗扭和抗弯刚度</td></tr>
</table>

六、灵武铁路黄河特大桥

灵武黄河大桥主桥为计算跨径分别为 46m 和 46.85m 的两种预应力箱形简支梁，梁高均为 3.4m，梁宽均为 3.9m。引桥为计算跨径为 31.74m 的预应力箱形简支梁，梁高 2.5m，梁宽 3.9m。

主桥箱梁均采用 36 束 7-7ϕ5 的钢绞线，其中梁端锚固 24 束，每个底板齿板锚固 6 束，每个梁端有两个底板齿板。引桥箱梁采用 16 束 49ϕ5 的高强钢丝，全部在梁端锚固。其工程概况详见表 6-1-7。

工程概况 表 6-1-7

<table>
<tr><td>设计单位：铁道部第一勘测设计院</td><td>协作单位：铁道部建筑研究设计院</td></tr>
<tr><td>施工单位：铁道部第十三工程局</td><td>施工时间：1991 年 10 月～1994 年 11 月</td></tr>
<tr><td colspan="2">桥梁类型及用途：铁路单线桥，直线</td></tr>
<tr><td>孔跨布置：24×32m+10×48m+9×32m</td><td>桥梁长度：1 576.30m</td></tr>
<tr><td>设计荷载：中—活载</td><td>地震烈度：8 度</td></tr>
</table>

续上表

结构类型：预应力箱形简支梁	计算跨径：主桥 46m、46.85m，引桥 31.74m
计算理论：箱梁纵向按全预应力混凝土设计，横向及竖向不设预应力筋	
截面形式：单箱、单室、等高度	混凝土强度等级：C50
施工方法：分段预制，以湿接头在移动支架造桥机上整孔组拼，整孔张拉	
配筋方式：箱梁设底板及腹板预应力筋，有竖弯、无平弯、对称布置	
张拉锚固方式：对称双端张拉，锚固于梁端及箱内底板锯齿板	张拉控制应力：主桥 $0.75R_y^b$，引桥 $0.78R_y^b$
预应力筋：主桥 R_y^b=1 470MPa，7ϕ5 钢绞线；引桥 R_y^b=1 570MPa，ϕ5 高强钢丝	
锚具种类：主桥 OVM15-7 引桥 XYM15-7	成孔方式：橡胶抽拔捧及波纹管成孔
张拉设备：YCW-150 型千斤顶	预制梁段重量：≤500kN
支座类型：主桥采用 TPZ-1 型盆式橡胶支座，引桥采用板式橡胶支座	
本桥特点：首创我国铁路桥梁移动支架造桥机施工新技术，确保了工期要求，降低了工程造价，取得了显著的经济效益及社会效益，成功地解决了我国铁路中等跨度桥梁运输及架设的难题，将简支梁的适用跨度推向更大，推动了我国铁路预应力混凝土桥梁设计施工技术的发展。采用箱形梁，还可明显增强梁的整体刚度，适应我国发展高速及重载列车的需要。以本桥设计、施工为基础研制的"ZQJ-32/56 移动支架造桥机"科技成果顺利通过鉴定，为造桥机施工技术的发展打下良好基础	

七、通西、京丰槽形梁桥

通西桥是两孔 24m 的单线铁路简支梁桥，京丰桥为一孔 20m 的双线铁路简支梁桥，两桥均采用预应力混凝土槽形梁。

预应力混凝土槽形梁是由两片主梁与支承于其下翼缘的道床板所构成的槽形断面板梁。主梁与道床板采取刚性连接，连接部位设置梁腋，为了加强梁的端部，梁端道床板加厚做成端横梁。

预应力钢束的布置如下。

槽形梁为三向预应力张拉：纵（桥轴）向、横（垂直桥轴）向预应力采用 36 丝 ϕ5（单线梁）及 48 丝 ϕ5（双线梁）钢丝束，两端张拉，镦头锚锚固；竖向（主梁中线）预应力采用Φ25、$40Si_2V$ 冷拉Ⅳ级钢筋，两端采用滚压螺纹，下端为内锚式，在上翼缘一端张拉，螺母锚固。预应力用 ϕ5mm 高强碳素钢丝，抗拉极限强度 R_y^j = 1 570MPa；Φ25mm $40Si_2V$ 光钢筋，极限强度为 900MPa（屈服强度为 600MPa），标准强度（冷拉屈服点）为 750MPa。

梁内钢束布置：主梁纵向钢束，单线梁道床板全部作为主梁翼缘，一侧主梁 17 根束，其中 2/3（11 根）放在主梁宽度内，1/3（6 根）放在翼缘道床板内；双线梁一侧主梁 13 根束，9 根放在主梁宽度内，4 根放在翼缘道床板内。单双线梁主梁钢束，按靠近主梁部分密、靠近道床板中部稀布置；双线梁的道床板纵向钢束 7 根，按靠近主梁部分稀、靠近道床板中部密布置。至少有 1/2 的主梁钢束（单线梁 11 根、双线梁 8 根）和道床板钢束，延伸至支承内，固着于主梁端的端横梁内，见图 6-1-6 及图 6-1-7。其工程概况详见表 6-1-8。

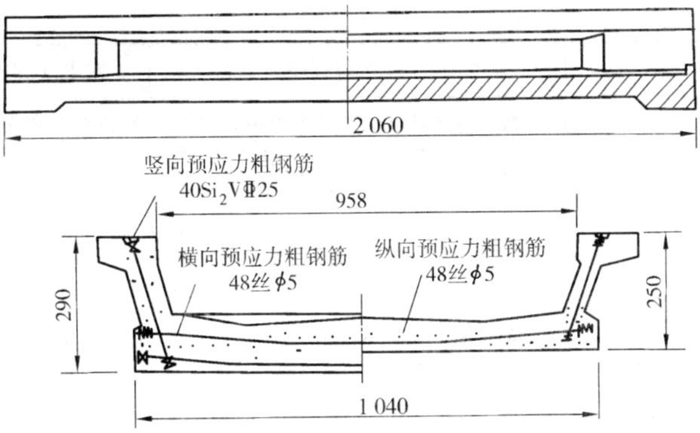

图 6-1-6　直线单线 24m 槽形梁(尺寸单位:mm)

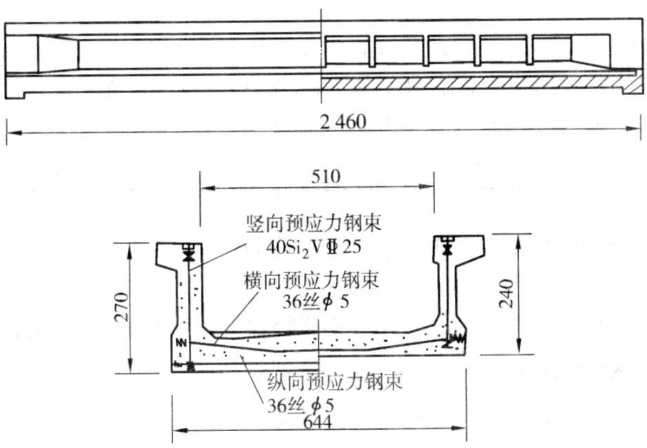

图 6-1-7　双线曲线 20m 槽形梁(尺寸单位:mm)

工程概况　　表 6-1-8

桥梁名	通西跨线桥	京丰立交桥
桥梁情况	直线单线简支梁	双线弯道上简支梁
桥梁所在地	北京通西站外	北京怀柔
设计单位	铁道部第三勘测设计院	
研究单位	上海铁道学院	
预应力施工单位	铁道部第三工程局	原铁道兵部队槽形梁试制组
桥梁用途	跨铁路跨线桥	跨公路立交桥
结构类型	下承式预应力混凝土简支梁	
孔跨组成	两孔 24m 单线直线梁	一孔 20m 双线曲线梁
设计荷载	中—活载	
混凝土强度等级	C50	
预应力部位	梁体纵、横、竖三向预应力	
配筋方式	直线、曲线	

续上表

桥梁名	通西跨线桥	京丰立交桥
预应力筋	纵、横向 ϕ5mm 高强钢丝束；竖向 IV 级高强粗钢筋	
锚具种类	钢丝束镦头锚；粗钢筋轧丝锚	
预应力张拉设备	钢丝束用 YCL-120 型千斤顶；粗钢筋用 YCL-47 型千斤顶	
张拉方式	钢丝束两端张拉；粗钢筋内锚一端张拉	
张拉控制应力	锚下 $\sigma_k=0.75R_y^j$；传力锚固 $\sigma_y=0.65R_y^j$；有效预应力 $\sigma_{yl}=0.6R_y^j$	
每延米梁混凝土数量	5.32m^3	10.4m^3
每立方混凝土预应力筋用量	63.4kg	61.3kg
每立方米预应力混凝土工程费	2 657.9 元(1982 年)	1 326.9 元(1982 年)
桥梁特点：槽形梁为下承式梁板组合结构，板宽 5m 以上，双线梁横向底板更宽。除梁的纵、横向预应力外，主梁竖向增设预应力粗钢筋。槽形梁的特点是轨底至主梁底的建筑高度低，在桥下净高一定的情况下，可降低路堤填筑高度，减少土方量，少占田地；在轨面高度一定的情况下，可加大桥下立交净高，减少桥下路面开挖，遇有地下水，更可减少桥下排水工程。具有较下承式钢梁省钢、减少噪音、养护简便等优点，填补了下承式混凝土结构的空白		

八、长沙环线韶山路预弯预应力混凝土梁立交桥

长沙环线韶山路立交中的 10 号、11 号桥是控制整座立交高程的关键跨，必须采用超低高度梁。要求在 0.9m 以下，跨径分别为 27.9m 和 26.9m，斜交角度分别为 69.8°和 76.9°，桥宽为 17.4m，设计荷载为人群 3.86kN/m^2，汽车—15。根据该应用工程的实际需要，考虑到实际生产加工的可能，参考已有应用工程资料，该两座跨线桥采用预弯预应力混凝土梁，整体设计采用密肋式布置，梁高 86cm，梁间距 124.5cm，每桥 14 片主梁组成，高跨比分别为 1/32.4 和1/31.3。

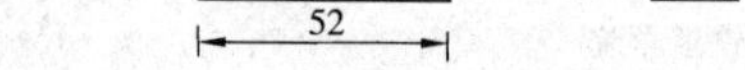

图 6-1-8　预弯梁断面设计图(尺寸单位：cm)

主梁构造如图 6-1-8 所示，主梁中的劲性钢梁高 86cm，由 16Mn 钢板焊制而成，上、下翼缘钢板厚 30mm，腹板厚 12mm，一期混凝土 C50，断面 520mm×220mm，二期混凝土为 C30 混凝土。下翼配置了 ϕ8 环形箍筋和上下各 6 根纵向构造钢筋，除板中有与钢梁焊接的平行腹板的构造钢筋，加腋部及桥面板设置了纵横向钢筋以加强主梁整体性，抗剪装置采用 ϕ28 钢筋，平行于轴线焊在顶、底板上，间距为 600mm。工程概况见表 6-1-9。

工程概况　　表 6-1-9

设计单位：长沙市规划设计院	协作单位：长沙市环线指挥部	设计荷载：人群 3.86 kN/m^2，汽车—15	混凝土强度：50 号和 30 号
桥梁用途：公路桥	桥梁所在地：长沙市环线韶山路立交	预应力形式：预弯劲性钢梁	预应力部位：T 梁内部
结构类型：简支 T 梁	桥梁跨径：27.9m 和26.9m	预应力材料：16Mn 钢板	桥宽：17.4m

预弯预应力混凝土梁的施工，根据现场条件及运输长度的限制，实桥施工中采用将预弯钢

梁在工厂分两段焊制成型，再运到工地拼接。在全梁 1/4 跨度处设置地锚，制作可重复使用的承力支架。如图 6-1-9 所示，主要分为以下 6 个施工工序。

(1)预弯钢梁制作。

(2)预弯钢梁的预压施工：顶弯梁的预压力设计为 225kN 和 239kN，加载设在 1/4 跨径处，在专用承力架用 2 台 50t 油压千斤顶加载。加载顺序如下。

第一次预压：0→分期加载到设计值→分级卸载→0。

第二次预压：0→分级加载到设计最大值→持荷固定。

(3)浇筑一期混凝土：预压完毕后，当确认预压力已达设计要求，预拱度已完全压平，各控制点复测正常后，即用预备好的槽钢支撑，顶紧承力架，完全撑牢后方可进行一期混凝土的浇筑。

(4)当一期混凝土的强度经试验达到设计强度 90%时，预弯梁可以卸载，卸载仍采用油压千斤顶分级同步卸载，同时观察预拱度回弹情况，并做好记录。

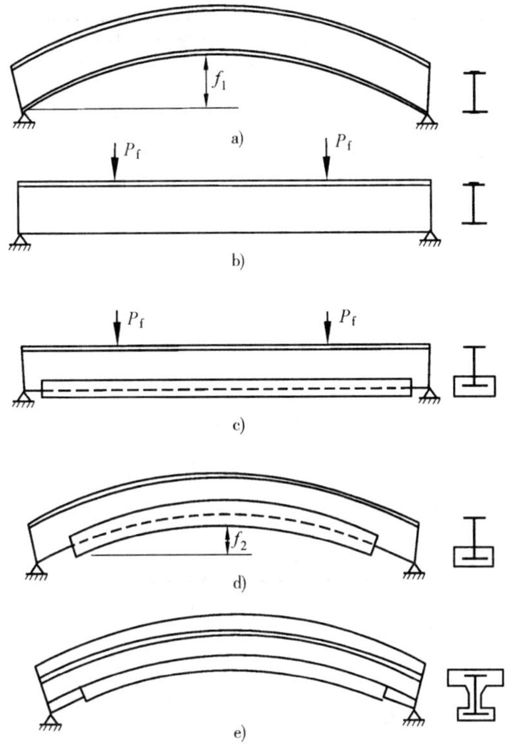

图 6-1-9　预弯梁施工工序图

a)钢梁制作就位；b)钢梁施加预应力；c)浇筑一期混凝土；d)卸预弯力；e)浇筑二期混凝土

(5)预弯梁吊装就位：由于预弯梁卸载后，预拱度回弹值不一样，相差有几厘米不等。要求吊装前进行测量，根据回弹值编排梁的安装位置，保证二期混凝土的结构尺寸，也使桥下拱度较均匀一致，视觉观感美观轻巧。

(6)预弯梁二期混凝土的施工，预弯梁就位后，可以利用工字梁下翼搁置模板，梁与梁之间设支撑，绑扎钢筋和浇筑混凝土。

九、安徽省交通规划设计研究院通用图《装配式预应力混凝土密肋式 T 梁》

安徽省交通规划设计研究院通用图《装配式预应力混凝土密肋式 T 梁》展示的是一种以钢绞线为预应力筋的后张法低高度简支 T 梁，主要用于对梁的建筑高度有要求的桥梁上。可代替空心板，克服其弊端。几种跨度的梁高见表 6-1-10，其工程概况见表 6-1-11，16m 跨密肋式 T 梁中梁的预应力钢束布置图见图 6-1-10。

密肋式 T 梁的高、宽　　　　表 6-1-10

跨径(m)	13	16	20	25
梁高(m)	0.75	0.85	1.0	1.25
梁宽(m)	中梁均为 1.0，边梁均为 1.05			

工 程 概 况 表 6-1-11

设计单位	安徽省交通规划设计研究院		
结构类型	简支、连续	跨度	预应力钢筋混凝土密肋式 T 梁 13m、16m、20m、25m
预应力部位	全部主梁	配筋方式	有黏结、直线、曲线
设计荷载	公路－Ⅰ级，公路－Ⅱ级	混凝土强度等级	C50
预应力筋	《预应力混凝土用钢绞线》(GB/T 5224—2003)(1860MPa) 13m 梁 $1\times5\phi^S15.2+1\times7\phi^S15.2$ 16m 梁 $2\times7\phi^S15.2$ 20m 梁 $2\times9\phi^S15.2$ 25m 梁 $2\times11\phi^S15.2$	锚具类型	钢绞线锚具
预应力张拉设备	YCW 千斤顶	张拉方式	两端张拉
张拉控制应力	$0.75f_{pk}$		

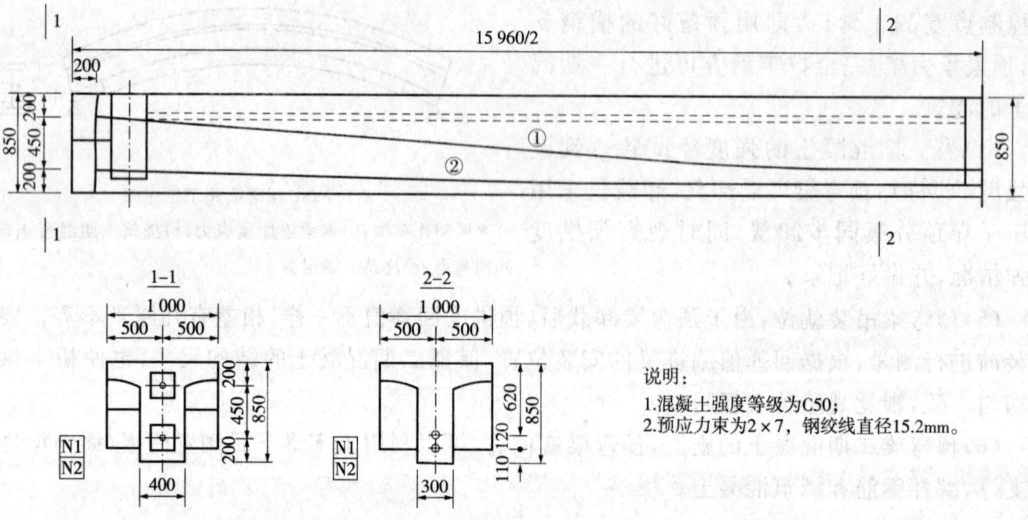

图 6-1-10 16m 跨密肋式 T 梁的中梁预应力钢束布置图(尺寸单位：mm)

第二节 悬臂梁桥

以旧庄河 1 号桥及孙水河 5 号桥为例。

旧庄河 1 号桥及孙水河 5 号桥主桥均为三跨单悬臂梁桥，中跨中设剪力铰，两跨纵向预应力均采用 $18\phi5$ 的高强钢丝束。

旧庄河 1 号桥预应力在中墩顶主梁上缘共布置 110 束；边跨 14 号截面上缘布置 90 束，下缘 23 束，共 113 束；中跨中 1 号截面上缘布置 18 束，下缘布置 16 束，共 34 束。

孙水河5号桥预应力在中墩顶主梁上缘共布置106束；边跨14号截面上缘布置88束，下缘8束，共96束；中跨中2号截面上缘布置25束，下缘布置10束，共35束。

两桥的工程概况详见表6-2-1。

工程概况　　表6-2-1

设计单位：成昆铁路预应力混凝土桥新技术组	桥梁所在地：$\frac{\text{云南禄丰大旧庄}}{\text{四川冕宁芦沽}}$
施工单位：$\frac{\text{89951 部队}}{\text{铁道部第二工程局桥工大队}}$	施工时间：$\frac{\text{1965～1966 年}}{\text{1966～1970 年}}$
预应力施工单位：$\frac{\text{89951 部队}}{\text{铁道部第二工程局桥工大队}}$	桥梁用途：铁路桥
结构类型：铰接悬臂梁	主跨组成：$\frac{24m+48m+24m}{32.2m+64.6m+32.3m}$
设计荷载：中—26铁路荷载	混凝土强度等级：$\frac{C40}{C45}$
预应力部位：主梁 预应力筋：ϕ5mm高强钢丝 ϕ32mm预应力粗钢筋(旧庄河1号桥) ϕ60mm预应力锚杆(孙水河5号桥)	配筋方式：$\frac{\text{明槽、直线}}{\text{管道、直线}}$
预应力张拉设备：60t双作用弗氏千斤顶	锚具种类：锥形钢锚、螺母
张拉控制应力：$0.65R_y^b$，超张拉至$0.75R_y^b$	张拉方式：两端张拉
单位面积材料用量：预应力盘$\frac{53kg}{58.6kg}$，非预应力筋$\frac{138.2kg}{139.2kg}$，混凝土$\frac{0.974m^3}{1.02m^3}$	
桥梁特点：旧庄河1号桥和孙水河5号桥均以试验悬臂施工为主要目的，采用了等悬臂、变高度、单箱截面铰接悬臂梁，由两个以主跨跨中铰为对称轴的单元，构成两个边跨和一个主跨的桥梁结构体系。该两座桥的意义在于第一次在我国铁路上采用了箱形截面、梁段预制胶拼、中间剪力铰、预应力混凝土柔性锚柱、702号特种钢锚杆、岩锚桥台、拼装定位器、悬拼吊车、悬灌吊篮、44Mn2Si高强钢筋、玻璃丝油毡防水层等一系列新材料、新技术和新工艺。旧庄河桥悬拼速度达每昼夜一对块件(长4.8m)，孙水河5号桥悬灌速度平均为7～10d一个周期，最短曾达到5d。就主跨跨度和悬拼、悬灌速度而论，这两座桥分别达到了当时同类型铁路桥梁的国际先进水平	

注：横线以上为旧庄河1号桥数据，横线以下为孙水河5号桥数据。

第三节　T形刚构桥

一、广西柳州大桥

本桥上部结构系全跨分别为120m和124m的T形刚构加挂梁体系。悬臂梁长度分别为47.5m和51.50m，相应的悬臂根部梁高为7.5m和8.24m，端部梁高均为2.0m。挂梁长25m，跨中梁高1.7m。主梁的高跨比从跨中到支点为(1/72.9～1/70.5)～(1/115～1/16)。

悬臂梁由两组双室箱形梁组成，两组箱之间的桥面板是连续的，纵向仅在悬臂根部及端部各设一道横梁。

箱梁纵、横、竖三向均采用预应力。其中纵、横向预应力由 18ϕ5、R_y^b=1 500MPa 之高强钢丝组成，用钢质锥形锚具。竖向采用Φ25 的 25MnSi 冷拉粗钢筋，竖向固定端用绑条锚具，张拉端用端杆式锚具。

预应力管道采用铁皮管成孔。为了减少管道摩阻产生的预应力损失，采用蓖麻油皂作润滑剂，灌浆前采用压力水冲洗。

柳州大桥主桥上部构造的工程概况见表 6-3-1。

工 程 概 况　　表 6-3-1

设计单位：上海市政工程设计研究院	桥梁所在地：广西柳州
施工单位：上海市基础工程公司	施工时间：1966～1968 年
预应力施工单位：上海市基础工程公司	桥梁用途：城市桥梁
结构类型：悬臂浇筑 T 形刚构加挂梁	主跨组成：66.71m＋120m＋124m＋52.29m
设计荷载：汽车—18，拖车—80	混凝土强度等级：C40
预应力部位：主桥上部构造	配筋方式：有黏结、直线、曲线（平、竖弯）
预应力筋：ϕ5mm 高强钢丝束为主	锚具种类：钢质锥形锚为主
预应力张拉设备：65t 双作用千斤顶	张拉方式：两端张拉
张拉控制应力：0.65R_y^b；超张拉：0.75R_y^b	
单位面积材料用量：预应力钢丝 57kg，预应力钢筋 10kg，普通钢筋 34kg，混凝土 0.844m^3	
桥梁特点：本桥是国内首次突破 100m 大关，首次采用挂篮对称悬臂浇筑法逐段施工的大跨度预应力混凝土箱形梁桥。在建设过程中，成功地解决了诸如预应力长束的穿束、张拉、减少管道摩阻，不同龄期逐段施工的预应力损失计算、徐变拱度计算及施工控制等一系列计算和施工问题	

二、四川泸州长江大桥

泸州长江大桥为中间带挂孔梁的 T 形刚构桥，T 构悬臂梁为双向预应力（纵向和竖向）体系。纵向预应力束分为板束（直束）和肋束（弯束），其布置见图 6-3-1。纵向预应力束均采用 240ϕ5 高强钢丝，锥形锚具，梁内设计为抽拔暗管孔道，全桥（根部截面）共 510 束，另预留有 20 个孔道。竖向预应力采用 ϕ25 冷拉 25MnSi 钢筋，在张拉端焊配有 45 号钢的螺纹端杆，张拉后以螺母锚固，竖向预应力沿悬臂梁在三肋内按 50cm 间距布设，此外，在四道横隔板内也布设了竖向预应力筋。

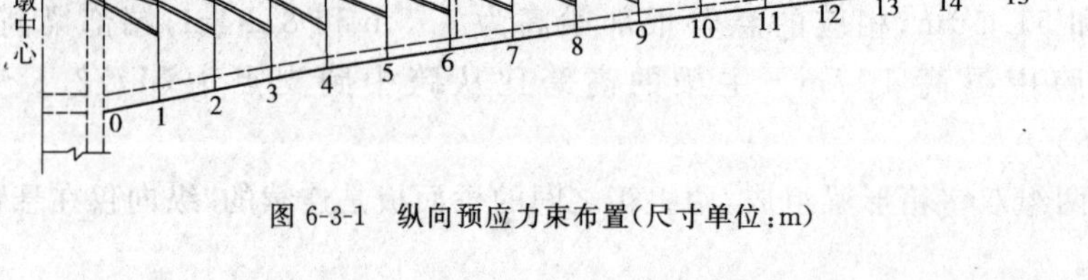

图 6-3-1　纵向预应力束布置（尺寸单位：m）

其工程概况详见表 6-3-2。

工程概况 表 6-3-2

设计单位：四川省公路规划勘察设计院	桥梁所在地：四川泸州市
施工单位：四川省交通厅桥梁工程处	施工时间：1979～1982 年
预应力施工单位：四川省交通厅桥梁工程处	桥梁用途：公路桥
结构类型：悬臂浇筑 T 形刚构	主跨组成：105m＋3×170m＋105m
设计荷载：汽车—20，挂车—100（另用 150t 平板车验算）	混凝土强度等级：C40
预应力部位：主桥上部构造	配筋方式：暗管、有黏结、直线、曲线
预应力筋：纵向 $24\phi5$mm、$R_y^b=1\ 600$MPa 之高强钢丝束（竖向 $\phi25$mm 冷拉 25MnSi 钢筋）	锚具种类：锥形锚
预应力张拉设备：85t 三作用千斤顶	张拉方式：两端张拉
张拉控制应力：纵向 $0.75R_y^b$；超张拉：$0.80R_y^b$；竖向 $0.9R_y^b=0.9\times530=477$MPa	松弛损失：8％
单位面积材料用量：T 构：预应力筋 85kg，非预应力筋 73.1kg，混凝土 1.37m^3；挂梁：预应力筋 21.7kg，非预应力筋 50.1kg，混凝土 0.59m^3	
桥梁特点：主桥由四个悬臂 2×65mT 形刚构及 40m 简支挂梁形成五跨桥梁，T 构的悬臂箱梁分段悬臂浇筑，每节段由一组顶板束和肋束锚固。纵向预应力由直束（板束）和弯束（肋束）组成。箱肋内设竖向预应力，以满足主拉应力要求。预应力损失计算时，考虑了混凝土不同龄期、预应力筋回缩反摩阻、分批分段张拉的影响。内力计算时分别编制了营运阶段和施工阶段的电算程序，并借以对纵向预应力筋进行优化、调整、布束设计。 挂梁为 T 形截面梁，预制吊装，场内一次张拉预应力	
其他：大桥全长 1 255.6m，北岸引桥一孔 20m 钢筋混凝土简支梁、十一孔 27.6m 预应力混凝土简支架，南岸引桥为 6×70m钢筋混凝土箱形拱桥，并在主桥的连接处设有桥头堡。水中基础为 $12\phi2.3$m 钻孔灌注桩，施工水深 12m，砂卵石覆盖层 23m，桩基嵌岩 8m，采用带异型刃脚双层薄壁钢围堰施工	

三、福州洪山大桥

本桥主孔采用跨径为 110m 的预应力混凝土桁架 T 形刚构，江中两个桁架 T 构均为对称式，其悬臂长度各为 42.25m，刚构之间以及刚构与边孔墩之间采用跨 25m 的挂梁连接，组成跨径 67.5m＋110m＋67.5m。悬臂梁的根部梁高 10.053m，端部 9.187m，设有纵、横、斜三向预应力，桁架末端至牛腿一段长 10.3m，为预应力混凝土薄壁箱形梁，设计成单箱六室，块件的侧面设有齿形，以增强抗剪能力，下弦杆为非预应力杆件，块件间用预埋钢筋焊接，上铺钢丝网，以混凝土填注联成整体。在接头处设有球面钢板，以调整位置和允许施工过程有微量的转动，见图 7-3-2。

本桥预应力束全部采用 $24\phi5$ 高强钢丝束，以应力和延伸率双控张拉。孔道对不同部位用抽拔管或预埋铁皮管成型。其工程概况详见表 6-3-3。

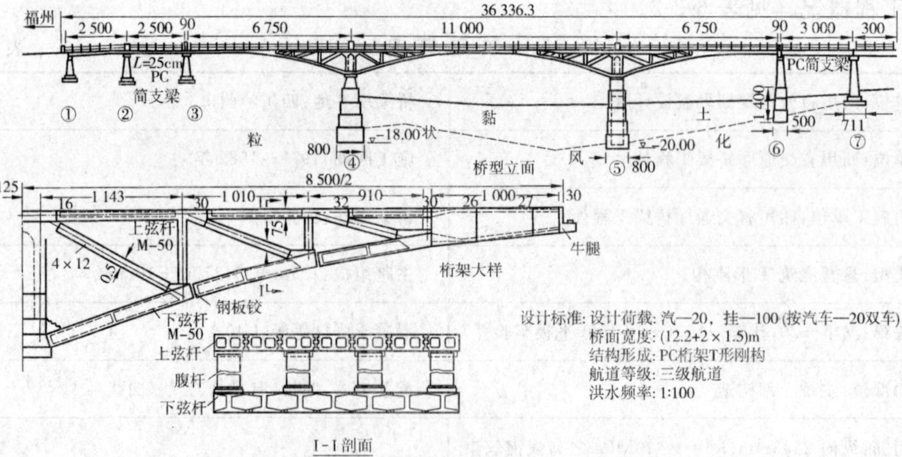

图 6-3-2　洪山大桥总体布置图(尺寸单位:cm;高程单位:m)

工 程 概 况　　表 6-3-3

设计单位:福建省公路局	桥梁所在地:福建省福州洪山镇
施工单位:福建省公路局第二公路工程公司	施工时间:1981 年 10 月～1985 年
预应力施工单位:福建省公路局第二公路工程公司	桥梁用途:公路桥
结构类型:三向预应力桁架 T 形刚构(上承)	主跨组成:67.5m＋110m＋67.5m
设计荷载:汽车—20,挂车—100	混凝土强度等级:C50
预应力部位:主桥上部构造	配筋方式:有黏结、直线、曲线
预应力筋:24ϕ5mm 高强碳素钢丝	锚具种类:环形弗氏锚
预应力张拉设备:双作用千斤顶	张拉方式:两端张拉
张拉控制应力:0.7R_y^b	
单位面积材料用量:预应力筋 47kg,混凝土 0.90m^3	
桥梁特点:本桥是由预制混凝土构件用三向预应力钢丝束装配而成的桁架 T 形刚构,桁架结构的所有构件除节点附近外,都设计成空心截面,以减轻自重,便于装配化施工,结构新颖,造型美观,跨越能力大,桁架阻风面积小,有显著的经济效果	

四、洪塘大桥

本桥结构主孔为斜拉式桁架 T 形刚构,滩孔为无黏结预应力混凝土连续箱梁和预应力简支 T 梁构成,主孔由两个预应力混凝土斜拉式桁架 T 构组成,斜拉式桁架 T 构中间跨径为 120m,两边跨为 60m,形成三跨 60m＋120m＋60m,桁架 T 构之间以剪力铰连接,两端用拉压支座支承在桥墩上。桁架部分由两片桁架与横梁、T 形纵梁、桁顶横系梁组成。桁架总高 18m,为跨径的 1/8,上弦杆为矩形,在桁顶两节间为变截面。下弦杆为 T 形挖空截面,除节点处于桁架腹杆及横梁连接段为实心截面外,其余均为空心截面,下弦杆拼装时采用接缝,预制时整体连续浇筑,见总体布置图 6-3-3。

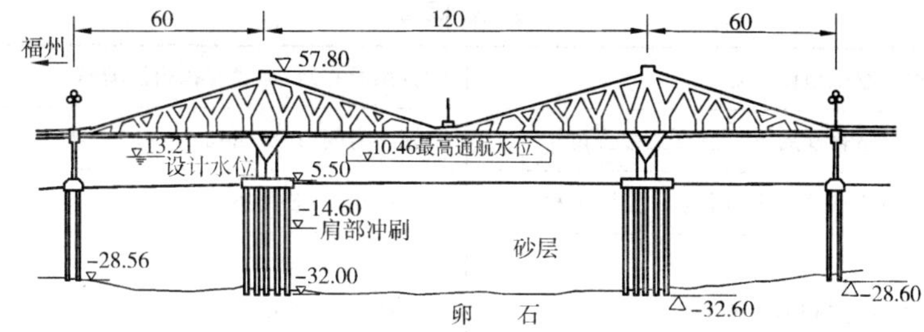

主孔布置（尺寸单位：m）

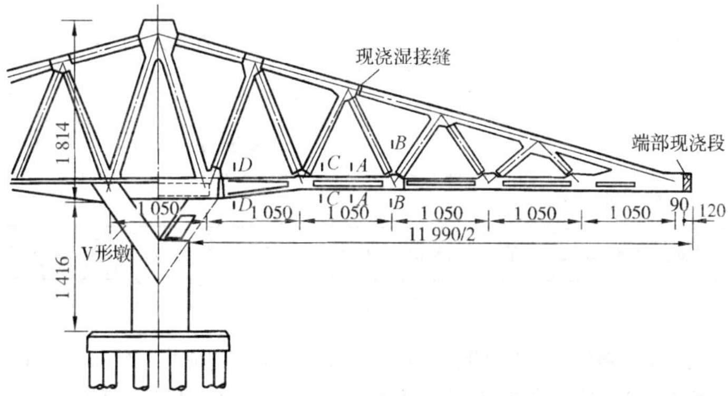

桁架构造图（尺寸单位：cm）

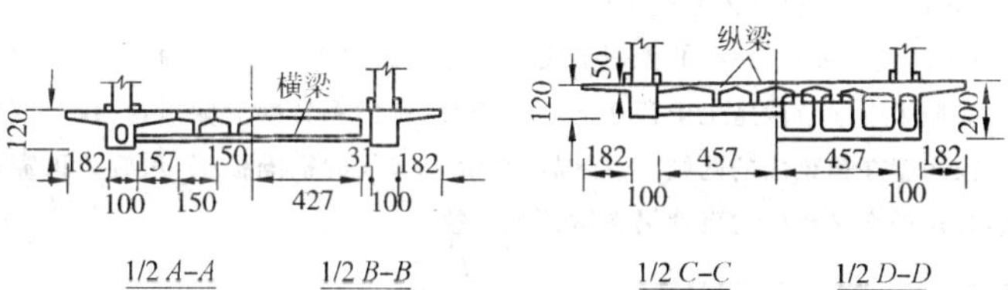

图 6-3-3　洪塘大桥总体布置图

本桥预应力钢丝束布置。

主孔：斜拉式桁架 T 构，上弦杆采用 56ϕ5 预应力钢束，用大吨位 XM 锚在桁顶交叉锚固。腹杆分压杆和拉杆，拉杆配 8 根 24ϕ5 预应力钢束，用弗氏锚与上下弦杆锚固，压杆为钢筋混凝土。下弦杆考虑拼装和营运过程的荷载情况配了 24ϕ5 预应力束。横梁配 11 根 24ϕ5 预应力钢束，采用弗氏锚，并在预制场先拉 3 根预应力束，以满足出坑吊装需要，其余预应力束待安装就位浇筑混凝土后再张拉锚固在桁架下弦节点上。

滩孔：采用体外束用 54ϕ5 墩头锚及 24ϕ5 弗氏锚两种锚具，连续梁两端孔配 10 根 24ϕ5 预应力束分设在箱内两侧，端部分散锚在横隔板上，墩上分散锚在墩顶节段的横隔板上，中间孔配 8 根 54ϕ5 预应力束，墩顶三个节段内的顶板加设 8 根 24ϕ5 预应力束和 4 根 24ϕ5 预应力束。预应力束在横隔板和转向块处穿过预埋钢管孔道，直线段按明槽处理；弯起段则以外包塑料管并压浆保护之。

洪塘大桥的工程概况见表 6-3-4。

工 程 概 况　　表 6-3-4

设计单位:福建省交通规划设计院	桥梁所在地:福建省福州洪塘镇
施工单位:福建省公路管理局第二公路工程公司	施工时间:1987 年 3 月～1990 年
预应力施工单位:福建省公路管理局第二公路工程公司	桥梁用途:公路桥
结构类型: 主孔　斜拉式桁架 T 形刚构(下承); 滩孔　无黏结预应力混凝土连续箱梁	主跨组成:60m＋120m＋60m
设计荷载:汽车—20,挂车—100	混凝土强度等级:C40
预应力部位:主孔及滩孔上部构造	配筋方式:有黏结、无黏结
预应力筋:ϕ5mm 高强钢束	直线、曲线
	锚具种类:大吨位 XM 锚、镦头锚、弗氏锚
预应力张拉设备:YCD 穿心千斤顶	
单位面积材料用量:预应力筋 32kg,混凝土 0.78m^3	
桥梁特点: 主孔。由两个预应力混凝土斜拉式桁架 T 构组成,它的特点是以预应力混凝土刚性拉杆(上弦杆)代替斜拉桥柔性钢索。在结构上克服了斜拉桥主索的防护和养护的缺点,施工上可采用 T 形刚构的悬拼法,进行斜拉式桁架 T 构逐节对称拼装,避免了水下作业,施工不受洪水干扰。桁架杆件化整为零后杆件的吊装重量比 T 形刚构轻,对吊装设备要求低,可采用悬臂吊机、缆索吊机,还可以采用扒杆来完成桁架的安装工作,从而简化了施工。 滩孔。采用逐孔节段拼装的施工方法,一孔的预制节段箱梁在下导梁上就位,当预应力束张拉完毕,下导梁就可移动至下一个桥孔继续安装,克服了以往节段施工中存在的工期长、结构体系转换等缺点,加快了安装进度。另一特点是使用体外预应力束,预应力束布置在箱梁内的两则,两端锚固在墩顶节段的横隔板上,预应力束需要弯起处靠在箱内设置转向块来实现,通过在墩顶块的交叉预应力束使梁在墩顶上连续	

第四节　连 续 梁 桥

一、广珠公路容奇大桥

容奇大桥总长:1 023.86m;主桥跨径:73.5＋3×90＋73.5＝417m;引桥跨径:北引 29.93＋11×30＝359.93m;南引 7×30＋29.93＝239.93m;桥宽:15m。

主桥上部结构为五跨连续箱形梁,为大型预制构件拼装。箱梁横断面采用双箱单室;纵向分为边部梁、根部梁和中部梁三种;划分长度分别为根部梁 33m,边、中部梁 57m;两箱间以 1.8m的现浇行车道板和箱外横隔板连为整体。

箱梁主要尺寸如下。

根部梁。预制长度为 33.52m,其中加有 2cm 的张拉压缩量;单箱预制高从根部 5.35m 成直线变化至悬臂部 3.0m;预制宽度为 6.2m,底部从根部 2.3m 变至悬臂端部为 3.0m。

边、中部梁。预制长度为57.6m，其中加3cm的张拉压缩量（由实测确定）；单箱预制高为3.0m；箱梁预制宽度为6.20m，底宽为3.0m。

预应力钢束布置如下。

（1）预应力钢束由24丝、直径为5mm的高强钢丝组成，用钢制锥形锚具。为避免钢束接头处发生数量突变及加强接缝的整体性，在结点处辅以镦头锚具的连接束；在结点牛腿附近主拉应力偏大及安装过程中牛腿受力的需要设有部分竖向预应力筋，竖向预应力筋用锥形螺母作暗锚（图6-4-1）。

（2）由于吊装重量控制设计，各部尺寸不能过大。根据具体情况，在钢束布置上，根部梁、中、边部梁均采用两根叠置管道，以先平弯后竖弯的原则进行布束，并设有预留孔道。

（3）钢束按各阶段，即张拉、起顶、平移、吊装、整体化、运营时各种荷载组合的受力要求并保证一定压应力储备而布设。又根据张拉钢束的次序分为前期束（预制期完成）、后期束（根部梁安装后进行）、后期连接束（次一条箱梁安装就位后结点间的连接）、后期贯通束（即三条梁间相贯通的钢束）。

（4）为便于施工，箱外张拉束尽量为前期束，在预制场张拉；后期束尽量在箱内张拉。张拉顺序原则为先短后长，保证长束应力，且对称分散进行，保证箱梁左右受力均匀；锚固点间应保证张拉空间；张拉顺序应保证张拉安全。

（5）本次设计未设全桥贯通束。

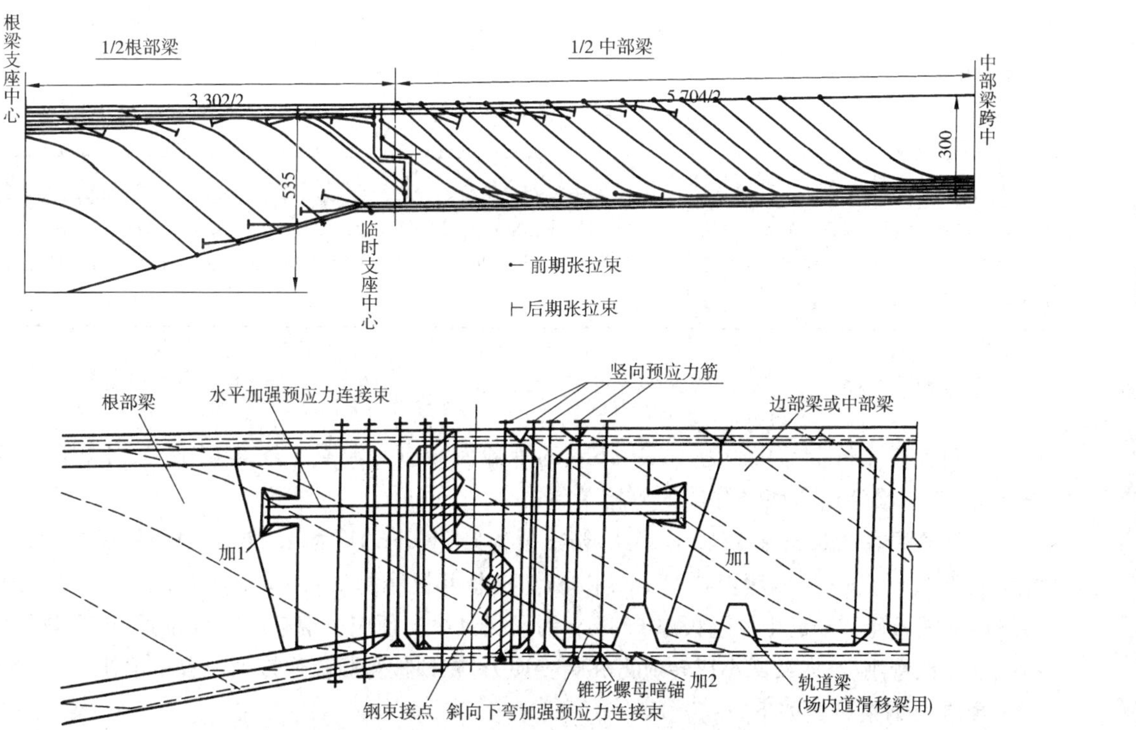

图6-4-1 牛腿处的预应力钢束布置（尺寸单位：cm）

容奇大桥的全桥钢束数及主要工程概况见表6-4-1及表6-4-2。

全桥钢束数　　表 6-4-1

类别	前期束	后期束	后期连接束	后期贯通束	全桥合计
边部梁	208				
根部梁	320	96	272	378	1 574
中部梁	300				

工程概况　　表 6-4-2

设计单位:交通部公路规划设计院	桥梁所在地:广东顺德容奇镇
施工单位:交通部第二公路工程局二处	施工时间:1982～1984 年
预应力施工单位:交通部第二公路工程局二处	桥梁用途:公路桥
结构类型:500t 大型构件拼装连续梁	主跨组成:73.5m+3×90m+73.5m
设计荷载:汽车—20,挂车—100	混凝土强度等级:C50
预应力部位:主桥上部构造	配筋方式:暗管(波纹管)直、曲线
预应力筋:ϕ5mm 高强钢丝束(24 丝) ϕ25mm 精孔螺纹钢筋	锚具种类:弗氏锚、轧丝锚
预应力张拉设备:85t　YP-170 三作用千斤顶 60t　YP-60 穿心千斤顶	张拉方式:两端张拉(弗) 一端张拉(YC-60)
张拉控制应力:$\sigma_k=(0.7\sim0.72)R_y^b$(丝) $\sigma_k=0.9R_y^b$(筋)	
单位面积材料用量:钢束 33.8kg,混凝土 0.60m³	
单位面积工程费:1 530 元/m³(含引桥)	
桥梁特点:主桥上部采用最大吊重为 500t 大型预制块件组拼的箱型预应力连续梁,采用 500t 浮吊进行安装。箱梁纵向结点、箱外横隔板和两箱间的车行道板采用混凝土浇筑接缝进行整体化。这种大型预应力混凝土构件的预制、安装在国内均属新技术、新工艺,是第一次	

二、厦门大桥

厦门大桥主桥上部构造为 46 跨 45m 的等截面预应力混凝土连续箱梁,共分五联。桥梁全宽 23.5m,横桥向为两个分离的单箱单室。

主桥箱梁高 2.68m,高跨比 1/16.8,箱梁顶宽为 11.26m,底宽 4.52m,顶板厚 0.22m,底板厚 0.16m,腹板厚 0.42m,斜腹板斜度 15.91°,行车道悬臂板外伸 2.72m,每跨仅在支点处设横隔板,一联端横隔板厚 0.6m,中横隔板厚 0.8m。为了提供纵向预应力钢束的布置位置,提高截面的抗扭刚度和抗弯刚度,以及减小扭转应力和畸变应力,在顶板与腹板连接处设置了承托。

预应力钢束布置如下。

预应力钢束采用 ϕ12.9mm、R_y^b=1 860MPa、低松弛高强钢绞线。纵向主钢束为 VSL5-22 或 QM13-22,水平施工钢束为 VSL5-12 或 QM13-12。一个箱梁全截面配 12 根主钢束,即每侧各 6 束;锚头布置在接缝处,一次张拉完毕(均一端张拉)并在此处连接主钢束,以使主钢束一联贯通。为抵抗滑模后吊点反力，在墩顶负弯矩范围布置 4 束水平钢束，即每侧腹板顶部附近各 2 束。

钢束张拉控制应力 $\sigma_k = 0.72R_y^b$，每束主钢束张拉力为 2 835.8kN；水平钢束张拉力为1 546.8kN。

全部预应力钢束均采用 0.3mm 厚的波纹管成孔，预应力钢束张拉完后孔内压浆。

箱梁截面布置大吨位钢绞线群锚，钢束较少，均布置在腹板与承托范围，能更有效传递预应力。

厦门大桥的主要工程概况见表 6-4-3。

工程概况　　表 6-4-3

设计单位：交通部公路规划设计院	桥梁所在地：福建省厦门市
施工单位：交通部第一公路工程总公司 交通部第三航务工程局	施工时间：1988 年 1 月～1991 年 4 月底
预应力施工单位：交通部第一公路工程总公司	桥梁用途：跨海峡公路桥
结构类型：等跨、等截面预应力混凝土连续箱形梁	主跨组成：8×45m＋8×45m＋12×45m＋10×45m＋8×45m＝2 070m，共五联
设计荷载：汽车—超 20 级、挂车—120、人群荷载3.5kN/m^2	混凝土强度等级：C50
预应力部位：主桥上部构造 引桥上部构造	配筋方式：波纹管成孔、直线、曲线 有黏结一联钢束连续
预应力筋：ϕ12.9mm、R_y^b＝1 860MPa 低松弛、高强钢绞线	锚具种类：VSL5-22K、5-12EC QM13-22B、13-12
预应力张拉设备：SA522/ZPE460、SA512/St12 型千斤顶	张拉方式：一端张拉
张拉控制应力：0.7R_y^b，超张拉 0.75R_y^b	
单位面积材料用量：预应力筋 20.1kg，普通钢筋 72kg，混凝土 0.57m^3	
桥梁特点：主桥上部构造由五联、等跨、等截面预应力混凝土连续箱梁组成，最长联 540m。采用纵向滑移式钢模架(以下简称滑模)整孔浇筑施工，每跨接缝留在距支点 0.21m 处。连接锚具设在接缝处，张拉后，移动滑模，连接钢束浇筑下一跨，因此，箱梁中一联内的预应力钢束是连续的。这种施工方法，施工阶段同使用阶段受力状态基本一致，因此箱梁截面用钢量较省，接缝少，整体性好，行车舒适，外形也美观	

三、常德沅水大桥

沅水大桥长 1 408m，主桥长 530m，采用五跨预应力混凝土连续梁，引桥为桥面连续的 25m 预应力混凝土简支梁和 16m、13m 的预应力混凝土空心板。

主桥上部结构为变断面箱形梁，支点梁高 6.8m，跨中梁高 3m，梁下缘按二次抛物线变化。顶、底板及腹板的厚度由支点向跨中分段递减，其尺寸按构造要求和受力确定。支点、四分之一跨及跨中等处设置横隔板，厚度为：支点 1.2m，其余 0.4m。

预应力钢束的布置：

箱梁悬浇节段划分由施工设备的负荷能力 2 000kN 确定，0 号段墩顶搭设托架浇筑长 6m，其余分成17个节段,1号段长3m,2～16号段长3.5m,中跨合龙段3m,边跨合龙段1.5m。

箱梁为三向预应力结构,在对各种预应力体系分析比较后,确定纵向采用7ϕ5钢绞线,XM15-7型锚具;横向用24ϕ5高强钢丝,弗氏锚;竖向用Φ25粗钢筋,轧丝锚。

纵向预应力筋由6根7ϕ5钢绞线组成,设计张拉力882kN,超张拉力940kN。支点负弯矩276束,其中顶板194束,腹板82束,另设备用孔道22个。边跨负弯矩束10束,下缘正弯矩束101束,底板备用孔道12个。二、三、四跨跨中上缘24束,下缘100束,备用孔道14个,见图6-4-2。

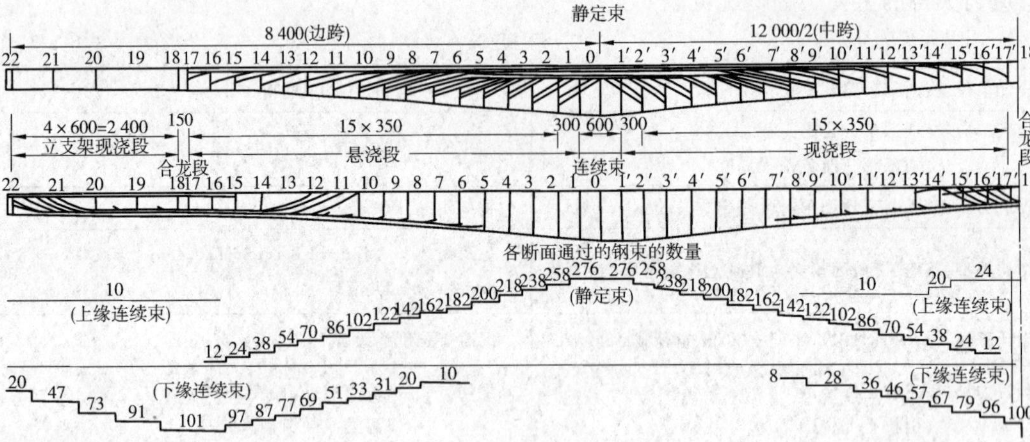

图6-4-2　箱梁分段及钢束布置示意图(尺寸单位:cm)

箱梁顶板横向预应力束间距0.5m;腹板中的竖向预应力支点至四分之一跨中布设双排Φ′25,其余按单排布置,间距0.5m。横隔板配有Φ25。

沅水大桥的主要工程概况见表6-4-4。

工程概况　　表6-4-4

设计单位:湖南省交通规划勘察设计院	桥梁所在地:湖南省常德市
施工单位:湖南省路桥公司	施工时间:1983年10月～1986年9月
主跨结构:五跨预应力混凝土连续梁	桥梁用途:公路桥
主跨组成:84m＋3×120m＋84m	配筋方式:直线、曲线、有黏结
设计荷载:汽车—20,挂车—100,人群:3.5kg/m^2	张拉方式:两端张拉、一端张拉
桥面宽度:净—15＋人行道2×2.0m,全净宽19m	预应力部位:主桥上部结构
主梁混凝土强度等级:C50	张拉控制力:882kN,超张拉940kN(钢绞线)
预应力筋:7ϕ5钢绞线,Φ5,Φ25Ⅳ级	锚具种类:XM15-7、弗氏锚、轧丝锚
预应力设备:YCD-120及液压顶压器,85t双作用千斤顶	
单位面积桥面材料用量:预应力筋65.7kg,钢筋89.5kg,混凝土0.846m^3	
桥梁特点:桥面有效宽度19m,采用宽翼缘单箱单室断面,当时在我国还是首次,这种断面力学性能好,材料用量省,便于施工;预应力体系选用钢绞线大吨位XM15群锚,结构合理,锚固可靠;桥面板设计采用部分预应力配筋,有效地利用板内构造钢筋的潜力,减少预应力筋30%;先张法空心板选用Φ8.2高强度刻纹钢筋(Ⅱ级钢),握裹力好,端部锚固可靠;引桥采用桥面连续,接缝由49条减少到只有7条,使行车平稳、舒适,改善了养护工作	

四、上海市黄浦江奉浦大桥

奉浦大桥主桥为五跨变截面预应力混凝土箱形连续梁，全长545.30m，边跨与中跨之比为0.68。主跨支点处梁高7.0m，跨中梁高2.8m。梁底按二次抛物线变化。箱梁横断面采用单箱单室，底宽8.6m，顶宽18.60m；每边悬臂板5.0m，全宽18.60m。箱梁顶板厚度采用0.30m和0.40m（支点采用0.80m除外），腹板厚度分别采用0.48m和0.55m（支点截面处为1.05m），底板厚度变化范围为0.3～0.90m，支点处1.40m。箱梁仅在支点处设置横隔板。

预应力钢束的布置：

箱梁采用三向预应力混凝土结构。纵向预应力采用ϕ15.24高强度低松弛钢绞线，标准强度R_y^b=1 860MPa，预应力锚具采用OVM15-7型，钢束张拉力取$\sigma_k=0.75R_y^b$（锚下），每束钢筋控制张拉力1 367.1kN，超张拉力为1 435.45kN，配置YCM-150型千斤顶，预应力管道采用金属波纹管。全桥共布置纵向预应力钢束1 342束，4只中墩。箱梁顶部的负弯矩钢束各布置218束，正弯矩钢束三个中孔布置68束，两个边孔各布置70束。横向预应力采用24ϕ5，标准强度R_y^b=1 600MPa的碳素钢丝，预应力锚具用钢质锥形锚GZ5-24型，YZ85型千斤顶，束距一般在30～70cm，每束钢筋控制张拉力为565.4kN，超张拉力为593.7kN。竖向预应力也采用24ϕ5的碳素钢丝，墩头锚具DM5A-24、DM5B-24，束距一般在40～50cm。纵向预应力钢束的布置见图6-4-3。

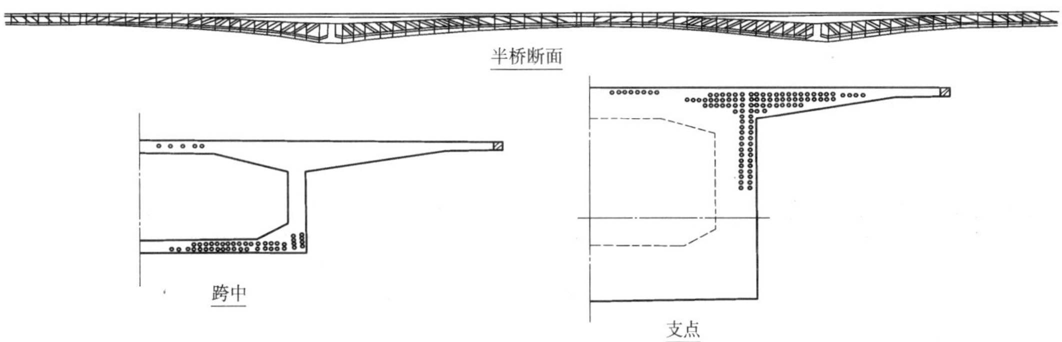

图6-4-3 纵向预应力钢束布置

奉清大桥的主要工程概况见表6-4-5。

工程概况 表6-4-5

设计单位：上海市城市建设设计院	桥梁所在地：上海市
施工单位：铁道部第十二工程局华东工程指挥部 交通部第三航务工程局二公司	施工时间：1994年3月～1995年11月
预应力施工单位：铁道部第十二工程局华东工程指挥部	桥梁用途：城市快速干线道路桥梁
结构类型与施工办法：五跨预应力混凝土连续桥梁采用悬臂浇筑法施工	主桥跨径组成：85.15m+125m+125m+125m+85.15m
设计荷载：汽车—超20级，挂车—120	混凝土强度等级：C50
预应力部位：上部构造箱梁	预应力方式：纵向、竖向、横向
预应力钢筋：纵向1 860MPa低松弛ϕ15.24钢绞线，竖向横向为ϕ5碳素钢丝	锚具种类：纵向OVM15-7、横向G25-24 竖向DM5A-24与DM5B-24

续上表

设计单位:上海市城市建设设计院	桥梁所在地:上海市
张拉控制力:$\sigma_k=0.75R_y^b$　超张拉力:$1.05\sigma_k$	
主桥单位面积材料用量:预应力钢筋 69.2kg,非预应力钢筋 95.5kg,混凝土 0.91m³	
桥梁特点:主桥是采用悬臂浇筑法施工的五跨预应力混凝土连续梁桥,建造在上海软土地基上,桥宽 18.6m,采用单箱单室横断面,三向预应力工艺。下部构造采用 ϕ900 钢管桩基础,部分为 7∶1 斜桩,其他为竖直桩基,桩长 63m;江中 4 个桥墩采用钢套箱围堰法施工。该桥通航净空高度 28m,设有水上安全防护系统设施。上部结构设计采用多种软件计算和进行设计优化,并结合奉浦大桥工程开发了一套适合于箱梁结构空间分析的软件。箱梁纵向预应力设计采用本院编制的微机版(后张法预应力混凝土桥梁构件 CAD 系统)。箱梁悬臂浇筑施工通过微机进行线形控制,以提高线形施工精度	

五、云南六库怒江大桥

六库怒江大桥是一座城市、公路两用桥。桥梁全长 337.52m,是三跨预应力混凝土连续梁桥。其主要工程概况见表 6-4-6。

工 程 概 况　　表 6-4-6

设计单位:云南省公路规划勘察设计院	桥梁所在地:云南省怒江州六库
施工单位:重庆市桥梁工程公司	竣工通车时间:1991 年 3 月 28 日
设计荷载:汽车—20 级,挂车—100	桥面净宽:净—7+2×1.5m 人行道
结构类型:预应力变截面连续箱梁	跨径组成:85m+154m+85m
箱梁混凝土强度等级:C50	施工方法:挂篮悬臂浇筑
预应力部位:箱梁纵、横、竖三向	配筋方式:预埋波纹管,平、竖弯有黏结
预应力钢筋:纵 ϕ15 钢绞线(1570 级) Φ32 精轧螺纹钢筋(竖向)	锚具种类:XM15-12;XM15-1 螺帽(竖向)
预应力张拉设备及张拉方式:YCD200 及 YC20 千斤顶双向张拉 YCL120 竖向张拉	
张拉控制应力:$\sigma=0.79R_y^b$	
单位面积材料用量:预应力筋 67kg/m²;非预应力钢筋 109.1kg/m²;混凝土 1.73m³/m²	

箱梁构造:

(1)连续箱梁中墩支座处梁高 8.53m,为中孔跨度的 1/18。跨中梁高 2.83m,为中孔跨度的 1/55,桥台处梁高 2.79m。截面惯矩变化和内力变化比较协调,且显得轻盈美观。

(2)箱梁断面为单箱单室,箱宽 5m,顶板悬臂 2.5m,全宽 10m,设 1.5%双向横坡,省去桥面三角垫层。顶板厚度主要由受力而不是布束需要决定,中部 28cm 上承托处 43cm;悬臂板端 8cm,上承托处亦是 43cm。肋厚 44cm 由主应力控制决定。底板厚度亦由受力需要决定,由根部 1.2m 至跨中 0.3m,中间按二次抛物线变化。

预应力钢束布置:

纵向采用 7ϕ15 钢绞线，XM15-12 大吨位后张预应力体系，金属波纹管形成孔道。考虑到束长最长达 151m，为方便穿束，孔道内径稍微增大至 9cm。

纵向预应力筋仅设置顶板束和底板束。绝大部分顶板束即悬臂施工时的静定束，仅在边跨配置少量（本桥配置 6 束）非静定的顶板束。

支座断面布置 96 束静定束，悬臂施工时每一节段锚固 4 束，集中锚固在同一断面位置（有上承托加强的顶板和腹板连接区域，距顶板顶面 45cm 处）。

由于第一节段锚固束数少，锚固位置单一，每节段施工均为简单的重复，施工很方便。采用大吨位集中锚，避免因布束需要而增加顶板的面积及增设锚固齿板，但增大梁体自重，这是本桥布束的一个特点。箱梁静定束的横断面布置及锚固位置见图 6-4-4。

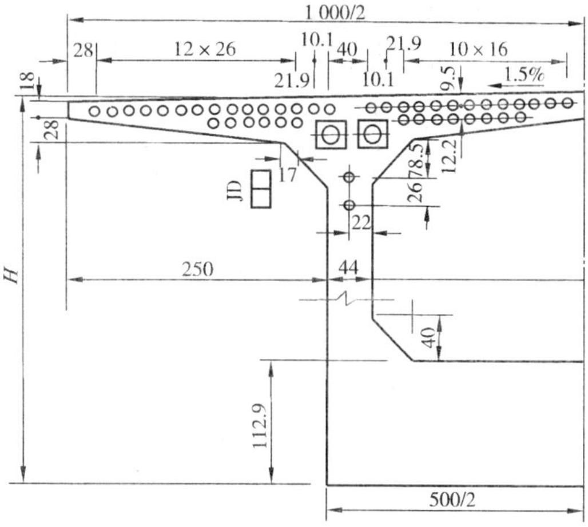

图 6-4-4　预应力束的横断面布置（尺寸单位：cm）

纵向无大的下弯束和连续束，对穿束十分有利，这是本桥布束的另一特点。箱梁纵向束的平面布置见图 6-4-5。

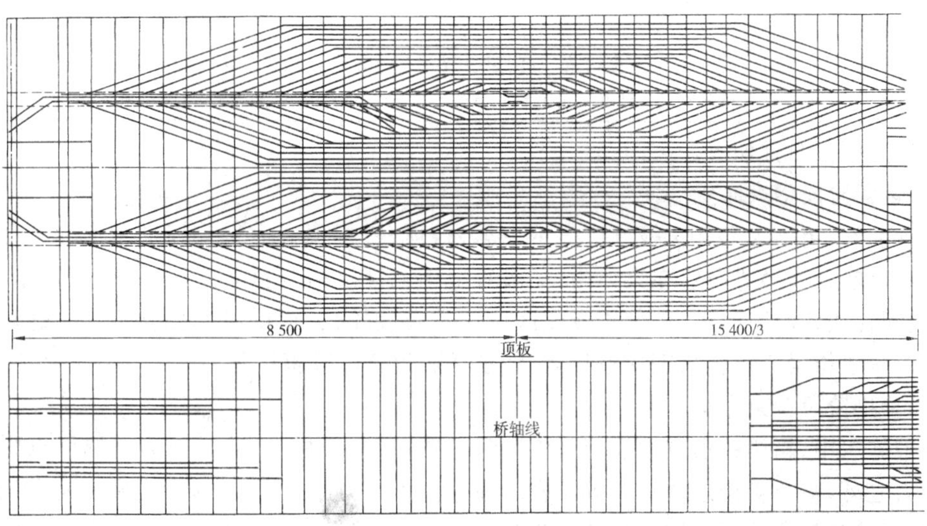

图 6-4-5　预应力纵向束的平面布置（尺寸单位：cm）

六、宝中铁路黄河特大桥

本桥为单线铁路桥，箱梁窄，顶板横桥向宽度两米多，仅设纵向预应力，采用顶推法施工。

主桥箱梁腹板厚一般为 0.36m，跨中处一小段厚为 0.20m；箱梁顶板厚 0.20m；底板厚一般为 0.20m，在靠近支座处厚 0.30m。梁中不设横隔板，仅在每个支点处设横隔板。其主要工程概况见表 6-4-7。

工 程 概 况　　表 6-4-7

设计单位:铁道部第一勘测设计院桥隧处	施工单位:铁十三局一处
桥梁所在地:宁夏中卫县	桥梁用途:铁路桥
施工时间:1991 年 1 月开工,1993 年 5 月临时通车	
设计荷载:中—活载	铁路等级:Ⅰ级,单线,地震烈度:8 度
桥式:13 孔 32m 简支梁＋两联 7 孔 48m 连续梁＋6 孔 32m 简支梁	桥全长:1 315.04m
主桥结构类型:两联 7 孔 48m 跨度,顶推预应力箱形连续梁	
主桥连续梁构造:单箱单室,等高度变截面	混凝土强度等级:C50
施工方法:主桥连续梁采用分段现浇、多点顶推施工方法,前置板式钢导梁	
预应力筋:7ϕ5 钢绞线	锚具种类:XM15-7,XM15-12
布筋方式:孔道有黏结、孔道无黏结和明筋(顶推施工临时预应力钢束)	
预应力张拉设备:120t、200t 穿心式张拉千斤顶	
张拉方式:两端、单端张拉。张拉控制应力:0.75R_y^b	
主跨连续梁特点: (1)目前国内铁路顶推桥梁中,其单联最重、最长、顶推跨度最大。 (2)为减薄连续梁顶板和简化顶板构造,在板厚 20cm 的顶板上设置大吨位临时束明筋锚固台座,每个台座张拉力大于 1 900kN,顶推到位后,钢束及台座拆除。 (3)箱梁腹板永久预应力筋采用大吨位钢束,每侧腹板双排并行布置 4 束或 6 束 12 根 7ϕ5 钢绞线,每束张拉力 2 020kN,并采用吻合索长大布束形式。通常每组钢绞线通过两个负弯矩区,一个正弯矩区,最长束 70 多米	

预应力钢束布置如下。

(1)运营阶段钢束布置

运营期间,箱梁主要靠腹板预应力钢束承力,顶、底板预应力钢束辅助承力和补强。腹板预应力束以吻合索形式布置在梁体内,一般每组钢束穿过两个负弯矩区,一个正弯矩区,贯通一跨,锚固在相邻两跨的正、负弯矩变化区内。其布束较长,钢束起伏变化不大。这种布束方式与运营阶段箱梁弯矩包络图比较接近,特别适应运营阶段箱梁受力。

(2)顶推阶段钢束布置

顶推施工中,箱梁的预应力筋绝大多数只布置在顶、底板上,除预应力筋锚固点附近有一些集中力之外,整个箱梁近似一个等压杆。在这些预应力筋当中,一部分是承受运营荷载的永久束;其余的是只承受顶推施工荷载的临时索,箱梁顶推到位后,这些临时钢束需拆除。顶板上的临时束大部分以裸露明筋的形式锚固在顶板上,底板的临时束穿在底板内。在整个顶推过程中,临时束除两端与梁体锚固外,其余部位与梁体无黏结。为防止施工期间锚具夹片飞出,特别制作了一种夹片防松装置,经使用效果良好。

七、山西平顺县曲线连续箱梁桥

本桥上部结构采用三跨 28.0m＋35.0m＋28.0m 等截面预应力混凝土单箱单室连续曲线梁,中轴线处梁高为 2.5m,桥梁宽度为净 9.0m＋2×0.5m,箱梁全长为 91.8m;桥上纵坡为零，横坡为 4%。桥梁中轴线的曲率半径 $R=90.0\text{m}$，采用顶推法施工。图 6-4-6 为该桥的总体布置图，其主要工程概况见表 6-4-8。

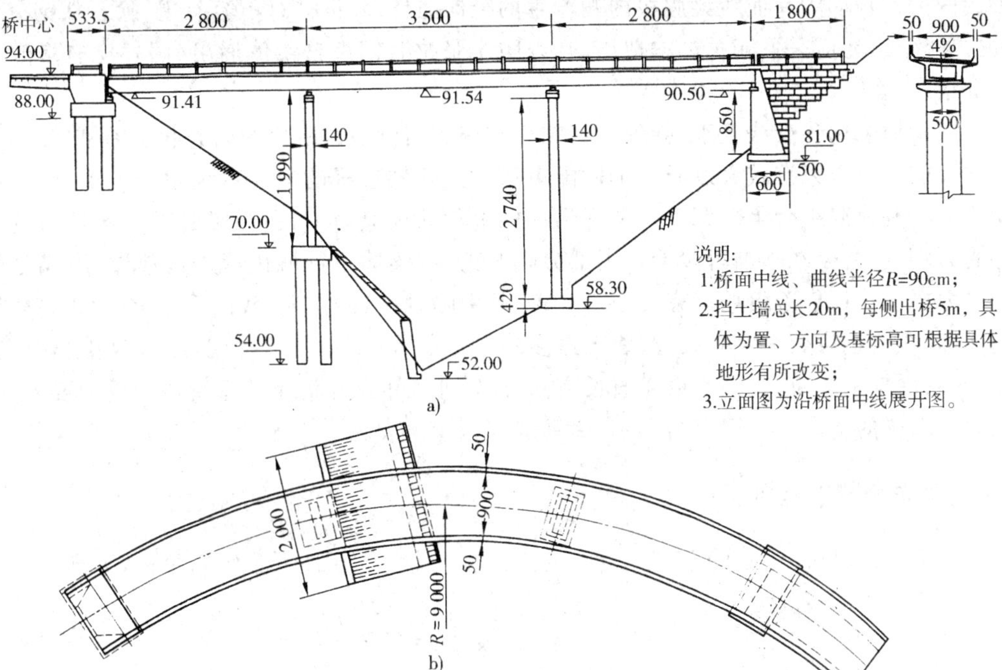

图 6-4-6　总体布置图(尺寸单位:cm;高程单位:m)

a)立面图;b)平面图

工 程 概 况　　表 6-4-8

设计单位:同济大学桥梁系、山西省交通科研所	桥梁所在地:山西省平顺县
施工单位:山西省长治公路分局	施工时间:1989～1990 年
预应力施工单位:山西省长治公路分局	桥梁用途:公路桥(兼作试验桥)
结构类型:预应力混凝土曲线连续梁	主跨组成:28.0mm+35.0m+28.0m
设计荷载:汽车—20 级、挂车—100	混凝土强度等级:C40
预应力部位:桥梁上部结构	配筋方式:波纹管、有黏结、曲线束
预应力筋:ϕ5 高强钢丝束	锚具种类:锥形锚
预应力张拉设备:YZ85 三作用千斤顶	张拉方式:两端张拉
张拉控制应力:$0.75R_y^b$，超张拉 $0.80R_y^b$	
单位面积材料用量:预应力筋 30kg，非预应力筋 65kg，混凝土 0.51m^3	
单位面积工程费用:1 837 元/m^2	
桥梁特点:预应力混凝土曲线连续箱梁桥的设计在国内尚属少见，尤其是采用平面内顶推法施工的曲线连续梁在国内是第一次。就该桥的曲率半径 $R=90.0\text{m}$ 而言，国外用顶推法建成的曲线桥中尚未见到报道。因此，在设计、施工等方面的诸多疑难点(如顶推工艺要求、曲线连续梁的内力分析计算、预应力筋的计算与合理配置、空间曲线束的摩阻损失分析等)，需待深入研讨。山西省交通科研所和同济大学桥梁工程系协同开展"预应力混凝土弯桥设计与施工技术研究"，并结合依托工程——平顺县曲线试验桥，进行设计与施工等要点的研究分析	

预应力钢束布置如下。

预应力在曲线梁内可视为一组空间力系，它在结构中除产生平面内的内力外，还将产生平面外的内力。预应力在曲线梁腹板内侧产生的径向力作用，设计时不容忽视，除了从钢束合理布局上考虑外，还应采取相关的构造措施，以防止张拉时钢束自梁体崩出（国外已有多起类似破坏的报道）。

连续梁桥采用顶推法施工，导致上部结构在施工与营运两阶段的内力状态差别很大，各自要求配置的预应力束有较大差异。本桥配束系先按顶推过程的最大弯矩组合配束，然后按营运阶段最不利荷载组合予以调整。考虑到顶推阶段的预应力束，在箱梁的部分区域对营运阶段的受力不利，所以在顶推阶段配置了部分临时束，将梁体顶推就位后予以放松，以满足两阶段的受力要求。顶推阶段总钢束数为 258 束，其中临时束为 84 束，截面上最多的配束数为 82 束；营运阶段总钢束数为 190 束，截面上最多的配束数为 92 束。顶推就位后，放松临时束，再张拉 16 束后期永久束（其是 8 束为通长束）。配置通长束既可满足营运阶段的受力要求，又可增强曲线箱梁的整体性。钢束为 24ϕ5 高强碳素钢丝组成。

八、上海市罗山路桥

上海市罗山路桥是一座城市立交桥，主桥为预应力混凝土曲线连续箱梁桥，下部采用单点支撑。其主要工程概况见表 6-4-9。

工 程 概 况　　表 6-4-9

设计单位：天津市市政工程设计研究院	桥梁所在地：上海市浦东新区罗山路与杨高路交叉口处
施工单位：上海市第一市政工程公司	施工时间：1993 年
预应力施工单位：上海市第一市政工程公司	桥梁用途：城市立交桥
结构类型：单支点预应力混凝土曲线连续箱梁桥	主跨组成(m)：2×25+2×31+39+2×31+25+24.5 及 30+3×41+30
设计荷载：汽车—超 20 级、挂车—120	混凝土强度等级：C50
预应力部位：匝道桥上部构造	配筋方式：曲线连续配筋
预应力筋：ϕ15 高强度低松弛钢绞线	锚具种类：OVM 型锚具
预应力张拉设备：YCW-150 型千斤顶	张拉方式：两端张拉及一端张拉
张拉控制应力：0.75R_y^b	
单位面积材料用量：预应力筋 21kg，非预应力筋：82kg，混凝土：0.52m^3	
桥梁特点：上海市内环线浦东段罗山路立交桥是一座主流为定向，次要流为半苜蓿叶的大型五层全互通式城市立交桥，立交南北长 940m，东西长 1 337m，桥梁面积 2.49 万 m^2，道路面积 12.5 万 m^2，工程占地 19.3hm^2。根据交通功能和线形的要求，立交中设有 A_1 线和 C_1 线两条预应力曲线定向匝道桥，A_1 匝道桥设置五跨一联主跨为 41m 和七跨一联主跨为 39m 的单支点支承的预应力混凝土曲线连续箱形梁各一联；C_1 匝道桥设置两联七跨的单支点预应力混凝土曲线连续箱梁，平曲线半径为 150～210m，采用在支架上分段浇筑混凝土和连续张拉预应力筋的施工方法，预应力筋采用 7ϕ15 标准强度为 1 860MPa 的高强度低松弛钢绞线，混凝土强度等级为 C50，预应力锚固体系采用 OVM 锚具及连接器。由于采用预应力混凝土连续梁结构，使主梁高跨比降至 1/26，属低高度梁。在单支点支承的预应力混凝土连续弯箱梁中，其中墩全部是独柱墩且一联的长度最长达 265m。为确保长联单支点连续弯箱梁的侧向稳定性，在每联的边墩或桥台处除尽量加大支座的横向间距外，并设置了钢拉力支座	

主桥上部结构如下。

单支点预应力曲线连续梁的横断面为单箱单室，箱顶宽 8m，底宽 3.6m；两侧翼缘板伸臂长 2.2m，悬臂板端部厚 10cm，根部厚 35cm；顶板厚正常段 20cm，加厚段 40cm，底板厚正常段 18cm，加厚段 40cm，肋板厚正常段 35cm，加厚段 60cm。在各跨的支点、1/4 跨和 1/2 跨处设置横隔梁，中墩支点处横梁厚 1.2m，边墩支点处横梁厚 1.0m，其余均为 25cm 厚的横隔板。五跨一联连续梁主跨为 41m，梁高 1.6m；七跨一联连续梁主跨为 39m，梁高 1.5m。

预应力钢束的布置如下。

预应力钢束采用 7ϕ15 高强度低松弛钢绞线和 OVM15-7 型锚具，预应力钢束均为曲线束，集中布置在箱梁腹板内，平面与腹板曲率一致。布置在腹板内的钢束均为通长束，在施工分段处切断锚固后用 OVM15-7L 连接器接长，在腹板内上下起伏以抵消跨中截面正弯矩和支点截面的负弯矩。预应力孔道采用内径 70mm 的波纹管，曲线箱梁在预应力张拉过程中沿箱梁内侧产生径向力，为克服由预应力钢筋张拉产生的径向力，故将内弧侧的预应力筋保护层加厚，即预应力孔道中心距腹板边缘距离内弧侧为 14cm，外弧侧为 9cm。且沿全部管道纵向布置防崩钢筋，防崩钢筋直径为 ϕ16mm，间距为 50cm。OVM15-7L 型连接器是一种能连接若干段短束分段张拉然后再连接成长束的锚具，一条孔道为多段箱体利用，方便箱梁体内预应力束的布置。有的钢束由于连续梁的施工和预应力张拉受到限制，只能进行单向张拉，则在受限制的一端采用 OVM15-7P 型固定锚具。在该桥预应力连续梁中首次采用了 OVM15-7L 和 OVM15-7P 型两种特殊的锚具，既方便又经济实用且节约钢材。

第五节　刚　构　桥

一、山东东明黄河公路大桥

东明黄河公路大桥是一座特大型桥梁，依据桥址处水文、地质条件，桥孔布置由南向北依次为 6×40m+3×7×40m+5×6×50m+75m+7×120m+75m+2×7×40m，全长 4 142.14m。北岸滩地和主槽部分为直线桥，南岸滩地设 R=4 000m 的平曲线；从主桥中孔跨中间向两岸设 0.56%下坡，竖曲线半径 R=18 000m；桥宽 15m+2×1.5m+2×0.25m，共 18.5m。引桥上部构造采用 40m 和 50m 两种跨径的部分预应力混凝土简支 T 梁，桥面连续，最大连续长度达 300m。其主要工程概况见表 6-5-1。

工 程 概 况　　表 6-5-1

设计单位：河南省交通规划勘察设计院	桥梁所在地：山东省东明县
施工单位：河南省交通公路工程局	施工时间：1992～1994 年
预应力施工单位：河南省交通公路工程局	桥梁用途：公路桥
结构类型：预应力混凝土刚构连续桥	主跨组成：75m+2×120m+75m
设计荷载：汽车—超 20 级，挂车—120，人群 3.5kN/m^2	混凝土强度等级：C50
桥宽：15m+2×1.25m+2×0.25m	配筋方式：预留管道，有黏结、直线
预应力部位：刚构连续箱梁、简支 T 梁、简支 T 梁中墩盖梁	锚具种类：XYM、OVM、BM 钢丝锚
张拉方式：千斤顶，双控张拉	预应力钢筋：ϕ15.24 钢绞线，精轧螺纹钢筋
张拉控制应力：0.75R_y^b	
上部构造单位面积材料用量：预应力筋 63.7kg，普通钢材 119.3kg，混凝土 0.943 7m^3	

主桥上部结构：

主桥为连续刚构-连续梁组合体系，桥上部采用变高度单箱单室断面，跨中截面梁高2.6m，为主跨的1/46，墩顶梁高6.5m，为主跨的1/18，梁高沿跨径方向按二次抛物线变化。顶板宽18.32m，箱宽9.0m。桥面板悬臂长4.67m。顶板仅考虑单层布置钢束，横向预应力采用扁锚，故顶板跨中厚度取25cm，悬臂板边缘厚度取15cm。顶板尺寸沿桥长不变，10号板除外，底板厚度，跨中截面单层布束，取为25cm，与0号块连接处为80cm，中间按二次抛物线变化。腹板厚度在距墩顶15m范围内取为55cm(0号块除外)，其余部分采用40cm。顶板尺寸在纵向全桥基本保持一致，腹板厚度呈台阶式变化。墩顶0号块每侧伸出墩身50cm，顶板厚50cm，腹板厚80cm，底板厚100cm。闭口箱形截面抗弯、抗扭刚度大，故只在墩顶设横隔板；在边跨端部将顶、底板及腹板加厚形成加劲框架，起到柔性横隔作用。

预应力钢束布置：

本桥各部位预应力体系取为纵向预应力：设置顶板束和底板束，其中顶板钢束用25根ϕ15.24、符合美国ASTM标准的250级钢绞线，采用OVM与XYM15-25型锚具，两端张拉，每束张拉力4 500kN。底板钢束采用15根ASTM250级钢绞线，用OVM15-15锚具锚固于齿板上，每束张拉力2 700kN。横向预应力采用OVM、BM15-4锚具，单端张拉锚固，每束张拉力720kN。竖向预应力采用国产ϕ32mm的精轧螺纹粗钢筋和YGM锚具。箱梁顶板、底板布束如图6-5-1、图6-5-2所示。

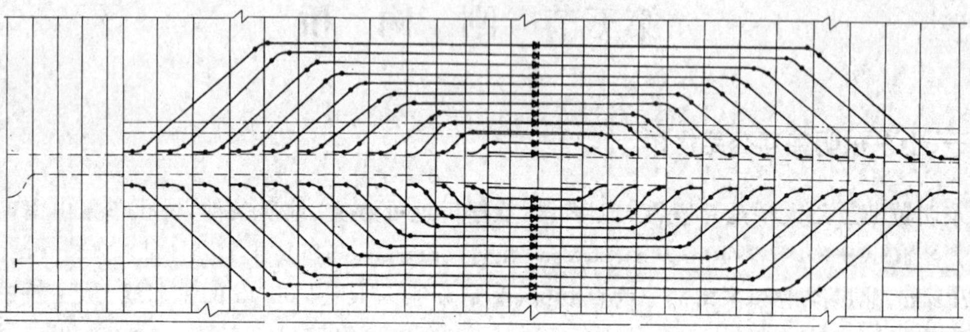

图6-5-1　中跨顶板钢束平面布置

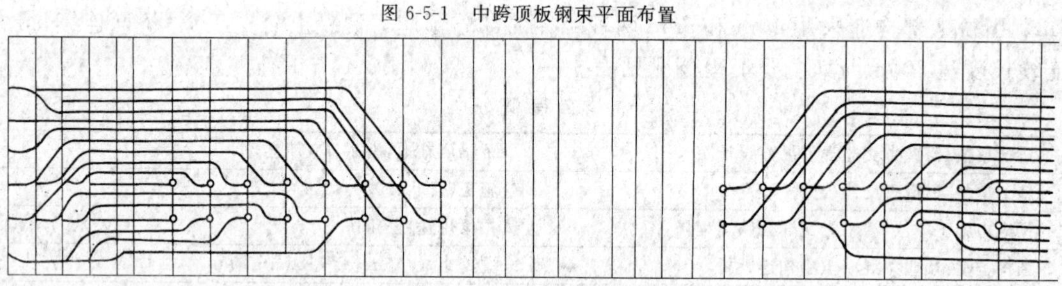

图6-5-2　中跨底板钢束平面布置

二、黄石长江公路大桥

黄石长江公路大桥主引桥全长2 580m，包括南北接线共4 630m。主桥为162.5m+3×245m+162.5m五跨预应力混凝土连续刚构桥，其连续长度达1 060m，在同类型桥梁中居世界第一；三个主孔跨径均为 245m，建成时在同类型桥梁中居世界第二、亚洲第一。桥面设计通行能力为小客车每昼夜 2.5 万辆，设计车速为 100km/h。该桥型的主要设计特点是：桥面接缝少、整体性强、结构刚度大、行车舒适、耐久耐震、便于养护、工程造价相对较低，其结构造型轻巧挺拔、简洁流畅、雄浑刚劲。其主要工程概况见表 6-5-2。

工 程 概 况 表 6-5-2

设计单位：交通部公路规划设计院	桥梁所在地：湖北省黄石市
施工单位： 总承包单位：中国路桥建设总公司 参加单位：交通部公路一局 交通部公路二局 交通部第二航务工程局	施工时间： 1992 年 7 月～1995 年 11 月
监理单位：交通部第二公路勘测设计院	桥梁用途：公路桥梁
结构类型：预应力混凝土连续刚构	跨径组成：162.5＋3×245＋162.5＝1 060m
设计荷载：汽车—超 20 级、挂车—120 人群：3.5kN/m^2	桥面净宽：行车道—15.0m（四车道） 人行道—2×2.5m
通航净空：净宽 220m、净高 24m	桥面纵坡：3.2%
地震烈度：按 7 度设防	设计风速：取 35m/s（基本）
箱梁构造：三向预应力混凝土、单箱单室； 顶宽 19.6m，底宽 10.0m； 根部梁高 13.0m； 跨中梁高 4.1m； 底缘按二次抛物线变化	主墩构造：RC 实心结构、双薄壁墩； 薄壁中心距 10.5m； 墩身断面 3m×10m 矩形； 墩身高度 44.17～48.40m（主墩采用束筋布置）
混凝土材料：主梁为 C55，3d 张拉强度不低于设计强度的 75%，泵送混凝土工艺，主墩为 C55，配比中添加粉煤灰	预应力钢材：纵、横向预应力采用 ϕ12.7mm 低松弛钢绞线，R_y^b＝1 860MPa，张拉强度 75%，ASTM 标准竖向预应力采用 ϕ32mm 精轧螺纹粗钢筋，极限屈服强度 750MPa，张拉强度 90%（采用日本 NE-TURENCO. LTD 产品）
预应力锚具：纵向——OVM5-31，OVM5-22 横向——KBM5-4 竖向——YGM32	张拉方式：纵向——两端张拉 横向——一端张拉 竖向——一端张拉
预应力管道：纵向——112mm 横向——25mm×70mm（扁管） 竖向——50mm	布束方式：纵向——平竖弯 S 形空间组合曲线 横向——沿桥轴线死、活锚交叉 竖向——2 根、4 根分区布置
主桥伸缩缝：2 道 MAUIRER D720 型	主桥支座：4 个 GPZ-ZX-12500kN 型

主桥上部结构：

箱梁为三向预应力混凝土结构，采用单箱单室断面，顶板宽度为 19.6m，底板宽度为 10.0m。为满足桥面横向布置和减轻自重，箱梁顶面翼缘板设置成 1.5%的双向横坡。在各墩与箱梁相接的根部断面梁高为 13.0m，是主孔跨径的 1/18.85；在各跨跨中及边跨支架现浇梁段断面梁高为 4.1m，是主孔跨径的 1/59.76；其间梁底下缘按二次抛物线变化，梁高均以跨桥面中心线 5.0m 处的腹板外缘线为准。箱梁顶板厚度除零号梁段隔板范围内为 50cm 外，其余各梁段均为 25～50cm，其中箱梁横向悬臂外翼缘板厚为 20cm。箱梁底板厚除零号梁段隔板范围内为 150cm 外，其余各梁段从悬臂根部至跨中由 135cm 减至 32cm，其间按二次抛物线变化。其中在边跨靠近梁端 19.6m 的范围内，由 32～60cm，其间按直线变化，支架现浇段的其余部分均为 32cm。腹板厚度在零号梁段隔板范围内为 120cm，隔板外及 1～10 号梁段为 80cm，11～21 号梁段为 65cm，其余各梁段均为 50cm。在主桥箱梁长 1 058.2m 范围内，共设置横隔板 10 道，其中 4 个主墩墩顶各 2 道，两个边墩墩顶各 1 道。

预应力钢束布置：

纵向预应力钢束共设置了顶板束(T)、底板束(B)、临时束(L)和预备束(Y)四种钢束。顶板束(T)和预备束(Y)均采用 5-31 型，设计张拉吨位为 4 271kN，相应的预应力锚具，则均采用 OVM5-31(EC)型。底板束(B)和临时束(L)均采用 5-22 型，设计张拉吨位为 3 031kN，相应的预应力锚具则均采用 OVM5-22(EC)型。纵向预应力钢束均采用两端张拉方式。纵向预应力钢束布置见表 6-5-3 所示。

纵向预应力钢束布置　　表 6-5-3

项目＼部位	162.5m 合龙段	各主墩墩顶处	245.0m 合龙段	合计
顶板束(5-31)	—	128	—	512
底时束(5-22)	56	—	48	256
临时板束(5-22)	2	—	2	10
预备束(5-31)	—	8	—	32

纵向预应力钢束的顶板束布置在各跨负弯矩区内，悬臂施工的每个梁段对称锚 4 束，锚固点均设在箱梁承托附近。底板束布置在正弯矩区内，底板束和临时束锚固在箱梁内的锚固齿板上及边跨梁端。顶底板预应力钢束均采用平、竖弯 S 型空间组合曲线，其钢束布置尽可能考虑减少预应力损失和减小施工难度。

横向预应力钢束均采用 KBM5-4 扁锚体系，设计张拉吨位为 551kN，采用一端张拉方式。一端为 KBM5-4 型张拉端锚具，另一端为 H5-4 型压花锚。横向预应力钢束均布置在箱梁顶板内，沿桥轴线方向按 50cm 间距交叉布置，全桥横向预应力钢束共 2 113 束。

竖向预应力采用公称直径为 32mm 的精轧螺纹粗钢筋锚固体系，设计张拉吨位为 542kN，采用梁顶一端张拉方式。相应的预应力锚具为 YGM 型，沿桥轴线方向按 50cm 间距与横向预应力交叉布置。竖向预应力布置在箱梁的腹板内，根据受力需要和构造要求，在箱梁腹板厚度大于 50cm 的梁段，横桥向共布置了 4 根，其余梁段为 2 根。竖向预应力粗钢筋长度大于12.0m的部位采用了连接器。全桥竖向预应力钢筋共 6 796 根。

纵向和竖向预应力钢束均采用圆形镀锌金属波纹管道，横向预应力钢束则采用扁形镀锌波纹管道。钢束管道由重庆金属软管厂在施工现场加工制作。

三、江西洪门大桥

洪门大桥全长 82m，为预应力混凝土斜腿刚构。

主梁断面为竖直腹板单箱单室箱梁。车行道横坡由顶板自倾形成，顺桥向箱梁底缘按二次抛物线变化。根据桥型布局及受力需要，中跨与边跨之比为 2∶1。由于公路桥活载所占比重较小，适当缩小边跨也不会使边支座产生负反力。中跨肩部梁高 2.8m，边跨肩部梁高 2.55m，跨中及边跨端部梁高均为 1.4m。全桥分 27 个预制梁段，除跨中梁段两端设 15cm 湿接缝外，余相邻段间设企缝。隅节点处横隔梁采用传力较好的三角形桁格式。

斜腿为整体式钢筋混凝土箱形断面，斜腿倾角为41°56′24″。洪门大桥的主要工程概况见表6-5-4。

工程概况　　表6-5-4

设计单位：交通部公路规划设计院 江西省交通规划勘察设计院	桥梁所在地：江西遂川
施工单位：江西省路桥公司	施工时间：1985年10月～1987年1月
预应力施工单位：江西省路桥公司	桥梁用途：公路桥
结构类型：斜腿刚构	主跨组成：19m＋40m＋19m 腿趾间距：60m
设计荷载：汽车—20级，挂车—100	混凝土强度：C40
预应力部位：主桥上部构造	配筋方式：预应力粗钢筋，先期束，体内直线、有黏结；后期束，体外直线、无黏结
预应力筋：ϕ32粗轧螺纹粗钢筋	锚具种类：YGM锚
预应力张拉设备：YG-70千斤顶	张拉方式：先期束一端张拉，后期束两端张拉
张拉控制应力：双控，$0.9R_y^b$，每根543kN，不要求超张拉	
单位面积材料用量：预应力筋22.3kg，非预应力筋107.8kg，混凝土0.8m³	
桥梁特点：主桥为单跨斜腿刚构，腿趾先铰后固，使早期预加应力混凝土收缩徐变产生的二次力矩得到释放。后期固结要避免水流对铰的腐蚀。 该桥首次采用精轧螺纹无黏结布筋（体外壳），方便了施工，简化了张拉，采用硬聚氯乙烯管代替无缝钢管的管道成孔，节省了造价。 由于采用新结构、新技术，使该桥在同类桥梁中造价最低，仅871元/m²	

预应力钢束的布置：

采用直径ϕ32mm精轧螺纹粗钢筋，标准强度为$R_y^b=750$MPa。悬拼时为体内布筋，布于顶板、腹板内，梁段预应力筋连接处需设槽口以供预应力筋连接。悬拼完毕后，在箱梁顶、底板的锚座上设置的体外无黏结筋，张拉前就应穿入硬聚氯乙烯管内，锚固后压入水泥浆以防腐。

顶板抗负弯矩钢筋共28根，跨中正弯矩钢筋共38根，边跨正弯矩为10根。预应力筋均为直线型，见图6-5-3。

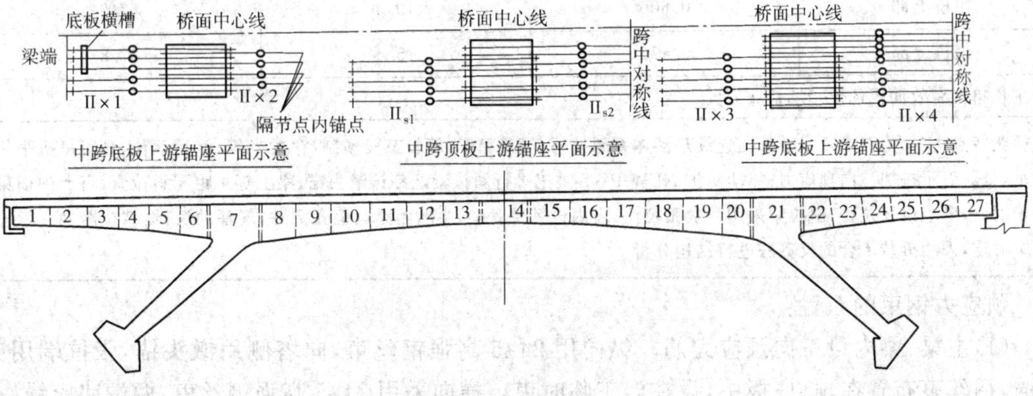

图6-5-3　施工分段及预应力筋的布置

第六节 斜 拉 桥

一、蚌埠淮河公路桥

蚌埠淮河公路桥全长752m,宽21.1m。主桥为双塔、扇形双索面预应力混凝土斜拉桥;塔梁分离、塔墩固结的悬浮体系。主桥上部为带有风嘴的半封闭双箱梁,梁高2.5m,宽17.0m,两侧各加1m梳形悬臂板以支撑人行道系。箱梁整体预制节段长4.0m,梁上索距8.0m。其主要工程概况见表6-6-1。

工 程 概 况　　表6-6-1

<table>
<tr><td colspan="2">设计单位:安徽省公路勘测设计院</td><td colspan="2">桥梁所在地:安徽省蚌埠市</td></tr>
<tr><td colspan="2">施工单位:交通部第二工程局</td><td colspan="2">施工时间:1985～1989年</td></tr>
<tr><td colspan="2">预应力施工单位:交通部第二工程局</td><td colspan="2">桥梁用途:公路桥(兼作城市桥)</td></tr>
<tr><td rowspan="2">结构类型</td><td>主桥:预制悬臂干拼预应力混凝土斜拉桥</td><td rowspan="2">跨度组成</td><td>38m+76m+224m+76m+38m</td></tr>
<tr><td>引桥:预制拼装预应力混凝土T形梁桥</td><td>7×30m+3×30m</td></tr>
<tr><td colspan="2">设计荷载:汽车—超20级、挂车—120</td><td colspan="2">预应力混凝土强度等级:C45(主桥),C40(引桥)</td></tr>
<tr><td>预应力部位</td><td>主桥斜拉索</td><td>主桥箱形梁</td><td>主桥箱形梁和引桥T形梁</td></tr>
<tr><td>配筋方式</td><td>PE保护体外索</td><td>暗管、有黏结、直线</td><td>暗管、有黏结、直线、曲线</td></tr>
<tr><td>预应力筋</td><td>NEW-PWS</td><td>ϕ32冷拉Ⅲ级钢筋</td><td>24×ϕ5高强平行钢丝束</td></tr>
<tr><td>锚具种类</td><td>冷铸镦头锚</td><td>轧丝锚</td><td>弗锚+镦头锚,2×弗锚</td></tr>
<tr><td>张拉方式</td><td>一端张拉</td><td>一端张拉</td><td>一端张拉,两端张拉</td></tr>
<tr><td>张拉设备</td><td>YD-120单缸千斤顶</td><td>YG-70穿心千斤顶</td><td>85t双作用千斤顶</td></tr>
<tr><td>张拉控制应力</td><td>$0.4R_y^b$,超张拉$0.6R_y^b$</td><td>$0.87R_y^b$,超张拉$1.05\sigma_k$</td><td>$0.74R_y^b$,超张拉$1.05\sigma_k$</td></tr>
<tr><td>材料用量</td><td>混凝土(m^3/m^2)</td><td>预应力筋(kg/m^2)</td><td>非预应力钢材(kg/m^2)</td></tr>
<tr><td>塔和斜拉索</td><td>0.374(塔)</td><td>38.9(斜拉索)</td><td>48.3(塔)</td></tr>
<tr><td>主桥上部</td><td>0.606</td><td>19.3</td><td>67.9</td></tr>
<tr><td>引桥上部</td><td>0.476</td><td>15.5</td><td>47.8</td></tr>
<tr><td colspan="4">主桥单位有效面积造价:0.347 4万元</td></tr>
<tr><td colspan="4">桥梁特点:主桥为双塔双索面五孔连续悬浮体系斜拉桥;等高箱梁,等长节段预制,存梁半年,浮运就位,悬臂吊机平衡起吊,全断面干拼加三向预应力;热塑防护NEW-PWS微扭平行斜拉索配冷铸镦头锚;梁上等索距配斜拉索,塔上中横梁锚两对索;塔上设张拉台,斜拉索采用一次张拉法;塔内设劲性骨架,主墩用浮运钢壳沉井,气幕助沉;恒载按刚性支承连续梁假定,采用拆装闭合的反算法进行结构分析</td></tr>
</table>

预应力钢束的布置:

(1)主梁:梁内设三向预应力筋。纵向用24ϕ5高强钢丝束,向塔侧用镦头锚,张拉端用弗氏锚,钢丝束布置在顶、底板中,设在施工临时束。横向采用24ϕ5高强钢丝束,两端弗氏锚,布置在横隔板中。竖向采用冷拉Ⅲ级钢筋轧丝锚,设在两个内侧直腹板中。

(2)斜拉索:索面设在人行道内侧,每组索分 2 或 4 束,每束设计拉力不超过 1 000kN,以适应现有千斤顶。每束 NEW-PWS 含 ϕ5 高强钢丝 61、73、85、109 丝四种,束外热塑 5mmPE 层。技术标准:①钢丝强度不小于 1 600MPa,延伸率 4%,弹性模量 2×10^5MPa,编束捻角 3.5°。②PE 材料按日本国 K6748—1981 标准的 3 种 1 类规定,相应试验方法按日本 K6760—1981 执行;按中国 HG2-888—76 标准的 J-1 补充试验冲击强度(缺口)、脆化温度(低温冲击)、体积电阻系数、击穿强度,试验方法按中国 HG 1033～1046—76 执行;应变环境开裂比照中国 HG 1398—81 中 $F_{50}\geqslant$24H 标准,试验方法按中国 GB 1842—80 执行;含碳量 1%～2%。

(3)冷铸镦头锚:采用平板形镦头锚固板,与索的 3.5°捻角相匹配。

二、上海杨浦大桥主桥

本桥主桥全长 1 172m,其中主跨 602m,为一跨双塔双索面钢—混凝土结合梁斜拉桥。主塔为钻石型,高 220m。全桥共有 4×32 对 256 根拉索,呈空间双索面扇形布置。桥面宽 30.35m,设 6 车道,设计荷载:汽车—超 20 级,挂—120,两侧各有 2m 的观光人行道。设计车速 60km/h,日通过能力 4.5 万～5 万辆机动车。桥下通航净高 50m,可通过万吨以上巨轮。

大桥总投资 13.3 亿人民币,1991 年 5 月开工,1993 年 10 月建成通车,历时 2 年 5 个月。

建设单位:上海市黄浦江大桥工程建设处

设计单位:上海市政工程设计研究院

施工单位:上海市基础工程公司,上海市第一、三建筑工程公司,浦江缆索厂等。

大桥的主要工程概况见表 6-6-2。

工 程 概 况　　表 6-6-2

部位	结构情况	预应力混凝土体系
桥墩	桥墩盖梁 预应力后张法箱形结构	混凝土:C40 锚具:OVM 型 钢材:ϕ15.24 高强度低松弛钢绞线(R_y^b=1 860MPa) 管道:波纹管 张拉吨位:0.78R_y^b(250t 千斤顶)
主塔	主塔下横梁后张法预应力箱形结构	混凝土:C50 锚具:OVM 型 钢材:ϕ15.24 高强度低松弛钢绞丝(R_y^b=1 860MPa) 管道:波纹管 张拉吨位:0.78R_y^b(250t 千斤顶)
	主塔上塔柱 拉索锚固段 平面预应力钢束布置 箱形结构	混凝土:C50 锚具:镦头锚具型 钢材:ϕ7 高强度低松弛钢丝(R_y^b=1 560MPa) 管道:钢管 张拉吨位:0.75R_y^b(250t 千斤顶)

续上表

部位	结 构 情 况	预应力混凝土体系
端横梁	预应力后张法 箱形结构 (与钢—混凝土结合主梁销连接)	混凝土:C50 锚具:OVM 型 钢材:ϕ15.24 高强度低松弛钢绞线(R_y^b=1 860MPa) 管道:波纹管 张拉吨位:0.78R_y^b(250t 千斤顶)
桥面板	预制后张法桥面板 现浇:接缝混凝土 中跨:220m 范围内 边跨:133m 范围内 (纵、横向预应力)	混凝土:C60 锚具:OVM 型 钢材:ϕ15.24 高强度低松弛钢绞线(R_y^b=1 860 MPa) 管道:波纹管 张拉吨位:0.78R_y^b(150t 千斤顶)
斜拉索	成品拉索 (最大 301ϕ7 钢丝)	钢丝:ϕ7 镀锌高强钢丝(R_y^b=1660MPa) 锚具:抗疲劳冷铸镦头锚具 套管:HDPE(高密度 PE 管) 表层:彩色套管 千斤顶:最大 800t 千斤顶张拉 钢丝最大应力:0.4R_y^b

三、铜陵长江公路大桥

铜陵长江公路大桥为预应力钢筋混凝土双塔双索面斜拉桥，全桥总长 2 592m，其中主桥八墩七孔长 1 152m，各孔跨径为 80m＋90m＋190m＋432m＋190m＋90m＋80m，主跨跨径 432m。主桥上部为梁板式结构，索塔高 153.03m。引桥长 1440m，其中合肥岸 730m，铜陵岸 710m。桥面宽 23m，其中主桥布索区 2×1.5m，人行道宽 2×2.5m，设四车道，宽 15m。大桥设计荷载汽车—超 20 级、挂车—120，人群荷载为 3.5kN/m²。桥上按一级航道通航标准设计，通航净高 24m。桥型布置见图 6-6-1，其主要工程概况见表 6-6-3。

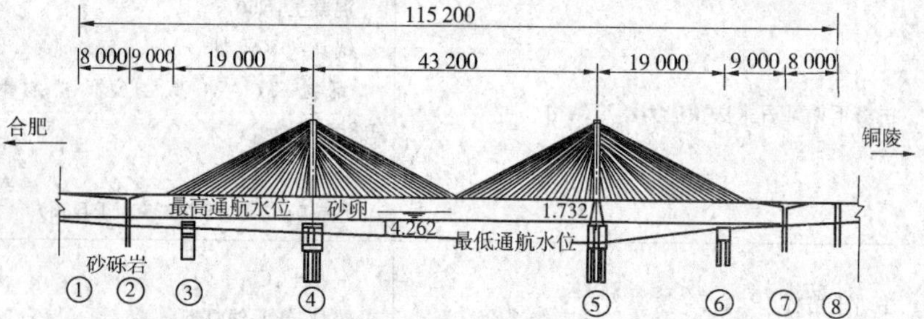

图 6-6-1 铜陵长江公路大桥桥型布置图(尺寸单位:cm;高程单位:m)

工程概况　　表 6-6-3

设计单位：中交公路规划设计院		桥梁所在地：安徽省铜陵市	
桥梁用途：公路桥		施工时间：1991 年 12 月～1995 年 12 月	
结构类型：预应力钢筋混凝土斜拉桥		跨径组成：80m+90m+190m+432m+190m+90m+80m	
设计荷载：汽—超 20，挂—120		预应力部位：主桥斜拉索	
部位	主桥斜拉索	索塔	主梁
预应力材料	PE 保护 ϕ7 平行钢丝索	钢绞线	钢绞线、精轧螺纹钢筋
锚具种类	冷铸镦头锚	VSL-KBM	VSL-EC、YGM
张拉方式	一端张拉	一端张拉	一端张拉
张拉千斤顶	YCT450	YCQ-25	YDC-4600、YDC-650
预应力管道	—	金属波纹管	金属波纹管
配筋方式	—	环向	直线、曲线
主要特点：主桥为预应力钢筋混凝土双塔双索面斜拉桥，塔墩固结、连续梁加斜拉索的结构体系，各墩都设有盆式支座。主梁采用肋板式截面；80m 跨和 90m 跨的大部分梁采用箱形截面			

铜陵长江公路大桥在平衡悬臂施工时为避免采取附加抗风措施，避免在河床中部搭设落地支架，而且斜拉索已伸至 90m 跨内，在这种情况下，已不宜采用漂浮体系。因此，采用连续梁加斜拉索的结构体系，各墩都设有盆式支座。

主梁为双肋板式开口断面，上宽 23.0m，下宽 23.4m，梁高 2.0m，横梁间距为 8.0m。主梁混凝土设计强度等级 C50。在纵梁顶、底板均设有预应力，分别采用两束 31ϕ12.7mm，一束 22ϕ12.7mm的钢绞线和 VSL-EC 锚具，用 YDC-4600 型千斤顶张拉；桥面板设有 22 根 ϕ32 精轧螺纹粗钢筋，YGM 锚具，用 YDC-650 型千斤顶张拉；横梁设有一束 4ϕ15.2mm 及两束 ϕ12.7mm钢绞线和 KBM15-1 锚具，VSL-EC 锚具。预应力管道成型采用 ϕ50～ϕ107mm，壁厚 0.5mm 的镀锌钢带波纹管。主梁横断面见图 6-6-2。

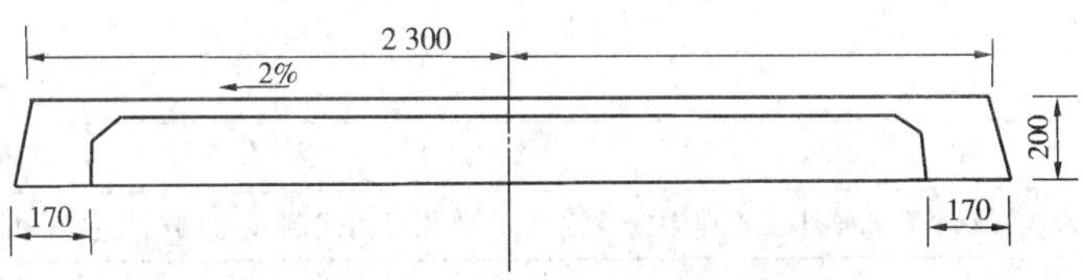

图 6-6-2　主梁横断面图(尺寸单位：cm)

80m 跨和 90m 跨的大部分梁采用箱形截面，箱梁顶宽 20m，底宽 10.5m，为单室箱。

主塔呈“H”形，塔高 153.03m。拉索呈扇形布置，主梁索距 8.0m，拉索倾角为 27.6°～77.3°。塔两侧各有 26 对索，索长 53～238m，全桥共 208 根。拉索采用大节距扭绞形双护层平行钢丝柔性索，裸索外加缠包带，包带外热挤黑色聚乙烯护套，最外层挤裹有色聚胺酯外套。

四、南京长江第二大桥南汊桥

南京长江第二大桥位于现南京长江大桥下游 11km 处，全长 21.337km，由南、北汊大桥和南岸、八卦洲及北岸引线组成。其中：南汊大桥为钢箱梁斜拉桥，桥长 2 938m，主跨为 628m。

北汉大桥为钢筋混凝土预应力连续箱梁桥，桥长 2 172m，主跨为 3×165m。设计标准：双向六车道高速公路；设计速度：100km/h；设计荷载：汽—超 20，挂—120；桥面宽 32m（不含斜拉索锚固区）。全线设有监控、通信、收费、照明、动静态称重等系统。

南汉大桥主桥为双索面 5 孔连续钢箱梁斜拉桥，全长 1 238m。桥跨布置为 58.5m＋246.5m＋628m＋246.5m＋58.5m，桥型布置见图 6-6-3，其主要工程概况见表 6-6-4。

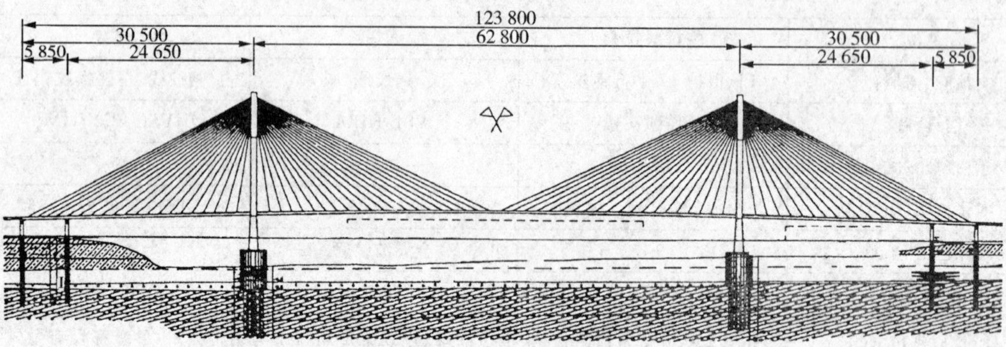

图 6-6-3　桥型布置图（尺寸单位：cm）

工 程 概 况　　表 6-6-4

设计单位：中交公路规划设计院		桥梁所在地：江苏省南京市
桥梁用途：公路桥		施工时间：1997 年 10 月～2001 年 3 月
结构类型：钢箱梁斜拉桥		跨径组成：58.5m＋246.5m＋628m＋246.5m＋58.5m
设计荷载：汽—超 20，挂—120		预应力部位：主桥斜拉索、索塔上塔柱
部位	主桥斜拉索	索塔
预应力材料	PE 保护 $\phi 7$ 平行钢丝索	钢绞线
锚具种类	冷铸镦头锚	钢绞线群锚
张拉方式	一端张拉	一端张拉
预应力管道	—	塑料波纹管
配筋方式	—	环向曲线
主要特点：主桥为五跨连续双塔双索面半飘浮体系斜拉桥；索塔采用分离式倒 Y 形结构；主梁采用扁平封闭流线型断面		

索塔为钢筋混凝土分离式倒 Y 形结构，通过三道横梁将两塔柱连为一体，塔高 195.41m；索塔基础为 21 根直径 3.0m 钻孔桩；为克服过渡墩和辅助墩负反力，在辅助跨压重 15000kN，压重沿桥纵向呈梯形分布。斜拉索锚固于上塔柱塔壁内侧，为平衡斜拉索的水平分力，采用了环向预应力。

钢箱梁采用扁平封闭流线型断面，梁高 3.5m，梁宽 38.2m。标准梁段长 15m（辅助跨 12m），梁段最大重力 2 740kN。

斜拉索索面按扇形布置，每一扇面由 20 对斜拉索组成，标准索距 15m；采用外裹高密度 PE 防腐材料的高强度、低松弛 ϕ7mm 镀锌平行钢丝成品索，共 160 根，其中最大拉索钢丝根数 265 丝，长 330m，重达 300kN，全桥共用高强镀锌钢丝 2 100t。根据结构受力、施工吊装重量和施工周期等因素，主梁上标准索距为 15m（辅助跨 12m）。拉索采用在塔上设减振橡胶块，在梁上设液压减振器来减小振动。

斜拉索初始索力的确定以施工阶段梁体挠度小、应力及应力变化幅度小,成桥后梁体不偏离理论基准线且各组组合应力满足设计规范要求(包括叠加由三维空间计算的加劲梁桥面板及其纵向加劲肋的应力)为目标,使桥梁结构无论是在施工过程中还是运营环境下均处于较理想状态。通过反复调试斜拉索索力,逐步逼近目标。为简化施工,缩短工期,每根斜拉索的张拉仅在与该根斜拉索对应梁段的架设过程中进行,锚固后不再做任何索力调整。本桥初始索力最大为 4 000kN,最小为 1 700kN。

五、武汉军山长江公路大桥主桥

武汉军山长江公路大桥主桥采用五跨连续双塔双索面半漂浮体系斜拉桥,全长 4 881m,主桥 964m,主塔高 163.5m,主桥桥面宽 33.5m,主梁采用连续钢箱梁。

设计标准:双向六车道高速公路;设计速度:120km/h;设计荷载:汽—超 20,挂—120。

桥跨布置为 48m+204m+460m+204m+48m,桥型布置见图 6-6-4,其主要工程概况见表 6-6-5。

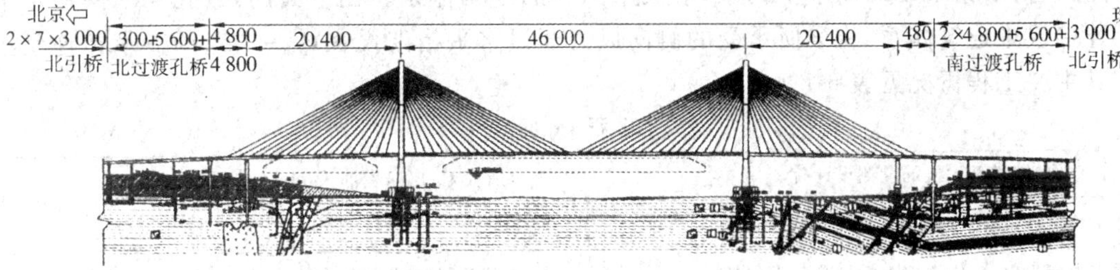

图 6-6-4 桥型布置图(尺寸单位:cm)

工程概况 表 6-6-5

设计单位:中交公路规划设计院		桥梁所在地:湖北省武汉市
桥梁用途:公路桥		施工时间:1998 年 12 月~2001 年 5 月
结构类型:钢箱梁斜拉桥		跨径组成:48m+204m+460m+204m+48m
设计荷载:汽—超 20,挂—120		预应力部位:主桥斜拉索、索塔上塔柱
部位	主桥斜拉索	索塔
预应力材料	PE 保护 ϕ7 平行钢丝索	钢绞线
锚具种类	冷铸镦头锚	钢绞线群锚
张拉方式	一端张拉	一端张拉
预应力管道	—	塑料波纹管
配筋方式	—	环向曲线
主要特点:主桥为五跨连续双塔双索面半飘浮体系斜拉桥;索塔采用分离式倒 Y 形结构,上横梁设置小半径的 U 形环向预应力钢束;主梁采用扁平封闭流线型断面,为全焊结构		

军山长江公路大桥索塔采用分离式倒 Y 形结构。塔柱底面高程 7.5m,塔顶高程171.0m,索塔总高度为 163.5m。上横梁的设置应考虑美观及上塔柱受力的要求,并考虑使上塔柱

在横桥向水平力作用下受力最小。为承受斜拉索在顺桥向的水平分力，上塔柱设置了预应力，设置小半径的U形环向预应力钢束。

钢箱梁采用扁平封闭流线型断面，为全焊结构，钢箱梁材质除风嘴采用Q235-B外，其余均采用Q345-D钢材，钢箱梁总长962.2m，梁高3m，梁宽38.8m。标准梁段长12m，梁段最大重力2 118kN。

斜拉索选用挤包双层PE护层的纽绞形平行钢丝成品拉索，具有足够的安全性、耐久性。根据受力大小，斜拉索共分8类，钢丝根数为109～253丝。标准索距12m，最大索长250.793m，重191.6kN。

第七节　悬　索　桥

一、汕头海湾大桥

本桥以主缆为承重的主体，加劲梁由间距6m的吊杆悬挂在主缆上。梁结构只起分布车辆等活载的作用，因为主缆受载后的非线性变形而被迫弯曲。在梁的两端只设限制竖向位移的支座，成桥后给梁以纵向水平约束，形成半飘浮的结构体系。在平面内，三孔梁之间用水平桁架连接成半连续体系，将梁所承受的侧向风力通过水平桁架设在塔柱内壁的支承传递到主塔。其主要工程概况见表6-7-1。

工程概况　　表6-7-1

设计单位：铁道部大桥局勘测设计院	桥梁所在地：广东省汕头市
施工单位：铁道部大桥局第三工程处	施工时间：1992～1955年
预应力施工单位：铁道部大桥局第三工程处	桥梁用途：汽车专用公路及城市双功能
结构类型：现代悬桥加劲梁	主跨组成：154m＋452m＋154m
设计荷载：6车道汽车—超20级、挂车—120	混凝土强度等级：C60
预应力部位：加劲梁纵横两向	配筋方式：体内、体外、直线、曲线
预应力筋：7-7ϕ5、9-7ϕ5钢绞线，HDPE7ϕ5镀锌钢绞线，ϕ15无黏结钢绞线	锚具种类：QM锚
预应力张拉设备：YCD-250型(25型)千斤顶	张拉方式：两端
单位面积材料用量：预应力筋46.1kg，普通钢筋128.1kg，混凝土0.51m^3	
桥梁特点：本桥为三跨双铰式现代悬索桥。其跨径与规模之大均为当今世界上已建成的同类型桥梁之冠。加劲梁的中孔跨度444m，边孔跨度150m。梁的横截面为单箱室的薄壁混凝土结构，倒机翼形外轮廓，空气动力特性良好。配用体内、体外、无黏结等三种不同类型的预应力钢丝束。其中，体外束用7ϕ5镀锌钢绞线外包(单根)HDPE护套，系国内在大桥上首次采用	

加劲梁构造：

梁的横截面呈流线型，为薄壁单箱三室构造。顶板厚18cm，为2%的坡面。底板厚14cm，为半径76.88m的圆弧。中腹板厚亦为18cm，边腹板为变厚度的梯形。梁的中心高度2.2m，水平投影宽度24.72m。在梁的吊点处设实腹板主横梁，向外伸出吊耳。在两吊点之间设加劲圈式的副横梁，将顶板分隔成3m的纵向跨度。

预应力钢束的布置：

梁的横向预应力束顺圆弧底板的中心布置。在主横梁的梗肋范围内，为 4 束 9-7ϕ5 钢绞线的主要受力束；在此以外为按间距约 50cm 分布的单根 7ϕ5 无黏结钢绞线，两种预应力束均在预制场内进行张拉及封闭。在接近梁的永久支点附近，专门设计了既可支承又可起吊的临时构造，使梁段在制造过程中的预应力施加、存放和转运均不再作任何的结构转换。

梁在纵向基本上按截面轴心沿周圈均匀分布配置预应力束。在顶板内预留孔道，每束配7-7ϕ 钢绞线的体内束。在箱室底板的上面配 7-7ϕ5 镀锌钢绞线，单根外包 HDPE 护套的体外束。体外束两端的锚固和封闭具有可以无损伤开启和复张拉的条件，以备在营运一定时间之后视情况进行必要的应力调整。大部分的纵向预应力束均为全长贯通束，少量的为较短的分段束。

二、江阴长江公路大桥主桥

江阴长江公路大桥采用大跨径钢悬索桥，主跨 1 385m，大桥南引桥 168m，北引桥 1518m，全长 3 071m。桥面按六车道高速公路设计，宽 33.8m；通航标准按长江口整治后通过 5 万吨级海船要求，净空高 50m，海船通航净宽为 600m，设计车速 100km/h。车辆荷载为汽车—超 20 级，挂车—300(考虑该桥位于港口附近，集装箱运输车辆较多)，车道折减和长度折减，偏载增大等折减为 40.0kN/m，同时在车行道利用风嘴两侧设有检修道，人群荷载为 3.15kN/m。设计风速为 40.8m/s。

主桥桥型布置见图 6-7-1，其主要工程概况见表 6-7-2。

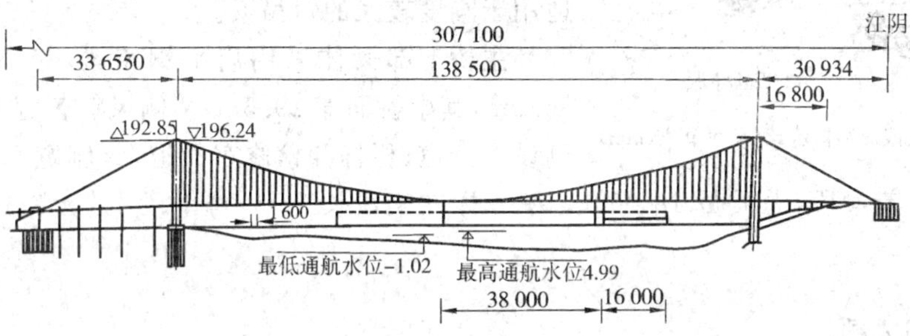

图 6-7-1　主桥桥型布置图(尺寸单位：cm；高程单位：m)

工 程 概 况　　表 6-7-2

设计单位：中交公路规划设计院、同济大学、江苏省交通规划设计院	桥梁所在地：江苏省江阴市
桥梁用途：公路桥	施工时间：1994 年 11 月～1999 年 9 月
结构类型：钢箱梁悬索桥	主跨组成：336.5m+1 385m+309.34m
设计荷载：汽—超 20，挂—300	预应力部位：主桥缆索
主桥缆索	索塔横梁
预应力材料：169 根索股，每股为 127ϕ5.35 平行钢丝索(PPWS) 预应力强度：1 600MPa 锚具种类：套筒式热铸锚 吊索间距：16m 预应力筋用量：16 800t	预应力材料：钢绞线 锚具种类：钢绞线群锚 张拉方式：两端张拉 预应力管道：金属波纹管 配筋方式：直线
主要特点：大桥主跨 1 385m，为一跨过江钢悬索桥，是我国第一座跨径超千米的特大型桥梁，当时位列中国第一、世界第四。大桥按六车道高速公路标准设计，设计行车速度为 100km/h。整个工程不仅规模大、标准高，而且技术难度也特别大	

南锚碇位于山体上，由于岩性节理发育，采用重力式嵌岩锚。在碇体的前沿做成带齿坎的斜面，增加抗滑力。北锚碇处覆盖层厚达 100m，因此采用深沉井基础。

南北塔相同，为双柱加三道横梁的门式框架钢筋混凝土结构，高 190m，塔基采用钻孔灌注桩方案。塔柱为双室箱式结构，两室分别安装检修电梯和检修人梯。横梁也为双室箱式预应力混凝土结构，横梁高 11m，下横梁上支承主梁和边跨的混凝土箱梁。横梁分两次浇筑两次张拉。

江阴大桥的主缆采用预制平行索股法（PPWS）编制而成。每根索股由 127 根直径为 5.35mm、强度 1 600MPa 的高强镀锌钢丝所组成，质量为 50t。索股长度为 2 180m，两端采用套筒式热铸锚。锚杯用铸钢制成，内浇锌铜合金。索股在工厂内加工后，绕卷在卷轴上，运往工地。主跨的主缆由 169 根索股构成，共 21 463 根钢丝（图 6-7-2）。边跨比主跨增加 8 根索股。主跨主缆直径达 876mm，边跨主缆直径达 897mm，主缆用高强镀锌钢丝达16 800t。

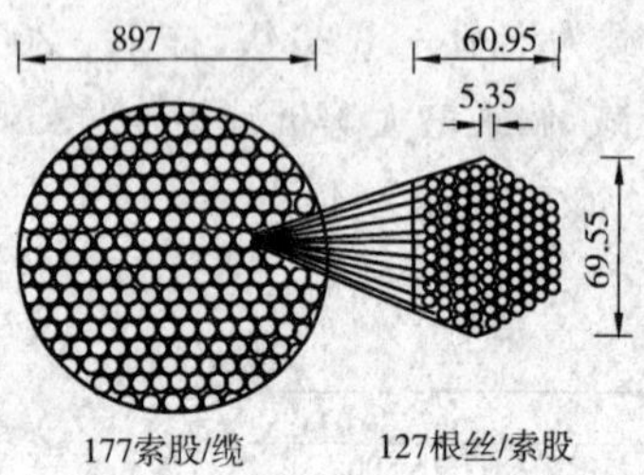

图 6-7-2　主缆截面结构示意（尺寸单位：mm）

江阴大桥的悬挂系统主要由安装在主缆上的索夹、吊索和安装在钢箱梁上的耳板组成。吊索间距为 16m，吊索长度大于 10m 的用直径 5mm 平行钢丝索股，而小于 10m 长的吊索用直径 80mm 的钢丝绳，其柔性较好，适用于刚度较大的短吊索。

主桥上部梁体采用扁平钢箱梁，箱高 3m，箱总宽 36.9m，其中桥面宽 29.5m，两侧风嘴各宽 1.5m，风嘴外侧设人行道、栏杆和检修车轨道，每侧宽 2.2m。全桥钢箱梁分成 87 节梁段，总质量 18 000t。每一标准梁段长 16m，跨中段长 18.2m，两端梁段长 9.33m。

三、虎门大桥

虎门大桥长 4.6km，主桥为钢箱梁悬索桥，主跨度 888m，通航净高 60m，可通过 10 万 t 级海轮。辅航道采用预应力混凝土连续刚构形式，主跨为 270m，通航净高为 40m，可通过 5 万 t 级轮船。全线设计为双向六车道高速公路，每车道宽 3.75m，全宽 35.6m，设 2% 双向横坡，设计车速为 120km/h，设计荷载：汽车—超 20 级，挂车—120，最大日通车能力为 120 000 辆。东、西主塔高约 153m。

主桥桥型布置见图 6-7-3，其主要工程概况见表 6-7-3。

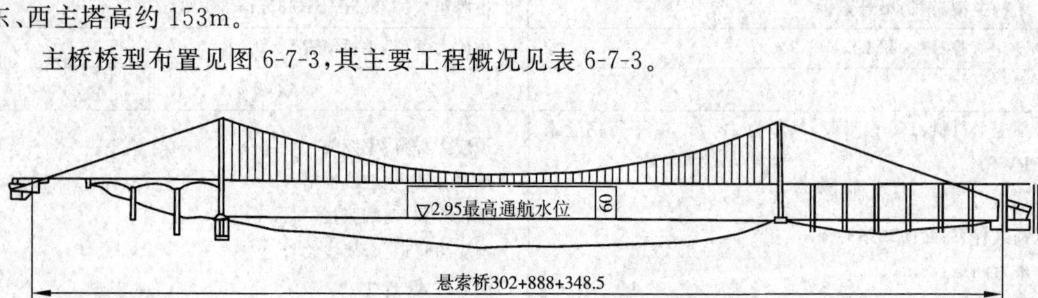

图 6-7-3　主桥桥型布置图（尺寸单位：m；高程单位：m）

工 程 概 况 表 6-7-3

设计单位:中交公路规划设计院、交通部公路科学研究所	桥梁所在地:广东省虎门
桥梁用途:公路桥	施工时间:1992 年 5 月～1997 年 6 月
结构类型:钢箱梁悬索桥	主跨组成:302m＋888m＋348.5m
设计荷载:汽—超 20,挂—120	预应力部位:主桥缆索
预应力材料:110 根索股,每股为 127ϕ5.2 镀锌高强钢丝 预应力强度:1 600MPa 锚具种类:套筒式热铸锚 吊索间距:12m	
主要特点:大桥主跨 888m,为一跨江钢悬索桥,是我国现代大跨径悬索桥建设的开端,首次在国内成功地设计、制作、架设每股 127 丝的大型预制索股及大型铸焊组合型主、散索鞍;在国内率先采用扁平钢箱梁节段间全焊接的结构形式,研制出高水平的悬索桥施工专用设备	

虎门大桥主航道为 888m 的单跨双铰加劲钢箱梁悬索桥,为国内首座大跨悬索桥。矢跨比 1/10.5,主塔为钢筋混凝土薄壁箱形门形框架结构,重力式锚碇。两条主缆中心距 33m,每条主缆由 110 根索股,每股为 127ϕ5.2 镀锌高强钢丝组成。钢丝极限抗拉强度≥1 600MPa,设计安全系数≥2.5,索夹分两半铸造,全桥有六种型号共 208 套。吊索由 4 根直径 52 钢芯钢丝绳组成,上端骑背放置于索夹鞍槽内,下端用锚头与加劲梁锚固板件连接,全桥共 288 根。吊索间距 12m。吊索钢丝极限抗拉强度≥1 700MPa,破断拉力 1 600kN/根,设计安全系数≥4。

加劲梁为扁平闭口流线型单室钢箱梁,梁全宽 35.6m 高 3.012m,钢材型号 SM490C,行车道为正交异性板桥面,钢箱梁是在工厂预制成段,标准段长 24m,重约 300t。然后用船运到工地,再用跨缆起重机吊装拼接。

加劲梁两端在东、西塔下系梁位置分别设有两个竖向支座和两个抗风支座。主引桥衔接处各有一道伸缩缝,容许伸缩量 1.5m。

附录

一、国际预应力混凝土协会(FIP)

后张预应力体系的验收建议

符　号

f_{pk}　预应力钢材的标准抗拉强度

$f_{p0.1k}$　预应力钢材 0.1%残余变形的保证应力

f_{pm}　试验用的预应力钢材实际抗拉强度

ε_u　预应力钢材在破坏荷载 F_{Tu}时的延伸率

f_{ck}　混凝土 28d 龄期的标准抗压强度

$f_{ck,0}$　在工地施加全部预应力时混凝土的最小抗压强度

$f_{cm,0}$　在工地施加全部预应力时混凝土的平均抗压强度

$f_{cm,e}$　试验在达到破坏时混凝土的平均抗压强度

A_{pk}　预应力筋的标准横截面面积

A_{pm}　预应力筋的实际平均横截面面积

F_{pk}　预应力筋的标准极限抗拉力，$F_{pk}=A_{pk}\cdot f_{pk}$

F_{pm}　预应力筋的实际平均极限抗拉力，$F_{pm}=A_{pm}\cdot f_{pm}$

F_{Tu}　预应力筋—锚具组装件的实测极限抗拉力

F_u　实测破坏荷载

η_A　锚固效率系数

F_{max}　预应力筋—锚具组装件在动荷载试验中的上限荷载

F_{min}　预应力筋—锚具组装件在动荷载试验中的下限荷载

ΔF　动荷载试验中的荷载幅，$\Delta F=F_{max}-F_{min}$

$\Delta\sigma_p$　动荷载试验中的应力幅

c　混凝土中钢筋保护层厚度

W_{max}　试验中实测的最大裂缝宽度

t　时间

1　引言

1.1　范围

本建议涉及在混凝土结构中建立永久性预加力的后张体系，为检测试验室、技术验收申请者、验收单位等提供有关后张体系的验收和质量保证的指导原则，这些指导原则包括以下项目：

- 对安全和耐久的结构构件提供验收和性能要求。
- 必须进行试验的证书要求。

• 保证后张体系在施工中达到应有的性能和质量控制要求。

1.2　定义

(1)锚具

一种机械装置，通常由一些零件组成，用以承受预应力筋的拉力并将它传递到混凝土中。锚具为下列指定的两种形式之一：

• 张拉锚具：固定于预应力筋的端部，用于对预应力筋施加应力，在灌将以前一直暴露在外。

• 固定锚具：通常埋置在混凝土中，不用于张拉预应力筋。

(2)锚固区

通过锚具将预应力传递到混凝土的局部结构区域。

(3)锚下钢筋

由于预应力的作用，在锚固区用以抵抗横向拉力的钢筋。由预应力产生的锚固区到结构构件的附加横向拉力应由设计工程师认可的方法来确定，提供的钢筋必须满足这些附加横向拉力要求。

(4)连接器

一种连接预应力筋的装置。

(5)导管

用以封闭预应力筋以及临时或永久地容许预应力筋和周围混凝土之间发生相对移动。管道内的余留空隙可以用水泥砂浆或其他材料填充以防腐蚀。

(6)预应力

在结构混凝土构件中产生抵抗恒载和活载发生应力的永久力和变形的控制过程。

(7)后张体系

为进行后张而对预应力筋和锚具的布置。

(8)预应力筋

一个或一些预应力的元件，例如钢丝、钢绞线、钢筋等，预应力筋可以是其中之一种：

• 黏结——预应力筋张拉后进行灌浆，因此在预应力筋和混凝土之间产生黏结。

• 无黏结——预应力和混凝土之间无黏结，预应力筋永久的拉力仅由锚具和变形装置传递给混凝土。

(9)预应力筋—锚具组装件

预应力筋和锚具之间的一种连接形式。

2　预应力筋及其零部件

2.1　零部件

预应力混凝土结构的合理性能依赖于预应力的：

• 精确性。

• 永久性。

• 正确的位置。

在所有这些要求中，锚固体系起控制作用。张拉时作用在锚具上的最大力几乎是不变的，随后由于下述影响而降低：

• 锚具回缩。

• 预应力筋的松弛。

• 混凝土的徐变和收缩。

后张体系包括：

(1)拉力构件，如钢绞线形成的预应力筋。

(2)锚具，以下三种基本形式之一：

• 张拉锚具：对预应力筋张拉然后固定，以便保持预应力筋的拉力。

• 固定锚具：仅要求在一端张拉，用于预应力筋非张拉端部。

• 连接器：位于预应力筋中部，用于分段施工结构。

(3)导管或鞘管，用于将预应力筋和周围混凝土隔离，以便预应力筋的张拉。

(4)锚下钢筋，与锚固区混凝土共同作用，承受劈裂应力和控制局部裂缝以满足使用要求，它可以由螺旋筋、封闭箍筋或两者共同组成。

预应力筋可以位于构件混凝土中也可以在构件混凝土之外，可以通过管道灌浆保持黏结也可以不灌浆保持无黏结。

2.2 一般要求

后张体系必须满足以下要求：

(1)可靠性

在结构使用期间内，锚固体系应能保持预应力筋的标准强度以及将预加力传递至混凝土中。

(2)安全性

在现场所遇到的任何情况下，无论是张拉或是将力从张拉设备传递给锚具，都必须保证预应力筋和张拉设备之间的连接。

锚固区混凝土和有关钢筋必须安全地承受预拉力。

(3)适用性

张拉后锚固区的裂缝宽度必须加以限制。

(4)实用性

一些实际问题应该加以考虑：

• 锚具周围的混凝土的浇筑是否容易。

• 锚具相对于预应力筋的轴线最大容许误差。

• 预应力筋、锚具零部件和管道的表面由于腐蚀、污物或润滑剂都可以引起麻烦。

• 在张拉阶段和结构使用期间，可能发生的极限环境条件。

• 预应力筋的超张拉可能性。

• 在张拉阶段监控张拉力和预应力筋的延伸率的可能性。

• 同时张拉所有受拉构件的预应力筋的可能性。

2.3 预应力筋材料

在这些建议里提到的预应力筋是由预应力钢材制成。预应力钢材应符合有关国家或国际标准或建议。

如果锚固要求对预应力钢材进行机械处理，则必须知道处理后对预应力钢材机械特性的影响，例如应当禁止靠近预应力筋焊接。

2.4　锚具零部件材料

锚具零部件材料必须符合有关国家或国际标准和建议。对于可能发生的热处理、时效硬化等,锚具零部件材料的重要机械性能和几何尺寸、允差等必须确定并应受到控制。

2.5　管道

有黏结的管道通常由薄的波纹管或普通钢片制成,塑料管也可以使用。

管道及其接头应有足够的强度、密封性和抵抗混凝土排水的浸入等,应当考虑在适当位置安放灌浆孔和排气管。

3　摩阻

摩阻发生于预应力筋和管道或锚具之间使得预应力有所损失,进一步的资料可以参考FIP 现状报告——"预应力的张拉:力—延伸关系"。

4　防腐

4.1　临时防护

在运输、储存、施工和以后的安装直至灌浆期间,预应力钢材、锚具零部件及管道应进行防护以避免腐蚀,防护的方法和范围取决于环境条件和进行永久性防护以前时间的长短。在任何情况下,都应避免预应力钢材和地面直接接触。要尽可能少的直接暴露在外界和潮湿的环境中,尤其要防止暴露在盐雾、盐发散的空气中以及其他有害的介质侵蚀。

轻微的和均匀分布的腐蚀,无凹坑是不可能完全避免的,一般的对预应力钢材的机械性能和耐久性没有有害的影响。但是,锈蚀将会增加摩阻。

如果使用临时防护措施,应不妨碍预应力筋的安装和不降低最终防护的效果。临时防护的材料必须与永久防护相适应,对有黏结的预应力筋,临时防护也不应对黏结产生有害的影响。

4.2　永久防护

在任何情况下,预应力筋都必须进行永久性防护。对于有黏结的预应力筋,管道内用水泥砂浆填充。灌浆工艺质量是一个重要因素。预应力锚具的设计必须包括供正常进行压浆的孔道并考虑到砂浆注入、排气封端的要求以及避免形成气囊。进一步的资料可参考 FIP 指南——"在预应力混凝土中的压浆"。

外部预应力筋可以用水泥砂浆或用有机的非硬化油脂进行永久防护。无黏结预应力筋也可以放在混凝土构件中,可以利用防护剂达到防护的目的,诸如有机非硬化油脂或石蜡。进一步资料可以参考 FIP"无黏结预应力筋的防腐建议"。

4.3　锚具的防护

在张拉以前和张拉以后,锚具必须进行充分的永久性防护。锚具可以埋入在混凝土或水泥砂浆之中或用防锈材料封闭。锚具的永久性防护应防止水或有害物质的侵入,也能防止火和偶然冲击损坏的发生。

5　后张体系的试验和要求

5.1　概述

试验规程论述的目的在于在国际范围内试验要求的标准化。试验的目的是检验后张预应力体系是否与"建议"中有关章节的规定相符。

所有试验均是针对工程实际结构预定要采用的预应力钢材和锚具零部件进行的，预应力钢材应符合有关的标准或建议。如果所采用锚固方式要求对预应力筋进行机械处理，则应该考虑这种处理的影响并证明其是合适的。

对于荷载传递试验，后张体系中实际所采用的混凝土强度等级，应该由预应力承包商确定，按 28d 龄期的标准抗压强度 f_{ck} 确定混凝土的强度等级，且应与有关国家和国际标准相一致。施工中全部施加预应力时的最小混凝土抗压强度也应作出规定，它既可以定义为锚固区混凝土的平均抗压强度 $f_{cm,0}$，也可以定义为最小标准抗压强度 $f_{ck,0}$，两者之间的相互关系为：

$$f_{ck,0}=f_{cm,0}-5\text{MPa}$$

通常情况下，这些试验应该由一个被认可的权威试验室或团体来完成。但是如果这种试验是在该试验室的监督和负责下进行的话，也可以利用预应力承包人所提供的设备试验。

试验以前应该已知体系的主要细部结构、锚具零部件尺寸和机械性能的误差幅度。如果预应力筋—锚具组装件的静载和动载强度受到这些误差的显著影响，那么应该对锚具零部件进行挑选，以便弥补任何不利的影响。

试验按照预应力筋的锚固方式进行，它们之间的区别在于：

• 机械式锚固——预应力筋通过机械方式如楔、镦头、螺纹等方式固定到一个锚具零部件上，也可以将预应力筋做成环形绕到钢构件上锚固。

• 有黏结的锚固——预应力筋在施加预应力之前就被锚固在混凝土中。锚固可以完全由黏结实现，也可由部分机械装置、部分黏结来实现。

试验对象为预应力筋—锚具组装件、有黏结与无黏结锚固区、内部与外部预应力筋。用于连接两根预应力筋使之成为一个连续整体的连接器应采用与机械锚固锚具相同的方式进行试验。

进行试验时，某些项目也可以结合起来进行，如：

• 机械锚具—连接器—机械锚具。

• 机械锚具—黏结锚具。

通常要有三个相同试件以所述的方式进行试验。对于相同或相似设计但不同锚固能力的一系列的预应力筋锚具，可选择两种有代表性尺寸的试件进行试验，且每种尺寸的试件需进行三次试验。除非有确实的技术资料证明，这种试验的次数才可以减少。

试验的范围、数量和评定应该由预应力承包人提出申请，由验收机构或其指定的专家确定。以前完成的试验数据也可以利用，但要由验收机构确认这些试验的正确性。

5.2 机械式锚固体系的试验

5.2.1 预应力筋—锚具组装件的静载试验

试验的目的是评定预应力筋—锚具组装件的性能和确定由于锚具的影响预应力筋的破断荷载的降低程度。连接器的试验也相同。

5.2.1.1 试件

试验用的预应力筋和锚具应按预定的使用情况将锚固预应力筋所需的零部件组装到一起，试件中所用的每一根钢丝、钢绞线或钢筋的几何形状应该与实际的预应力筋—锚具组装件相同，并应该规定以下性质：

• 试验所采用的预应力筋的主要几何尺寸和机械特性。

• 实际的破断荷载。

• 最大荷载时平均总伸长量。

• 平均截面面积。

• 表面特性等。

• 三个单元拉力试验的最小值。

锚具零部件的相关几何尺寸和机械特性也应该确定，被测试的每一个试件中的钢丝、钢绞线、钢筋的自由长度应不小于3.0m。

如果需用同类锚具锚固多种强度等级的预应力筋，则应该采用其中最高抗拉强度级别的预应力筋做试验。

5.2.1.2　试验步骤

将试件安装到一个经过标定的试验台或试验机上，然后按预应力筋的标准抗拉强度 f_{pk} 的 20%、40%、60%和 80%分级加载。在每一个级别里荷载增加的速率大约恒为 100MPa/min。加载到 80%时，保压 1h。然后逐渐加荷一直到破断为止。

这种试验步骤通常运用于施加预应力之前先将预应力筋和锚具组装在一起的体系。对施加预应力后预应力筋再被锚固在锚具上的预应力体系，按下列方式试验：

• 将预应力筋安装在试验设备或试验机上，试验所用的每根钢丝、钢绞线或钢筋的几何形状应与实际的预应力筋—锚具组装件相同。

• 预应力筋应用现场施工的设备从一端分级加载，如前所述，加载至预应力筋的标准抗拉强度 f_{pk} 的 80%。

• 在这种荷载下锚固，然后按上面所描述的试验步骤进一步试验。

如果能够证明张拉后锚具中预应力筋的锚固对于预应力筋—锚具组装件的性能没有严重影响，那么也可以采用第一种方法进行试验。

5.2.1.3　测量和观察

应进行下列测量和观察并做出记录。

• 预应力筋相对于锚具与力和时间相关的位移 Δa（图 1）。

• 锚具零部件之间与力和时间相关的位移 Δb（图 1）。

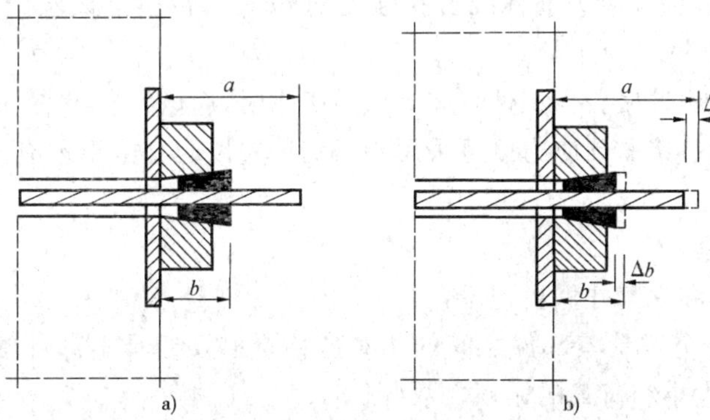

图 1　试验时产生的位移

a）试验前；b）锚固后

• 锚具零部件的变形。

• 破坏时预应力筋自由长度的伸长量 ε_u。

• 测得的极限荷载 F_{Tu}。

• 破坏的位置和形式。

5.2.1.4 要求

各项试验的结果应该满足下列要求：

• 试验后锚具零部件的残余变形应确保锚固的可靠性。

• 锚具零部件之间以及预应力筋与锚具零部件之间的位移增量应随预应力筋所受荷载的增量而成比例增长。

• 在持荷 1h 加载 $0.8F_{pk}$的前 30min 内上述相对位移应达到稳定。

• 预应力筋的破坏形式应该是预应力钢材本身的断裂，而不应是由锚具零部件的破坏而引发的。

• 测得的锚固效率应为：

$$\eta_A = F_{Tu}/F_{pm} \geqslant 0.95$$

• 在荷载 F_{Tu}作用下，预应力筋的自由长度总伸长量应为 $\varepsilon_u \geqslant 2\%$。

5.2.2 预应力筋—锚具组装件的动载试验

试验的目的是确定预应力筋—锚具组装件承受交变荷载作用的能力并作为组装件可靠性和耐久性指标。

5.2.2.1 试件

试件的形式与 5.2.1.1 中的相应的要求相同，如果需用同类锚具锚固多种强度的预应力筋时，则应采用其中强度级别最高的预应力筋进行试验。

当试验力受所采用的试验机能力限制时，被测组装件中所用的钢线、钢绞线、钢筋的数量可以减少。如果上述试件包含了对规定轴线具有最大角度偏转的预应力筋时，则这种组装件试验的结果可以代表全部预应力筋。

5.2.2.2 试验步骤

试验应在一台装有脉动载荷发生器的拉力试验机上进行，恒定的加载频率不应超过 500 周/min，荷载的上限恒为预应力筋标准抗拉强度的 65%。在整个试验中荷载幅 $\Delta F = F_{max} - F_{min}$应保持固定数值。

试件试验时应防止谐振。当试件安装到试验机上时，应该特别小心，保证荷载分布在所有预应力筋上。对已灌过浆的预应力筋可采用专门的装置以防止由于预应力筋在锚具中滑动而造成早期破坏。

5.2.2.3 测量和观察

应进行下列测量和观察并做出记录：

• 预应力筋和每个锚具零部件之间的相对位移量以及锚具零部件本身之间的相对位移量，它取决于荷载的大小和荷载的循环次数(图 1)。

• 试验后锚具零部件和预应力筋的疲劳损坏和变形的检查。

• 记录加载循环次数、断裂位置和整个试验过程中由于疲劳而失效的预应力筋数量。

5.2.2.4　要求

每个试验结果应该满足下列要求：

- 锚具零部件不应出现疲劳破坏。
- 后张预应力体系的最低疲劳强度应该是 $\Delta\sigma_{pmin}=30MPa$。

疲劳强度定义为：持续 200 万次循环试验后，破断的预应力筋的截面面积应不大于试验开始时初始截面面积的 5%。

5.2.3　荷载的传递试验

荷载传递试验是检验能否将预应力由机械式锚具及其零部件传递到混凝土中。

5.2.3.1　试件

图 2 为试验的试件示意图。试件包括那些被埋置到混凝土结构中的锚具零部件。它们的布置应该与预应力承包人的实际应用情况相符。

试件是一个受轴向压力试验的混凝土棱柱体，它的边长 a 和 b 应该与实际结构中规定的预应力筋的最小轴中心距相适应。承压面以下试件高度为 $h>2b$，其中 $b>a$。

包括锚具在内的试件部分应设置螺旋筋，螺旋筋应与规定的预应力体系和预应力筋相应采用的螺旋筋具有相同的尺寸和形状。为装配螺旋筋可采用加强钢筋。当满足下列条件时，试件可不设螺旋筋。

- 纵向钢筋的总横截面面积不大于 $2cm^2$。
- 沿着试件高度均匀分布的箍筋在每立方米混凝土中的含量不大于 50kg。

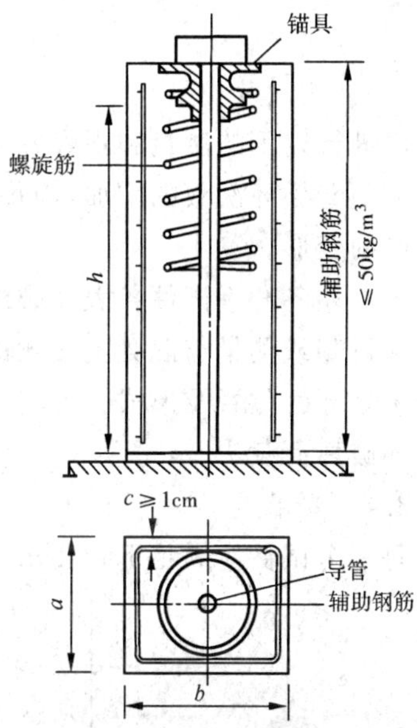

图 2　荷载传递试验的试件

试验用的混凝土试件应与实际应用的预应力混凝土构件中的材料、组成、密实度以及它的标准强度 f_{ck} 一致，试件浇筑 1d 后拆模，然后养生直到试验。测定抗压强度用的圆柱体或立方体也同样处理。

5.2.3.2　试验步骤

试件应安放在经过标定的试验台或试验机上，无论是张拉预应力筋或者是直接对锚具加压，试验荷载应与构件中实际荷载一致。试验荷载是预应力钢材的标准强度 f_{pk} 的 0～80%，按 20%分级加载，参见图 3。

当达到 $0.8f_{pk}$ 试验应力后，需进行至少 10 次的慢速循环加载，其上限和下限荷载分别为 $0.8f_{pk}$ 和 $0.12f_{pk}$，所需的循环加载次数取决于下面所描述的应变读数和裂缝宽度的稳定状态。循环加载后，试件应逐渐加载直到破坏。

在循环加载的过程中，当试验应力达到上、下限时，应测量试件的变形及裂缝的宽度是否达到满意的稳定状态，继续循环加载直到测量值达到满意的稳定状态（参见 5.2.3.4 节）。图 3 为加载的测量顺序，在最后加载破坏时，试件的混凝土平均抗压强度为：

$$f_{cm,e}\leqslant 1.3f_{ck,o}及 f_{cm,e}\leqslant 0.85f_{ck}$$

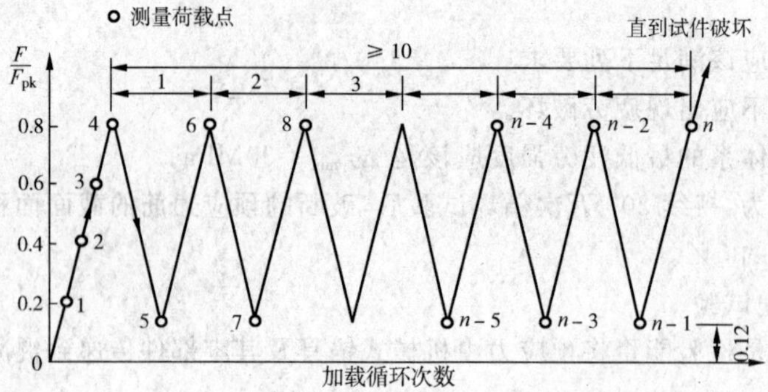

图 3　荷载传递试验的过程

5.2.3.3　测量及观察

应进行以下的测量和观察并做出记录：

• 随着循环次数的增加，当每次荷载达上、下限时，受最大劈裂应力影响，试件各表面纵向和横向的变形。

• 上述各时刻试件各表面裂缝的形成及裂缝宽度扩展情况。

• 目测或测量与混凝土接触的锚具零部件的变形。

• 破坏的位置及形式。

• 破坏荷载 F_u。

5.2.3.4　要求

每一个试件应满足下列要求(图 4)。

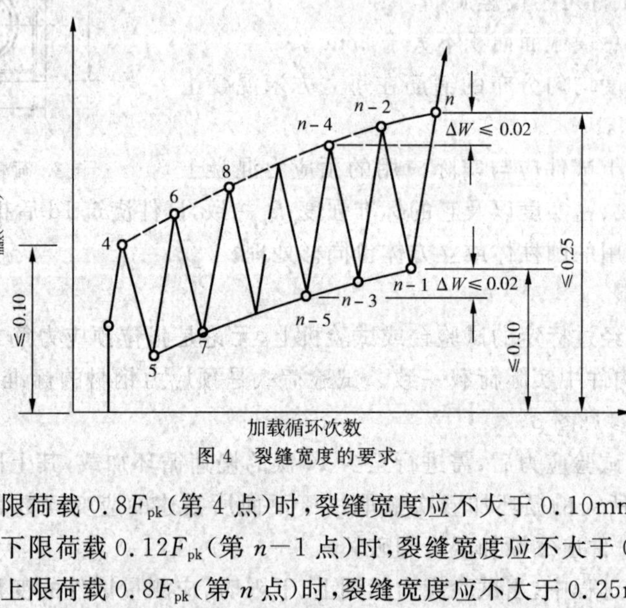

图 4　裂缝宽度的要求

• 第一次达到上限荷载 $0.8F_{pk}$(第 4 点)时，裂缝宽度应不大于 0.10mm。

• 最后一次达到下限荷载 $0.12F_{pk}$(第 $n-1$ 点)时，裂缝宽度应不大于 0.10mm。

• 最后一次达到上限荷载 $0.8F_{pk}$(第 n 点)时，裂缝宽度应不大于 0.25mm。

• 在循环加载过程中，试件的纵向及横向变形读数应达到稳定。

• 在最后两次加载循环过程中，如变形的增量小于 5%，即可认为应变已达到稳定。

• 在循环加载过程中，试件裂缝宽度的读数应达到稳定。在最后两次加载循环过程中，如裂缝宽度的增量不大于 0.02mm，即可认为裂缝宽度已达到稳定。

• 测得的破坏荷载 F_u 必须满足以下要求：

$$F_u \geqslant f_{pk} \cdot f_{cm,e}/f_{ck,o} \text{及} F_u \geqslant 1.1F_{pk}$$

5.3 有黏结锚固体系的试验

5.3.1 有黏结锚固体系的静载试验

试验的目的是验证预应力是否能从预应力筋可靠地向混凝土传递。

5.3.1.1 试件

黏结式锚具和预应力筋应浇筑于混凝土中，预应力钢材包括它的几何形状和锚固附属零部件等的布置应与实际应用和预应力承包商的规范相附。试件横截面和它的边长 a 和 b，应与结构中的规定预应力筋最小轴中心距相适应。

试件如图 5 所示。试件由两个部分组成，一部分包含埋入混凝土中的黏结式锚具、附加的锚固零部件及螺旋钢筋，另一部分是直顺的预应力筋和未灌浆的管道，这部分的长度应不小于 a。

试件应置于水平位置浇筑。为减少新浇筑的混凝土对黏结产生不利，应在试件下面用一个大约高为 50cm 的附加混凝土块与试件同时整体浇筑。这个附加的混凝土块在试验前去除。

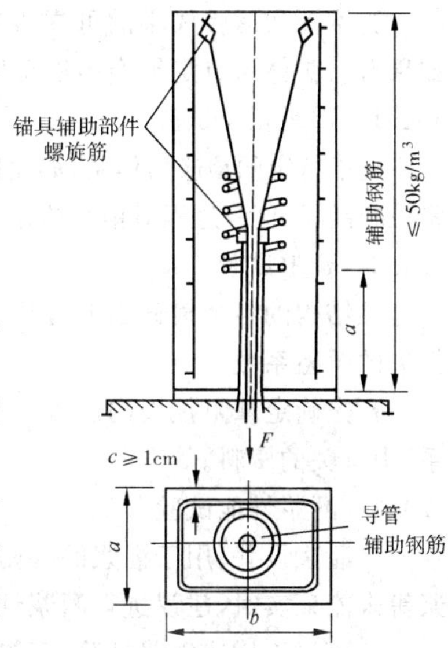

图 5 黏结式锚具荷载传递试验的试件

对螺旋钢筋和混凝土包括其强度、养生条件和拆模的要求与 5.2.3.1 相同。

5.3.1.2 试验步骤

试验步骤应符合 5.2.3.2 节与图 3 要求。最终破坏试验时，试件混凝土的平均抗压强度应为：

$$f_{cm,e} \leqslant f_{ck,o} \text{及} f_{cm,e} \leqslant 0.70 f_{ck,o}$$

5.3.1.3 测量与观察

试验过程中的测量和观察项目分别参见 5.2.3.3，此外还应测量预应力筋锚固端相对于混凝土试件的滑移量。

5.3.1.4 要求

每一个试件应满足下列要求：

• 混凝土的变形、裂缝形式等应与 5.2.3.4 节要求相同。

• 在循环荷载作用下，滑移应能稳定。

• 测得的试件破坏荷载应满足 $F_u \geqslant F_{pk}(f_{ck,e}/f_{ck,o})$ 及 $F_u \geqslant 0.90F_{pk}$。

5.3.2 有黏结锚固体系的动载试验

5.3.2.1 试件

如 5.3.1.1 节中所述。

5.3.2.2 试验步骤

如 5.2.2.2 节中所述。

5.3.2.3　测量和观察

分别如 5.2.2.3 节和 5.3.1.3 节所述

5.3.2.4　要求

如 5.2.2.4 节所述。另外,在循环加载过程中,滑移量应能稳定。

5.4　辅助试验

为了证实后张体系的可靠性以及为实际工程的应用提供技术资料,辅助试验是必要的。如果对后张体系有足够经验以证明可以省略的话,这些试验项目也可以取消。

5.4.1　重复张拉试验

对于特定的预应力体系,如用同一副夹片(或锚塞)分阶段地对预应力筋增加预应力并多次张拉和锚固,这一过程对锚固体系的影响应采用单束预应力筋按 5.2.1 节中的方法进行试验。

5.4.2　摩阻试验

在结构的各个横截面上必须准确地建立起所要求的预应力大小,因此应事先计算预应力损失的摩阻系数。

预先确定摩阻损失的试验不在本建议中详细讨论,请参阅 FIP 现状报告"力—伸长的关系"中有关的资料。

5.4.3　灌浆性能试验

当灌浆设备、用于灌浆的各附件、管道与通气孔的联结的可靠性以及管道能否完全灌满砂浆等未能证实时,建议进行灌浆性能试验。

本建议不详述灌浆试验,请参阅 FIP-Guide(施工指南)中"预应力混凝土中的预应力筋孔道灌浆实践"内有关的资料。

5.4.4　锚具偏转试验

如预应力筋轴线与理想的轴线有可能出现角度偏差,就应参照 5.2.1 节给定的方法进行最大偏转角的试验。

5.4.5　无黏结外部预应力筋偏转试验

对无黏结外部后张预应力体系可能要采用预应力筋的偏装置(例如鞍座),这项试验必须进行用以证实预应力筋(预应力筋及其防腐)在这种装置处的性能是否正常。有偏转的预应力筋的动载试验也适合。

目前国际上对于这类试验尚无作出统一适用的试验规程。

6　试验报告

试验报告应包括下述内容:

(1)被授权进行试验的试验单位的陈述,确认他们已按本建议进行了试验。

(2)试验所使用预应力钢材的类型和等级的详细资料包括:

- 遵循的标准。
- 制造单位和规定的标准值 f_{pk} 和 $f_{p0.1k}$ 及其实测值。
- 预应力筋标准极限抗拉力 F_{pk}。

(3)锚具各零部件和钢筋所用材料的类型及质量的详细资料和遵循的标准。

(4)混凝土试件的构成、混凝土配比、制造者及强度 $f_{cm,e}$ 等详细资料。

(5)预应力钢材、锚具各零部件和钢筋的详细尺寸。

(6)现场施工时,当全部预应力施加以后,混凝土最小标准抗压强度 $f_{ck,o}$ 以及 28d 龄期的标准抗压强度 F_{ck}。

(7)试件图及说明。

(8)试验步骤的说明,试验安装布置图和测试设备的说明。

(9)第 5 章所要求的各项测量、观察的记录。

7　技术报告

技术报告应提供预应力体系的性能指标并呈交验收单位。技术报告应包括有关预应力体系应用时的必要资料,下列项目应详述:

• 预应力体系主要部件的概述和它们的作用。

• 预应力体系组装和安装方法的叙述。

• 说明锚具各零部件及试验用的预应力钢材的类型,包括尺寸、力学性能、特殊要求等。

• 以简图详述各个预应力筋尺寸和锚具的类型,包括钢丝的根数、是钢绞线还是钢筋、预应力管道的直径和类型、锚具各零部件的主要尺寸、预应力钢筋的标准强度。

• 所用张拉设备的描述和空间要求,说明其所能达到的最大张拉力及测量精度,是否可进行分级张拉或重复张拉也应说明。

• 预应力筋和锚具的布置包括:预应力筋的最小间距,预应力架设的间距,最小曲率半径,锚具之间的最小间隙,锚具至混凝土构造边缘的最小容许距离等。

• 有关防腐蚀的资料。

• 说明所用的摩擦系数。

• 说明现场施工时,当全部预应力施加以后,混凝土最小标准抗压强度 $f_{ck,o}$ 以及 28d 龄期混凝土的标准抗压强度。

在验收过程中,以下各项须由验收单位或验收单位指定的专家核实:

• 技术报告的内容是否与本建议的要求一致。

• 技术报告中有关验收试验中使用的材料、尺寸及各零部件的公差等有关规定是否与本建议的要求相符。

• 试验结果是否符合本建议的要求。

8　质量保证和质量控制

8.1　质量保证

本建议中涉及的质量保证(QA)是每个阶段每项工作的主要内容,也应包括预应力筋和各构件的制作和安装、预应力的张拉防腐的运用和结构设计的有关内容。

质量保证应按 ISO9000 系列标准的相关内容执行。

8.2　质量控制

质量的检验要求对所用材料和零部件及使用的工艺施行连续的监控,质量管理即检查文件应按有计划和有系统的方式完成,并按认可的程序拟定。

材料的性能应由供应方证实和指定的试验室来证实,所有的质量控制活动包括检验和批准应由有资格的人员完成。工作质量应将证书、记录、报表和检验日志记录在案,推荐使用标准表格和记录以保证记录所有的有关资料。

后张体系的质量控制应在以下范围内执行：

• 除工地制造的零部件外，所有工厂加工的零件及材料。

• 预应力筋的制造。

• 处理运输、存放等直至施加预应力及预应力筋的最终防护所有的安全操作的质量控制。

对于各种必要的积极的引证可以从 FIP 施工指南“后张拉预应力混凝土结构的质量保证和质量控制的实践”得到更多的资料。

二、美国标准(ASTM A421—1991)

预应力混凝土用无镀层消除应力钢丝

1　适用范围

1.1　本标准包括两种类型通常用于预应力混凝土结构生产线的无镀层高碳消应力圆钢丝，类型如下：

1.1.1　BA 类型钢丝是利用端部冷变形扣牢的钢丝。

1.1.2　WA 类型钢丝是两端楔牢的钢丝，且其端部无冷变形。

1.2　本标准的数值用英寸、磅单位表示。

2　引用文件

2.1　ASTM 标准

A370　钢产品的机械性能试验方法和定义

E30　钢、铸铁、平炉铁和熟铁的化学分析方法

E328　材料和结构的应力松弛方法

2.2　军用标准

MIL-STD-129　运输和储藏的标记

MIL-STD-163　轧制钢材的运输和储藏的处理

2.3　联邦标准

Fed. Std. 123 号　运输的标记(民用机构)

3　订货说明

3.1　按本标准订购消应力钢丝的订单包括下列内容：

3.1.1　数量(磅)。

3.1.2　直径。

3.1.3　紧固的类型(BA 或 WA)。

3.1.4　包装。

3.1.5　ASTM 标准号和出版日期。

3.1.6　特殊要求(如果需要)。

注:典型的单说明:40 0001b,0.250in 的钢丝直径,BA 类型,每卷约 1 0001b,卷径 60in,按 ASTM A421-________生产。

4　制造

4.1　冶炼方法　钢应用氧气顶吹转炉、平炉或电炉冶炼。

4.2　内部完好性　为了避免有害的气孔和过分偏析,切头应充分。

4.3　钢丝　钢丝冷拉成固定尺寸后须经过连续热处理适当地消除应力,以达到规定的机械性能。

5　化学成分要求

5.1　由于各钢丝制造厂的制造工艺和设备不同,各制造厂商可根据本厂的具体情况各自选择适当的化学成分。

5.2　磷和硫不应超过下列数值:

P　　0.040%

S　　0.050%

5.3　需方可从成品钢丝中每一炉号钢抽样作分析检验。分析用的样品应从钢丝上铣取且应取代表整个断面的样品。在铣削前,表面应干净,消除所有异物。所有单个测量值都不得超过第 5.2 节中限量的 0.008%。

5.4　E30 方法可作仲裁用。

6　物理性能要求

6.1　抗拉强度

BA 类型钢丝和 WA 类型钢丝的抗拉强度应符合表 1 所列的要求,并且按照材料试验方法和定义标准 A370 包含附录 A4 的要求进行测量。

抗拉强度的要求　　表 1

公称直径 in(mm)	抗拉强度,最低,lb/in²(MPa)		公称直径 in(mm)	抗拉强度,最低,lb/in²(MPa)	
	BA 类型	WA 类型		BA 类型	WA 类型
0.192(4.88)	①	250 000(1 725)	0.250(6.35)	240 000(1 655)	240 000(1 625)
0.196(4.98)	240 000(1 655)	250 000(1 725)	0.276(7.01)	235 000(1 620)	235 000(1 620)

注:①此尺寸 BA 类型钢丝通常不提供。

6.2　屈服强度

6.2.1　所有钢丝的最低屈服强度在加载后延伸 1.0%时测定,其强度应不低于规定最低断裂强度的 85%。

6.2.2　在加载下测定延伸率,须用一个校准的引伸计,其最小分度值应不大于 0.000 1 in/in 标距。

6.2.3　施加在试样上的初载荷与表 2 中起始应力相一致,此时引伸计已装好且调整到 0.001 in/in标距的读数上,然后增加载荷直至引伸计指在 1%的伸长率上,记录此时的载荷。该载荷相应的应力须符合表 2 所列 1%伸长率的应力要求。

屈服强度的要求　　表 2

公称直径 in(mm)	初始应力 lb/in²(MPa)	延伸率 1%时最低应力, lb/in²(MPa)	
		BA 类型	WA 类型
0.192(4.88)	29 000(200)	①	212 500(1 465)
0.196(4.98)	29 000(200)	204 000(1 407)	212 500(1 465)
0.250(6.35)	29 000(200)	204 000(1 407)	204 000(1 407)
0.276(7.01)	29 000(200)	199 750(1 377)	199 750(1 377)

注:①此尺寸 BA 类型钢丝通常不提供。

6.3　延伸率

所有钢丝在加载下,当测量标距为 10in 或 250mm 时,其总的延伸率不得小于4.0%。当载荷符合表 2 所列的起始应力时,将引伸计放在试样上测定延伸率。如果断裂发生在标距外,此延伸率的值不能代表材料的延伸率。假如所测的延伸率达到钢丝标准的最低要求,此试验不算数,可重作试验。

7　直径和允许偏差

7.1　按本标准要求生产的钢丝通常以表 1 所列直径订货。

7.2　钢丝直径的偏差不得超过规定公称直径的±0.002in(0.05mm)。

7.3　钢丝的不圆度不得超过 0.002in(0.05mm)。

8　加工质量和光洁度

8.1　投掷　一根弦长为 60in(1 524mm)的钢丝试样,其弦高不能超过 3in(76mm)。相当于一个直径不小于 25ft(7.6m)的圆弧的弦。

8.2　BA 类型钢丝　BA 类型钢丝应有适当的扣牢冷变形的性能。如果扣紧力能达到钢丝抗拉强度的最低要求,即便裂开也不应作为拒收的理由。

8.3　钢丝不应有扭结。

8.4　钢丝应紧密地缠扎成卷,其卷最小直径为 48in(1 219mm)。每卷应为一整根通长钢丝卷成。

8.5　成品钢丝不应焊接或有接头。为便于制造时连续操作,任何一处焊点或接头都应去掉。

8.6　钢丝不应涂油或润滑脂。轻微的锈蚀只要不是肉眼可见的明显的坑槽,不应作为拒收的理由。

8.7　钢丝因消除应力后留在表面的火色是正常的。

9　抽样

除非供需双方另有协议外,对一批中每 10 卷或少于 10 卷取一个试样。试验的测定按第 6.1、6.2、6.3、7 和 8.1 条进行。

注:"批"的含义是指一次到货,包括同一张运单或装箱单中同一种规格尺寸的成卷钢丝。

10　检验

需方在订货时应说明是否需要厂外检验。如果需要厂外检验,则供方应提供需方检验人员以适当方便条件,使检验人员满意地验收按本标准规定供应所需的钢材。如需方表示同意,所有试验和检验在装运前均在供方现场进行，但不得不必要地干扰生产操作。

11　证明书

如果放弃厂外检验，供方应提供按标准要求对材料作过试验并符合要求的证明书。

12　拒收

除非另有规定，任何按本标准试验而提出的拒收，应在适当时间内通知供方。

13　包装和标记

13.1　每一捆钢丝上应牢固地扎上一个标牌，标牌上有钢丝的尺寸、ASTM 标准号和炉号以及制造厂的名称或商标。

13.2　政府采购　当合同或订单中规定政府直接采购或直接装运到政府的材料应按 MIL-STD-163 的要求进行防护、包装、打包。包装级别按合同规定。这些原料的运输标记对民用机构采购按 Fed. Std. 123 号，军用部门采购按 MIL-STD-129 执行。

附录　低松弛钢丝

S.1　范围

本补充条件仅适用于低松弛钢丝。按标准 A421 中所指出的单丝钢束所具有的一般性能的松弛试验方法。

S.2　引用文件

ASTM 标准

E328　材料和结构件的应力松弛试验推荐法

S.3　试验方法

低松弛绞线应按 D328 推荐方法试验。

S.4　松弛性能

低松弛钢丝应符合本标准的物理性能及附加要求。此附加要求是指在 S.5 节条下，经过 1000h 后，起始加载当达到规定的最低抗拉强度的 70％时，松弛不应大于 2.5％；或当加载到钢丝规定的最低抗拉强度的 80％时，松弛不大于 3.2％。

S.5　屈服强度

按第 6.2 条所述低松弛钢丝的屈服强度不应低于钢丝规定的最低抗拉强度的 90％。

S.6　松弛试验的条件

S.6.1　如果需要，松弛试验的数据资料应由供方提供同一牌号钢丝尺寸的原始试验记录。

S.6.2　试验样品的温度应保持在 68°F±3.5°F(20℃±2℃)。

S.6.3　松弛试验的试样事先不应承受任何载荷。

S.6.4　在开始的 3～5min 的一段时间内应均匀加载，标距保持恒定；当施加总载荷 1min 后测定松弛载荷。

S.6.5　在加载操作过程中试样不许超载荷。

S.6.6　试验持续时间应为 1 000h 或估计短一些，根据记录上反映出相似的松弛值的计算周期推断 1 000h 松弛值。

S.6.7　试验的标距最低应为标定直径的 60 倍。

三、美国标准(ASTM A416—2003)

预应力混凝土用无涂层七丝钢绞线标准技术条件(摘要)

2002 年 9 月 10 日批准,2003 年 6 月出版

1 范围

1.1 此标准包括两种类型和两种级别的七丝的、用于先张和后张预应力混凝土的无涂层钢绞线。两种类型指低松弛和应力消除[普通松弛],低松弛被视为标准类型,除非特别订货或买卖双方协商,一般不提供应力消除[普通松弛]绞线。1 725[250]级和 1 860[270]级绞线分别具有最小极限强度 250 000psi[1 725MPa]和 270 000psi[1 860MPa],按绞线的公称面积计算。

1.2 以英寸←磅及 SI 单位表示的数据都是标准值,文中英制单位在括号中。两个系统的数值并不准确等同,因此应单独使用一种,混合使用两套系统的数值可能导致与标准不符的问题。

1.3 S1 中的附加要求是针对预应力地锚的需要,为 15.24 的无涂层七丝钢绞线制定的。

2 参考文件(略)

3 术语

3.1 本标准中术语的描述

3.1.1 绞线——一组具有被六根边丝紧紧地螺旋状包裹一根中心丝的钢丝,均匀的节距不小于绞线公称直径的 12 倍并不大于 16 倍。

3.2 讨论

捻向可右可左,但不同捻向不能接在一起。

4 订货条款(略)

5 材料和制造

5.1 基体金属——基体金属应该为有如下品质的碳素钢:拉成钢丝再制成绞线,经热处理后应满足本标准的性能和特性要求。

5.2 钢丝——制造绞线的钢丝为圆的干拉丝。

注:此产品由七根钢丝构成,只保证机械性能,所有钢丝或任何单根钢丝的化学成分与此应用无关,炉号的标识不必要保持。一卷或一包可能由多个炉号制成。追溯的依据是保持在包装上并列入厂方文件的标识。

5.3 处理——捻制后,低松弛绞线应经受连续的机械热处理以获得规定的性能。应力消除[普通松弛]绞线仅需热处理。热处理可能产生的回火色对于成品钢绞线来说是正常的成品外观。

6 机械性能

6.1 试验方法和定义 A370 的附件 A7 中描述了机械性能的测试方法,低松弛钢绞线还应按 E328 方法的规定检验。

6.2 破断力——成品钢绞线的破断力应符合表 1 的要求。

破断力要求 表 1

绞线标识号	绞线的公称直径 mm[in]	绞线的破断力要求 kN[lbf]	绞线的公称面积 $mm^2[in^2]$	绞线的公称米重 kg/1 000m[lb/1 000ft]
1 725[250]级				
6	6.4[0.250]	40.0[9 000]	23.2[0.036]	182[122]
8	7.9[0.313]	64.5[14 500]	37.4[0.058]	294[197]
9	9.5[0.375]	89.0[20 000]	51.6[0.080]	405[272]
11	11.1[0.438]	120.1[27 000]	69.7[0.108]	548[367]
13	12.7[0.500]	160.1[36 000]	92.9[0.144]	730[490]
15	15.2[0.600]	240.2[54 000]	139.4[0.216]	1 094[737]
1 860[270]级				
9	9.53[0.375]	102.3[23 000]	54.8[0.085]	432[290]
11	11.11[0.438]	137.9[31 000]	74.2[0.115]	582[390]
13	12.70[0.500]	183.7[41 300]	98.7[0.153]	775[520]
15	15.24[0.600]	260.7[58 600]	140.0[0.217]	1 102[740]

6.3 屈服力——以 kN[磅]为单位的屈服力为加载后伸长 1%时的载荷，最小的屈服力对于低松弛和应力消除绞线分别不小于表 1 中规定破断力的 90%和 85%。测试时的初载和最低屈服强度在表 2 中规定。

加载下的延伸用一个应变计来测，其经标定的最小分度不大于标距的 0.000 1mm/mm [0.000 1 in/in]。

屈服力要求 表 2

绞线标识号	绞线的公称直径 mm[in]	初载 (kN)	1%伸长时的最小载荷 kN[lbf]	
			低松弛	普通松弛
1 725[250]级				
6	6.4[0.250]	4.0	36.0[8 100]	34.0[7 650]
8	7.9[0.313]	6.5	58.1[13 050]	54.7[12 300]
9	9.5[0.375]	8.9	80.1[18 000]	75.6[17 000]
11	11.1[0.438]	12.0	108.1[24 300]	102.3[23 000]
13	12.7[0.500]	16.0	144.1[32 400]	136.2[30 600]
15	15.2[0.600]	24.0	216.2[48 600]	204.2[45 900]

续上表

绞线标识号	绞线的公称直径 mm[in]	初载 (kN)	1%伸长时的最小载荷 kN[lbf]	
			低松弛	普通松弛
1 860[270]级				
9	9.53[0.375]	10.2	92.1[20 700]	87.0[19 550]
11	11.11[0.438]	13.8	124.1[27 900]	117.2[26 350]
13	12.70[0.500]	18.4	165.3[37 170]	156.1[35 400]
15	15.24[0.600]	26.1	234.6[52 740]	221.5[49 800]

6.4 延伸率——采用不小于600mm[24in]的标距，载荷下的总延伸应不小于3.5%。实践中延伸值可采用将1%的屈服延伸率加上屈服测试后钳口间距的延伸或位移，百分数的计算采用夹具到夹具的新间距。

6.5 松弛性能——低松弛绞线的松弛性能应满足：按6.5.1～6.5.7条件试验1 000h，初载为规定最小破断力的70%和80%时分别不大于2.5%和3.5%。

6.5.1 如有要求，制造厂应从检验记录中提供同级别尺寸相似的绞线的松弛数据。

6.5.2 试样的温度应保持在68°F±3.5°F[20℃±2℃]。

6.5.3 松弛试验前试样不应加载。

6.5.4 初载应在一个不少于3min且不多于5min的时间内均匀施加，标距应保持不变；加完全部载荷后1min开始读数。

6.5.5 加载过程中试样的过载是不允许的。

6.5.6 试验周期应为1 000h，如果记录表明用短时间可推算出与完整的1 000h试验接近的松弛值时，可采用至少200h的短时间。

6.5.7 试验的标距应至少为公称直径的60倍，如果这个标距超过应变计或试验机的能力，可使用最短为公称直径40倍的标距。

7 尺寸和允许偏差

7.1 成品绞线的规格以绞线公称直径的毫米[英寸]数表达。

7.2 任何绞线的中心丝应比任何外层钢丝粗，符合表3要求。

心丝与边丝的直径关系 表3

绞线标识号	绞线的公称直径 mm[in]	心丝直径与其他任意边丝的最小丝径差 mm[in]
1 725[250]级		
6	6.4[0.250]	0.025[0.001]
8	7.9[0.313]	0.038[0.001 5]
9	9.5[0.375]	0.051[0.002]
11	11.1[0.438]	0.064[0.002 5]

续上表

绞线标识号	绞线的公称直径 mm[in]	心丝直径与其他任意边丝的最小丝径差 mm[in]
13	12.7[0.500]	0.076[0.003]
15	15.2[0.600]	0.102[0.004]
1 860[270]级		
9	9.53[0.375]	0.0508[0.002]
11	11.11[0.438]	0.0635[0.002 5]
13	12.70[0.500]	0.0762[0.003]
15	15.24[0.600]	0.1016[0.004]

7.3 直径的允许偏差。

7.3.1　所有 1 725[250]级的钢绞线按边丝凸缘测得的直径与公称直径的偏差应满足±0.40mm[±0.016in]。

7.3.2　所有 1 860[270]级的钢绞线按边丝凸缘测得的直径与公称直径的偏差应满足+0.65mm，−0.15mm[+0.026，−0.006in]。

7.3.3　如果单丝直径差和绞线直径偏差在规定范围之内，面积变化以及由此带来的应力值差不能作为拒收的理由。

7.4 可以采用最大公称直径达 19mm[0.750in]特定尺寸的低松弛或应力消除[普通松弛]绞线，但应规定破断力，而屈服力如 6.3 所定义，分别不小于所规定的低松弛和应力消除[普通松弛]钢绞线的最小破断力的 90%和 85%。所有其他规定也适用。

8　制造、成品及外观

8.1 接头[JOINTS]。

8.1.1　除买方同意的情况之外，在任何长度的整根绞线中都不应有绞线的接头[JOINTS]或绞接头[STRAND SPLICES]。

8.1.2　在钢绞线用单根钢丝的生产过程中，只允许最终热处理之前进行焊接，或在最终热处理[如铅淬火或控制冷却]尺寸时进行焊接。除按 8.1.3 的情况外，钢丝在穿过拉丝机的第一道模子之后不允许任何焊接。

8.1.3　在捻制过程中允许单丝对焊，但整根绞线中任意 45m[150ft]中不得多于一个接头。

8.1.4　在特殊订购"无焊级[WELDLESS]"的情况下应生产无焊产品，在此情况下绞线应生产成无 8.1.3 允许的焊接头的单根连续长度。

8.2 成品绞线应直径均匀，没有与良好的商品绞线规范不符的不足之处。

8.3 当钢绞线切断时不应松散，钢丝不离位。如钢丝离开位置后可用手复位应视为合格。

8.4 钢绞线不应涂油或脂。不足以产生肉眼[unaided eye]可见腐蚀坑的轻微生锈不能作为拒收的理由。

注:评价预应力混凝土绞线的锈蚀程度的指导由萨森提出。[此资料登载在PCI杂志1992年5~6月号上。]

9 取样

试样可从卷的任一头切取。发现任何试样含有钢丝接头时应废弃重取。

10 检验数量

成品绞线每20吨批(18t)取一根样品,检验破断力、屈服强度和延伸率。

11 检验

如有外部检验要求,生产厂应向检验员提供所有合适的设施,以使他们确信材料符合本技术标准。除非另有协议,所有的检查和检验应在工厂装运前进行,而且不应对工厂的正常运作产生不必要的干扰。

注:买方应在订货时声明是否需要外部检验。

12 拒收

12.1 以任一试样不满足本标准要求为该不合格试样代表的产品批的拒收依据。

12.2 此批可提交检查,每个卷或包检验一根样,挑出不合格材料。

12.3 初次试验时,如存在对绞线满足本标准能力的合理怀疑时,应从同一卷或包上取样进行两次试验,如任一试验不合格,那么绞线应判不合格。

13 证书(略)

14 包装和标志

14.1 如买主没有特殊要求,绞线应按最小内芯径610mm[24in]的有轴或无轴卷供货。有轴或无轴卷的长度应在订货时商定。订货时如商定好,绞线应有避免装运机械损伤的良好保护。

每一有轴或无轴卷应有两个牢固拴挂的结实标牌,标明长度、规格、类型、级别、ASTM标准号A 416/A 416M,及厂方的名称或标记,一个位于转运时不易失落的位置,如无轴卷的内圈面,另一个在易看到的外部。

15 关键词(略)

附加要求

本要求仅适用于用于地锚或类似用途的15.2mm 1 860级的钢绞线,订货时应特别提出。此要求不适用于预应力混凝土应用。

S1 结合力

S1.1 按A 981标准完成的黏结力试验结果应提交买方,做试验的样品应取自不同批,且可以代表所订产品。

S1.2 按A 981得出得六次拔出试验的平均拔出力,位移达到0.25mm时至少为35.6kN,单个试验的结果不低于30.2kN。如生产工艺及材料不变,将来复检时三个试验就够了。

S1.3 复验——如果试验不能满足S1.2的要求,应再做六根试验,结果应满足验收标准。未通过复验的钢绞线不能用于预应力地锚。

S1.4　年度试验——拔出试验至少每年要做，或者由于工艺改变相信可能降低结合力时，生产厂可以进行重复试验。

四、英国标准(BS 5896—1980)

预应力混凝土用高强钢丝和钢绞线

第一章　总　则

1　范围

本英国标准对预应力混凝土用高强钢丝和七股钢绞线规定技术要求，但仅适用于制造厂商供应的材料。本标准对可用作预应力筋的其他钢材的要求未予规定。

第一章中规定预应力钢的类型、有关制造方法和基本要求；第二、第三章中规定每种预应力钢的特殊性能。

2　参考文件

（略）

3　定义

本英国标准采用如下定义：

交货批：准备在任何时候发运到一个施工现场的任何数量的钢材。

4　预应力钢丝和钢绞线的类型

4.1　冷拔钢丝

冷拔钢丝是用经处理使之适于冷拔的热轧盘条拔制的盘圆成品，其表面光滑，并可能有润滑剂的残渣。随后可用机械方式对钢丝压痕或压波，并以下列方式中的一种对钢丝进行最终消除应力处理：

(1)在短时间内加热到适当的温度去消除应力，以改善某些力学性能。

(2)进行塑性变形下，例如在轴向应变条件下类似消除应力的热处理，这可以改善松弛特性。

4.2　钢绞线

钢绞线用冷拔钢丝制造。七股钢绞线有一根直钢丝芯，在其外同一层上螺旋形地绕上六根钢丝。

钢绞线用与冷拔钢丝同样的方法进行最终应力消除处理并卷成盘。模拔钢绞线通过一个模子拔制并在卷取之前对其进行消除应力处理。

5　钢的冶炼

钢可以用除空气和空/氧混合底吹工艺之外的任何方法冶炼。

化学成分与产品类型、规格和抗拉强度有关。如需方要求，供方应提供钢材化学成分分析结果。熔炼分析中，硫、磷含量各不得超过0.040%。

6 预应力钢材性能

6.1 引言

6.2、6.3 和 6.4 中规定的性能是重要的，需按第 7 条规定的相应检验项目来确定。每种产品的特殊测试项目在第二、三章中规定。

6.2 几何特性

几何特性是指公称尺寸、截面特性以及允许偏差。

当上述规定不足或不适当时，允许用公称横截面及其允许偏差和钢丝或钢绞线相应的外形详图来定义几何特性(见第二、三章)。

6.3 力学性能

6.3.1 规定特征值在本标准中规定特征值表示为：规定特征断裂荷载和规定特征 0.1%条件屈服荷载；或规定特征抗拉强度和规定特征0.1%条件屈服应力。

预应力钢材的规定特征值是统计偏差区间的单侧下限，有 95%的保证率，即至少有 95%的值等于或大于该下限。实际应用这一准则时，人为地假定数据呈正态分布(见 BS 2846 第三部分)。

在制造厂商检验时，如在每一同类产品批中，试验结果低于规定特征值者不超过 5%，同时任一试验结果均不低于该值的 95%，则认为满足了该准则。

6.3.2 最大标准离差。在数据统计推断中(见 8.4 条)，于第二、第三章中对每一产品给出了抗拉强度和 0.1%条件屈服应力，或断裂荷载和 0.1%条件屈服荷载的最大标准离差。

每一产品的最大标准离差是在一段足够长的时期内，一个制造厂用同一工艺和技术生产一种产品的全部产量中标准离差的最大值。

规定特征值以及最大标准离差表示所考虑性能的期望水平和稳定程度。

所规定的最大标准离差可用于：

a)制造厂校核产品稳定性的检查。

b)对未通过合格性鉴定的材料的验收，用来按 8.4 条的规定与样品的标准离差进行比较。

6.3.3 断裂荷载。按 6.3.1 的定义，规定断裂荷载值是特征断裂荷载。

如有必要，应按荷载和每一产品的实际面积或规定的公称截面面积计算抗拉强度。

6.3.4 条件屈服荷载。按 6.3.1 的定义，规定条件屈服荷载值是特征 0.1%条件屈服荷载。如有必要，应按荷载和每一产品的实际面积或规定的公称截面面积计算条件屈服应力。

6.3.5 伸长率。最大荷载下的百分伸长率应按与产品相应的标距确定。

6.3.6 延性。根据产品类型，按第二、第三章的规定，可通过反复弯曲或断面减缩，或同时用两者来证明预应力钢材有足够的延性。

6.4 长期工作性能

6.4.1 等温松弛。应在标准温度 20℃、1 000h、初始应力为相邻试件所得的实际强度的 60%、70%和 80%的条件下建立荷载松弛曲线(A.4)。

6.5 工艺性能

6.5.1 钢丝状态。成品钢丝不得有在任何生产阶段出现的，其程度可降低作为预应力筋的使用性能的缺陷。

纵向表面缺陷是允许的，只要其深度小于钢丝公称直径的 4%。

除了薄的锈膜以外，有其他类型锈蚀的钢材不得交货。

注：只有供需双方预先协商同意，在特殊情况下钢材表面可涂层覆盖。这类涂层在本标准中未予规定。

6.5.2 焊接。对每种产品焊接接头的限制在第二、第三章分别规定。

7 检查

7.1 一般规定

本节规定应遵守的程序：制造厂的检验；通过合格性鉴定的材料。包括整个产量的制造厂的试验记录应能被需方或其他权威人士借阅。

7.2 制造厂的检查

7.2.1 制造厂应进行下列与产品相应的项目的检验。除长期性能试验外，第2、第3章规定了每种产品抽样的批量和每项试验的试件量。松弛试验应定期地以能证实已建立的曲线所必需的最少试样来做。

(1)相应的几何特性。

(2)钢丝表面状态。

(3)断裂荷载或抗拉强度。

(4)条件屈服荷载或条件屈服应力。

(5)最大荷载下伸长率。

(6)荷载—伸长图。

(7)延性(面缩)。

(8)延性(反复弯曲)。

(9)松弛。

注：当有特殊用途时，可能还要求进行疲劳和应力腐蚀试验分析(附录B)。

7.2.2 有满意的试验结果的产品应认为符合本标准要求。

7.3 通过合格性鉴定的材料

当制造厂商及其产品要在需方能接受的合格性条件检查下获得认可时，则应进行令公证机构满意的控制。制造厂的检验仍应按7.2条的规定进行。

7.4 试验合格证

每一交货批应附一份试验合格证，内容包括。

a)为辨认该批材料所必需的全部资料；

b)摘自制造厂记录的试验结果。

注：需方可以向制造厂索取最大和最小荷载—伸长图(表示弹性模量的最大和最小值)，其中包括对组成一个交货批的材料试验结果。

7.5 合格

如制造厂能提供试验合格证，即应认为交货批符合本标准要求，通常不需进一步试验。这并不妨碍需方进一步试验以证实是否达到了规定性能。

8 未通过合格性鉴定的材料

8.1 证明文件

证明制造厂的生产能力符合本标准要求的文件如下：

制造厂应提供一份近期的按本标准规定的产品全部性能的检验报告。如果制造厂以前或近期未供应过符合本标准要求的材料时，经需方同意，也可提交按类似技术条件生产的材料的近期数据。

关于长期工作性能数据，一般允许制造厂用近期同类产品定期试验结果来代替(7.2)。

8.2 交货批的检查

除长期性能外，制造厂应按 7.2 条的要求对每一交货批分别进行检查(见 6.4)。

8.3 试验合格证

每一交货批应附一份试验合格证，内容包括：

a)为辨认该批材料所必需的全部资料。

b)该批材料全部试验结果(8.2)。

c)包括该批材料试验结果在内的最大和最小荷载—伸长图。

d)钢的熔炼分析结果。

8.4 验收

如果需方对制造厂按技术条件(8.1)供应材料的能力表示满意，但又希望在制造厂试验合格证所提供的数据之外再进一步地、独立地检查，则细节在订购材料时商定。

这种同类性能的需方验收试验应以按每类产品相应要求选取的试样进行(见第二、第三章)。

试样的断裂荷载(或抗拉强度)和条件屈服荷载(或条件屈服应力)试验结果，应符合规定特征值和最大标准离差的要求。按 BS 2846 第三部分 1975 标准中表 3 和 BS 2846 第四部分 1976 标准中表 E，在单侧偏差区间 0.95 和置信水平 0.95 的条件下对数据进行统计解释。

所有其他性能的全部试验结果均应达到本标准的要求。

当有足够的长期性能数据时(6.4)，需方可不考虑这类性能的验收试验。

9 试验方法

所用试验方法应遵照附录 A 规定。

10 交货状态

10.1 标记

每一盘钢丝或钢绞线均应挂有一块标牌，上面标有以下资料或经供需双方认可的其他细节：

a)本标准号和相应的章号(2 或 3)，如 BS 5896/2。

b)产品(钢丝或钢绞线)。

c)规定特征断裂荷载(或换算公称抗拉强度)。

d)公称直径。

e)产品为钢丝时，标明钢丝类别(光面、压痕或压波)。

f)松弛级别(1 级或 2 级松弛)。

g)与试验合格证相符的盘数。

h)制造厂商的名称和工厂名称。

10.2 盘径

除非另有协议，盘径应遵照 16.2(钢丝)和 22.2(钢绞线)的规定。盘径应足够大，以保证能顺利开盘。预应力钢材最大弯曲度在 16.3(钢丝)和 22.3(钢绞线)中规定。

11 运输与储存

预应力钢材在运输与储存过程中应防止损坏和污染。

12 需方应提供的资料

当按本标准订购材料时,需方应注明:

a)本标准号和相应的章号(2 或 3),如 BS 5896/2。

b)材料类型(拔制状态钢丝或矫直钢丝,或七股钢绞线)。

c)规定特征断裂荷载(或换算公称抗拉强度)。

d)公称直径。

e)钢丝类别(光圆、压痕或压波)。

f)松弛级别(1 级或 2 级松弛)。

g)包装和防护要求。

第二章 冷拉钢丝的特殊要求

13 引言

第二章对光圆、压痕或压波的高强冷拉钢丝规定特殊要求。以盘圆提供的钢丝有两种方式:

a)拔制状态钢丝的盘圆内径接近于钢丝拔制机械绞盘的内径;

b)有两级松弛水下的矫直和消除应力钢丝,可以依切断的长度提供。

14 标记

应按第 12 条订购钢丝,标记如下:

a)BS 5896/2。

b)钢丝。

c)公称抗拉强度。

d)公称直径。

e)D=拔制状态钢丝,P=矫直钢丝。

f)E=光圆,l=压痕,C=压波(15.2.3)。

g)松弛级别(1 级或 2 级)。

例如:矫直压痕钢丝、公称直径 7mm、公称抗拉强度 1 770MPa、1 级松弛,可标记为:BS 5896/2 钢丝-1770-7-Pl-1 级松弛(BS 5896/2 Wire-1770-7-Pl-rel×1)

15 制造

15.1 材料

钢丝用非合金钢(高碳钢)按 4.1、5、6.5、15.2 和 15.3 等条规定制造。

15.2 变形方式

15.2.1 一般规定。当压痕或压波钢丝被指定时,在需方和制造者之间对钢丝的变形方式必须一致。例如 15.2.2 和 15.2.3 所给的资料。

15.2.2 压痕。图 1 表示压痕最佳的布置。压痕的公称尺寸和钢丝的公称直径之间的关系见图 1 及表 1 说明。其他形式的压痕也是容许的。

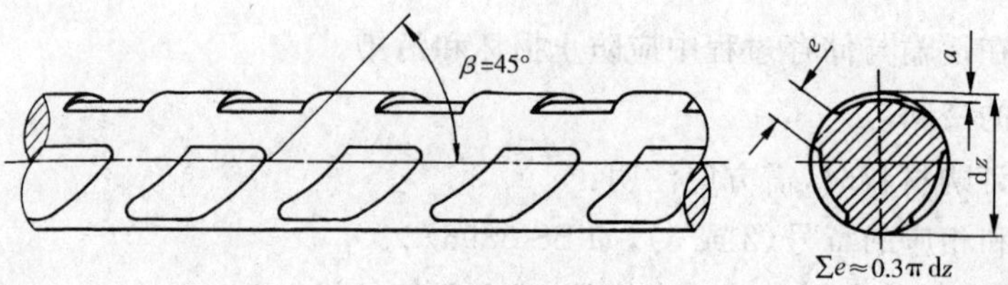

图1 压痕

注:压痕的另一面与此角度相反。

压痕的公称尺寸　　表1

钢丝的公称直径 d(mm)	厚度 a (mm)	长度 (mm)	间距 (mm)
5.0 及以下 5.0 以上	0.12±0.05 0.15±0.05	3.5 5.0	5.5 8.0

15.2.3　压波。图2所示是螺旋的和单面的两种压波方式。压波的总高度(去掉钢丝直径)和间距见图2及表2说明。其他形式的压波也是容许的。

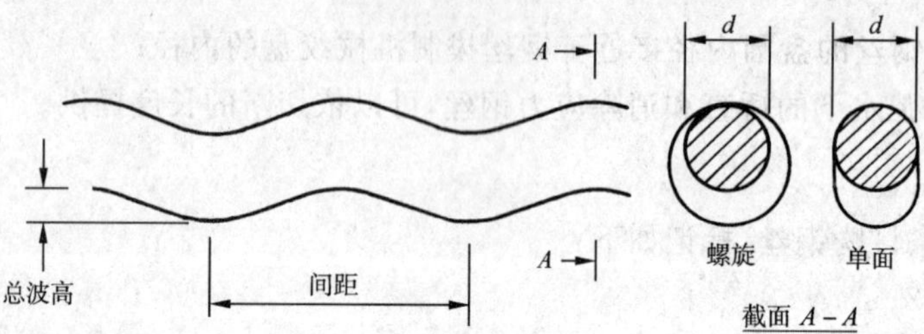

图2 压波

15.3　焊接。提供给需方的钢丝必须无焊接。

16　制造厂的交货条件

16.1　一般规定

交货状态应符合10、12、16.2和16.3等条的规定。

16.2　盘的直径

在需方和制造者之间对盘公称内径的要求应一致。

矫直钢丝,在消除应力之后,必须盘成较大的直径,表3给出了盘的最佳直径。

压 波 尺 寸　　表2

压波的类型	间距	总的波高(除钢丝直径)	
		螺旋	单面
短间距	$5d$~$10d$	5%d~10%d	10%d~20%d
长间距	$8d$~$12d$	6%d~12%d	12%d~25%d

盘的公称内径　　表3

钢丝的公称直径 d(mm)	盘的直径 (m)
4.0,4.5 5.0 6.0,7.0	1.25 1.5 2.0

制造厂应在试验合格证上注明盘的尺寸。

16.3　矫直钢丝的弯曲度

当一根钢丝自由地放置在一个平面上，从 1m 长基线量到弯曲钢丝内侧的最大弧高，对各种直径的钢丝均不得大于 30mm。

17　检验

17.1　一般规定

检验程序应按 7、8 和 9 以及 17.2、17.3、17.4 等条相应的规定进行。

17.2　取样的产品单位

选取试样的产品单位是钢丝生产的原始盘条数量。

17.3　每项试验的样本尺寸和频率

17.3.1　制造厂检验(7.2)。每一单位均应进行第 1、2、3 和 7 项性能试验。

第 4、5、6 和 8 项性能试验也应每 5 个单位一次。

需要进行的试验还取决于钢丝的类型，见表 4 和表 5。

17.3.2　需方对未认可材料的验收试验(8.4)。

17.3.2.1　交货批应按每 50t 分成验收批。在验收批中随机选取 15 个单位产品，每一单位产品选取一个试样。

17.3.2.2　如果交货批少于 15 个产品单位，则该批每盘钢丝均应试验。

17.3.2.3　根据钢丝的类型(表 4 和表 5)，每一试样均应进行 1～8 项性能试验。

17.4　复验

17.4.1　检查规定特征值的试验(见 6.3.1)。除试验过程中有差错之外，不允许复试。

17.4.2　检验其他力学性能的试验。

17.4.2.1　制造厂检验。如果任一试样未能通过某一规定的试验项目，应从同一产品单位中选取双倍试样，用这些试样进行原先未能通过的一项或几项试验。如果这两个试样通过，则认为该产品单位符合本标准要求。如有一个复试试样未能通过，则认为该产品单位不符合本标准要求。

17.4.2.2　需方对未认可材料的试验。在按 17.3.2.1 检验材料时，如任一试样未能通过，应认为需方这一验收批不符合标准要求。直到在该批再随机选取的 15 个产品单位能满意地通过同一项或几项试验为止。

按 17.3.2.2 检验材料时，如任一试样未能通过，则拒收相应的盘。

18　性能

18.1　技术数据。牌号、数据资料和必要的特性列于表 4 和表 5，其限定条件列于 18.2、18.3 和 18.4。

18.2　光圆钢丝的几何特性。测量光圆钢丝直径时(在同一位置的两个垂直方向)显示的椭圆度不应大于钢丝总的直径公差的一半，无需限制由质量计算的截面。

18.3　压痕钢丝

18.3.1　直径。压痕钢丝的公称直径是有同样公称截面面积的光圆钢丝的直径。压痕钢丝的实际直径无需加以限制。

18.3.2　横断面。压痕钢丝的真实横断面可以用质量按附录 A1 的方法来计算。

矫直钢丝的尺寸和性能

表 4

公称直径(＊1)(mm)	公称抗拉强度(＊1、＊3)(MPa)	公称0.1%的条件屈服应力(＊2、＊3)(MPa)	公称截面面积(＊2)(mm^2)	公称质量(＊2)(g/m)	允许偏差：直径(mm)	允许偏差：横截面面积(mm^2)	允许偏差：质量(g/m)	规定特征断裂荷载(＊6、＊7)(kN)	规定特征0.1%条件屈服荷载(＊4、＊6、＊7)(kN)	1%伸长时的荷载(＊4、＊6、＊7)(kN)	最大荷载下的最小伸长率(L_0≥200mm)	延性试验：拉断时的收缩	延性试验：反复弯曲次数：最小次数	延性试验：反复弯曲次数：弯曲半径(mm)	松弛：初始荷载(实际断裂荷载的百分比)	松弛：1 000h最大松弛：1级松弛	松弛：1 000h最大松弛：2级松弛
7	1 570	1 300	38.5	302	±0.05	±0.55	±4.3	60.4	50.1	51.3	对所有钢丝3.5%	对所有钢丝：均呈肉眼可见的延性断口	光圆钢线4；压痕钢丝3	20	对所有钢丝60%	对所有钢丝4.5%	对所有钢丝1.0%
7	1 670	1 390						64.3	53.4	54.7					70%	8%	2.5%
6	1 670	1 390	28.3	222	±0.05	±0.47	±3.7	47.3	39.3	40.2				15	80%	12%	4.5%
6	1 770	1 470						50.1	41.6	42.6							
5	1 670	1 390	19.6	154	±0.05	±0.39	±3.1	32.7	27.2	21.8				15			
5	1 770	1 470						34.7	28.8	29.5							
4.5	1 620	1 350	15.9	125	±0.05	±0.35	±2.7	25.8	21.4	21.9				15			
4	1 670	1 390	12.6	98.9	±0.04	±0.25	±2.0	21.0	17.5	17.9				10			
4	1 770	1 470						22.3	18.5	19.0							

注：＊1. 钢丝的公称直径和公称抗拉强度仅表示钢丝的牌号。

＊2. 公称0.1%的条件屈服应力、公称截面面积和公称质量仅供参考。

＊3. 公称抗拉强度按公称截面面积和规定特征断裂荷载计算(见＊7)。

＊4. 规定特征0.1%的条件屈服荷载约为规定特征断裂荷载的83%。经供需双方协商，也可规定1%伸长时的特征荷载，可约为规定特征断裂荷载的85%。

＊5. 除非制造厂注明，弹性模量取205GPa±10GPa。

＊6. 最大标准离差为：抗拉强度：55MPa，或换算成荷载值(见6.3.2)；0.1%条件屈服应力：60MPa，或换算成荷载值(见6.3.2)。

＊7. 为限制直径和面积的偏差，规定特征荷载比规定应力要好。

拔制状态钢丝的尺寸和性能

表 5

公称直径（＊1）（mm）	公称抗拉强度（＊1、＊3）（MPa）	公称截面面积（＊2）（mm^2）	公称质量（＊2）（g/m）	允许偏差			规定特征断裂荷载（＊5、＊6）（kN）	1%伸长时的规定特征荷载（＊3、＊5、＊6）（kN）	延性试验			松弛	
				直径（mm）	横截面面积（mm^2）	质量（g/m）			拉断时的收缩	反复弯曲次数：最小次数	反复弯曲次数：弯曲半径（mm）	初始荷载（实际断裂荷载的百分比）	最大松弛 1 000h
5 5 5	1 570 1 670 1 770	19.6	154	±0.05	±0.39	±3.1	30.8 32.7 34.7	24.6 26.2 27.8	对所有钢丝：均呈肉眼可见的延性断口	光圆钢丝 4 压痕钢丝 3	15	对所有钢丝 60% 70%	对所有钢丝 8% 10%
4.5	1 620	15.9	125	±0.05	±0.35	±2.7	25.8	20.6			15		
4 4 4	1 670 1 720 1770	12.6	98.9	±0.04	±0.25	±2.0	21.0 21.7 22.3	16.8 17.4 17.8			10		
3 3	1 770 1 860	7.07	55.5	±0.04	±0.19	±1.5	12.5 13.1	10.0 10.5			7.5		

注：＊1. 钢丝的公称直径和公称抗拉强度仅表示钢丝的牌号。

＊2. 公称截面面积和公称质量仅供参考。

＊3. 为了检验这种材料在一些应用中的适用性，例如铁路路枕，在 1%总伸长时的荷载至少达到规定特征断裂荷载的 80%。

＊4. 公称抗拉强度按公称截面面积和规定特征断裂荷载计算(见＊6)。

＊5. 最大标准离差为：抗拉强度：55MPa，或换算成荷载值(见 6.3.2)；1%伸长时的应力：60MPa，或换算成荷载值(见 6.3.2)。

＊6. 为限制直径和面积的偏差，规定特征荷载比规定应力要好。

18.3.3　压痕的深度。压痕的深度必须每十个产品单位测量一个。

18.4　压波钢丝压波的总波高(除钢丝直径)和间距必须每10个产品单位测量一个。

第三章　钢绞线的特殊要求

19　引言

第三章对已进行消除应力热处理,有两级松弛水平的高强钢绞线规定特殊要求。钢绞线可分为:

a)7股标准钢绞线;

b)7股高级钢绞线;

c)7股模拔钢绞线。

20　标记

应按第12条订购钢绞线,标记如下:

a)BS 5896/3;

b)7股钢绞线,如标准、高级或模拔钢绞线;

c)公称抗拉强度;

d)公称直径;

e)松弛级别(1级或2级)。

例如:7股高级钢绞线、公称直径12.9mm、抗拉强度1770MPa、2级松弛,可标记为:BS 5896/3高级钢绞线-1770-12.9-2级松弛。

21　制造

21.1　材料

钢绞线用非合金(高碳钢)丝按4.2、5、6.5和21.2～21.6等条规定制造。

21.2　绞线工艺

7股钢绞线直芯钢丝的直径至少要比外围螺旋钢丝直径大2%。后者应紧密地绕在芯丝上,绞距在钢绞线公称直径的12～18倍之间。优先的绞制方向为右向。

21.3　缺陷

纵向表面缺陷是允许的,但其深度不得大于组成钢丝公称直径的4%。

21.4　焊接

产品标准长度上可以带有拔丝前单根钢丝上的焊接接头,但不得有拔丝时或拔丝后所焊的接头。钢绞线任意50m以内任一组成钢丝的焊接接头不得多于一个。

21.5　应力消除热处理

在开盘后以连续作业线的方式对钢绞线进行低温热处理,可采用如4.1条所述的任何适当的加热方式。钢绞线应绕成盘或绕在卷线筒上。

钢绞线的成型和应力消除热处理作业应保证钢绞线切断时不松散,或可以不困难地校正到原来的位置。

21.6　模拔钢绞线

模拔7股钢绞线应符合21.4的要求,经模拔和应力消除热处理后其绞距应在钢绞线公称直径的14～18倍之间。

22　制造厂的交货条件

22.1　一般规定

交货状态应符合 10、12 和 22.2、22.3 等条的规定。

22.2　盘的尺寸

优先采用的盘的尺寸如下：

内径：(800±60)mm 或(950±60)mm。

宽度：(600±50)mm 或(750±50)mm。

制造厂应在试验合格证上注明盘的尺寸。

22.3　钢绞线的弯曲度。当一根钢绞线自由放置在一个平面上，则从 1m 长基线算起到弯曲一边内侧的最大弧高不得大于 25mm。

23　检验

23.1　一般规定

检验程序应按 7、8 和 9 条相应规定，以及 23.2、23.3 和 23.4 的规定进行。

23.2　取样的产品单位

选取试样的产品单位是质量等于七盘原始盘条的钢绞线生产长度。

23.3　每项试验的样本大小和频数

23.3.1　制造厂检验(7.2)。每一单位均应进行第 1、2、3、5 和 7 项性能试验，其中第 5 项性能只需验证是否达到规定最小值的要求。最大荷载下伸长率实际值应对每 3 个单位测定 1 次。

第 4、6 项性能试验也应每 3 个单位 1 次。

23.3.2　需方对未认可材料的验收试验。

23.3.2.1　交货批应按每 100t 分成验收批。在验收批中随机选取 15 个单位产品，每 1 单位选取一个试样。

23.3.2.2　如果交货批少于 15 个产品单位，则该批每盘钢绞线均应试验。

23.3.2.3　每一试样均应进行第 1～7 项性能试验。

23.4　复验

23.4.1　检查规定特征值的试验(6.3.1)。除试验过程中有差错以外，不允许复试。

23.4.2　检查其他力学性能的试验。

23.4.2.1　制造厂检验。如果任一试样未能通过某一规定试验项目，应从同一产品单位中选取双倍试样，用这些试样进行原先未能通过的一项或几项试验。如果这两个试样通过，则认为该产品单位符合本标准要求。如有一个复试试样未能通过，则认为该产品单位不符合本标准要求。

23.4.2.2　需方对未认可材料的试验。在按 23.3.2.1 检验材料时，如任一试样未能通过，应认为需方这一验收批不符合标准要求，直到在该批再随机选取 15 个产品单位，能满意地通过同一项或几项试验为止。

按 23.3.2.2 检验材料时，如任一试样未能通过，则拒收相应的盘。

24　性能

24.1　技术数据

牌号、数据和规定性能列于表 6。

钢绞线的尺寸和性能

表 6

钢绞线类型（＊1）	公称直径（＊1）(mm)	公称抗拉强度（＊1）(MPa)	公称钢材面积（＊2）(mm²)	公称质量（＊2）(g/m)	允许偏差			规定特征断裂荷载（＊6、＊7）(kN)	规定特征0.1%条件屈服荷载（＊4、＊6、＊7）(kN)	1%伸长时荷载（＊4、＊6、＊7）(kN)	最大荷载下最小伸长率（L≥500mm）	拉断时收缩	松弛		
					直径(mm)	横截面面积(mm²)	质量(g/m)						初始荷载（实际断裂荷载的百分比）	1 000h 最大松弛	
														1级松弛	2级松弛
7股标准	15.2	1 670	139	1 090	+0.4 −0.2	对所有钢绞线 +4% −2%	对所有钢绞线 +4% −2%	232	197	204	对所有钢绞线 3.5%	对所有钢绞线、钢丝均呈肉眼可见的延性断口	对所有钢绞线 60% 70% 80%	对所有钢绞线 4.5% 8% 12%	对所有钢绞线 1.0% 2.5% 4.5%
	12.5	1 770	93	730				164	139	144					
	11.0	1 770	71	557	+0.3 −0.15			125	106	110					
	9.3	1 770	52	408				92	78	81					
7股高级	15.7	1 770	150	1180	+0.4 −0.2			265	225	233					
	12.9	1 860	100	785				186	158	163					
	11.3	1 860	75	590				139	118	122					
	9.6	1 860	55	432	+0.3 −0.15			102	87	90					
	8.0	1 860	38	298				70	59	61					
7股模拔	18.0	1 700	223	1 750	+0.4 −0.2			380	323	334					
	15.2	1 820	165	1 295				300	255	264					
	12.7	1 860	112	890				209	178	184					

注：＊1. 钢绞线类型、公称直径和抗拉强度仅表示钢绞丝牌号。

＊2. 公称钢材面积和公称质量数据仅供参考。

＊3. 公称抗拉强度按公称钢材面积和规定特征断裂荷载计算(见＊7)。

＊4. 规定特征 0.1%条件荷载约为规定特征断裂荷载 85%。经供需双方协商，也可规定 1%伸长时的特征荷载，它约为规定特征断裂荷载的 88%。

＊5. 除非制造厂注明，弹性模量取 195GPa±10GPa。

＊6. 最大标准离差为：抗拉强度：55MPa，或换算成荷载值；0.1%条件屈服应力：60MPa，或换算成荷载值。

＊7. 为限制质量和面积的偏差，规定特征荷载比规定应力要好。

24.2　直径

应以直径方向相对两根外层钢丝来测量7股钢绞线的直径。

有争议时，应采用线规测定。

直径应在表6规定的范围以内。

附录A　试验方法

A.1　尺寸

尺寸应按18.2、18.3和24.2规定测定。需要测定实际横截面面积时，应采用下述办法：

选取三根长度不小于500mm的试样，测定每一试件的长度，精确到1mm；称量每一试件的质量，精确到克。按下式计算每一试件的横截面面积：

$$A = \frac{m}{L\rho}$$

式中：A——试件的横截面面积（mm^2）；

m——试件的质量（g）；

L——试件的长度（mm）；

P——产品的密度（g/mm^3）。

取三者的平均值为实际横截面面积。

除非另有规定，产品的密度取0.007 85g/mm^3。

A.2　拉伸性能

除A.5的规定外，钢绞线的拉伸性能应按BS 18第二部分的规定测定，钢丝的拉伸性能应按BS 4545的规定测定。

A.3　反复弯曲

反复弯曲试验应按BS 4545的规定进行。

A.4　松弛

松弛试验应在如下条件下进行：

a)试件温度为20℃±2℃，在试验期间温度应恒定在此范围内。

b)试件应未受过任何加载或制成后的温度处理。

c)初始荷载等于规定特征断裂荷载的60%、70%和80%，并应在不多于5min的时间内均匀地施加。此外，标距应保持恒定，荷载松弛读数应在总荷载（对钢丝）或初始荷载（对钢绞线）施加完毕后1min开始。

d)不允许在加荷时使试件超应力。

e)试验时间为1 000h。

f)钢绞线试验标距至少应为一个绞距。

上述试件温度、初始荷载、超应力和试验期限等标准条件可以变动，以便提供其他条件的资料，但这种变动应随试验结果一起给出，且该试验结果不得标明是按本英国标准得到的。

A.5　钢绞线试验

A.5.1　断裂荷载。钢绞线应有夹具夹住，夹具不得对钢丝产生过大的损伤。如果任一钢丝在离夹具一个钢绞线直径长度以内断裂，则该试件无效。

A.5.2　最大荷载下伸长率。钢绞线在最大荷载下的伸长率应在不小于500mm的标距上用适合的引伸计测量。伸长率的测量应在任一组成钢丝拉断前进行。

如引伸计不能一直卡在试件上直到其破坏，伸长率可用如下方法测量：

用测定1%延伸时的荷载方法，然后继续加荷直到引伸计读出伸长率等于3.5%。在这一点卸引伸计，并记下试验机横梁间的距离。再继续加荷直到钢绞线中一根或多根钢丝破坏，记下横梁间最终距离。

计算横梁间两读数之差值与横梁间原始试验长度的百分比值，并将此值加上由引伸计读出的3.5%。

附录B　疲劳和应力腐蚀

疲劳与应力腐蚀在本标准中未予规定，但如果需要这方面的资料，则应注意以下问题。

B.1　应力腐蚀性能

试验方法和评定准则应经供需双方或其他权威人士商定。一般来说，最优方法是对钢丝或钢绞线施加80%抗拉强度的轴向拉力，并将试件完全浸入温度稍高的20%硫氢酸铵溶液中。

B.2　疲劳性能

以允许偶尔出现破坏为前提，材料应承受从最大应力处200万次的脉动下降，该最大应力为相邻试件确定的实际强度的80%。脉动应力范围即两倍应力幅度，按表7规定。

脉动应力范围　　表7

脉动应力范围(MPa)	产　品
200	矫直光面钢丝
180	矫直压痕钢丝和压波钢丝(暂定)
195	钢绞线

注：暂时来说，盘卷钢丝应以70%的最大应力试验，并且相应矫直钢丝同样的脉动应力。

五、中华人民共和国国家标准(GB/T 5223—2002)

预应力混凝土用钢丝

1　范围

本标准规定了预应力混凝土用钢丝的分类、尺寸、外形、质量及允许偏差、技术要求、试验方法、检验规则、包装、标志和质量证明书等。

本标准适用于预应力混凝土用冷拉或消除应力的光圆、螺旋肋和刻痕钢丝。消除应力钢丝包括低松弛和普通松弛两种。本标准不推荐普通松弛级钢丝，如需按普通松弛级钢丝订货应在合同中注明或供需双方协商供货。

2　规范性引用文件

下列文件中的条款通过本标准的引用而成为本标准的条款。凡是注日期的引用文件，其随后所有的修改单(不包括勘误的内容)或修订版均不适用于本标准，然而，鼓励根据本标准达成协议的各方研究是否可使用这些文件的最新版本。凡是不注日期的引用文件，其最新版本适用于本标准。

GB/T 228　金属拉伸试验方法

GB/T 238　金属线材反复弯曲试验方法

GB/T 239　金属线材扭转试验方法

GB/T 2103　钢丝验收、包装、标志及质量证明书的一般规定

GB/T 10120—1996　金属应力松弛试验方法

GB/T 17505　钢及钢产品交货一般技术要求

YB/T 146　预应力钢丝及钢绞线用热轧盘条

YB/T 170　制丝用非合金钢盘条

3　术语和定义

下列术语和定义适用于本标准。

3.1　冷拉钢丝　cold draw wire

用盘条通过拔丝模或轧辊经冷加工而成产品，以盘卷供货的钢丝。

3.2　消除应力钢丝　stress-relieved wire

按下述一次性连续处理方法之一生产的钢丝。

(1)钢丝在塑性变形下(轴应变)进行的短时热处理，得到的应是低松弛钢丝。

(2)钢丝通过矫直工序后在适当温度下进行的短时热处理，得到的应是普通松弛钢丝。

3.3　松弛　relaxation

在恒定长度下应力随时间而减小的现象。

3.4　螺旋肋钢丝　helical rib wire

钢丝表面沿着长度方向上具有规则间隔的肋条(图1)。

3.5　刻痕钢丝　indented wire

钢丝表面沿着长度方向上具有规则间隔的压痕(图2)。

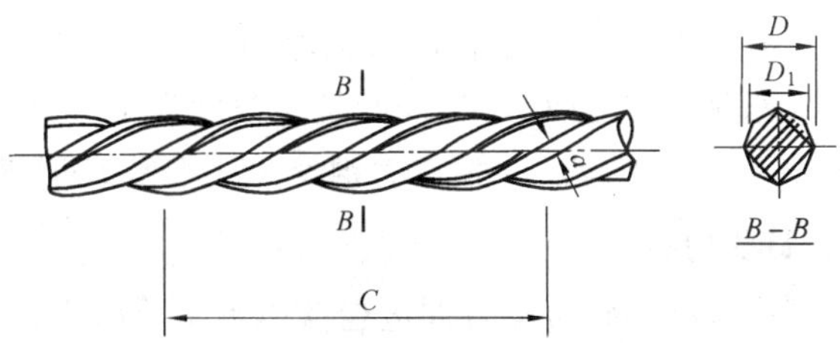

图1　螺旋肋钢丝外形示意图

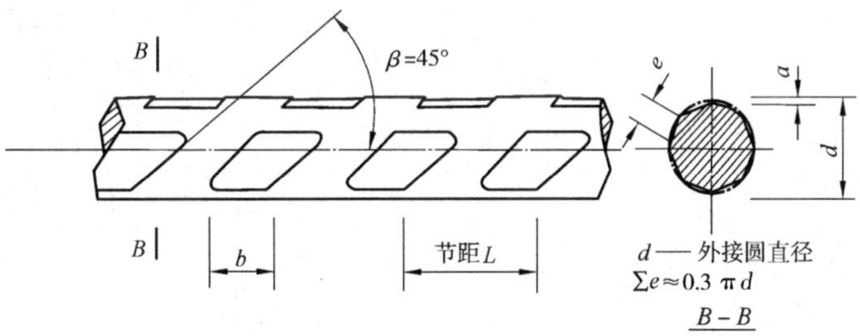

图2　三面刻痕钢丝外形示意图

4　分类、代号及标记

4.1　分类及代号

4.1.1　钢丝按加工状态分为冷拉钢丝和消除应力钢丝两类。消除应力钢丝按松弛性能又分为低松弛级钢丝和普通松弛级钢丝，其代号为：

冷拉钢丝　　WCD
低松弛钢丝　　WLR
普通松弛钢丝　　WNR

4.1.2　钢丝按外形分为光圆、螺旋肋、刻痕三种，其代号为：

光圆钢丝　　P
螺旋肋钢丝　　H
刻痕钢丝　　I

4.2　标记

4.2.1　标记内容

按本标准交货的产品标记应包含下列内容：

预应力钢丝；
公称直径；
抗拉强度等级；
加工状态代号；
外形代号；
标准号。

4.2.2　标记示例

示例1：直径为4.00mm，抗拉强度为1 670MPa冷拉光圆钢丝，其标记为：

预应力钢丝 4.00-1670-WCD-P-GB/T 5223—2002

示例2：直径为7.00mm，抗拉强度为1 570MPa低松弛的螺旋肋钢丝，其标记为：

预应力钢丝 7.00-1570-WLR-H-GB/T 5223—2002

5　订货内容

按本标准订货的合同应包含以下主要内容：

a)产品名称；
b)外形尺寸；
c)强度级别；
d)松弛级别；
e)本标准号；
f)加工状态；
g)数量；
h)用途；
i)需方提出的其他要求。

6　尺寸、外形、质量及允许偏差

6.1　光圆钢丝的尺寸及允许偏差应符合表1的规定。每米质量参见表1，计算钢丝每米参考质量时钢的密度为7.85g/cm^3。

6.2　螺旋肋钢丝的尺寸及允许偏差应符合表2的规定，外形见图1，钢丝的公称横截面面积，每米参考质量与光圆钢丝相同。

光圆钢丝尺寸及允许偏差、每米参考质量 表 1

<table>
<tr><th>公称直径 d_n(mm)</th><th>直径允许偏差(mm)</th><th>公称横截面面积 S_n(mm^2)</th><th>每米参考质量(g/m)</th></tr>
<tr><td>3.00</td><td rowspan="2">±0.04</td><td>7.07</td><td>55.5</td></tr>
<tr><td>4.00</td><td>12.57</td><td>98.6</td></tr>
<tr><td>5.00</td><td rowspan="4">±0.05</td><td>19.63</td><td>154</td></tr>
<tr><td>6.00</td><td>28.27</td><td>222</td></tr>
<tr><td>6.25</td><td>30.68</td><td>241</td></tr>
<tr><td>7.00</td><td>38.48</td><td>302</td></tr>
<tr><td>8.00</td><td rowspan="4">±0.06</td><td>50.26</td><td>394</td></tr>
<tr><td>9.00</td><td>63.62</td><td>499</td></tr>
<tr><td>10.00</td><td>78.54</td><td>616</td></tr>
<tr><td>12.00</td><td>113.1</td><td>888</td></tr>
</table>

螺旋肋钢丝的尺寸及允许偏差 表 2

<table>
<tr><th rowspan="2">公称直径
d_n(mm)</th><th rowspan="2">螺旋肋
数量(条)</th><th colspan="2">基圆尺寸</th><th colspan="2">外轮廓尺寸</th><th>单肋尺寸</th><th rowspan="2">螺旋肋导程
C(mm)</th></tr>
<tr><th>基圆直径
D_1(mm)</th><th>允许
偏差(mm)</th><th>外轮廓直径
D(mm)</th><th>允许
偏差(mm)</th><th>宽度
a(mm)</th></tr>
<tr><td>4.00</td><td>4</td><td>3.85</td><td rowspan="9">±0.05</td><td>4.25</td><td rowspan="5">±0.05</td><td>0.90~1.30</td><td>24~30</td></tr>
<tr><td>4.80</td><td>4</td><td>4.60</td><td>5.10</td><td rowspan="2">1.30~1.70</td><td rowspan="2">28~36</td></tr>
<tr><td>5.00</td><td>4</td><td>4.80</td><td>5.30</td></tr>
<tr><td>6.00</td><td>4</td><td>5.80</td><td>6.30</td><td rowspan="2">1.60~2.00</td><td>30~38</td></tr>
<tr><td>6.25</td><td>4</td><td>6.00</td><td>6.70</td><td>30~40</td></tr>
<tr><td>7.00</td><td>4</td><td>6.73</td><td>7.26</td><td rowspan="4">±0.10</td><td>1.80~2.20</td><td>35~45</td></tr>
<tr><td>8.00</td><td>4</td><td>7.75</td><td>8.45</td><td>2.00~2.40</td><td>40~50</td></tr>
<tr><td>9.00</td><td>4</td><td>8.75</td><td>9.45</td><td>2.10~2.70</td><td>42~52</td></tr>
<tr><td>10.00</td><td>4</td><td>9.75</td><td>10.45</td><td>2.50~3.00</td><td>45~58</td></tr>
</table>

6.3 三面刻痕钢丝的尺寸及允许偏差应符合表 3 的规定，外形见图 2。钢丝的横截面面积、每米参考质量与光圆钢丝相同。三条痕中的其中一条倾斜方向与其他两条相反。

三面刻痕钢丝尺寸及允许偏差　　表 3

公称直径 d_n(mm)	刻痕深度		刻痕长度		节距	
	公称深度 a (mm)	允许偏差 (mm)	公称长度 b (mm)	允许偏差 (mm)	公称节距 L (mm)	允许偏差 (mm)
≤5.00	0.12	±0.05	3.5	±0.05	5.5	±0.05
>5.00	0.15		5.0		8.0	

注：公称直径指横截面面积等同于光圆钢丝横截面面积时所对应的直径

6.4　根据需方要求可生产表 1、表 2、表 3 以外规格的钢丝。

6.5　光圆及螺旋肋钢丝的不圆度不得超出其直径公差的 1/2。

6.6　盘重　每盘钢丝由一根组成，其盘重不小于 500kg，允许有 10％的盘数小于 500kg 但不小于 100kg。

6.7　盘内径：

6.7.1　冷拉钢丝的盘内径应不小于钢丝公称直径的 100 倍。

6.7.2　消除应力钢丝的盘内径不小于 1 700mm。

7　技术要求

7.1　牌号及化学成分

制造钢丝用钢的牌号和化学成分应符合 YB/T 146 或 YB/T 170 的规定，也可采用其他牌号制造，成分不作为交货条件。

7.2　制造方法

7.2.1　钢丝应用索氏体化盘条制造，经冷拉或冷拉后消除应力处理制成。

7.2.2　成品钢丝不得存在电焊接头，在生产时为了连续作业而焊接的电焊接头，应切除掉。

7.3　**力学性能**

7.3.1　冷拉钢丝的力学性能应符合表 4 的规定。规定非比例伸长应力 $\sigma_{p0.2}$ 值不小于公称抗拉强度的 75％。除抗拉强度、规定非比例伸长应力外，对压力管道用钢丝还需进行断面收缩率、扭转次数、松弛率的检验；对其他用途钢丝还需进行断后伸长率、弯曲次数的检验。

7.3.2　消除应力的光圆及螺旋肋钢丝的力学性能应符合表 5 的规定。规定非比例伸长应力 $\sigma_{p0.2}$ 值对低松弛钢丝应不小于公称抗拉强度的 88％，对普通松弛钢丝应不小于公称抗拉强度的 85％。

7.3.3　消除应力的刻痕钢丝的力学性能应符合表 6 规定。规定非比例伸长应力 $\sigma_{p0.2}$ 值对低松弛钢丝应不小于公称抗拉强度的 88％，对普通松弛钢丝应不小于公称抗拉强度的 85％。

7.3.4　为便于日常检验，表 4 中最大力下的总伸长率可采用 L_0＝200mm 的断后伸长率代替，但其数值应不少于 1.5％；表 5 和表 6 中最大力下的总伸长率可采用 L_0＝200mm 的断后伸长率代替，但其数值应不少于 3.0％。仲裁试验以最大力下总伸长率为准。

冷拉钢丝的力学性能　　表 4

<table>
<tr><th>公称直称
d_n(mm)</th><th>抗拉强度
σ_b(MPa)
不小于</th><th>规定非比例
伸长应力
$\sigma_{p0.2}$(MPa)
不小于</th><th>最大力下
总伸长率
(L_0=200mm)
δ_{gt}(%)
不小于</th><th>弯曲次数
(次/180°)
不小于</th><th>弯曲半径
R(mm)</th><th>断面收缩率
ψ(%)
不小于</th><th>每 210mm
的扭转次数
n
不小于</th><th>初始应力相当于 70%
公称抗拉强度时，
1 000h 后应力松弛率
r(%)
不大于</th></tr>
<tr><td>3.00</td><td rowspan="3">1 470
1 570
1 670
1 770</td><td rowspan="3">1 100
1 180
1 250
1 330</td><td rowspan="6">1.5</td><td>4</td><td>7.5</td><td>—</td><td>—</td><td rowspan="6">8</td></tr>
<tr><td>4.00</td><td>4</td><td>10</td><td rowspan="2">35</td><td>8</td></tr>
<tr><td>5.00</td><td>4</td><td>15</td><td>8</td></tr>
<tr><td>6.00</td><td rowspan="3">1 470
1 570
1 670
1 770</td><td rowspan="3">1 100
1 180
1 250
1 330</td><td>5</td><td>15</td><td rowspan="3">30</td><td>7</td></tr>
<tr><td>7.00</td><td>5</td><td>20</td><td>6</td></tr>
<tr><td>8.00</td><td>5</td><td>20</td><td>5</td></tr>
</table>

消除应力光圆及螺旋肋钢丝的力学性能　　表 5

<table>
<tr><th rowspan="3">公称
直称
d_n(mm)</th><th rowspan="3">抗拉
强度
σ_b(MPa)
不小于</th><th colspan="2">规定非比例
伸长应力
$\sigma_{p0.2}$(MPa)
不小于</th><th rowspan="3">最大力下总伸长率
(L_0=200mm)
δ_{gt}(%)
不小于</th><th rowspan="3">弯曲
次数
(次/180°)
不小于</th><th rowspan="3">弯曲半径
R(mm)</th><th colspan="3">应力松弛性能</th></tr>
<tr><th colspan="2"></th><th rowspan="1">初始应力相当于公称
抗拉强度的百分数(%)</th><th colspan="2">1 000h 后应力
松弛率 r(%)
不大于
WLR　WNR</th></tr>
<tr><th>WLR</th><th>WNR</th><th colspan="3">对所有规格</th></tr>
<tr><td>4.00</td><td rowspan="3">1 470
1 570
1 670
1 770
1 860</td><td rowspan="3">1 290
1 380
1 470
1 560
1 640</td><td rowspan="3">1 250
1 330
1 410
1 500
1 580</td><td rowspan="11">3.5</td><td>3</td><td>10</td><td rowspan="11">60
70
80</td><td rowspan="11">1.0
2.0
4.5</td><td rowspan="11">4.5
8
12</td></tr>
<tr><td>4.80</td><td rowspan="2">4</td><td rowspan="2">15</td></tr>
<tr><td>5.00</td></tr>
<tr><td>6.00</td><td rowspan="3">1 470
1 570
1 670
1 770</td><td rowspan="3">1 290
1 380
1 470
1 560</td><td rowspan="3">1 250
1 330
1 410
1 500</td><td>4</td><td>15</td></tr>
<tr><td>6.25</td><td>4</td><td>20</td></tr>
<tr><td>7.00</td><td>4</td><td>20</td></tr>
<tr><td>8.00</td><td rowspan="2">1 470
1 570</td><td rowspan="2">1 290
1 380</td><td rowspan="2">1 250
1 330</td><td>4</td><td>20</td></tr>
<tr><td>9.00</td><td>4</td><td>25</td></tr>
<tr><td>10.00</td><td rowspan="2">1 470</td><td rowspan="2">1 290</td><td rowspan="2">1 250</td><td>4</td><td>25</td></tr>
<tr><td>12.00</td><td>4</td><td>30</td></tr>
</table>

7.3.5　每一次货批钢丝的实示强度不应高于其公称强度级 200MPa。

消除应力的刻痕钢丝的力学性能 表6

公称直称 d_n(mm)	抗拉强度 σ_b(MPa) 不小于	规定非比例伸长应力 $\sigma_{p0.2}$(MPa) 不小于		最大力下总伸长率 (L_0=200mm) δ_{gt}(%) 不小于	弯曲次数 (次/180°) 不小于	弯曲半径 R(mm)	应力松弛性能		
							初始应力相当于公称抗拉强度的百分数(%)	1 000h后应力松弛率 r(%) 不大于	
		WLR	WNR					WLR	WNR
							对所有规格		
≤5.0	1 470	1 290	1 250						
	1 570	1 380	1 330						
	1 670	1 470	1 410			15	60	1.5	4.5
	1 770	1 560	1 500						
	1 860	1 640	1 580	3.5	3		70	2.5	8
>5.0	1 470	1 290	1 250						
	1 570	1 380	1 330			20	80	4.5	12
	1 670	1 470	1 410						
	1 770	1 560	1 500						

7.3.6 钢丝弹性模量为205GPa±10GPa,但不作为交货条件。

7.3.7 根据供货协议,可以供应表4、表5、表6以外其他强度级别的钢丝,其力学性能按协议执行。

7.3.8 允许使用推算法确定1 000h松弛值(见8.7.6)。

7.3.9 供轨枕用钢丝,供方应进行镦头强度检验,镦头强度不低于母材公称抗拉强度的95%,其他需镦头锚固使用的应在合同中注明,参照本条款执行。

7.4 表面质量

7.4.1 钢丝表面不得有裂纹和油污,也不允许有影响使用的拉痕、机械损伤等。

7.4.2 除非供需双方另有协议,否则钢丝表面只要没有目视可见的锈蚀麻点,表面浮锈不应作为拒收的理由。

7.4.3 消除应力的钢丝表面允许存在回火颜色。

7.5 消除应力钢丝的伸直性

取弦长为1m的钢丝,放在一平面上,其弦与弧内侧最大自然矢高,刻痕钢丝不大于25mm,光圆及螺旋肋钢丝不大于20mm。

7.6 疲劳试验

经供需双方协商,合同中注明,可对钢丝进行疲劳性能试验。

8 试验方法

8.1 表面检验

表面质量用目视检查。

8.2 外形尺寸检验

8.2.1 钢丝直径应用分度值为0.01mm的量具测量,在任何部位同一截面两个垂直方向上测量。

8.2.2 螺旋肋钢丝的导程,刻痕钢丝的刻痕长度、节距应沿钢丝轴线方向测量,螺旋肋钢丝的肋宽应在螺旋肋法向上测量。

8.3　每米质量测量

钢丝单位质量测量应采用如下方法：取 3 根长度不小于 500mm 的钢丝，每根钢丝长度测量精确到 1mm，称量每根钢丝的质量，精确到 0.1g，然后按式(1)计算每根钢丝的单位质量。

$$M=\frac{1\ 000\times m}{L} \tag{1}$$

式中：M——钢丝单重(g/m)；

m——称得的钢丝质量(g)；

L——钢丝长度(mm)。

实测单位质量取 3 个计算值的平均值。

8.4　拉伸试验

8.4.1　抗拉强度

钢丝的拉伸试验按 GB/T 228 的规定进行。计算抗拉强度时取钢丝的公称横截面面积值。

8.4.2　规定非比例伸长应力

规定非比例伸长应力的测定按 GB/T 228 的规定进行。为便于供方日常检验，钢丝的规定非比例伸长应力 $\sigma_{p0.2}$ 也可以用规定总伸长率为 1% 时的应力 σ_{t1} 来代替，其值符合本标准规定时可以交货，但仲裁试验时应测定 $\sigma_{p0.2}$。测量时预加负荷为公称非比例伸长负荷的 10%。

8.4.3　最大力下总伸长率

最大力下总伸长率的测定按 GB/T 228 的规定进行。使用计算机采集数据或使用电子拉伸设备的，测量伸长率时预加负荷对试样所产生的伸长应加在总伸长内，测得的伸长率应修约到 0.5%。

8.4.4　断后伸长率

断后伸长率的测定按 GB/T 228 的规定进行。在日常检验时，试样的标距划痕不得导致断裂发生在划痕处。试样长度应保证试验机上下钳口之间的距离超过原始标距 50mm 以上。测量断后标距的量具最小刻度应不大于 0.1mm。测得的伸长率应修约到 0.5%。

8.4.5　断面收缩率

断面收缩率的测定按 GB/T 228 的规定进行。钢丝拉断后在缩颈最小处两个相互垂直的方向上测量其直径(需要时，应将试样断裂部分在断裂处对接在一起)取其平均值 d_1，螺旋肋钢线测量外轮廓。

断面收缩率按式(2)计算：

$$\psi=\left[1-\left(\frac{d_1}{d_0}\right)^2\right]\times 100\% \tag{2}$$

式中：ψ——断面收缩率；

d_1——断后平均直径(mm)；

d_0——原始平均直径(mm)。

8.4.6 如试样在夹头内或距钳口 $2d_n$ 内断裂而性能达不到本标准规定时,试验无效。

8.5 弯曲试验

钢丝弯曲试验应按 GB/T 238 的规定进行。弯曲半径应符合本标准表 4、表 5、表 6 相应的规定。

8.6 扭转试验

8.6.1 扭转试验应按 GB/T 239 规定进行。

8.6.2 试验时试验机夹具间的距离应不小于 210mm。

8.6.3 使用的扭转速率不大于 30r/min。

8.6.4 轴向拉力为钢丝公称抗拉强度所对应负荷的 0.5%～2%。

8.6.5 试样应扭转至完全断开,断裂的截面至少有 3/4 的面积与钢丝的轴线垂直。扭转次数应达到表 4 的规定。

8.6.6 扭转后试样表面如有目视可见或裸手可触摸到的螺旋裂纹,该盘钢丝应按 8.6.7 进行复验。

8.6.7 扭转裂纹的复验

复验试样按每 210mm 长度扭转 3 圈的比例进行扭转,当进行到规定圈数时停机检验,如仍有目视可见或裸手可触摸到的螺旋裂纹,该盘钢丝应判定为不合格。

8.6.8 若试样在离夹头 $2d_n$ 范围内断裂,且未达到本标准规定的扭转次数,则该试验无效。

8.7 应力松弛性能试验

8.7.1 钢丝的应力松弛性能试验应按 GB/T 10120 规定进行。

8.7.2 试验期间试样的环境温度应保持在 20℃±2℃的范围内。

8.7.3 试样标距长度不小于公称直径的 60 倍。

8.7.4 试样制备后不得进行任何热处理和冷加工。

8.7.5 初始负荷应在 3～5min 内均匀施加完毕,持荷 1min 后开始记录松弛值。

8.7.6 允许用不少于 100h 的测试数据推算 1 000h 的松弛值。

8.8 镦头强度试验

钢丝的镦头直径应不小于钢丝公称直径的 1.5 倍,带锚具进行拉伸试验,此时钢丝的最大力与钢丝公称截面面积之比即为镦头强度。

8.9 疲劳试验

疲劳性能试验按附录 A 进行。

9 检验规则

钢丝的检验规则按 GB/T 2103 及 GB/T 17505 的规定进行。

9.1 检查和验收

钢丝的工厂检查由供方技术监督部门按表 7 进行,需方可按本标准进行检查验收。

9.2 组批规则

钢丝应成批检查和验收,每批钢丝由同一牌号、同一规格、同一加工状态的钢丝组成,每批质量不大于 60t。

供方出厂常规检验项目及取样数量　　表 7

序号	检验项目	取样数量	取样部位	检验方法
1	表面	逐盘		目视
2	处形尺寸	逐盘	在每（任一）盘中任意一端截取	按本标准 8.2 规定执行
3	消除应力钢丝伸直性	1 根/盘		用分度值为 1mm 的量具测量
4	抗拉强度	1 根/盘		按本标准 8.4.1 规定执行
5	规定非比例伸长应力	3 根/每批		按本标准 8.4.2 规定执行
6	最大力下总伸长率	3 根/每批		按本标准 8.4.3 规定执行
7	断后伸长率	1 根/盘		按本标准 8.4.4 规定执行
8	弯曲	1 根/盘		按本标准 8.5 规定执行
9	扭转	1 根/盘		按本标准 8.6 规定执行
10	断面收缩率	3 根/每批		按本标准 8.4.5 规定执行
11	镦头强度	3 根/每批		按本标准 8.8 规定执行
12*	应力松弛性能	不少于 1 根/每合同批		按本标准 8.7 规定执行

注：* 合同批为一个订货合同的总量。在特殊情况下，松弛试验可以由工厂连续检验提供同一种原料、同一生产工艺的数据所代替

9.3　检验项目及取样数量

9.3.1　不同品种钢丝的检验项目应按照表 4、表 5、表 6 相应的规定进行，取样数量应符合表 7 的规定。

9.3.2　1 000h 应力松弛试验和疲劳性能试验只进行型式检验，即当原料、生产工艺、设备有较大变化，新产品投产及停产后重新生产时应进行检验。

9.4　复验与判定规则

钢丝的复验与判定规则按 GB/T 2103 的规定执行。

10　包装、标志及质量证明书

钢丝的包装、标志及质量证明书等一般要求应按 GB/T 2103 的规定执行。

10.1　包装

钢丝一般按 GB/T 2103 中 Ⅰ 类包装，特殊要求应在合同中注明，可按 Ⅱ 、Ⅱc 类包装。

10.2　标志

钢丝应逐盘卷加拴标牌，其上注明供方名称、商标标记、规格、强度级别、执行标准号等。

10.3　质量证明书

每一合同批应附有质量证明书，其中应注明：供方名称、地址和商标、规格、强度级别、需方名称、合同号、质量、产品标记、执行标准、编号、出厂日期、技术监督部门印记。

附　录　A
（规范性附录）
疲　劳　试　验

A.1　疲劳试验所用试样应从成品钢丝上直接截取，试样长度应保证两夹具之间的距离不小于 140mm。

A.2　钢丝应能经受 2×10^6 次 $0.7F_b\sim(0.7F_b-2\Delta F_a)$ 脉动负荷后而不断裂。

光圆钢丝：　　　　　　　　$2\Delta F_a/S_g=200\text{MPa}$

螺旋肋及刻痕钢丝：　　　　$2\Delta F_a/S_g=180\text{MPa}$

式中：F_b——钢丝的公称破断力(N)；

$2\Delta F_a$——应力范围(两倍应力幅)的等效负荷值(N)；

S_g——钢丝的公称截面面积(mm^2)。

A.3　在试验全过程中脉动拉伸的最大应力保持恒定应力的静态测量精度应达到±1%。

A.4　应力循环频率不能超过 120Hz。

A.5　所有应力都沿轴向传递给试样，应无钳口和缺口影响，且应由一个相应的装置台限定夹头中试样的任何滑移。

A.6　由于缺口影响或局部过热引起试样在夹头内或夹持区域内(2 倍钢丝公称直径)断裂时试验无效。

A.7　试验过程中，试件温度不能起过 40℃，试验室环境温度在 18～25℃范围内。

六、中华人民共和国国家标准(GB/T 5224—2003)

预应力混凝土用钢绞线

1　范围

本标准规定了预应力混凝土用钢绞线的分类、尺寸、外形、质量及允许偏差、技术要求、试验方法、检验规则、包装、标志和质量证明书等。

本标准适用于由冷拉光圆钢丝及刻痕钢丝捻制的用于预应力混凝土结构的钢绞线(以下简称钢绞线)。

2　规范性引用文件

下列文件中的条款通过本标准的引用而成为本标准的条款。凡是注日期的引用文件，其随后所有的修改单(不包括勘误的内容)或修订版均不适用于本标准，然而，鼓励根据本标准达成协议的各方研究是否可使用这些文件的最新版本。凡是不注日期的引用文件，其最新版本适用于本标准。

GB/T 228　金属材料　室温拉伸试验方法

GB/T 5223　预应力混凝土用钢丝

GB/T 10120—1996　金属应力松弛试验方法

GB/T 17505　钢及钢产品交货一般技术要求

YB/T 146　预应力钢丝及钢绞线用热轧盘条

YB/T 170　制丝用非合金钢盘条

3　术语和定义

下列术语和定义适用于本标准。

3.1 标准型钢绞线　standard strand

由冷拉光圆钢丝捻制成的钢绞线。

3.2 刻痕钢绞线　indented strand

由刻痕钢丝捻制成的钢绞线。

3.3 模拔型钢绞线　compact strand

捻制后再经冷拔成的钢绞线。

3.4 公称直径　nominal diameter

钢绞线外接圆直径的名义尺寸。

3.5 稳定化处理　stabilizing treatment

为减少应用时的应力松弛，钢绞线在一定张力下进行的短时热处理。

4 分类和标记

4.1 分类与代号

钢绞线按结构分为5类。其代号为：

用两根钢丝捻制的钢绞线	1×2
用三根钢丝捻制的钢绞线	1×3
用三根刻痕钢丝捻制的钢绞线	1×3I
用七根钢丝捻制的标准型钢绞线	1×7
用七根钢丝捻制又经模拔的钢绞线	(1×7)C

4.2 标记

4.2.1 标记内容

按本标准交货的产品标记应包含下列内容：

预应力钢绞线，结构代号，公称直径，强度级别，标准号。

4.2.2 标记示例

示例1：公称直径为15.20mm，强度级别为1 860 MPa的七根钢丝捻制的标准型钢绞线其标记为：

预应力钢绞线 1×7-15.20-1860-GB/T 5224—2003

示例2：公称直径为8.74mm，强度级别为1 670 MPa的三根刻痕钢丝捻制的钢绞线其标记为：

预应力钢绞线 1×3 I-8.74-1670-GB/T 5224—2003

示例3：公称直径为12.70mm，强度级别为1 860 MPa的七根钢丝捻制又经模拔的钢绞线其标记为：

预应力钢绞线(1×7)C-12.70-1860-GB/T 5224—2003

5 订货内容

按本标准订货的合同应包括以下主要内容：

a)产品名称；

b)结构(代号)；

c)尺寸；

d)强度级别；

e)本标准号；

f)数量；

g)用途；

h)需方提出的其他要求。

6 尺寸、外形、质量及允许偏差

6.1 1×2 结构钢绞线的尺寸及允许偏差、每米参考质量应符合表 1 的规定，外形见图 1。

6.2 1×3 结构钢绞线尺寸及允许偏差、每米参考质量应符合表 2 的规定，外形见图 2。

6.3 1×7 结构钢绞线尺寸及允许偏差、每米参考质量应符合表 3 的规定，外形见图 3。

图 1 1×2 结构钢绞线外形示意图

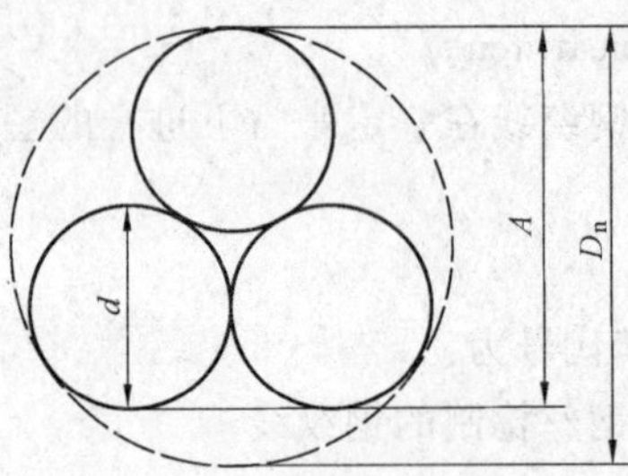

图 2 1×3 结构钢绞线外形示意图

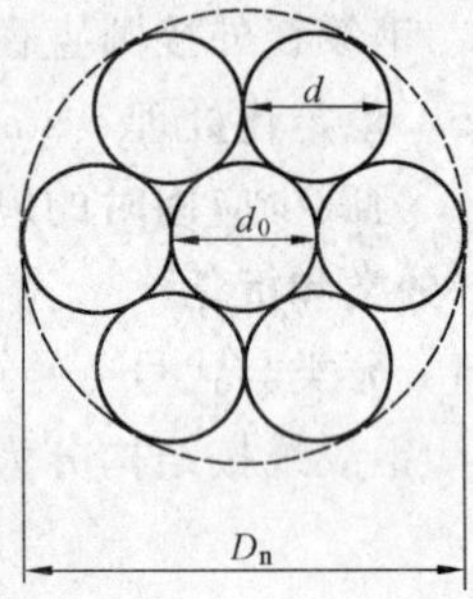

图 3 1×7 结构钢绞线外形示意图

6.4 经供需双方协商，可提供表 1～表 3 以外规格的钢绞线。

1×2 结构钢绞线尺寸及允许偏差、每米参考质量 表 1

钢绞线结构	公称直径		钢绞线直径允许偏差 (mm)	钢绞线参考截面面积 S_n(mm^2)	每米钢绞线参考质量 (g/m)
	钢绞线直径 D_n (mm)	钢丝直径 d (mm)			
1×2	5.00	2.50	+0.15 −0.05	9.82	77.1
	5.80	2.90		13.2	104
	8.00	4.00	+0.25 −0.10	25.1	197
	10.00	5.00		39.3	309
	12.00	6.00		56.5	444

1×3 结构钢绞线尺寸及允许偏差、每米参考质量 表 2

钢绞线结构	公称直径		钢绞线测量尺寸 A(mm)	测量尺寸 A 允许偏差 (mm)	钢绞线参考截面面积 S_n(mm^2)	每米钢绞线参考质量 (g/m)
	钢绞线直径 D_n(mm)	钢丝直径 d(mm)				
1×3	6.20	2.90	5.41	+0.15 −0.05	19.8	155
	6.50	3.00	5.60		21.2	166
	8.60	4.00	7.46	+0.20 −0.10	37.7	296
	8.74	4.05	7.56		38.6	303
	10.80	5.00	9.33		58.9	462
	12.90	6.00	11.2		84.8	666
1×3I	8.74	4.05	7.56		38.6	303

1×7 结构钢绞线的尺寸及允许偏差、每米参考质量　　表 3

钢绞线结构	公称直径 D_n(mm)	直径允许偏差 (mm)	钢绞线参考截面面积 S_n(mm^2)	每米钢绞线参考质量 (g/m)	中心钢丝直径 d_0 加大范围(%)不小于
1×7	9.50	+0.30 −0.15	54.8	430	2.5
	11.10		74.2	582	
	12.70	+0.40 −0.20	98.7	775	
	15.20		140	1 101	
	15.70		150	1 178	
	17.80		191	1 500	
(1×7)C	12.70	+0.40 −0.20	112	890	
	15.20		165	1 295	
	18.00		223	1 750	

6.5　盘重：每盘卷钢绞线质量不小于 1 000kg，允许有 10%的盘卷质量小于 1 000kg，但不能小于 300kg。

6.6　盘径：钢绞线盘卷内径不小于 750mm，卷宽为 750mm±50mm 或 600mm±50mm。供方应在质量证明书中注明盘卷尺寸。

7　技术要求

7.1　牌号及化学成分

制造钢绞线用钢由供方根据产品规格和力学性能确定。牌号和化学成分应符合 YB/T 146 或 YB/T 170 的规定，也可采用其他的牌号制造。成分不作为交货条件。

7.2　制造

7.2.1　制造钢绞线用盘条应为索氏体化盘条，经冷拉后捻制成钢绞线。捻制刻痕钢绞线的钢丝应符合 GB/T 5523 中相应条款的规定。

7.2.2　钢绞线的捻距为钢绞线公称直径的 12～16 倍。模拔钢绞线其捻距应为钢绞线公称直径的 14～18 倍。钢绞线内不应有折断、横裂和相互交叉的钢丝。

7.2.3　钢绞线的捻向一般为左(S)捻，右(Z)捻需在合同中注明。

7.2.4　捻制后，钢绞线应进行连续的稳定化处理。

7.2.5　成品钢绞线应用砂轮锯切割，切断后应不松散，如离开原来位置，可以用手复原到原位。

7.2.6　成品钢绞线只允许保留拉拔前的焊接点。

7.3　力学性能

7.3.1　1×2 结构钢绞线的力学性能应符合表 4 规定。

1×2 结构钢绞线力学性能 表 4

<table>
<tr><th rowspan="2">钢绞线结构</th><th rowspan="2">钢绞线公称直径 D_n(mm)</th><th rowspan="2">抗拉强度 R_m(MPa)不小于</th><th rowspan="2">整根钢绞线的最大力 F_m(kN)不小于</th><th rowspan="2">规定非比例延伸力 $F_{p0.2}$(kN)不小于</th><th rowspan="2">最大力总伸长率($L_0 \geqslant 400$mm) A_{gt}(%)不小于</th><th colspan="2">应力松弛性能</th></tr>
<tr><th>初始负荷相当于公称最大力的百分数(%)</th><th>1 000h 后应力松弛率 r(%)不大于</th></tr>
<tr><td rowspan="22">1×2</td><td rowspan="4">5.00</td><td>1 570</td><td>15.4</td><td>13.9</td><td rowspan="22">对所有规格
3.5</td><td rowspan="22">对所有规格
60
70
80</td><td rowspan="22">对所有规格
1.0
2.5
4.5</td></tr>
<tr><td>1 720</td><td>16.9</td><td>15.2</td></tr>
<tr><td>1 860</td><td>18.3</td><td>16.5</td></tr>
<tr><td>1 960</td><td>19.2</td><td>17.3</td></tr>
<tr><td rowspan="4">5.80</td><td>1 570</td><td>20.7</td><td>18.6</td></tr>
<tr><td>1 720</td><td>22.7</td><td>20.4</td></tr>
<tr><td>1 860</td><td>24.6</td><td>22.1</td></tr>
<tr><td>1 960</td><td>25.9</td><td>23.3</td></tr>
<tr><td rowspan="5">8.00</td><td>1 470</td><td>36.9</td><td>33.2</td></tr>
<tr><td>1 570</td><td>39.4</td><td>35.5</td></tr>
<tr><td>1 720</td><td>43.2</td><td>38.9</td></tr>
<tr><td>1 860</td><td>46.7</td><td>42.0</td></tr>
<tr><td>1 960</td><td>49.2</td><td>44.3</td></tr>
<tr><td rowspan="5">10.00</td><td>1 470</td><td>57.8</td><td>52.0</td></tr>
<tr><td>1 570</td><td>61.7</td><td>55.5</td></tr>
<tr><td>1 720</td><td>67.6</td><td>60.8</td></tr>
<tr><td>1 860</td><td>73.1</td><td>65.8</td></tr>
<tr><td>1 960</td><td>77.0</td><td>69.3</td></tr>
<tr><td rowspan="4">12.00</td><td>1 470</td><td>83.1</td><td>74.8</td></tr>
<tr><td>1 570</td><td>88.7</td><td>79.8</td></tr>
<tr><td>1 720</td><td>97.2</td><td>87.5</td></tr>
<tr><td>1 860</td><td>105</td><td>94.5</td></tr>
</table>

注：规定非比例延伸力 $F_{p0.2}$ 值不小于整根钢绞线公称最大力 F_m 的 90%。

7.3.2 1×3 结构钢绞线的力学性能应符合表 5 规定。

1×3 结构钢绞线力学性能　　表 5

钢绞线结构	钢绞线公称直径 D_n(mm)	抗拉强度 R_m(MPa) 不小于	整根钢绞线的最大力 F_m(kN) 不小于	规定非比例延伸力 $F_{p0.2}$(kN) 不小于	最大力总伸长率 ($L_0\geqslant$mm) A_{gt}(%) 不小于	应力松弛性能	
						初始负荷相当于公称最大力的百分数(%)	1 000h 后应力松弛率 r(%) 不大于
1×3	6.20	1 570	31.1	28.0	对所有规格	对所有规格	对所有规格
		1 720	34.1	30.7			
		1 860	36.8	33.1			
		1 960	38.8	34.9			
	6.50	1 570	33.3	30.0			
		1 720	36.5	32.9			
		1 860	39.4	35.5		60	1.0
		1 960	41.6	37.4			
	8.60	1 470	55.4	49.9			
		1 570	59.2	53.3			
		1 720	64.8	58.3	3.5	70	2.5
		1 860	70.1	63.1			
		1 960	73.9	66.5			
	8.74	1 570	60.6	54.5			
		1 670	64.5	58.1			
		1 860	71.8	64.6			
	10.80	1 470	86.6	77.9			
		1 570	92.5	83.3		80	4.5
		1 720	101	90.9			
		1 860	110	99.0			
		1 960	115	104			
	12.90	1 470	125	113			
		1 570	133	120			
		1 720	146	131			
		1 860	158	142			
		1 960	166	149			
1×3I	8.74	1 570	60.6	54.5			
		1 670	64.5	58.1			
		1 860	71.8	64.6			

注：规定非比例延伸力 $F_{p0.2}$ 值不小于整根钢绞线公称最大力 F_m 的 90%。

7.3.3　1×7 结构钢绞线的力学性能应符合表 6 规定。

1×7 结构钢绞线力学性能 表 6

钢绞线结构	钢绞线公称直径 D_n(mm)	抗拉强度 R_m(MPa)不小于	整根钢绞线的最大力 F_m(kN)不小于	规定非比例延伸力 $F_{p0.2}$(kN)不小于	最大力总伸长率($L_0 \geqslant$mm) A_{gt}(%)不小于	应力松弛性能 初始负荷相当于公称最大力的百分数(%)	应力松弛性能 1 000h 后应力松弛率 r(%)不大于
1×7	9.50	1 720	94.3	84.9	对所有规格	对所有规格	对所有规格
		1 860	102	91.8			
		1 960	107	96.3			
	11.10	1 720	128	115		60	1.0
		1 860	138	124			
		1 960	145	131			
	12.70	1 270	170	153			
		1 860	184	166	3.5	70	2.5
		1 960	193	174			
	15.20	1 470	206	185			
		1 570	220	198			
		1 670	234	211			
		1 720	241	217		80	4.5
		1 860	260	234			
		1 960	274	247			
	15.70	1 770	266	239			
		1 860	279	251			
	17.80	1 720	327	294			
		1 860	353	318			
(1×7)C	12.70	1 860	208	187			
	15.20	1 820	300	270			
	18.00	1 720	384	346			

注：规定非比例延伸力 $F_{p0.2}$ 值不小于整根钢绞线公称最大力 F_m 的 90%。

7.3.4 供方每一交货批钢绞线的实际强度不能高于其抗拉强度级别 200MPa。

7.3.5 钢绞线弹性模量为(195±10)GPa，但不作为交货条件。

7.3.6 根据供货协议，可以提供表 4、表 5、表 6 以外的强度级别的钢绞线。

7.3.7 允许使用推算法确定 1 000h 松弛率(见 8.5.6)。

7.4 表面质量

7.4.1 除非需方有特殊要求，钢绞线表面不得有油、润滑脂等物质。钢绞线允许有轻微的浮锈，但不得有目视可见的锈蚀麻坑。

7.4.2 钢绞线表面允许存在回火颜色。

7.5　钢绞线的伸直性

取弦长为1m的钢绞线，放在一平面上，其弦与弧内侧最大自然矢高不大于25mm。

7.6　疲劳性能和偏斜拉伸性能

以供需双方协商，并在合同中注明，可对产品进行疲劳性能试验和偏斜拉伸试验。

8　试验方法

8.1　表面检验

表面质量用目视检查。

8.2　尺寸检验

钢绞线的直径应用分度值为0.02mm的量具测量。1×2结构钢绞线的直径测量应测量图1所示的D_n值；1×3结构的钢绞线应测量图2所示的A值，测量1×7结构钢绞线直径应以横穿直径方向的相对两根外层钢丝为准，如图3所示D_n；在同一截面不同方向上测量两次取平均值。

8.3　每米质量测量

钢绞线每米质量测量应采用如下方法：取3根长度不小于1m的钢绞线，每根钢绞线长度测量精确到1mm。称量每根钢绞线的质量，精确到1g，然后按下式计算钢绞线的每米质量。

$$M=\frac{m}{L}$$

式中：M——钢绞线每米质量(g/m)；

m——钢绞线质量(g)；

L——钢绞线长度(m)。

实测单重取3个计算值的平均值。

8.4　拉伸试验

8.4.1　最大力

整根钢绞线的最大力试验按GB/T 228的规定进行。如试样在夹头内和距钳口2倍钢绞线公称直径内断裂达不到本标准性能要求时，试验无效。计算抗拉强度时取钢绞线的参考截面面积值。

8.4.2　规定非比例延伸力

钢绞线规定非比例延伸力采用的是引伸计标距的非比例延伸达到原始标距0.2%时所受的力($F_{p0.2}$)。为便于供方日常检验，也可以测定规定总延伸达到原始标距1%的力(F_{t1})，其值符合本标准规定的$F_{p0.2}$值时可以交货，但仲裁试验时测定$F_{p0.2}$。测定$F_{p0.2}$和F_{t1}时，预加负荷为规定非比例延伸力的10%。

8.4.3　最大力总伸长率

最大力总伸长率A_{gt}的测定按GB/T 228规定进行。使用计算机采集数据或使用电子拉伸设备测量伸长率时，预加负荷对试样所产生的伸长率应加在总伸长内。

8.5　应力松弛性能试验

8.5.1　钢绞线的应力松弛性能试验应按GB/T 10120的规定进行。

8.5.2　试验期间，试样的环境温度应保持在20℃±2℃内。

8.5.3　试验标距长度不小于公称直径的60倍。

8.5.4　试样制备后不得进行任何热处理和冷加工。

8.5.5　初始负荷应在3～5min内均匀施加完毕，持荷1min后开始记录松弛值。

8.5.6　允许用至少100h的测试数据推算1 000h的松弛率值。

8.6　疲劳及偏斜拉伸试验

疲劳性能试验按附录A的规定进行；偏斜拉伸试验按附录B的规定进行。

9　检验规则

钢绞线的检验规则应按GB/T 17505的规定。

9.1　检查和验收

产品的检查由供方技术监督部门按表7的规定进行，需方可按本标准进行检查验收。

9.2　组批规则

钢绞线应成批验收，每批钢绞线由同一牌号、同一规格、同一生产工艺捻制的钢绞线组成。每批质量不大于60t。

9.3　检验项目用取样数量

9.3.1　钢绞线的力学性能要求按表4、表5、表6的相应规定进行检验。检验项目及取样数量应符合表7的规定。

供方出厂常规检验项目及取样数量　　表7

序号	检验项目	取样数量	取样部位	检验方法
1	表面	逐盘卷		目视
2	外形尺寸	逐盘卷		按本标准8.2规定执行
3	钢绞线伸直性	3根/每批	在每(任)盘卷中任意一端截取	用分度值为1mm的量具测量
4	整根钢绞线最大力	3根/每批		按本标准8.4.1规定执行
5	规定非比例延伸力	3根/每批		按本标准8.4.2规定执行
6	最大力总伸长率	3根/每批		按本标准8.4.3规定执行
7	应力松弛性能	不小于1根/每合同批*		按本标准8.5规定执行

注：* 合同批为一个定货合同的总量。在特殊情况下，松弛试验可以由工厂连续检验提供同一原料、同一生产工艺的数据所代替。

9.3.2　1 000h的应力松弛性能试验、疲劳性能试验、偏斜拉伸试验只进行型式检验，仅在原料、生产工艺、设备有重大变化及新产品生产、停产后复产时进行检验。

9.4　复验与判定规则

当9.3.1中规定的某一项检验结果不符合本标准规定时，则该盘卷不得交货。并从同一批未经试验的钢绞线盘卷中取双倍数量的试样进行该不合格项目的复验，复验结果即使有一个试样不合格，则整批钢绞线不得交货，或进行逐盘检验合格后交货。供方有权对复验不合格产品进行重新组批提交验收。

10　包装、标志及质量证明书

10.1　包装

每盘卷钢绞线应捆扎结实，捆扎不少于6道。经双方协议，可加防潮纸、麻布等材料包装。

10.2　标志

每一钢绞线盘卷均应拴挂标牌，其上应注明供方名称、商标标记、产品标记、数量、出厂编号、规格、强度级别、执行标准号等。

10.3　质量证明书

每一合同批应附有质量证明书，其中应注明：供方名称、地址和商标、规格、强度级别、需方名称、合同号、产品标记、质量、件数、执行标准号、试验结果、检验出厂日期、技术监督部门印记。

附　录　A

（规范性附录）

疲劳试验

A.1　疲劳试验所用试样是成品钢绞线上直接截取的试样，试样长度应保证两夹具之间的距离不小于500mm。

A.2　钢绞线应能经受 2×10^6 次 $0.7F_m\sim(0.7F_m-2\Delta F_a)$ 脉动负荷后而不断裂。

$$2\Delta F_a/S_n=195\text{MPa}$$

式中：F_m——钢绞线的公称最大力(N)；

$2\Delta F_a$——应力范围(两倍应力幅)的等效负荷值(N)；

S_n——钢绞线的参考截面面积(mm^2)。

A.3　在试验的全过程中，脉动拉伸的最大应力保持恒定应力的静态测量误差应不大于±1%。

A.4　应力循环频率不能超过120Hz。

A.5　所有应力都沿着轴向传递给试样，应无钳口和缺口影响，且应有一个相应的装置能限定夹头中试样的任何滑移。

A.6　由于缺口影响或局部过热引起试样在夹头内和夹持区域内(2倍钢绞线公称直径)断裂时试验无效。

A.7　试验过程中，试件温度不得超过40℃，试验室环境温度在18～25℃。

附　录　B

（规范性附录）

偏斜拉伸试验

B.1　试验原理

本试验适用于直径大于等于12.5mm的钢绞线。将钢绞线固定在偏斜装置上与直线成20°角进行拉伸试验，直至至少一根单丝破断，测量其破断力与轴向拉伸最大力的比值。

B.2　样品与试样

B.2.1　用于偏斜拉伸的试样应从力学性能合格的样品上一次截取相当于12根试样的长度。两端各取1根进行轴向拉伸试验确定钢绞线的最大力。其余再截成10根用于偏斜拉伸试验。

注：7个有效的试验结果就可以计算出偏斜系数，但考虑到有无效试验情况，建议至少取10根试样。

B.2.2　试样长度应满足试样进行拉伸和锚固用。

B.2.3　试样除被切割外不能进行任何的加工处理。

B.3　试验设备

B.3.1　概述

试验机应具有刚性机架，以满足本标准规定的试验要求。试验机包括一个固定锚固夹头和带测力装置的活动锚固夹头，一个加载装置和一个带凹槽的心轴。

B.3.2　试验设备尺寸

试验装置的尺寸应符合图 B.1 和表 B.1 的规定。

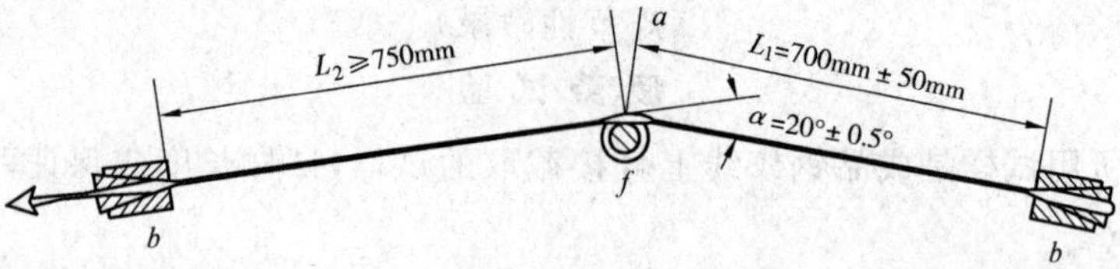

图 B.1　偏斜拉伸试验装置

f-心轴；a-固定端；b-锚夹头

夹片的位移量　　表 B.1

最大力的百分比	允许最大位移量	最大力的百分比	允许最大位移量
从 0% 到破断	5mm	从 50% F_m 到破断	2.5mm

注：在试验之前楔形夹片应进行研磨。

B.3.3　夹具

试样两端轴向中心线应垂直于锚固夹头的轴承平面，不正确的设计尺寸和定位会出现错误的试验结果。

锚固夹头应满足下列要求：

a）用这组夹具进行轴向拉伸试验时应达到常规拉伸试验最大力 F_m 的 95%以上；

b）偏斜拉伸试验中，在 90% 最大力 F_m 时中心钢丝与外层钢丝的相对位移量应小于0.5mm；

c）夹片与锚固夹胎之间的位移应小于表 B.1 中给出的值；

d）在试验过程中楔形夹片与锚固夹胎之间应该是扣紧的，无任何活动；

e）夹片的最小齿长为钢绞线直径的 2.5～3 倍。

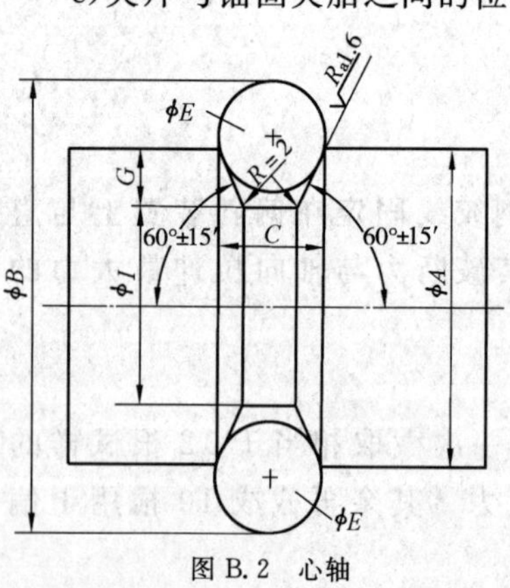

图 B.2　心轴

B.3.4　心轴

心轴应用工具钢制造。其化学成分、显微组织及热处理应使其具有高韧性和高耐磨性能，表面性能应达到 58～62HRC。

注：①心轴凹槽精加工的精度应达到 n7。

②表面粗糙度最大值为 R_a1.6μm。

心轴尺寸应符合图 B.2 及表 B.2 的规定。

心轴尺寸(单位:mm)　　表 B.2

各部分尺寸	钢绞线尺寸		
	12.5～13.0	15.0～16.0	17.0～18.0
外轮廓尺寸 ϕA	40.0	49.0	59.0
凹槽侧面角度 α	60°±15′	60°±15′	60°±15′
凹槽底部半径 R	2±0.2	2±0.2	2±0.2
凹槽深度 G	7.6	9.5	12.0
凹槽最小宽度 C	14.4	17.9	21.9
凹槽底部直径 ϕI	24.7±0.1	29.9±0.1	34.9±0.1
凹槽中量棒外径 ϕB	57.0±0.1	72.0±0.1	81.0±0.1
量棒直径 ϕE	14.0	18.0	20.0

心轴应刚性固定不能有任何旋转和移动。

B.3.5　加载装置

加载设备最好有测力传感器,误差应不大于±1%,力值读数应大于满量程的10%。

加载频率应可调节,试验期间应控制加载速度,载荷在 0～50%F_m 范围内加载速度应控制在 30MPa/s,载荷在 50%F_m～100%F_m 范围内加载速度应控制在 60MPa/s。

B.4　试验

a)试验前心轴凹槽表面应仔细清理,如钢绞线有轻微弯曲,曲率应与偏斜方向一致。加载之前安装锚具过程中应正确调整钢绞线。加载期间钢绞线与夹片之间不能有任何滑移,以验证锚固效果。

b)加载速度见 B.3.5。

c)当钢绞线的一根或多根钢丝不在心轴位置破断时,试验无效。

d)有效试验的 F_{ai} 应按 B.3.5 要求精确的记录,对应的偏斜拉伸系数 D_i 可按下式进行计算:

$$D_i=(1-F_{ai}/F_{mm})100\%$$

e)去掉最大值和最小值,D 值应取 D_i 的平均值。

$$D=1/5\sum_{i=1}^{5}D_i$$

B.5　判定

a)一般用途的钢绞线其偏斜拉伸系数应为 $D\leqslant 28\%$;

b)用于斜拉索的钢绞线其偏斜拉伸系数应为 $D\leqslant 20\%$。

附　录　C

(资料性附录)

新旧标准力学性能名称和符号对照

C.1　本标准采用的力学性能名称和符号因引用的 GB/T 228 标准改版而与旧标准有所不同,为便于执行本标准时对照,将相关部分列于表 C.1。

力学性能名称和符号对照 表 C.1

新标准		旧标准	
性能名称	符号	性能名称	符号
最大力	F_m	最大负荷	F_b
抗拉强度	R_m	强度级别	σ_b
规定非比例延伸力	F_p	屈服负荷	F_a
规定总延伸力	F_t		
最大力总伸长率	A_{gt}	伸长率	δ_S

七、中华人民共和国国家标准(GB/T 14370—2007)

预应力筋用锚具、夹具和连接器

1 范围

本标准规定了预应力筋用锚具、夹具和连接器的有关术语和定义、符号,产品分类、代号与标记,要求,试验方法,检验规则以及标志、包装、运输、储存等内容。

本标准适用于体内或体外配筋的有黏结、无黏结、缓黏结的预应力混凝土结构及预应力钢结构中使用的锚具、夹具和连接器。

拉索用的锚具也可参照执行。

2 规范性引用文件

下列文件中的条款通过本标准的引用而成为本标准的条款。凡是注日期的引用文件,其随后所有的修改单(不包括勘误的内容)或修订版均不适用于本标准,然而,鼓励根据本标准达成协议的各方研究是否可使用这些文件的最新版本。凡是不注日期的引用文件,其最新版本适用于本标准。

GB/T 197—2003 普通螺纹 公差

GB/T 1804 一般公差 未注公差的线性和角度尺寸的公差

JG/T 5011.8 建筑机械与设备 锻件通用技术条件

JG/T 5011.9 建筑机械与设备 热处理件通用技术条件

JG/T 5011.10 建筑机械与设备 切削加工件通用技术条件

JG/T 5012 建筑机械与设备 包装件通用技术条件

3 术语和定义、符号

下列术语和定义、符号适用于本标准。

3.1 术语和定义

3.1.1 锚具 anchorage

在后张法结构或构件中，用于保持预应力筋的拉力并将其传递到混凝土(或钢结构)上所用的永久性锚固装置。锚具可分为两类：

a)张拉端锚具：安装在预应力筋端部且可用以张拉的锚具。

b)固定端锚具：安装在预应力筋固定端端部，通常不用以张拉的锚具。

3.1.2　夹具 grip

在先张法构件施工时，用于保持预应力筋的拉力并将其固定在生产台座(或设备)上的临时性锚固装置；在后张法结构或构件施工时，在张拉千斤顶或设备上夹持预应力筋的临时性锚固装置(又称工具锚)。

3.1.3　连接器 coupler

用于连接预应力筋的装置。

3.1.4　预应力钢材 prestressing steel

各种预应力结构用的钢丝、钢绞线或钢筋等的统称。

3.1.5　预应力筋 prestressing tendon

在预应力结构中用于建立预加应力的单根或成束的预应力钢丝、钢绞线或钢筋等。

3.1.6　预应力筋—锚具组装件 prestressing tendon-anchorage assembly

单根或成束预应力筋和安装在端部的锚具组合装配而成的受力单元。

3.1.7　预应力筋—夹具组装件 prestressing tendon-grip assembly

单根或成束预应力筋和安装在端部的夹具组合装配而成的受力单元。

3.1.8　预应力筋—连接器组装件 prestressing tendon-coupler assembly

单根或成束预应力筋和连接器组合装配而成的受力单元。

3.1.9　锚固区 anchorage zone

结构中能够支承锚具荷载并将其传递给结构的局部区域

3.1.10　受力长度 tension length

锚具、夹具、连接器试验时，预应力筋两端的锚具、夹具之间或锚具与连接器之间的净距。

3.1.11　预应力筋—锚具组装件的实测极限拉力 ultimate tensile force of tendon-anchorage assembly

预应力筋—锚具组装件在静载试验过程中达到的最大拉力。

3.1.12　预应力筋—夹具组装件的实测极限拉力 ultimate tensile force of tendon-grip assembly

预应力筋—夹具组装件在静载试验过程中达到的最大拉力。

3.1.13　预应力筋的效率系数 efficiency factor of prestressing tendon

受预应力钢材根数、试验装置及初应力调整等因素的影响，考虑预应力筋拉应力不均匀的系数。

3.1.14　内缩 draw-in

预应力筋在锚固过程中，由于锚具各零件之间、锚具与预应力筋之间的相对位移和局部塑性变形所产生的预应力筋的回缩现象。

3.2　符号

A_{pk}——预应力钢材单根试件的特征(公称)截面面积；

A_p——预应力筋－锚具、夹具组装件中各根预应力钢材特征(公称)截面面积之和；

f_{ptk}——预应力钢材的抗拉强度标准值；

f_{pta}——试验所用预应力钢材（截面以 A_{pk} 计）的实测极限抗拉强度平均值；

F_{ptn}——预应力筋的实际平均极限抗拉力。由预应力钢材试件实测破断荷载平均值计算得出；

F_{apu}——预应力筋—锚具组装件的实测极限拉力；

F_{gpu}——预应力筋—夹具组装件的实测极限拉力；

ε_{apu}——预应力筋—锚具组装件达到实测极限拉力时预应力筋的总应变；

η_a——预应力筋—锚具组装件静载试验测得的锚具效率系数；

η_g——预应力筋—夹具组装件静载试验测得的夹具效率系数；

η_p——预应力筋的效率系数。

4 产品分类、代号与标记

4.1 产品分类

锚具、夹具和连接器按锚固方式不同，可分为夹片式（单孔和多孔夹片锚具）、支承式（镦头锚具、螺母锚具等）、锥塞式（钢质锥形锚具等）和握裹式（挤压锚具、压花锚具等）四种基本类型。

4.2 代号

锚具、夹具或连接器的总代号可以分别用汉语拼音字母 M、J、L 表示；各类锚固方式的分类代号，如表 1 所示。

锚具、夹具和连接器的代号 表 1

分类代号		锚具	夹具	连接器
夹片式	圆形	YJM	YJJ	YJL
	扁形	BJM		
支承式	镦头	DTM	DTJ	DTL
	螺母	LMM	LMJ	LML
锥塞式	钢质	GZM	—	—
	冷铸	LZM	—	—
	热铸	RZM	—	—
握裹式	挤压	JYM	JYJ	JYL
	压花	YHM	—	—

注：连接器的代号以续接段端部锚固方式命名。

4.3 标记

锚具、夹具或连接器的标记由产品代号、预应力钢材直径、预应力钢材根数三部分组成（生产企业的体系代号只在需要时加注）：

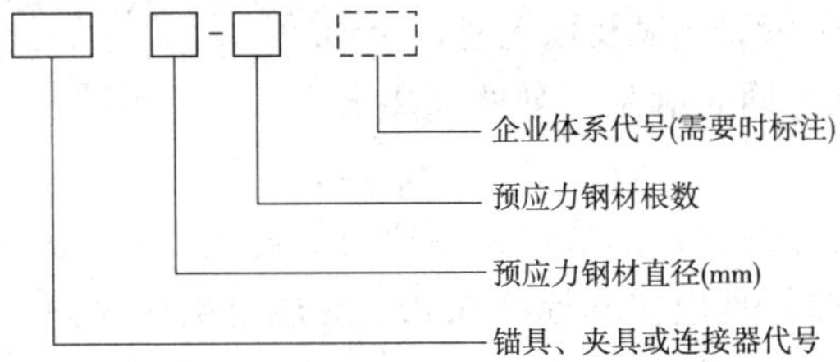

示例：a)锚固 12 根直径 15.2mm 预应力混凝土用钢绞线的圆形夹片式群锚锚具，标记为“YJM15-12”；

b)预应力筋为 12 根直径 12.7mm 钢绞线，用于固定端的挤压式锚具，标记为“JYM13-12”，需要时可续注企业体系代号；

c)用挤压头方法连接 12 根直径 15.2mm 钢绞线的连接器，标记为“JYL15-12”。

特殊的或有必要阐明特点的新产品，可增加文字或图样以准确表达。

5　要求

5.1　使用要求

锚具、夹具和连接器应具有可靠的锚固性能、足够的承载能力和良好的适用性，以保证充分发挥预应力筋的强度，并安全地实现预应力张拉作业。

5.2　材料要求

产品所使用的材料应符合设计要求，并有机械性能和化学成分合格证明书、质量保证书。材料进厂后应进行验收试验。

5.3　制造工艺要求

5.3.1　零件机械加工应符合 JG/T 5011.10 的有关规定。

5.3.2　螺纹的未注精度等级，不应低于 GB/T 197—2003 中的 7H/8g。有特殊要求的螺纹按图样执行。

5.3.3　未注公差尺寸的公差等级，应符合 GB/T 1804 中的有关规定。

5.3.4　零件毛坯的锻造，应符合 JG/T 5011.8 的有关规定。锻件不得有锻造裂纹、过烧、折叠和局部晶粒粗大等缺陷。

5.3.5　零件热处理加工应按照产品设计图样进行，并应符合 JG/T 5011.9 的有关规定，不应产生裂缝、过烧和脱碳。所采用的热处理工艺及设备应能保证零件工作表面及芯部的硬度和金相组织要求，且产品质量均匀一致。

5.4　外观、尺寸及硬度要求

5.4.1　外观、尺寸应符合设计图样规定。全部产品均不得有裂纹出现。

5.4.2　产品零件的表面及芯部硬度、硬度允许偏差应符合设计图样规定。

5.5　锚具的基本性能要求

5.5.1　静载锚固性能

用预应力筋—锚具组装件静载试验测定的锚具效率系数 η_a 和达到实测极限拉力时组装件受力长度的总应变 ε_{apu}，来判定锚具的静载锚固性能是否合格。

锚具效率系数 η_a 按式(1)计算：

$$\eta_a = \frac{F_{apu}}{\eta_p \cdot F_{pm}} \tag{1}$$

η_p 的取值：预应力筋—锚具组装件中预应力钢材为 1 至 5 根时，$\eta_p=1$；6 至 12 根时，$\eta_p=0.99$；13 至 19 根时，$\eta_p=0.98$；20 根及以上时，$\eta_p=0.97$。

锚具的静载锚固性能应同时满足下列两项要求：

$$\eta_a \geqslant 0.95;\varepsilon_{apu} \geqslant 2.0\%$$

预应力筋—锚具组装件的破坏形式应是预应力钢材的断裂(逐根或多根同时断裂)，锚具零件的变形不应过大或碎裂，且应按本标准 6.2.5 的规定确认锚固的可靠性。

5.5.2　疲劳荷载性能

预应力筋—锚具组装件，除应满足静载锚固性能外，尚应满足循环次数为 200 万次的疲劳性能试验。

当锚固的预应力筋为钢丝、钢绞线或热处理钢筋时，试验应力上限应为预应力钢材抗拉强度标准值 f_{ptk} 的 65%，疲劳应力幅度不应小于 80MPa。工程有特殊需要时，试验应力上限及疲劳应力幅度取值可另定。

当锚固的预应力筋为有明显屈服台阶的预应力钢材时，试验应力上限应为预应力钢材抗拉强度标准值的 80%，疲劳应力幅度宜取 80MPa。

试件经受 200 万次循环荷载后，锚具零件不应疲劳破坏。预应力筋因锚具夹持作用发生疲劳破坏的截面面积不应大于试件总截面面积的 5%。

5.5.3　周期荷载性能

在有抗震要求的结构中使用的锚具，预应力筋—锚具组装件还应满足循环次数为 50 次的周期荷载试验。

当锚固的预应力筋为钢丝、钢绞线或热处理钢筋时，试验应力上限应为预应力筋抗拉强度标准值 f_{ptk} 的 80%，下限应为预应力钢材抗拉强度标准值 f_{ptk} 的 40%。

当锚固的预应力筋为有明显屈服台阶的预应力钢材时，试验应力上限应为预应力钢材抗拉强度标准值的 90%，下限应为预应力钢材抗拉强拉强度标准值的 40%。

试件经 50 次循环荷载后预应力筋在锚具夹持区域不应发生破断。

5.5.4　辅助性能要求

新研制的锚具应进行本项试验。进行型式试验的产品，可选择部分或全部项目试验。并根据试验所测定的平均内缩量和锚固端预应力摩阻损失与设计规范的对比结果，对施工张拉力进行适当修正。

5.5.4.1　锚具内缩量测定

预应力筋张拉应力达到 $0.8f_{ptk}$ 后放张，测定锚固过程中预应力筋的内缩量(以 mm 计)，取平均值。

5.5.4.2　锚固端摩阻损失测定

从张拉千斤顶工具锚至喇叭形垫板收口处，预应力筋有一次或二次弯折。张拉时会产生预应力摩阻损失，并能降低自锚功能。测定张拉力达到 $0.8f_{ptk}\cdot A_p$ 时的预应力损失(以张拉应力的百分率计)，取平均值。

5.5.4.3　张拉锚固工艺要求

为了证实锚具在预应力工程中的可操作性和适用性，应按研制要求，使用预应力张拉锚固体系的全套机具进行张拉锚固工艺试验。

5.5.5　其他性能要求

5.5.5.1　锚具应满足分级张拉及补张拉预应力筋的要求。

5.5.5.2　需要孔道灌浆的锚具或其附件上宜设置灌浆孔或排气孔，灌浆孔的孔位及孔径应符合灌浆工艺要求，且应有与灌浆管连接的构造。

5.5.5.3　用于低应力可更换型拉索的锚具，应有防松、可更换的构造措施。

5.5.5.4　锚具应有防腐蚀措施，且能满足工程建设的耐久性要求。

5.6　夹具的基本性能要求

5.6.1　夹具的静载锚固性能，应由预应力筋夹具组装件静载锚固试验测定的夹具效率系数 η_g 按式(2)确定：

$$\eta_g = \frac{F_{gpu}}{F_{pm}} \tag{2}$$

夹具的静载锚固性能应符合 $\eta_g \geqslant 0.92$。

5.6.2　在预应力筋—夹具组装件达到实测极限拉力时，应当是由预应力筋的断裂，而不应由夹具的破坏所导致；夹具的全部零件均应有重复使用的品质。夹具应有可靠的自锚性能、良好的松锚性能和重复使用性能。使用过程中，应能保证操作人员的安全。

5.7　连接器的基本性能要求

在先张法或后张法施工中，在张拉预应力后永久留在混凝土结构或构件中的连接器，都应符合锚具的性能要求；如在张拉后还须放张和拆卸的连接器，则应符合夹具的性能要求。

5.8　质量文件要求

锚具、夹具、连接器和锚固区的承压件应有完整的设计文件、原材料的质量证明文件、制造批次记录、性能检验记录，该类文件应具有可追溯性。

6　试验方法

6.1　一般规定

6.1.1　试验用的预应力筋—锚具、夹具或连接器组装件由产品零件和预应力筋组装而成。试验用的零件应是经过外观检查和硬度检验合格的产品。组装时应将锚固零件上的油污擦拭干净(允许残留微量油膜)，不得在锚固零件上添加影响锚固性能的介质。组装件中组成预应力筋的各根钢材应等长平行、初应力均匀，其受力长度不应小于 3m。

单根钢绞线的组装件试件及钢绞线母材力学性能试验用的试件，不包括夹持部位的受力长度不应小于 0.8m；其他单根预应力钢材的组装件及母材试件最小长度可按照试验设备及相关标准确定。

对于预应力钢材在锚具夹持部位不弯折的组装件(全部锚筋孔均与锚板底面垂直)，各根预应力钢材平行受拉，侧面不应设置有碍受拉或产生摩擦的接触点(参见图 1)；如预应力钢材的夹持部位与试件轴线有转向角度(锚筋孔与锚板底面倾斜或倾斜安装挤压头的连接器等)时，应在设计转角处加装转向约束钢环，试件受拉力时，该约束环不应与预应力钢材产生滑动摩擦。

6.1.2　试验用预应力钢材应有良好的匀质性，可由锚具生产厂或检验单位提供，同时还应提供该批钢材的质量合格证明书。所选用的预应力钢材，其直径公差应在受检锚具、夹具或连接器设计的匹配范围之内。试验用预应力钢材应根据抽样标准，先在有代表性的部位取至少 6 根试件进行母材力学性能试验，试验结果应符合国家现行标准的规定(供需双方也可协议采用其他国家的相关标准)。并且,其实测抗拉强度平均值(f_{pm})在相关钢材标准中的等级应与受检锚具、夹具或连接器的设计等级相同,超过该等级时不应采用。用某一中间强度等级的预应力钢材试验合格的锚具,在实际工程中,可用于不高于该强度等级的预应力筋。已受损伤的预应力钢材不应用于组装件试验。

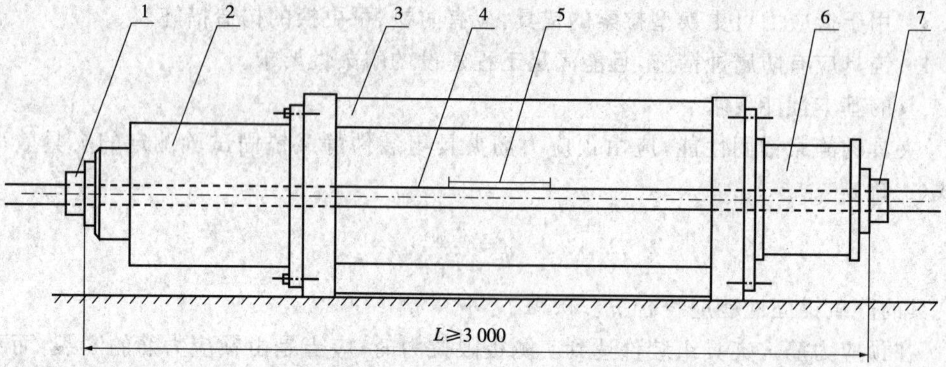

图 1　预应力筋—锚具(夹具)组装件静载试验装置示意图(尺寸单位:mm)

1-张拉端试验锚具或夹具;2-加荷载用千斤顶;3-承力台座;4-预应力筋;5-测量总应变的装置;6-荷载传感器;7-固定端试验锚具或夹具

6.1.3　试验用的测力系统,其不确定度不应大于 2%;测量总应变的量具,其标距的不确定度不应大于标距的 0.2%,指示应变的不确定度不应大于 0.1%。

6.2　静载试验

6.2.1　预应力筋—锚具或夹具组装件应按图 1 的装置进行静载试验;预应力筋—连接器组装件应按图 2 的装置进行静载试验;被连接段预应力筋(件 11)安装预紧时,可在试验连接器(件 7)下临时加垫对开垫片,加荷后适时撤除。锚具、夹具或连接器在试验装置上的支承条件(方式、部位、面积等),应与工程实际情况一致。

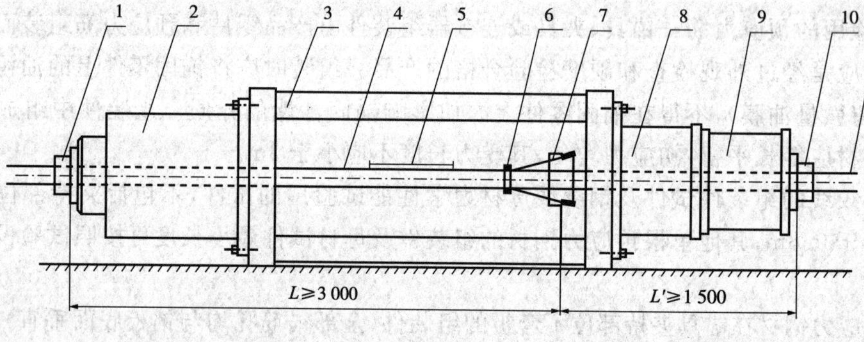

图 2　预应力筋—连接器组装件静载试验装置示意图(尺寸单位:mm)

1-张拉端试验锚具;2-加荷载用千斤顶;3-承力台座;4-续接段预应力筋;5-测量总应变的装置;6-转向约束钢环;7-试验连接器;8-附加承力圆筒或穿心式千斤顶;9-荷载传感器;10-固定端锚具;11-被接段预应力筋

6.2.2　各种测量仪表应在加载之前安装调试正确,各根预应力钢材的初应力调试均匀,初应力可取钢材抗拉强度标准值 f_{ptk} 的 5%~10%。测量总应变 ε_{apu} 的量具标距不宜小于 1m。如采用测量加荷千斤顶活塞伸长量(ΔL)计算 ε_{apu} 时,应减去承力台座的弹性压缩、缝隙并紧量和试验锚具(夹具或连接器)的实测内缩量。而预应力筋的计算长度应为两端锚具(夹具或连接器)的起夹点之间的距离。

6.2.3　施加试验荷载步骤为:按预应力钢材抗拉强度标准值 f_{ptk} 的20%、40%、60%、80%,分4级等速加载,加载速度宜为100MPa/min左右;达到80%后,持荷1h;随后用低于100MPa/min加载速度缓慢加载至完全破坏,使荷载达到最大值(F_{apu})。试验过程中应按本标准6.2.5规定的项目进行测量和观察。对于仅要求达到"合格"标准的试件,可以在 η_a、ε_{apu}、η_g 满足本标准5.5.1或5.6.1后停止试验。

6.2.4　用试验机或承力台座进行单根预应力筋锚具组装件静载试验时,加荷速度可以加快,但不超过200MPa/min;在应力达到 $0.8f_{ptk}$ 时,持荷时间可以缩短,但不应少于10min。应力超过 $0.8f_{ptk}$ 后,加荷速度不应超过100MPa/min。

6.2.5　试验过程中应测量、观察的项目和对试验结果的要求(图3):

1)选取有代表性的若干根预应力钢材,按施加荷载的前4级,逐级测量其与锚具(夹具、连接器)之间的相对位移 Δa。Δa 应与预应力筋的受力增量成比例变化;如不成比例,应检查预应力钢材是否失锚滑动。

2)选取锚具(夹具、连接器)若干有代表性的零件,按施加荷载的前4级,逐级测量其间的相对位移 Δa。Δb 应与预应力筋的受力增量成比例变化;如不成比例,应检查相关零件(锚环、锚板等)是否发生了塑性变形。

3)在预应力筋应力达到 $0.8f_{ptk}$ 时,在持荷1h期间,Δa。Δb 应保持稳定。如继续增加、不能稳定,表明已失去可靠锚固能力。

4)试件达到最大拉力时,应记录极限拉力 F_{apu}(或 F_{gpu})和预应力筋自由长度的总应变 ε_{apu}。该测定值应满足本标准5.5.1或5.6.1的规定。

5)夹片式锚具的夹片在预应力筋应力达到 $0.8f_{ptk}$ 时不允许出现裂纹和破断;在满足本标准5.5.1或5.6.1后允许出现微裂和纵向断裂,不允许横向、斜向断裂及碎断。因受预应力筋多根或整束激烈破断的冲击引起夹片的破坏或断裂属正常情况。预应力筋拉力达到极限破断时,锚板及其锥形锚孔不允许出现过大塑性变形,锚板中心残余变形不应出现明显挠度;$\triangle b$ 如比预应力筋应力为 $0.8f_{ptk}$ 时成倍增加,表明已经失去可靠的锚固能力。

6)预应力筋在未达到本标准5.5.1或5.6.1的要求之前发生破断时,如是预应力钢材存在对焊接口或损伤因而被拉断的情况,此试件应报废,另补试件重做试验。握裹式锚具的静载试验,在满足 $\eta_a \geqslant 0.95$、$\varepsilon_{apu} \geqslant 2.0\%$ 之后失去握裹力时,属正常情况。

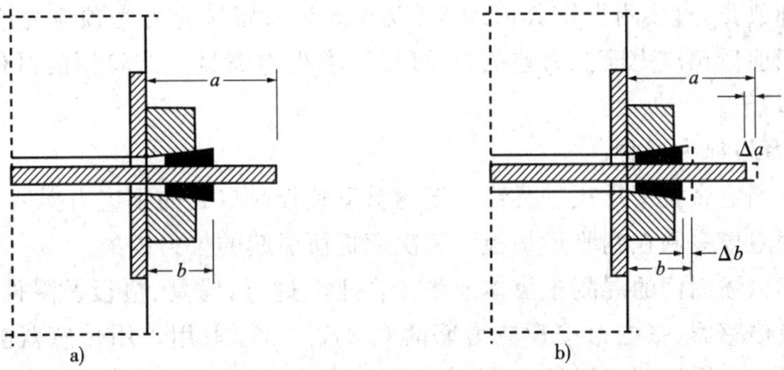

图3　试验期间预应力筋及锚具零件的位移示意图

a)锚固之前,预应力筋顶紧之后;b)加荷之中及锚固之后

6.2.6　静载试验应连续进行三个组装件的试验，全部试验结果均应做出记录。据此应进行如下计算分析和评定：按本标准公式(1)计算锚具(或连接器)的锚具效率系数 η_a；按公式(2)计算夹具效率系数 η_a；按本标准第5章及6.2.5的要求进行评定；最后对试验结果做出是否合格的结论。三个试验结果均应满足本标准的规定，不得以平均值作为试验结果。检验单位应向受检单位提出完整的检验报告，其中包括破坏部位及形式的图像记录，并有准确的文字述评。

6.3　疲劳试验

6.3.1　预应力筋—锚具或连接器组装件的疲劳试验应在疲劳试验机上进行。当疲劳试验机能力不够时，可以按试验结果有代表性的原则，在实际锚板上少安装预应力钢材，或用本系列中较小规格的锚具组装成试验组装件，但预应力钢材根数不应少于实际根数的1/10。为了保证试验结果具有代表性，直线形及有转折(如果锚具有斜孔时)的预应力钢材都应包括在试验用组装件中。

6.3.2　以约100MPa/min的速度加荷至试验应力上限值，在调节应力幅度达到规定值后，开始记录循环次数。

6.3.3　选择疲劳试验机的脉冲频率，不应超过500次/min。

6.4　周期荷载试验

预应力筋—锚具或连接器组装件的周期荷载试验，可以在试验机或承力台座上进行，以100～200MPa/min的速度加荷至试验应力上限值，再卸荷至试验应力下限值为第1周期，然后荷载自下限值经上限值再回复到下限值为第2个周期，重复50个周期。

经疲劳荷载试验合格后且完整无损的预应力筋一锚具组装件，可用于本项试验。

6.5　外观、尺寸及硬度检验

6.5.1　产品外观用目测法检验；裂缝可用有刻度或无刻度放大镜检验。

6.5.2　产品尺寸按机械制造常规方法用直尺、游标卡尺、螺旋千分尺和塞环规等量具检验。

6.5.3　硬度检验按产品零件设计图样规定的硬度值种类，选用相应的硬度测量仪器进行检验。

6.6　辅助性试验

6.6.1　锚具的内缩量试验

本项试验可用单根或小规格锚具配合预应力筋，在5～10m长的台座或构件的预应力孔道上多次张拉和放张，直接测得锚具内缩量(以mm计)；张拉应力为预应力筋的 $0.8f_{ptk}$。用传感器测量锚固前后预应力筋拉力差值，也可计算求得内缩量。试验用的试件每个规格不得少于3个，取平均值。

6.6.2　锚固端摩阻损失试验

本项试验是测定张拉千斤顶工具锚下至喇叭形垫板收口处的预应力损失。它包括预应力筋在锚具中的摩阻损失和在喇叭形垫板中两次弯折所引起的拉力损失。

试验可在模拟锚固区的混凝土块体或张拉台座上进行，锚具、垫板及附件应安装齐备，两端安装千斤顶及传感器，张拉力按预应力筋的 $0.8f_{ptk}\cdot A_p$ 取用。用传感器测出锚具前后两侧拉力差值即可算出锚固端摩阻损失，通常以张拉力的百分率计。试验用的试件可在锚具规格系列中选取三种规格，试件数量不应少于3个，取平均值。

6.6.3　张拉锚固工艺试验

根据预应力张拉锚固体系的构造安排，设计制作专门的钢筋混凝土模拟块体，作为试验平台，混凝土块体中，应包含多种弯曲和直线孔道、喇叭形垫板或垫板连体式锚板，各种塑料预埋件均应埋入混凝土中。用该体系的张拉设备进行分级张拉、多次张拉和放松操作。最大张拉力为预应力筋的 $0.8f_{ptk} \cdot A_p$。

通过张拉锚固工艺试验应能证明：

a)本预应力体系具有分级张拉或因张拉设备倒换行程需要临时锚固的可能性；

b)经过多次张拉锚固后，预应力筋内各根预应力钢材受力仍是均匀的；

c)在张拉发生故障时，有将预应力筋全部放松的措施；

d)单根垫板连体式锚具，有能使预应力筋在锥形夹片孔中自由对中的构造及不顶压锚固的可靠性。

7　检验规则

7.1　检验分类

锚具、夹具和连接器的检验分出厂检验和型式检验两类。

7.1.1　出厂检验为生产厂在每批产品出厂前进行的厂内产品质量控制性检验。

7.1.2　型式检验为对产品全面性能控制的检验。在下列情况之一时，一般应进行型式检验；

a)新产品或老产品转厂生产的试制定型鉴定；

b)正式生产后，如结构、材料、工艺有较大改变，可能影响产品性能时；

c)正常生产时，定期或积累一定产量后，每 2 至 3 年进行一次检验；

d)产品停产两年后，恢复生产时；

e)出厂检验结果与上次型式检验有较大差异时；

f)国家或省级质量监督机构提出进行型式检验的要求时。

为技术或质量鉴定用的型式检验应由国家指定的质量检测机构主持进行；为新产品研制和生产厂产品质量控制的各种试验可由本单位自己进行。

7.2　检验项目

出厂检验和型式检验的检验项目应符合表 2 的规定。

产品检验项目　　表 2

锚具、夹具、连接器类别	出厂检验项目	型式检验项目
锚具及永久留在混凝土结构或构件中的连接器	外观 硬度 静载性能检验	外观 硬度 静载性能检验 疲劳性能检验 周期荷载性能检验 辅助性试验(选项)
夹具及张拉后将要放张和拆卸的连接器	外观 硬度 静载性能检验	外观 硬度 静载性能检验

7.3 组批和抽样

7.3.1 出厂检验时,每批零件产品的数量是指同一种产品,同一批原材料,用同一种工艺一次投料生产的数量。每个抽检组批不得超过 2000 件(套)。外观检验抽取 5%～100%。对有硬度要求的零件应做硬度检验,按热处理每炉装炉量的 3%～5%抽样。静载试验用的锚具、夹具或连接器按成套产品抽样,应在外观及硬度检验合格后的产品中抽取,每生产组批抽取 3 个组装件的用量。

7.3.2 锚具及永久留在混凝土结构或构件中的连接器的型式检验,除按本标准 7.3.1 的规定抽样外,尚应为疲劳试验、周期荷载试验及辅助性试验(选项)抽取各 3 个组装件用的样品。

7.3.3 大批量连续生产时,出厂检验可按月取样进行。外观检验抽样数量不得少于月生产量的 5%;对有硬度要求的零件,硬度检验量不得少于月生产量的 3%;静载试验数量,按同一规格每两月不得少于 3 个组装件。上述检验结果如质量不稳定,应增加取样。

7.4 检验结果的判定

外观检验:受检零件的外形尺寸和外观质量应符合图样规定。全部样品均不得有裂纹出现,如发现一件有裂纹,即应对本批全部产品进行逐件检验,合格者方可使用。

硬度检验:按设计图样规定的表面位置和硬度范围检验和判定,如有 1 个零件不合格,则应另取双倍数量的零件重做检验;如仍有 1 个零件不合格,则应对本批零件逐个检验,合格者方可使用。

静载试验、疲劳荷载试验及周期荷载试验:如符合第 5 章技术要求的规定,应判为合格;如有 1 个试件不符合要求,即判定为不合格;但允许另取双倍数量的试件重做试验,若全部试件合格,即可判定本批产品合格;如仍有 1 个试件不合格,则该批产品为不合格品。

辅助性试验为测定参数及检验工艺设备的项目,不做合格与否的判定。

8 标志、包装、运输、储存

8.1 标志

锚具、夹具和连接器应有制造厂名、产品名称、规格、型号、制造日期或生产批号。对容易混淆而又难于区分的锚固零件(如夹片),应有识别标识。

8.2 包装

锚具、夹具和连接器出厂时应经防锈处理成箱包装,并应符合 JG/T 5012 的有关规定。包装箱内应附有产品装箱单;一批产品出厂时,应提供产品合格证和产品说明书。

产品合格证内容包括:

a)型号和规格;

b)适用的预应力钢材品种、规格、强度等级;

c)产品批号;

d)出厂日期;

e)有签章的质量合格文件;

f)厂名、厂址。

产品说明书应说明使用工艺和与预应力钢材的匹配要求。说明书中推荐的配套件(喇叭形垫、板、螺旋筋等)应有试验或实践依据。

8.3 运输、储存

锚具、夹具和连接器均应妥为保管。在储存、运输过程中,应避免锈蚀、沾污、遭受机械损伤或散失。临时性的防护措施应不影响安装操作的效果和永久性防锈措施的实施。

八、中华人民共和国国家标准(GB/T 17101—2008)

桥梁缆索用热镀锌钢丝

1　范围

本标准规定了桥梁缆索用热镀锌钢丝的定义、分类和标记、订货内容、尺寸、重量及允许偏差、技术要求、试验方法、检验规则、包装、标志和质量证明书等。

本标准适用于桥梁的缆(拉)索、锚固拉力构件、提升和固定用拉力构件的建筑物和土木工程中其他应用的热镀锌圆钢丝(以下简称钢丝)。

2　规范性引用文件

下列文件中的条款通过本标准的引用而成为本标准的条款。凡是注日期的引用文件,其随后所有的修改单(不包括勘误的内容)或修订版均不适用于本标准,然而,鼓励根据本标准达成协议的各方研究是否可使用这些文件的最新版本。凡是不注日期的引用文件,其最新版本适用于本标准。

GB/T 228　金属材料　室温拉伸试验方法(GB/T 228－2002,eqv ISO 6892:1998)

GB/T 238　金属材料　线材　反复弯曲试验方法(GB/T 238－2002,ISO 7801:1984,IDT)

GB/T 239　金属线材扭转试验方法(GB/T 239－1999,eqv ISO 7800:1984)

GB/T 2103—1988　钢丝验收、包装、标志及质量证明书的一般规定

GB/T 2972　镀锌钢丝锌层硫酸铜试验方法

GB/T 1839　钢产品镀锌层质量试验方法(GB/T 1839—2003,ISO 1460:1992,MOD)

GD/T 2976　金属材料　线材　缠绕试验方法(GB/T 2976—2004,ISO 7802:1983,IDT)

GB/T 8653　金属杨氏模量、弦线模量、切线模量和泊松比试验方法(静态法)

GB/T 10120　金属应力松弛试验方法

GB/T 470－1997　锌锭

GB/T8170　数值修约规则

3　定义

热镀锌钢丝 hot-dip galvanized steel wires。

通过锌熔池镀上锌镀层的钢丝。

4　分类和标记

4.1　分类

钢丝按松弛性能要求分两类:有松弛性能要求和无松弛性能要求。其中有松弛性能要求又分两级:Ⅰ级松弛(普通松弛)和Ⅱ级松弛(低松弛)。

4.2 标记

4.2.1 标记内容

按本标准交货的产品标记应包含下列内容：镀锌钢丝、公称直径、强度级别、松弛类别和标准号。

4.2.2 标记示例

示例1：

公称直径为5.00mm，强度级别为1 670MPa，无松弛要求的镀锌钢丝其标记为：

镀锌钢丝 5.00-1670-无-GB/T 17101—2008

示例2：

公称直径为7.00mm，强度级别为1770MPa，Ⅱ级松弛的镀锌钢丝其标记为：

镀锌钢丝 7.00-1770-Ⅱ-GB/T 17101—2008

5 订货内容

按本标准订货的合同应包含以下主要内容：

a)本标准号；

b)产品名称；

c)尺寸；

d)强度级别；

e)松弛级别；

f)数量；

g)用途；

h)需方提出的其他要求。

6 尺寸、重量及允许偏差

6.1 钢丝的尺寸及允许偏差、公称截面面积、每米参考重量应符合表1的规定。

尺寸及允许偏差、公称截面面积、每米参考质量[a] 表1

钢丝公称直径 d_n(mm)	直径允许偏差 (mm)	不圆度(mm)	公称截面面积 $S_n(mm^2)$	每米参考质量[b] (g/m)
5.00	±0.06	≤0.06	19.6	153
7.00	±0.07	≤0.07	38.5	301

注：a. 钢丝的公称直径、公称截面积、每米参考质量均应包含锌层在内。

b. 每米参考质量不包括直径偏差引起的变化，计算时镀锌钢丝的参考密度取7.81g/mm³。

6.2 经供需双方协商，也可供应其他尺寸及允许偏差的钢丝。

7 技术要求

7.1 材料与制造

7.1.1 制造钢丝用盘条的牌号由生产厂选择，但硫、磷含量均不应超过0.025%，铜含量不应超过0.20%；应采用经索氏体化处理后的盘条。

7.1.2 锌锭应采用GB/T 470—1997中Zn99.995或Zn99.99。

7.1.3 钢丝应在拉拔后进行热镀锌。

7.1.4 钢丝镀锌后应进行相应的后处理，以保证钢丝性能达到要求。

7.1.5　成品镀锌钢丝整卷长度内不应有任何形式的接头，在制造过程中的焊接头应在成品中切除。

7.2　力学性能

7.2.1　钢丝的力学性能应符合表 2 的规定。

7.2.2　按第 8.8 条的要求作缠绕试验后，钢丝不应断裂。

钢丝力学性能　　表 2

公称直径 d_n(mm)	强度级别 R_m(MPa)	规定非比例延伸强度 $R_{p0.2}$(MPa)		断后伸长率 (L_n=250mm) A/%不小于	应力松弛性能		
		无松弛或Ⅰ级松弛要求不小于	Ⅱ级松弛要求不小于		初中载荷(公称载荷)(%)	1 000h 后应力松弛率(%)不大于	
					对所有钢丝	Ⅰ级松弛	Ⅱ级松弛
5.00	1 670 1 770 1 860	1 340 1 420 1 490	1 490 1 580 1 660	4.0	70	7.5	2.5
7.00	1 670 1 770	—	1 490 1 580	4.0	70	7.5	2.5

注：1. 按钢丝公称面积确定其载荷值，公称面积应包括锌层厚度在内。

2. 强度级别值为实际允许抗拉强度的最小值。

7.2.3　对无松弛要求和 1 级松弛要求的 5mm 系列钢丝，标距为 $100d_n$ 的扭转次数应不小于 8 次。

7.2.4　钢丝的弹性模量应为$(2.0\pm0.1)\times10^5$MPa。

7.2.5　供方在保证 1 000h 松弛性能合格的基础上可用不少于 120h 的测试数据推算 1 000h 的松弛值。

7.2.6　经供需双方协商，可供应其他力学性能要求的钢丝。

7.3　工艺性能

工艺性能是指反复弯曲性能、抗脉动拉伸疲劳的性能和镦头性能。

7.3.1　反复弯曲

钢丝按 8.3 的要求进行反复弯曲试验，弯曲次数 5mm 系列钢丝应不小于 4 次，7mm 系列钢丝应不小于 5 次。

7.3.2　抗脉动拉伸疲劳

钢丝应能承受 200 万次 $0.45F_m\sim(0.45F_m-2\Delta F_a)$的载荷后而不断裂，其中

$$2\Delta F_a/S_a=360\text{MPa}$$

式中：F_m——钢丝公称极限拉力(N)，$F_m=R_m\times S_a$；

S_a——镀锌钢丝的公称面积(mm^2)；

$2\Delta F_a$——脉动应力幅的载荷值(N)。

7.3.3　镦头性能

如需方要求，可做镦头试验，试验要求和方法由供需双方协商。

7.4　镀锌层的性能

7.4.1　单位面积锌层重量

钢丝单位面积的锌层重量应不小于 300g/m²;经供需双方协商,可供应其他锌层重量要求的钢丝。

7.4.2　锌层附着力

钢丝在经过 8.8 要求的缠绕试验后,螺旋圈的外侧锌层应没有剥落或用手指(避免采用指甲)摩擦不产生剥落。

7.4.3　锌层均匀性

钢丝试样应不少于 4 次(每次时间 60s)硫酸铜溶液试验,按 8.9 进行并判定。

7.5　伸直性能

7.5.1　钢丝长度方向不应呈波浪形,不得存在弯折、扭曲等缺陷。

7.5.2　钢丝的自然矢高,取弦长 1m 的钢丝.其弦与弧的最大自然矢高应不大于 30mm。

7.5.3　钢丝的自由翘头高度:取 5m 长的钢丝,自然地放置于光滑平整的地面上,一端接触地面,翘起的一端离地面的高度应不大于 150mm。若供方制造有保证,可不做试验。

7.6　表面质量

钢丝应具有连续的镀锌层表面,不应有局部脱锌、露铁等缺陷,不应有超出钢丝直径偏差范围的锌瘤存在,但允许有不影响锌层质量的局部轻微划痕。

8　试验方法

8.1　拉伸试验

8.1.1　钢丝的拉伸试验应按 GB/T 228 的规定进行。

8.1.2　测定钢丝的断后伸长率时,应采用最小分度不大于 1mm 的量具,试样的标距长度为 250mm。

8.1.3　钢丝的规定非比例延伸强度是钢丝在非比例延伸率为 0.2%时的强度($R_{p0.2}$)(引伸仪标距为 250mm).供方在生产检验时,可以用规定总延伸率为 1%时的强度(R_a)来代替 $R_{p0.2}$,其值符合表 2 规定时可以交货.但仲裁时应测定 $R_{p0.2}$。测定 $R_{p0.2}$ 和 R_{t1} 时,预加负荷为公称非比例延伸负荷的 10%。

8.1.4　如试样在夹具内或距钳口 2 倍直径($2d_n$)范围内断裂而性能未达到本标准规定时,试验无效。

8.2　弹性模量试验

钢丝的弹性模量试验按 GB/T 8653 的规定进行(引伸仪标距为 250mm)。计算弹性模量的截面积以公称截面积为准。

8.3　反复弯曲试验

8.3.1　钢丝的反复弯曲试验按 GB/T 238 的规定进行。

8.3.2　5mm 系列的钢丝试验弯曲圆弧半径为 15mm,7mm 系列的钢丝试验弯曲圆弧半径为 20mm。

8.4　扭转试验

钢丝扭转试验机夹头之间的长度为钢丝公称直径的 100 倍,每分钟最大扭转次数应不大于 30 次。为使试样平直,在试样上施加一个公称负荷 0.5%～2%的拉力负荷。其余按

GB/T 239的规定进行。

8.5　松弛试验

8.5.1　试验期间,试样的温度应保持在20℃±2℃。

8.5.2　松弛试验前,试样不应承受任何载荷,不得进行任何热处理和冷加工。试样的温度应与试验环境温度一致。

8.5.3　初始负荷应在(3～5)min内均匀施加完毕,持荷1min后开始记录松弛值。

8.5.4　加载过程中试样不允许过载。

8.5.5　试验的标距长度应不小于钢丝公称直径的60倍。

8.5.6　其余按GB/T 10120的规定进行。

8.6　脉动疲劳试验

脉动疲劳试验按本标准附录A《脉动拉伸疲劳试验方法》的要求进行。

8.7　锌层重量

锌层重量试验按GB/T 1839的规定进行。

8.8　锌层附着力和缠绕试验

锌层附着力和缠绕试验按GB/T 2976的规定进行。各规格对应的缠绕芯棒直径见表3。

锌层附着力和缠绕试验要求　　表3

钢丝公称直径(mm)	缠绕芯棒直径(mm)		缠绕圈数	
	附着力试验	缠绕试验	附着力试验	缠绕试验
5.00	$5d_n$	$3d_n$	8	8
7.00	$5d_n$	$3d_n$	8	8

注:供方检验时可以用相邻较小直径的芯棒进行试验,仲裁时按标准进行。

8.9　锌层均匀性

锌层均匀性试验按GB/T 2972的规定进行。

8.10　尺寸测量

8.10.1　采用精度为0.01mm的千分尺测量钢丝的直径。直径测量应在同一截面相互垂直的两个方向上测量,取平均值。

8.10.2　采用精度为0.01mm的千分尺测量钢丝同一截面上直径的最大值和最小值,它们的差为不圆度。

8.10.3　采用最小分度值为1mm的量具测量钢丝的伸直性能。

8.10.4　采用最小分度值为1cm的量具测量钢丝的包装盘径。

8.11　表面质量

表面质量采用目测方法检查。

8.12　数值修约

数值修约按GB/T 8170进行。

9　检验规则

9.1　组批规则

钢丝一般由同一规格、同一炉号、同一生产工艺制造的钢丝组批验收,但松弛试验和疲劳试验按重量组批验收。

9.2 检验项目和取样数量

9.2.1 供方每批钢丝的检验项目及取样数量按表4规定。

供方出厂常规检验项目及取样数量　　表4

序　号	检验项目	取样数量	取样部位
1	直径	逐盘	盘的任一端
2	不圆度	逐盘	盘的任一端
3	表面质量	逐盘	—
4	抗拉强度	每盘取一根	盘的任一端
5	规定非比例延伸强度	每10盘取一根	盘的任一端
6	断后伸长率	每盘取一根	盘的任一端
7	缠绕试验	每10盘取一根	盘的任一端
8	反复弯曲	每10盘取一根	盘的任一端
9	弹性模量	每10盘取一根	盘的任一端
10	扭转试验	每10盘取一根	盘的任一端
11	伸直性能	每10盘取一根	盘的任一端
12	锌层重量	每10盘取一根	盘的任一端
13	锌层附着力		
14	锌层均匀性		

注：同一批中不足10盘的，按10盘取样。

9.2.2 松弛试验每300t取样1根，疲劳试验每2 000t取样1根，交货不足取样数量时，供方提供12个月内同类产品的试验报告。

9.2.3 需方的进货检验每批按供方取样数量的5%取样试验。

9.3 复验与判定规则

在检查中，如有某一项检查结果不符合本标准的要求，则该盘不允许交货。并从同一批未经试验的钢丝盘中取双倍数量的试样进行该不合格项目的复验（包括该项试验所要求的任一指标），复验结果即使有1个试样不合格，则不允许整批交货，但可以逐盘检验，合格者交货。供方可以对复验不合格钢丝进行分类加工后，重新提交验收。

10 包装、标志及质量证明书

10.1 一般供货钢丝5mm系列采用最小内径1 500mm的无轴包装；7mm系列采用最小内径1 800mm的无轴包装。有其他包装尺寸要求的，可由供需双方商定。

10.2 钢丝的最小盘重为400kg，交货批中800kg以上的比例应大于95%。有定尺、倍尺和其他要求的，可由供需双方商定。

10.3 钢丝的其他包装、标志及质量证明书应符合GB/T 2103—1988的规定，一般按Ⅱc类包装，特殊要求应在合同中注明。

附　录　A
（规范性附录）
脉动拉伸疲劳试验方法

A.1　试验原理

使试样承受两种负荷（预定的脉动拉伸最大负荷和最小负荷）之间的脉动拉伸应力至规定次数，考察试样的疲劳性能。

A.2　试样

A.2.1　形式

疲劳试验用试样是一段未经加工的钢丝。

A.2.2　尺寸

两个夹具之间的试样尺寸应尽可能地长，至少140mm。

A.3　试验条件

A.3.1　根据钢丝的分类、强度级别，确定加载时的最大应力载荷为0.45F_m，应力幅值为360MPa。

A.3.2　在试验的全过程中，脉动拉伸的最大负荷和最小负荷应保持恒定值。合适的方法是考虑采用能周期性检查负荷或能做记录的装置，负荷的控制精度至少为1%。

A.3.3　试验期间负荷循环变化的频率应该是恒定的，此频率不应超过120Hz。所有应力都呈轴向传递给试样，既没有钳口影响，也没有缺口影响。应有一个相应的装置能限定夹头中试样的任何滑移。

A.4　判定

由于缺口影响或局部过热引起试样在夹头内和夹持区域内（3倍的钢丝公称直径）断裂时，本次试验无效，可取样重试。如果实际负荷循环次数已达到或超过规定值，允许将试验结果视为有效。

九、中华人民共和国国家标准（GB/T 5223.3—2005）

预应力混凝土用钢棒

1　范围

本标准规定了圆形预应力混凝土用钢棒（以下简称钢棒）的定义、分类、代号和标记、订货内容、技术要求、试验方法、检验规则、包装标志及质量证明书。

本标准适用于预应力混凝土用光圆、螺旋槽、螺旋肋、带肋钢棒。

2　规范性引用文件

下列文件中的条款通过本标准的引用而成为本标准的条款。凡是注日期的引用文件，其随后所有的修改单（不包括勘误的内容）或修订版均不适用于本标准，然而，鼓励根据本标准达成协议的各方研究是否可使用这些文件的最新版本。凡是不注日期的引用文件，其最新版本适用于本标准。

GB/T 228 金属材料 室温拉伸试验方法(GB/T 228—2002 eqv ISO 6892:1998)

GB/T 232 金属弯曲试验方法

GB/T 238 金属材料 线材 反复弯曲试验方法

GB 1499 钢筋混凝土用热轧带肋钢筋(GB 1499—1998 neq ISO 6935—2:1991)

GB/T 2101 型钢验收、包装、标志及质量证明书的一般规定

GB/T 2103 钢丝验收、包装、标志及质量证明书的一般规定

GB/T 4354 优质碳素钢热轧盘条

GB/T 10120 金属应力松弛试验方法

GB/T 14981 热轧盘条尺寸、外形、重量及允许偏差(GB/T 14981—2004 MOD ISO/DIS 16142:2002)

GB/T 17505 钢及钢产品交货一般技术要求(GB/T 17505—1998 eqv ISO 404:1992)

3 术语和定义

下列术语和定义适用于本标准。

3.1 光圆钢棒 plain bar

横截面为圆形的钢棒。

3.2 螺旋槽钢棒 helical grooved bar

沿着表面纵向,具有规则间隔的连续螺旋凹槽的钢棒(图 B.1)。

3.3 螺旋肋钢棒 helical ribbed bar

沿着表面纵向,具有规则间隔的连续螺旋凸肋的钢棒(图 B.2)。

3.4 带肋钢棒 ribbed bar

沿着表面纵向,具有规则间隔的横肋的钢棒(图 B.3)。

3.5 横肋 transverse rib

与纵肋不平行的其他肋。

3.6 淬火和回火钢棒 quenched & tempered bar

热轧盘条经加热到奥氏体化温度后快速冷却,然后在相变温度以下加热进行回火所得钢棒。

4 分类、代号和标记

4.1 分类

按钢棒表面形状分为光圆钢棒、螺旋槽钢棒、螺旋肋钢棒、带肋钢棒四种。表面形状、类型按用户要求选定。

4.2 代号

预应力混凝土用钢棒	PCB
光圆钢棒	P
螺旋槽钢棒	HG
螺旋肋钢棒	HR
带肋钢棒	R
普通松弛	N

低松弛　　　　　　　　　L

4.3　标记

4.3.1　标记内容

按 GB/T 5223.3—2005 交货的产品标记应含下列内容：预应力钢棒、公称直径、公称抗拉强度、代号、延性级别（延性 35 或延性 25）、松弛（N 或 L）、标准号。

4.3.2　标记示例

示例：公称直径为 9mm，公称抗拉强度为 1 420MPa，35 级延性，低松弛预应力混凝土用螺旋槽钢棒，其标记为：PCB 9-1420-35-L-HG-GB/T 5223.3。

5　订货内容

按本标准订货的合同可包括以下内容。

a）产品名称；

b）产品代号；

c）公称直径；

d）强度、延性级别、松弛级别；

e）本标准编号；

f）数量；

g）用途；

h）需方提出的其他特殊要求。

6　技术要求

6.1　原材料

制造钢棒用原材料为低合金钢热轧圆盘条，其尺寸、外形及允许偏差应符合 GB/T 14981 及 GB1499 标准相应规定，表面质量应符合 GB/T 4354 标准相应规定。各牌号化学成分熔炼分析中的杂质含量应符合表 1 的规定。

原材料成分有害杂质含量（质量分数单位：%）　　　　表 1

P 不大于	S 不大于	Cu 不大于
0.025	0.025	0.25

6.2　制造方法

6.2.1　热轧盘条经冷加工后（或不经冷加工）淬火和回火所得。

6.2.2　成品钢棒不得存在电接头，在生产时为了连续作业而焊接的电接头应切除掉。

6.3　尺寸、重量和性能

6.3.1　钢棒的公称直径、横截面积、重量应符合表 2 的规定。

6.3.2　钢棒应进行拉伸试验，其抗拉强度、延伸强度应符合表 2 的规定；伸长特性要求（包括延性级别和相应伸长率）应符合表 3 的规定。

经拉伸试验后，目视观察，钢棒应显出缩颈韧性断口。

6.3.3　钢棒应进行弯曲试验（螺旋槽钢棒、带肋钢棒除外），其性能符合表 2 的规定。

钢棒的公称直径、横截面面积、重量及性能　　表 2

表面形状类型	公称直径 D_n(mm)	公称横截面面积 S_n(mm^2)	横截面面积 S(mm^2) 最小	横截面面积 S(mm^2) 最大	每米参考质量(g/m)	抗拉强度 R_m 不小于(MPa)	规定非比例延伸强度 $R_{p0.2}$ 不小于(MPa)	弯曲性能 性能要求	弯曲性能 弯曲半径(mm)
光圆	6	28.3	26.8	29.0	222	对所有规格钢棒 1 080 1 230 1 420 1 570	对所有规格钢棒 930 1 080 1 280 1 420	反复弯曲不小于4次/180°	15
	7	38.5	36.3	39.5	302				20
	8	50.3	47.5	51.5	394				20
	10	78.5	74.1	80.4	616				25
	11	95.0	93.1	97.4	746			弯曲160°～180°后弯曲处无裂纹	弯芯直径为钢棒公称直径的10倍
	12	113	106.8	115.8	887				
	13	133	130.3	136.3	1 044				
	14	154	145.6	157.8	1 209				
	16	201	190.2	206.0	1 578				
螺旋槽	7.1	40	39.0	41.7	314			—	
	9	64	62.4	66.5	502				
	10.7	90	87.5	93.6	707				
	12.6	125	121.5	129.9	981				
螺旋肋	6	28.3	26.8	29.0	222			反复弯曲不小于4次/180°	15
	7	38.5	36.3	39.5	302				20
	8	50.3	47.5	51.5	394				20
	10	78.5	74.1	80.4	616				25
	12	113	106.8	115.8	888			弯曲160°～180°后弯曲处无裂纹	弯芯直径为钢棒公称直径的10倍
	14	154	145.6	157.8	1 209				
带肋	6	28.3	26.8	29.0	222			—	
	8	50.3	47.5	51.5	394				
	10	78.5	74.1	80.4	616				
	12	113	106.8	115.8	887				
	14	154	145.6	157.8	1 209				
	16	201	190.2	206.0	1 578				

6.3.4　钢棒应进行初始应力为 70%公称抗拉强度时 1 000h 的松弛试验。假如需方有要求，也应测定初始应力为 60%和 80%公称抗拉强度时 1 000h 的松弛值，其松弛值符合表 4 的规定。

6.3.5　经供需双方协商，合同中注明，可对钢棒进行疲劳试验，数值遵照附录 A 的规定。

6.3.6　除非生产厂家另有规定，弹性模量为 200GPa±10GPa，但不作为交货条件。

伸长特性要求　　表 3

延性级别	最大力总伸长率，A_{gt}(%)	断后伸长率($L_0=8d_n$) A(%)不小于
延性 35	3.5	7.0
延性 25	2.5	5.0

注：1. 日常检验可用断后伸长率，仲裁试验以最大力总伸长率为准。

2. 最大力伸长率标距 $L_0=200$mm。

3. 断后伸长率标距 L_0 为钢棒公称直径的 8 倍，$L_0=8d_n$。

最大松弛值　　表 4

初始应力为公称抗拉强度的百分数(%)	1 000h 松弛值(%)	
	普通松弛(N)	低松弛(L)
70	4.0	2.0
60	2.0	1.0
80	9.0	4.5

6.4　如用户需要也可提供其他规格的产品，其性能应符合本标准的规定。

6.5　外形

6.5.1　钢棒的尺寸外形参见附录 B。

6.5.2　盘径。内圈盘径应不小于 2 000mm。直条长度及允许偏差按供需双方协议要求。

6.5.3　盘重。每盘钢棒由一根组成，盘重一般应不小于 500kg，每批允许有 10%的盘数小于 500kg 但不小于 200kg。

6.5.4　产品可以盘卷或直条交货。

6.6　表面质量

钢棒表面不得有影响使用的有害损伤和缺陷，允许有浮锈。

6.7　伸直性

取弦长为 1m 的钢棒，放在一平面上，其弦与弧内侧最大自然矢高应不大于 5mm。仲裁时以每盘去掉一圈时的试样为准。

7　试验方法

7.1　表面检验

表面质量用目测检查。

7.2　横截面面积测量

横截面面积测量应采用如下方法：

取一根长度不小于 300mm 的钢棒，钢棒长度测量精确到 1mm。称量钢棒的质量，精确到 0.1g，按式(1)计算钢棒横截面积。

$$S=m\times 1\,000/(L\times 7.85) \tag{1}$$

式中：m——称得的钢棒质量(g)；

L——钢棒实测长度(mm)；

S——钢棒的横截面面积(mm^2)；

7.85——钢的密度(g/cm^3)。

7.3 拉伸试验

7.3.1 抗拉强度

钢棒的拉伸试验按 GB/T 228 的规定进行。计算抗拉强度时，取钢棒的公称横截面积值。

7.3.2 规定非比例延伸强度

规定非比例延伸强度的测定按 GB/T 228 的规定进行。

钢棒的规定非比例延伸强度 $R_{p0.2}$ 也可以用规定总延伸率为 1%时的应力 R_{t1} 来代替，其值符合本标准规定时可以交货，但仲裁试验时应测定 $R_{p0.2}$。测量时预加负荷为公称非比例延伸负荷的 10%。

7.3.3 伸长率

7.3.3.1 最大力伸长率的测定按 GB/T 228 的规定进行。

使用计算机采集数据或使用电子拉伸设备的，测量伸长率时预加负荷对试样所产生的伸长应加在总伸长内，测得的伸长率应修约到 0.5%。

7.3.3.2 断后伸长率的测定按 GB/T 228 的规定进行，标距规定见表 3。

试样的标距划痕不得导致断裂发生在划痕处。

试样长度应保证试验机上下钳口之间的距离超过原始标距 50mm 以上。

7.4 弯曲试验

公称直径不大于 10mm 的钢棒(带肋钢棒、螺旋槽钢棒除外)的反复弯曲试验，按 GB/T 238标准进行。弯曲半径应符合表 2 的相应规定。公称直径大于 10mm 的钢棒(带肋、螺旋槽钢棒除外)的弯曲试验按 GB/T 232 标准执行。

7.5 应力松弛试验

钢棒的应力松弛性能试验应按 GB/T 10120 规定进行。环境温度保持在 20°C±2℃的范围内。试样标距长度不小于公称直径的 60 倍，试样制备后不得进行任何热处理和冷加工。

初始负荷应在 3～5min 内均匀施加完毕，并保持负荷 1min 后开始记录。

可以采用试验数据的线性回归分析方法对不少于 100h 的试验数据推算 1 000h 的松弛值。

7.6 疲劳试验

钢棒疲劳性能试验可按附录 A 的规定进行。

8 检验规则

钢棒的检验按 GB/T 2101、GB/T 2103 及 GB/T 17505 的规定进行。

8.1 检查和验收

产品的出厂检验由供方技术监督部门按表 5 进行，需方可按本标准的规定进行检查验收。

8.2 组批规则

钢棒应成批检查和验收，每批钢棒由同一牌号、同一规格、同一加工状态的钢棒组成，每批重量不大于 60t。

8.3 检验项目及取样数量

每批钢棒检验项目的取样数量和取样部位及试验方法按表 5 的规定。

8.4 复验与判定规则

钢棒的复验与判定按 GB/T 2101 及 GB/T 2103 的规定执行。

检验项目、取样数量、取样部位及检验方法　　表 5

序号	检验项目	取样数量	取样部位	检验方法
1	表面	逐盘	在每(任一)盘中任意一端截取	目视
2	横截面积	1 根/5 盘		用分度值为 0.1g 的天平测量
3	伸直性	1 根/5 盘		用分度值为 1mm 的量具测量
4	抗拉强度	1 根/盘		按 GB/T 228 规定执行
5	规定非比例延伸强度	3 根/每批		按 GB/T 228 规定执行
6	最大力总伸长率	3 根/每批		按 GB/T 228 规定执行
7	断后伸长率	1 根/盘		按 GB/T 228 规定执行
8	弯曲性能	3 根/每批		按 GB/T 238、GB/T 232 规定执行
9	应力松弛性能	不少于 1 根/每条生产线每个月		按 GB/T 10120 规定执行

注:1. 当更换原料牌号、规格及不同厂家的原料时,均要做松弛试验。

2. 对于直条钢棒,以切断盘条的盘数为依据,并应按盘状的取样规则。

9　包装、标志及质量证明书

钢棒的包装、标志及质量证明书等一般要求应参照 GB/T 2101 及 GB/T 2103 的规定执行。

9.1　包装

钢棒按 GB/T 2103 中Ⅰ类包装。特殊要求应在合同中注明。

9.2　标志

钢棒应逐盘或逐捆加拴标牌,其上注明供方名称、商标、产品名称、标记、长度、净重及出厂编号。

9.3　质量证明书

每一合同批应附有质量证明书,其中应注明:供方名称、地址和商标、需方名称、合同号、重量、产品标记、编号、出厂日期、技术监督部门印记。

附　录　A
(规范性附录)
疲　劳　试　验

A.1　疲劳试验所用试样应从成品钢棒上直接截取,试样长度应保证两夹具之间的距离不小于 140mm。

A.2　钢棒应能经受 2×10^6 次 $0.7F_b \sim (0.7F_b - 2\Delta F_a)$ 脉动负荷后而不断裂。

光圆钢棒:　　$2\Delta F_a/S_g = 200\text{MPa}$

螺旋槽、螺旋肋钢棒及带肋钢棒:　　$2\Delta F_a/S_n = 180\text{MPa}$

式中:F_b——钢棒的公称破断力(N);

$2\Delta F_a$——应力范围(两倍应力幅)的等效负荷值(N);

S_n——钢棒的公称截面面积(mm^2)。

A.3　在试验全过程中脉动拉伸的最大应力保持恒定应力的静态测量精度应达到±1%。

A.4 应力循环频率不能超过 120Hz。

A.5 所有应力都沿轴向传递给试样，应无钳口和缺口影响，且应由一个相应的装置台限定夹头中试样的任何滑移。

A.6 由于缺口影响或局部过热引起试样在夹头内和夹持区域内（2 倍钢棒公称直径）断裂时试验无效。

A.7 试验过程中，试件温度不能超过 40℃，试验室环境温度在 18℃～25℃范围内。

附　录　B

（资料性附录）

表面形状及尺寸

B.1 螺旋槽钢棒的尺寸及偏差应符合表 B.1 的规定，外形见图 B.1。

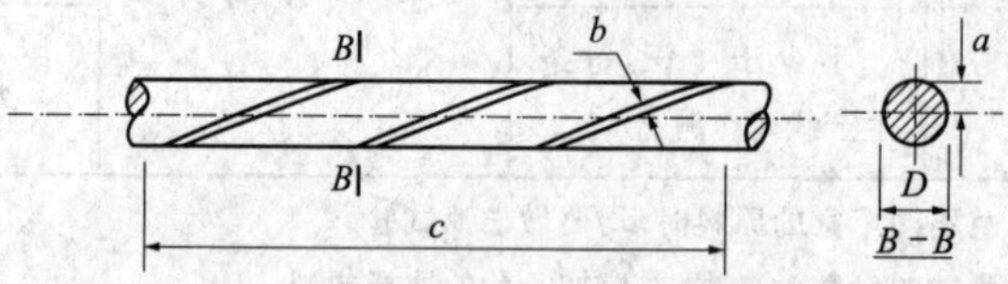

a)

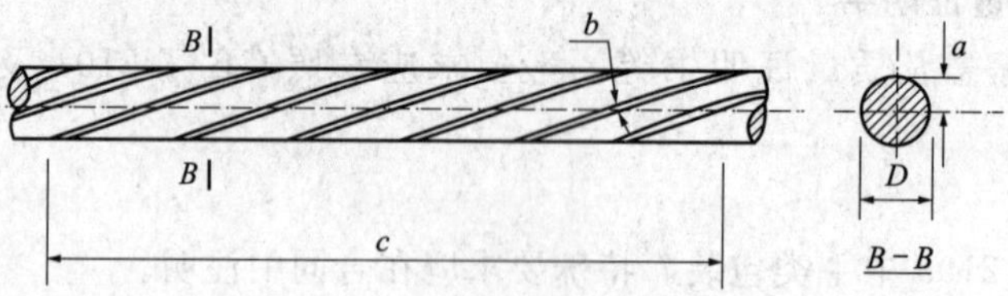

b)

图 B.1　螺旋槽钢棒外形示意图

a)3 条螺旋槽钢棒外形示意图；b)6 条螺旋槽钢棒外形示意图

螺旋槽钢棒的尺寸及偏差　　表 B.1

公称直径 D_n(mm)	螺旋槽数量(条)	外轮廓直径及偏差		螺旋槽尺寸				导程及偏差	
		直径 D(mm)	偏差(mm)	深度 a(mm)	偏差(mm)	宽度 b(mm)	偏差(mm)	导程(mm)	偏差(mm)
7.1	3	7.25	±0.15	0.20	±0.10	1.70	±0.10	公称直径的 10 倍	±10
9	6	9.15	±0.20	0.30		1.50			
10.7	6	11.10		0.30		2.00			
12.6	6	13.10		0.45	±0.15	2.20			

B.2 螺旋肋钢棒的尺寸及偏差应符合表 B.2 的规定，外形见图 B.2。

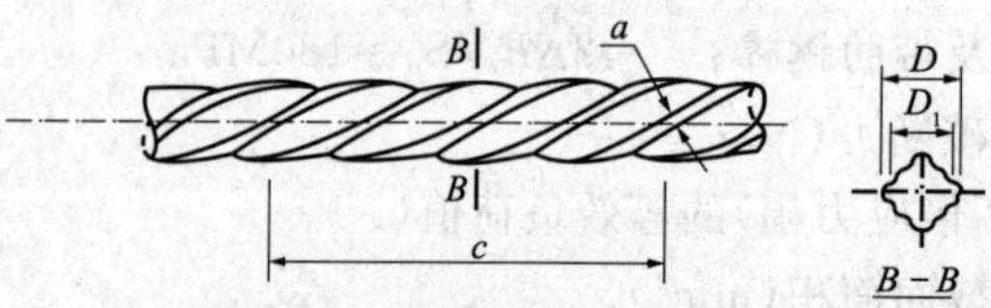

图 B.2　螺旋肋钢棒外形示意图

螺旋肋钢棒的尺寸及偏差　　表 B.2

公称直径 D_n(mm)	螺旋肋数量(条)	基圆尺寸		外轮廓尺寸		单肋尺寸	螺旋肋导程 c(mm)
		基圆直径 D_1(mm)	偏差(mm)	外轮廓直径 D(mm)	偏差(mm)	宽度 a(mm)	
6	4	5.80	±0.10	6.30	±0.15	2.20～2.60	40～50
7		6.73		7.46		2.60～3.00	50～60
8		7.75		8.45		3.00～3.40	60～70
10		9.75		10.45	±0.20	3.60～4.20	70～85
12		11.70	±0.15	12.50		4.20～5.00	85～100
14		13.75		14.40		5.00～5.80	100～115

B.3　带肋钢棒的尺寸及偏差应符合表 B.3.1、表 B.3.2 的规定，外形见图 B.3.1、图 B.3.2。

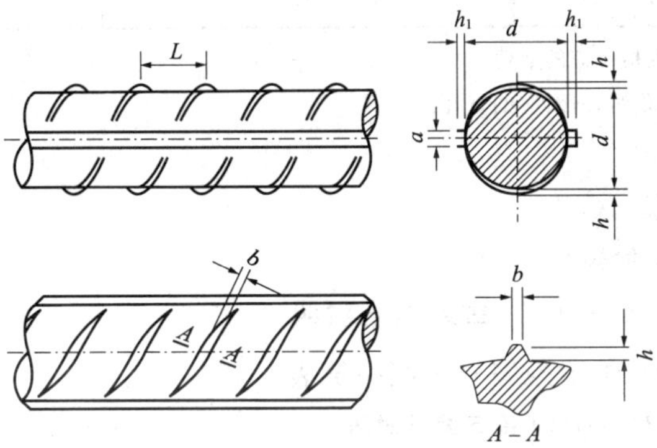

图 B.3.1　有纵肋带肋钢棒外形示意图

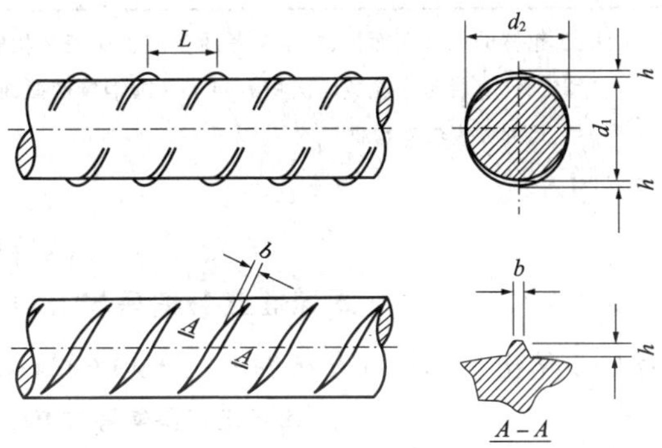

图 B.3.2　无纵肋带肋钢棒外形示意图

有纵肋带肋钢棒的尺寸及允许偏差　　表 B.3.1

公称直径 D_n/(mm)	内径 d		横肋高 h		纵肋高 h_1		横肋宽 b(mm)	纵肋宽 a(mm)	间距 L		横肋末端最大间隙(公称周长的10%弦长)(mm)
	公称尺寸(mm)	偏差(mm)	公称尺寸(mm)	偏差(mm)	公称尺寸(mm)	偏差(mm)			公称尺寸(mm)	偏差(mm)	
6	5.8	±0.4	0.5	±0.3	0.6	±0.3	0.4	1.0	4	±0.5	1.8
8	7.7	±0.5	0.7	+0.4 −0.3	0.8	±0.5	0.6	1.2	5.5		2.5
10	9.6		1.0	±0.4	1	±0.6	1.0	1.5	7		3.1
12	11.5		1.2	+0.4 −0.5	1.2	+0.8	1.2	1.5	8		3.7
14	13.4		1.4		1.4		1.2	1.8	9		4.3
16	15.4		1.5		1.5		1.2	1.8	10		5.0

注：1. 钢棒的横截面面积、每米参考质量应参照表 2 中相应规格对应的数值。

2. 公称直径是指横截面面积等同于光圆钢棒横截面面积时所对应的直径。

3. 纵肋斜角 θ 为 0°～30°。

4. 尺寸 a、b 为参考数据。

无纵肋带肋钢棒的尺寸及允许偏差 表 B.3.2

<table>
<tr><th rowspan="2">公称直径
D_n(mm)</th><th colspan="2">垂直内径 d_1</th><th colspan="2">水平内径 d_2</th><th colspan="2">横肋高 h</th><th rowspan="2">横肋宽
b(mm)</th><th colspan="2">间距 L</th></tr>
<tr><th>公称尺寸
(mm)</th><th>偏差
(mm)</th><th>公称尺寸
(mm)</th><th>偏差
(mm)</th><th>公称尺寸
(mm)</th><th>偏差
(mm)</th><th>公称尺寸
(mm)</th><th>偏差
(mm)</th></tr>
<tr><td>6</td><td>5.7</td><td>±0.4</td><td>6.2</td><td>±0.4</td><td>0.5</td><td>±0.3</td><td>0.4</td><td>4</td><td rowspan="6">±0.5</td></tr>
<tr><td>8</td><td>7.5</td><td rowspan="5">±0.5</td><td>8.3</td><td rowspan="5">±0.5</td><td>0.7</td><td>+0.4
−0.3</td><td>0.6</td><td>5.5</td></tr>
<tr><td>10</td><td>9.4</td><td>10.3</td><td>1.0</td><td>±0.4</td><td>1.0</td><td>7</td></tr>
<tr><td>12</td><td>11.3</td><td>12.3</td><td>1.2</td><td rowspan="3">+0.4
−0.5</td><td>1.2</td><td>8</td></tr>
<tr><td>14</td><td>13</td><td>14.3</td><td>1.4</td><td>1.2</td><td>9</td></tr>
<tr><td>16</td><td>15</td><td>16.3</td><td>1.5</td><td>1.2</td><td>10</td></tr>
</table>

注：1. 钢棒的横截面面积、每米参考质量应参照表 2 相应规格对应的数值。

2. 公称直径是指横截面面积等同于光圆钢棒横截面面积时，所对应的直径。

3. 尺寸 b 为参考数据。

附 录 C

(资料性附录)

本标准章条编号与 ISO 6934/3:1991 章条编号对照

表 C.1 给出了本标准章条编号与 ISO 6934/3:1991 章条编号对照一览表。

本标准章条编号与 ISO 6934/3:1991 章条编号对照 表 C.1

本标准章条编号	ISO 6934/3:1991 章条编号	本标准章条编号	ISO 6934/3:1991 章条编号
1	1	6.3.3	6.2 第四句
2	2	6.3.4	6.3
3	3	6.3.5	6.4
4	7	6.3.6	—
4.1	5	6.4	—
4.2	7b)	6.5	5
4.3	7c)、d)、f)	6.5.1	—
5	—	6.5.2	8.2
6.1	—	6.5.3	1. 第二句
6.2	—	6.5.4	—
6.2.1	—	6.6	8.1
6.2.2	—	6.7	8.3
6.3	6	7	—
6.3.1	6.1	7.1	—
6.3.2	6.2 第二句	7.2	—

续上表

本标准章条编号	ISO 6934/3:1991 章条编号	本标准章条编号	ISO 6934/3:1991 章条编号
7.3	—	7.6	6.4
7.3.1	—	8	—
7.3.2	—	9	—
7.3.3	6.2	10	—
7.3.3.1	—	附录 A	—
7.3.3.2	—	附录 B.1	附录 A.2
7.4	6.2 第三句和第四句	附录 B.2	—
7.5	6.3	附录 B.3	附录 A.1

附 录 D
(资料性附录)
本标准与 ISO 6934/3:1991 技术性差异及其原因

表 D.1 给出了本标准与 ISO 6934/3:1991 的技术性差异及其原因的一览表

本标准与 ISO 6934/3:1991 的技术性差异及其原因 表 D.1

本标准的章条编号	技术性差异	原 因
1	将淬火和回火钢丝改为预应力混凝土用钢棒	ISO 6934 系列标准是按加工方法分类命名的，而我国预应力钢材标准是按用途分类命名的
2	引用了采用国际标准的我国标准，而非国际标准。增加引用了 GB/T 1499，GB/T 14981，GB/T 2103，GB/T 17505，GB/T 10120	以适合我国国情。 保持与 GB/T 1.1 的一致性
3	增加了光圆钢棒、螺旋肋钢棒、带肋钢棒、淬火和回火的定义	ISO 6934 在第一部分中做了规定
4.1	将 ISO 6934/3 中刻槽分成螺旋槽和螺旋肋两种，共分成四大类，去掉了刻痕钢棒	参照 YB/T 111 标准螺旋槽外形和尺寸及 GB/T 5223标准螺旋肋外形和尺寸制定，有利于产品的推广应用。刻痕钢棒已属于淘汰产品，ISO 6934 刻痕钢棒国内没有此类产品
4.2	重新规定了产品代号	符合 GB/T 15575《钢产品标记代号》标准
4.3.2	在标记方法中将产品名称写在前，标准号写在后	与 GB/T 5223、GB/T 5224 标准一致
5	增加了“订货内容”部分	符合国情。与 GB/T 5223、GB/T 5224 一致
6.3.1(表 2)	取消了光圆 ϕ12.2、带肋 ϕ6.2、ϕ7.2 规格。增加了光圆 ϕ11.0、ϕ13.0 两种规格。 增加了强度级别。 增加了公称截面面积的最大和最小值。 增加了每米参考质量。 取消了 0.1%条件屈服。 增加了弯曲半径和弯芯直径	符合国情。推荐的优先采用规格。 有利于标准的推广运用。 将截面面积作为日常检验指标。 便于用户参考。与 GB/T 5223 一致。符合国情。与 GB/T 5223、GB/T 5224 一致。 便于标准的使用

续上表

本标准的章条编号	技术性差异	原　因
6.3.2(表 3)	增加了断后伸长率指标,作为日常检验项目	便于生产企业大生产时逐盘检验。与 GB/T 5223一致
6.3.5	将疲劳试验要求放在附录 A 中	便于标准的执行,与 GB/T 5223 一致。ISO 6934/3标准 6.4 条款表述的不够详细
6.3.6	增加了弹性模量值	方便用户使用。与 GB/T 5223 一致
6.2	增加了制造方法	ISO 6934 在第一部分做了规定
6.1	将磷硫含量改为不大于 0.025%。	ISO 6934 在第一部分 ISO 6934/1 里做了规定(6,1)磷硫含量不大于 0.04%,水平太低,影响产品的性能。
	增加了铜含量指标要求	参照 YB/T 111 规定,加严对原料的要求
6.5.2	增加了盘重要求	与 GB/T 5223、GB/T 5224 一致
6.5.3	增加了盘卷尺寸要求	与 GB/T 5223、GB/T 5224 一致
6.7	将钢棒伸直性由每米矢高 30mm 改为每米矢高 5mm	ISO 6934/3 水平太低,用户不能接受
7.5	增加了松弛值外推法	与 GB/T 5223 一致
8	增加了检验规则	ISO 6934 在第一部分 ISO 6934/l 里做了规定(7.1 表 1)
8.4	增加了复验与判定规则	与 GB/T 5223、GB/T 5224 一致
9	增加了包装、标志及质量证明书	与 GB/T 5223、GB/T 5224 一致。ISO 6934 在第一部分 ISO 6934/1 里对标志做了规定(8.1)
附录 A	增加了附录 A	与 GB/T 5223－2002 一致
附录 B	增加了螺旋槽钢棒外形、尺寸及偏差。 增加了螺旋肋钢棒外形、尺寸及偏差。	有利于生产厂家参考执行。有利于钢棒的推广使用。
	将带肋钢棒分成有纵筋带肋和无纵筋带肋两种。并增加了外形、尺寸及偏差	参照 GB/T 1499《钢筋混凝土用热轧带肋钢筋》的规定

十、中华人民共和国交通行业标准(JT/T 329—2010)

公路桥梁预应力钢绞线用锚具、夹具和连接器

1　范围

本标准规定了公路桥梁预应力钢绞线用锚具、夹具和连接器产品的分类、型号、结构形式、规格、技术要求、试验方法、检验规则及标志、包装、运输、储存等内容。

本标准适用于公路桥梁后张预应力混凝土结构和构件用钢绞线锚具、夹具和连接器,不适用于拉索、斜拉索和吊索。

2　规范性引用文件

下列文件对于本文件的应用是必不可少的。凡是注日期的引用文件，仅注日期的版本适用于本文件。凡是不注日期的引用文件，其最新版本（包括所有的修改单）适用于本文件。

GB/T 191　包装储运图示标志

GB/T 197　普通螺纹　公差

GB/T 230.1　金属材料　洛氏硬度试验　第1部分：试验方法（A、B、C、D、E、F、G、H、K、N、T标尺）

GB/T 231.1　金属材料　布氏硬度试验　第1部分：试验方法

GB/T 700　碳素结构钢

GB/T 1348　球墨铸铁件

CB/T 1804　一般公差　未注公差的线性和角度尺寸的公差

GB/T 3274　碳素结构钢和低合金结构钢热轧厚钢板和钢带

GB/T 5224　预应力混凝土用钢绞线

GB/T 9439　灰铸铁件

GB/T 9969　工业产品使用说明书　总则

GB/T 12361　钢质模锻件　通用技术条件

CB/T 15822.1　无损检测　磁粉检测　第1部分：总则

JB/T 3999　钢件的渗碳与碳氮共渗淬火回火

JB/T 5944　工程机械　热处理件通用技术条件

JB/T 5936　工程机械　机械加工件通用技术条件

JB/T 5947　工程机械　包装通用技术条件

JG 225　预应力混凝土用金属波纹管

JT/T 529　顶应力混凝土桥梁用塑料波纹管

3　术语、定义和符号

3.1　术语和定义

下列术语和定义适用于本文件。

3.1.1　锚具 anchorage

在后张法结构或构件中，为保持钢绞线的拉力并将其传递到混凝土结构或构件上所用的永久性锚固装置。锚具可分为张拉端锚具和固定端锚具两类。

3.1.1.1　张拉端锚具 stressing anchorage

安装在钢绞线端部且可用以对钢绞线张拉后再夹持锚固的锚具。

3.1.1.2　固定端锚具 fixed anchorage

安装在钢绞线端部，通常埋入混凝土中且不需张拉的锚具。

3.1.2　夹具 grip

在张拉千斤顶或设备上夹持钢绞线的临时性锚固装置，也称“工具锚”。

3.1.3　连接器 coupler

用于张拉连接钢绞线的装置。

3.1.4 钢绞线—锚具组装件 strand-anchorage assembly

单根或成束钢绞线和安装在端部的锚具组合装配而成的受力单元。

3.1.5 钢绞线—连接器组装件 strand-coupler assembly

单根或成束钢绞线和连接器组合装配而成的受力单元。

3.1.6 内缩 draw-in

钢绞线在锚固过程中，由于张拉端锚具各零件之间、锚具与钢绞线之间的相对位移和局部塑性变形所产生的钢绞线回缩现象。

3.1.7 钢绞线—锚具组装件的实测极限拉力 ultimate tensile force of strand-anchorage assembly

钢绞线—锚具组装件在静载试验过程中破断时达到的最大拉力。

3.1.8 钢绞线—连接器组装件的实测极限拉力 ultimate tensile force of strand-coupler assembly

钢绞线—连接器组装件在静载试验过程中破断时达到的最大拉力。

3.1.9 受力长度 tension length

锚具、连接器试验时，钢绞线两端的锚具或锚具与连接器起夹点之间的净距。

3.1.10 锚下垫板 bearing plate

后张预应力混凝土结构中，用以承受锚具传来的预加力并传递给混凝土的部件，包括普通锚下垫板和铸造锚下垫板等。

将锚具传来的预加力直接传递给混凝土的钢板称为普通锚下垫板。将传力板和喇叭管铸造为一体的垫板称为铸造锚下垫板，在铸造锚下垫板中，传力板可以不止一层。

3.1.11 锚固区 anchorage zone

在后张预应力混凝土结构构件中，承受锚具传来的预加力并使混凝土截面应力趋于均匀的区段。

3.1.12 传力性能试验 load transfer test

为验证局部锚固区荷载传递性能所进行的试验。

3.2 符号

下列符号适用于本文件。

A_{pk}——钢绞线单根试件的特征(公称)截面面积；

A_p——钢绞线—锚具组装件中各根钢绞线特征(公称)截面面积之和，$A_p = n \cdot A_{pk}$；

F_{apu}——钢绞线—锚具组装件的实测极限拉力；

F_{pm}——钢绞线的实际平均极限抗拉力，由钢绞线试件实测破断荷载计算平均值得出；

f_{ptk}——钢绞线的抗拉强度标准值；

f_{pm}——试验所用钢绞线(截面以 A_{pk} 计)的实测极限抗拉强度平均值，$f_{pm} = F_{pm}/A_p$；

ε_{apu}——钢绞线—锚具组装件达到实测极限拉力时钢绞线的总应变；

η_a——钢绞线—锚具组装件静载试验测得的锚具效率系数；

F_{gpu}——钢绞线—夹具组装件的实测极限拉力；

η_g——钢绞线—夹具组装件静载试验测得的夹具效率系数；

n——钢绞线—锚具组装件中钢绞线根数；

E——钢绞线的弹性模量。

4 分类及型号

4.1 分类

锚具按其使用性能分为两类：

a)张拉端锚具；

b)固定端锚具。

4.2 型号

锚具、连接器的型号由产品代号、预应力钢绞线直径及预应力钢绞线根数三部分组成，需要时可加注生产企业的体系代号，表示方法如下：

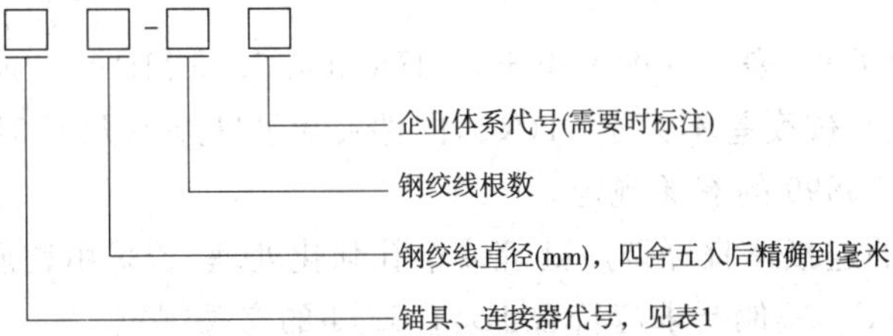

锚具、连接器名称及代号　　表 1

<table>
<tr><th colspan="4">分 类 名 称</th><th>分类代号</th></tr>
<tr><td rowspan="6">锚具</td><td rowspan="2">张拉端锚具</td><td colspan="2">圆锚张拉端锚具</td><td>YM</td></tr>
<tr><td colspan="2">扁锚张拉端锚具</td><td>YMB</td></tr>
<tr><td rowspan="4">固定端锚具</td><td rowspan="2">固定端压花锚具</td><td>圆锚固定端压花锚具</td><td>YMH</td></tr>
<tr><td>扁锚固定端压花锚具</td><td>YMHB</td></tr>
<tr><td rowspan="2">固定端挤压式锚具</td><td>圆锚固定端挤压式锚具</td><td>YMP</td></tr>
<tr><td>扁锚固定端挤压式锚具</td><td>YMPB</td></tr>
<tr><td colspan="4">夹具</td><td>YJ</td></tr>
<tr><td colspan="4">连接器</td><td>YMJ</td></tr>
</table>

示例 1：锚固 19 根直径 15.2mm 预应力混凝土用钢绞线的圆锚张拉端锚具，其型号表示为“YM15-19”；

示例 2：锚固 12 根直径 15.2mm 预应力混凝土用钢绞线的圆锚固定端挤压式锚具，其型号表示为“YMP15-12”；

示例 3：连接 7 根直径 12.7mm 钢绞线的圆锚连接器，其型号表示为“YMJ13-7”。

5 结构形式及规格

5.1 锚具

锚具的具体结构形式及规格参见附录 A。

5.2 连接器

连接器的具体结构形式及规格参见附录 B。

6 技术要求

6.1 材料

6.1.1 产品所用的材料应符合设计要求，并有机械性能和化学成分合格证明书、质量保证书。材料进场后应进行力学性能试验和化学成分分析，检验合格后方可使用。

6.1.2 零件毛坯为锻造件时应符合 GB/T 12361 的有关规定。

6.1.3 锚下垫板的材料性能：采用灰口铸铁时应不低于 HT200，采用球墨铸铁时应不低于 QTu450-10，采用碳素结构钢时应不低于 Q235 的要求，并符合 GB/T 9439、GB/T 1348 或 GB/T 3274 的有关规定。

6.1.4 锚下螺旋钢筋的材料性能应不低于 Q235 钢的要求，并符合 GB/T 700 的有关规定。

6.2 机械加工

6.2.1 零件机械加工应符合 JB/T 5936 的有关规定。

6.2.2 螺纹副的未注精度等级，应不低于 GB/T 197 中的 7H/8g。

6.2.3 未注公差尺寸的公差等级，应不低于 GB/T 1804 中的 C 级。

6.3 热处理

6.3.1 夹片应进行热处理，表面硬度不小于 57 HRC(或 79.5 HRA)。夹片热处理后，应无氧化脱碳现象，同批次夹片硬度差不大于 5HRC，同件夹片硬度差不大于 3HRC。其他要求应符合 JB/T 5944 和 JB/T 3999 的有关规定。

6.3.2 锚板、连接器的连接体宜经调质处理或锥孔强化处理，若采用调质处理，则表面硬度不小于 225HB(或 20HRC)，其他要求应符合 JB/T 5944 的有关规定。

6.4 外观

外观应符合设计图样要求，所有零件均不得有裂纹出现。

6.5 防腐

夹片、锚板、连接体表面应作防锈、防腐处理，符合设计图样要求。锚下垫板和局部承压配筋表面不得有油漆和油脂，并在储存和运输过程中采取必要的防护措施。

6.6 锚具的基本性能

6.6.1 静载锚固性能

6.6.1.1 锚具的静载锚固性能，应由钢绞线—锚具组装件静载试验测定的锚具效率系数 η_a 和达到实测极限拉力时组装件受力长度的总应变 ε_{apu} 确定。锚具的静载锚固性能应同时满足下列两项要求：

a) $\eta_a \geqslant 0.95$；

b) $\varepsilon_{apu} \geqslant 2.0\%$。

6.6.1.2 在钢绞线—锚具组装件达到实测极限拉力 F_{apu} 时，应是钢绞线的断裂，而不应是由锚具的失效而导致试验中止，并按 7.3.6 的规定确认锚固的可靠性。

6.6.2 疲劳荷载性能

6.6.2.1 钢绞线—锚具组装件应满足循环次数为 200 万次的疲劳性能试验。试验应力上限取钢绞线抗拉强度标准值 f_{ptk} 的 65%，应力幅度取 80MPa。

6.6.2.2 试件经受 200 万次循环荷载后，锚具零件不应发生疲劳破坏，钢绞线因锚具夹持作用发生疲劳破坏的面积不应大于原试件总面积的 5%。

6.6.3 周期荷载性能

6.6.3.1 用于抗震结构中的锚具，还应满足循环次数为 50 次的周期荷载试验，试验应力上限取钢绞线抗拉强度标准值 f_{ptk} 的 80%，下限取钢绞线抗拉强度标准值 f_{ptk} 的 40%。

6.6.3.2 试件经 50 次周期荷载试验后，钢绞线在锚具夹持区域不应发生破断、滑移和夹片松脱现象。

6.6.4　钢绞线内缩量

张拉端钢绞线内缩量应不大于 5mm。

6.6.5　锚口(含锚下垫板)摩阻损失率

锚口(含锚下垫板)摩阻损失率合计不大于 6%。

6.6.6　锚下垫板的要求

6.6.6.1　锚下垫板的长度应保证钢绞线在锚具底口处的最大折角不大于 4°。

6.6.6.2　锚下垫板的构造尺寸应能满足预应力能可靠地从锚具传递到混凝土构件中,具体要求参见附录 C.2.1。

6.6.7　挤压锚的性能要求

挤压锚应有与 6.6.1 相同的静载锚固性能和与 6.6.2 相同的疲劳荷载性能。

6.6.8　锚具的其他要求

6.6.8.1　锚具应满足分级张拉、补张拉及放松钢绞线的要求。

6.6.8.2　当钢绞线—锚具组装件的轴线与设计轴线存在 5°以内角度偏差时,应有与 6.6.1 相同的静载锚固性能。

6.6.8.3　锚具或其附件上宜设置灌浆孔或排气孔,灌浆孔的孔位及孔径应符合灌浆工艺要求,且应有与灌浆管连接的构造。

6.6.8.4　真空灌浆用锚下垫板安装密封罩的表面应进行机械加工,其表面粗糙度 $R_a \leqslant 12.5\mu m$,且设置安装密封罩的螺纹孔。

6.6.8.5　锚具配套波纹管应符合 JT/T 529 和 JG 225 的有关规定。

6.7　夹具的基本性能

6.7.1　夹具的静载锚固性能,应由钢绞线—夹具组装件静载试验测定的夹具效率系数 η_g 确定。夹具的静载锚固性能应符合 $\eta_g \geqslant 0.92$。

6.7.2　在钢绞线—夹具组装件达到实测极限拉力 F_{gpu} 时,应是钢绞线的断裂,而不应是由夹具的失效而导致试验中止。夹具应有可靠的自锚性能、良好的松锚性能和不少于 300 次的重复使用性能。在使用过程中应能保证操作人员的安全。

6.8　连接器的基本性能

连接器应具有与锚具相同的性能要求。

7　试验方法

7.1　一般规定

7.1.1　试验用预应力钢绞线

7.1.1.1　可由检测单位或受检单位提供,同时还应提供该批钢绞线的质量合格证明书。

7.1.1.2　钢绞线的全部力学性能应符合 GB/T 5224 的规定,同时其直径公差与产品设计相同,强度等级应符合锚具、连接器产品设计的最高强度等级要求。

7.1.1.3　应先在有代表性的部位取六根试件进行母材力学性能试验,实测抗拉强度平均值 f_{pm} 在相关钢绞线标准中的等级应与受检锚具、连接器的设计等级相同,超过该强度等级 100MPa 时不宜采用。

7.1.1.4　试验用钢绞线的屈强比不宜大于 0.92。

7.1.2　试验用钢绞线—锚具组装件

7.1.2.1　应由全部锚具零件和钢绞线束组装而成。

7.1.2.2　试验用锚具组装件应为经过外观检查和硬度检验合格的产品。组装前应用干净棉布将夹片表面和锚板锥孔表面的油污擦拭干净，不应在锚固零件上添加影响锚固性能的物质，如金刚砂、石蜡、石墨、润滑剂等（设计规定的除外）。

7.1.2.3　试验用锚具组装件中各根钢绞线应平行，不得扭转，其受力长度不宜小于3m。

7.1.2.4　对于钢绞线在锚具夹持部位有偏转角度（锚孔与锚板底面倾斜角或倾斜安装挤压头的连接器时）而使钢绞线在某个位置弯折时，可在此处安装轴向可移动的偏转装置（如钢环或多孔梳子板等，参见图1之8号件）。当对组装件施加拉力时，该偏转装置不应与钢绞线产生滑动摩擦。

7.1.2.5　试验单根钢绞线的组装件试件，钢绞线的受力长度不应小于0.8m。

7.1.2.6　不同品种、不同规格、不同尺寸、不同根数组装件的试验结果不得相互替代。

7.1.3　试验用钢绞线—夹具和连接器组装件

试验用钢绞线—夹具和连接器组装件的要求参照7.1.2的相关规定。

7.1.4　试验设备及仪器

试验用的测力系统，其不确定度不应大于1%。测量总应变的量具，其标距不应小于1m，不确定度不应大于标距的0.2%，指示应变的仪器的不确定度不应大于0.1%。

7.2　外观及硬度

7.2.1　外观

外观质量用目测法检测。外观尺寸用直尺和游标卡尺检测。裂纹采用磁粉探伤的方法，按GB/T 15822.1的相关要求进行检测。

7.2.2　硬度

7.2.2.1　在专用工装上对夹片锥面的硬度进行检测，检测时应使硬度计压头施压方向与夹片外锥母线垂直，其他相关要求符合GB/T 230.1的规定。

7.2.2.2　在锚板或连接体锥孔小端平面上外圈的两孔之间，检测锚板或连接体的硬度，检测前应磨去检测部位的机加工刀痕，露出金属光泽，其他相关要求符合GB/T 230.1或GB/T 231.1的规定。

7.3　静载试验

7.3.1　按图1和图2所示，安装好钢绞线—锚具、连接器组装件，锚具或连接器在试验装置上的受力条件（方式、部位、面积等）应与设计或工程实际情况一致。

7.3.2　夹具和挤压锚的静载试验方法与锚具相同。

7.3.3　连接器静载试验装置中，图1中9、13号件之间的钢绞线为辅助用筋，其材质和试验件相同，长度宜大于1.5m。

7.3.4　加载之前应先将各种测量仪表安装调试正确，各根钢绞线的初应力调试均匀，初应力可取钢绞线抗拉强度标准值f_{ptk}的10%。

7.3.5　加载步骤如下：

a）按钢绞线抗拉强度标准值的20%、40%、60%、80%分四级等速加载，加载速度为每分钟约100MPa，达到80%后，持荷1h；

b)若用试验机进行单根钢绞线—锚具组装件静载试验，在应力达到 0.8f_{ptk}时，持荷时间可以缩短，但不应少于 10min；

c)随后逐步缓慢加载至破坏，加载速度每分钟不宜超过钢绞线抗拉强度标准值的 1%；

d)按 7.3.6 规定的项目进行测量和观察。

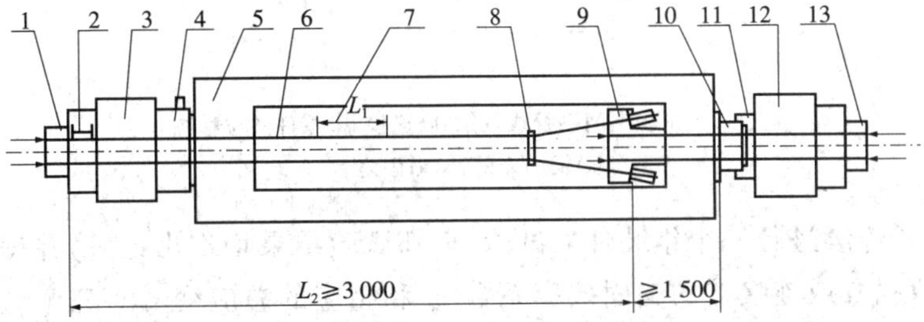

图 1 连接器组装件静载试验装置示意图(尺寸单位：mm)

1-试验锚具；2-位移传感器 2；3-加载用千斤顶；4-荷载传感器；5-承力台座；6-钢绞线；7-位移传感器 1；8-转向钢环；9-连接器；10-试验锚具；11-限位板；12-临时锚固用千斤顶(预紧锚固后卸去)；13-夹具

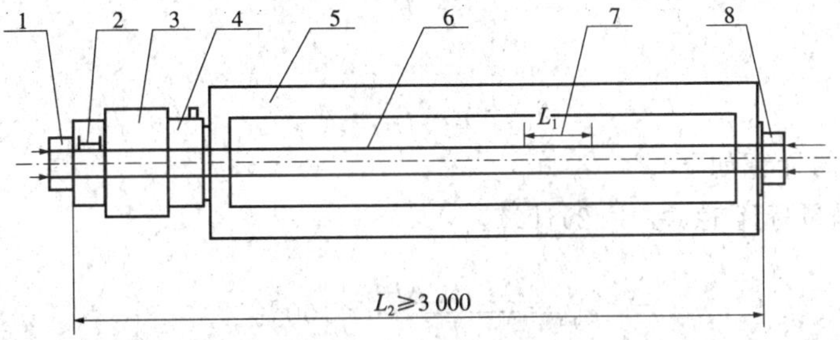

图 2 锚具组装件静载试验装置示意图(尺寸单位：mm)

1-试验锚具；2-位移传感器 2；3-加荷载用千斤顶；4-荷载传感器；5-承力台座；6-钢绞线；7-位移传感器 1；8-试验锚具

7.3.6 试验期间钢绞线及锚具(连接器)零件的位移参见图 3，试验过程中观察和测量项目包括：

a)选取有代表性的若干根钢绞线，按施加荷载的前四级，逐级测量其与锚具或连接器之间的相对位移 Δa；

b)选取锚具或连接器若干有代表性的零件，按施加荷载的前四级，逐级测量其间的相对位移 Δb；

c)试件的实测极限拉力 F_{apu}；

d)达到实测极限拉力时的总应变 ε_{apu}；

e)应力达到 0.8p_{ptk}后，在持荷的 1h 期间，每 20min 测量一次相对位移(Δa 和 Δb)。持荷期间 Δa 和 Δb 均应无明显变化，保持稳定。如持续增加，不能保持稳定，则表明已经失去可靠的锚固能力；

f)试件的破坏部位与形式：在钢绞线应力达到 0.8f_{ptk}时，夹片不应出现裂纹和破断；在满足 6.6.1.1 后，夹片允许出现微裂和纵向断裂，不允许横向、斜向断裂及碎断；受钢绞线多根或整束破断的剧烈冲击引起的夹片破坏或断裂属正常情况。

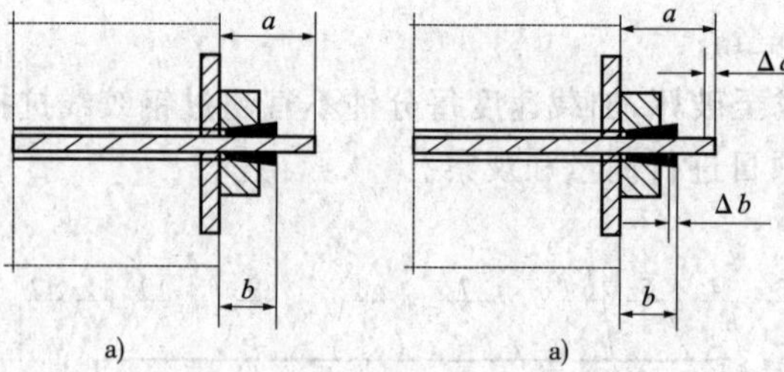

图 3 试验期间钢绞线及锚具(连接器)零件的位移图

a)锚固之前;b)锚固之后

7.3.7 静载试验连续进行三个组装件的试验,全部试验结果均作出记录,并据此按式(1)、式(2)或式(3)计算锚具或连接器的锚固效率系数 η_a 和相应的总应变 ε_{apu},三个试验结果均应满足本标准的规定,不得以平均值作为试验结果。

7.3.8 锚具、连接器效率系数 η_a 及总应变 ε_{apu} 的计算方法如下:

a)锚具、连接器效率系数 η_a 按式(1)计算:

$$\eta_a=\frac{F_{apu}}{F_{pm}} \tag{1}$$

其中:

$$F_{pm}=n\cdot f_{pm}\cdot A_{pk}$$

b)总应变 ε_{apu} 的计算如下:

1)采用直接测量标距时,按式(2)计算:

$$\varepsilon_{apu}=\frac{\Delta L_1+\Delta L_2}{L_1}\times 100\% \tag{2}$$

式中:ΔL_1——位移传感器 1 从张拉至钢绞线抗拉强度标准值 f_{ptk} 的 10%加载到极限应力时的位移增量;

ΔL_2——从 0 到张拉至钢绞线抗拉强度标准值 f_{ptk} 的 10%的伸长量理论计算值(标距内);

L_1——张拉至钢绞线抗拉强度标准值 f_{ptk} 的 10%时位移传感器 1 的标距。

2)采用测量加荷载用千斤顶活塞伸长量 ΔL 计算 ε_{apu} 时按式(3)计算:

$$\varepsilon_{apu}=\frac{\Delta L_1+\Delta L_2-\Delta a}{L_2}\times 100\% \tag{3}$$

式中:ΔL_1——从张拉至钢绞线抗拉强度标准值的 10%到极限应力时的活塞伸长量;

ΔL_2——从 0 到张拉至钢绞线抗拉强度标准值 f_{ptk} 的 10%的伸长量理论计算值(夹持计算长度内);

Δa——钢绞线相对试验锚具(连接器)的实测位移量;

L_2——钢绞线夹持计算长度,即两端锚具(连接器)的端头起夹点之间的距离。

7.3.9 夹具的效率系数 η_g 按式(4)计算:

$$\eta_g=\frac{F_{gpu}}{F_{pm}} \tag{4}$$

7.4　疲劳试验

7.4.1　当疲劳试验机能力不够时，按照试验结果有代表性的原则，可采用本系列中较小规格的试件，但最少不得低于实际钢绞线根数的 1/10；或在不改变试件中各根钢绞线受力的条件下(例如钢绞线在锚具处的偏转角度)，可将钢绞线根数适当减少，与中心轴转角偏差最大的受力单元应受到试验，减少后的钢绞线根数 n' 应符合以下规定：

当 $n \leqslant 12$ 时，$n' \geqslant n/2$；

当 $n \geqslant 12$ 时，$n' \geqslant 6+(n-12)/3$。

7.4.2　试验频率，每分钟 300～500 次，以约 100MPa/min 的速率加载至试验应力上限值，再调节应力幅度达到下限值后，开始记录循环次数。

7.4.3　试验过程中观察并记录：

——试验锚具和连接器部件及钢绞线疲劳损伤情况及变形情况；

——疲劳破坏的钢绞线的断裂位置、数量以及相应的疲劳次数。

7.5　周期荷载试验

按 7.3.1 组装好试件，以 100～200MPa/min 的速率加载至钢绞线抗拉强度标准值 f_{ptk} 的 80%，为试验应力上限值，再卸荷至 f_{ptk} 的 40% 为试验应力下限值，为第一周期，然后荷载自下限值经上限值回复到下限值为第二个周期，重复 50 个周期。

7.6　辅助性试验

7.6.1　钢绞线内缩量试验

试验用的钢绞线可在台座上张拉，也可在混凝土梁上张拉。钢绞线内缩试验装置见图 4。受力长度不小于 5m，张拉力按钢绞线的 $0.8f_{ptk} \cdot A_p$ 取用，内缩量 Δa 可根据锚固前后测得的钢绞线拉力差值计算得出；也可用测量锚固处钢绞线相对位移的方法直接测出。试验用的试件不得少于三个，取平均值。

若根据锚固前后测得的钢绞线拉力差值计算，可按式(5)计算如下：

$$\Delta a=\frac{\Delta F\times L}{E\times A_p} \tag{5}$$

式中：Δa——钢绞线内缩量；

ΔF——锚固前后钢绞线拉力差值；

L——钢绞线的夹持计算长度。

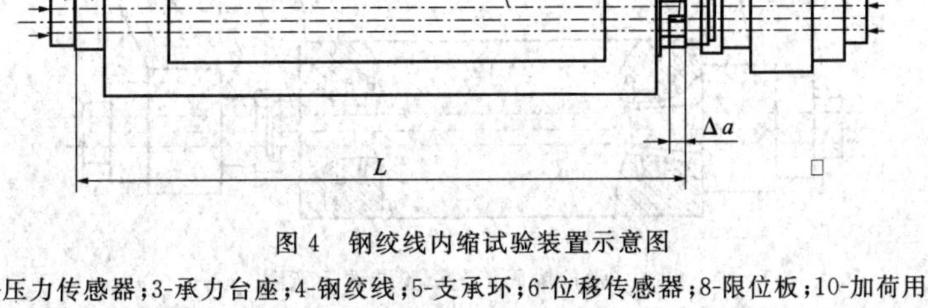

图 4　钢绞线内缩试验装置示意图

1、7-试验锚具；2、9-压力传感器；3-承力台座；4-钢绞线；5-支承环；6-位移传感器；8-限位板；10-加荷用千斤顶；11-工具锚

7.6.2　锚口(含锚下垫板)摩阻损失试验

试验可在模拟锚固区的混凝土块体或张拉台座上进行，台座长度不小于5m，混凝土块体的配筋及构造钢筋应按结构设计要求布置，锚下垫板及螺旋筋应安装齐备，试件内管道应顺直，见图5。张拉力为钢绞线的$0.8f_{ptk}\cdot A_p$，用测量精度为0.5%级的压力传感器测出锚具前后预应力差值即为锚具摩阻损失，通常以张拉力的百分率计，试验用的试件不得少于三个，取平均值。

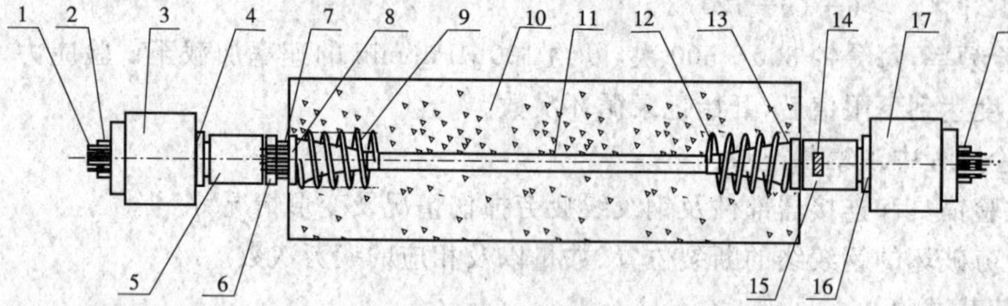

图5　锚口(含锚下垫板)摩阻试验装置示意图

1-钢绞线；2、18-工具锚；3-主动端千斤顶；4、16-对中垫圈；5-主动端传感器；6-限位板；7-工作锚；8、13-锚下垫板；9、12-螺旋筋；10-混凝土试件；11-预埋管道；14-钢质约束环(内径与管道直径一致，以避免预应力筋在固定端锚下垫板处产生摩阻)；15-固定端传感器；17-固定端千斤顶

锚口和锚下垫板摩阻损失u按式(6)计算：

$$u=\frac{\Delta F}{0.8f_{ptk}\cdot A_p}\times 100\% \tag{6}$$

式中：u——锚口和锚下垫板摩阻损失。

7.6.3　张拉锚固工艺试验

根据预应力张拉锚固体系的构造安排，设计制作专门的长度不小于5m的钢筋混凝土模拟块体作为试验平台，混凝土块体中，应包含多种弯曲和直线孔道、喇叭形垫板、螺旋筋、波纹管等；也可在施工现场进行，见图6。用配套张拉设备按钢绞线抗拉强度标准值f_{ptk}的30%、60%和80%进行分级张拉、三次最大张拉力为$0.8f_{ptk}\cdot A_p$的张拉、锚固和放松操作。通过张拉锚固工艺试验观察：

a)分级张拉或因张拉设备倒换行程需要临时锚固的可能性；

b)张拉发生故障时，将组装件内全部钢绞线放松的可能性。

7.6.4　传力性能试验

传力性能试验参照附录C进行。

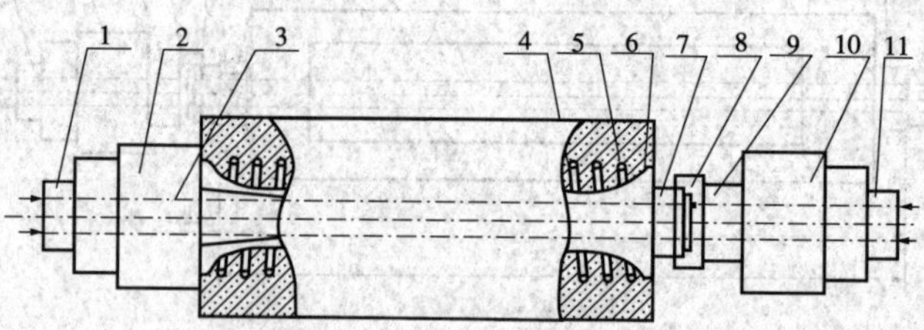

图6　张拉锚固工艺试验装置示意图

1、7-试验锚具；2、10-加荷载用千斤顶；3-钢绞线；4-波纹管；5-螺旋筋；6-锚下垫板；8-限位板；9-压力传感器；11-工具锚

7.6.5　锚具偏转角度试验

将锚具或连接器偏转5°安装，按7.3进行静载试验。

8　检验规则

8.1　检验分类

8.1.1　锚具、连接器的检验分出厂检验和型式检验两类。

8.1.2　出厂检验为生产厂家在每批产品交货前应进行的检验，由生产厂家的质量检验部门进行，并做出检验记录。

8.1.3　出现下列情况之一时，应进行型式检验：

a)新产品定型鉴定时；

b)投入批量生产后，如结构、材料、工艺有较大改变，可能影响产品性能时；

c)正常生产时，每两年至三年进行一次检验；

d)产品停产两年后，恢复生产时；

e)出厂检验结果与上次型式检验有较大差异时；

f)国家质量监督机构提出进行型式检验的要求时。

技术或质量鉴定时的型式检验应由国家指定的质量检测机构主持进行，为新产品研制和生产厂产品质量控制用的型式检验可在本单位进行。

8.2　检验项目

出厂检验和型式检验的检验项目按表2规定进行。

产品检验项目　　表2

检验项目	技术要求	试验方法	出厂检验	型式检验
外观	6.4	7.2.1	+	+
硬度	6.3	7.2.2	+	+
静载性能	6.6.1	7.3	+	+
疲劳性能	6.6.2	7.4	+	+
周期荷载性能	6.6.3	7.5	—	+
钢绞线内缩量	6.6.4	7.6.1	—	+
锚口和锚下垫板摩阻损失	6.6.5	7.6.2	—	+
张拉锚固工艺性能	6.6.8.1	7.6.3	—	+
锚具传力性能	附录C.2	附录C.5	—	△
锚具偏转角度性能	6.6.8.2	7.6.5	—	△

注："+"为必做；"—"为不做；"△"为选做。

8.3　产品组批和抽样方法

8.3.1　出厂检验时，每批产品的数量是指同一规格产品、同一批原材料、用同一种工艺一次投料生产的数量。每个抽检组批不得超过2 000套。外观检查抽取5%，且不少于10套。对有硬度要求的零件应做硬度检验，按热处理每炉装炉量的3%抽样。静载试验应在外形外观及硬度检验合格后，按锚具、连接器的成套产品抽样，每批取三个组装件进行试验。

8.3.2 锚具、连接器的型式检验，除按8.3.1的规定抽样外，还应为疲劳试验、周期荷载试验及辅助性试验抽取各三个组装件用的样品。

8.3.3 同一规格、型号的产品连续生产、每批产量超过4 000套时，出厂检验可按30天取样进行。外观检验抽样数量不得少于30天生产量的5%；对有硬度要求的零件，硬度检验量不得少于30天生产量的3%；静载试验数量，按同一规格每60天不得少于三个组装件。上述检验结果如质量不稳定，应增加取样。

8.4 检验结果的判定

8.4.1 外观

外观检验的尺寸按厂家提供的尺寸公差进行检验，如有一件尺寸超过允许偏差，应取双倍数量的零件重做检验，如仍有一件不符合要求，则应逐件检验，合格者方可用。如发现一件有裂纹，即应对全部产品进行逐件检验，合格者方可使用。

8.4.2 硬度

如有一个零件不合格，则应另取双倍数量的零件重做检验，如仍有一个零件不合格，则应逐个检验，合格者方可使用。

8.4.3 静载锚固能力、疲劳荷载和周期荷载

8.4.3.1 在三个组装件试件中，如有一个试件不符合要求，则可另取双倍数量的试件重做试验；如仍有一个试件不合格，则该批产品判为不合格品；在三个组装件试件中，如有两个试件不符合要求，则应判该批产品判为不合格品。

8.4.3.2 若在钢绞线自由伸长段(非夹片夹持区)内出现断丝，应判定为钢绞线不合格导致试验结果不合格。

8.4.3.3 若屈强比过高(大于0.92)的钢绞线与锚具组成的组装件，在静载试验中出现锚固效率系数达到95%而伸长率不足2%的情况，不宜判定为锚具不合格，应更换钢绞线重新试验。

8.4.3.4 在疲劳试验后钢绞线出现颈缩断口时，应判为非疲劳破坏，应重新取样重做试验。

9 标志、包装、运输、储存

9.1 标志

9.1.1 锚具、连接器产品外包装上应有制造厂名、产品名称、产品标记、执行标准、制造日期、生产批号及商标。

9.1.2 运输包装物上应按GB/T 191之规定标注“怕雨”等标志。

9.2 包装

9.2.1 锚具、连接器出厂时应成箱包装，并符合JB/T 5947的有关规定，包装箱内应附有装箱单。

9.2.2 出厂的每批产品应提供产品合格证和使用说明书，并随货发放至使用单位：

a)合格证内容包括：

1)型号和规格；

2)适用的钢绞线品种、规格、强度等级；

3)产品批号；

4)出厂日期；

5)质量合格签章;

6)厂名、厂址。

b)使用说明书的编制应符合 GB/T 9969 的要求,说明书应包含产品使用工艺、钢绞线的匹配要求、保质期等内容。

9.3　运输、储存

锚具、连接器产品储存、运输过程中均需妥善保护,避免雨淋、锈蚀、玷污、遭受机械损伤或散失,临时性的防护措施不得影响安装操作效果和永久性防锈措施的实施。

附　录　A

(资料性附录)

锚具结构形式及规格

本附录中锚具配套的钢绞线为强度级别为 1860MPa 的七根钢丝捻制的标准型钢绞线,混凝土强度级别为 C40,按钢绞线公称直径分为 15 系列(ϕ15.2mm)和 13 系列(ϕ12.7mm)。其他强度级别的钢绞线用锚具可参照执行。

A.1　圆锚张拉端锚具

A.1.1　圆锚张拉端锚具的结构形式

圆锚张拉端锚具的结构形式见图 A.1 和图 A.2。

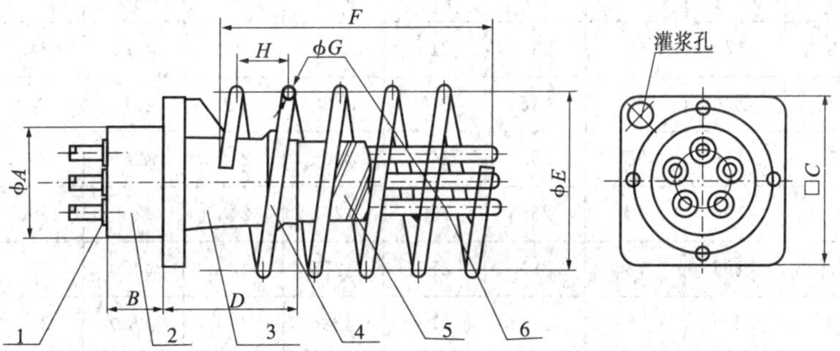

图 A.1　圆锚张拉端锚具结构形式图(方形锚下垫板)

1-工作夹片;2-圆锚板;3-方形锚下垫板;4-螺旋筋;5-波纹管;6-钢绞线

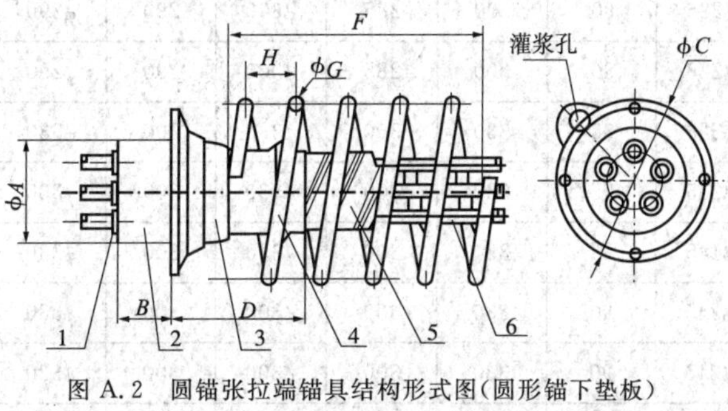

图 A.2　圆锚张拉端锚具结构形式图(圆形锚下垫板)

1-工作夹片;2-圆锚板;3-圆形锚下垫板;4-螺旋筋;5-波纹管;6-钢绞线

A.1.2　圆锚张拉端锚具的规格系列

圆锚张拉端锚具的规格系列见表 A.1 和表 A.2。

15 系列圆锚张拉端锚具的规格(单位:mm)　　表 A.1

型号	钢绞线根数	锚板		锚下垫板				螺旋筋			
				方形		圆形					
		ϕA	B	C	D	ϕC	D	ϕE	F	ϕG	H
YM15-1 *	1	ϕ48	48	80	—	—	—	ϕ80	120	ϕ8	30
YM15-3 *	3	ϕ91	50	130	100	ϕ130	110	ϕ120	160	ϕ10	40
YM15-4 *	4	ϕ102	50	145	110	ϕ145	120	ϕ140	200	ϕ10	50
YM15-5 *	5	ϕ112	50	160	125	ϕ160	130	ϕ150	200	ϕ10	50
YM15-6 *	6	ϕ126	52	180	155	ϕ180	150	ϕ170	200	ϕ12	50
YM15-7 *	7	ϕ126	52	180	155	ϕ180	150	ϕ170	200	ϕ12	50
YM15-8	8	ϕ136	55	195	175	ϕ195	160	ϕ190	200	ϕ12	50
YM15-9 *	9	ϕ146	55	205	190	ϕ208	160	ϕ200	200	ϕ12	50
YM15-10	10	ϕ156	58	210	210	ϕ220	180	ϕ205	240	ϕ14	60
YM15-11	11	ϕ166	58	210	210	ϕ235	190	ϕ205	240	ϕ14	60
YM15-12 *	12	ϕ166	60	235	210	ϕ235	190	ϕ230	240	ϕ14	60
YM15-13	13	ϕ170	63	235	210	ϕ235	190	ϕ230	240	ϕ14	60
YM15-14	14	ϕ176	65	245	210	ϕ250	210	ϕ240	240	ϕ14	60
YM15-15 *	15	ϕ186	68	265	245	ϕ265	245	ϕ260	300	ϕ16	60
YM15-16	16	ϕ196	70	265	250	ϕ265	245	ϕ260	300	ϕ16	60
YM15-17	17	ϕ196	73	285	270	ϕ275	265	ϕ280	300	ϕ16	60
YM15-18	18	ϕ206	75	285	275	ϕ285	280	ϕ280	300	ϕ16	60
YM15-19 *	19	ϕ206	75	285	275	ϕ285	280	ϕ280	300	ϕ16	60
YM15-20	20	ϕ226	80	300	285	ϕ300	290	ϕ290	300	ϕ16	60
YM15-21	21	ϕ226	80	300	285	ϕ300	290	ϕ290	300	ϕ16	60
YM15-22 *	22	ϕ226	80	300	285	ϕ300	290	ϕ290	300	ϕ18	60
YM15-23	23	ϕ226	85	330	300	ϕ330	300	ϕ330	300	ϕ18	60
YM15-24	24	ϕ235	55	330	300	ϕ330	300	ϕ330	350	ϕ18	70
YM15-25	25	ϕ145	85	330	300	ϕ330	300	ϕ330	350	ϕ18	70
YM15-26	26	ϕ245	90	330	300	ϕ300	300	ϕ330	350	ϕ18	70
YM15-27 *	27	ϕ245	90	330	300	ϕ300	300	ϕ330	350	ϕ18	70
YM15-31 *	31	ϕ260	95	350	350	ϕ350	330	ϕ350	420	ϕ20	70
YM15-37 *	37	ϕ290	100	400	370	ϕ400	370	ϕ400	420	ϕ20	70

注:加“ * ”者为优选规格。

13 系列圆锚张拉端锚具的规格(单位:mm)　　表 A.2

型号	钢绞线根数	锚板		锚下垫板				螺旋筋			
				方形		圆形					
		ϕA	B	C	D	ϕC	D	ϕE	F	ϕG	H
YM13-1 *	1	ϕ40	40		—	—	—	ϕ80	90	ϕ6	30
YM13-3 *	3	ϕ80	45	120	130	ϕ132	80	ϕ120	120	ϕ10	40
YM13-4 *	4	ϕ85	48	135	130	ϕ135	102	ϕ135	150	ϕ10	50
YM13-5 *	5	ϕ100	48	145	130	ϕ140	125	ϕ140	200	ϕ10	50
YM13-6 *	6	ϕ105	48	165	130	ϕ155	130	ϕ160	200	ϕ12	50
YM13-7 *	7	ϕ105	50	165	130	ϕ155	130	ϕ160	200	ϕ12	50
YM13-8	8	ϕ116	52	175	150	ϕ170	160	ϕ170	200	ϕ12	50
YM13-9 *	9	ϕ126	53	185	150	ϕ175	160	ϕ180	200	ϕ12	50
YM13-10	10	ϕ136	53	195	160	ϕ200	180	ϕ200	200	ϕ14	50
YM13-11	11	ϕ136	53	195	160	ϕ200	180	ϕ200	200	ϕ14	50
YM13-12 *	12	ϕ146	55	215	180	ϕ210	190	ϕ210	250	ϕ14	50
YM13-13	13	ϕ146	55	230	180	ϕ210	190	ϕ210	250	ϕ14	50
YM13-14	14	ϕ156	57	230	180	ϕ210	210	ϕ220	250	ϕ14	50
YM13-15 *	15	ϕ166	60	240	220	ϕ215	230	ϕ220	250	ϕ14	50
YM13-16	16	ϕ176	62	240	220	ϕ245	240	ϕ240	300	ϕ16	60
YM13-17	17	ϕ176	62	240	220	ϕ245	240	ϕ240	300	ϕ16	60
YM13-18	18	ϕ176	65	270	245	ϕ245	240	ϕ260	300	ϕ16	60
YM13-19 *	19	ϕ176	65	270	245	ϕ245	240	ϕ260	300	ϕ16	60
YM13-20	20	ϕ196	68	290	270	ϕ260	270	ϕ270	300	ϕ16	60
YM13-21	21	ϕ196	70	290	270	ϕ260	270	ϕ270	300	ϕ16	60
YM13-22 *	22	ϕ196	70	290	270	ϕ260	270	ϕ270	300	ϕ18	60
YM13-23	23	ϕ216	73	300	290	ϕ275	290	ϕ280	360	ϕ18	60
YM13-24	24	ϕ216	73	300	290	ϕ275	290	ϕ280	360	ϕ18	60
YM13-25	25	ϕ216	75	300	290	ϕ275	290	ϕ280	360	ϕ18	60
YN13-26	26	ϕ216	75	300	290	ϕ275	290	ϕ280	360	ϕ18	60
YM13-27 *	27	ϕ216	75	300	290	ϕ275	290	ϕ280	360	ϕ18	60
YM13-31 *	31	ϕ224	80	315	330	ϕ300	330	ϕ310	420	ϕ18	60
YMI3-37 *	37	ϕ244	85	370	350	ϕ330	350	ϕ350	420	ϕ20	60

注:加“*”者为优选规格。

A.1.3　张拉端锚板的最小外形尺寸及锚下垫板主要外形最小尺寸不宜小于 A.1.2 的规定。

A.1.4　相邻两锚孔的中心间距:YM15 系列不得小于 33mm,YM13 系列不得小于 30mm。

A.1.5　在实际混凝土结构中可用网片配筋代替螺旋筋,网片配筋可选用Ⅲ级螺纹钢筋,其外径比表 A.1 和表 A.2 中螺旋筋的线径大两个规格;钢筋间距为锚垫板大端边长(或直径)的

1.4 倍;网片间距为 100mm,网孔和锚垫板同。

A.1.6　圆锚张拉端锚板推荐采用的布孔形式

圆锚张拉端锚板推荐采用的布孔形式见表 A.3。

圆锚张拉端锚板推荐布孔形式　　表 A.3

注:加“*”者为优选规格。

A.2　扁锚张拉端锚具

A.2.1　扁锚张拉端锚具的结构形式

扁锚张拉端锚具的结构形式见图 A.3。

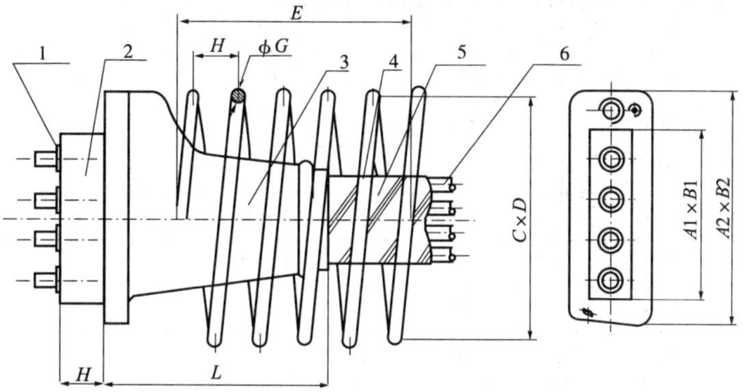

图 A.3　扁锚张拉端锚具结构形式图

1-工作夹片；2-扁锚板；3-扁锚下垫板；4-螺旋筋；5-扁形波纹管；6-钢绞线

A.2.2　扁锚张拉端锚具的规格系列

扁锚张拉端锚具的规格系列见表 A.4。

扁锚张拉端锚具的规格系列(单位：mm)　　　表 A.4

型号	扁锚板			扁锚下垫板				扁锚螺旋筋			
	$A1$	$B1$	H	$A2$	$B2$	L	C	D	E	ϕG	H
YMBI5-2	80	48	50	142	70	140	140	70	200	$\phi 8$	50
YMB15-3	115	48	50	180	70	160	180	70	200	$\phi 8$	50
YMB15-4	150	48	50	220	70	210	220	70	250	$\phi 8$	50
YMB13-2	77	48	50	120	70	130	120	70	200	$\phi 8$	50
YMB13-3	108	48	50	150	70	160	150	70	200	$\phi 8$	50
YMB13-4	140	48	50	190	70	180	190	70	250	$\phi 8$	50

A.3　固定端压花锚具

A.3.1　固定端压花锚具的结构形式

固定端压花锚具结构形式见图 A.4。

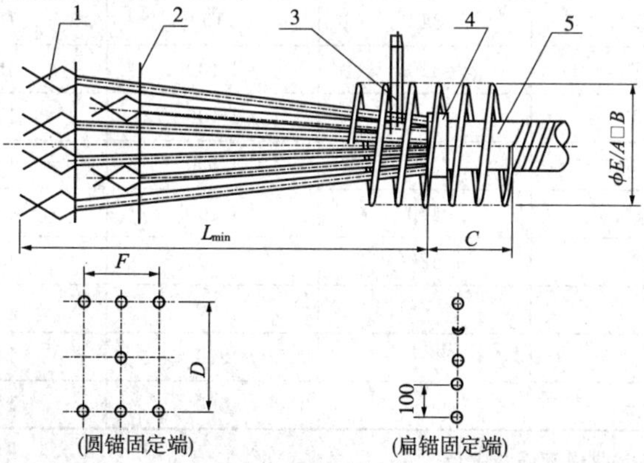

图 A.4　固定端压花锚具结构形式图(尺寸单位：mm)

1-压花锚具；2-支架；3-排气管；4-紧箍环；5-波纹管

A.3.2　固定端压花锚具的规格系列见表A.5和表A.6。

15系列固定端压花锚具的规格(单位:mm)　　表A.5

型号	D	F	L	C	$\phi E/A\times B$
YMH15-3	190	90	950	145	ϕ120
YMH15-4	190	210	950	145	ϕ140
YMH15-5	200	220	950	145	ϕ150
YMH15-6	210	230	1 300	155	ϕ170
YMH15-7	210	230	1 300	155	ϕ190
YMH15-8	270	310	1 300	155	ϕ190
YMH15-9	270	310	1 300	155	ϕ210
YMH15-12	330	390	1 300	155	ϕ210
YMH15-15	360	420	1 300	155	ϕ240
YMH15-19	390	470	1 300	155	ϕ240
YMH15-27	450	520	1 700	155	ϕ250
YMHB15-2	—	—	950	145	120×65
YMHB15-3	—	—	950	145	160×65
YMHB15-4	—	—	950	145	200×65

注:1. E为圆锚固定端压花锚具螺旋筋的中径。

2. $A\times B$为肩锚固定端压花锚具螺旋筋的中径。

13系列固定端压花锚具的规格(单位:mm)　　表A.6

型号	D	F	L	C	$\phi E/A\times B$
YMH13-3	190	90	800	145	ϕ120
YMH13-4	190	210	800	145	ϕ140
YMH13-5	200	220	800	145	ϕ150
YMH13-6	210	230	1 100	155	ϕ170
YMH13-7	210	230	1 100	155	ϕ190
YMH13-8	270	310	1100	155	ϕ190
YMH13-9	270	310	1 100	155	ϕ210
YMH13-12	330	390	1 100	155	ϕ210
YMH13-15	360	420	1 100	155	ϕ240
YMH13-19	390	470	1 100	155	ϕ240
YMH13-27	450	520	1 400	155	ϕ250
Y1dHB13-2	—	—	800	145	120×65
YMHB13-3	—	—	800	145	160×65
YMHB13-4	—	—	800	145	200×65

注:1. E为圆锚固定端压花锚具螺旋筋的中径。

2. $A\times B$为扁锚固定端压花锚具螺旋筋的中径。

A.4　圆锚固定端挤压式锚具

A.4.1　圆锚固定端挤压式锚具的结构形式见图 A.5。

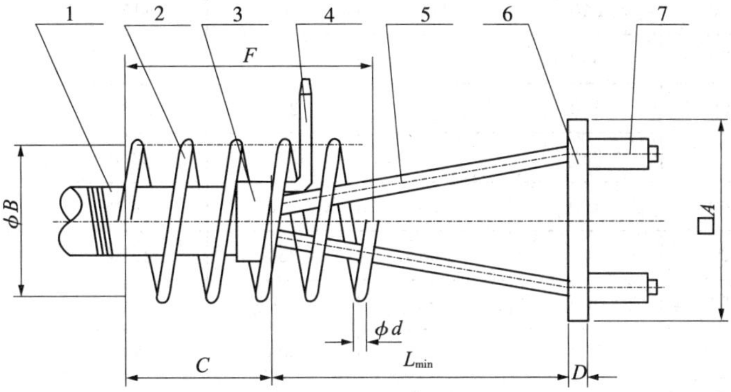

图 A.5　圆锚固定端挤压式锚具结构形式图

1-波纹管;2-螺旋筋;3-紧箍环;4-排气管;5-钢绞线;6-垫板;7-挤压式锚具

A.4.2　圆锚固定端挤压式锚具的规格系列

圆锚固定端挤压式锚具的规格系列见表 A.7 和表 A.8。

15 系列圆锚固定端挤压式锚具的规格(单位:mm)　　表 A.7

型　号	□A	L	C	F	φB	φd	D
YMP15-1	□80	—	—	200	φ80	φ8	14
YMP15-3	□120	180	85	200	φ120	φ10	16
YMP15-4	□150	240	110	200	φ140	φ10	16
YMP15-5	□170	300	110	250	φ140	φ10	16
YMP15-6,7	□200	380	110	250	φ160	φ12	16
YMP15-8	□210	420	110	250	φ180	φ12	16
YMP15-9	□220	440	110	250	φ180	φ12	16
YMP15-10	□230	460	120	250	φ200	φ14	16
YMP15-12	□250	500	120	300	φ200	φ14	16
YMP15-15	□260	560	135	300	φ220	φ14	16
YMP15-19	□290	720	135	300	φ220	φ16	16
YMP15-22	□300	720	135	300	φ240	φ16	16
YMP15-27	□320	860	135	360	φ240	φ16	16

13 系列圆锚固定端挤压式锚具的规格(单位:mm)　　表 A.8

型　号	□A	L	C	F	φB	φd	D
YMP13-1	□80	—	—	200	φ80	φ8	14
YMP13-3	□100	120	110	200	φ120	φ10	16
YMP13-4	□120	180	110	200	φ150	φ10	16

续上表

型　号	□A	L	C	F	φB	φd	D
YMP13-5	□130	240	110	200	φ150	φ10	16
YMP13-6,7	□150	300	120	250	φ170	φ12	16
YMP13-8	□165	360	120	250	φ190	φ12	16
YMP13-9	□170	380	120	250	φ210	φ12	16
YMP13-10	□200	460	120	250	φ210	φ14	16
YHP13-12	□200	460	135	250	φ210	φ14	16
YHP13-15	□250	500	195	300	φ240	φ14	16
YHP13-19	□250	550	135	300	φ240	φ16	16
YMP13-22	□280	600	135	300	φ240	φ16	16
YMP13-27	□300	720	135	360	φ250	φ16	16

A.5　扁锚固定端挤压式锚具

A.5.1　扁锚固定端挤压式锚具的结构形式

扁锚固定端挤压式锚具的结构形式见图 A.6。

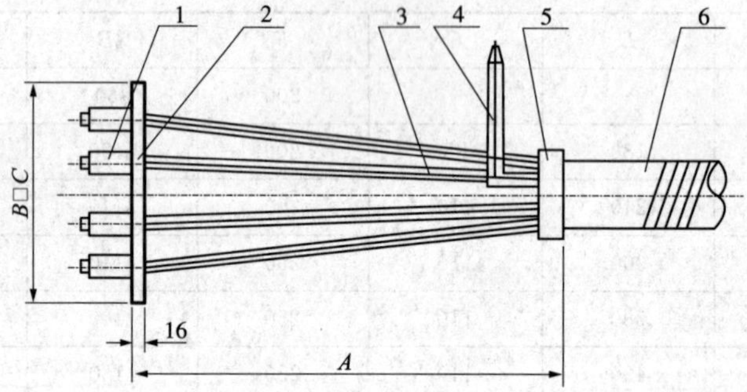

图 A.6　扁锚固定端挤压式锚具结构形式图(尺寸单位:mm)

1-挤压式锚具;2-垫板;3-钢绞线;4-排气管;5-紧箍环;6-扁形波纹管

A.5.2　扁锚固定端挤压式锚具规格系列

扁锚固定端挤压式锚具规格系列见表 A.9。

扁锚固定端挤压式锚具规格系列(单位:mm)　　表 A.9

型　号	A	B	C
YMPB15-2	650	140	75
YMPB15-3	650	180	75
YMPB15-4	650	220	80
YMPB13-2	650	120	75
YMPB13-3	650	150	75
YMPB13-4	650	190	80

附 录 B

（资料性附录）

连接器结构形式及规格

本附录中连接器配套的钢绞线为强度级别为 1 860MPa 的七根钢丝捻制的标准型钢绞线，混凝土强度级别为 C40，按钢绞线公称直径分为 15 系列（ϕ15.2mm）和 13 系列（ϕ12.7mm）。其他强度级别的钢绞线用连接器可参照执行。

B.1　连接器结构形式

连接器的结构形式见图 B.1。

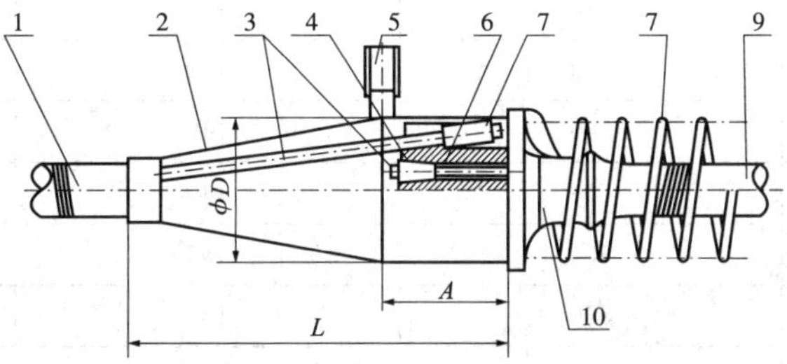

图 B.1　连接器的结构形式图

1、9-波纹管；2-罩亮；3-钢绞线；4-工作夹片；5-排气管；6-连接体；7-挤压式锚具；8-螺旋筋；10-锚下垫板

B.2　连接器规格系列

连接器的规格系列见表 B.1 和表 B.2，锚下垫板和螺旋筋的尺寸参见 A.1.2。

15 系列连接器规格（单位：mm）　　表 B.1

型号	L	A	ϕD
YMJ15-3	375	160	ϕ160
YMJ15-4	375	160	ϕ175
YMJ15-5	375	160	ϕ185
YMJ15-6,7	450	160	ϕ180
YMJ15-8	450	160	ϕ210
YMJ15-9	450	160	ϕ220
YMJ15-10	470	160	ϕ230
YMJ15-12	500	160	ϕ240
YMJ15-14	525	165	ϕ250
YMJ15-15	550	165	ϕ260
YMJ15-16	550	165	ϕ270
YMJ15-19	575	165	ϕ280
YMJ15-22	600	170	ϕ300
YMJ15-27	1 050	185	ϕ370

13 系列连接器规格(单位:mm)　　表 B.2

型号	L	A	ϕD
YMJ13-3	360	140	ϕ145
YMJ13-4	360	140	ϕ150
YMJ13-5	360	140	ϕ165
YMJ13-6,7	400	140	ϕ170
YMJ13-8	400	140	ϕ180
YMJ13-9	400	140	ϕ190
YMJ13-10	470	140	ϕ200
YMJ13-12	500	140	ϕ210
YMJ13-14	500	140	ϕ220
YMJ13-15	550	140	ϕ230
YMJ13-16	550	150	ϕ240
YMJ13-19	550	150	ϕ240
YMJ13-22	600	160	ϕ260
YMJ13-27	1 000	160	ϕ280

附　录　C

(规范性附录)

传力性能试验

C.1　符号

传力性能试验中应用下列符号:

$f_{ck,0}$——施加全部预应力时混凝土的最小特征抗压强度;

$f_{cm,0}$——施加全部预应力时混凝土的平均抗压强度;

F_u——混凝土试件实测破坏荷载;

f_{ck}——混凝土 28d 龄期的抗压强度标准值。

C.2　要求

C.2.1　锚具应满足预应力能可靠地从锚具传递到混凝土构件中。分组加载至试验应力上限后,需进行至少 10 次的慢速循环加载,循环加载后,试件应逐步加载至破坏。试件应力上限取钢绞线抗拉强度标准值 f_{ptk} 的 80%,下限取钢绞线抗拉强度标准值 f_{ptk} 的 12%,试件破坏时应满足式(C.1):

$$F_u \geqslant f_{ptk} A_{pk} n \frac{f_{cm,0}}{f_{ck,0}} \tag{C.1}$$

$$F_u \geqslant 1.1 f_{ptk} A_{pk} n$$

C.2.2　每个试件应满足下列要求:

a)第一次达到上限荷载 $0.8 f_{ptk} A_{pk} n$ 时,试件裂缝宽度不大于 0.1mm;

b)最后一次达到下限荷载 $0.12 f_{ptk} A_{pk} n$ 时,试件裂缝宽度不大于 0.1mm;

c)最后一次达到上限荷载 $0.8/f_{ptk} A_{pk} n$ 时,试件裂缝宽度不大于 0.25mm。

C.2.3　循环加载过程中试件纵向和横向应变读数应达到稳定，如果最后两次循环的应变小于5%，即可认为应变已经稳定。

C.2.4　循环加载过程中裂缝读数应达到稳定，如果最后两次循环裂缝宽度增量不大于0.02mm，即可认为裂缝宽度已经稳定。

C.3　试件设计

C.3.1　试件部分应包括混凝土、局部承压所配的螺旋筋、箍筋和纵向钢筋。

C.3.2　当设计对荷载传递试验有要求时，试件应为受轴向压力试验的混凝土棱柱体，其外边尺寸 a 和 b 对应于结构中规定的钢绞线束最小轴中心距，承压面以下的试件高度为 $h \geqslant 2b$，如图C.1所示；在面积不变的条件下，边长 b 可以缩短为钢绞线束对应最小轴中心距的0.85倍，边长 a 可以加长为钢绞线束对应最小轴中心距的1.15倍，其中 $b \geqslant a$；局部承压所配的螺旋筋应当与规定的预应力体系和钢绞线相对应的局部承压筋具有相同的承载能力。

C.3.3　型式试验时，试件应为受轴向压力试验的混凝土方柱体，其外边尺寸 $a=b$。在1.1倍钢绞线束公称拉断力作用下，试件净横截面面积承受的压应力见表C.1。

C.3.4　试件中，纵向钢筋的总截面面积不大于试件纵截面的0.3%；每立方米混凝土中，沿试件纵向均匀的箍筋质量不大于50kg。

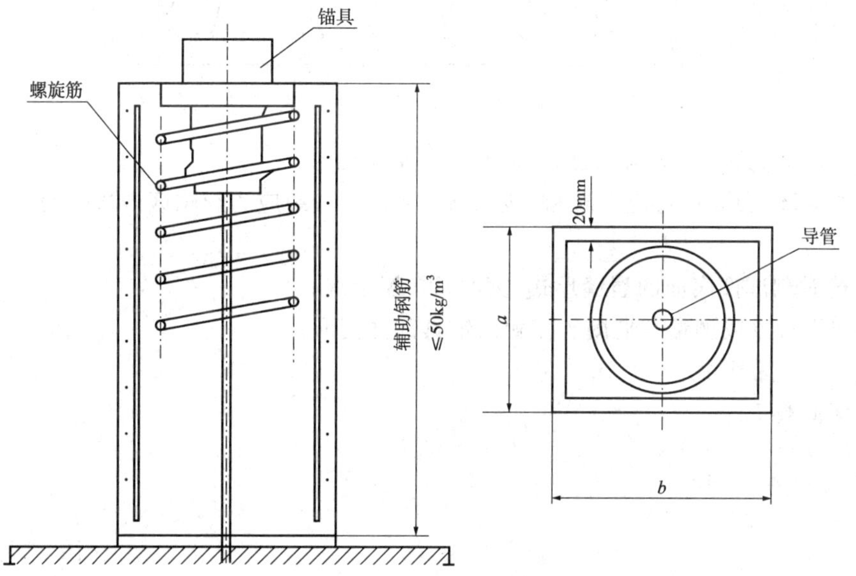

图C.1　传力性能试验试件

试件净横截面承受的压应力(单位：MPa)　　表C.1

混凝土强度等级	C20	C25	C30	C35	C40	C45	C50	C55	C60
取值	9.2	11.5	13.8	16.1	18.4	20.5	22.4	24.4	26.5

注：当边长小于300mm时，表中数值乘以0.8。

C.4　试件制作

试件混凝土的材料、配合比、密实度及其强度等级应与设计相同。试件浇注1d后拆模板，然后养护至试验。测定抗压强度的圆柱或立方体试块应同样处理。

C.5 试验方法

C.5.1 加载方式可为压力机加载或千斤顶张拉加载，测力系统的不确定度不大于1%。

C.5.2 试件安装时，应确保试件底部与试验设备承载面接触良好，避免出现因接触不良、产生偏载而导致试件的裂缝。

C.5.3 荷载按钢绞线抗拉强度标准值 f_{ptk} 的20%、40%、60%、80%（图C.2）分级加载，当达到80%后，需进行至少10次的慢速循环加载，上限荷载为 $0.8f_{ptk}A_{pk}n$，下限荷载为 $0.12f_{ptk}A_{pk}n$，循环加载后，逐步增加荷载直至试件破坏。

循环加载时，在每次循环的上限和下限荷载时进行测量，确定试件的应变和裂缝宽度是否达到稳定状态，达到稳定状态后停止循环加载。图C.2绘出了加载和测量次序。

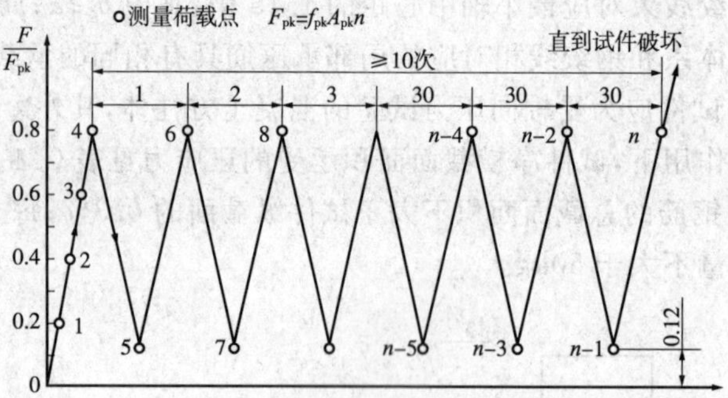

图C.2 传力性能试验的过程

C.5.4 试验时应进行下列各项测量和观察，并记录结果。

a)各次循环加载时，对应上限和下限荷载，在最大劈裂应力影响区内试件表面纵向和横向应变；

b)上述时刻试件表面的裂缝形式、宽度及扩展情况；

c)用肉眼观察或测量与混凝土接触的锚具部件变形；

d)破坏位置和形式；

e)破坏荷载 F_u。

参考文献

[1] 中华人民共和国行业标准. JTG D62—2004 公路钢筋混凝土及预应力混凝土桥涵设计规范[S]. 北京:人民交通出版社,2004.

[2] 中华人民共和国国家标准. GB 50010—2010 混凝土结构设计规范[S]. 北京:中国建筑工业出版社,2011.

[3] 中华人民共和国行业标准. JGJ 92—2004 无粘结预应力混凝土结构技术规程[S]. 北京:中国建筑工业出版社,2005.

[4] 中华人民共和国行业标准. JTG/T F50—2011 公路桥涵施工技术规范[S]. 北京:人民交通出版社,2011.

[5] 中国科学技术咨询服务中心预应力技术专家组与中国科学技术咨询服务中心预应力技术联络网. 预应力工程实例应用手册[M]. 北京:中国建筑工业出版社,1996.

[6] 中国土木工程学会. 部分预应力混凝土结构设计建议[M]. 北京:中国铁道出版社,1985.

[7] 华东预应力中心. 现代预应力混凝土工程实践与研究[M]. 北京:光明日报出版社,1989.

[8] 美国后张预应力混凝土学会. 后张预应力混凝土手册[M]. 华东预应力混凝土技术开发中心,译. 南京:东南大学出版社,1989.

[9] 西沉纪昭,等. 预应力锚固方法. 1982 年改订版. 社团法人丫卜又 1、L/又 1. 3>夕 1J—L 技术协会.

[10] 陕西省建筑工程局. 预应力张拉工艺[M]. 北京:中国建筑工业出版社,1973.

[11] 邵容光. 结构设计原理[M]. 北京:人民交通出版社,1987.

[12] 高立人. 框架梁采用无黏结预应力混凝土若干问题讨论[J]. 建筑结构,1997(7).

[13] 范立础. 预应力混凝土连续梁桥[M]. 北京:人民交通出版社,1988.

[14] 杜拱辰. 现代预应力混凝土结构[M]. 北京:中国建筑工业出版社,1988.

[15] 张士铎. 部分预应力混凝土[M]. 北京:人民交通出版社,1990.

[16] 张士铎. 现代混凝土基础理论[M]. 上海:同济大学出版社,1994.

[17] 陶学康. 后张预应力混凝土设计手册[M]. 北京:中国建筑工业出版社,1996.

[18] 李国平. 预应力混凝土结构设计原理[M]. 北京:人民交通出版社,2000.

[19] 肖长礼. 后张无黏结部分预应力混凝土公路桥[M]. 北京:人民交通出版社,1999.

[20] 房贞政. 无黏结与部分预应力结构[M]. 北京:人民交通出版社,1999.

[21] 车惠民,等. 部分预应力混凝土[M]. 成都:西南交通大学出版社,1992.

[22] 陈惠玲,吴汝林,等. 高强钢丝钢绞线预应力混凝土结构设计与施工指南[M]. 北京:中国环境科学出版社,1997.

[23] 刘效尧,等. 桥梁损伤诊断[M]. 北京:人民交通出版社,2002.

[24] 黄侨. 公路钢筋混凝土简支梁桥的体外预应力加固技术[M]. 北京:人民交通出版社,1998.

[25] 刘秉京. 混凝土技术[M]. 北京:人民交通出版社,2000.

[26] 国际预应力协会. 采用预应力钢的斜拉索系统验收[M].

[27] 美国后张法协会. 斜拉索设计、测试与安装条例[M]. 2007.

[28] 中华人民共和国国家标准. GB/T 25823—2010 单丝涂覆环氧涂层预应力钢绞线[S]. 北京:中国标准出版社,2010.

[29] 中华人民共和国行业标准. YB/T 152—99 高强度低松弛预应力热镀锌钢绞线[S]. 北京:中国标准出版社,1999.

[30] 中华人民共和国行业标准. JG 3007—93 无黏结预应力筋专用防腐润滑脂[S]. 北京:中国标准出版社,1993.

[31] 中华人民共和国行业标准. CJ/T 297—2008 桥梁缆索用高密度聚乙烯护套料[S]. 北京:中国标准出版社,2008.

[32] 中华人民共和国行业标准. JT/T 771—2009 无黏结钢绞线斜拉索技术条件[S]. 北京:人民交通出版社,2009.

[33] 中华人民共和国国家标准. GB/T 18365—2001 斜拉桥热挤聚乙烯高强钢丝拉索技术条例[S]. 北京:中国标准出版社,2001.

[34] 中华人民共和国行业标准. DG/TJ 08-019—2005 建筑结构用索应用技术规程[S]. 北京:中国标准出版社,2005.

[35] 中华人民共和国国家标准. GB/ T 25835—2010 缆索用环氧涂层钢丝[S]. 北京:中国标准出版社,2004.

[36] 中华人民共和国行业标准. JG 225—2007 预应力混凝土用金属波纹管[S]. 北京:中国标准出版社,2004.

[37] 中华人民共和国行业标准. JT/T 529—2004 预应力混凝土桥梁用塑料波纹管[S]. 北京:人民交通出版社,2004.